「平安時代」を知る本

①政治・宗教
貴族社会の爛熟と平安仏教の成立

日外アソシエーツ

Guide to Books of Heian Era

vol.1 Politics and Religion

Compiled by
Nichigai Associates, Inc.

©2010 by Nichigai Associates, Inc.
Printed in Japan

本書はディジタルデータでご利用いただくことができます。詳細はお問い合わせください。

●編集担当● 簡 志帆
カバーイラスト：浅海 亜矢子

刊行にあたって

　「知る本」シリーズは、利用者のニーズに対応した細やかなテーマごとに調査の手がかりを提供するため、各冊ごとにそのテーマを知るための事項・人物・団体などのキーワードを選定し、キーワードの解説と、より深く知るための参考図書リストを提示するスタイルのブックガイドである。これまでに「大事件」「ものの歴史」「国宝」「江戸時代」「明治時代」「昭和時代」「中国」「戦国時代」「仏教」「鎌倉・室町時代」「縄文・弥生・飛鳥・奈良時代」といったテーマを扱ってきた。

　今回、新たに『「平安時代」を知る本』として「①政治・宗教」「②文化・芸術」の2冊を刊行する。本巻「①政治・宗教」では、平安時代の人物・政治・経済・社会・宗教に関する239のテーマと参考図書5,771点を収録した。

　平安京遷都から源頼朝による鎌倉政権確立までの400年にわたる平安時代は、古代から中世への移行期にあたる。政治面では、律令国家体制の行き詰まりの後、王朝国家へと移行し、摂関政治・院政を経て、武士の台頭とともに源平合戦で幕を閉じた。文化面では、前期は唐風文化の最盛期といわれ、天台宗・真言宗を中心とする平安仏教が成立した。摂関期には国風文化が花開き、社会不安と末法思想の流行とともに浄土教が広まった。『源氏物語』『枕草子』など現在も多くの人々に親しまれる王朝文学が生み出されたのもこの時代である。特に、源氏物語については、1008年11月1日の『紫式部日記』の中に『源氏物語』に関する記述があることを根拠に、2008年が「源氏物語千年紀」であるとして、各地で様々な事業が行われ、改めて注目を集めた。

　本書は、平安時代について知りたいという人のために、調査の第一歩となるツールを目指して編集し、平安時代を象徴するキーワードと

参考図書を選定収録した。なお、大きなテーマや著名な人物では参考図書の数が膨大になるため、そのテーマ・人物全体を扱った概説書、入手しやすい図書を中心に、主要な図書を選んで収録した。本書が平安時代への理解を深めるためのツールとして、既刊の「知る本」シリーズと同様に広く活用されることを願っている。

 2010年8月

日外アソシエーツ

凡　例

1．本書の内容
　本書は、平安時代の政治・社会・宗教を知るための239のテーマを設け、それぞれのテーマを解説するとともに、より深く学ぶための参考図書リストを付したものである。

2．見出し
1) 全体を「政治」「宗教」の2分野に分け、大見出しとした。
2) 各時代ごとに、人物、政治・経済制度、外交・交易上の出来事、宗教関係の事物などを選び、テーマ見出しとした。
3) いずれのテーマにも、その概要を示す解説を付した。

3．参考図書リスト
1) それぞれのテーマについて、より深く学ぶための参考図書を示した。収録点数は5,771点である。
2) 参考図書は、入手しやすい最近の図書を優先することとし、刊行年の新しいものから排列した。

4．事項名索引（巻末）
　本文の見出し項目、その中に含まれている関連テーマなどを五十音順に排列し、その見出しの掲載頁を示した。

目　次

政治

政治 …………………………… 1
　平安時代 ………………………… 1
　長岡京 …………………………… 24
　平安京 …………………………… 25
　桓武天皇 ………………………… 29
　早良親王 ………………………… 30
　藤原 種継 ……………………… 30
　征夷大将軍 ……………………… 31
　坂上 田村麻呂 ………………… 32
　蝦夷 ……………………………… 32
　阿弖流為 ………………………… 35
　多賀城 …………………………… 35
　胆沢城 …………………………… 36
　志波城 …………………………… 37
　藤原 緒嗣 ……………………… 37
　文室 綿麻呂 …………………… 38
　勘解由使 ………………………… 38
　平城天皇 ………………………… 38
　嵯峨天皇 ………………………… 39
　薬子の変 ………………………… 40
　藤原 薬子 ……………………… 41
　淳和天皇 ………………………… 41
　令外官 …………………………… 42
　蔵人所 …………………………… 42
　検非違使 ………………………… 43
　三代格式 ………………………… 44
　令義解 …………………………… 47
　令集解 …………………………… 47
　仁明天皇 ………………………… 49
　藤原氏 …………………………… 49
　藤原 冬嗣 ……………………… 51
　藤原 良房 ……………………… 51
　承和の変 ………………………… 52
　橘 逸勢 ………………………… 53
　文徳天皇 ………………………… 53
　応天門の変 ……………………… 54
　伴 善男 ………………………… 54
　清和天皇 ………………………… 55

　藤原 基経 ……………………… 55
　陽成天皇 ………………………… 55
　光孝天皇 ………………………… 56
　阿衡事件 ………………………… 56
　宇多天皇 ………………………… 56
　菅原 道真 ……………………… 57
　延喜・天暦の治 ………………… 61
　醍醐天皇 ………………………… 62
　藤原 時平 ……………………… 62
　三善 清行 ……………………… 63
　意見封事 ………………………… 63
　朱雀天皇 ………………………… 63
　藤原 忠平 ……………………… 64
　武士 ……………………………… 64
　承平・天慶の乱 ………………… 66
　平 将門 ………………………… 68
　平 貞盛 ………………………… 72
　藤原 秀郷 ……………………… 72
　藤原 純友 ……………………… 73
　清和源氏 ………………………… 73
　源 経基 ………………………… 75
　桓武平氏 ………………………… 76
　村上天皇 ………………………… 78
　冷泉天皇 ………………………… 78
　安和の変 ………………………… 79
　源 高明 ………………………… 79
　源 満仲 ………………………… 80
　円融天皇 ………………………… 80
　花山天皇 ………………………… 81
　平安貴族 ………………………… 82
　藤原 兼通 ……………………… 86
　藤原 兼家 ……………………… 86
　藤原 伊周 ……………………… 87
　藤原 道長 ……………………… 88
　一条天皇 ………………………… 89
　三条天皇 ………………………… 90
　中宮 ……………………………… 90
　藤原 定子 ……………………… 90
　藤原 彰子 ……………………… 92

(6)

目 次

摂関政治	93
藤原 頼通	94
後一条天皇	94
平 忠常	95
源 頼信	95
後朱雀天皇	96
後冷泉天皇	96
前九年・後三年の役	96
安倍 頼時	97
源 頼義	98
源 義家	98
奥州藤原氏	99
藤原 清衡	102
藤原 基衡	103
藤原 秀衡	104
藤原 泰衡	105
後三条天皇	106
大江 匡房	106
白河天皇	107
堀河天皇	107
院政	108
院庁	110
北面の武士	110
鳥羽天皇	110
平 正盛	111
強訴	111
僧兵	112
神人	112
南都北嶺	112
平 忠盛	112
保元の乱	113
崇徳天皇	114
近衛天皇	115
後白河天皇	115
藤原 忠通	116
藤原 頼長	117
源 為義	117
源 為朝	117
源 義朝	118
平治の乱	119
藤原 信頼	120
藤原 通憲	120
平氏政権	121

平 清盛	122
平 重盛	123
平 時忠	123
二条天皇	124
六条天皇	124
高倉天皇	124
建礼門院	125
鹿ヶ谷事件	125
俊寛	126
藤原 成親	126
西光	126
治承・寿永の乱	127
以仁王	131
安徳天皇	132
福原	132
源 頼政	133
源 頼朝	134
北条 時政	136
千葉 常胤	137
源 義仲	137
源 範頼	138
源 義経	139
石橋山の戦	147
一ノ谷の戦	147
熊谷 直実	147
平 敦盛	148
那須 与一	148
壇ノ浦の戦	149
社会	149
荘園制	150
公営田制	158
田堵	158
荘園整理令	159
目代	159
受領	159
尾張国郡司百姓等解文	160
藤原 元命	160
在庁官人	161
開発領主	161
国衙領	161
不輸・不入の権	162
知行国制	162
遣渤海使	162

(7)

目　次

遣唐使 …………………… 163
刀伊の入寇 ……………… 164
藤原 隆家 ………………… 164
日宋貿易 ………………… 165
大輪田泊 ………………… 166
鴨川 ……………………… 166
満濃池 …………………… 167

宗教

平安仏教 ………………… 168
清水寺 …………………… 169
密教 ……………………… 170
加持祈祷 ………………… 184
天台宗 …………………… 186
最澄 ……………………… 196
延暦寺 …………………… 201
顕戒論 …………………… 204
円仁 ……………………… 204
円珍 ……………………… 206
園城寺 …………………… 207
鞍馬寺 …………………… 208
観世音寺 ………………… 209
立石寺 …………………… 210
真言宗 …………………… 210
空海 ……………………… 235
金剛峯寺 ………………… 255
三教指帰 ………………… 262
覚鑁 ……………………… 263
文覚 ……………………… 265
教王護国寺 ……………… 265
西寺 ……………………… 270
観心寺 …………………… 271
室生寺 …………………… 271
神護寺 …………………… 273
醍醐寺 …………………… 274
仁和寺 …………………… 276
安祥寺 …………………… 277
浄瑠璃寺 ………………… 278
浄土教 …………………… 279
末法思想 ………………… 284
空也 ……………………… 284
六波羅蜜寺 ……………… 285

源信（僧侶） …………… 286
往生要集 ………………… 287
慶滋 保胤 ………………… 289
日本往生極楽記 ………… 289
良源 ……………………… 290
法成寺 …………………… 291
法界寺 …………………… 291
六勝寺 …………………… 292
法勝寺 …………………… 292
尊勝寺 …………………… 292
興福寺 …………………… 293
平 重衡 …………………… 296
阿弥陀堂 ………………… 296
平等院鳳凰堂 …………… 297
中尊寺金色堂 …………… 299
富貴寺大堂 ……………… 301
三仏寺投入堂 …………… 301
白水阿弥陀堂 …………… 302
浄土宗 …………………… 302
法然 ……………………… 309
重源 ……………………… 321
修験道 …………………… 322
本地垂迹説 ……………… 328
御霊信仰 ………………… 329
御霊会 …………………… 329
八坂神社 ………………… 330
祇園祭 …………………… 331
放生会 …………………… 333
陰陽道 …………………… 333
安倍 晴明 ………………… 336
方違 ……………………… 339
物忌 ……………………… 339
北野天満宮 ……………… 340
石清水八幡宮 …………… 341
春日大社 ………………… 342
神輿 ……………………… 343
熊野詣 …………………… 344
厳島神社 ………………… 346

事項名索引 ……………… 349

政　治

◆政治

平安時代　へいあんじだい

　日本史の時代区分の一つ。平安京の朝廷に政権のあった8世紀末から12世紀末に至る約400年間をいう。その始期については、平安京を開いた桓武天皇が即位した天応元年(781年)、長岡京に遷都した延暦3年(784年)、あるいは平安京に遷都した延暦13年(794年)など諸説あるが、終期は平氏が滅亡し、源頼朝が守護・地頭を設置して鎌倉政権を確立した文治元年(1185年)とするのが一般的である。この時代は古代律令国家支配の崩壊を背景に武士勢力が台頭し、封建制が形成されるといった古代から中世への移行期で、一般に10世紀初頭の醍醐天皇の治世と11世紀後半の後三条天皇の治世を境に、前期・中期・後期に分けられる。政治・社会面では、9世紀に公地公民の律令国家支配が行き詰まり、藤原氏の進出、初期荘園の展開により律令国家の基礎が解体。10世紀初頭になると朝廷は王朝国家体制へ転換し、この時期に藤原氏の摂関政治が完成した。後期は院政の時代で、11世紀～12世紀に中世荘園制が形成され始めるとこれに伴って武士が勢力を強め、12世紀後期には平氏が中央政界で権勢を振るい始めた。文化面では、前期は唐風文化の最盛期といわれ、『凌雲集』『文華秀麗集』『経国集』などの勅撰漢詩文集が編纂された。中期には国風文化が展開。和文・和歌は9世紀末までに完成したかな文字の普及により飛躍的な発展をとげ、延喜5年(905年)最初の勅撰和歌集『古今和歌集』が撰上された。また摂関時代には『枕草子』『源氏物語』などの王朝文学が最盛期を迎えた。

◇史跡で読む日本の歴史　5　平安の都市と文化　増淵徹編　吉川弘文館　2010.5　250, 20p　19cm　2800円　①978-4-642-06413-2

◇闘諍と鎮魂の中世　鈴木哲, 関幸彦著　山川出版社　2010.4　208p　19cm　2200円　①978-4-634-15006-5

◇平安朝の父と子――貴族と庶民の家と養育　服藤早苗著　中央公論新社　2010.2　207p　18cm　(中公新書 2044)　740円　①978-4-12-102044-4

◇中世前期女性院宮の研究　山田彩起子著　京都　思文閣出版　2010.1　295, 5p　21cm　5600円　①978-4-7842-1496-9

◇史料綜覧　巻1(平安時代之1)　自仁和三年至万寿元年　東京大学史料編纂所編纂　普及版　東京大学出版会　2009.10　814p　22cm　〈大正12年刊の複製〉　9000円　①978-4-13-099251-0

◇史料綜覧　巻2(平安時代之2)　自万寿元年至保安四年　東京大学史料編纂所編纂　普及版　東京大学出版会　2009.10　772p　22cm　〈大正14年刊の複製〉

政 治

9000円　①978-4-13-099252-7

◇史料綜覧　巻3（平安時代之3）　自保安四年至文治元年　東京大学史料編纂所編纂　普及版　東京大学出版会　2009.10　744p　22cm　〈大正15年刊の複製〉　9000円　①978-4-13-099253-4

◇日本史に出てくる官職と位階のことがわかる本　新人物往来社編　新人物往来社　2009.10　269p　21cm　〈『官位と組織のしくみがわかる本』（2001年刊）の加筆・修整、再編集〉　1800円　①978-4-404-03759-6

◇保建大記打聞編注　谷秦山著, 杉崎仁編注　勉誠出版　2009.6　25, 188, 14p　27cm　8000円　①978-4-585-03245-8

◇中世社会の成り立ち　木村茂光著　吉川弘文館　2009.5　273p　19cm　〈日本中世の歴史 1〉　2600円　①978-4-642-06401-9

◇平安鎌倉古文書集　東京大学史料編纂所編纂　八木書店　2009.5　272, 50p　22×31cm　〈東京大学史料編纂所影印叢書 5〉〈東京大学史料編纂所蔵の複製〉　25000円　①978-4-8406-2505-0

◇九条家本玉葉　12　九条兼実著, 宮内庁書陵部編　明治書院　2009.4　329p　22cm　〈図書寮叢刊〉〈奥付のタイトル：玉葉〉　16000円　①978-4-625-42404-5

◇怪異学の可能性　東アジア恠異学会著　角川書店, 角川グループパブリッシング（発売）　2009.3　398p　19cm　〈執筆：榎村寛之ほか　文献あり〉　3000円　①978-4-04-885010-0

◇中世史料学叢論　藤本孝一著　京都　思文閣出版　2009.3　437p　22cm　9000円　①978-4-7842-1455-6

◇日本の歴史　07　武士の成長と院政　網野善彦, 大津透, 鬼頭宏, 桜井英治, 山本幸司編　下向井竜彦著　講談社　2009.3　387p　15cm　〈講談社学術文庫 1907〉〈文献あり　年表あり　索引あり〉　1200円　①978-4-06-291907-4

◇平安京の紙屋紙（かんやがみ）　町田誠之著　京都　京都新聞出版センター　2009.3　195p　20cm　〈文献あり〉　1800円　①978-4-7638-0608-6

◇日本の歴史　06　道長と宮廷社会　網野善彦, 大津透, 鬼頭宏, 桜井英治, 山本幸司編　大津透著　講談社　2009.2　411p　15cm　〈講談社学術文庫 1906〉〈文献あり　年表あり　索引あり〉　1200円　①978-4-06-291906-7

◇日本の歴史　05　律令国家の転換と「日本」　網野善彦, 大津透, 鬼頭宏, 桜井英治, 山本幸司編　坂上康俊著　講談社　2009.1　371p　15cm　〈講談社学術文庫 1905〉〈文献あり　年表あり　索引あり〉　1200円　①978-4-06-291905-0

◇平安王朝―源氏物語の時代　第23回企画展　朝霞市博物館編　朝霞　朝霞市博物館　2008.10　51p　30cm　〈会期：平成20年10月11日―11月24日　年表あり〉

◇中世成立期の法と国家　棚橋光男著　オンデマンド版　塙書房　2008.9　386, 20p　22cm　〈原本：1983年刊〉　9000円　①978-4-8273-1600-1

◇平安時代の納豆を味わう　松本忠久著　丸善プラネット, 丸善出版事業部（発売）　2008.9　317p　図版3枚　20cm　2000円　①978-4-901689-94-6

◇京の歴史・文学を歩く　知恵の会, 糸井通浩編　勉誠出版　2008.8　314p　19cm　2300円　①978-4-585-05160-2

◇中世京都の軌跡―道長と義満をつなぐ首都のかたち　鋤柄俊夫著　雄山閣　2008.7　172p　21cm　2800円　①978-4-639-02049-3

政治

◇唐王朝と古代日本　榎本淳一著　吉川弘文館　2008.7　286, 10p　22cm　10000円　①978-4-642-02469-3

◇幕府と朝廷　五味文彦, 本郷和人編　吉川弘文館　2008.6　232p　20cm　（現代語訳吾妻鏡 3）　2200円　①978-4-642-02710-6

◇式部省補任―正暦元年―建武三年　永井晋編　八木書店　2008.5　588, 38p　22cm　12000円　①978-4-8406-2031-4

◇新訂吉記　索引・解題　藤原経房著, 高橋秀樹編　大阪　和泉書院　2008.5　397p　22cm　（日本史史料叢刊 6）〈文献あり　年譜あり〉　9000円　①978-4-7576-0454-4

◇京都時代map　平安京編　新創社編　京都　光村推古書院　2008.4　111p　26cm　（Time trip map）〈年表あり〉　2000円　①978-4-8381-0392-8

◇平安前期の家族と親族　栗原弘著　校倉書房　2008.4　356p　22cm　（歴史科学叢書）　9000円　①978-4-7517-3940-2

◇大日本古記録　〔第21 6〕　中右記　6　（長治2年―嘉承元年）　東京大学史料編纂所編纂　藤原宗忠著　岩波書店　2008.3　248p　22cm　11000円　①978-4-00-009735-2, 4-00-009735-0

◇平安時代の天皇と官僚制　佐藤全敏著　東京大学出版会　2008.2　407, 11p　22cm　6500円　①978-4-13-026217-0

◇平安人名辞典―康平三年　下　槙野広造編　大阪　和泉書院　2008.2　6, 325p　27cm　（和泉事典シリーズ 21）　12000円　①978-4-7576-0445-2

◇漫画版 日本の歴史　3　平安時代　吉村武彦, 入間田宣夫監修, 岩井渓, 森藤よしひろ漫画　集英社　2007.8　302p　15cm　（集英社文庫）　571円　①978-4-08-746177-0

◇新抄格勅符抄　法曹類林　類聚符宣抄　続左丞抄　別聚符宣抄　藤原通憲著, 壬生季連編　吉川弘文館　2007.6　1冊　27cm　（国史大系 新訂増補 第27巻）〈平成11年刊（新装版）を原本としたオンデマンド版〉　15500円　①978-4-642-04028-0

◇政事要略　惟宗允亮著　吉川弘文館　2007.6　721, 50p　27cm　（国史大系 新訂増補 第28巻）〈平成12年刊（新装版）を原本としたオンデマンド版〉　15500円　①978-4-642-04029-7

◇日本中世内乱史人名事典　上巻　佐藤和彦, 樋口州男, 錦昭江, 松井吉昭, 桜井彦, 鈴木彰編　新人物往来社　2007.5　380p　22cm　12000円　①978-4-404-03449-6

◇教科書が教えない日本史のカラクリ　新人物往来社編　新人物往来社　2007.4　293p　19cm　1600円　①978-4-404-03463-2

◇九条家本玉葉　11　九条兼実著, 宮内庁書陵部編　明治書院　2007.4　299p　22cm　（図書寮叢刊）　11000円　①978-4-625-42400-7

◇詳細・政事要略索引　阿部猛編　同成社　2007.4　325p　22cm　〈新訂増補国史大系本「政治要略」（吉川弘文館刊）の総索引〉　7000円　①978-4-88621-382-2

◇平安人名辞典―康平三年　上　槙野広造編　大阪　和泉書院　2007.1　529p　27cm　（和泉事典シリーズ 20）　18000円　①978-4-7576-0396-7

◇天皇たちの孤独―玉座から見た王朝時代　繁田信一著　角川学芸出版, 角川書店（発売）　2006.12　238p　19cm　（角川選書 404）　1500円　①4-04-703404-5

◇日本古代中世人名辞典　平野邦雄, 瀬野精一郎編　吉川弘文館　2006.11　1069, 144p　27cm　20000円　①4-642-01434-9

政治

◇平安時代の醤油を味わう　松本忠久著　新風舎　2006.10　343p　19cm　1800円　ⓘ4-289-01178-0

◇日本文学色彩用語集成　中古編　伊原昭著　新装版　笠間書院　2006.9　707p　22cm　16500円　ⓘ4-305-40058-8

◇日本の古典装飾―天平から江戸の時代様式にみる　京都　青幻舎　2006.6　286p　15cm　1200円　ⓘ4-86152-069-X

◇平安王朝の時代―平安期　武光誠監修・年表解説　世界文化社　2006.6　199p　24cm　〈日本の歴史を見る　ビジュアル版2〉〈年譜あり　年表あり〉　2400円　ⓘ4-418-06209-2

◇平安勅撰史書研究　遠藤慶太著　伊勢　皇学館出版部　2006.6　331, 17p　22cm　5000円　ⓘ4-87644-131-6

◇京都学の企て　知恵の会, 糸井通浩編　勉誠出版　2006.5　291p　19cm　2400円　ⓘ4-585-05140-6

◇平安時代の茶―「喫茶養生記」まで　福地昭助著　角川学芸出版, 角川書店（発売）　2006.5　427p　22cm　〈年表あり〉　8000円　ⓘ4-04-651645-3

◇中世を歩く―京都の古寺　饗庭孝男著　京都　淡交社　2006.4　183p　20cm　〈小沢書店1978年刊の改装版〉　1800円　ⓘ4-473-03313-9

◇吉記人名索引　2（寿永元年(1182)－文治4年(1188)）　学習院大学吉記輪読会編　学習院大学吉記輪読会　2006.2　102p　21cm

◇古代中世の政治と権力　義江彰夫編　吉川弘文館　2006.2　271p　22cm　9500円　ⓘ4-642-02446-8

◇新訂吉記　本文編3　藤原経房著, 高橋秀樹編　大阪　和泉書院　2006.2　396p　22cm　〈日本史史料叢刊5〉　9000円　ⓘ4-7576-0356-8

◇政事要略　惟宗允亮編纂　八木書店　2006.2　336, 18p　27cm　（尊経閣善本影印集成36）　26000円　ⓘ4-8406-2336-8

◇宇治遺跡群―藤原氏が残した平安王朝遺跡　杉本宏著　同成社　2006.1　174p　19cm　（日本の遺跡6）　1800円　ⓘ4-88621-342-1

◇古代中世の社会変動と宗教　義江彰夫編　吉川弘文館　2006.1　303p　22cm　11000円　ⓘ4-642-02445-X

◇平成新修古筆資料集　第3集　田中登編　京都　思文閣出版　2006.1　229, 5p　21cm　2500円　ⓘ4-7842-1277-9

◇古代中世の史料と文学　義江彰夫編　吉川弘文館　2005.12　277p　22cm　10000円　ⓘ4-642-02444-1

◇見果てぬ夢―平安京を生きた巨人たち　在原業平・平清盛・後白河院・後鳥羽院　日本を見つける知の探訪　JR東海生涯学習財団編著　ウェッジ　2005.9　200p　21cm　1800円　ⓘ4-900594-86-5

◇『親信卿記』の研究　佐藤宗諄先生退官記念論文集刊行会編　京都　思文閣出版　2005.8　590p　22cm　9800円　ⓘ4-7842-1252-3

◇騎馬民族から武士に至る武断の系譜―武士道の源流　下巻　田口宏雄著　新生出版　2005.7　333p　22cm　〈東京　ディーディーエヌ（発売）　年表あり〉　1600円　ⓘ4-86128-078-8

◇王朝の変容と武者　元木泰雄編　大阪　清文堂出版　2005.6　463p　22cm　（古代の人物6）　3800円　ⓘ4-7924-0569-6

◇日本古代の風俗史―枕草子を中心に　金英著　〔ソウル〕　J&C　2005.5　184p　23cm　〈文献あり〉　ⓘ89-5668-219-4

◇九条家本玉葉　10　九条兼実著, 宮内庁書陵部編　明治書院　2005.4　328p

政治

22cm （図書寮叢刊） 17300円 ⓈI4-625-42308-2

◇大日本史料 第3編之27 鳥羽天皇 自保安2年5月至同年11月 東京大学史料編纂所編纂 東京大学史料編纂所 2005.3 392p 22cm 〈〔東京〕東京大学出版会（発売）〉 7200円 ⓈI4-13-090127-3

◇画報古代史 4（930年—1150年） 日本近代史研究会編著 日本図書センター 2005.1 p415-624, 29p 31cm 〈「画報千年史 第7-9集」（国際文化情報社昭和31-32年刊）の複製 折り込み3枚 年表あり〉 ⓈI4-8205-8968-7, 4-8205-8964-4

◇日本の歴史 3（古代から中世へ） 平安京—都市の成立 新訂増補 朝日新聞社 2005.1 320p 30cm （朝日百科） ⓈI4-02-380017-1

◇日本の歴史 4（中世1） 源氏と平氏—東と西 新訂増補 朝日新聞社 2005.1 324p 30cm （朝日百科） ⓈI4-02-380017-1

◇波瀾万丈 中世・戦国を生きた女たち 石丸晶子著 清流出版 2005.1 231p 19cm 1500円 ⓈI4-86029-110-7

◇日本の歴史がわかる本 「古代—南北朝時代」篇 小和田哲男著 新装版 三笠書房 2004.8 269p 15cm （知的生きかた文庫） 533円 ⓈI4-8379-7420-1

◇中世の形成 歴史学研究会, 日本史研究会編 東京大学出版会 2004.7 320p 19cm （日本史講座 第3巻） 2200円 ⓈI4-13-025103-1

◇平安京音の宇宙—サウンドスケープへの旅 中川真著 増補 平凡社 2004.7 498p 16cm （平凡社ライブラリー） 1600円 ⓈI4-582-76508-4

◇平安朝「所・後院・俗別当」の研究 所京子著 勉誠出版 2004.4 313p 22cm 〈著作目録あり〉 7000円 ⓈI4-585-03111-1

◇大日本史料 第2編之28 後一条天皇 長元元年11月—同2年9月 東京大学史料編纂所編纂 東京大学史料編纂所 2004.3 380p 22cm 〈〔東京〕東京大学出版会（発売） 折り込み1枚〉 7700円 ⓈI4-13-090078-1

◇新訂吉記 本文編2 藤原経房著, 高橋秀樹編 大阪 和泉書院 2004.2 389p 22cm （日本史史料叢刊4） 9000円 ⓈI4-7576-0249-9

◇黄金国家—東アジアと平安日本 保立道久著 青木書店 2004.1 328p 20cm （シリーズ民族を問う3） 〈文献あり〉 3000円 ⓈI4-250-20400-6

◇平安まるわかりbook—遥かなる時空の中で 絵でよみとく平安の世界 コーエー出版部企画・編集 光栄 2003.12 81p 21cm 1000円 ⓈI4-7758-0145-7

◇平安文人の思想と信仰 中尾正己著 日本図書センター 2003.10 203p 22cm （学術叢書） 3000円 ⓈI4-8205-8022-1

◇日本の歴史 古代から中世へ8 宴と贈り物 新訂増補 朝日新聞社 2003.7 p226-255 30cm （週刊朝日百科58） 476円

◇日本の歴史 古代から中世へ10 院政時代 新訂増補 朝日新聞社 2003.7 p290-320 30cm （週刊朝日百科60） 476円

◇日本の歴史 古代から中世へ2 山と寺・僧と法会—平安仏教 新訂増補 朝日新聞社 2003.6 p34-63 30cm （週刊朝日百科52） 476円

◇日本の歴史 古代から中世へ4 承平・天慶の乱と都 新訂増補 朝日新聞社 2003.6 p98-128 30cm （週刊朝日百科54） 476円

◇日本の歴史 古代から中世へ6 摂関制

政 治

と藤原道長　新訂増補　朝日新聞社　2003.6　p162-192　30cm　（週刊朝日百科 56）　476円

◇再現日本史―週刊time travel　平安 9　講談社　2003.5　42p　30cm　〈年表あり〉　533円

◇再現日本史―週刊time travel　平安 3　講談社　2003.4　42p　30cm　〈年表あり〉　533円

◇再現日本史―週刊time travel　平安 4　講談社　2003.4　42p　30cm　〈年表あり〉　533円

◇再現日本史―週刊time travel　平安 6　講談社　2003.4　42p　30cm　〈年表あり〉　533円

◇再現日本史―週刊time travel　平安 7　講談社　2003.4　42p　30cm　〈年表あり〉　533円

◇再現日本史―週刊time travel　平安 8　講談社　2003.4　42p　30cm　〈年表あり〉　533円

◇九条家本玉葉　9　九条兼実著, 宮内庁書陵部編　明治書院　2003.3　345p　22cm　（図書寮叢刊）　18000円　①4-625-42306-6

◇再現日本史―週刊time travel　平安 1　講談社　2003.3　42p　30cm　〈年表あり〉　533円

◇再現日本史―週刊time travel　平安 2　講談社　2003.3　42p　30cm　〈年表あり〉　533円

◇日本の歴史がわかる本　「古代―南北朝時代」篇　小和田哲男著　改訂版　三笠書房　2003.3　269p　15cm　（知的生きかた文庫）　533円　①4-8379-7309-4

◇京都学を学ぶ人のために　上田正昭監修, 芳賀徹, 冨士谷あつ子編　京都　世界思想社　2002.11　338p　19cm　2300円

①4-7907-0959-0

◇王朝人の四季―平安の年中行事と斎宮 特別展　斎宮歴史博物館編　明和町（三重県）　斎宮歴史博物館　2002.10　84p　30cm　〈会期：平成14年10月2日―11月10日〉

◇日本の歴史　中世 1-1　源氏と平氏―東と西　新訂増補　朝日新聞社　2002.6　36p　30cm　（週刊朝日百科 1）　476円

◇日本古代中世の政治と宗教　佐伯有清編　吉川弘文館　2002.5　385p　22cm　12000円　①4-642-02377-1

◇九条家本玉葉　8　九条兼実著, 宮内庁書陵部編　明治書院　2002.3　302p　22cm　（図書寮叢刊）　17200円　①4-625-42304-X

◇総合的な学習に役立つ新社会科学習事典 9　日本の歴史と人物を調べよう平安～安土桃山時代　菊地家達著　国土社　2002.3　91p　27×22cm　2800円　①4-337-26329-2

◇大日本古記録　〔第21〕 4　中右記 4（承徳2年―康和4年）　東京大学史料編纂所編纂　藤原宗忠著　岩波書店　2002.3　261p　22cm　11000円　①4-00-009733-4

◇大日本史料　第3編之26　鳥羽天皇　保安2年正月―同年5月　東京大学史料編纂所編纂　東京大学史料編纂所　2002.3　411p　22cm　〈〔東京〕　東京大学出版会（発売）〉　7500円　①4-13-090126-5

◇新訂吉記　本文編 1　藤原経房著, 高橋秀樹編　大阪　和泉書院　2002.2　240p　22cm　（日本史史料叢刊 3）　①4-7576-0146-8

◇週刊ビジュアル日本の歴史　no.97　奈良から平安へ 7　デアゴスティーニ・ジャパン　2002.1　p254-293　30cm　533円

◇週刊ビジュアル日本の歴史　no.98　奈良から平安へ 8　デアゴスティーニ・ジャ

政 治

◇パン　2002.1　p296-335　30cm　533円

◇週刊ビジュアル日本の歴史　no.99　奈良から平安へ　9　デアゴスティーニ・ジャパン　2002.1　p338-377　30cm　〈年表あり〉　533円

◇週刊ビジュアル日本の歴史　no.100　奈良から平安へ　10　デアゴスティーニ・ジャパン　2002.1　p380-419　30cm　〈年表あり〉　533円

◇週刊ビジュアル日本の歴史　no.95　奈良から平安へ　5　デアゴスティーニ・ジャパン　2001.12　p170-209　30cm　533円

◇王朝千年記―平安朝日誌九九〇年代　槙野広造著　京都　思文閣出版　2001.10　287p　22cm　〈年表あり〉　1800円　①4-7842-1089-X

◇平安朝に老いを学ぶ　服藤早苗著　朝日新聞社　2001.8　244p　19cm　（朝日選書）　1200円　①4-02-259782-8

◇再現日本史―週刊time travel　平安5　講談社　2001.7　42p　30cm　533円

◇平安京の器―その様式と色彩の文化史　梅川光隆著　京都　白沙堂　2001.7　207p　30cm　〈奥付のタイトル（誤植）：平安京の土器〉　非売品

◇再現日本史―週刊time travel　平安10　講談社　2001.6　42p　30cm　533円

◇週刊ビジュアル日本の歴史　no.62　貴族の没落　2　デアゴスティーニ・ジャパン　2001.5　p44-83　30cm　533円

◇平安時代国制史研究　佐々木宗雄著　校倉書房　2001.5　306p　22cm　8000円　①4-7517-3200-5

◇九条家本玉葉　7　九条兼実著, 宮内庁書陵部編　明治書院　2001.4　343p　22cm　（図書寮叢刊）　18000円　①4-625-42303-1

◇週刊ビジュアル日本の歴史　no.58　武士の登場　8　デアゴスティーニ・ジャパン　2001.4　p296-335　30cm　533円

◇週刊ビジュアル日本の歴史　no.59　武士の登場　9　デアゴスティーニ・ジャパン　2001.4　p338-377　30cm　533円

◇週刊ビジュアル日本の歴史　no.60　武士の登場　10　デアゴスティーニ・ジャパン　2001.4　p380-417　30cm　533円

◇週刊ビジュアル日本の歴史　no.61　貴族の没落　1　デアゴスティーニ・ジャパン　2001.4　41p　30cm　533円

◇週刊ビジュアル日本の歴史　no.54　武士の登場　4　デアゴスティーニ・ジャパン　2001.3　p128-167　30cm　533円

◇週刊ビジュアル日本の歴史　no.55　武士の登場　5　デアゴスティーニ・ジャパン　2001.3　p170-209　30cm　533円

◇週刊ビジュアル日本の歴史　no.56　武士の登場　6　デアゴスティーニ・ジャパン　2001.3　p212-251　30cm　533円

◇週刊ビジュアル日本の歴史　no.57　武士の登場　7　デアゴスティーニ・ジャパン　2001.3　p254-293　30cm　533円

◇律令国家の転換と「日本」　坂上康俊著　講談社　2001.3　368p　20cm　（日本の歴史 第5巻）　2200円　①4-06-268905-7

◇週刊ビジュアル日本の歴史　no.51　武士の登場　1　デアゴスティーニ・ジャパン　2001.2　41p　30cm　533円

◇週刊ビジュアル日本の歴史　no.53　武士の登場　3　デアゴスティーニ・ジャパン　2001.2　p86-125　30cm　533円

◇平安人物志　山中裕著　東京大学出版会　2001.1　251p　21cm　（東大人文科学研究叢書）　5200円　①4-13-020039-9

◇正倉院宝物と平安時代―和風化への道　米田雄介著　京都　淡交社　2000.10

政 治

191p 26cm 3000円 ⓈI4-473-01693-5

◇古代仏教界と王朝社会 曽根正人著 吉川弘文館 2000.9 284, 12p 22cm 6800円 ⓈI4-642-02351-8

◇平安初期の王権と官僚制 仁藤智子著 吉川弘文館 2000.9 309, 8p 22cm 9000円 ⓈI4-642-02352-6

◇王朝風土記 村井康彦著 角川書店 2000.4 243p 19cm 〈角川選書 314〉 1500円 ⓈI4-04-703314-6

◇九条家本玉葉 6 九条兼実著, 宮内庁書陵部編 明治書院 2000.4 311p 22cm 〈図書寮叢刊〉 ⓈI4-625-42301-5

◇知っててほしい貴族・武士の世に活躍した人びと―平安・鎌倉時代 佐藤和彦監修 あかね書房 2000.4 47p 31cm 〈楽しく調べる人物図解日本の歴史 2〉〈索引あり〉 3200円 ⓈI4-251-07932-9

◇平安時代 小和田哲男監修 岩崎書店 2000.4 47p 29cm 〈人物・資料でよくわかる日本の歴史 4〉 3000円 ⓈI4-265-04844-7, 4-265-10223-9

◇古代中世の課題 竹内理三著, 竹内啓編・解説 角川書店 2000.3 415p 22cm 〈竹内理三著作集 第8巻〉 14000円 ⓈI4-04-522708-3

◇平安時代の信仰と宗教儀礼 三橋正著 続群書類従完成会 2000.3 801, 16p 22cm 16000円 ⓈI4-7971-0779-0

◇平成新修古筆資料集 第1集 田中登編 京都 思文閣出版 2000.3 249, 6p 21cm 2600円 ⓈI4-7842-1035-0

◇政事要略 惟宗允亮著, 黒板勝美編輯 新装版 吉川弘文館 2000.2 721, 50p 23cm 〈国史大系 新訂増補 第28巻〉〈複製〉 10000円 ⓈI4-642-00330-4

◇「マンガ」日本の歴史がわかる本 「古代―南北朝時代」篇 小和田哲男監修, 小杉あきら画 三笠書房 1999.12 281p 15cm 〈知的生きかた文庫〉 533円 ⓈI4-8379-7075-3

◇大日本史料 第3編之22 鳥羽天皇 元永2年4月―同年7月 東京大学史料編纂所編纂 東京大学出版会 1999.11 361p 22cm 〈東京大学平成2年刊の複製〉 12000円 ⓈI4-13-090122-2

◇平安時代 保立道久著 岩波書店 1999.11 193, 3p 18cm 〈岩波ジュニア新書〉 740円 ⓈI4-00-500333-8

◇国司補任 索引 宮崎康充監修, 遠山久也編 続群書類従完成会 1999.10 603, 73p 22cm 12000円 ⓈI4-7971-0646-8

◇平安時代の美術―九州の彫刻を中心に 熊本県立美術館編 熊本 熊本県立美術館 1999.10 213p 28cm 〈熊本の美術展 第21回〉〈会期:平成11年10月20日―11月28日〉

◇平安時代の離婚の研究―古代から中世へ 栗原弘著 弘文堂 1999.9 316, 9p 22cm 5800円 ⓈI4-335-25046-0

◇中世成立期の政治文化 十世紀研究会編 東京堂出版 1999.5 389p 22cm 8500円 ⓈI4-490-20380-2

◇校本保曆間記 佐伯真一, 高木浩明編著 大阪 和泉書院 1999.3 319p 22cm 〈重要古典籍叢刊 2〉〈複製および翻刻〉 8000円 ⓈI4-87088-964-1

◇大日本古記録 〔第21〕3 中右記 3 (永長元年―承徳元年) 東京大学史料編纂所編纂 藤原宗忠著 岩波書店 1999.3 246p 22cm 11000円 ⓈI4-00-009732-6

◇大日本史料 第3編之25 鳥羽天皇 保安元年8月―同年雑載 東京大学史料編纂所編纂 東京大学出版所 1999.3 459p 22cm 〈折り込1枚〉〔東京〕東京大学出版会(発売)〉 9000円 ⓈI4-13-

8

◇王朝の色と美　伊原昭著　笠間書院　1999.1　344, 8p　22cm　（笠間叢書319）　12000円　①4-305-10319-2

◇逆説の日本史―ケガレ思想と差別の謎　4　中世鳴動編　井沢元彦著　小学館　1999.1　438p　15cm　（小学館文庫）　619円　①4-09-402004-7

◇羽仁進の日本歴史物語　羽仁進著　小学館　1999.1　334p　19cm　1800円　①4-09-387273-2

◇平安の春　角田文衞著　講談社　1999.1　328p　15cm　（講談社学術文庫）　920円　①4-06-159360-9

◇古代中世の社会と国家　大阪　清文堂出版　1998.12　710p　22cm　（大阪大学文学部日本史研究室創立50周年記念論文集　上巻）　14000円　①4-7924-0445-2

◇平安朝女性のライフサイクル　服藤早苗著　吉川弘文館　1998.12　209p　19cm　（歴史文化ライブラリー54）　1700円　①4-642-05454-5

◇古代・王朝人の暮らし　日本風俗史学会編, 上杉和彦ほか著　つくばね舎　1998.9　198p　21cm　〈東京　地歴社（発売）〉　2500円　①4-924836-29-X

◇東と西の語る日本の歴史　網野善彦著　講談社　1998.9　340p　15cm　（講談社学術文庫）　960円　①4-06-159343-9

◇平安春秋の記　中橋実著　日本図書刊行会, 近代文芸社〔発売〕　1998.9　285p　19cm　1500円　①4-8231-0157-X

◇九条家本玉葉　5　九条兼実著, 宮内庁書陵部編　明治書院　1998.3　339p　22cm　（図書寮叢刊）　17100円　①4-625-51203-4

◇さかえる平安の貴族―平安時代1　吉村武彦監修, 岩井渓画　集英社　1998.3　163p　23cm　（集英社版・学習漫画）　850円　①4-08-239005-7

◇平安遺文―索引編　下　竹内理三編　4版　東京堂出版　1998.3　304p　22cm　9500円　①4-490-30026-3

◇婚姻と女性　総合女性史研究会編　吉川弘文館　1998.1　394p　21cm　（日本女性史論集4）　5700円　①4-642-01354-7

◇家と女性　総合女性史研究会編　吉川弘文館　1997.12　351p　21cm　（日本女性史論集3）　5700円　①4-642-01353-9

◇古代と中世のはざまで―時代を撃つ王朝知識人　棚橋光男著　金沢　北国新聞社　1997.12　202p　20cm　2000円　①4-8330-1001-1

◇日本古代中世の政治と文化　佐伯有清編　吉川弘文館　1997.12　450p　22cm　12000円　①4-642-01305-9

◇平安鎌倉史紀行　宮脇俊三著　講談社　1997.12　447p　15cm　（講談社文庫）〈年表あり〉　657円　①4-06-263660-3

◇新まんが日本史　上　縄文時代―平安時代　鳥海靖監修, 巴里夫まんが, 柳川創造シナリオ　増補　学校図書　1997.11　151p　22cm　838円　①4-7625-0824-1

◇日本彫刻史基礎資料集成　平安時代・重要作品篇5　中央公論美術出版　1997.11　114p 図版131p　33cm　〈編纂：丸尾彰三郎ほか〉　21000円　①4-8055-1014-5

◇平安人物誌　中橋実著　日本図書刊行会, 近代文芸社〔発売〕　1997.8　293p　19cm　1500円　①4-89039-355-2

◇マンガ日本の歴史　13　院政と武士と僧兵　石ノ森章太郎著　中央公論社　1997.8　214p　16cm　（中公文庫）　524円　①4-12-202925-2

◇みやこ人の誕生―平安時代　ぎょうせい　1997.8　191p　26cm　（おもしろ日本史まんがパノラマ歴史館4）　2000円

政治

◇平安朝の家と女性―北政所の成立　服藤早苗著　平凡社　1997.6　252p　20cm　（平凡社選書 169）〈文献あり〉　2200円　①4-582-84169-4

◇マンガ日本の歴史　9　延喜の治と菅原道真の怨霊　石ノ森章太郎著　中央公論社　1997.6　212p　16cm　（中公文庫）　524円　①4-12-202883-3

◇日本国家の史的特質　古代・中世　大山喬平教授退官記念会編　京都　思文閣出版　1997.5　783p　22cm　〈肖像あり〉　15000円　①4-7842-0937-9

◇日本社会の史的構造　古代・中世　大山喬平教授退官記念会編　京都　思文閣出版　1997.5　761p　22cm　〈肖像あり〉　15000円　①4-7842-0936-0

◇九条家本玉葉　4　九条兼実著, 宮内庁書陵部編　明治書院　1997.3　282p　22cm　（図書寮叢刊）　15500円　①4-625-51070-8

◇古都千年物語―平安朝日誌九八〇年代　槙野広造著　京都　白川書院　1997.2　269p　22cm　1800円　①4-7867-0022-3

◇平安時代　学習研究社　1997.2　48p　27cm　（ひとり調べができる時代別日本の歴史 3）　①4-05-500231-9, 4-05-810504-6

◇物語日本の歴史―その時代を見た人が語る　第10巻　源平の戦い　笠原一男編　木耳社　1997.2　176p　20cm　1500円　①4-8393-7562-3

◇心葉―平安の美を語る　白畑よし, 志村ふくみ著　京都　人文書院　1997.1　196p　22cm　2781円　①4-409-16077-X

◇ドラえもんのびっくり日本の歴史―遺跡・大建築編　2　平安京から堺の町　藤子・F・不二雄原作, 田中道明まんが　小学館　1997.1　125p　23cm　（小学館版学習まんが）〈監修：峰岸純夫〉　880円　①4-09-253322-5

◇物語日本の歴史―その時代を見た人が語る　第9巻　崩れゆく平家　笠原一男編　木耳社　1996.12　199p　20cm　1500円　①4-8393-7561-5

◇平安王朝　保立道久著　岩波書店　1996.11　251p　18cm　（岩波新書）　680円　①4-00-430469-5

◇物語日本の歴史―その時代を見た人が語る　第8巻　おごる平家　笠原一男編　木耳社　1996.10　192p　20cm　1500円　①4-8393-7560-7

◇中世都市京都の研究　黒田紘一郎著　校倉書房　1996.9　428p　21cm　（歴史科学叢書）　10300円　①4-7517-2640-4

◇日本古代中世文化史への接近―民衆・女性・交流・地方文化　奥野中彦著　三一書房　1996.9　197p　21cm　2800円　①4-380-96272-5

◇物語日本の歴史―その時代を見た人が語る　第7巻　武家政治の夜明け　笠原一男編　木耳社　1996.7　201p　20cm　1500円　①4-8393-7559-3

◇逆説の日本史―ケガレ思想と差別の謎　4　中世鳴動編　井沢元彦著　小学館　1996.6　347p　19cm　1600円　①4-09-379415-4

◇史料纂集　〔第18〕　第3　権記　第3　渡辺直彦, 厚谷和雄校訂　続群書類従完成会　1996.5　265p　22cm　①4-7971-1286-7

◇平安時代補任及び女人綜覧　人物索引　本多伊平編　笠間書院　1996.4　457p　27cm　（笠間索引叢刊 112）　25000円　①4-305-20112-7

◇王朝教育史資料　春山作樹編　増補版　大空社　1996.3　209p　21cm　（日本教育史基本文献・史料叢書）　10000円

政 治

ⓘ4-87236-635-2

◇吉記人名索引　1　学習院大学吉記輪読会編　学習院大学吉記輪読会　1996.3　127p　21cm

◇九条家本玉葉　3　九条兼実著, 宮内庁書陵部編　明治書院　1996.3　303p　22cm（図書寮叢刊）　16300円　ⓘ4-625-51068-6

◇大日本古記録　〔第21〕2　中右記　2　嘉保元年～嘉保2年　東京大学史料編纂所編纂　藤原宗忠著　岩波書店　1996.3　300p　22cm　13000円　ⓘ4-00-009731-8

◇大日本史料　第3編之24　鳥羽天皇　保安元年正月～同年7月　東京大学史料編纂所編纂　東京大学　1996.3　436p　22cm　〈発売：東京大学出版会〉　6386円　ⓘ4-13-090124-9

◇歴史の主役たち─変革期の人間像　永井路子著　文芸春秋　1996.3　282p　16cm（文春文庫）　480円　ⓘ4-16-720034-1

◇平安彫刻史の研究　清水善三著　中央公論美術出版　1996.2　525p　25cm　30900円　ⓘ4-8055-0306-8

◇古代末期政治史序説─古代末期の政治過程および政治形態　石母田正著　未来社　1995.11　656, 32p　22cm　〈1964年刊の再刊〉　7004円　ⓘ4-624-11158-3

◇日本歴史大系　3　貴族政治と武士　井上光貞ほか編　山川出版社　1995.11　291, 23p　22cm　〈普及版〉　3000円　ⓘ4-634-33030-X

◇王朝の植物　近藤浩文著　大阪　保育社　1995.9　151p　15cm　（カラーブックス879）〈引用・参考文献：p151〉　700円　ⓘ4-586-50879-5

◇平安王朝襲色目　河田満智子著　日彫　1995.8　3冊（解説書とも）　31cm　〈染色：竹内本草木染工房　裂地186組貼付折本　箱入　「男女装束合色目」「女房装束襲袿色目」に分冊刊行　和装〉　全88000円

◇逆説の日本史　3（古代言霊編）　平安建都と万葉集の謎　井沢元彦著　小学館　1995.6　361p　20cm　1600円　ⓘ4-09-379414-6

◇岩波講座日本通史　第6巻　古代　5　朝尾直弘ほか編　岩波書店　1995.4　360p　22cm　2800円　ⓘ4-00-010556-6

◇平安朝の女と男─貴族と庶民の性と愛　服藤早苗著　中央公論社　1995.4　230p　18cm（中公新書）　720円　ⓘ4-12-101240-2

◇青い森の農耕社会と文化─平安時代、鎌倉・室町時代編　青森県埋蔵文化財調査センター編　青森　青森県埋蔵文化財調査センター　1995.3　90p　26cm（図説ふるさと青森の歴史シリーズ5）〈共同刊行：青森県教育委員　文献あり〉

◇九条家本玉葉　2　九条兼実著, 宮内庁書陵部編　明治書院　1995.3　303p　22cm（図書寮叢刊）　15500円　ⓘ4-625-51050-3

◇大日本史料　第2編之25　後一条天皇　万寿4年11月～同年12月　東京大学史料編纂所編纂　東京大学　1995.3　328p　22cm　〈発売：東京大学出版会〉　5562円　ⓘ4-13-090075-7

◇岩波講座日本通史　第5巻　古代　4　朝尾直弘ほか編　岩波書店　1995.2　368p　22cm　2800円　ⓘ4-00-010555-8

◇伊都内親王と阿保親王─平安遷都は不安続きで始まった　李家正文著　泰流社　1995.1　186p　20cm　4800円　ⓘ4-8121-0101-8

◇平安王朝の宮廷社会　黒板伸夫著　吉川弘文館　1995.1　273, 9p　22cm　6180円　ⓘ4-642-02279-1

◇平安鎌倉史紀行　宮脇俊三著　講談社

政　治

◇1994.12　398p　20cm　〈略年表：p396〜398〉　1700円　ⓘ4-06-207302-1

◇物語日本の歴史―その時代を見た人が語る　第5巻　花開く清和源氏　笠原一男編　木耳社　1994.12　193p　20cm　1500円　ⓘ4-8393-7557-7

◇平安から鎌倉へ―武士政権誕生の時代　平成6年度特別展　岡山県立博物館編　岡山　岡山県立博物館　1994.10　70p　26cm

◇親経卿記　藤原親経著, 大島幸雄ほか編著　高科書店　1994.7　180p　22cm　4000円

◇物語日本の歴史―その時代を見た人が語る　第4巻　藤原一門の光と影　笠原一男編　木耳社　1994.5　213p　20cm　1500円　ⓘ4-8393-7556-9

◇日本王朝国家論　佐々木宗雄著　名著出版　1994.4　358, 4p　22cm　7800円　ⓘ4-626-01488-7

◇平安時代史事典　古代学協会・古代学研究所編　角川書店　1994.4　3冊（資料・索引編とも）　27cm　〈監修：角田文衞〉　全52000円　ⓘ4-04-031700-9

◇「王朝の美」目録―特別展覧会　京都国立博物館編　日本テレビ放送網　1994.3　290p　30cm　〈共同刊行：読売テレビ放送　会期：平成6年4月12日〜5月15日〉

◇九条家本玉葉　1　九条兼実著, 宮内庁書陵部編　明治書院　1994.3　328p　22cm　（図書寮叢刊）　16000円　ⓘ4-625-51049-X

◇中世を歩く―京都の古寺　饗庭孝男著　小沢書店　1994.3　199p　20cm　（小沢コレクション 42）　1648円

◇平安時代の儀礼と歳事―平安時代の文学と生活　山中裕, 鈴木一雄編　至文堂　1994.2　257p　21cm　〈各章末：参考文献〉　2500円　ⓘ4-7843-0119-4

◇平安時代の信仰と生活―平安時代の文学と生活　山中裕, 鈴木一雄編　至文堂　1994.2　291p　21cm　〈各章末：参考文献〉　2500円　ⓘ4-7843-0120-8

◇平安時代の国家と祭祀　岡田荘司著　続群書類従完成会　1994.1　698, 35p　22cm　8800円

◇物語日本の歴史―その時代を見た人が語る　第3巻　ゆらぐ貴族政治　笠原一男編　木耳社　1994.1　212p　20cm　1500円　ⓘ4-8393-7555-0

◇岩波講座日本通史　第7巻　中世　1　朝尾直弘ほか編　岩波書店　1993.11　364p　22cm　2800円　ⓘ4-00-010557-4

◇日本の歴史がわかる本―人物篇　古代〜鎌倉時代　小和田哲男著　三笠書房　1993.11　269p　15cm　（知的生きかた文庫）　500円　ⓘ4-8379-0613-3

◇物語日本の歴史―その時代を見た人が語る　第2巻　貴族の政治と文化　笠原一男編　木耳社　1993.11　212p　20cm　1500円　ⓘ4-8393-7554-2

◇都城の土器集成　2　古代の土器研究会編　京都　古代の土器研究会　1993.10　132p　30cm　（古代の土器 2）

◇日本古代・中世史図書目録　日外アソシエーツ株式会社編　日外アソシエーツ　1993.9　873p　22cm　（歴史図書総目録 2）　〈発売：紀伊国屋書店〉　32000円　ⓘ4-8169-1171-5

◇日本史の中の柳之御所跡　平泉文化研究会編　吉川弘文館　1993.7　199p　20cm　1980円　ⓘ4-642-07400-7

◇京都大学文学部博物館の古文書　第11輯　永昌記紙背文書　佐duce泰弘編　京都　思文閣出版　1993.6　32p　33cm　2060円　ⓘ4-7842-0778-3

◇新視点日本の歴史　第4巻（中世編）　平安末期→戦国時代　峰岸純夫, 池上裕子

12

政治

編　新人物往来社　1993.6　334p　22cm　4800円　Ⓘ4-404-02004-X

◇中世成立期の歴史像　十世紀研究会編　東京堂出版　1993.5　394p　22cm　9800円　Ⓘ4-490-20211-3

◇平安の朝廷―その光と影　笹山晴生著　吉川弘文館　1993.4　311p　20cm　2300円　Ⓘ4-642-07395-7

◇古代史を彩った人々　豊田有恒著　講談社　1993.3　237p　15cm　（講談社文庫）　420円　Ⓘ4-06-185350-3

◇大日本史料　第3編之23　鳥羽天皇　元永2年8月～元永年中雑載　東京大学史料編纂所編纂　東京大学　1993.3　400p　22cm　〈発売：東京大学出版会〉　6600円

◇中世　〔オールカラー版〕　朝日新聞社　1993.2　144p　26cm　（見る・読む・わかる日本の歴史2）　2000円　Ⓘ4-02-256563-2

◇平安人名辞典―長保二年　槙野広造編　高科書店　1993.2　678p　27cm　18000円

◇平安人名辞典　長保二年　槙野広造編　高科書店　1993.2　678p　26cm　18540円

◇近衛府補任　第1　市川久編　続群書類従完成会　1992.12　297p　22cm　9270円

◇奈良平安時代史研究　土田直鎮著　吉川弘文館　1992.11　617,9p　22cm　（日本史学研究叢書）　10000円　Ⓘ4-642-02257-0

◇日本交通史　児玉幸多編　吉川弘文館　1992.11　401p　19cm　2800円　Ⓘ4-642-07390-6

◇王朝の残映―平安時代史の研究第3冊　角田文衞著　東京堂出版　1992.10　503p　22cm　9800円　Ⓘ4-490-20200-8

◇大系日本の歴史　4　王朝の社会　永原慶二ほか編　棚橋光男著　小学館　1992.10　401p　16cm　（小学館ライブラリー）　980円　Ⓘ4-09-461004-9

◇平安京音の宇宙　中川真著　平凡社　1992.6　387p　20cm　2800円　Ⓘ4-582-21961-6

◇歴史に咲いた女たち　平安の花　石丸晶子著　広済堂出版　1992.6　261p　20cm　1600円　Ⓘ4-331-50367-4

◇反復する中世　高橋輝雄著　梟社，新泉社〔発売〕　1992.5　462p　19cm　3090円

◇平安時代補任及び女人綜覧　本多伊平編　笠間書院　1992.5　661p　27cm　（笠間索引叢刊 101）　39140円

◇九条家本除目抄　下　宮内庁書陵部編　明治書院　1992.3　251p　22cm　（図書寮叢刊）　10500円　Ⓘ4-625-51044-9

◇大日本史料　第2編之24　後一条天皇　万寿4年3月～同年10月　東京大学史料編纂所編纂　東京大学　1992.3　348p　22cm　〈発売：東京大学出版会〉　5600円

◇まんが日本の歴史―小学館版　3　武士の興りと鎌倉幕府　あおむら純漫画　小学館　1992.1　327p　20cm　〈総監修：児玉幸多〉　1400円　Ⓘ4-09-624003-6

◇日本の歴史―集英社版　7　武者の世に　児玉幸多ほか編　入間田宣夫著　集英社　1991.12　350p　22cm　〈年表・おもな参考文献：p336～341〉　2400円　Ⓘ4-08-195007-5

◇まんが日本の歴史―小学館版　2　平城京から平安京へ　あおむら純漫画　小学館　1991.12　351p　20cm　〈総監修：児玉幸多〉　1400円　Ⓘ4-09-624002-8

◇初期中世社会史の研究　戸田芳実著　東京大学出版会　1991.11　329p　22cm　5356円　Ⓘ4-13-020099-2

政治

◇日本古代宮廷社会の研究　滝浪貞子著　京都　思文閣出版　1991.11　572, 15p　22cm　〈思文閣史学叢書〉　12154円　④4-7842-0677-9

◇日本の歴史―集英社版　6　王朝と貴族　児玉幸多ほか編　朧谷寿著　集英社　1991.11　334p　22cm　〈年表・おもな参考文献：p318～325〉　2400円　④4-08-195006-7

◇古文書の語る日本史　2　平安　所理喜夫ほか編　橋本義彦編　筑摩書房　1991.10　529, 13p　20cm　〈監修：児玉幸多〉　3900円　④4-480-35432-8

◇日本の歴史―集英社版　5　平安建都　児玉幸多ほか編　滝浪貞子著　集英社　1991.10　366p　22cm　〈おもな参考文献・年表：p356～361〉　2400円　④4-08-195005-9

◇面白すぎる謎解き日本史―ここまでわかった戦国日本　中ノ巻　平安時代から信長統一まで　歴史の謎を探る会編　青春出版社　1991.7　246p　15cm　〈青春best文庫〉　460円　④4-413-08055-6

◇日本の歴史がわかる本　古代～南北朝時代篇　小和田哲男著　三笠書房　1991.7　269p　15cm　〈知的生きかた文庫〉　450円　④4-8379-0455-6

◇国司補任　第5　宮崎康充編　続群書類従完成会　1991.5　622p　22cm　12360円

◇宮崎平野の歴史　上巻　ふるさとをつくる―縄文・弥生時代～奈良・平安時代　南邦和シナリオ, 宮崎加奈子まんが　宮崎　鉱脈社　1991.5　169p　22cm　〈親と子の学習まんが〉〈共同企画編集：宮崎青年会議所〉　1000円

◇京都よみがえる古代　井上満郎著　京都　ミネルヴァ書房　1991.5　255p　22cm　2600円　④4-623-02100-9

◇九条家本除目抄　上　宮内庁書陵部編　明治書院　1991.3　220p　22cm　〈図書寮叢刊〉　9600円　④4-625-51043-0

◇仙洞御移徙部類記　下　宮内庁書陵部　1991.3　272p　22cm　〈図書寮叢刊〉

◇平安王朝の政治と制度　藤木邦彦著　吉川弘文館　1991.3　314, 4p　22cm　7000円　④4-642-02250-3

◇平安朝の母と子―貴族と庶民の家族生活史　服藤早苗著　中央公論社　1991.1　215p　18cm　〈中公新書〉　580円　④4-12-101003-5

◇王朝の終焉と吉備の「たたら」　友末弘著　津山　友末弘　1990.12　157p　22cm　〈製作：友野印刷〉　非売品

◇日本歴史「古記録」総覧―学校図書館用　古代・中世篇　橋本義彦ほか著　新人物往来社　1990.12　476p　22cm　3200円　④4-404-01788-X

◇変革期の人間像　永井路子著　吉川弘文館　1990.12　275p　20cm　1600円　④4-642-07290-X

◇日本の歴史―マンガ　13　院政と武士と僧兵　石ノ森章太郎著　中央公論社　1990.11　237p　20cm　〈監修：児玉幸多〉　1000円　④4-12-402813-X

◇平安時代の宇治―王朝文化の語り部たち　宇治市歴史資料館企画・編集　宇治　宇治市教育委員会　1990.11　122p　19cm　〈宇治文庫 2〉

◇日本の歴史―マンガ　12　傾く摂関政治と地方の社会　石ノ森章太郎著　中央公論社　1990.10　235p　20cm　〈監修：児玉幸多〉　1000円　④4-12-402812-1

◇平安前期政治史の研究　阿部猛著　新訂版　高科書店　1990.9　307, 2, 14p　22cm　6000円

◇国司補任　第4　宮崎康充編　続群書類従完成会　1990.8　503p　22cm　9270円

政 治

◇訓読玉葉　第8巻　巻第60～巻第66　九条兼実原著, 高橋貞一著　高科書店　1990.7　362p　22cm　8000円

◇日本史の社会集団　第2巻　王朝貴族　村井康彦著　小学館　1990.6　398p　15cm　〈文庫判〉　800円　①4-09-401122-6

◇日本史の社会集団　第3巻　中世武士団　石井進著　小学館　1990.5　477p　15cm　〈文庫判〉　800円　①4-09-401123-4

◇国司補任　第3　宮崎康充編　続群書類従完成会　1990.3　468p　22cm　8240円

◇新編日本合戦全集　1　古代源平編　桑田忠親著　秋田書店　1990.3　262p　20cm　〈折り込図1枚〉　1700円　①4-253-00377-X, 4-253-90008-9

◇仙洞御移徙部類記　上　宮内庁書陵部編　明治書院　1990.3　241p　22cm　（図書寮叢刊）　8800円　①4-625-51041-4

◇訓読玉葉　第7巻　巻第50～巻第59　九条兼実原著, 高橋貞一著　高科書店　1990.2　378p　22cm　8240円

◇久米邦武歴史著作集　第2巻　日本古代中世史の研究　大久保利謙ほか編纂　吉川弘文館　1989.12　364, 20p　22cm　6800円　①4-642-01273-7

◇国司補任　第2　宮崎康充編　続群書類従完成会　1989.11　525p　22cm　9270円

◇平安世紀末・考 —総合から選択へ　百瀬明治著　河出書房新社　1989.11　242p　20cm　2200円　①4-309-22169-6

◇訓読玉葉　第6巻　巻第43～巻第49　九条兼実原著, 高橋貞一著　高科書店　1989.10　349p　22cm　8240円

◇日本古代末期史論　垣見岳秀著　亀岡南郷書房出版部　1989.9　306p　22cm

◇訓読玉葉　第5巻　巻第36～巻第42　九条兼実原著, 高橋貞一著　高科書店　1989.8　370p　22cm　8240円

◇国司補任　第1　宮崎康充編　続群書類従完成会　1989.6　414p　22cm　7210円

◇増補史料大成　第29巻　吉記　1　増補史料大成刊行会編　藤原経房著　京都　臨川書店　1989.6　338p　22cm　〈第5刷（第1刷：昭和40年）〉　①4-653-00547-8, 4-653-01858-8

◇増補史料大成　第30巻　吉記　2（寿永2年～文治4年）　吉続記—文永4年～乾元元年　増補史料大成刊行会編　藤原経房著, 藤原経長著　京都　臨川書店　1989.6　428p　22cm　〈第5刷（第1刷：昭和40年）〉　①4-653-00548-6, 4-653-01858-8

◇古代史を彩（いろど）った人々　豊田有恒著　講談社　1989.5　208p　19cm　1200円　①4-06-204380-7

◇桃裕行著作集　第5巻　古記録の研究　下　京都　思文閣出版　1989.5　308p　22cm　5974円　①4-7842-0548-9

◇中世日本の諸相　上　安田元久先生退任記念論集刊行委員会編　吉川弘文館　1989.4　582p　22cm　10100円　①4-642-02628-2

◇訓読玉葉　第4巻　巻第27～巻第35　九条兼実原著, 高橋貞一著　高科書店　1989.3　348p　22cm　8000円

◇増補史料大成　第26巻　山槐記　1　増補史料大成刊行会編　中山忠親著　京都　臨川書店　1989.3　305p　22cm　〈第5刷（第1刷：昭和40年）〉　①4-653-00544-3, 4-653-01846-4

◇増補史料大成　第27巻　山槐記　2　増補史料大成刊行会編　中山忠親著　京都　臨川書店　1989.3　330p　22cm　〈第5刷（第1刷：昭和40年）〉　①4-653-00545-1, 4-653-01846-4

◇増補史料大成　第28巻　山槐記　3　増

政 治

◇補史料大成刊行会編　中山忠親著　京都　臨川書店　1989.3　356p　22cm　〈第5刷（第1刷：昭和40年）〉　⑭4-653-00546-X, 4-653-01846-4

◇訓読玉葉　第3巻　巻第20～巻第26　九条兼実原著, 高橋貞一著　高科書店　1989.1　366p　22cm　8000円

◇訓読玉葉　第2巻　巻第12～巻第19　九条兼実原著, 高橋貞一著　高科書店　1988.11　338p　22cm　8000円

◇桃裕行著作集　第4巻　古記録の研究　上　京都　思文閣出版　1988.9　286p　22cm　5800円　⑭4-7842-0520-9

◇訓読玉葉　第1巻　巻第1～巻第11　九条兼実原著, 高橋貞一著　高科書店　1988.7　362p　22cm　8000円

◇日本古文書学論集　4　古代　2　奈良・平安時代の文書　日本古文書学会編　山本信吉, 飯倉晴武編　吉川弘文館　1988.7　395p　22cm　5800円　⑭4-642-01259-1

◇戦乱の日本史—合戦と人物　第2巻　平安王朝の武士　村井康彦責任編集　第一法規出版　1988.6　158p　31cm　〈監修：安田元久　編集：風土社〉　3500円　⑭4-474-10132-4

◇戦乱の日本史—合戦と人物　第3巻　源平の争乱　安田元久責任編集　第一法規出版　1988.6　158p　31cm　〈監修：安田元久　編集：風土社〉　3500円　⑭4-474-10133-2

◇平記　大府記　永昌記　愚昧記　平親信ほか著, 藤原為房著, 藤原為隆著, 三条実房著, 陽明文庫編　京都　思文閣出版　1988.5　589p　16×23cm　〈陽明叢書　記録文書篇第6輯〉〈複製〉　14000円　⑭4-7842-0501-2

◇大系日本の歴史　4　王朝の社会　永原慶二ほか編　棚橋光男著　小学館　1988.4　326p　21cm　1800円　⑭4-09-622004-3

◇忘れられた「日本意外史」　1　源氏と平家　岡橋隼夫著　はまの出版　1988.4　243p　19cm　1200円　⑭4-89361-045-7

◇王朝政権から武家政権確立　蜂矢敬啓著　高文堂出版社　1988.2　124p　19cm　（人間活性化双書）　1100円　⑭4-7707-0242-6

◇奈良・平安時代の宮都と文化　戸田秀典著　吉川弘文館　1988.2　391, 9p　22cm　〈折り込図2枚〉　9000円　⑭4-642-02135-3

◇平安の美術　大日本インキ化学工業　1988.2　304, 67p　30cm　〈創業80周年記念刊行　はり込図89枚〉　非売品

◇日本史講義　3　古代中世の社会文化史　林屋辰三郎著　筑摩書房　1987.10　303p　22cm　3200円　⑭4-480-35903-6

◇源平の争乱　安田元久著　新人物往来社　1987.6　218p　20cm　1800円　⑭4-404-01419-8

◇総合日本史—写真図説　第3巻　日本近代史研究会著　新版　名著編纂会　1987.6　301p　31cm

◇総合日本史—写真図説　第4巻　日本近代史研究会著　新版　名著編纂会　1987.6　296p　31cm

◇人物群像・日本の歴史　第4巻　貴族の栄華　学習研究社　1987.5　199p　30cm

◇人物群像・日本の歴史　第5巻　源平の争乱　学習研究社　1987.5　199p　30cm

◇王朝国家国政史の研究　坂本賞三編　吉川弘文館　1987.3　399p　22cm　〈折り込表1枚〉　7500円　⑭4-642-02211-2

◇中世公家と地下官人　中原俊章著　吉川弘文館　1987.2　257, 15p　19cm　（中世史研究選書）　2500円　⑭4-642-02647-9

◇日本生活文化史　第3巻　日本的生活の

政治

基点―平安―鎌倉 門脇禎二ほか編 武者小路穣ほか編 新版 河出書房新社 1987.2 258p 図版11枚 26cm 〈年表：p255〜258〉

◇増補史料大成 第4巻 権記1 増補史料大成刊行会編 藤原行成著 京都 臨川書店 1986.11 300p 22cm 〈第5刷（第1刷：昭和40年）〉 ①4-653-00518-4

◇増補史料大成 第5巻 権記2 帥記 増補史料大成刊行会編 藤原行成著,源経信著 京都 臨川書店 1986.11 240,163p 22cm 〈第5刷（第1刷：昭和40年）〉 ①4-653-00519-2

◇平安時代の神社と祭祀 二十二社研究会編 国書刊行会 1986.11 408p 22cm 7500円

◇古代中世の政治と地域社会 井上辰雄編 雄山閣出版 1986.9 505p 22cm 〈筑波大学創立十周年記念日本史論集〉 12000円 ①4-639-00589-X

◇日本通史 1 歴史の曙から伝統社会の成熟へ―原始・古代・中世 義江彰夫著 山川出版社 1986.8 452, 15p 23cm 3800円 ①4-634-30010-9

◇王朝文化断章 村井康彦著 〔東村山〕教育社 1985.11 336p 20cm 1900円 ①4-315-50229-4

◇角田文衞著作集 第6巻 平安人物誌 下 京都 法藏館 1985.7 346p 22cm 7000円

◇平安朝日誌 槙野広浩著 京都 ふたば書房 1985.5 205p 22cm 1200円 ①4-89320-102-6

◇朔旦冬至部類 木本好信校訂 大進社印刷製本出版 1985.4 198, 27p 22cm 〈宮内庁書陵部蔵柳原本〉 2500円

◇女官通解 浅井虎夫著 新訂 所京子校訂 講談社 1985.2 285p 15cm （講談社学術文庫） 700円 ①4-06-158670-X

◇角田文衞著作集 第7巻 紫式部の世界 京都 法藏館 1984.12 451p 22cm 7000円

◇日本政治社会史研究 中 岸俊男教授退官記念会編 塙書房 1984.10 600p 22cm 8800円

◇奈良平安時代史論集 土田直鎮先生還暦記念会編 吉川弘文館 1984.9 2冊 22cm 各10000円 ①4-642-02129-9

◇索引史料綜覧―平安時代 加納重文編 大阪 和泉書院 1984.8 207p 22cm （索引叢書8） 5000円 ①4-87088-117-9

◇角田文衞著作集 第4巻 王朝文化の諸相 京都 法藏館 1984.7 440p 22cm 7000円

◇日本史探訪 6 源平の争乱 角川書店編 角川書店 1984.7 332p 15cm （角川文庫） 460円 ①4-04-153306-6

◇日本史探訪 5 藤原氏と王朝の夢 角川書店編 角川書店 1984.6 295p 15cm （角川文庫） 420円 ①4-04-153305-8

◇角田文衞著作集 第5巻 平安人物志 上 京都 法藏館 1984.5 347p 22cm 〈右大臣源朝臣光年譜：p228〜229〉 5800円

◇日本の歴史 5 王朝の貴族 土田直鎮著 中央公論社 1983.12 488p 18cm （中公バックス） 1200円 ①4-12-401145-8

◇日本の歴史 6 武士の登場 竹内理三著 中央公論社 1983.12 490p 18cm （中公バックス） 1200円 ①4-12-401146-6

◇中世成立期の法と国家 棚橋光男著 塙書房 1983.11 386, 20p 22cm 6000円

◇平安文化史論 目崎徳衛著 桜楓社 1983.10 370p 22cm 〈昭和43年刊の

17

政　治

重版〉　4800円

◇平安の春　角田文衞著　朝日新聞社
1983.4　269p　20cm　1300円

◇長保二年(1000)時に存生せる人名索引
（男子）―平安朝日記に記述されたる人物
の研究　槇野広造著　京都　槇野広造
1982.11　43p　21cm

◇政事要略総索引　木本好信、大島幸雄編
国書刊行会　1982.10　442p　22cm
（国書索引叢刊 2）〈主要参考文献：
p439～440〉　7500円

◇日本美術史論究　4　藤原・鎌倉　源豊
宗著　京都　思文閣出版　1982.10
572p　23cm　（源豊宗著作集）　8000円

◇類聚符宣抄の研究　清水潔編著　国書刊
行会　1982.10　612p　22cm　〈付：類聚
符宣抄索引、別聚符宣抄索引〉　11000円

◇平安時代の生活と文化　小山田和夫著
府中（東京都）　史正会　1982.9　55p
26cm　（「平安時代史」を考えるための
手引 1）　非売品

◇読める年表　2　平安篇　自由国民社
1982.7　151p　26cm　〈総監修：川崎庸
之ほか〉　1300円

◇平安王朝かわら版　京都新聞社編　京都
京都新聞社　1982.6　277, 8p　19cm
1500円

◇日本の歴史―学研まんが　4　栄える貴
族―平安時代　大倉元則まんが　学習研
究社　1982.5　148p　23cm　〈監修：樋
口清之〉　580円　①4-05-004786-1

◇日本史の舞台　2　平安の夢路をたどる
―平安時代　村井康彦責任編集　集英社
1982.4　167p　27cm　〈監修：児玉幸多
編集：日本アート・センター〉　1800円

◇解体期律令政治社会史の研究　森田悌著
国書刊行会　1982.3　291, 3, 9p　22cm
5000円

◇日本彫刻史基礎資料集成　平安時代・重
要作品篇 4　中央公論美術出版　1982.2
77p　図版115p　33cm　〈編者：丸尾彰三
郎ほか〉　18000円

◇平安朝史　上　川上多助著　国書刊行会
1982.1　873, 14p　図版17枚　22cm　〈総
合日本史大系 第3巻（内外書籍昭和5年
刊）の複製〉　14000円

◇平安朝史　下　桜井秀著　国書刊行会
1982.1　676, 12p　図版20枚　22cm　〈総
合日本史大系 第4巻（内外書籍大正15年
刊）の複製〉　12000円

◇史料綜覧　巻1　平安時代之1―仁和3年
～万寿元年　東京大学史料編纂所編纂
東京大学出版会　1981.11　814p　22cm
〈大正12年刊の複製〉　7000円

◇史料綜覧　巻2　平安時代之2―万寿2年
～保安4年　東京大学史料編纂所編纂
東京大学出版会　1981.11　772p　22cm
〈大正14年刊の複製〉　7000円

◇史料綜覧　巻3　平安時代之3―保安4年
～文治元年　東京大学史料編纂所編纂
東京大学出版会　1981.11　744p　22cm
〈大正15年刊の複製〉　7000円

◇平安時代の歴史と文学　山中裕編　吉川
弘文館　1981.11　2冊　22cm　〈「文学
編」「歴史編」に分冊刊行〉　各5500円

◇平安の苑―竹取物語、伊勢物語、古今和
歌集、枕草子、源氏物語の草木　広江美
之助著　京都　平安神宮　1981.8　413,
16p　22cm

◇平安遺文　古文書編 第10巻　拾遺（延暦
8年～元暦2年）補遺続.新補　竹内理三編
〔新訂版〕　東京堂出版　1981.6　p3799
～3937, 246p　22cm　4600円

◇日本歴史展望　第3巻　平安京にうたう
貴族の春―平安時代　村井康彦責任編集
旺文社　1981.5　288p　26cm　〈付（図1
枚）：神護寺領紀伊国神野真国荘絵図〉

政 治

2300円

◇京都躍動する古代　井上満郎著　京都　ミネルヴァ書房　1981.4　245p　19cm　（歴史と日本人 2）　1600円

◇増補史料大成　第16巻　長秋記 1　増補史料大成刊行会編　源師時著　京都　臨川書店　1981.3　338p　22cm　4500円

◇増補史料大成　第17巻　長秋記 2　増補史料大成刊行会編　源師時著　京都　臨川書店　1981.3　323p　22cm　4500円

◇一乗院文書（抄）―京都大学国史研究室蔵〔京都〕　京都大学文学部国史研究室〔1981〕　29p　図版8枚　21cm

◇長保二年（1000）人名辞典　第4部　僧侶　槙野広造著　京都　槙野広造　1980.12　137p　21cm　2500円

◇王朝国家　森田悌著　吉川弘文館　1980.11　257,10p　19cm　（研究史）　1500円

◇年表日本歴史 2　平安―784～1184　井上光貞ほか編集　村井康彦編　筑摩書房　1980.9　226,17p　27cm　2800円

◇平安遺文　古文書編 第11巻　新続補遺．総目録．解説　竹内理三編　〔新訂版〕　東京堂出版　1980.9　p247～354,380p　22cm　4600円

◇平安時代軍事制度の研究　井上満郎著　吉川弘文館　1980.5　352,5,13p　22cm　4500円

◇平安遺文　古文書編 第6巻　永治元年（1141）～平治2年（1160）　竹内理三編〔新訂版〕　東京堂出版　1980.4　p2057～2483　22cm　4600円

◇激録日本大戦争　第6巻　源氏と平家の死闘　原康史著　東京スポーツ新聞社　1980.3　286p　18cm　950円

◇図説日本文化の歴史 4　平安　村井康彦編集　小学館　1979.9　251p　28cm

3500円

◇中世国家成立過程の研究　奥野中彦著　三一書房　1979.8　542p　23cm　7500円

◇王朝政治　森田悌著　〔東村山〕　教育社　1979.7　242p　18cm　（教育社歴史新書 日本史 20）　600円

◇古代・中世の社会と思想　家永三郎教授東京教育大学退官記念論集刊行委員会編　三省堂　1979.6　344p　22cm　〈家永三郎教授東京大学退官記念論集 1〉　3200円

◇日本思想大系 8　古代政治社会思想　山岸徳平ほか校注　岩波書店　1979.3　546p　22cm　2800円

◇日本史の謎と発見 5　王朝の栄華　阿部猛ほか著　毎日新聞社　1978.12　272p　20cm　1300円

◇平安時代政治史研究　森田悌著　吉川弘文館　1978.12　447,9p　22cm　5500円

◇日本の合戦 1　源平の盛衰　桑田忠親編集　新人物往来社　1978.11　408p　20cm　〈監修：桑田忠親 新装版〉　1500円

◇日本史 2　中世 1　戸田芳実編　有斐閣　1978.9　250,4p　18cm　（有斐閣新書）　560円

◇平安遺文　索引編 上　人名索引．地名索引　竹内理三編　東京堂出版　1978.9　376p　22cm　6800円

◇日本中世史　原勝郎著　講談社　1978.6　186p　15cm　（講談社学術文庫）　280円

◇日本彫刻史基礎資料集成　平安時代・重要作品篇 3　中央公論美術出版　1977.12　53p 図版57p　33cm　〈編者：丸尾彰三郎ほか〉　15000円

◇日本の歴史 2　律令体制の変動．下剋上の時代　家永三郎編　ほるぷ出版　1977.12　211p　28cm　（ほるぷ教育大

19

政治

◇奈良・平安時代の文化と宗教　池田源太著　京都　永田文昌堂　1977.10　498,22p　22cm　7000円

◇平安通志　京都市参事会編著,角田文衞解説　新人物往来社　1977.6　750p　30cm　〈明治28年刊の複製　折り込図9枚〉　20000円

◇王朝の明暗―平安時代史の研究　第2冊　角田文衞著　東京堂出版　1977.3　614,24p 図　22cm　〈日本人物史関係著作目録：p.605～614〉　8800円

◇二千五百年史　2　竹越与三郎著,中村哲校閲　講談社　1977.3　206p　15cm　（講談社学術文庫）　300円

◇平安前期政治史序説　佐藤宗諄著　東京大学出版会　1977.3　382p　22cm　3800円

◇戦乱日本の歴史　3　源平の盛衰　小学館　1977.2　257p（図共）　20cm　980円

◇王朝史の証言　岸元史明著　講談社　1977.1　246p　20cm　980円

◇国宝―原色版　3　平安　1　毎日新聞社　1976.11　165, 4p（おもに図）　36cm　〈監修：文化庁　愛蔵版〉

◇国宝―原色版　4　平安　2　毎日新聞社　1976.11　173, 2p（おもに図）　36cm　〈監修：文化庁　愛蔵版〉

◇国宝―原色版　5　平安　3　毎日新聞社　1976.11　176, 3p（おもに図）　36cm　〈監修：文化庁　愛蔵版〉

◇国宝―原色版　6　平安　4　毎日新聞社　1976.11　162, 4p（おもに図）　36cm　〈監修：文化庁　愛蔵版〉

◇日本彫刻史基礎資料集成　平安時代・重要作品篇2　中央公論美術出版　1976.10　119, 94p（図・解説共）　33cm　〈編者：丸尾彰三郎等〉　13000円

◇Early Japan・Heian　アメリカ・カナダ11大学連合日本研究センター編　国際交流基金　1976.7　2冊　27cm　（Readings in Japanese history 1）　〈本文は日本語〉

◇岩波講座日本歴史　4　古代　4　岩波書店　1976　392p　22cm　〈編集委員：朝尾直弘等〉　1800円

◇王朝美術名品展　文化庁, 東京国立博物館　読売新聞社・日本テレビ放送網・王朝美術名品展事務局（製作）　1976　1冊（頁付なし）　24×24cm　〈会期：昭和51年10月26日―11月23日〉

◇人物日本の歴史　3　王朝の文華　小学館　1976　259p（図共）　22cm　〈編集：日本アート・センター〉　1250円

◇中世の開幕　林屋辰三郎著　講談社　1976　222p　18cm　（講談社現代新書）　390円

◇中世の政治的社会と民衆像　中世民衆史研究会編　三一書房　1976　228p 図　23cm　2800円

◇文化財講座日本の美術　6　彫刻（平安）　編集：岡田讓等　第一法規出版　1976　248p 図　22cm　〈監修：文化庁〉　1900円

◇論集日本歴史　3　平安王朝　林陸朗編　有精堂出版　1976　366p　22cm　〈監修：豊田武, 児玉幸多, 大久保利謙〉　2800円

◇人物日本の歴史　4　武士の挑戦　小学館　1975　273p 図　22cm　〈編集：日本アート・センター〉　1250円

◇人物日本の歴史　5　源平の確執　小学館　1975　272, 3p（図共）　22cm　〈編集：日本アート・センター〉　1250円

◇日本の歴史文庫　4　平安王朝　目崎徳衛著　講談社　1975　333p 図　15cm　〈編集委員：坂本太郎等〉　380円

政 治

◇日本の歴史文庫 5 貴族の世紀 橋本義彦著 講談社 1975 333p 15cm 〈編集委員：坂本太郎等〉 380円

◇日本の歴史文庫 6 源平の盛衰 上横手雅敬著 講談社 1975 356p 図 15cm 〈編集委員：坂本太郎等〉 380円

◇日本民衆の歴史 2 土一揆と内乱 稲垣泰彦, 戸田芳実編 三省堂 1975 429p 19cm 〈土一揆年表・参考文献：p.411-422 年表・索引：p.425-429〉 1200円

◇平安遺文 古文書編 第7巻 自永暦元年(1160)至安元3年(1178) 竹内理三編 新訂版 東京堂出版 1975 2485-2917p 図 22cm 4200円

◇平安遺文 古文書編 第8巻 自治承元年(1178)至元暦2年(1185) 補：自天応元年(781)至承和15年(848) 竹内理三編 新訂版 東京堂出版 1975 2919-3369p 図 22cm 4200円

◇平安遺文 古文書編 第9巻 補 自嘉祥2年(849)至元暦2年(1185) 竹内理三編 新訂版 東京堂出版 1975 3371-3797p 図 22cm 4200円

◇平安朝服飾百科辞典 あかね会編 講談社 1975 899p 図16枚 27cm 18000円

◇図説日本の歴史 4 平安の都 井上幸治等編 編集責任：川崎庸之 集英社 1974 259p(図共) 28cm 1800円

◇図説日本の歴史 5 貴族と武士 井上幸治等編 編集責任：弥永貞三 集英社 1974 271p(図共) 28cm 1800円

◇日本史の虚像と実像 和歌森太郎著 角川書店 1974 333p(図共) 15cm (角川文庫) 340円

◇日本の歴史 6 摂関時代 坂本賞三著 小学館 1974 390p(図共) 20cm 790円

◇日本の歴史 7 院政と平氏 安田元久著 小学館 1974 390p(図共) 地図 20cm 790円

◇日本の歴史 8 王朝貴族 村井康彦著 小学館 1974 374p(図共) 地図 20cm 790円

◇日本の歴史 12 中世武士団 石井進著 小学館 1974 390p(図共) 地図 20cm 790円

◇平安遺文 古文書編 第1巻 自延暦2年(783)至康保5年(968) 竹内理三編 新訂版 東京堂出版 1974 424p 図 22cm 4200円

◇平安遺文 古文書編 第2巻 自安和2年(969)至寛徳2年(1045) 竹内理三編 新訂版 東京堂出版 1974 425-768p 図 22cm 4200円

◇平安遺文 古文書編 第3巻 自永承元年(1046)至承暦4年(1080) 竹内理三編 新訂版 東京堂出版 1974 769-1181p 図 22cm 4200円

◇平安遺文 古文書編 第4巻 自永保元年(1081)至天永4年(1113) 竹内理三編 新訂版 東京堂出版 1974 1183-1619p 図 22cm 4200円

◇平安遺文 古文書編 第5巻 自永久元年(1113)至保延7年(1141) 竹内理三編 新訂版 東京堂出版 1974 1621-2055p 図 22cm 3800円

◇平安人物志 山中裕著 東京大学出版会 1974 251, 13p 22cm (東大人文科学研究叢書) 2800円

◇平安前期政治史の研究 阿部猛著 大原新生社 1974 364p 図 22cm 3500円

◇女文化の終焉 秦恒平著 美術出版社 1973 215p 21cm (美術選書) 980円

◇日本古代・中世史の地方的展開 豊田武教授還暦記念会編 吉川弘文館 1973 486p 22cm 4300円

政 治

◇日本彫刻史基礎資料集成　平安時代・重要作品篇 第1巻　中央公論美術出版　1973　154, 102p（図・解説共）　33cm　〈編者：丸尾彰三郎等〉　10000円

◇歴史科学大系　第4巻　日本封建制の社会と国家　上　歴史科学協議会編　編集・解説：戸田芳実　校倉書房　1973　299p　22cm　〈監修：石母田正等〉　1600円

◇人物・日本の歴史　3　王朝の落日　川崎庸之編　読売新聞社　1972　320p　19cm　〈新装版〉　550円

◇日本王朝国家体制論　坂本賞三著　東京大学出版会　1972　359, 12p　22cm

◇日本史の虚像と実像　和歌森太郎著　毎日新聞社　1972　334p　20cm　560円

◇日本の歴史　5　源平争乱　研秀出版　1972　220p（図共）地図　30cm　〈付：美術色紙3枚〉　2000円

◇平安時代の彫刻―特別展図録　東京国立博物館　1972　291p　35cm　〈会期：昭和46年10月13日―11月28日　会場：東京国立博物館〉　12000円

◇平安朝の年中行事　山中裕著　塙書房　1972　358, 15p　19cm　（塙選書）　1200円

◇平安藤原　太田古朴著　京都　綜芸舎　1972　87, 58p 図　19cm　（仏像観賞シリーズ 2）　500円

◇王朝文化の残照　竹岡勝也著　角川書店　1971　332p 図　19cm　（角川選書）

◇玉葉　藤原兼実著　名著刊行会　1971　3冊　22cm　〈国書刊行会明治39-40年刊の複製〉　各4000円

◇日本美術館　3　平安時代　上　筑摩書房　1971　40p（おもに図）　35cm　〈監修：田中一松等〉　1200円

◇日本美術館　4　平安時代　下　筑摩書房　1971　40p（おもに図）　35cm　〈監修：田中一松等〉

◇平安時代の彫刻―特別展　東京国立博物館　1971　236p（図共）　26cm　〈会期：昭和46年10月13日―11月28日　会場：東京国立博物館〉　500円

◇王朝の映像―平安時代史の研究　角田文衛著　東京堂出版　1970　592, 20p 図版　22cm　4500円

◇王朝の庶民階級　西田直二郎著　〔京都〕　〔西田道〕　1970　165p　22cm

◇講座日本史　2　封建社会の成立　歴史学研究会, 日本史研究会編　東京大学出版会　1970　329p　19cm　480円

◇古記録の研究―高橋隆三先生喜寿記念論集　高橋隆三先生喜寿記念論集刊行会編　続群書類従完成会　1970　909p　22cm　〈限定版〉　7000円

◇日本彫刻史基礎資料集成　平安時代・造像銘記篇 第5巻　中央公論美術出版　1970　2冊（別冊解説共）　33cm　〈編者：丸尾彰三郎等〉　7000円

◇平安初期国家の研究　森田悌著　現代創造社　1970-1972　2冊　22cm　〈2の出版者：関東図書（浦和）〉　1000-1500円

◇日本文化史　第2巻　平安時代　辻善之助著　春秋社　1969　250, 40p 図版　22cm　1000円

◇百錬抄人名総索引　伊藤葉子等編　横浜政治経済史学会　1969　151p　22cm　〈平安中末期及鎌倉初中期政治史資料　監修：彦由一太　限定版〉　2500円

◇平安初期政治史研究　大塚徳郎著　吉川弘文館　1969　481p　22cm　2300円

◇日本彫刻史基礎資料集成　平安時代・造像銘記篇 第6-8巻　中央公論美術出版　1968-1971　6冊（各巻別冊解説共）　33cm　〈編者：丸尾彰三郎等〉　6000-7000円

政治

◇日本美術全史　第2　平安時代　今泉篤男編　美術出版社　1968　228p（図版共）　22cm　〈愛蔵版〉　1500円

◇平安遺文　竹内理三編　東京堂出版　1968　518p　図版　22cm　3000円

◇平安文化史論　目崎徳衛著　桜楓社　1968　370p　22cm　1800円

◇日本の歴史―ジュニア版　2　平安時代　前田晁著　大石哲路絵　金の星社　1967　378p　図版　22cm

◇玉葉　藤原兼実著　すみや書房　1966　3冊　23cm　〈明治39-40年（国書刊行会）刊本の翻刻　限定版〉　非売

◇図説日本文化史大系　第4　平安時代　上　図説日本文化史大系編集事務局編　秋山光和等著, 川崎庸之, 黛弘道編　改訂新版　小学館　1966　427p（おもに図版）　27cm　1800円

◇図説日本文化史大系　第5　平安時代　下　図説日本文化史大系編集事務局編　秋山虔等著, 井上光貞, 青木和夫編　改訂新版　小学館　1966　431p（おもに図版）　27cm　1800円

◇平安遺文―金石文編　竹内理三編　訂正版　東京堂出版　1965.3（10刷：1998.9）　504p　22cm　9500円　①4-490-30023-9

◇九条兼実―月ノ輪関白　日高重孝著　宮崎　日高重孝　1965　136p　図版　21cm　300円

◇日本文化史　第2　平安時代　川崎庸之編　筑摩書房　1905　261p（おもに図版）はり込み原色図版58枚　36cm

◇平安王朝―その実力者たち　竹内理三編　人物往来社　1965　266p　19cm

◇平安時代の文化　藤木邦彦著　日本教文社　1965　234p　図版　20cm　（日本人のための国史叢書 10）

◇国宝　第2　平安時代　上, 唐・北宋・新羅　毎日新聞社国宝委員会編　毎日新聞　1964　2冊（解説共）　41cm　〈文化財保護委員会監修　帙入　限定版〉

◇日本貨幣図史　第1巻　奈良・平安時代　小川浩編　日本古銭研究会　1964　68p　26cm　〈和装〉

◇王朝の風俗と文学　中村義雄著　塙書房　1962　336p　図版　19cm　（塙選書）

◇平安時代―爛熟期の文化の様相と治世の動向　竜粛著　春秋社　1962　233p　図版　22cm

◇平安時代の文化　中村直勝著　至文堂　1962　262p　19cm　（日本歴史新書）〈付：参考文献〉

◇日本史図録　第1　古代―平安時代　児玉幸多, 斎藤忠, 久野健編　吉川弘文館　1960　206p　図版　22cm

◇日本の文化財　第1-2巻　第一法規出版　1960　2冊　27cm　〈文化財保護委員会監修〉

◇真説日本歴史　第3　貴族と荘園　雄山閣出版　1959　340p　図版　22cm

◇日本文化史　第2巻　平安時代　辻善之助著　春秋社　1959　250, 40p　図版　22cm　〈新装保存版〉

◇はだか日本史　第2巻　平安時代の巻　三浦洋人著　彩光新社　1959　265p　19cm

◇はだか日本史　第3巻　源平時代の巻　上　三浦洋人著　彩光新社　1959　250p　19cm

◇平安遷都　室生犀星著　河出書房新社　1959　332p　図版　20cm　（現代人の日本史　第4）

◇図説日本文化史大系　第4巻　平安時代　上　図説日本文化史大系編集事務局編　川崎庸之, 黛弘道編, 秋山光和他18名執筆　小学館　1958　411p（図版, 原色図版12p

23

政治

共）27cm

◇図説日本文化史大系　第5巻　平安時代
下　図説日本文化史大系編集事務局編
井上光貞，青木和夫編，秋山虔他20名執筆
小学館　1957　415p（原色図版共）
27cm

◇平安時代の風俗　長谷章久編　河出書房
1954　図版112p 解説48p 図版　35cm
（日本美図絵　第2）〈田中親美，久松潜
一監修　豪華限定本　原色版3枚〉

◇日本美術史図版　第3輯　平安時代　文
化史学会編　奈良　美術史資料刊行会
1953　図版16枚 解説17p 21cm

◇日本中世風俗史―平安朝の生活　竹野長
次著　世界書院　1951　237p 19cm
250円

◇平安朝絵画史　春山武松著　朝日新聞社
1950　377p 図版52枚　27cm

◇日本美術史　〔第1〕　久野健編　座右宝
刊行会　1949　243p 図版32枚 表　19cm

◇日本美術史　上古・上代・中世篇　久野
健編　再版　座右宝刊行会　1949　224p
図版32枚　19cm

◇平安遺文　竹内理三編　東京堂　1949-
1967　12冊　22cm

◇国史随想　平安朝の巻　頑蘇老人著　宝
雲舎　1948　271p 図版　19cm

◇平安朝文化史論　藤木邦彦著　東光協会
出版部　1948　61p 19cm（文化選書
第6）

◇平安遺文　第1-2巻　竹内理三編　東京堂
1947-1948　2冊　21cm

長岡京
ながおかきょう

　平安時代初期、山城国乙訓郡に置かれた都城。
強大化した仏教勢力を断ち切り、人心を一新し
て律令体制の立て直しを図るべく桓武天皇によっ
て造営され、延暦3年（784年）11月11日に平城京
から遷都。以来、延暦13年（794年）10月22日に
平安京に遷るまでこの地に都が置かれた。現在
の京都府向日市・長岡京市付近にあたり、南北は
10条、東西は左右各4坊の計8坊あったといわれ
る。奈良廃都の最大の原因は、平城京の人口増
加に伴う物資の輸送に必要な水陸の便を欠いて
いたことにあった。この地が選ばれたのは、水
陸の便がよく、また桓武天皇の寵臣・藤原種継
や藤原小黒麻呂の母方や妻の実家の秦氏の居地
であったためと考えられる。延暦4年（785年）遷
都の首唱者で造長岡宮使の藤原種継が暗殺され、
これに連座したとして早良親王の廃太子事件が
起きて以来、不祥事や洪水が続き、わずか10年
で平安京に都を遷すこととなった。

　　　　＊　　＊　　＊

◇桓武と激動の長岡京時代―歴博フォーラ
ム　国立歴史民俗博物館編　山川出版社
2009.1　235p 19cm〈会期・会場：
2007年11月18日 東商ホール　年表あり〉
2800円　①978-4-634-59011-3

◇長岡京遷都―桓武と激動の時代 企画展示
人間文化研究機構国立歴史民俗博物館編
佐倉　人間文化研究機構国立歴史民俗博
物館　2007.10　159p 30cm〈会期：
2007年10月10日―12月2日〉

◇宮都のロマン―長岡京発掘50年の成果
京都新聞社編　京都　京都新聞出版セン
ター　2005.8　127p 19cm〈年表あ
り〉　952円　①4-7638-0562-2

◇長岡京研究序説　山中章著　塙書房
2001.4　459, 15p 22cm 8500円　①4-
8273-1170-6

◇長岡京古文化論叢　2　中山修一先生喜
寿記念事業会編　京都　三星出版
1992.7　769p 27cm〈中山修一の肖像
あり〉　12000円

◇長岡京特別講演会―資料集　中山修一先
生喜寿記念事業会編　〔長岡〕　〔中山
修一先生喜寿記念事業会〕　1992.7　17,
44p 26cm「長岡京古文化論叢Ⅱ」刊

行記念　期日・会場：1992年7月18日　京都府長岡京記念文化会館〉

◇勝竜寺城今昔物語　五十棲辰男著　京都　京都新聞社　1992.5　306p　19cm　2000円　①4-7638-0292-5

◇長岡京古文化論叢　中山修一先生古稀記念事業会編　京都　同朋舎出版　1986.6　831p　27cm　〈中山修一の肖像あり〉　20000円　①4-8104-0505-2

◇遷都1200年長岡京　中山修一著　京都　京都新聞社　1984.11　187p　19cm　〈年表長岡京の10年：p178〜187〉　1000円　①4-7638-0177-5

◇長岡京の歴史と文化―都を動かした人々　向日市文化資料館編　向日　向日市文化資料館　1984.11　30p　26cm　〈常設展示図録　年表：p30〉

◇よみがえる長岡京　中山修一編　大阪　大阪書籍　1984.11　209p　19cm　(朝日カルチャーブックス　41)　1200円

①4-7548-1041-4

◇長岡京の新研究　小林清著　京都　比叡書房　1975　186p　22cm　1500円

◇長岡京の新研究　第6号　小林清著　向日　小林清　1972　60p（図共）　21cm

◇長岡京の謎　林陸朗著　新人物往来社　1972　245p　20cm　〈付：参考文献〉　850円

◇長岡京の新研究　第5号　小林清著　向日町（京都府）　小林清　1970　44p　26cm

◇長岡京の新研究　第4号　小林清著　向日町（京都府）　小林清　1969　44p　21cm

◇長岡京の新研究　第3号　小林清著　向日町（京都府）　小林清　1968　36p　22cm

◇長岡京発掘　福山敏男等著　日本放送出版協会　1968　220p　18cm　（NHKブックス）　〈参考文献：206-207p〉　280円

◇長岡京の新研究　第2号　小林清著　向日町（京都府）　小林清　1966　28p　21cm

平安京　へいあんきょう

　8世紀末から9世紀初めにかけて、山背（城）国葛野・愛宕両郡の地（現京都市）に唐の長安を模して造営された帝都。延暦13年（794年）10月に桓武天皇が長岡京から遷都して以来、明治2年（1869年）の東京遷都まで約1000年続いた。水陸交通の便のよさと、先行する4宮都を持っていたことから、この地が選ばれた。平面形態は東西約4.5キロ（1508丈）、南北約5.3キロ（1753丈）の南北に長い長方形で、大きさは平城京とほぼ同じく、唐の長安城の約3分の1程度。中央を南北に走る幅84メートル（28丈）の朱雀大路によって左京・右京に2分し、北部中央に南面して宮城（大内裏）が置かれた。条坊制によって縦横に大路を通じ、南北を9条、東西を各4坊とし、さらにこれを小路によって碁盤の目のように整然と区画した。平安時代中期には桂川に近く低湿であった右京が衰退し、左京のみが発達するようになる。やがて鎌倉幕府の成立とともに政治都市としての機能を失い、応仁・文明の乱で大部分を焼失。現在の京都は近世初頭、豊臣秀吉による改造を経た後に発展したものである。

◇平安京とその時代　朧谷寿, 山中章編　京都　思文閣出版　2009.12　473, 3p　22cm　9000円　①978-4-7842-1497-6

◇平安京と王朝びと―源氏物語の雅び　村井康彦監修, 京都新聞出版センター編　京都　京都新聞出版センター　2008.10　158p　26cm　〈年表あり〉　1800円

政治

　①978-4-7638-0611-6

◇源氏物語と平安京―考古・建築・儀礼　日向一雅編　青簡舎　2008.7　251p　20cm　2800円　①978-4-903996-09-7

◇庶民たちの平安京　繁田信一著　角川学芸出版, 角川グループパブリッシング（発売）　2008.5　275p　19cm　〔角川選書　423〕　1600円　①978-4-04-703423-5

◇京都時代map　平安京編　新創社編　京都　光村推古書院　2008.4　111p　26cm　（Time trip map）〈年表あり〉　2000円　①978-4-8381-0392-8

◇平安京都市社会史の研究　京楽真帆子著　塙書房　2008.3　349, 9p　22cm　8800円　①978-4-8273-1218-8

◇長岡京遷都―桓武と激動の時代 企画展示　人間文化研究機構国立歴史民俗博物館編　佐倉　人間文化研究機構国立歴史民俗博物館　2007.10　159p　30cm　〈会期：2007年10月10日―12月2日〉

◇京都異界の旅　志村有弘編著　勉誠出版　2007.7　267p　19cm　1500円　①978-4-585-05378-1

◇平安京―京都―都市図と都市構造　金田章裕編　京都　京都大学学術出版会　2007.2　246p 図版12p　27cm　5800円　①978-4-87698-696-5

◇平安京のニオイ　安田政彦著　吉川弘文館　2007.2　220p　19cm　（歴史文化ライブラリー 224）〈年表あり　文献あり〉　1700円　①978-4-642-05624-3

◇呪いの都平安京―呪詛・呪術・陰陽師　繁田信一著　吉川弘文館　2006.9　209p　20cm　〈年表あり　文献あり〉　2300円　①4-642-07962-9

◇平安京の風景―人物と史跡でたどる千年の宮都　上田正昭監修, 井上満郎著　新装版　文英堂　2006.9　255p　21cm　（古代の三都を歩く）〈年表あり〉

2000円　①4-578-10087-1

◇平安京の驚き！京都の歴史ロマンを歩く　塚本哲朗著　彩流社　2005.4　238p　19cm　1500円　①4-88202-974-X

◇平安京　北山茂夫著　改版　中央公論新社　2004.8　567p　16cm　（中公文庫）〈文献あり　年表あり〉　1238円　①4-12-204411-1

◇都市平安京　西山良平著　京都　京都大学学術出版会　2004.6　370p 図版4p　22cm　3600円　①4-87698-618-5

◇平安京の光と闇―貴族社会の実像　村井康彦編　作品社　2003.6　270p　19cm　（史話日本の古代　第8巻）〈文献あり〉　1600円　①4-87893-533-2

◇日本の歴史　古代から中世へ1　平安京―都市の成立　新訂増補　朝日新聞社　2003.5　32p　30cm　（週刊朝日百科　51）　476円

◇百鬼夜行の見える都市　田中貴子著　筑摩書房　2002.12　306p　15cm　（ちくま学芸文庫）　1100円　①4-480-08731-1

◇都市―前近代都市論の射程　仁木宏編　青木書店　2002.11　248p　22cm　（「もの」から見る日本史）　3200円　①4-250-20238-0

◇平安京　吉川真司編　吉川弘文館　2002.10　332, 13p　22cm　（日本の時代史 5）〈シリーズ責任表示：石上英一〔ほか企画・編集〕〉　3200円　①4-642-00805-5

◇平安京の怨霊伝説―陰陽師たちが支配した京都　中江克己著　祥伝社　2001.9　258p　16cm　（祥伝社黄金文庫）　552円　①4-396-31270-9

◇中世公武権力の構造と展開　上横手雅敬編　吉川弘文館　2001.8　299p　22cm　8000円　①4-642-02805-6

◇平安京の暮らしと行政　中村修也著　山

政 治

川出版社　2001.7　103p　21cm　（日本史リブレット 10）〈年表あり〉　800円　⓵4-634-54100-9

◇平安京解体新書―魑魅魍魎の都　コーエー出版部編　横浜　光栄　2000.5　125p　21cm　1400円　⓵4-87719-797-4

◇平安京の都市生活と郊外　古橋信孝著　吉川弘文館　1998.4　190p　19cm　（歴史文化ライブラリー 36）　1700円　⓵4-642-05436-7

◇少年少女日本の歴史　第4巻　平安京の人びと　児玉幸多監修, あおむら純まんが　増補版　小学館　1998.2　157p　23cm　（小学館版学習まんが）〈年表あり〉　830円　⓵4-09-298104-X

◇平安京年代記　村井康彦著　京都　京都新聞社　1997.7　373p　20cm　〈年表あり〉　2000円　⓵4-7638-0401-4

◇暮らしの歴史散歩生き生き平安京　藤川桂介著　TOTO出版　1997.5　268p　20cm　1333円　⓵4-88706-150-1

◇宮城図　陽明文庫編　京都　思文閣出版　1996.12　2冊（解説とも）　31cm　（陽明叢書 記録文書篇 別輯）〈元応元年右筆頼円の奥書あり　複製　年表あり　索引あり〉　18540円　⓵4-7842-0917-4

◇平安―1, 200 years ago　森郁夫著　光文社　1996.10　197p　16cm　（光文社文庫）〈監修：堅田直〉　600円　⓵4-334-72306-3

◇平安京―その歴史と構造　北村優季著　吉川弘文館　1995.12　275, 7p　20cm　（古代史研究選書）　3296円　⓵4-642-02168-X

◇よみがえる平安京　村井康彦編　京都　淡交社　1995.5　109p　26cm　2500円　⓵4-473-01394-4

◇平安京をしらべる―平安をねがって建設され、1000年の歴史をほこる都　本間正樹著　小峰書店　1995.4　47p　29cm　（しらべ学習に役立つ日本の歴史 5）〈監修：古川清行〉　2800円　⓵4-338-12205-6

◇平安宮成立史の研究　橋本義則著　塙書房　1995.3　441, 21p　22cm　8755円　⓵4-8273-1134-X

◇古代学研究所研究報告　第4輯　平安京出土土器の研究　山田邦和編　京都　古代学協会・古代学研究所　1994.12　248p　図版20p　27cm　〈付：参考文献〉

◇秦氏とカモ氏―平安京以前の京都　中村修也著　京都　臨川書店　1994.11　217, 5p　19cm　（臨川選書）〈関係年表・主な参考文献：p207〜215〉　1854円　⓵4-653-02885-0

◇平安京から京都へ　上田正昭編　小学館　1994.11　303p　20cm　〈折り込図1枚　平安京・京都関係略年表：p298〜303〉　2300円　⓵4-09-387132-9

◇平安の都　角田文衞編著　朝日新聞社　1994.11　240p　19cm　（朝日選書 515）〈付：平安京略年表〉　1600円　⓵4-02-259615-5

◇『源氏物語』と平安京　おうふうコンピュータ資料センター研究所編　おうふう　1994.10　158p　22cm　（歴史文化研究 第1号）〈折り込図1枚〉　3900円　⓵4-273-02798-4

◇1200年を探った人々―平安京研究史　建都1200年記念特別展　京都市歴史資料館編　京都　京都市歴史資料館　1994.10　1冊（頁付なし）　26cm　〈会期．平成6年10月17日〜11月30日　付：年表〉

◇都城の土器集成　3　古代の土器研究会編　京都　古代の土器研究会　1994.9　127p　30cm　（古代の土器 3）

◇爆笑平安京　シブサワ・コウ＋光栄出版部企画編集　横浜　光栄　1994.8　171p

27

政 治

19cm 〈歴史人物笑史〉 1000円 Ⓣ4-87719-113-5

◇平安京くらしと風景 木村茂光編 東京堂出版 1994.7 310p 19cm 〈教養の日本史〉〈参考文献：p297〜305〉 2500円 Ⓣ4-490-20236-9

◇平安京の風景―人物と史跡でたどる千年の宮都 井上満郎著 文英堂 1994.7 255p 21cm 〈古代の三都を歩く〉〈略年表：p246〜249〉 1950円 Ⓣ4-578-00370-1

◇平安京物語 村井康彦著 小学館 1994.7 222p 20cm 1600円 Ⓣ4-09-387119-1

◇平安京提要 古代学協会・古代学研究所編 角川書店 1994.6 1059p 図版16枚 27cm 〈総監修：角田文衞 平安京略年表・皇居略年表：p885〜939 平安京文献目録：p958〜1011〉 12000円 Ⓣ4-04-821044-0

◇平安京の不思議―古都に眠る歴史の謎を訪ねて 森浩一編著 PHP研究所 1994.4 219p 20cm 1500円 Ⓣ4-569-54296-4

◇雅 王朝の原像 村井康彦編 講談社 1994.3 319p 21cm 〈京の歴史と文化 1 長岡・平安時代〉 2600円 Ⓣ4-06-251951-8

◇図説・平安京―建都四〇〇年の再現 村井康彦編 京都 淡交社 1994.2 95p 26cm 〈年表：p90〜94〉 1800円 Ⓣ4-473-01299-9

◇暁の平安京―桓武天皇史話 緒形隆司著 光風社出版 1994.1 216p 18cm 800円 Ⓣ4-87519-611-3

◇都城の土器集成 2 古代の土器研究会編 京都 古代の土器研究会 1993.10 132p 30cm 〈古代の土器 2〉

◇平安の隆運 仏教大学編 京都 京都新聞社 1993.10 299p 19cm 〈京都の歴史 1〉 1900円 Ⓣ4-7638-0329-8

◇よみがえった平安京―埋蔵文化財を資料に加えて 杉山信三著 京都 人文書院 1993.6 213p 20cm 〈付（図1枚）〉 2575円 Ⓣ4-409-52019-9

◇平安京散策 角田文衞著 京都 京都新聞社 1991.11 226p 19cm 1600円 Ⓣ4-7638-0281-X

◇平安の都―古代を考える 笹山晴生編 吉川弘文館 1991.2 270p 20cm 〈折り込図1枚〉 1860円 Ⓣ4-642-02149-3

◇平安京と京都―王朝文化史論 村井康彦著 三一書房 1990.12 364p 20cm 2800円 Ⓣ4-380-90253-6

◇平安京再現―京都1200年の暮らしと文化 井上満郎著 河出書房新社 1990.3 110p 27cm 〈歴史博物館シリーズ〉 2900円 Ⓣ4-309-61153-2

◇崇神―ブラックホールとしての日本の神々 菅田正昭著 コスモ・テン・パブリケーション, 太陽出版〔発売〕 1989.2 215p 19cm （TEN BOOKS） 1200円 Ⓣ4-87666-009-3

◇瓦からみた平安京 近藤喬一著 〔東村山〕 教育社 1985.9 285p 18cm （教育社歴史新書 日本史 40）〈参考文献：p281〜285〉 1000円 Ⓣ4-315-40191-9

◇日本の歴史 4 平安京 北山茂夫著 中央公論社 1983.11 508p 18cm （中公バックス） 1200円 Ⓣ4-12-401144-X

◇奈良・平安の都と長安―日中合同シンポジウム古代宮都の世界 西嶋定生編 小学館 1983.10 270p 20cm 1400円 Ⓣ4-09-390071-X

◇平安京へ―万葉集と赤白の核を突く 歴史大系 中村将之著 栄光出版社 1982.12 157p 19cm 1200円 Ⓣ4-7541-8225-1

政 治

◇京都御所＝平安内裏物語　斎藤雅子著　三一書房　1979.11　261p　20cm　1300円

◇平安京　井上満郎著　吉川弘文館　1978.8　282,5p　19cm　（研究史）〈平安京関係文献一覧：p273〜282〉　1500円

◇都市研究平安京変遷史　藤田元春著　長岡京　日本資料刊行会　1976.6　165,6,17p（図共）　27cm　〈昭和5年序刊の複製　発売：アリス館牧新社（東京）　付：古地図集〉　7500円

◇平安・京都―ゼミナール　村井康彦等著　朝日新聞社　1976　289p　19cm　1200円

◇平安京地誌　岸元史明著　講談社　1974　526p 図　22cm　3800円

◇日本の歴史　4　平安京　北山茂夫著　中央公論社　1970　508p 図　18cm　（中公バックス）

◇日本歴史シリーズ　第3巻　平安京　遠藤元男等編　藤木邦彦編　世界文化社　1968　221p（おもに図版）　27cm　1200円

◇京都御所―美と千年の歴史　長谷章久著　人物往来社　1964　222p　19cm

◇平安京―公家貴族の生活と文化　村山修一著　至文堂　1957　207p　19cm　（日本歴史新書）

桓武天皇　かんむてんのう

　天平9年（737年）〜大同元年3月17日（806年）　第50代天皇。在位期間は天応元年から大同元年（781〜806年）。山城国乙訓郡の人。名は山部、柏原。光仁天皇の第一皇子で、母は百済系渡来氏族の出の高野新笠。従五位下、大学頭、従四位下に進み、宝亀元年（770年）父の即位に伴い親王となり、同4年（773年）皇太子。天応元年（781年）に即位し、藤原乙牟漏を皇后とした。ここに至るまでには、藤原永手・百川らの策謀があったとされる。延暦3年（784年）長岡京へ遷都。翌年（785年）藤原種継が暗殺され、これに連座したとして早良親王が廃太子となり憤死した事件以来、親王の怨霊の所為とされる近親の死亡が相次いだ。このため、延暦13年（794年）平安京へ遷都を行い、人心一新を図る。官人としての経験があったことなどから積極的に政治を行い、その治世の間、左大臣を置かずに独裁的権力を行使した点で、歴代天皇の中でも異色の存在である。地方にも高い関心を寄せ、国司交替の円滑化を図って勘解由使を設置。特に蝦夷征討では、坂上田村麻呂を征夷大将軍に起用して大規模な征夷軍を派遣。延暦21年（802年）には胆沢城を築いてその平定に成功し、東北地方に朝廷権力を大きく伸長した。また班田を励行させ、辺要の地を除いて兵士を廃止して健児を置き、雑徭の日数を減らして農民の負担を軽減するなど、内政面の業績が多い。だが、晩年その政策は行き詰まり、延暦24年（805年）藤原緒嗣の建議によって造都・征夷の事業を中止。翌年70歳で没し、山城国紀伊郡の柏原山陵に葬られた。

◇桓武天皇の謎―海を渡る国際人　なぜ「京都」を都に定めたのか　小林惠子著　祥伝社　2009.12　247p　19cm　〈文献あり〉　1500円　①978-4-396-61351-8

◇桓武の都京の川―私家本　玉川雄司、西村義朋著　〔城陽〕　玉川和子　2009.5　195p　19cm　〈年表あり　文献あり〉

◇桓武と激動の長岡京時代―歴博フォーラム　国立歴史民俗博物館編　山川出版社　2009.1　235p　19cm　〈会期・会場：

2007年11月18日 東商ホール 年表あり〉 2800円 ⓘ978-4-634-59011-3

◇天皇皇族実録 8 桓武天皇実録 藤井讓治,吉岡真之監修・解説 ゆまに書房 2007.4 512p 22cm 〈宮内庁書陵部蔵の複製〉 18500円 ⓘ978-4-8433-1964-2, 978-4-8433-1953-6

◇桓武天皇—当年の費えといえども後世の頼り 井上満郎著 京都 ミネルヴァ書房 2006.8 232,5p 20cm (ミネルヴァ日本評伝選)〈文献あり 年譜あり〉 2600円 ⓘ4-623-04693-1

◇再現日本史—週刊time travel 平安 1 講談社 2003.3 42p 30cm〈年表あり〉 533円

◇桓武朝論 林陸朗著 雄山閣出版 1994.4 252p 22cm (古代史選書 7) 2880円 ⓘ4-639-01222-5

◇暁の平安京—桓武天皇史話 緒形隆司著 光風社出版 1994.1 216p 18cm 800円 ⓘ4-87519-611-3

◇桓武天皇 村尾次郎著 吉川弘文館 1987.7 271p 19cm (人物叢書 新装版)〈新装版 桓武天皇の肖像あり 叢書の編者:日本歴史学会〉 1700円 ⓘ4-642-05085-X

◇桓武天皇 村尾次郎著 吉川弘文館 1963 271p 図版 18cm (人物叢書 日本歴史学会編)

早良親王
さわらしんのう

天平勝宝2年(750年)～延暦4年10月(785年) 光仁天皇の第2皇子。母は贈皇太后高野新笠。桓武天皇、能登内親王は同腹の兄弟。追号は崇道天皇。神護景雲2年(768年)出家して東大寺に住す。宝亀元年(770年)、父・光仁天皇の即位後に親王となる。天応元年(781年)兄・桓武天皇が即位すると父の希望により皇太子となるが、長岡京の造宮が進むにつれ、造宮使・藤原種継と次第に対立していく。やがて、延暦4年(785年)種継の暗殺事件が発生。種継を除こうと図った大伴継人、竹良、佐伯高成らの共謀事件と断定され、事件直前に死去した大伴家持も連座して官位等を奪われた。皇太子もこの事件に関与したとして廃され、乙訓寺に幽閉される。無実を主張して自ら飲食を絶った親王は、淡路へ移送される途中、高瀬橋のほとりで憤死。その後皇族らに病が続き、早良親王の怨霊の祟りであるとして延暦19年(800年)には「崇道天皇」と追尊され、鎮魂の対象となった。

* * *

◇遷都1300年 人物で読む平城京の歴史—奈良の都を彩った主役・脇役・悪役 河合敦著 講談社 2010.2 248p 19cm 1500円 ⓘ978-4-06-216016-2

◇大和の鎮魂歌—悲劇の主人公たち 桐村英一郎文,塚原紘写真 青娥書房 2007.8 191p 21cm 1600円 ⓘ978-4-7906-0254-5

◇王朝政治と在地社会 森田悌著 吉川弘文館 2005.12 287p 22cm 9000円 ⓘ4-642-02443-3

◇律令国家仏教の研究 本郷真紹著 京都 法蔵館 2005.3 333,11p 22cm 6600円 ⓘ4-8318-7465-5

◇神になった人びと 小松和彦著 京都 淡交社 2001.10 239p 19cm 1800円 ⓘ4-473-01837-7

◇南都大安寺論叢 南都国際仏教文化研究所編 奈良 大安寺 1995.11 583p 22cm〈発売:臨川書店(京都)〉 9785円 ⓘ4-653-03169-X

◇崇道天皇と大安寺 大安寺国際仏教文化研究所編 奈良 大安寺 1985.10 106p 21cm

藤原 種継
ふじわらの たねつぐ

天平9年(737年)～延暦4年9月24日(785年)

政治

奈良時代末期から平安時代初期の政治家。大和国の人。式家藤原宇合の孫で、藤原清成の子。母は秦朝元の娘。天平神護2年(766年)従五位下に叙せられ、近衛少将、左京大夫、下総守などを歴任し、延暦元年(782年)参議。式部卿、近江按察使を経て、延暦3年(784年)正三位・中納言に昇進。桓武天皇に信任されて権勢をふるい、特に造長岡京使として遷都に尽力したが、皇太子早良親王とは不和になった。遷都後の延暦4年(785年)桓武天皇の平城京行幸中に、反対派の大伴継人らに暗殺された。

　　　　＊　　　＊　　　＊

◇大伴家持　北山茂夫著　平凡社　2009.8　428p　15cm　(平凡社ライブラリー)　1700円　①978-4-582-76675-2
◇奈良時代の人びとと政争　木本好信著　おうふう　2003.9　240p　19cm　2500円　①4-273-03276-7
◇藤原式家官人の考察　木本好信著　高科書店　1998.9　252, 3, 11p　22cm　6000円
◇道教と日本の宮都―桓武天皇と遷都をめぐる謎　高橋徹著　京都　人文書院　1991.11　256p　20cm　2266円　①4-409-52016-4
◇環シナ海文化と古代日本―道教とその周辺　金子裕之ほか著, 千田稔編　京都　人文書院　1990.10　303p　19cm　2575円　①4-409-41049-0
◇日本を創った官僚たち―歴史にみる虚像と実像　童門冬二著　旺文社　1986.9　311p　15cm　(旺文社文庫)　440円　①4-01-064362-5

征夷大将軍　せいいたいしょうぐん

　元来は陸奥における蝦夷征討のため、朝廷から臨時に任命された総指揮官をいう。蝦夷征討軍を度々派遣した朝廷は、養老5年(721年)に多治比県守を責任者に任命し、征夷将軍と称した。その後、奈良時代には蝦夷征討軍の主将がこの称で呼ばれることはなかった。やがて延暦10年(791年)大伴弟麻呂が征東大使に任じられ、延暦12年(793年)征東使が征夷使と改称。13年(794年)には征夷大将軍となった。これが「征夷大将軍」の称の初見である。以後、9世紀初頭までに数回の征夷大将軍の任命がなされ、中でも延暦16年(797年)に任命された坂上田村麻呂は、鎮守府を多賀城から胆沢城に移すなどして武名を馳せた。のち蝦夷鎮圧が一応の完了をみたため、弘仁4年(813年)に任命された文屋綿麻呂を最後に廃絶。やがて12世紀末に武家政権が成立すると「征夷大将軍」の職名が復活し、従来とは異なる政治的意義を持つようになる。まず、元暦元年(1184年)に平家を破って上洛した源(木曽)義仲が征夷大将軍に任命された。ここに征夷大将軍は東国支配の性格をもつ職となり、建久3年(1192年)源頼朝が任ぜられて鎌倉幕府を開いて以来、武家政権(幕府)の首長を指す呼称として足利・徳川氏に引き継がれた。

◇吾妻鏡―現代語訳　5　征夷大将軍　五味文彦, 本郷和人編　吉川弘文館　2009.3　269p　20cm　2600円　①978-4-642-02712-0
◇井沢式「日本史入門」講座　5(朝幕併存と天皇教の巻)　井沢元彦著　徳間書店　2008.12　324p　20cm　1500円　①978-4-19-862650-1
◇東北の争乱と奥州合戦―「日本国」の成立　関幸彦著　吉川弘文館　2006.11　264, 3p　20cm　(戦争の日本史5)　〈文献あり　年表あり〉　2500円　①4-642-06315-3

政治

◇源氏と日本国王　岡野友彦著　講談社　2003.11　237p　18cm　（講談社現代新書）　700円　Ⓘ4-06-149690-5

◇日本の歴史　1　原始～平安時代　菊地家達著　国土社　1994.9　75p　26cm　（社会科事典8）　2200円　Ⓘ4-337-26308-X

◇皇学館大学史料編纂所論集　皇学館大学史料編纂所編　伊勢　皇学館大学史料編纂所　1989.3　483p　22cm　〈創立十周年記念〉

◇征夷大将軍—もう一つの国家主権　高橋富雄著　中央公論社　1987.3　226p　18cm　（中公新書）　560円　Ⓘ4-12-100833-2

坂上　田村麻呂
さかのうえの　たむらまろ

天平宝字2年（758年）～弘仁2年5月23日（811年）

平安初期の武将。坂上苅田麻呂の子。桓武・平城・嵯峨の三天皇に仕え、征夷大将軍として蝦夷地を平定したことで知られる。武術に優れ、延暦10年（791年）征夷副使として蝦夷討伐に功をあげて従四位下に進む。陸奥出羽按察使、陸奥守、鎮守府将軍を経たのち、同16年（797年）征夷大将軍となり、同20年（801年）再び征夷討伐を行い、その功により従三位に昇り、近衛中将となる。同21年（802年）鎮守府を多賀城から胆沢城（岩手県水沢市）へ北進させ、さらに参議、中納言、右近大将、兵部卿を経て、弘仁元年（810年）大納言に昇る。同年の薬子の変の鎮定にも功を立て、翌年粟田別業で没す。桓武天皇の後宮に入った姉妹又子、娘の春子が、それぞれ高津内親王および葛井親王を生んでいる。また、清水寺を創建したと伝えられる。

　　　＊　　＊　　＊

◇田村麻呂と阿弖流為—古代国家と東北　新野直吉著　吉川弘文館　2007.10　221p　20cm　（歴史文化セレクション）　1800円　Ⓘ978-4-642-06340-1

◇坂上田村麻呂—エミシ・伝説・信仰　第2回特別企画展　東和町（岩手県）　ふるさと歴史資料館　1998.11　24p　30cm

◇歌伝枕説　荒俣宏著　世界文化社　1998.10　239p　19cm　1500円　Ⓘ4-418-98528-X

◇田村麻呂と阿弖流為—古代国家と東北　新野直吉著　吉川弘文館　1994.8　214p　20cm　2369円　Ⓘ4-642-07425-2

◇古代史を彩った人々　豊田有恒著　講談社　1993.3　237p　15cm　（講談社文庫）　420円　Ⓘ4-06-185350-3

◇北天鬼神—阿弖流為・田村麻呂伝　菊池敬一著, 岩手日報社出版部編　盛岡　岩手日報社　1990.6　303p　21cm　1300円　Ⓘ4-87201-036-1

◇坂上田村麻呂　亀田隆之著　人物往来社　1967　229p　図版　19cm　（日本の武将1）　540円

◇平安初期の征夷と坂上田村麿　大塚徳郎著　仙台　東北出版　1960　172p　19cm　（東北の地理歴史研究双書）

◇坂上田村麻呂　高橋崇著　吉川弘文館　1959　160p　図版　地図　18cm　（人物叢書　日本歴史学会編）

蝦　夷
えぞ

古代、北陸・北関東から東北・北海道にかけて居住し、言語や風俗を異にし、朝廷の支配に抵抗し服属しなかった人々。アイヌ語のエンジュ・エンチウ（人の意）を語源とする。大化前代は朝廷に服属しない人々を指す語であり、「夷」「毛人」と書いて「えみし」と読んだ。大化改新以降は北東日本に住む人々を指すようになり、「蝦夷」と書くことが多くなると共に「えびず」と読むようになり、11～12世紀には「えぞ」と読むようになった。大化の新以降、度重なる朝廷の征討を受けて北方へ追いやられ、平安時代初めの坂上田村麻呂の遠征の後、現在の岩手県北部・秋田県北部より北のみが蝦夷の居住地と

して残された。また、戦争で捕虜となり、あるいは降伏して朝廷に服属した蝦夷は俘囚（同化の程度の低いものは夷俘）と呼ばれ、国内各地に集団移住させられた。平安時代に東北で繁栄した阿倍氏・出羽清原氏・奥州藤原氏は俘囚長・俘囚主・俘囚上頭などと称している。文治5年（1189年）の奥州征伐（合戦）の後は東北全域が鎌倉幕府の支配下に入り、やがて蝦夷の語は主にアイヌを指すようになった。

　　　　＊　　＊　　＊

◇蝦夷と東北戦争　鈴木拓也著　吉川弘文館　2008.12　290, 5p　20cm　（戦争の日本史 3）〈文献あり　年表あり〉2500円　①978-4-642-06313-5

◇高橋富雄東北学論集—地方からの日本学　第2部（蝦夷論平泉論）第7集　蝦夷論の基礎　高橋富雄著　会津若松　歴史春秋出版　2008.1　431p　22cm　2857円　①978-4-89757-700-5

◇全国『別所』地名事典—鉄と俘囚の民俗誌—蝦夷「征伐」の真相　上巻　柴田弘武著　彩流社　2007.10　849, 21p　27cm　9500円　①978-4-7791-1268-3

◇全国『別所』地名事典—鉄と俘囚の民俗誌—蝦夷「征伐」の真相　下巻　柴田弘武著　彩流社　2007.10　864, 21p　27cm　〈文献あり〉　9500円　①978-4-7791-1269-0

◇武蔵坊弁慶—神になったエミシの末裔　林順治著　彩流社　2007.9　591, 18p　20cm　3800円　①978-4-7791-1285-0

◇古代蝦夷からアイヌへ　天野哲也, 小野裕子編　吉川弘文館　2007.3　420p　22cm　12000円　①978-4-642-02457-0

◇九世紀の蝦夷社会　熊田亮介, 八木光則編　高志書院　2007.1　298p　22cm（奥羽史研究叢書 9）〈文献あり〉4000円　①978-4-86215-018-9

◇律令国家の対蝦夷政策—相馬の製鉄遺跡群　飯村均著　新泉社　2005.11　93p　21cm　（シリーズ「遺跡を学ぶ」21）〈文献あり〉　1500円　①4-7877-0631-4

◇古代蝦夷の英雄時代　工藤雅樹著　平凡社　2005.10　294p　16cm　（平凡社ライブラリー 554）〈新日本出版社2000年刊の改訂〉　1300円　①4-582-76554-8

◇古代蝦夷と律令国家　蝦夷研究会編　高志書院　2004.9　297p　22cm　（奥羽史研究叢書 7）〈文献あり〉　4000円　①4-906641-87-3

◇古代蝦夷とアイヌ　金田一京助著, 工藤雅樹編　平凡社　2004.6　316p　16cm　（平凡社ライブラリー）　1300円　①4-582-76503-3

◇アイヌ絵誌の研究　佐々木利和著　草風館　2004.2　365p　27×19cm　15000円　①4-88323-141-0

◇古代「えみし」社会の成立とその系統的位置付け　岩手県立博物館編　盛岡　岩手県文化振興事業団　2003.12　120p　26cm　（岩手県立博物館調査研究報告書第18冊）

◇古代東北と王権—「日本書紀」の語る蝦夷　中路正恒著　講談社　2001.6　283p　18cm　（講談社現代新書）　720円　①4-06-149559-3

◇古代蝦夷の英雄時代　工藤雅樹著　新日本出版社　2000.11　206p　18cm　（新日本新書）　950円　①4-406-02771-8

◇古代蝦夷　工藤雅樹著　吉川弘文館　2000.9　330, 2p　20cm　3400円　①4-042-07765-0

◇日本先住民族史　藤原相之助著　新装版　五月書房　1998.11　794p　22cm　〈仁友社大正5年刊の複製〉　13000円　①4-7727-0289-X

◇蝦夷と東北古代史　工藤雅樹著　吉川弘文館　1998.6　458, 22p　22cm　10000円　①4-642-02320-8

政　治

◇「あつれき」と「交流」―古代律令国家とみちのくの文化　大阪府立近つ飛鳥博物館編　河南町（大阪府）　大阪府立近つ飛鳥博物館　1997.9　108p　30cm　（大阪府立近つ飛鳥博物館図録 13）〈平成9年度秋季特別展：1997年9月30日―11月24日〉

◇蝦夷が哭く　田中純司著　光陽出版社　1997.3　101p　19cm　680円　④4-87662-199-3

◇大和政権と蝦夷の確執―阿弖流為母礼之碑建立記念出版　高橋敏男編著　吹田北天会（関西アテルイ顕彰会）　1996.12　264p　19cm　1200円

◇古代東北の兵乱　新野直吉著　吉川弘文館　1995.12　288, 5p　20cm　（日本歴史叢書 新装版）〈新装版 叢書の編者：日本歴史学会〉　2884円　④4-642-06627-6

◇日本古代国家と部落の起源　石渡信一郎著　三一書房　1994.11　189p　20cm　1800円　④4-380-94272-4

◇江釣子古墳群の謎―古代東北と蝦夷　大友幸男著　三一書房　1994.10　292p　20cm　2600円　④4-380-94271-6

◇古代東北まつろわぬ者の系譜　武光誠著　毎日新聞社　1994.2　220p　19cm　1400円　④4-620-30974-5

◇古代蝦夷の研究　北構保男著　改訂　雄山閣出版　1993.9　617, 26p　22cm　〈折り込図1枚〉　16000円　④4-639-01031-1

◇みちのくの王国―北方の楽園　高橋克彦ほか著　ベストセラーズ　1992.10　268p　15cm　（ワニ文庫）　580円　④4-584-30344-4

◇古代の蝦夷―北日本縄文人の末裔　工藤雅樹, 佐々木利和著　河出書房新社　1992.2　102p　27cm　（歴史博物館シリーズ）　3600円　④4-309-61154-0

◇古代蝦夷を考える　高橋富雄著　吉川弘文館　1991.12　317, 21p　20cm　2900円　④4-642-07292-6

◇古代蝦夷の研究　北構保男著　雄山閣出版　1991.6　617, 26p　22cm　〈折り込図1枚〉　15000円　④4-639-01031-1

◇蝦夷の世界―みちのく古代　大塚初重ほか著　山川出版社　1991.4　250, 8p　19cm　1600円　④4-634-60260-1

◇鉄と俘囚の古代史―蝦夷「征伐」と別所　柴田弘武著　増補版　彩流社　1989.9　374p　20cm　2800円

◇鉄と俘囚の古代史―蝦夷「征伐」と別所　柴田弘武著　彩流社　1987.5　308p　20cm　2500円

◇みちのく古代史―蝦夷征伐をめぐって　鈴木徳松著　新人物往来社　1986.11　174p　20cm　1300円　④4-404-01395-7

◇蝦夷―古代東北の英雄たち　河北新報社編集局編　仙台　河北新報社　1978.10　338p　19cm　〈第31回新聞大会（仙台）記念　「蝦夷」関連年表：p331～336〉

◇北方の古代文化　新野直吉, 山田秀三編　毎日新聞社　1974　290p　20cm　〈東アジアの古代文化を考える会と毎日新聞社の共催による"日本古代文化シリーズ―講演とシンポジウム"の第8回『北方の古代文化』をまとめたもの〉　1200円

◇古代東北の開拓　新野直吉著　塙書房　1969　383p 図版 地図　19cm　（塙選書）　900円

◇別所と俘囚　菊池山哉著　東京史談会, 多麻史談会　1947-1952　1冊　21cm　〈東京史談及び多麻史談に連載したものの合綴〉

政治

阿弖流為
あてるい

?～延暦21年8月13日（802年）

平安初期の蝦夷の族長。陸奥国胆沢の人。別名は大墓公阿弖流為。蝦夷の首領として征討軍に対抗し、延暦8年（789年）巣伏村の戦では征東大将軍紀古佐美の軍勢を大敗させた。その後、征夷大将軍となった坂上田村麻呂が征討を進め、延暦21年（802年）胆沢城を造営して強硬な姿勢を見せたため、磐具公母礼ら一族500人と共に投降。田村麻呂は阿弖流為の助命を働きかけたが叶わず、河内国杜山で処刑された。

＊　　＊　　＊

◇大和朝廷を震撼させた蝦夷・アテルイの戦い　久慈力著　批評社　2002.7　221p　20cm　（遥かなる縄文の風景 2）　1800円　⓲4-8265-0353-9

◇えみし風聞―史書の余白から　宮野英夫著　盛岡　熊谷印刷出版部　2000.2　209p　19cm　1143円　⓲4-87720-241-2

◇歌伝枕説　荒俣宏著　世界文化社　1998.10　239p　19cm　1500円　⓲4-418-98528-X

◇阿弖流為・母礼の実像とその時代―「捏造された歴史」を読み解く　佐藤正助著　気仙沼　耕風社　1997.8　323p　21cm（New history）　3000円

◇アテルイ・宗任―終焉を追って　佐藤邦武著　水沢　岩手出版　1994.12　234p　22cm　〈参考文献：p233～234〉　1700円

◇私観アブル像を求めて―三十八年騒乱迷走記　遠藤昭一著　〔水沢〕　〔遠藤昭一〕　1994印刷　406p　19cm　〈蝦狄関係事項略年表：p384～406〉　非売品

多賀城
たがじょう

奈良時代、現在の宮城県多賀城市に築かれた城柵。「たがのき」とも読み、「多賀柵（たがのさく）」とも称される。朝廷による東北経営の拠点であり、陸奥国府・按察使・鎮守府が置かれ、東北の政治・軍事・文化の中心として栄えた。神亀元年（724年）大野東人の創建と伝えられ、その真偽は不明ながら、8世紀前半に築城されたと推定される。天平宝字6年（762年）に藤原朝狩により修造されたが、宝亀11年（780年）に蝦夷の反乱（伊治呰麻呂の乱）で一時焼失し、貞観11年（869年）の陸奥国大地震でも大きな被害が出た。この間、延暦21年（802年）には坂上田村麻呂が胆沢城を築き、鎮守府を胆沢城に移転している。平安時代後期から末期にかけての前九年の役・後三年の役・奥州征伐（合戦）の記録には多賀国府と記され、鎌倉時代には陸奥国留守職、南北朝時代には陸奥将軍府が置かれた。城跡は国の特別史跡に指定されており、城跡に残る多賀城碑は日本三古碑の一つに数えられる。

＊　　＊　　＊

◇古代東北統治の拠点多賀城　進藤秋輝著　新泉社　2010.2　93p　21cm　（シリーズ「遺跡を学ぶ」 066）　〈文献あり〉　1500円　⓲978-4-7877-1036-9

◇多賀城跡　高倉敏明著　同成社　2008.9　178p　20cm　（日本の遺跡 30）　〈文献あり〉　1800円　⓲978-4-88621-452-2

◇多賀城焼けた瓦の謎　石森愛彦絵, 工藤雅樹監修, 文芸春秋文　文芸春秋　2007.7　124p　20cm　1429円　⓲978-4-16-369300-2

◇面白いほどよくわかる日本の城―歴史とエピソードで読む全国250城 復元！名城の天守　三浦正幸監修　日本文芸社　2007.5　295p　19cm　（学校で教えない教科書）　1400円　⓲978-4-537-25494-5

◇多賀城と古代東北―古代を考える　青木和夫, 岡田茂弘編　吉川弘文館　2006.9　321p　20cm　3000円　⓲4-642-02196-5

◇平泉への道―国府多賀城・胆沢鎮守府・平泉藤原氏　工藤雅樹著　雄山閣　2005.12　262p　21cm　〈文献あり〉　2800円　⓲4-639-01911-4

政治

◇古代多賀城と都から赴任して来た人々——政戦略から見た　鎌田徹著　仙台　宝文堂　2003.11　241p　21cm　〈年表あり　文献あり〉　1300円　①4-8323-0133-0

◇ふるきいしぶみ——多賀城碑と日本古代の碑　多賀城　東北歴史博物館　2001.3　91p　30cm　〈会期：平成13年4月24日—6月10日　文献あり〉

◇多賀城の世界——発掘調査四十年　桑原滋郎ほか著　郡山　ヨークベニマル　2000.5　303p　20cm　非売品

◇多賀城碑——その謎を解く　安倍辰夫, 平川南編　増補版　雄山閣出版　1999.11　329, 12p　22cm　〈折り込1枚　文献あり〉　5200円　①4-639-00862-7

◇多賀城——多賀城碑拓の真がんを問う　樋口慶助編　長井　樋口慶助　1998.10　50p　26cm

◇蝦夷と東北古代史　工藤雅樹著　吉川弘文館　1998.6　458, 22p　22cm　10000円　①4-642-02320-8

◇多賀城と大宰府——東北歴史資料館15周年記念　宮城県多賀城跡調査研究所20周年記念　〔多賀城〕　東北歴史資料館　1989.8　1冊　26cm

◇多賀城碑——その謎を解く　安倍辰夫, 平川南編　雄山閣出版　1989.6　315, 12p　22cm　〈折り込図1枚　文献目録：p297～308〉　4800円　①4-639-00862-7

◇宮都発掘——古代を考える　坪井清足編　吉川弘文館　1987.10　303p　20cm　1800円　①4-642-02144-2

◇古代日本を発掘する　4　大宰府と多賀城　坪井清足ほか責任編集　石松好雄, 桑原滋郎ほか　岩波書店　1985.3　171, 3p　27cm　2400円　①4-00-004368-4

◇多賀城と古代東北　東北歴史資料館, 宮城県多賀城跡調査研究所編　多賀城　東北歴史資料館　1985.3　94p　26cm　〈多賀城関係年表：p92～93　参考図書：p94〉

◇多賀城漆紙文書　多賀城　宮城県多賀城跡調査研究所　1979.3　112p　26cm　(宮城県多賀城跡調査研究所資料 1)　〈付（図38枚 39cm 帙入）〉

◇多賀城と古代日本——埋もれた史跡をたずねて　東北歴史資料館, 宮城県多賀城跡調査研究所編　〔多賀城〕　東北歴史資料館　1975　65p　26cm　〈多賀城関係年表：p.64-65〉

◇多賀城と秋田城　新野直吉著　仙台　東北出版　1959　219p　19cm　(東北の地理歴史研究双書)

胆沢城
いさわじょう

　平安時代前期の蝦夷経営の拠点。鎮守府城。現在の岩手県奥州市水沢区佐倉河にあったとされ、北上川と胆沢川の合流点の南西に位置する低平な沖積地に築かれた。朝廷は奈良時代末期から蝦夷征討を繰り返していたが、延暦20年（801年）征夷大将軍坂上田村麻呂が遂に蝦夷の反乱を制圧。翌21年（802年）田村麻呂は造胆沢城使として造城に着手し、同年完成した。同時にそれまで多賀城にあった鎮守府が胆沢城に遷置され、国府多賀城に次ぐ鎮城となる。胆沢城に移された鎮守府は次第に国府に準ずる形で機構が整備され、多賀城にある国府と国の南北を二分して陸奥国の北半を行政的に支配した。胆沢城址全体は1辺約670mの方形で、外郭は内外に幅3～5mの溝を伴う幅3mの築地となっている。城内の中央南寄りには一辺90m四方の塀で区画された政庁域があり、その中心に正殿が発見されている。

＊　　　＊　　　＊

◇面白いほどよくわかる日本の城——歴史とエピソードで読む全国250城　復元！名城の天守　三浦正幸監修　日本文芸社　2007.5　295p　19cm　(学校で教えない教科書)　1400円　①978-4-537-25494-5

◇古代東国の考古学——大金宣亮氏追悼論文集　大金宣亮氏追悼論文集刊行会編　慶

友社　2005.5　707p　27cm　〈肖像あり　年譜あり〉　15000円　ⓘ4-87449-059-X

◇古代蝦夷と律令国家　蝦夷研究会編　高志書院　2004.9　297p　22cm　（奥羽史研究叢書7）〈文献あり〉　4000円　ⓘ4-906641-87-3

◇空から見た古代遺跡と条里　条里制研究会編　大明堂　1997.5　167p　30cm　6200円　ⓘ4-470-45046-4

◇古代の方位信仰と地域計画　山田安彦著　古今書院　1986.4　290p　21cm　3800円　ⓘ4-7722-1092-X

◇平安時代と胆沢城　水沢市教育委員会編〔水沢〕　水沢市教育委員会　1983.3　173p　26cm　（水沢風土記　第2巻）〈胆沢城関係古代史年表：p5〉

◇胆沢城―鎮守府の国物語　高橋富雄著　学生社　1971　250p　図　19cm　〈『岩手日報』に昭和46年2月22日から5月17日まで掲載されたもの　主な参考文献：p.243-246〉　680円

志波城
しわじょう

　平安時代初期、東北地方の最北・陸奥国に設置された蝦夷経営の拠点。「子波」「斯波」とも書き、「しわのき」とも読む。延暦20年（801年）蝦夷を平定し、翌年胆沢城を造営した征夷大将軍坂上田村麻呂は、延暦22年（803年）その更に北に志波城を築いた。現在の岩手県盛岡市の入田方八丁遺跡が志波城跡とされる。約150m四方の政庁跡を中心に東西約930m、南北800m以上に及ぶその規模は胆沢城を凌ぎ、多賀城に匹敵するが、遺跡の北半は雫石川に浸食されて消失している。外郭は内外に溝を伴う築地で、その外側を幅約7mの大溝が囲んでいる。また遺跡の中心部には約150m四方の政庁があり、その中央部には正殿跡とみられる建物がある。度々水害に遭った志波城は弘仁2年（811年）に遷置の希望が述べられ、弘仁4年（813年）後身の徳丹城（遺跡は岩手県紫波郡矢巾町）に移されている。

　　　　　＊　　＊　　＊

◇志波城・徳丹城跡　西野修著　同成社　2008.10　194p　20cm　（日本の遺跡31）〈文献あり〉　1800円　ⓘ978-4-88621-457-7

◇「陸奥国最前線―志波城と北の蝦夷たち―」図録―盛岡市遺跡の学び館第1回企画展　盛岡市遺跡の学び館編　盛岡　盛岡市遺跡の学び館　2004.10　31p　30cm

◇古代蝦夷と律令国家　蝦夷研究会編　高志書院　2004.9　297p　22cm　（奥羽史研究叢書7）〈文献あり〉　4000円　ⓘ4-906641-87-3

◇史跡志波城跡保存管理計画書　盛岡　盛岡市教育委員会　1989.3　57p　26cm　〈共同刊行：盛岡市〉

藤原　緒嗣
ふじわらの　おつぐ

　宝亀5年（774年）～承和10年7月23日（843年）　平安初期の公卿。通称は山本大臣。藤原百川の長男で、母は伊勢大津の娘。桓武天皇を擁立した父百川の功績で天皇の信任を得て延暦10年（791年）従五位下に叙せられ、中衛少将、右衛士督などを経て、延暦21年（802年）参議。延暦24年（805年）徳政論議の際に、「蝦夷征討と平安京造営は民衆を苦しめる」と主張して容れられ、中止となったことで知られる。続く平城朝では山陽道、畿内、東山道などの観察使として、民衆の実情を踏まえた意見を多く奏上。嵯峨朝に入ると北家の藤原冬嗣が台頭し、緒嗣の出世は冬嗣の後塵を拝することとなったが、弘仁元午（821年）大納言となり、天長2年（825年）右大臣、冬嗣没後の天長9年（832年）には左大臣に昇進し、翌年正二位に叙せられた。この間、『新撰姓氏録』『日本後紀』の編纂にも携わった。

　　　　　＊　　＊　　＊

◇平安朝官人と記録の研究―日記逸文にあらわれたる平安公卿の世界　木本好信著　おうふう　2000.11　231p　22cm　6800円　ⓘ4-273-03156-6

政治

◇古代の東北―歴史と民俗　木本好信編
　高科書店　1989.5　260p　20cm　2472円

文室 綿麻呂
ふんやの　わたまろ

　天平神護元年(765年)～弘仁14年4月24日(823年)
　平安初期の公卿。別名は三諸朝臣綿麻呂、三山朝臣綿麻呂。三諸朝臣大原の子で、文室浄三(智努王)の孫にあたる。文室秋津は弟。大同4年(809年)三諸朝臣から三山朝臣姓に改氏、次いで文室真人と改賜姓された。弘仁元年(810年)薬子の変では平城上皇側について禁錮となったが、坂上田村麻呂の奏請により赦されて参議・従四位上となり、平城上皇の東国入り阻止側にまわる。さらに大蔵卿、陸奥出羽按察使を兼任し、翌2年(811年)征夷大将軍に任ぜられる。同年の蝦夷の反乱の際には、陸奥出羽両国兵1万余人を動員して尓薩体、幣伊両村の蝦夷を攻略。その功により従三位に叙され、弘仁4年(813年)～弘仁5年(814年)再び征夷大将軍。この間、蝦夷移配対策を種々献策して東北経営の基礎を築く。のち右近衛大将、兵部卿などを経て、弘仁9年(818年)中納言に昇進した。

　　　　＊　　　＊　　　＊

◇古代東北史の人々　新野直吉著　復刊
　吉川弘文館　2009.9　231, 3p　26cm
　(歴史文化セレクション)　1900円
　①978-4-642-06354-8
◇蝦夷と東北戦争　鈴木拓也著　吉川弘文館　2008.12　290, 5p　20cm　(戦争の日本史3)　〈文献あり　年表あり〉
　2500円　①978-4-642-06313-5

勘解由使
かげゆし

　平安初期に設置された令外官の一つ。和名で「とくるよしかんがふるつかさ」ともいう。8世紀後半、国司交替にあたって新旧両官の事務引継ぎの際に不正や争いが生じることが多くなり、その対策として解由状(前任者が交替完了の証明のため、後任者に与える文書)の勘査と、それに伴う事務処理を行うために設置された。その創設時期は桓武天皇の時代、長官・判官が同時に任命された延暦16年(797年)頃とされる。勘解由使は平城天皇の大同元年(806年)に一旦廃止されるが、解由制度の対象が国司から官人全般に拡大したことから、淳和天皇の天長元年(824年)に復活。以後、常置の官として存続するが、平安末期には有名無実化した。勘解由使の編纂した「延暦交替式」「貞観交替式」「延喜交替式」は、内外官の交替に関する法令格式を集成したもの。

　　　　＊　　　＊　　　＊

◇古代王権と恩赦　佐竹昭著　雄山閣出版
　1998.2　504, 24p　22cm　15000円
　①4-639-01512-7
◇古代文献の基礎的研究　吉岡真之著　吉川弘文館　1994.11　410, 15p　21cm
　(日本史学研究叢書)　10300円　①4-642-02276-7
◇桓武朝論　林陸朗著　雄山閣出版
　1994.4　252p　22cm　(古代史選書7)
　2880円　①4-639-01222-5
◇王朝国家国政史の研究　坂本賞三編　吉川弘文館　1987.3　399p　22cm　〈折り込表1枚〉　7500円　①4-642-02211-2
◇古代史論叢　下巻　井上光貞博士還暦記念会編　吉川弘文館　1978.9　662p
　22cm　7500円

平城天皇
へいぜいてんのう

　宝亀5年8月15日(774年)～天長元年7月7日(824年)
　第51代天皇。在位期間は大同元年から大同4年(806～809年)。名は安殿。通称は奈良の帝。諡号は日本根子天推国高彦尊。桓武天皇の第一皇子で、母は藤原良継の娘・藤原乙牟漏。孫に在原行平・業平がいる。延暦4年(785年)皇太弟早良親王が藤原種継暗殺事件に連座して廃されたあと皇太子となり、大同元年(806年)即位。在位期間は短かったが、父桓武天皇の造都と征夷で疲弊した国家財政緊縮のため参議を廃止するな

政 治

ど、官職の統廃合に成果をあげる。また、民情視察のため観察使を設置して地方政治にも献策を行った。早良親王の怨霊の祟りとされた「風病」に悩まされ、大同4年（809年）嵯峨天皇に譲位。上皇となり平城の旧宮に移ったが、寵臣・藤原仲成・薬子兄妹の意見を入れて国政に介入し、「二所朝廷」の対立が生じる。弘仁元年（810年）薬子と仲成に擁せられ、平城京で重祚しようとして失敗（薬子の変）。上皇は東国へ逃れきれず入道し、のち空海の灌頂を受けた。以後政治には関与せず、没後は大和国添下郡の楊梅陵に葬られた。詩文や和歌を愛し、その詩文は『凌雲集』『古今集』に収められている。

　　　　＊　　＊　　＊

◇平城天皇　春名宏昭著　吉川弘文館　2009.1　275p　19cm　（人物叢書 新装版）〈シリーズの編者：日本歴史学会　文献あり 年譜あり〉　2000円　①978-4-642-05249-8

◇面白いほどよくわかる天皇と日本史―神武から昭和まで歴代天皇を知ると日本史がわかる　阿部正路監修　日本文芸社　2008.12　278p　19cm　（学校で教えない教科書）　1400円　①978-4-537-25646-8

◇天皇皇族実録　9　平城天皇実録・嵯峨天皇実録　藤井讓治, 吉岡真之監修・解説　ゆまに書房　2007.4　116, 340p　22cm〈宮内庁書陵部蔵の複製〉　18500円　①978-4-8433-1965-9, 978-4-8433-1953-6

◇日本後紀―全現代語訳　中　森田悌著　講談社　2006.11　386p　15cm　（講談社学術文庫）　1150円　①4-06-159788-4

◇天皇文業総覧　上　青木周平, 針本正行編著　若草書房　2004.7　259p　20cm　1600円　①4-948755-82-6

◇系図纂要　第1冊 上　神皇1　新版　名著出版　1996.8　291p　21cm　6200円　①4-626-01541-7

嵯峨天皇　さがてんのう

　延暦5年9月7日（786年）～承和9年7月15日（842年）　第52代天皇。在位期間は大同4年から弘仁14年（809～823年）。山城国長岡京の人。名は神野、賀美野。桓武天皇の第二皇子、母は藤原乙牟漏。大同4年（809年）兄の平城天皇より譲位を受けて即位するが、平城の旧宮に移った平城上皇はその後も藤原薬子・仲成兄妹と共に政治に干渉し、「二所朝廷」の対立が生じる。天皇は翌弘仁元年（810年）平城還都の議を起こした上皇方に坂上田村麻呂以下の兵を発して征圧し、上皇は出家した（薬子の変）。弘仁14年（823年）異母弟の淳和天皇に譲位。その後も仁明天皇（嵯峨皇子）の承和9年（842年）に没するまで嵯峨上皇の家父長的権威の下、古代史上稀な政治的安定が出現し、弘仁文化が開花した。その治世の間、政治的には法令集「弘仁格式」を制定・施行し、朝廷の儀式を整備して「内裏式」を編纂するなど、律令制の補強に努めた。また、蔵人所や検非違使などを設置して宮廷の機構を整備。皇子女の多くに「源」の姓を与えて臣籍に降下させ、源氏賜姓の先例を開いた。一方、文化的には『凌雲集』『文華秀麗集』などの詩集を勅撰。天皇自らも詩文や書に優れ、空海、橘逸勢と共に三筆に数えられる。書の確実な遺品として、最澄の弟子光定に与えた「光定戒牒」が残されている。御陵は京都市右京区の嵯峨山上陵。

◇源氏物語と皇権の風景　小山利彦著　大修館書店　2010.5　378p　19cm　4200円　①978-4-469-22212-8

◇天皇皇族実録　9　平城天皇実録・嵯峨天皇実録　藤井讓治, 吉岡真之監修・解説　ゆまに書房　2007.4　116, 340p　22cm

政 治

◇〈宮内庁書陵部蔵の複製〉 18500円
　①978-4-8433-1965-9, 978-4-8433-1953-6

◇日本後紀―全現代語訳　下　森田悌著　講談社　2007.2　388p　15cm　（講談社学術文庫）〈年表あり〉　1150円
　①978-4-06-159789-1

◇日本後紀―全現代語訳　中　森田悌著　講談社　2006.11　386p　15cm　（講談社学術文庫）　1150円　①4-06-159788-4

◇空海のデザインと嵯峨天皇　坂口博翁著　京都　大本山大覚寺出版部　2006.3　197p　21cm　〈肖像あり〉　1500円
　①4-902031-03-5

◇古代漢詩選　興膳宏著　研文出版　2005.10　260p　20cm　（日本漢詩人選集　別巻）　3300円　①4-87636-253-X

◇天皇文業総覧　上　青木周平, 針本正行編著　若草書房　2004.7　259p　20cm　1600円　①4-948755-82-6

◇李嶠詩―嵯峨天皇　名児耶明編著　天来書院　2002.5　35p　30cm　（奈良平安の書 3）　1100円　①4-88715-125-X

◇最澄・嵯峨天皇・橘逸勢　最澄, 嵯峨天皇, 橘逸勢筆　中央公論新社　2001.10　206p　31cm　（書道芸術 新装 第13巻）〈シリーズ責任表示：井上靖〔ほか〕監修　シリーズ責任表示：中田勇次郎責任編集　複製を含む〉　①4-12-490198-4, 4-12-490059-7

◇平安人物志　山中裕著　東京大学出版会　2001.1　251p　21cm　（東大人文科学研究叢書）　5200円　①4-13-020039-9

◇嵯峨天皇橘逸勢集　二玄社　1995.3　67p　30cm　（日本名筆選 37）〈複製〉　2800円　①4-544-00747-X

◇嵯峨大覚寺―人と歴史　村岡空著　大阪　朱鷺書房　1988.8　201p　19cm　1300円　①4-88602-108-5

◇嵯峨天皇宸翰集　嵯峨天皇筆, 飯島春敬編・著　書芸文化新社　1980.8　1冊　39×19cm　（和漢墨宝選集 第22巻）〈複製　折本　ホルダー入　付属資料：解説（32p 29cm）　和装〉　①4-7864-0085-8

◇書道芸術　第13巻　最澄, 嵯峨天皇, 橘逸勢　中央公論社　1976　206p（おもに図）　31cm　〈監修：井上靖等　豪華普及版〉　2500円

◇平安人物志　山中裕著　東京大学出版会　1974　251, 13p　22cm　（東大人文科学研究叢書）　2800円

◇書道芸術　第13巻　最澄, 嵯峨天皇, 橘逸勢　中央公論社　1972　206p（おもに図）はりこみ図3枚　31cm　〈監修：井上靖等〉　4200円

◇嵯峨の帝とその御所　〔京都〕　大覚寺　1967　43p　はり込み原色図版10枚　41cm（本文：30cm）〈勅封心経1500年記念出版　帙入　和装〉

◇嵯峨天皇宸翰唐李嶠詩集　嵯峨天皇著　清雅堂　1948　12丁　27cm　〈コロタイプ版　複製〉

◇李嶠詩残巻　嵯峨天皇筆　講談社　1948　10p　図版11枚　29cm　〈附：解説（野本白雲）〉

◇李嶠詩残巻　嵯峨天皇書, 野本白雲解説　講談社　1948　図版12丁　解説5丁　34cm　〈図版は写真版　和装〉

薬子の変
くすこのへん

　平安初期の弘仁元年(810年)に起こった朝廷内の抗争事件。大同4年(809年)4月、平城天皇は病により嵯峨天皇に譲位し、同年12月平城宮に移った。翌弘仁元年(810年)健康を回復した上皇は、東宮時代に寵愛していた藤原種継の娘・薬子とその兄・仲成らと共に嵯峨天皇の朝政に干渉し、「二所朝廷」の様相を呈しはじめた。こ

政 治

れに対し、嵯峨天皇は蔵人所を新設し、藤原冬嗣らを初代蔵人頭に任じて自らの体制固めを行う。やがて9月に入り、重祚を企てた上皇側が平城京遷都を強行しようとしたため、天皇は同月10日仲成を逮捕して佐渡権守に左遷し、薬子を追放した。上皇は徹底抗戦の構えで薬子と共に平城京から東国に向かうが、坂上田村麻呂らに阻まれて失敗。上皇は平城京に戻って剃髪し、仲成は射殺、薬子は服毒自殺した。僅か3日間で終息したこの乱は宮廷内抗争の域を出なかったが、乱後は平城上皇の子である皇太子高岳親王が廃され、皇弟の大伴親王が皇太弟となった。また、この事件をきっかけに嵯峨天皇の信任厚い藤原冬嗣が台頭し、藤原北家繁栄の端緒となる一方、式家の没落が決定づけられた。なお、この重祚計画は権勢回復を目論む仲成と薬子の謀略として「薬子の変」と称されてきたが、近年では計画の中心人物は上皇自身である可能性が高いとみられている。

＊　＊　＊

◇平城天皇　春名宏昭著　吉川弘文館　2009.1　275p 19cm　〈人物叢書 新装版〉〈シリーズの編者：日本歴史学会　文献あり 年譜あり〉　2000円　①978-4-642-05249-8

◇平安京の光と闇―貴族社会の実像　村井康彦編　作品社　2003.6　270p 19cm　〈史話日本の古代 第8巻〉〈文献あり〉　1600円　①4-87893-533-2

◇平安京物語　村井康彦著　小学館　1994.7　222p 20cm　1600円　①4-09-387119-1

◇日本古代宮廷社会の研究　滝浪貞子著　京都　思文閣出版　1991.11　572, 15p 22cm　〈思文閣史学叢書〉　12154円　①4-7842-0677-9

◇戦乱の日本史―合戦と人物　第2巻　平安王朝の武士　村井康彦責任編集　第一法規出版　1988.6　158p 31cm　〈監修：安田元久 編集：風土社〉　3500円　①4-474-10132-4

◇平安貴族　橋本義彦著　平凡社　1986.8　284p 20cm　〈平凡社選書 97〉　2000円　①4-582-82297-5

藤原　薬子
ふじわらの　くすこ

？～弘仁元年9月12日（810年）

平安初期の女官。藤原種継の娘で、藤原縄主の妻。長女が皇太子安殿親王（平城天皇）の妃となると東宮宣旨として仕えたが、皇太子と醜聞を起こして桓武天皇に追放される。大同元年（806年）平城天皇が即位すると再び召されて尚侍となり、天皇の寵愛を得て権勢を振るった。大同4年（809年）4月平城天皇は病のため嵯峨天皇に譲位して上皇となるが、翌年健康を取り戻して重祚を望む上皇に対し、薬子は兄仲成と共に働きかけて平城還都を謀ったため、嵯峨天皇に追放される。これに対抗して薬子は上皇と共に東国に向かうが、嵯峨天皇の派遣した軍に鎮圧されて失敗。兄仲成は射殺され、上皇は出家、薬子は服毒自殺した（薬子の変）。

＊　＊　＊

◇平安貴族社会　阿部猛著　同成社　2009.4　324p 22cm　〈同成社古代史選書 4〉　7500円　①978-4-88621-472-0

◇歴史に咲いた女たち　平安の花　石丸晶子著　広済堂出版　1992.6　261p 20cm　1600円　①4-331-50367-4

◇人物日本の女性史　第5巻　政権を動かした女たち　集英社　1977.7　250p 図 肖像　20cm　〈監修：円地文子〉　890円

淳和天皇
じゅんなてんのう

延暦5年（786年）～承和7年5月8日（840年）

第53代天皇。在位期間は弘仁14年から天長10年（823～833年）。名は大伴、西院の帝ともいう。桓武天皇の第三皇子で、母は式家百川の娘・藤原旅子。弘仁元年（810年）薬子の乱後、嵯峨天皇の皇太弟となり、同14年（823年）嵯峨天皇の譲位により即位。その後も嵯峨上皇は冷然院で重きをなし、上皇の皇子正良親王（後の仁明天皇）

が立太子したが、淳和天皇と上皇の関係は円満に終始し、その在位年間は平安初期で最も安定した時期となった。天長元年(824年)検非違使庁の設置、同3年(826年)親王任国の制定などを進め、また勘解由使の再置、巡察使の派遣などにより地方官の監督を強化。清原夏野らを登用して養老令の公的注釈書『令義解』を撰述させ、律令制の再建に努めた。一方漢詩にも長じ、詩文集『経国集』を選した。譲位後は主に淳和院に住し、死に当たっては薄葬を遺詔したといわれる。陵墓は京都大原野西嶺上陵。

＊　　＊　　＊

◇天皇皇族実録　10　淳和天皇実録・仁明天皇実録　藤井譲治,吉岡真之監修・解説　ゆまに書房　2007.4　212, 402p　22cm　〈宮内庁書陵部蔵の複製〉　18500円　①978-4-8433-1966-6, 978-4-8433-1953-6

◇日本後紀—全現代語訳　下　森田悌著　講談社　2007.2　388p　15cm　（講談社学術文庫）〈年表あり〉　1150円　①978-4-06-159789-1

◇天皇文業総覧　上　青木周平,針本正行編著　若草書房　2004.7　259p　20cm　1600円　①4-948755-82-6

◇日本古代の社会と政治　佐伯有清先生古稀記念会編　吉川弘文館　1995.3　591p　22cm　11330円　①4-642-02281-3

令外官
りょうげのかん

　律令時代、令の規定にない官司・官職をいい、『続日本紀』などには「令外諸司」「令外之官」等と記述されている。大宝令または養老令の制定後に設置された官で、元来は令制官職の不備を補うため必要に応じて臨時に置かれていたが、中には常置の官となったものもある。よく知られたものに内大臣、中納言、参議、勘解由使、按察使、征夷大将軍、検非違使、蔵人、摂政、関白などがあり、殊に平安時代には検非違使庁と蔵人所の活躍が顕著である。これら令外官は、官位相当を定め、令制官職と同格の「官」（除目官：中納言、紫微中台、按察使、中衛府など）と、相当位階のない「職」（宣旨職または宣下職：参議、蔵人、検非違使など）とに分けられ、両者は任命の手続にも相違がある。

＊　　＊　　＊

◇日本古代官職辞典　阿部猛編　増補改訂　同成社　2007.12　533, 54p　22cm　〈文献あり〉　9500円　①978-4-88621-415-7

◇日本古代養鷹の研究　秋吉正博著　京都思文閣出版　2004.2　265, 11p　21cm　6500円　①4-7842-1181-0

◇摂関政治史論考　山本信吉著　吉川弘文館　2003.6　451p　22cm　11000円　①4-642-02394-1

◇平安時代の貴族と天皇　玉井力著　岩波書店　2000.11　409, 12p　22cm　9000円　①4-00-002054-4

◇蔵人補任　市川久編　続群書類従完成会　1989.6　459p　22cm　10300円

◇法政史論叢　第4冊　律令諸制及び令外官の研究　滝川政次郎著　名著普及会　1986.9　473, 6p　22cm　〈角川書店昭和42年刊の複製　著者の肖像あり〉　42000円　①4-89551-231-2

◇続日本古代史論集　坂本太郎博士古稀記念会編　吉川弘文館　1972　3冊　22cm　3500-4100円

蔵人所
くろうどどころ

　平安初期の弘仁元年(810年)3月、嵯峨天皇によって設置された令外官司。当時、嵯峨天皇と平城上皇は「薬子の変」へと発展する深刻な対立関係にあり、上皇方への機密漏洩を防ぐため、嵯峨天皇が側近の藤原冬嗣、巨勢野足らを蔵人頭に任命して殿上に近侍させ、機密文書などを司らせたのが始まりといわれる。蔵人所には別当、蔵人頭、蔵人、非蔵人、雑色、所衆、出納、小舎人、滝口、鷹飼らの職員が置かれ、前述の蔵人頭のほか、設置当初の蔵人として朝野鹿取、清原夏野、百済王勝義らが見られる。蔵人所の

総裁である別当は、寛平9年(897年)に大納言・藤原時平が任命されたのが初見。天皇家の家政機関として機密文書の保管、詔勅の伝宣、宮廷の諸雑事などを司り、明治維新後に廃止されるまで原則として各天皇の代ごとに改補・常置された。

＊　　＊　　＊

◇日本古代官職辞典　阿部猛編　増補改訂　同成社　2007.12　533, 54p　22cm　〈文献あり〉　9500円　⓵978-4-88621-415-7

◇平安時代の貴族と天皇　玉井力著　岩波書店　2000.11　409, 12p　22cm　9000円　⓵4-00-002054-4

◇平安朝律令社会の文学　工藤重矩著　ぺりかん社　1993.7　374, 10p　22cm　4800円　⓵4-8315-0606-0

◇古代史論集　下　直木孝次郎先生古稀記念会編　塙書房　1989.1　462p　22cm　8500円

◇日本古文書学講座　3　古代編　2　雄山閣出版　1979.8　260p　22cm　2500円

◇続日本古代史論集　坂本太郎博士古稀記念会編　吉川弘文館　1972　3冊　22cm　3500-4100円

検非違使
けびいし

　平安初期に設置された令外官の一つ。略して「使」ともいう。弘仁年間(810〜824年)の中頃に置かれたものと推測され、原則として左右衛門府職員が「使の宣旨」により兼任した。弘仁7年(816年)に左衛門人尉となり、検非違使を兼任したとみられる興世書主が初見。やがて衛門府内に左右の検非違使庁ができ、別当以下の職員が定められた。初めは京都市中の非違・非法を検察する役であったが、やがて訴訟・裁判をも扱うようになり、京都市内の民政にも関与。弾正台、刑部省、京職などの仕事を吸収して強大な権力を持ち、平安後期には諸国や郡にも置かれた。武士の台頭により衰退し、鎌倉時代以降は実質を失っていくが、京都市政機関としては中世を通して存続した。

＊　　＊　　＊

◇検非違使—中世のけがれと権力　丹生谷哲一著　増補　平凡社　2008.8　483p　16cm　(平凡社ライブラリー 646)　〈年表あり　文献あり〉　1700円　⓵978-4-582-76646-2

◇検非違使補任　別巻　宮崎康充編　続群書類従完成会　2006.3　384p　22cm　11000円　⓵4-7971-0724-3

◇検非違使補任　第2　宮崎康充編　続群書類従完成会　1999.5　p247-573　22cm　9000円　⓵4-7971-0722-7

◇検非違使補任　第1　宮崎康充編　続群書類従完成会　1998.12　246p　22cm　7000円　⓵4-7971-0721-9

◇院政期軍事・警察史拾遺　米谷豊之祐著　近代文芸社　1993.7　353p　20cm　2000円　⓵4-7733-1888-0

◇律令外古代法の研究　長谷山彰著　慶応通信　1990.4　269p　22cm　2987円　⓵4-7664-0453-X

◇検非違使の研究・庁例の研究　小川清太郎著　名著普及会　1988.12　131, 199, 47p　22cm　〈複製〉　1800円　⓵4-89551-333-5

◇検非違使—中世のけがれと権力　丹生谷哲一著　平凡社　1986.12　320p　20cm　(平凡社選書 102)　2100円　⓵4-582-84102-3

◇検非違使を中心としたる平安時代の警察状態　谷森饒男著　柏書房　1980.9　293, 12p　22cm　〈解題：森田悌『検非違使ヲ中心トシタル平安時代ノ警察状態』の複製〉　4200円

◇律令制下の司法と警察—検非違使制度を中心として　大饗亮著　大学教育社　1979.2　331, 11p　22cm　8000円

三代格式　さんだいきゃくしき

　平安初期、嵯峨・清和・醍醐の三天皇の時代に、基本法典である養老律令に対する補充法典として編纂・施行された弘仁格式・貞観格式・延喜格式の総称。三代格は「類聚三代格」等によって大部分が伝えられ、三代式は「延喜式」に集大成されてほぼ完全に伝えられている。【弘仁格式】日本における最初の格式。桓武天皇の晩年、延暦22年（803年）頃に編纂開始。初め藤原内麻呂・菅野真道らが編纂にあたったが、桓武天皇の死によって一度中断。嵯峨天皇の時代になって再開し、藤原冬嗣らが中心となって弘仁11年（820年）に格10巻、式40巻として撰進された。天長7年（830年）施行。大宝元年（701年）～弘仁10年（819年）の個々の格式を官司別に収める。その後も改正作業が続けられ、承和7年（840年）「改正遺漏糺繆格式」が成立した。【貞観格式】清和天皇の勅命により、藤原良相・氏宗らが編纂にあたった。編纂開始は貞観5年（863年）以前とされ、「貞観格」12巻は貞観11年（869年）に撰進・施行。「弘仁格」以降貞観10年（868年）に至る格を官司別に収める。「貞観式」20巻は貞観13年（871年）に撰進・施行。「弘仁式」の訂正増補分のみを編纂し、両式を併用する。【延喜格式】醍醐天皇の勅命により、延喜5年（905年）藤原時平らが編纂を始め、時平の死後藤原忠平らによって完成した。「延喜格」12巻は延喜7年（907年）に撰進、翌年施行。先行の「弘仁格」「貞観格」との併用を前提に、貞観11年（869年）～延喜7年（907年）の格を官司別に収め、雑格と臨時格を付加している。「延喜式」50巻は延長5年（927年）に一旦完成するが、その後も改正事業が続けられ、康保4年（967年）に施行。先行の「弘仁式」「貞観式」の式文や、その後に改定された全ての施行細則を集大成する形で編纂された。

◇延喜式　中　藤原時平ほか編纂, 虎尾俊哉編　集英社　2007.6　1481p　23cm　（訳注日本史料）　35000円　①978-4-08-197009-4

◇交替式　弘仁式　延喜式　藤原冬嗣ほか編, 藤原時平ほか編　吉川弘文館　2007.6　74, 24, 1032p　27cm　（国史大系 新訂増補 第26巻）〈平成12年刊（新装版）を原本としたオンデマンド版〉　19500円　①978-4-642-04027-3

◇類聚三代格　弘仁格抄　吉川弘文館　2007.6　649, 59, 39p　27cm　（国史大系 新訂増補 第25巻）〈平成12年刊（新装版）を原本としたオンデマンド版〉　15500円　①978-4-642-04026-6

◇延喜式　1　藤原時平ほか編　現代思潮新社　2006.12　16, 247, 259p　16cm　（覆刻日本古典全集）〈現代思潮社昭和53年刊を原本としたオンデマンド版〉　6300円　①4-329-02561-2

◇延喜式　2　藤原時平ほか編　現代思潮新社　2006.12　202, 231p　16cm　（覆刻日本古典全集）〈現代思潮社昭和53年刊を原本としたオンデマンド版〉　5400円　①4-329-02562-0

◇延喜式　3　藤原時平ほか編　現代思潮新社　2006.12　274, 229p　16cm　（覆刻日本古典全集）〈現代思潮社昭和53年刊を原本としたオンデマンド版〉　6100円　①4-329-02563-9

◇延喜式　4　藤原時平ほか編　現代思潮新社　2006.12　160, 74p　16cm　（覆刻日本古典全集）〈現代思潮社昭和53年刊を原本としたオンデマンド版〉　3300円　①4-329-02564-7

◇類聚三代格　3（巻12上―巻18）　八木書

店　2006.8　297, 52, 51p　22×31cm
（尊経閣善本影印集成 39）　〈複製〉
33000円　①4-8406-2339-2

◇類聚三代格　2（巻5 上―巻10）　八木書
店　2005.8　374p　22×31cm　（尊経閣
善本影印集成 38）〈シリーズ責任表示：
前田育徳会尊経閣文庫編　複製〉　33000
円　①4-8406-2338-4

◇類聚三代格　1（巻1 上―巻4）　八木書店
2005.6　304p　22×31cm　（尊経閣善本
影印集成 37）〈シリーズ責任表示：前
田育徳会尊経閣文庫編〉　33000円　①4-
8406-2337-6

◇再現・『延喜斎宮式』―平安の斎宮を探る
特別展　斎宮歴史博物館編　明和町（三
重県）　斎宮歴史博物館　2003.10　82p
30cm　〈会期：平成15年10月4日―11月
24日〉

◇貴重典籍叢書―国立歴史民俗博物館蔵
歴史篇 第18巻　延喜式　7　国立歴史民
俗博物館館蔵史料編集会編　京都　臨川
書店　2001.10　382p　23cm　〈複製〉
11000円　①4-653-03538-5, 4-653-03520-
2

◇交替式　弘仁式　延喜式　藤原冬嗣ほか
編, 藤原時平ほか編　新装版　吉川弘文
館　2000.11　74, 24, 1032p　23cm　（国
史大系 新訂増補 第26巻）〈シリーズ責
任表示：黒板勝美編輯　複製〉　13300円
①4-642-00328-2

◇類聚三代格　弘仁格抄　黒板勝美編　新
装版　吉川弘文館　2000.10　649, 59,
39p　23cm　（国史大系 新訂増補 第25
巻）〈複製〉　10000円　①4-642-00327-
4

◇貴重典籍叢書―国立歴史民俗博物館蔵
歴史篇 第17巻　延喜式　6　国立歴史民
俗博物館館蔵史料編集会編　京都　臨川
書店　2000.7　430p　23cm　〈複製〉
10000円　①4-653-03537-7, 4-653-03520-
2

◇貴重典籍叢書―国立歴史民俗博物館蔵
歴史篇 第16巻　延喜式　5　国立歴史民
俗博物館館蔵史料編集会編　京都　臨川
書店　2000.6　422p　23cm　〈複製〉
10000円　①4-653-03536-9, 4-653-03520-
2

◇祝詞全評釈―延喜式祝詞中臣寿詞　青木
紀元著　右文書院　2000.6　422p　22cm
15000円　①4-8421-0001-X

◇延喜式　上　藤原時平ほか編纂, 虎尾俊
哉編　集英社　2000.5　41, 1139p
23cm　（訳注日本史料）　25000円　①4-
08-197008-4

◇貴重典籍叢書―国立歴史民俗博物館蔵
歴史篇 第15巻　延喜式　4　国立歴史民
俗博物館館蔵史料編集会編　京都　臨川
書店　2000.5　438p　23cm　〈複製〉
10000円　①4-653-03535-0, 4-653-03520-
2

◇貴重典籍叢書―国立歴史民俗博物館蔵
歴史篇 第14巻　延喜式　3　国立歴史民
俗博物館館蔵史料編集会編　京都　臨川
書店　2000.4　504p　23cm　〈複製〉
11000円　①4-653-03534-2, 4-653-03520-
2

◇貴重典籍叢書―国立歴史民俗博物館蔵
歴史篇 第13巻　延喜式　2　国立歴史民
俗博物館館蔵史料編集会編　京都　臨川
書店　2000.3　468p　23cm　〈複製〉
11000円　①4-653-03533-4, 4-653-03520-
2

◇貴重典籍叢書―国立歴史民俗博物館蔵
歴史篇 第12巻　延喜式　1　国立歴史民
俗博物館館蔵史料編集会編　京都　臨川
書店　2000.2　436p　23cm　〈複製〉
10000円　①4-653-03532-6, 4-653-03520-
2

◇延喜式―中院家本 巻第十　藤原時平ほか
著　大阪　燃焼社　1999.8　127p　31cm

政治

◇〈神宮皇学館昭和3年刊の複製〉 12000円 ⓘ4-88978-993-6
◇延喜式神名帳の研究 西牟田崇生著 国書刊行会 1996.8 552p 22cm 10000円 ⓘ4-336-03808-2
◇延喜式 虎尾俊哉著 吉川弘文館 1995.3 253, 10p 20cm 〈日本歴史叢書 新装版〉〈叢書の編者：日本歴史学会 折り込み図1枚〉 2678円 ⓘ4-642-06608-X
◇東京国立博物館蔵本延喜式祝詞総索引 沖森卓也編 古典研究会 1995.1 533p 22cm 〈古典籍索引叢書 第7巻〉〈監修：築島裕 『延喜式祝詞』の複製と翻刻を含む 発行：汲古書院〉 20000円 ⓘ4-7629-3336-8
◇神道大系 古典編12 延喜式 下 神道大系編纂会編 藤原時平ほか著, 虎尾俊哉校注 神道大系編纂会 1993.8 771p 23cm 18000円
◇延喜式の研究 宮城栄昌著 3版 大修館書店 1993.7 2冊 22cm 〈「論述編」と「史料編」に分冊刊行〉 全58000円 ⓘ4-469-29010-6
◇弘仁式貞観式逸文集成 虎尾俊哉編 国書刊行会 1992.12 255p 22cm 〈古代史料叢書 第6輯〉 6500円 ⓘ4-336-03427-3
◇延喜式 上巻 皇典講究所, 全国神職会校訂 京都 臨川書店 1992.6 723p 23cm 〈昭和6年刊の複製〉 ⓘ4-653-02400-6, 4-653-02399-9
◇延喜式 下巻 皇典講究所, 全国神職会校訂 京都 臨川書店 1992.6 p725〜1415 23cm 〈昭和6年刊の複製〉 ⓘ4-653-02401-4, 4-653-02399-9
◇延喜式 索引 皇典講究所, 全国神職会校訂 京都 臨川書店 1992.6 1冊 23cm 〈昭和6年刊の複製〉 ⓘ4-653-02402-2, 4-653-02399-9
◇神道大系 古典編11 延喜式 上 神道大系編纂会編 藤原時平ほか著, 虎尾俊哉校注 神道大系編纂会 1991.10 785p 23cm 15000円
◇類聚三代格総索引 米田雄介編 高科書店 1991.6 432p 22cm 9500円
◇弘仁格の復原的研究 民部下篇 福井俊彦編 吉川弘文館 1991.2 326, 13p 22cm 9300円 ⓘ4-642-02230-9
◇弘仁格の復原的研究 民部中篇 福井俊彦編 吉川弘文館 1990.2 324p 22cm 7900円 ⓘ4-642-02229-5
◇類聚三代格―狩野文庫本 熊田亮介校注・解説 吉川弘文館 1989.11 220p 27cm 〈東北大学附属図書館所蔵 監修：関晃 複製と翻刻〉 12000円 ⓘ4-642-02235-X
◇弘仁格の復原的研究 民部上篇 福井俊彦編 吉川弘文館 1989.2 326p 22cm 7000円 ⓘ4-642-02228-7
◇賀茂真淵全集 第7巻 続群書類従完成会 1984.9 369p 23cm 〈監修：久松潜一〉 6500円
◇貞観儀式 荷田在満校訂 現代思潮社 1980.3 835p 22cm 〈続日本古典全集〉〈内閣文庫蔵の複製〉 20000円
◇延喜式 藤原時平ほか著, 正宗敦夫ほか編纂校訂 現代思潮社 1978.9 4冊 16cm 〈覆刻日本古典全集〉〈日本古典全集刊行会昭和2〜4年刊の複製〉
◇日本食肉史基礎資料集成 第12輯 類聚三代格 栗田奏二編 栗田 1978.3 116p 26cm 〈電子複写〉
◇日本食肉史基礎資料集成 第20輯 延喜式 栗田奏二編 栗田 1978.3 1冊 26cm 〈電子複写〉
◇延喜式祝詞講義 鈴木重胤著 国書刊行

会　1978.1　3冊　22cm　〈昭和14年刊の再刊〉　全32000円

◇延喜式　虎尾俊哉著　吉川弘文館　1964　242p 図版　20cm　〈日本歴史叢書 8 日本歴史学会編〉

◇延喜式の研究　〔第2〕　論述篇　宮城栄昌著　大修館書店　1957　700, 39p　22cm

◇延喜式の研究　〔第1〕　史料篇　宮城栄昌著　大修館書店　1955　959, 46p　22cm

令義解
りょうのぎげ

養老令の官撰注釈書。10巻30編、うち2編欠。天長3年(826年)明法博士・額田今足が律令の解釈を統一する必要性を建議。これに基づき、淳和天皇の命によって天長6年(829年)から国家事業として編纂が開始され、天長10年(833年)に完成。翌承和元年(834年)詔によって施行され、養老令の公的解釈として令の本文に準ずる規制力を持った。編纂にあたったのは、右大臣清原夏野、明法家の興原敏久、讃岐永直のほか、菅原清公、小野篁ら著名な文筆家を含む12名。養老令そのものは現存しないが、本書によってその大部分を知ることができる。なお、欠けている倉庫令、医疾令の2編については、逸文を集めたものが利用されている。

　　　　＊　　＊　　＊

◇律　令義解　清原夏野ほか撰　吉川弘文館　2007.0　180, 354p　27cm　〈国史大系 新訂増補 第22巻〉〈平成12年刊(新装版)を原本としたオンデマンド版〉　12500円　①978-4-642-04023-5

◇律　令義解　黒板勝美編　新装版　吉川弘文館　2000.6　180, 354p　23cm　〈国史大系 新訂増補 第22巻〉〈複製〉　7600円　①4-642-00324-X

◇令義解—紅葉山文庫本　二色刷影印　東京堂出版　1999.9　462p　16×24cm　〈解説：水本浩典〉　38000円　①4-490-20391-8

◇訳註日本律令　11　令義解訳註篇　別冊　律令研究会編　東京堂出版　1999.6　663p　16×22cm　〈複製〉　18000円　①4-490-30218-5

◇訳註日本律令　9　令義解訳註篇　1　律令研究会編　東京堂出版　1991.10　483p　22cm　11650円　①4-490-30216-9

◇令義解総索引　亀田隆之ほか編　高科書店　1991.4　276p　22cm　6000円

◇荷田全集　第6巻　荷田春満ほか著, 官幣大社稲荷神社編纂　名著普及会　1990.12　561, 10p　24cm　〈吉川弘文館昭和6年刊の複製　普及版〉　①4-89551-544-3

◇訳註日本律令　10　令義解訳註篇　2　律令研究会編　東京堂出版　1989.4　774p　22cm　18000円　①4-490-30217-7

◇新釈令義解　薗田守良著　律令研究会　汲古書院(制作・発売)　1974　2冊　27cm　〈神宮文庫所蔵本の複製〉　各15000円

◇国史大系　第22巻　律, 令義解　黒板勝美, 国史大系編修会編　新訂増補　吉川弘文館　1966　180, 354p　24cm　〈完成記念版 国史大系刊行会刊本の複製〉　3000円

令集解
りょうのしゅうげ

養老令の私的注釈書。50巻(現存35巻)。明法博士・惟宗直本の撰により貞観年間(859～877年)に成立。先行諸学説を集大成し、そのまま引用することに重点が置かれているため、時代別の令解釈学のみならず、その運用の実態を知ることができる。『令義解』『古記』『令釈』『跡記』『穴記』『朱記』のほか、格、式、律付釈などの古い法律書や、母法となった唐令など中国の法律書も引かれており、日本、中国の律令制研究の重要な史料となっている。中でも重要なのが天平10年(738年)頃に成ったとされる大宝令の

47

政 治

注釈書『古記』(著者不明)で、これにより現存しない大宝令の本文を部分的ながら知ることができる。

　　　　　＊　　　＊　　　＊

◇令集解　前篇　惟宗直本編　吉川弘文館　2007.6　527p　27cm　〈国史大系 新訂増補 第23巻〉〈平成12年刊(新装版)を原本としたオンデマンド版〉　12500円　①978-4-642-04024-2

◇令集解　後篇　惟宗直本編　吉川弘文館　2007.6　p529-976, 26, 11p　27cm　〈国史大系 新訂増補 第24巻〉〈平成12年刊(新装版)を原本としたオンデマンド版〉　12000円　①978-4-642-04025-9

◇令集解　後篇　黒板勝美編　新装版　吉川弘文館　2000.9　p529-976, 26, 11p　23cm　〈国史大系 新訂増補 第24巻〉〈複製〉　7600円　①4-642-00326-6

◇令集解　前篇　黒板勝美編　新装版　吉川弘文館　2000.8　527p　23cm　〈国史大系 新訂増補 第23巻〉〈複製〉　7600円　①4-642-00325-8

◇令集解所引漢籍備考　奥村郁三編著　吹田　関西大学東西学術研究所　2000.3　718, 45p　27cm　〈関西大学東西学術研究所研究叢刊 14〉〈発行所：関西大学出版部〉　16000円　①4-87354-312-6

◇貴重典籍叢書―国立歴史民俗博物館蔵歴史篇 第6巻　令集解　6　国立歴史民俗博物館館蔵史料編集会編　惟宗直本撰　京都　臨川書店　1999.9　323p　23cm　〈付・校勘記　複製〉　10000円　①4-653-03526-1, 4-653-03520-2

◇貴重典籍叢書―国立歴史民俗博物館蔵歴史篇 第5巻　令集解　5　国立歴史民俗博物館館蔵史料編集会編　惟宗直本撰　京都　臨川書店　1999.3　612p　23cm　〈複製〉　12000円　①4-653-03525-3, 4-653-03520-2

◇貴重典籍叢書―国立歴史民俗博物館蔵歴史篇 第4巻　令集解　4　国立歴史民俗博物館館蔵史料編集会編　惟宗直本撰　京都　臨川書店　1999.2　568p　23cm　〈複製〉　11000円　①4-653-03524-5, 4-653-03520-2

◇貴重典籍叢書―国立歴史民俗博物館蔵歴史篇 第3巻　令集解　3　国立歴史民俗博物館館蔵史料編集会編　惟宗直本著　京都　臨川書店　1999.1　588p　23cm　〈複製〉　12000円　①4-653-03523-7, 4-653-03520-2

◇貴重典籍叢書―国立歴史民俗博物館蔵歴史篇 第2巻　令集解　2　国立歴史民俗博物館館蔵史料編集会編　惟宗直本著　京都　臨川書店　1998.12　604p　23cm　〈複製〉　12000円　①4-653-03522-9, 4-653-03520-2

◇貴重典籍叢書―国立歴史民俗博物館蔵歴史篇 第1巻　令集解　1　国立歴史民俗博物館館蔵史料編集会編　惟宗直本著　京都　臨川書店　1998.11　598p　23cm　〈複製〉　12000円　①4-653-03521-0, 4-653-03520-2

◇令集解私記の研究　荊木美行編　汲古書院　1997.3　363p　21cm　6000円　①4-7629-9445-6

◇令集解総索引　水本浩典ほか編　高科書店　1991.9　2冊　27cm　〈付(1冊)：検字表〉　全45000円

◇令集解官位令職員令語句索引　奥村郁三, 薗田香融共編　吹田　関西大学東西学術研究所　1990.3　426p　22cm　〈関西大学東西学術研究所研究叢刊 7〉〈発行所：関西大学出版部〉　6500円　①4-87354-117-4

◇令集解引書索引　戸川芳郎ほか編　汲古書院　1990.1　224p　23cm　3500円

◇令集解釈義　三浦周行, 滝川政次郎共編　国書刊行会　1982.4　894, 26p　22cm　〈昭和6年刊の複製　滝川政次郎の肖像あ

政 治

◇国史大系　第23巻　令集解　前篇　黒板勝美, 国史大系編修会編　新訂増補　吉川弘文館　1966　527p　23cm　〈完成記念版 国史大系刊行会刊本の複製〉　2400円

◇国史大系　第24巻　令集解　後篇　黒板勝美, 国史大系編修会編　新訂増補　吉川弘文館　1966　976, 25p　23cm　〈完成記念版 国史大系刊行会刊本の複製〉　2400円

◇国史大系　第24巻　令集解　後篇　黒板勝美編　新訂増補　吉川弘文館　1955　448, 26, 11p 図版　22cm

◇国史大系　第2部 第4-5　令集解　中篇, 後篇　黒板勝美編　新訂増補　吉川弘文館　1955　2冊　22cm

◇国史大系　第2部 第3　令集解　前篇　黒板勝美編　新訂増補　吉川弘文館　1953　344p　22cm

仁明天皇
にんみょうてんのう

弘仁元年(810年)～嘉祥3年3月21日(850年)
第54代天皇。在位期間は天長10年から嘉祥3年(833～850年)。名は正良、別名は深草帝。嵯峨天皇の第一皇子(第二皇子とする説もある)で、母は橘嘉智子。弘仁14年(823年)叔父・淳和天皇の皇太子となり、天長10年(833年)淳和天皇の譲位により即位。父・嵯峨上皇の家父長的権威の下に政情は安定を続け、その在位中には『令義解』の施行や『日本後紀』の編集などが行われた。承和9年(842年)嵯峨上皇の死に際して承和の変が起こり、皇太子恒貞親王(淳和天皇の皇子)が廃され、藤原良房の妹・順子との間に生れた道康親王(文徳天皇)を東宮とした。貞観11年(869年)に成立した『続日本後紀』は、仁明朝18年間を記した正史。漢音に通じて書を能くし、『経国集』に詩一編が残る。嘉祥3年(850年)出家した2日後に在位のまま没す。陵地深草の名に因んで深草帝とも呼ばれる。

*　　　*　　　*

◇天皇皇族実録　10　淳和天皇実録・仁明天皇実録　藤井譲治, 吉岡真之監修・解説　ゆまに書房　2007.4　212, 402p　22cm　〈宮内庁書陵部蔵の複製〉　18500円
ⓘ978-4-8433-1966-6, 978-4-8433-1953-6

藤原氏
ふじわらうじ

　古代において政権を握り、近代初頭に至るまで朝廷の中枢を占めてきた日本の代表的な貴族。初め中臣氏と称し、大化改新に功のあった鎌足が天智8年(669年)病死する前日、天智天皇から藤原朝臣の姓を賜ったことに始まる。藤原とは大和国高市郡(現・奈良県橿原市高殿町付近)の地名で、鎌足もこの地で生まれた。その姓が天武13年(684年)の八色の姓で連から朝臣に上ると、中臣氏で藤原を称する者が増えていったが、文武年2年(698年)より鎌足の子不比等の子孫のみが藤原朝臣を称するようになった。奈良時代、不比等の四子は南家(武智麻呂)、北家(房前)、式家(宇合)、京家(麻呂)の四家に分かれるが、平安時代に入ると北家の内麻呂が右大臣となり、続く冬嗣、良房、基経の3代で他家を完全に圧倒。冬嗣は嵯峨天皇の信任を得て蔵人頭から左大臣にまで昇り、良房は人臣初の摂政となり、基経は光孝天皇を立てて関白となった。その後も皇室と姻戚関係を結んで摂政・関白・太政大臣を多く輩出。道長の時代に最盛期を迎え、後に藤原時代とも呼ばれる摂関政治の時代となる。だが、摂関家を外戚としない後三条天皇が即位すると摂関の権威は没落しはじめ、やがて院政の時代を迎える。鎌倉時代以後は九条家、近衛家、二条家、一条家、鷹司家の五摂家が分立した。

なお、奥州藤原氏は別系である。

◇藤原氏の正体　関裕二著　新潮社　2008.12　319p　16cm　（新潮文庫）〈東京書籍平成14年刊の増訂　文献あり〉552円　①978-4-10-136471-1

◇宇治遺跡群―藤原氏が残した平安王朝遺跡　杉本宏著　同成社　2006.1　174p　19cm　（日本の遺跡6）　1800円　①4-88621-342-1

◇平泉―よみがえる中世都市　斉藤利男著　岩波書店　2005.6　243,3p　18cm　（岩波新書）　780円　①4-00-430214-5

◇藤原氏の正体―名門一族の知られざる闇　関裕二著　東京書籍　2002.12　285p　19cm　1400円　①4-487-79860-4

◇総合的な学習に役立つ新社会科学習事典　9　日本の歴史と人物を調べよう平安～安土桃山時代　菊地家達著　国土社　2002.3　91p　27×22cm　2800円　①4-337-26329-2

◇週刊ビジュアル日本の歴史　no.99　奈良から平安へ　9　デアゴスティーニ・ジャパン　2002.1　p338-377　30cm　〈年表あり〉　533円

◇天皇と藤原氏―藤原道長望月の歌を謳う　馬場朗著　三一書房　2000.9　324p　20cm　3000円　①4-380-00207-1

◇中世権門の成立と家政　佐藤健治著　吉川弘文館　2000.3　302,16p　22cm　7800円　①4-642-02789-0

◇藤原氏物語―栄華の謎を解く　高橋崇著　新人物往来社　1998.2　372p　20cm　4800円　①4-404-02574-2

◇物語日本の歴史―その時代を見た人が語る　第4巻　藤原一門の光と影　笠原一男編　木耳社　1994.5　213p　20cm　1500円　①4-8393-7556-9

◇物語日本の歴史―その時代を見た人が語る　第2巻　貴族の政治と文化　笠原一男編　木耳社　1993.11　212p　20cm　1500円　①4-8393-7554-2

◇系図纂要　第6冊　下　藤原氏　10　新版　名著出版　1993.2　p412～796　22cm　〈監修：岩沢愿彦〉　8000円　①4-626-01453-4

◇系図纂要　第6冊　上　藤原氏　9　新版　名著出版　1992.11　409p　22cm　〈監修：岩沢愿彦〉　8400円　①4-626-01452-6

◇系図纂要　第5冊　下　藤原氏　8　新版　名著出版　1992.7　p310～720　22cm　〈監修：岩沢愿彦〉　8400円　①4-626-01438-0

◇系図纂要　第5冊　上　藤原氏　7　新版　名著出版　1992.4　307p　22cm　〈監修：岩沢愿彦〉　6400円　①4-626-01437-2

◇系図纂要　第4冊　下　藤原氏　6　新版　名著出版　1992.1　p526～874　22cm　〈監修：岩沢愿彦〉　7400円　①4-626-01423-2

◇系図纂要　第4冊　上　藤原氏　5　新版　名著出版　1991.10　523p　22cm　〈監修：岩沢愿彦〉　9800円　①4-626-01423-2

◇系図纂要　第3冊　下　藤原氏　4　新版　名著出版　1991.1　p378～710　22cm　〈監修：岩沢愿彦〉　6800円　①4-626-01389-9

◇藤原氏族系図　第7巻　千葉琢穂編著　展望社　1989.8　382p　22cm　6650円

◇藤原氏族系図　第6巻　千葉琢穂編著　展望社　1989.5　414p　22cm　6650円

◇藤原氏族系図　第4・5巻合併号　千葉琢

穂編著　展望社　1989.1　414p　22cm　6500円

◇藤原氏族系図　第3巻　千葉琢穂編著　展望社　1988.10　418p　22cm　6500円

◇藤原氏族系図　第2巻　秀郷流2　千葉琢穂編著　展望社　1988.7　413p　22cm　6500円

◇藤原氏族系図　第1巻　千葉琢穂編著　展望社　1988.3　437p　22cm　6500円

◇藤原氏族の姓氏事典　千葉琢穂編　展望社　1987.5　302p　22cm　4800円

◇日本史探訪　5　藤原氏と王朝の夢　角川書店編　角川書店　1984.6　295p　15cm　（角川文庫）　420円　①4-04-153305-8

◇系図纂要　第2冊　藤原氏1-7　名著出版　1973　671p　22cm　〈内閣文庫蔵本の複製　監修：宝月圭吾, 岩沢愿彦　限定版〉　5500円

◇系図纂要　第3冊　藤原氏8-14　名著出版　1973　710p　23cm　〈監修：宝月圭吾, 岩沢愿彦　内閣文庫蔵本の複製　限定版〉　5500円

◇系図纂要　第4冊　藤原氏15-22　名著出版　1973　874p　22cm　〈監修：宝月圭吾, 岩沢愿彦　内閣文庫蔵本の複製　限定版〉　5500円

◇系図纂要　第5冊　藤原氏23-28　名著出版　1973　720p　22cm　〈監修：宝月圭吾, 岩沢愿彦　内閣文庫蔵本の複製　限定版〉　5500円

◇系図纂要　第6冊　藤原氏29-35　名著出版　1973　796p　22cm　〈監修：宝月圭吾, 岩沢愿彦　内閣文庫蔵本の複製　限定版〉　5500円

◇藤原氏の氏寺とその院家　奈良　奈良国立文化財研究所　1968　149p　図版　地図　30cm　（奈良国立文化財研究所学報　第19冊）　〈執筆者：杉山信三〉

藤原　冬嗣
ふじわらの ふゆつぐ

宝亀6年（775年）～天長3年7月24日（826年）
平安初期の公卿。通称は閑院左大臣。藤原内麻呂の二男で、母は飛鳥部奈止麻呂の娘という。娘順子は文徳天皇の生母。嵯峨天皇の信任を受けて、弘仁元年（810年）蔵人所設置に伴い、巨勢野足と共に初の蔵人頭に任ぜられ、翌年参議となる。その後、中納言、大納言、右大臣と昇進後、天長2年（825年）左大臣となるが、翌年没し正一位が追贈された。さらに順子の子・文徳天皇の即位後には、外祖父として太政大臣の追贈を受けた。文武の才を兼備し、嵯峨朝及び淳和朝初期の重要政務に関与して社会の実情にあった諸政策を行い、また「弘仁格式」「内裏式」を撰修。娘順子を仁明天皇の妃として入内させるなど、藤原北家隆盛の基礎を築いたほか、藤原氏一族のために施薬院、勧学院を設置したり、興福寺南円堂を建立。広大な邸宅閑院に住み、閑院左大臣とも呼ばれた。

　　　＊　　　＊　　　＊

◇平安前期の家族と親族　栗原弘著　校倉書房　2008.4　356p　22cm　（歴史科学叢書）　9000円　①978-4-7517-3940-2

◇弘仁格の復原的研究　民部下篇　福井俊彦編　吉川弘文館　1991.2　326, 13p　22cm　9300円　①4-642-02230-9

藤原　良房
ふじわらの よしふさ

延暦23年（804年）～貞観14年9月2日（872年）　平安前期の公卿。藤原冬嗣の二男で、母は尚侍藤原美都子。通称は白河殿、染殿。諡号は忠仁公。父の後を受けて藤原北家への権力集中を推し進め、摂関政治の基盤を確立した。弘仁5年（814年）嵯峨天皇に認められて皇女源潔姫を降嫁される。本人の政治的力量に加え、

政　治

父母の勢力や妹順子の入内などもあって天皇の信任厚く、その後蔵人頭、参議、中納言を経て中納言となる。承和9年（842年）嵯峨上皇崩御後の承和の変では右近大将として兵権を握り、皇太子恒貞親王を廃して甥・道康親王（順子の子、後の文徳天皇）を立太子させ、自らも大納言となる。のち嘉祥元年（848年）右大臣兼皇太子傅。嘉祥3年（850年）文徳天皇が即位すると、娘明子の生んだ惟仁親王（清和天皇）を生後8ヶ月（9ヶ月とする説もある）で立太子させ、天安元年（857年）人臣初の太政大臣となる。さらに翌年、文徳天皇が没して清和天皇が9歳で即位すると事実上の摂政となった。貞観8年（866年）応天門の変で伴善男を失脚させ、「天下の政を摂行せよ」との詔を受けて正式に人臣初の摂政となる。但し、当時のそれは官職ではなく、天皇に代わって政務を行うという行為・機能を示すにすぎない。のち貞観13年（871年）准三宮となるが翌年9月に没し、正一位を追贈されて美濃国に封ぜられた。『続日本後紀』の編纂にも参画している。

◇日本の歴代権力者　小谷野敦著　幻冬舎　2008.9　285, 17p　18×11cm　（幻冬舎新書）　840円　①978-4-344-98092-1

◇平安前期の家族と親族　栗原弘著　校倉書房　2008.4　356p　22cm　（歴史科学叢書）　9000円　①978-4-7517-3940-2

◇古代史を読み解く謎の十一人　滝音能之著　青春出版社　2004.2　187p　18cm　（プレイブックスインテリジェンス）

700円　①4-413-04086-4

◇陰謀が歴史をつくる―日本史の闇に葬られた驚くべき真実　藤川桂介著　ロングセラーズ　1998.10　230p　18cm　（ムックセレクト）　905円　①4-8454-0595-4

◇人物日本の歴史―まんがで学習　1　弥生～平安時代　カゴ直利著　あかね書房　1990.2　115p　22cm　〈監修：平野英雄〉　700円　①4-251-06537-9

承和の変　じょうわのへん

　平安初期に起こった政治事変。承和9年（842年）7月15日に嵯峨上皇が崩御し、2日後の7月17日、春宮坊帯刀伴健岑、但馬守橘逸勢らが謀反を企て、皇太子恒貞親王を奉じて東国に赴こうとした廉で捕らえられた。上皇崩御の直前、健岑が弾正尹であった阿保親王を計画に誘い、親王がこれを太皇太后橘嘉智子に密告したことから事態が発覚。捕縛後両者は罪状を否認したが、拷問により健岑は首謀者として隠岐国に、計画に積極的に協力したとされた逸勢は非人として伊豆国に遠流となり、恒貞親王も皇太子を廃されて大納言以下60余人が連座した。健岑らにも謀反の意図はあったようだが、事件後藤原良房が大納言に進み、翌月には道康親王（妹順子と仁明天皇の子）が立太子したことなどから、皇室との外戚関係を深めて権力の確立を図った良房の陰謀とみられている。この事件を端緒に、藤原北家による摂関政治体制が形成されることとなった。なお、伊豆への流罪の途中遠江国で客死した橘逸勢は、嘉祥3年（850年）無実として正五位下に復され、伴健岑も貞観7年（865年）赦免され出雲に遷配されている。

◇中世成立期の政治文化　十世紀研究会編　東京堂出版　1999.5　389p　22cm　8500円　①4-490-20380-2

◇少年少女日本の歴史　第4巻　平安京の人びと　児玉幸多監修, あおむら純まんが　増補版　小学館　1998.2　157p　23cm　（小学館版学習まんが）　〈年表あ

政 治

り〉 830円 ⓘ4-09-298104-X

◇平城宮から平安京へ 小川久勝著 近代文芸社 1994.8 215p 20cm 1600円 ⓘ4-7733-3181-X

橘 逸勢
たちばなの はやなり

?～承和9年8月13日(842年)

　平安初期の官人、書家。橘入居の子。橘諸兄の曽孫、橘奈良麻呂の孫にあたる。延暦23年(804年)遣唐使に随行し、空海、最澄らと入唐。その書才を讃えられ、唐人たちに「橘秀才」と呼ばれたという。大同元年(806年)帰国。従五位下に叙せられ、のち但馬権守に任ぜられる。承和9年(842年)承和の変に連座したとして伴健岑と共に捕えられ、非人として伊豆へ流されるが、護送中に遠江板筑駅で病没。のち嘉祥3年(850年)に無実として正五位下に復され、3年後には従四位下を追贈された。貞観5年(863年)の御霊会では、6柱の一つとしてまつられている。存命時より隷書を得意とする能書家として知られ、嵯峨天皇・空海と共に三筆の一人に数えられる。平安宮内裏の安嘉・偉鑒・達智の三門の額を揮毫したといわれ、「伊都内親王願文」「興福寺南円堂銅灯籠銘」の筆者とも伝わる。また空海の「三十帖冊子」の一部にも逸勢の筆跡があると伝えられるが、真跡と断定できるものは残っていない。

　　　　＊　　＊　　＊

◇橘逸勢と夏目甕麿の研究 夏目隆文著 飯田 新葉社 1995.9 165p 22cm 〈著者の肖像あり〉 5500円 ⓘ4-88242-148-8

◇三十帖策子―拡大本 伝橘逸勢書 横浜 大米書院 1995.7 1冊(ページ付なし) 30cm 〈折本 鞘入 和装〉 3800円 ⓘ4-88715-040-7

◇伊都内親王願文 橘逸勢筆,飯島春敬編・著 書芸文化新社 1994.8(2刷) 1冊 32×14cm (和漢墨宝選集 第13巻) 〈複製 折本 ホルダー入 付属資料:解説(3p 29cm) 和装〉 4078円 ⓘ4-7864-0076-9

◇書道芸術 第13巻 最澄,嵯峨天皇,橘逸勢 中央公論社 1976 206p(おもに図) 31cm 〈監修:井上靖等 豪華普及版〉 2500円

◇書道芸術 第13巻 最澄,嵯峨天皇,橘逸勢 中央公論社 1972 206p(おもに図)はりこみ図3枚 31cm 〈監修:井上靖等〉 4200円

文徳天皇
もんとくてんのう

天長4年8月(827年)～天安2年8月27日(858年)

　第55代天皇。在位期間は嘉祥3年から天安2年(850～858年)。名は道康。仁明天皇の第一皇子、母は藤原冬嗣の娘・順子。承和9年(842年)元服。同年承和の変で廃された恒貞親王に代わって立太子し、嘉祥3年(850年)父仁明天皇の崩御により即位。第一皇子惟喬親王を皇太子に立てようとしたが、藤原氏の反対にあい、同年女御藤原明子(良房の娘)との間の第四皇子惟仁親王(清和天皇)を生後8ヶ月(9ヶ月とする説もある)で皇太子とした。在位中は伯父にあたる良房が政治の実権を握り、天安元年(857年)には良房が太政大臣となる。その翌年、天皇は急病により32歳の若さで崩御。幼帝清和天皇が即位し、藤原氏の摂関政治が進むこととなった。元慶3年(879年)に完成した『日本文徳天皇実録』は、文徳一代の治世を記したもの。

　　　　＊　　＊　　＊

◇天皇皇族実録 11 文徳天皇実録 藤井讓治,吉岡眞之監修・解説 ゆまに書房 2007.4 256p 22cm 〈宮内庁書陵部蔵の複製〉 18500円 ⓘ978-4-8433-1967-3, 978-4-8433-1953-6

◇六国史索引 第3 日本後紀・続日本後紀・日本文徳天皇実録索引 六国史索引編集部編 吉川弘文館 1965 398p 23cm

53

政 治

応天門の変　おうてんもんのへん

貞観8年(866年)閏3月10日に起こった応天門炎上をめぐる疑獄事件。はじめ大納言伴善男が左大臣源信の放火であるとして処罰を主張し、その失脚を謀ったが、源信は太政大臣藤原良房らの工作で無実となる。その後、備中権史生大宅鷹取が真犯人は伴善男・中庸父子だと告げ、善男は犯行を否認したが、放火犯と断定されて父子は伊豆、隠岐に遠流となり、紀夏井ら共犯および縁者13人も流罪となった。鷹取は善男に私怨を抱いていたといわれ、また事件の審理中に良房が人臣初の摂政となり、決着後には養嗣子の基経が中納言に特進していることなどから、藤原氏による他氏排斥事件の一つとされる。応天門炎上事件に乗じて、良房らが伴氏・紀氏ら有力官人を政界から排斥したものとみられ、これを契機に藤原氏による摂関政治の基礎を確立した。絵巻「伴大納言絵詞」は、この事件を題材としている。

◇古代史から解く伴大納言絵巻の謎　倉西裕子著　勉誠出版　2009.3　226p　20cm〈文献あり〉　2400円　ⓘ978-4-585-05406-1

◇教科書が教えない日本史のカラクリ　新人物往来社編　新人物往来社　2007.4　293p　19cm　1600円　ⓘ978-4-404-03463-2

◇マンガで読み解く日本の歴史 平安～鎌倉時代編　田代脩監修　学習研究社　2002.6　252p　19cm　980円　ⓘ4-05-401674-X

◇少年少女日本の歴史　第4巻　平安京の人びと　児玉幸多監修, あおむら純まんが　増補版　小学館　1998.2　157p　23cm　(小学館版学習まんが)〈年表あり〉　830円　ⓘ4-09-298104-X

◇王朝の残映―平安時代史の研究第3冊　角田文衞著　東京堂出版　1992.10　503p　22cm　9800円　ⓘ4-490-20200-8

◇日本史の虚像と実像　和歌森太郎著　河出書房新社　1988.6　308p　15cm　(河出文庫)　500円　ⓘ4-309-47136-6

伴 善男
とものよしお

大同4年(809年)～貞観10年(868年)

平安初期の公卿。藤原種継暗殺事件の首謀者・大伴継人の孫で、参議従四位上の伴国道の子。父の佐渡配流中に生まれる。天長7年(830年)校書殿に伺候し、以後仁明天皇に用いられて大内記から式部大丞を経て、承和11年(844年)右少弁となる。承和13年(846年)の善愷訴訟事件では、違法な受理として左大弁正躬王らを弾劾し、弁官5人が処罰された。のち蔵人頭、右中弁などを経て従四位下で参議に進み、貞観6年(864年)大納言となる。この間、藤原良房らと『続日本後紀』の編纂を行なった。貞観8年(866年)応天門の焼失事件が起こると、左大臣源信の失脚を狙って放火であると告発したが、逆に善男とその子中庸の陰謀であるという密告を受け、善男自身は犯行否認のまま伊豆配流となって同地で没した。良房による他氏排斥の犠牲となったと考えられ、この間の事情を伝える絵巻物として「伴大納言絵詞」が残る。

＊　　＊　　＊

◇伴善男　佐伯有清著　吉川弘文館　1986.9　364p　19cm　(人物叢書 新装版)〈新装版　叢書の編者：日本歴史学会　略年譜・参考文献：p335～364〉　1900円　ⓘ4-642-05051-5

◇伴善男　佐伯有清著　吉川弘文館　1970　364p 図版　18cm　(人物叢書)〈シリーズ責任表示：日本歴史学会編　参考文献：p.358-364〉　600円

清和天皇
せいわてんのう

嘉祥3年3月25日(850年)〜元慶4年12月4日(881年)

第56代天皇。在位期間は天安2年から貞観18年(858〜876年)。名は惟仁。別名は水尾天皇、三尾帝。文徳天皇の第四皇子で、母は藤原良房の娘明子。皇后は藤原高子。父・文徳天皇は第一皇子惟喬親王を皇太子に立てようとしたが、藤原氏の威勢を背景に生後8ヶ月(9ヶ月とする説もある)で兄らを越えて立太子。天安2年(858年)文徳天皇の崩御により9歳で即位。歴代天皇史上初めての幼帝で、太政大臣である外祖父藤原良房が実質上の摂政として全権を握り、人臣摂政のはじめとなる。在位中天皇としての実権は殆どなく、良房のあとは良房の養嗣子基経が実権を握った。貞観18年(876年)陽成天皇に譲位し、元慶3年(879年)落飾して畿内の諸寺院を巡拝。没後は嵯峨の水尾山陵に葬られた。また、孫の経基に源氏の姓を与え、清和源氏が起こった。

　　　　＊　　　＊　　　＊

◇天皇皇族実録　12　清和天皇実録　藤井譲治,吉岡真之監修・解説　ゆまに書房　2007.4　598p　22cm　〈宮内庁書陵部蔵の複製〉　18500円　①978-4-8433-1968-0, 978-4-8433-1953-6

◇中務典侍―枇杷皇太后の乳母・藤原高子の生涯　角田文衞著　大阪　古代学協会　1964　110p　図版　22cm　（平安叢書）

藤原 基経
ふじわらの もとつね

承和3年(836年)〜寛平3年1月13日(891年)

平安前期の公卿。諡号は昭宣公、通称は堀河太政大臣。藤原良房の兄長良の三男で、母は藤原総継の娘乙春。叔父良房の養子となり、のち藤原氏の氏長者となる。清和、陽成、光孝、宇多の四代にわたって朝廷の実権を握り、藤原北家による摂関政治を確立した。仁寿元年(851年)文徳天皇から加冠されて元服し、蔵人、少納言、侍従、蔵人頭などを経て貞観6年(864年)参議となる。貞観8年(866年)応天門事件で政敵伴善男を失脚させた後、7人を抜いて中納言となり、大納言を経て貞観14年(872年)正三位右大臣となった。貞観18年(876年)清和天皇が陽成天皇に譲位する際には、良房の例に倣って基経を摂政とするよう詔している。元慶4年(880年)太政大臣。元慶8年(884年)陽成天皇を廃して光孝天皇を擁立。ここで「万機を委ねる」との詔勅が天皇から命ぜられたことにより、事実上の関白となる。仁和3年(887年)宇多天皇の即位にあたって改めて関白の詔を下され、これを契機に起こった阿衡事件で天皇に関白の権威を認めさせた。さらに娘の温子を入内させるなど政治的手腕を発揮し続け、寛平2年(890年)准三宮となるが、翌年正月13日に没し、正一位を追贈されて越前に封ぜられた。学問、文化、儀礼にも通じ、『日本文徳天皇実録』の編纂にも携わった。また芸術にも造詣が深く、笙の名手でもあったという。

　　　　＊　　　＊　　　＊

◇平安京　北山茂夫著　改版　中央公論新社　2004.8　567p　16cm　（中公文庫）〈文献あり　年表あり〉　1238円　①4-12-204411-1

◇平安王朝―その実力者たち　竹内理三編　人物往来社　1965　266p　19cm

陽成天皇
ようぜいてんのう

貞観10年12月16日(868年)〜天暦3年9月29日(949年)

第57代天皇。在位期間は貞観18年から元慶8年(876〜884年)。名は貞明。清和天皇の第一皇子。母は藤原長良の娘で、基経の妹にあたる高子。貞観11年(869年)立太子。貞観18年(876年)清和天皇の譲位により9歳で践祚し、まもなく即位。伯父藤原基経が前代に引き続き摂政を務めたが、天皇は乱行が多く、元慶6年(882年)に元服の儀を終えた頃から基経と対立するようになる。翌7年(883年)殿上で乳母紀全子の子・源益を殺害する事件を起こした天皇は、基経に廃位を迫られ、翌年2月病気を理由に譲位して二条院(陽成院)に移った。基経による陽成天皇の廃位は、後世「藤氏の三功」の一つに数えられた。陵墓は京都市左京区の神楽岡東陵。陽成院には三種の神器を持ち出した話など、数々の説話が伝

政　治

55

政　治

えられている。

＊　　＊　　＊

◇天皇皇族実録　13　陽成天皇実録・光孝天皇実録　藤井讓治,吉岡真之監修・解説　ゆまに書房　2007.4　286, 300p　22cm　〈宮内庁書陵部蔵の複製〉　18500円
　①978-4-8433-1969-7, 978-4-8433-1953-6

◇陽成院─乱行の帝　山下道代著　新典社　2006.4　191p　19cm　（新典社選書 17）〈年表あり〉　1400円　①4-7879-6767-3

光孝天皇
こうこうてんのう

　天長7年（830年）～仁和3年8月26日（887年）
　第58代天皇。在位期間は元慶8年から仁和3年（884～887年）。名は時康、通称は小松の帝。仁明天皇の第三皇子で、母は藤原総継の娘・沢子。嘉祥元年（848年）常陸太守となり、以後中務卿、式部卿、大宰帥などを歴任。文徳、清和、陽成の3帝に仕え、元慶6年（882年）一品に叙される。元慶8年（884年）陽成天皇の退位後、藤原基経らに推されて55歳で践祚。基経とは外戚関係になく、才識と人品を見込まれての擁立であった。天皇はその功に報いるため、あらゆる案件を基経に諮問して政務にあたったことから、基経は関白の実質的な初例といわれる。仁和3年（887年）臨終の際、第七皇子定省親王（宇多天皇）を皇太子に定め、また在位中29人に源姓を与えて臣籍に下した。

＊　　＊　　＊

◇天皇皇族実録　13　陽成天皇実録・光孝天皇実録　藤井讓治,吉岡真之監修・解説　ゆまに書房　2007.4　286, 300p　22cm　〈宮内庁書陵部蔵の複製〉　18500円
　①978-4-8433-1969-7, 978-4-8433-1953-6

阿衡事件
あこうじけん

　平安前期、学者間の反目を発端に起こった宇多天皇と関白藤原基経との政治抗争。仁和3年（887年）宇多天皇即位の際、先帝に引き続き太政大臣藤原基経を関白に任じることになったが、天皇の腹心である文章博士橘広相が起草した勅書には「阿衡の任をもって卿の任となすべし」という一文があった。これについて基経の家司・藤原佐世らは、阿衡は位のみで職掌がないと主張。その意見に従い、基経は半年間政務を拒否した。広相は反駁したが、左大臣源融らが集めた学者の見解は佐世の主張と同様で、結局半年後に天皇が譲歩し、勅書を改めることで落着した。さらに基経は広相の断罪を図ったが、基経の娘温子を入内させることで妥協が成立し、翌年天皇と基経は和解した。この事件で基経は天皇に自らの権勢を認めさせ、関白の制を確立。藤原氏による摂関政治の制度的基盤を固めた。一方この屈辱を遺憾とした宇多天皇は、基経の没後、事件の際基経に諫言した菅原道真を登用して藤原氏の勢力抑制を図った。

＊　　＊　　＊

◇日本古代の法と裁判　長谷山彰著　創文社　2004.2　372, 14p　22cm　7200円　①4-423-74086-9

◇菅原道真─詩人の運命　藤原克己著　ウェッジ　2002.9　309p　19cm　（ウェッジ選書 12）　1200円　①4-900594-54-7

◇裁判史話　滝川政次郎著　復刻版　大阪燃焼社　1997.12　241p　19cm　2000円　①4-88978-970-7

宇多天皇
うだてんのう

　貞観9年5月5日（867年）～承平元年7月19日（931年）　第59代天皇。在位期間は仁和3年から寛平9年（887～897年）。名は定省。法号は空理、金剛覚。亭子院帝、寛平法皇とも。光孝天皇の第七皇子で、母は仲野親王の娘班子女王。元慶8年（884年）陽成天皇の廃立によって父・光孝天皇が即位すると臣籍に下り、源定省と称して官人として勤めたが、仁和3年（887年）天皇崩御の直前、藤原基経の推挙で

政治

親王となり践祚。同年の阿衡事件で関白基経に譲歩したため、寛平3年（891年）に基経が没するまで殆ど実権を持てなかった。基経の死後は律令国家の再編を目指して関白を置かずに親政を行い、阿衡事件の際基経に諫言した菅原道真を起用して地方政治の刷新に努め、その治世は後世「寛平の治」と称された。寛平9年（897年）醍醐天皇に譲位して上皇となる際、天皇に与えた「寛平御遺誡」でも基経の子時平と並んで菅原道真の重用を指示し、藤原氏の専横を抑制。昌泰2年（899年）落飾して空理（のち金剛覚）と号し、上皇を辞して法皇と称した。その後、時平が権力を振るようになり、延喜元年（901年）道真は左遷となる。延喜9年（909年）時平の没後は後に「延喜の治」と称される政治的安定が続き、承平元年（931年）仁和寺で崩御。和歌、管弦に優れ、家集『亭子院御集』や日記『宇多天皇宸記』が残る。大規模な歌合を催して『古今和歌集』勅撰への気運を高めたほか、父・光孝天皇の遺志を継いで仁和寺を創建。同寺内に御室を設けて住居とし、真言宗広沢流御室派の祖となった。

◇源氏物語の史的回路―皇統回帰の物語と宇多天皇の時代　袴田光康著　おうふう　2009.11　323p　22cm　〈索引あり〉　12000円　①978-4-273-03559-4

◇天皇皇族実録　14　宇多天皇実録　藤井譲治,吉岡真之監修・解説　ゆまに書房　2007.4　674p　22cm　〈宮内庁書陵部蔵の複製〉　18500円　①978-4-8433-1970-3, 978-4-8433-1953-6

◇宇多天皇と武芸川町　武芸川町（岐阜県）武芸川町歴史同好会　1995.3　54p　26cm　〈宇多天皇の肖像あり〉

菅原 道真　すがわらの みちざね

承和12年6月25日（845年）〜延喜3年2月25日（903年）　平安前期の公卿、学者、歌人。山城国の人。菅原は善の子。母は伴氏。本名は三、幼名は阿呼。通称は菅公、菅丞相。父祖三代に亙る学者の家に生まれる。幼時より秀才として知られ、11歳にして詩を詠んだといわれる。元慶元年（877年）文章博士となり、仁和2年（886年）讃岐守に転出。翌年の阿衡事件の解決に尽力し、藤原氏の牽制を図る宇多天皇の信任を得て、寛平3年（891年）蔵人頭に抜擢される。以後、基経の子・時平と並んで参議、権大納言に進み、この間寛平6年（894年）には遣唐使に任ぜられるが、建議してこれを廃止。寛平9年（897年）宇多天皇譲位後も『寛平御遺誡』により醍醐天皇に重用され、昌泰2年（899年）時平の左大臣と並んで右大臣となるが、家格を超えた出世が藤原氏や学閥の反感をかい、昌泰3年（900年）には文章博士三善清行から辞職を勧告される。翌延喜元年（901年）従二位に叙せられるが、時平の讒言により、天皇の廃立を企てたとして大宰権帥に左遷され、2年後失意のうちに配所で没す。死後、道真の怨霊の祟りとされる異変が相次いで起こったため、延長元年（923年）本位本官に復され、正暦4年（993年）には正一位太政大臣を追贈された。また不遇な霊を鎮めるため天満天神として祀られるようになり、学問の神としても広く民衆の信仰を集めるようになった。学問、書、詩文に優れ、『日本三代実録』『類聚国史』『新撰万葉集』などの編纂に携わったほか、詩文集に『菅家文草』『菅家後集』がある。

◇国宝天神さま―菅原道真の時代と天満宮の至宝 関連イベント講演収録集　太宰府

政 治

太宰府顕彰会　2009.3　178p　26cm　〈会期・会場：2008年9月28日　九州国立博物館1階ミュージアムホールほか〉

◇太宰府百科事典　太宰府天満宮編　太宰府天満宮文化研究所編　太宰府　太宰府顕彰会　2009.3　545p　22cm

◇北野天神縁起を読む　竹居明男編　吉川弘文館　2008.11　273p　19cm　（歴史と古典）　2800円　①978-4-642-07154-3

◇菅家文草―明暦二年写藤井懶斎自筆奥書本　菅原道真撰, 柳沢良一編　勉誠出版　2008.10　462p　22cm　（石川県立図書館蔵川口文庫善本影印叢書 1）　12000円　①978-4-585-03181-9

◇国宝天神さま―菅原道真の時代と天満宮の至宝　西日本鉄道創立百周年記念九州国立博物館開館三周年記念特別展　九州国立博物館編　〔福岡〕　西日本新聞社　2008.9　238p　30cm　〈会期・会場：平成20年9月23日―11月30日　九州国立博物館　共同刊行：西日本鉄道　年表あり〉

◇「叙意一百韻」（『菅家後集』）全注釈　焼山広志監修, 道真梅の会編, 荒川美枝子, 井原和世, 須藤修一, 田中陽子, 野田了介, 諸田素子共著　〔大牟田〕　道真梅の会　2008.9　128p　30cm

◇詩人・菅原道真―うつしの美学　大岡信著　岩波書店　2008.6　206p　15cm　（岩波現代文庫 文芸）　900円　①978-4-00-602136-8

◇天神さま学習帳―国宝・天神さま菅原道真の時代と天満宮の至宝　〔太宰府〕　九州国立博物館　〔2008〕　15p　26cm　〈会期・会場：平成20年9月23日―11月30日〉

◇菅原道真の詩と学問　谷口孝介著　塙書房　2006.2　423p　22cm　9000円　①4-8273-0100-X

◇日本の詩歌―その骨組みと素肌　大岡信著　岩波書店　2005.12　216p　15cm　（岩波現代文庫）　900円　①4-00-602097-X

◇右大臣道真の怨霊　小西聖一著, 高田勲絵　理論社　2005.11　140p　21cm　（ものがたり日本 歴史の事件簿）　1200円　①4-652-01631-X

◇宮廷詩人菅原道真―『菅家文草』・『菅家後集』の世界　波戸岡旭著　笠間書院　2005.2　653, 33p　22cm　12500円　①4-305-70282-7

◇天神信仰と先哲　真壁俊信著　太宰府　太宰府天満宮文化研究所　2005.2　850, 2p　23cm　〈菅原道真公御神忌1100年大祭記念出版〉　20000円　①4-901389-05-X

◇菅原道真事典　神社と神道研究会編　勉誠出版　2004.12　535p　23cm　〈年譜あり　文献あり〉　9800円　①4-585-06044-8

◇「天神」考―風習としての天神祭　飛見立郎著　〔高岡〕　〔飛見立郎〕　2004.12　68p　21cm

◇福岡城の瓦師―菅原道真・櫛田神社・神殿狛犬　荻野忠行著　福岡　創言社　2004.3　156p　21cm　〈文献あり〉　1500円　①4-88146-525-2

◇天神信仰編年史料集成　平安時代・鎌倉時代前期篇　竹居明男編著　国書刊行会　2003.12　524, 21p 図版11枚　27cm　15000円　①4-336-04613-1

◇再現日本史―週刊time travel　平安 3　講談社　2003.4　42p　30cm　〈年表あり〉　533円

◇天神信仰の成立―日本における古代から中世への移行　河音能平著　塙書房　2003.3　205, 12p　22cm　4300円　①4-8273-1182-X

◇週刊日本の美をめぐる　no.41（鎌倉 4）

菅原道真―怨霊から神へ　小学館　2003.2　42p　30cm　（小学館ウイークリーブック）〈年表あり〉　533円

◇菅原道真論集　和漢比較文学会編　勉誠出版　2003.2　660p　22cm　〈文献あり〉　15000円　④4-585-03101-4

◇太宰府天満宮の謎―菅原道真はなぜ日本人最初の「神」になったのか　高野澄著　祥伝社　2002.10　331p　16cm　（祥伝社黄金文庫）　590円　④4-396-31306-3

◇菅原道真―詩人の運命　藤原克己著　ウェッジ　2002.9　309p　19cm　（ウェッジ選書12）　1200円　④4-900594-54-7

◇菅原道真と陶淵明―詩とのかかわりから　井出大著　〔佐久町（長野県）〕　〔井出大〕　2002.5　46p　21cm

◇新菅家御伝―太宰府天満宮　太宰府天満宮文化研究所編　太宰府　太宰府天満宮文化研究所　2002.3　183p　21cm　〈菅原道真公御神忌一千百年大祭記念　執筆：味酒安則, 村田真理〉　④4-901389-04-1

◇菅原道真の実像　所功著　京都　臨川書店　2002.3　242p　19cm　（臨川選書）　2000円　④4-653-03757-4

◇天神さまと二十五人―菅原道真公をめぐる人びと　太宰府天満宮文化研究所編　太宰府　太宰府天満宮文化研究所　2002.3　381p　21cm　〈菅原道真公御神忌一千百年大祭記念　文献あり〉　④4-901389-03-3

◇菅原道真―物語と史蹟をたずねて　嶋岡晨著　成美堂出版　2002.2　298p　16cm　（成美文庫）〈肖像あり〉　543円　④4-415-06972-X

◇さいふまいり―太宰府天満宮御神忌千百年大祭　記念写真集　〔太宰府〕　西高辻信良　2002.1　144p　31cm　〈年表あり〉

◇天神さまの美術―菅原道真没後千百年　東京国立博物館, 福岡市博物館, 大阪市立美術館編　NHK　2001.7　340, 26p　30cm　〈会期・会場：2001年7月10日―8月26日　東京国立博物館ほか　共同刊行：NHKプロモーション, 東京新聞〉

◇菅原道真と平安朝漢文学　藤原克己著　東京大学出版会　2001.5　427p　22cm　8000円　④4-13-080064-7

◇天神さまの起源　田中隆昭監修, 山本五月, 菊地真編　勉誠出版　2001.4　156, 3p　22cm　（Museo 3）　1300円　④4-585-09068-1

◇太宰府天満宮神苑石碑巡り　太宰府天満宮文化研究所編　太宰府　太宰府顕彰会　2001.3　137p　19cm　〈標題紙のタイトル：神苑石碑巡り〉　④4-901389-02-5

◇菅原道真公花の歳時記　福田万里子著　太宰府　太宰府天満宮文化研究所　2001.1　232p　19cm　④4-901389-01-7

◇消された政治家菅原道真　平田耿二著　文芸春秋　2000.7　246p　18cm　（文春新書）　710円　④4-16-660115-6

◇菅原道真　清水豊著　〔岬町（千葉県）〕　〔清水豊〕　2000.3　21p　21cm

◇天神さん人形―雷、天候、農耕、学問、芸能―庶民の祈り　木村泰夫著, 松尾弘子写真　日貿出版社　2000.1　263p　21cm　2400円　④4-8170-8029-9

◇物語・菅家文草―文人官僚菅原道真の栄光と苦悩　張籠二三枝著　近代文芸社　1999.11　304p　20cm　1000円　④4-7733-6112-3

◇菅原道真　佐藤包晴著　福岡　西日本新聞社　1999.7　213p　19cm　（西日本人物誌12）〈シリーズ責任表示：岡田武彦監修　肖像あり　年譜あり　文献あり〉　1500円　④4-8167-0483-3

◇菅原道真　小島憲之, 山本登朗著　研文

政治

出版 1998.11 180p 20cm （日本漢詩人選集1）〈シリーズ責任表示：富士川英郎〔ほか〕編〉 3000円 ⓓ4-87636-163-0

◇こち吹かば匂ひおこせよ―学問の神・書道の神、道真哀説 青柳正美著 改訂増補版 富山 上野隆三 1997.11 217p 図版14枚 22cm 〈「学芸の神菅原道真」（1986年刊）の改題 〔富山〕北日本新聞開発センター（製作）〉 1905円 ⓓ4-906678-07-6

◇マンガ日本の歴史 9 延喜の治と菅原道真の怨霊 石ノ森章太郎著 中央公論社 1997.6 212p 16cm （中公文庫） 524円 ⓓ4-12-202883-3

◇太宰府顕彰会二十周年記念論文集 西高辻信良編 太宰府 太宰府顕彰会 1997.5 283p 21cm

◇天神御霊信仰 村山修一著 塙書房 1996.1 239, 18p 22cm 3914円 ⓓ4-8273-1138-2

◇日本の詩歌―その骨組みと素肌 大岡信著 講談社 1995.11 199p 19cm 1600円 ⓓ4-06-207866-X

◇菅原道真―天神変身へのプロセス 山嵜泰正者 宇治 山嵜泰正 1995.4 46p 26cm 非売品

◇天神信仰史の研究 真壁俊信著 続群書類従完成会 1994.3 649, 30, 9p 21cm 20600円

◇NHK歴史発見 11 NHK歴史発見取材班編 角川書店 1994.2 219p 20cm 〈奥付の書名：歴史発見〉 1800円 ⓓ4-04-522211-1

◇天神伝説とその信仰―シンポジウム 山中耕作編 太宰府 太宰府顕彰会 1993.3 139p 26cm 〈期日・会場：平成4年5月10日 太宰府市中央公民館〉 非売品

◇天神伝説のすべてとその信仰 山中耕作編 太宰府 太宰府顕彰会 1992.3 523p 21cm 非売品

◇危殆の士―ある同時代の人の判断と後世から見た菅原道真 Bernd Eversmeyer著, 細井宇八訳 徳島 細井宇八 1991.2 100p 23cm 〈独語書名：Ein gefährlicher Herr 独文併記〉

◇日本の歴史―マンガ 9 延喜の治と菅原道真の怨霊 石ノ森章太郎著 中央公論社 1990.7 237p 20cm 〈監修：児玉幸多〉 1000円 ⓓ4-12-402809-1

◇菅原道真 坂本太郎著 吉川弘文館 1990.1 178p 19cm （人物叢書 新装版）〈新装版 菅原道真の肖像あり 叢書の編者：日本歴史学会〉 1450円 ⓓ4-642-05181-3

◇詩人・菅原道真―うつしの美学 大岡信著 岩波書店 1989.8 205p 20cm 2300円 ⓓ4-00-002671-2

◇崇神―ブラックホールとしての日本の神々 菅田正昭著 コスモ・テン・パブリケーション, 太陽出版〔発売〕 1989.2 215p 19cm （TEN BOOKS） 1200円 ⓓ4-87666-009-3

◇天満天神―御霊から学問神へ 上田正昭編 筑摩書房 1988.4 174p 20cm 〈執筆：上田正昭ほか〉 2000円 ⓓ4-480-85429-0

◇菅原道真―物語と史蹟をたずねて 嶋岡晨著 成美堂出版 1985.8 208p 19cm 〈菅原道真の肖像あり〉 900円 ⓓ4-415-06556-2

◇太宰府天満宮 講談社 1985.3 181p 31cm 〈監修：西高辻信貞 編集：第一出版センター〉 15000円 ⓓ4-06-201196-4

◇天神信仰の基礎的研究 真壁俊信著 〔大宮〕日本古典籍註釈研究会 1984.8 329, 79, 7p 23cm 〈発売：近藤出版

政　治

◇まんが日本史―アニメ版　7　菅原道真のかなしみ　小学館　1983.9　40p　21cm　（小学館のテレビ学習シリーズ）　320円　①4-09-112007-5

◇天神信仰　村山修一編　雄山閣出版　1983.8　328p　22cm　（民衆宗教史叢書第4巻）　4800円　①4-639-00273-4, 4-639-00211-4

◇菅原道真―その人と文学　中島信太郎著　神戸　太陽出版　1981.12　391p　22cm　3500円

◇菅原道真　王丸勇著　金剛出版　1980.12　224p　19cm　1500円

◇菅原道真―九世紀の政治と社会　阿部猛著　〔東村山〕　教育社　1979.3　239p　18cm　（教育社歴史新書）　600円

◇菅家文草・菅家後集詩句総索引　川口久雄, 若林力編　明治書院　1978.9　576p　22cm　（古典文学索引）　9800円

◇日本を創った人びと　4　菅原道真―怨霊の神から学問・芸能の神へ　日本文化の会編集　高取正男著　平凡社　1978.2　74p　29cm　1600円

◇学問の神様―太宰府天満宮と天神信仰　西高辻信貞著　現代史出版会　1977.1　215p　19cm　〈発売：徳間書店（東京）〉　890円

◇図録太宰府天満宮　太宰府天満宮編輯　太宰府町（福岡県）　太宰府顕彰会　1976　282p（図共）　20cm　（蔵版：太宰府天満宮　太宰府天満宮御神忌千七十五年大祭記念）　非売品

◇菅原道真と太宰府天満宮　太宰府天満宮文化研究所編　吉川弘文館　1975　2冊　22cm　3500-4500円

◇菅原道真生誕地の研究　真下五一著　風間書房　1972　146p　22cm　1600円

◇菅家の文華―傑れた叙情詩の古典　清藤鶴美著　太宰府町（福岡県）　太宰府天満宮文化研究所　1971　336p　図　20cm　非売

◇太宰府天満宮　西高辻信貞著　学生社　1970　219p　図版　19cm　580円

◇菅原道真　坂本太郎著　吉川弘文館　1962　178p　図版　18cm　（人物叢書　日本歴史学会編）

◇菅家後草　清藤鶴美著　太宰府（福岡県）　太宰府天満宮学業講社　1953　188p　図版　19cm

延喜・天暦の治
えんぎ・てんりゃくのち

　平安中期の醍醐天皇・村上天皇の治世を、後世に聖代として理想化し賛美した呼称。延喜（901～923年）は醍醐朝、天暦（947～957年）は村上朝の代表的年号で、いずれも天皇親政下に正しい政治が行われ、王朝文化の最盛期であったとされる。実際には両代とも聖代というべき実体が伴っていたとは言い難いが、11世紀初頭には既に天皇親政の理想像とされ、のち14世紀「建武中興」の時期には後醍醐および後村上の追号を生んだ。【延喜の治】宇多朝の「寛平の治」を受けて荘園整理や班田励行、「延喜格式」や国史『日本三代実録』の編修、延喜通宝の鋳造など、解体しつつある律令政治の再興を図る事業が行われ、また初の勅撰和歌集『古今和歌集』が撰進された。藤原時平の没後は天皇、宇多上皇、時平の弟・忠平の融和を軸に天皇親政が行われ、政治的安定が続いた。【天暦の治】撰国史所別当の任命，乾元大宝の鋳造、「意見封事二箇条」の採用、常平所・和歌所の設置のほか、『後撰集』の勅撰が行われるなど宮廷文化も華やかであったが、律令的政治体制は一段と行詰りをみせていた。忠平の没後関白は置かれなかったが、その子実頼・師輔が左右大臣に並んで政務を主導した。

＊　　＊　　＊

◇マンガ日本の歴史　9　延喜の治と菅原道真の怨霊　石ノ森章太郎著　中央公論社　1997.6　212p　16cm　（中公文庫）

政治

524円 ①4-12-202883-3

◇平安王朝の政治と制度　藤木邦彦著　吉川弘文館　1991.3　314, 4p　22cm　7000円　①4-642-02250-3

◇天暦歌人の資料と研究　研究篇　佐藤高明著　ひたく書房　1985.2　758p　22cm　18800円　①4-89328-020-1

◇天暦歌人の資料と研究　本文資料篇　佐藤高明著　ひたく書房　1984.2　718p　22cm　18000円　①4-89328-018-X

◇三代御記逸文集成　所功編　国書刊行会　1982.10　438p　22cm　（古代史料叢書　第3輯）　6500円

◇延喜天暦時代の研究　古代学協会編　吉川弘文館　1969　655p 図版 表　22cm　3000円

醍醐天皇
だいごてんのう

仁和元年1月18日(885年)～延長8年9月29日(930年)
　第60代天皇。在位期間は寛平9年から延長8年(897～930年)。名は敦仁、維城。宇多天皇の第一皇子で、母は内大臣正三位藤原高藤の娘・胤子。寛平5年(893年)皇太子となり、同9年(897年)譲位を受けて践祚。この時、宇多天皇は『寛平御遺誡』を記して政務や生活の指針を示し、また藤原時平、菅原道真に補佐を命じて両者が左右大臣を務めた。延喜元年(901年)讒言によって道真が失脚すると時平が勢力を振るい、律令原則に立ち返った施策を推進。時平の没後は弟の忠平が太政官の首班となり、宇多上皇も政治に参加して三者一体で天皇親政が行われた。『三代実録』「延喜式」などの編纂、荘園整理令の施行、『古今集』の勅撰など律令政治の再興や文化発展に尽力し、その治世は村上天皇の代と合わせて「延喜・天暦の治」と称された。晩年は道真の怨霊に悩まされ、殊に延長8年(930年)の清涼殿の落雷に衝撃を受け、同年病により朱雀天皇に譲位。一週間後に出家し、その日に崩じた。陵墓は伏見の後山科陵。源氏賜姓者を含め、多数の皇子女をもうけた（醍醐源氏）。

　＊　＊　＊

◇天皇皇族実録　15　醍醐天皇実録　第1巻　藤井譲治, 吉岡真之監修・解説　ゆまに書房　2007.4　750p　22cm　〈宮内庁書陵部蔵の複製〉　①978-4-8433-1971-0, 978-4-8433-1953-6

◇天皇皇族実録　16　醍醐天皇実録　第2巻　藤井譲治, 吉岡真之監修・解説　ゆまに書房　2007.4　p751-1274　22cm　〈宮内庁書陵部蔵の複製〉　①978-4-8433-1971-0, 978-4-8433-1953-6

藤原　時平
ふじわらの　ときひら

貞観13年(871年)～延喜9年4月4日(909年)
　平安前期の公卿。通称は本院大臣、中御門左大臣。名は「しへい」とも読む。太政大臣藤原基経の長男で、母は四品弾正尹人康親王の娘。仁和2年(886年)元服して正五位下。左近衛中将、蔵人頭を経て、寛平2年(890年)従三位、翌年参議となる。以後、中納言、右大将を経て、寛平9年(897年)大納言、左大将に昇進し、氏長者となる。醍醐天皇即位後は菅原道真と共に重用され、昌泰2年(899年)左大臣に進み、同時に道真も右大臣となった。延喜元年(901年)、藤原氏の専横を牽制するため宇多天皇以来厚遇されていた道真を讒言により大宰権帥に左遷せしめ、政界における藤原氏の地位を確立。醍醐天皇のもとで最初の荘園整理令を発し、班田収授制を施行するなど律令制の維持に努めて「延喜の治」を推進し、「延喜格式」「三代実録」の編纂にも携わった。歌にも優れ『古今集』『後撰集』に入集、著書に『時平草子』『外記蕃記』などがある。延喜9年(909年)39歳で没し、その早逝は道真の祟りといわれた。

　＊　＊　＊

◇平安の宮廷と貴族　橋本義彦著　吉川弘文館　1996.12　337p　20cm　3605円　①4-642-07498-8

◇川柳平安人物史　原桐斎著　京都　白地社　1990.11　478p　19cm　2575円

◇平安王朝―その実力者たち　竹内理三編　人物往来社　1965　266p　19cm

三善 清行
みよし きよゆき

承和14年（847年）～延喜18年12月7日（919年）

平安前期の公卿、学者。名は耀、別名は善相公。淡路守三善氏吉の三男、母は佐伯氏の娘。巨勢文雄に師事し、貞観15年（873年）文章生、ついで文章得業生となり、元慶7年（883年）37歳で省試及第。少内記、大内記を経て文章博士、大学頭などを歴任し、のち延喜17年（917年）71歳で参議、宮内卿となった。この間、仁和2年（886年）の阿衡事件では「阿衡は典職にあらず」と主張し、橘広相を弁護する菅原道真に対抗。陰陽道を信じ、昌泰3年（900年）道真の失脚を予知して隠退を勧めたといわれる。翌4年（901年）辛酉の年に「革命勘文」を上奏して延喜と改元され、延喜14年（914年）には醍醐天皇に「意見封事十二箇条」を奏上するなど、政治に重きをなした。著書に『円珍和尚伝』『善家秘記』『藤原保則伝』、歌集に『善家集』（一巻、佚）があった。また、「延喜格式」の編纂にも参画している。

＊　　＊　　＊

◇三善清行　所功著　吉川弘文館　1989.9　247p　19cm　（人物叢書 新装版）〈新装版 三善清行の肖像あり 叢書の編者：日本歴史学会〉　1650円　①4-642-05169-4

◇年号の歴史―元号制度の史的研究　所功著　増補版　雄山閣出版　1989.4　296p　21cm　（雄山閣BOOKS 22）　2500円　①4-639-00845-7

◇年号の歴史―元号制度の史的研究　所功著　雄山閣出版　1988.3　262p　21cm　（雄山閣BOOKS 22）　2300円　①4-639-00711-6

◇三善清行　所功著　吉川弘文館　1970　247p 図版　18cm　（人物叢書 日本歴史学会編）

意見封事
いけんふうじ

奈良・平安時代に、政治上の意見を求める天皇の勅旨に対して臣下が密封して奉った意見書。天武朝でも既に行われていたが、令制では『公式令』の規定に基づいて度々意見が奉られ、特に延喜14年（914年）三善清行が醍醐天皇に提出し、地方政治の弛緩を論じた「意見封事十二箇条」と、天徳元年（957年）菅原文時が村上天皇に提出した「封事三箇条」は延喜・天暦時代の名文としても有名。平安中期以降は意見の徴召自体が殆ど行われなくなり、康保4年（967年）村上天皇崩御後は有名無実化した。

＊　　＊　　＊

◇三善清行　所功著　吉川弘文館　1989.9　247p　19cm　（人物叢書 新装版）〈新装版 三善清行の肖像あり 叢書の編者：日本歴史学会〉　1650円　①4-642-05169-4

◇日本経済大典　第1-8巻　滝本誠一編　明治文献　1966　8冊　22cm　〈複製〉　各3500円

朱雀天皇
すざくてんのう

延長元年7月24日（923年）～天暦6年8月15日（952年）

第61代天皇。在位期間は延長8年から天慶9年（930～946年）。名は寛明。醍醐天皇の第十一皇子で、母は藤原基経の娘穏子。保明親王、村上天皇と同母兄弟。保明親王と皇太子慶頼王（保明の子）が二代続いて夭折し、延長3年（925年）3歳で立太子。延長8年（030年）父の譲位により8歳で践祚。治世中は地震・洪水などの災害が多発し、承平・天慶の乱が起こるなど苛虐な深めた時代であった。女御熙子女王に男子がないため天慶9年（946年）村上天皇に譲位するが、将門の乱を恐れたこともその一因だった。天暦6年（952年）仁和寺に入り、同年8月15日崩御。陵墓は京都伏見の醍醐陵。家集に『朱雀院御集』がある。

＊　　＊　　＊

◇天皇皇族実録　17　朱雀天皇実録　藤井

譲治,吉岡真之監修・解説　ゆまに書房　2007.4　586p　22cm　〈宮内庁書陵部蔵の複製〉　18500円　①978-4-8433-1972-7, 978-4-8433-1953-6

◇天皇の日本史　下　山本峯章編著　光風社出版　1989.9　272p　19cm　1200円　①4-87519-748-9

藤原 忠平
ふじわらの ただひら

元慶4年(880年)～天暦3年8月14日(949年)
平安時代中期の公卿。号は小一条太政大臣、諡号は貞信公。関白藤原基経の四男で、母は人康親王の娘。宇多上皇の信任厚く、皇女源順子を妻とした。妹穏子は醍醐天皇の后で、朱雀天皇・村上天皇の母。昌泰3年(900年)参議となるが、辞退して叔父清経に譲り、延喜9年(909年)長兄の時平が没すると次兄仲平を越えて氏長者となり、藤原北家を継承。権中納言、大納言、右大臣などを経て、延長2年(924年)左大臣に進み、醍醐天皇の下で延喜の治を補佐。延長5年(927年)には時平の遺業「延喜式」を完成・奏進した。延長8年(930年)朱雀天皇が即位すると摂政となり、承平6年(936年)太政大臣。天慶4年(941年)関白となり、天慶9年(946年)村上天皇即位後も天暦3年(949年)まで同職を務めた。朝儀・故実に明るく、日記『貞信公記』が残るほか、その口伝・教命を子の師輔が筆録したものが『貞信公教命』として残されている。菅原道真とも親しく、天神の加護を得たと伝えられる。

　　　　＊　　＊　　＊

◇中世成立期の歴史像　十世紀研究会編　東京堂出版　1993.5　394p　22cm　9800円　①4-490-20211-3

◇摂関時代史論集　黒板伸夫著　吉川弘文館　1980.10　323p　22cm　4500円

◇古代史論叢　下巻　井上光貞博士還暦記念会編　吉川弘文館　1978.9　662p　22cm　7500円

◇延喜天暦時代の研究　古代学協会編　吉川弘文館　1969　655p　図版 表　22cm　3000円

武士
ぶし

　武力で地方を支配し、公権力に仕える者。平安中期に台頭し、江戸末期まで存在した。10世紀頃、軍事貴族の下に狩猟・漁労民らが組織され、合戦を業とする「兵(つわもの)」が出現。彼らは貴族や地方領主間の紛争などに際して弓馬・刀剣で武装し、戦の代理人として働いていた。同じ頃、権門的家産支配を展開し始めた官人貴族らは、「兵」の一部を抜擢して家政や警固にあたらせ、独自の従者を組織し始めた。彼らは諸家の「侍(さぶらい)」と呼ばれ、藤原忠平に仕えた平将門や、藤原道長に仕えた源頼光などがその例である。一方、朝廷も兵や侍の中から武力集団を組織するようになり、公権力に仕える彼らは国兵・館侍と共に「武者(もののふ)」と呼ばれた。平安中期に登場した滝口の武者、院政期の北面の武者などがその例である。別個の存在として登場した三者は、平安時代末期から鎌倉時代にかけて「兵」が「武者」の「侍」として組織される方向で融合し、やがて「武士」と呼ばれるようになった。一方、平安末期までに権門諸家の乱立や官人貴族領主、寺社領主の分化が極限にまで進み、その下で自己の利益を守るため、地方領主が自ら武士化し始める。彼らは軍事貴族の下で武力集団の構成員として組織され、両者の間に所領支配を媒介とした主従関係が生まれた。やがて、その関係を軸として明確な戦闘集団としての武士団が形成されていき、11世紀末から12世紀にかけて清和源氏、桓武平氏を棟梁とする全国的な武士団組織の中に統合されていった。そして11世紀後半、前九年・後三年の役で朝廷の固めとしてその地位を確立し、保元・平治の乱で主従関係と公的

> 発言力を強化した武士は、平氏政権を経て鎌倉幕府の成立に至り、以後江戸幕府の終焉まで武士政治を展開させた。

◇中世社会の成り立ち 木村茂光著 吉川弘文館 2009.5 273p 19cm （日本中世の歴史1） 2600円 ①978-4-642-06401-9

◇武士の時代へ―東国武士団と鎌倉殿 関幸彦著 日本放送出版協会 2008.4 174p 21cm （NHKシリーズ）〈放送期間：2008年4月―6月 文献あり〉 850円 ①978-4-14-910666-3

◇源氏と坂東武士 野口実著 吉川弘文館 2007.7 199p 19cm （歴史文化ライブラリー 234）〈文献あり 年表あり〉 1700円 ①978-4-642-05634-2

◇相模三浦一族とその周辺史―その発祥から江戸期まで 鈴木かほる著 新人物往来社 2007.6 401p 20cm 〈文献あり〉 2500円 ①978-4-404-03473-1

◇坂東武者 竹村紘一著 叢文社 2006.5 189p 19cm 1500円 ①4-7947-0551-4

◇武士の登場 竹内理三著 改版 中央公論新社 2004.10 559p 16cm （中公文庫）〈文献あり 年表あり〉 1238円 ①4-12-204438-3

◇武士と荘園支配 服部英雄著 山川出版社 2004.9 107p 21cm （日本史リブレット 24）〈文献あり〉 800円 ①4-634-54240-4

◇中世寺院と関東武士 小此木輝之著 青史出版 2002.3 694p 22cm 12000円 ①4-921145-14-8

◇武士の成長と院政 下向井竜彦著 講談社 2001.5 366p 20cm （日本の歴史 第7巻）〈年表あり 文献あり〉 2200円 ①4-06-268907-3

◇武士の成立武士像の創出 高橋昌明著 東京大学出版会 1999.11 334, 12p 22cm 5200円 ①4-13-020122-0

◇武士の誕生―坂東の兵どもの夢 関幸彦著 日本放送出版協会 1999.9 302p 19cm （NHKブックス） 1120円 ①4-14-001868-2

◇丸山真男講義録 第5冊 日本政治思想史1965 丸山真男著 東京大学出版会 1999.9 327p 21cm 3400円 ①4-13-034205-3

◇院政と武士の登場―平安時代2 入間田宣夫監修, 森藤よしひろ漫画 集英社 1998.3 163p 23cm （集英社版・学習漫画）〈年表あり 文献あり〉 850円 ①4-08-239006-5

◇新まんが日本史 上 縄文時代―平安時代 鳥海靖監修, 巴里夫まんが, 柳川創造シナリオ 増補 学校図書 1997.11 151p 22cm 838円 ①4-7625-0824-1

◇逆説の日本史―ケガレ思想と差別の謎 4 中世鳴動編 井沢元彦著 小学館 1996.6 347p 19cm 1600円 ①4-09-379415-4

◇絵物語 斎藤実盛 柳田敏司文, あおむら純絵 浦和 さきたま出版会 1996.4 87p 21cm 1200円 ①4-87891-338-X

◇中世成立期の軍制と内乱 福田豊彦著 吉川弘文館 1995.6 352, 4p 22cm 7828円 ①4-642-02747-5

◇東国の兵乱とものふたち 福田豊彦著 吉川弘文館 1995.2 265p 20cm 2678円 ①4-642-07434-1

◇中世東国武士団の研究 野口実著 高科書店 1994.12 476, 5, 38p 22cm 〈折り込み表1枚〉 9500円

◇戦国武士と文芸の研究 米原正義著 お

政　治

うふう　1994.10　1012p　23cm　〈4版（初版：昭和51年）〉　28000円　①4-273-00246-9

◇武士の成立　元木泰雄著　吉川弘文館　1994.8　217, 9p　20cm　（日本歴史叢書　新装版）〈叢書の編者：日本歴史学会〉　2472円　①4-642-06600-4

◇日本の歴史─楽しくわかる歴史まんが　第3巻　武士の世界　浜田ひであきえと文　旺文社　1994.6　143p　22cm　〈監修：有田和正〉　780円　①4-01-013183-7

◇まんが信州の歴史　第2巻　武士の世の中─中世　山田ゴロ作画　長野　信濃毎日新聞社　1993.11　151p　23cm　〈監修：石井進〉　①4-7840-9309-5

◇筑後武士─宮園城と筑後宇都宮氏について　江崎竜男著　改訂新版　佐世保　芸文堂　1992.10　237p　19cm　2500円　①4-905897-57-2

◇日本歴史「古記録」総覧─学校図書館用　古代・中世篇　橋本義彦ほか著　新人物往来社　1990.12　476p　22cm　3200円　①4-404-01788-X

◇武士の登場　鈴木徳松著　新人物往来社　1990.11　271p　20cm　2500円

◇日本史の社会集団　第3巻　中世武士団　石井進著　小学館　1990.5　477p　15cm　〈文庫判〉　800円　①4-09-401123-4

◇王朝政権から武家政権確立　蜂矢敬啓著　高文堂出版社　1988.2　124p　19cm　（人間活性化双書）　1100円　①4-7707-0242-6

◇日本の歴史　56～66（古代から中世へ）　朝日新聞社　1987.5～7　11冊（合本1冊）　31cm　（週刊朝日百科　584号～594号）

◇まんが日本史─アニメ版　13　かまくらの武士　小学館　1983.12　40p　21cm　（小学館のテレビ学習シリーズ）　320円　①4-09-112013-X

◇まんが日本史─アニメ版　10　武士のおこり　小学館　1983.11　40p　21cm　（小学館のテレビ学習シリーズ）　320円　①4-09-112010-5

◇坂東武士団の成立と発展　野口実著　弘生書林　1982.12　265, 26p　22cm　〈発売：星雲社〉　4800円　①4-7952-4706-4

◇武士世界の草創者たち─源平時代史入門　高橋芳郎著　横浜　神奈川新聞社　1979.9　314p　20cm　1300円

◇戦国武士と文芸の研究　米原正義著　桜楓社　1976　1012p　図　22cm　18000円

◇人物日本の歴史　4　武士の挑戦　小学館　1975　273p　図　22cm　〈編集：日本アート・センター〉　1250円

◇武士の世の中　前田晁等著，松井行正等絵　金の星社　1970　268p　22cm　（おはなし日本の歴史　第4巻）

◇鎌倉武士─鎌倉時代　森克己著　ポプラ社　1969　218p　23cm　（日本の歴史　4）〈カラー版〉

◇武士の勃興　佐藤春夫著　河出書房新社　1959　342p　図版　19cm　（現代人の日本史　第6巻）

承平・天慶の乱　しょうへい・てんぎょうのらん

　承平・天慶年間（931～947年）に起こった東国の平将門の乱と西国の藤原純友の乱。「東西の兵乱」として中央政府に大きな衝撃を与えたが、両者が共謀して反乱を起こした事実はなく、将門の反乱を知った純友がその混乱に乗じて事を起こしたと考えられる。律令国家の崩壊と地方武士の台頭を象徴する事件。【平将門の乱】下総の豊田・猿島を地盤とする将門は、所領争いなどから伯父の平

国香らと紛争を繰り返していたが、天慶2年(939年)11月常陸国府を略奪して焼き払い、国守藤原維幾らを捕らえた。ここに至って将門の行動は朝廷に対する反逆となり、さらに関八州の制圧に乗り出して下野、上野、相模など諸国の国府を占領して受領を追放、新皇と称して小律令国家の成立を目指した。これに対し朝廷は天慶3年(940年)征討軍を派遣するが、その到着以前の同年2月14日、下野押領使・藤原秀郷と国香の子・貞盛の軍が猿島の北山で将門を討ちとり、わずか3ヵ月で乱は平定された。【藤原純友の乱】承平6年(936年)伊予掾として瀬戸内海の海賊追捕の宣旨をうけた純友は、一旦はその鎮静化に成功するが、天慶2年(939年)12月に東国で平将門の乱が起こるとこれに乗じ一転、海賊の首領となり摂津で反乱を起こす。朝廷は純友に従五位下を授けて懐柔を図ったが、純友は8月以降再び伊予・讃岐などを攻撃。だが追捕使小野好古らによって次第に追い詰められ、翌年5月大宰府を攻撃して追討軍に敗れて四散。翌月本拠地・伊予の日振島に逃げ帰ったところを橘遠保によって討たれ、同年11月までにはその余党も各地で討たれた。

◇将門記を読む　川尻秋生編　吉川弘文館　2009.3　240p　20cm　（歴史と古典）〈シリーズの企画編集者：小峯和明, 古橋信孝, 川合康　文献あり　年表あり〉　2800円　①978-4-642-07159-8

◇将門伝説―相馬と周辺地域　南相馬市博物館平成19年度企画展　南相馬市博物館編　南相馬　南相馬市博物館　2007.9　57p　30cm　（南相馬市博物館企画展図録 第27集）〈会期・会場：平成19年9月29日―12月2日 南相馬市博物館　年表あり〉

◇平将門―調査と研究　村上春樹著　汲古書院　2007.5　485p　22cm　〈文献あり〉　12000円　①978-4-7629-4200-6

◇平将門の乱　川尻秋生著　吉川弘文館　2007.4　235, 8p　20cm　（戦争の日本史4）〈文献あり　年表あり〉　2500円　①978-4-642-06314-2

◇平将門伝説の旅―（東北地方）福島県・宮城県・山形県・岩手県・秋田県・青森県　稲葉岳男編著　坂東　稲葉岳男　2007.3　239p　27cm

◇平将門、坂東で反乱―武士の時代が見えてきた　小西聖一著, 井上正治絵　理論社　2006.7　141p　22cm　（ものがたり日本歴史の事件簿 6）　1200円　①4-652-01636-0

◇平将門　北山茂夫著　講談社　2005.11　301p　15cm　（講談社学術文庫）〈年譜あり　文献あり〉　1050円　①4-06-159733-7

◇地図で読む日本古代戦史　武光誠著　平凡社　2005.5　195p　18cm　（平凡社新書）　720円　①4-582-85272-6

◇平将門伝説ハンドブック　村上春樹著　横浜　公孫樹舎　2005.2　238p　21cm　2000円

◇平将門伝説―歴史探訪　落日の掛軸―詩集　上条彰著　野田　上条彰　2003.9　106p　19cm　非売品

◇平将門　北山茂夫著　朝日新聞社　2003.6　237p　19cm　（朝日選書 467）〈〔東京〕デジタルパブリッシングサービス（発売）　1993年刊を原本としたオンデマンド版　年譜あり　文献あり〉　2420円　①4-925219-51-0

◇日本の歴史　古代から中世へ 4　承平・天慶の乱と都　新訂増補　朝日新聞社　2003.6　p98-128　30cm　（週刊朝日百科 54）　476円

◇マンガで読み解く日本の歴史 平安～鎌倉

政 治

時代編　田代脩監修　学習研究社　2002.6　252p　19cm　980円　⑪4-05-401674-X

◇空也と将門―猛霊たちの王朝　滝沢解著　春秋社　2001.8　273p　20cm　2000円　⑪4-393-44156-7

◇武士の成長と院政　下向井竜彦著　講談社　2001.5　366p　20cm　（日本の歴史　第7巻）〈年表あり　文献あり〉　2200円　⑪4-06-268907-3

◇週刊ビジュアル日本の歴史　no.52　武士の登場　2　デアゴスティーニ・ジャパン　2001.2　p44-83　30cm　〈年表あり〉　533円

◇藤原純友　松原弘宣著　吉川弘文館　1999.2　231p　19cm　（人物叢書　新装版）　1800円　⑪4-642-05213-5

◇純友と将門―東西の兵乱　平成十年度企画展　愛媛県歴史文化博物館編　宇和町（愛媛県）　愛媛県歴史文化博物館　1998.7　141p　30cm

◇平将門資料集　岩井市史編さん委員会編　新人物往来社　1996.6　261p　30cm　〈複製を含む　付・藤原純友資料〉　5000円　⑪4-404-02384-7

◇関東中心平将門伝説の旅　下巻　稲葉岳男編著　岩井　稲葉岳男　1993.8　421p　26cm

◇「平将門の夢」を夢みて―東国の独立　蜂矢敬啓著　高文堂出版社　1992.5　143p　21cm　（知的ドリーム双書）　1780円　⑪4-7707-0385-6

◇日本合戦史　上　高柳光寿、鈴木亨著　河出書房新社　1991.6　207p　15cm　（河出文庫）　490円　⑪4-309-47222-2

◇戦乱の日本史―合戦と人物　第2巻　平安王朝の武士　村井康彦責任編集　第一法規出版　1988.6　158p　31cm　〈監修：安田元久　編集：風土社〉　3500円

⑪4-474-10132-4

◇日本史の虚像と実像　和歌森太郎著　河出書房新社　1988.6　308p　15cm　（河出文庫）　500円　⑪4-309-47136-6

◇歴史シンポジウム　11　藤原純友の乱　上横手雅敬ほか述　松山　愛媛県文化振興財団　1987.3　212p　19cm　（財団図書18）〈発売：愛媛県教科図書　承平・天慶の乱関係年表：p211～212〉　900円

◇平将門の乱　福田豊彦著　岩波書店　1981.9　218p　18cm　（岩波新書）〈主な参考文献：p217～218〉　380円

◇激録日本大戦争　第3巻　将門と純友の叛乱　原康史著　東京スポーツ新聞社　1979.2　274p　18cm　〈年表：p269～274〉　950円

◇古代末期の反乱―草賊と海賊　林陸朗著〔東村山〕　教育社　1977.10　226p　図　18cm　（教育社歴史新書）〈発売：教育社出版サービス（東京）　参考著書・論文：p.225～226〉　600円

◇平将門の乱　林陸朗等著　現代思潮社　1975　219p　図　20cm　1200円

平 将門
たいらの まさかど

? ～天慶3年2月14日（940年）

平安中期の武将。下総国豊田郡の人。別名は相馬小二郎、滝口小二郎。桓武平氏高望王の孫にあたる。父は鎮守府将軍良持あるいは良将といわれ、母は犬養春枝の娘とも伝わる。本拠地は下総国豊田郷。若い頃に上洛して藤原忠平に仕え、承平元年（931年）「女論」により伯父の下総介良兼と争う。承平5年（935年）常陸大掾源護と平真樹との争いに巻き込まれて平国香、良正、良兼らおじ達と争い、翌年10月源護の訴えにより朝廷に召喚される。翌承平7年（937年）朱雀天皇元服の大赦によって帰郷するが、良兼らに攻められて一族紛争が激化。じきに坂東征服を企てて常陸、上野、下野の国府を制圧して受領を追放。上野国府で自らを新皇と称して除目を行

政 治

い、東国に独立国家の建立を目指すに至って遂には朝敵となる。天慶3年(940年)征討軍が派遣され、下野の豪族藤原秀郷、国香の子貞盛らに攻められて猿島の北山(茨城県坂東市)で敗死。死後は築土神社、神田明神、国王神社などに祀られた。

* 　* 　*

◇将門伝説―相馬と周辺地域　南相馬市博物館平成19年度企画展　南相馬市博物館編　南相馬　南相馬市博物館　2007.9　57p　30cm　(南相馬市博物館企画展図録　第27集)〈会期・会場：平成19年9月29日―12月2日　南相馬市博物館　年表あり〉

◇平将門―調査と研究　村上春樹著　汲古書院　2007.5　485p　22cm〈文献あり〉　12000円　①978-4-7629-4200-6

◇平将門の乱　川尻秋生著　吉川弘文館　2007.4　235,8p　20cm　(戦争の日本史4)〈文献あり　年表あり〉　2500円　①978-4-642-06314-2

◇平将門伝説の旅―(東北地方)福島県・宮城県・山形県・岩手県・秋田県・青森県　稲葉岳男編著　坂東　稲葉岳男　2007.3　239p　27cm

◇国司の館―古代の地方官人たち　田中広明著　学生社　2006.9　209p　19cm　2200円　①4-311-20300-4

◇平将門　北山茂夫著　講談社　2005.11　301p　15cm　(講談社学術文庫)〈年譜あり　文献あり〉　1050円　①4-06-159733-7

◇平将門伝説ハンドブック　村上春樹著　横浜　公孫樹舎　2005.2　238p　21cm　2000円

◇平将門伝説―歴史探訪　落日の掛軸―詩集　上条彰著　野田　上条彰　2003.9　106p　19cm　非売品

◇平将門　北山茂夫著　朝日新聞社　2003.6　237p　19cm　(朝日選書467)

〈[東京]デジタルパブリッシングサービス(発売)　1993年刊を原本としたオンデマンド版　年譜あり　文献あり〉　2420円　①4-925219-51-0

◇英雄・怨霊平将門―史実と伝説の系譜　千葉県立大利根博物館・千葉県立関宿城博物館共同企画展　千葉県立大利根博物館,千葉県立関宿城博物館編　佐原　千葉県立大利根博物館　2003.5　113p　30cm〈会期：平成15年5月31日―6月30日ほか　共同刊行：千葉県立関宿城博物館　文献あり〉

◇再現日本史―週刊time travel　平安4　講談社　2003.4　42p　30cm〈年表あり〉　533円

◇錦絵の中の将門　岩井市市制30周年記念事業実行委員会編　〔岩井〕　岩井市　2002.10　94p　26cm

◇平将門資料集　岩井市史編さん委員会編　新装版　新人物往来社　2002.4　261p　31cm〈複製を含む　付・藤原純友資料　年表あり〉　7800円　①4-404-02957-8

◇空也と将門―猛霊たちの王朝　滝沢解著　春秋社　2001.8　273p　20cm　2000円　①4-393-44156-7

◇平将門伝説　村上春樹著　汲古書院　2001.5　453p　22cm　9000円　①4-7629-4161-1

◇週刊ビジュアル日本の歴史　no.52　武士の登場 ?　デアゴスティーニ・ジャパン　2001.2　p44-83　30cm〈年表あり〉　533円

◇マンガ日本の歴史　10　将門・純友の乱と天暦の治　石ノ森章太郎著　中央公論社　1997.6　210p　15cm　(中公文庫)　524円　①4-12-202884-1

◇平将門は生きていた　谷本竜亮著　叢文社　1997.4　225p　20cm　1500円+税　①4-7947-0248-5

69

政治

◇平将門魔方陣　加門七海著　河出書房新社　1996.11　211p　15cm　（河出文庫）〈『平将門は神になれたか』（ペヨトル工房1993年刊）の改題〉　500円　①4-309-47307-5

◇平将門資料集　岩井市史編さん委員会編　新人物往来社　1996.6　261p　30cm　〈複製を含む 付・藤原純友資料〉　5000円　①4-404-02384-7

◇平将門―草原の野火　青木重数著　新人物往来社　1996.5　269p　20cm　1300円　①4-404-02372-3

◇岩井市史　別編　平将門資料集　岩井市史編さん委員会編　岩井　岩井市　1996.3　262p　30cm　〈付・藤原純友資料〉

◇平将門―坂東の風雲児　森藤よしひろまんが, 西原和海シナリオ　岩井　岩井市　1993.12　175p　23cm

◇関東中心平将門伝説の旅　下巻　稲葉岳男編著　岩井　稲葉岳男　1993.8　421p　26cm

◇平将門は神になれたか　加門七海著　ペヨトル工房　1993.7　203p　20cm　（ウル叢書）　2200円　①4-89342-196-4

◇平将門　北山茂夫著　朝日新聞社　1993.1　237p　19cm　（朝日選書 467）　1200円　①4-02-259567-1

◇平将門伝説一覧　村上春樹編〔横須賀〕〔村上春樹〕〔1993〕103p　26cm

◇「平将門の夢」を夢みて―東国の独立　蜂矢敬啓著　高文堂出版社　1992.5　143p　21cm　（知的ドリーム双書）　1780円　①4-7707-0385-6

◇怨念の将門―将門伝説に山伏の影あり　神山弘著　エンタプライズ　1989.9　244p　20cm　（シリーズ山と民俗 12）〈発売：産学社 叢書の編者：山村民俗の会〉　2060円　①4-7825-2023-9

◇関東中心平将門伝説の旅　茨城　稲葉岳男編著　岩井　稲葉岳男　1987.11　323p　26cm　〈平将門の肖像あり 付（1枚）〉

◇新編将門地誌　1　赤城宗徳著　土浦　筑波書林　1986.12　86p　18cm　（ふるさと文庫）〈発売：茨城図書 製作：岳陽出版会〉　600円

◇新編将門地誌　2　赤城宗徳著　土浦　筑波書林　1986.12　p87〜184　18cm　（ふるさと文庫）〈発売：茨城図書 製作：岳陽出版会〉　600円

◇新編将門地誌　3　赤城宗徳著　土浦　筑波書林　1986.12　291p　18cm　（ふるさと文庫）〈発売：茨城図書 製作：岳陽出版会〉　600円

◇日本を創った官僚たち―歴史にみる虚像と実像　童門冬二著　旺文社　1986.9　311p　15cm　（旺文社文庫）　440円　①4-01-064362-5

◇私の平将門　赤城宗徳著　流山　崙書房　1983.11　138p　19cm　1000円

◇平将門の乱　福田豊彦著　岩波書店　1981.9　218p　18cm　（岩波新書）〈主な参考文献：p217〜218〉　380円

◇平将門―東国武士の反乱　田中正雄まんが　学習研究社　1980.2　148p　23cm　（図解まんが日本史）〈監修：樋口清之〉　580円

◇激録日本大戦争　第3巻　将門と純友の叛乱　原康史著　東京スポーツ新聞社　1979.2　274p　18cm　〈年表：p269〜274〉　950円

◇赤城宗徳と平将門　赤城宗徳著, 楡の木会編　楡の木会　1976.6　88p　21cm　（楡の木別冊）

◇史蹟将門塚の記　史蹟将門塚保存会　1976.2　52p　21cm

◇茨城の将門　瀬谷義彦, 志田諄一, 江原忠

政 治

昭共著　水戸　茨城新聞　1976　224p　図　19cm　（いばらき新書）　900円

◇関東中心平将門故蹟写真資料集　文：山内一雄, 写真：斎藤宗良　日本教育文化協会　1976　119p　図　26cm　〈監修：日本教育文化協会〉

◇史跡紀行平将門　加藤蕙著　新人物往来社　1976　254p　20cm　980円

◇平将門—民衆の心に生きる英雄　名村栄治, 石井敬著　有峰書店　武蔵野　武蔵野郷土史刊行会（発売）　1976　222p　図　19cm　980円

◇平将門—その史実と伝説　伊藤晃著　流山　崙書房　1976　129p　18cm　（ふるさと文庫）〈平将門年譜：p.122-125〉　500円

◇平将門伝　荒川法勝著　昭和出版　1976　182p　図　20cm　980円

◇平将門の古跡—平将門故蹟考口訳版　織田完之, 伊藤晃訳　流山　崙書房　1976　194p　図　18cm　（戦記双書）　800円

◇将門の乱　佐伯有清等著　吉川弘文館　1976　323, 21p　19cm　（研究史）〈巻末：将門の乱関係文献年表〉　1500円

◇将門風土記　柴田弘武著, 写真：横村克弘　たいまつ社　1976　159p　21cm　1580円

◇風と雲と虹と—平将門の時代　学習研究社　1975　176p（図共）　30cm　1800円

◇史実平将門　林陸朗著　新人物往来社　1975　230p　20cm　980円

◇真説平将門—日本最初の人民解放と反権力の闘将　中山茂著　新人物往来社　1975　209p　20cm　980円

◇平将門　北山茂夫著　朝日新聞社　1975　237p　20cm　（朝日評伝選3）　1200円

◇平将門—物語と史蹟をたずねて　土橋治重著　成美堂出版　1975　224p（図共）　19cm　700円

◇平将門—東国の反逆児　山崎謙著　新版　三省堂　1975　351p　図　19cm　〈付：平将門史跡めぐり〉　980円

◇平将門—その忍従と断　藤公房著　産業能率短期大学出版部　1975　212p　19cm　900円

◇平将門記　確定史料保存会編　日本シェル出版　〔1975〕　286p（図共）　19cm　（古代争乱資料大成 別巻）〈限定版〉　3400円

◇平将門正史—その生涯を讃えて　山崎謙著　三一書房　1975　196p　20cm　950円

◇平将門の謎　木本至著　日本文華社　1975　280p　19cm　（文華新書）　600円

◇平将門の乱　林陸朗等著　現代思潮社　1975　219p　図　20cm　1200円

◇将門伝説—民衆の心に生きる英雄　梶原正昭, 矢代和夫共著　新版　新読書社　1975　371p　図　22cm　2500円

◇将門伝説の旅　中村ときを著　朝日ソノラマ　1975　186p（図共）　17cm　（紀行シリーズ）　550円

◇論集平将門研究　編集：林陸朗　現代思潮社　1975　320p　22cm　3500円

◇逆賊将門—『仕立てあげられた叛逆論』批判　倭司丸一平著　流山　崙書房　1973　221p　19cm　750円

◇平将門故蹟考　織田完之著　流山　崙書房　1973　116p　図　21cm　〈碑文協会明治40年刊の複製〉　600円

◇平将門論　荒井庸夫著　流山　崙書房　1973　362p　図　20cm　〈大同館書店大正12年刊の複製〉　2800円

◇将門地誌　赤城宗徳著　毎日新聞社　1972　326p　20cm　800円

◇平将門—東国の反逆児　日本古代史の発掘　山崎謙著　三省堂　1971　321p　19cm　（Sanseido books）　650円

◇平将門　赤城宗徳著　角川書店　1970　241p 図版　19cm　（角川選書）　450円

◇将門伝説—民衆の心に生きる英雄　梶原正昭, 矢代和夫共著　新読書社　1966　367p 図版　27cm　1200円

◇平将門　赤城宗徳著　産業経済新聞社　1960　206p 図版　21cm

平　貞盛
たいらの　さだもり

生没年不詳
　平安中期の武将。通称は常平太、平将軍。平国香の子で、母は下野大掾藤原村雄の娘。高望王の孫にあたる。朝廷に右馬允として仕えたが、承平5年（935年）父国香が平将門に殺されたことを知って常陸に帰国し、叔父良兼と共に平氏棟梁として将門に敵対。天慶元年（938年）信濃国分寺で将門と戦うが敗れ、翌年京に戻って朝廷より追討官符を得て再び将門を追う。翌天慶3年（940年）下野国押領使藤原秀郷と結んで下総の猿島で将門を滅ぼし、平将門の乱を平定。この功により従五位上・右馬助に任ぜられ、以後、鎮守府将軍、左馬助、丹波守、陸奥守を歴任し、従四位下に昇進した。子の維将流が北条氏、維衡流が伊勢平氏として発展。平清盛の祖である。

＊　　　＊　　　＊

◇名将平維茂—鎮守府将軍平維茂碑並銘　真壁俊信釈文　三川村（新潟県）　三川村教育委員会　2003.8　100p　26cm　〈年表あり〉　980円

◇安曇筑摩の伝説　矢口正明著　長野　銀河書房　1994.1　290p　19cm　2000円

◇王朝政権から武家政権確立　蜂矢敬啓著　高文堂出版社　1988.2　124p　19cm　（人間活性化双書）　1100円　ⓘ4-7707-0242-6

藤原　秀郷
ふじわらの　ひでさと

生没年不詳
　平安中期の東国の武将、豪族。下野国の人。通称は俵藤太。下野大掾藤原村雄の子で、母は下野掾鹿島の娘。下野の土豪として勢力を振るい、延喜16年（916年）一族と共に配流となるが、のち赦されて下野国押領使に任命される。天慶3年（940年）平将門の乱では将門に助力を求められたが、これに応じず反将門の立場をとり、平貞盛と協力して乱を平定。この功より従四位下に叙せられ、さらに下野・武蔵両国の守に任ぜられて東国で勢力を伸ばし、源経基、平貞盛らと共に軍事貴族の中央進出の道を開いた。その子孫は北関東・奥羽各地に広まり、奥州藤原、小山、結城、佐野、蒲生などの祖とされる。近江三上山の百足退治の伝説でも知られ、その説話は「俵藤太物語」として大いに世に流布した。

＊　　　＊　　　＊

◇藤原秀郷将軍　安木三郎著　伊丹　牧歌舎　2006.2　358p　22cm　〈東京 星雲社（発売）　文献あり〉　2500円　ⓘ4-434-07436-9

◇伝説の将軍藤原秀郷　野口実著　吉川弘文館　2001.12　177, 8p　20cm　2300円　ⓘ4-642-07779-0

◇伝説の将軍藤原秀郷—武者と物怪の物語　高崎　群馬県立歴史博物館　2000.4　91p　21×30cm　〈第65回企画展〉

◇秀郷流藤原氏の系譜—森戸果香の絵画から　小山　小山市立博物館　1992.7　81p　26cm　〈第27回企画展 協賛：栃木県立博物館 会期：平成4年7月19日～8月30日〉

◇日本を創った官僚たち—歴史にみる虚像と実像　童門冬二著　旺文社　1986.9　311p　15cm　（旺文社文庫）　440円　ⓘ4-01-064362-5

藤原 純友
ふじわらの すみとも

?～天慶4年6月20日（941年）

平安中期の地方官人、瀬戸内海海賊の組織者。大宰少弐藤原良範の子、あるいは伊予前司高橋友久の子で良範の養子とも伝える。伊予掾として赴任し、承平6年（936年）海賊追捕の宣旨を受け、伊予守兼追捕南海道使紀淑人に協力してその追捕にあたる。天慶2年（939年）12月、東国で平将門が反乱を起こしたのとほぼ時を同じくして、摂津で備前介藤原子高ら一行を襲って反乱を起こし、瀬戸内海海賊の棟梁となって一大勢力を形成。朝廷は従五位下の位階を授けて懐柔しようとしたが失敗。純友は日振島を本拠に九州まで勢力を伸ばしたが、朝廷から追捕使に任じられた小野好古・源経基らに攻撃されて大宰府に逃れ、天慶4年（941年）博多津の合戦で敗れて再び伊予に戻ったところを警固使橘遠保に討たれた。将門と共謀して蜂起した事実はなく、将門の乱による混乱に乗じて反乱を起こしたものと考えられる。

＊　　＊　　＊

◇藤原純友　松原弘宣著　吉川弘文館　1999.2　231p　19cm　（人物叢書 新装版）　1800円　①4-642-05213-5

◇古代の地方豪族　松原弘宣著　吉川弘文館　1988.10　326,6p　19cm　2500円　①4-642-07277-2

◇歴史シンポジウム　11　藤原純友の乱　上横手雅敬ほか述　松山　愛媛県文化振興財団　1987.3　212p　19cm　（財団図書18）〈発売：愛媛県教科図書　承平・天慶の乱関係年表：p211～212〉　900円

清和源氏
せいわげんじ

清和天皇から出た賜姓源氏。第六皇子貞純親王の皇子経基王の系統が最も栄えた。武蔵介であった経基王は平将門の乱の鎮定に功をあげ、応和元年（961年）源姓を与えられた。その子満仲は摂津守となり、摂津国多田地方に土着して多田院を創立し、武士団の棟梁の地位を確立。満仲の嫡男・頼光の系統を摂津源氏といい、その中で多田に土着した一流を多田源氏という。また摂津源氏の傍流から美濃源氏が生まれ、さらに満仲の弟・満政の系統から尾張源氏、三河源氏が出た。一方、大和国に本拠地を置いた満仲の次男・頼親の系統を大和源氏、河内を本拠地とした三男頼信の系統を河内源氏という。こうして各地に繁衍した清和源氏は、やがて桓武平氏と並ぶ有力武家一族となるが、中でも武士の棟梁として名を成し、武門の主流となったのは河内源氏である。まず頼信が平忠常の乱を平定して一躍関東に武名を馳せ、次いで頼信の子頼義とその子義家も前九年の役・後三年の役で活躍。これらの戦役を通じて東国の在地武士との結びつきを強め、関東に源氏の地盤を築いた。さらに武門の棟梁の地位を固めた義家は、頼信・頼光に引き続き摂関家と結んで中央政界で勢力を扶入。一方、義家の弟・義光の系統から常陸源氏の佐竹氏や甲斐源氏の武田氏、義家の子義国の系統からは上野の新田氏、下野の足利氏が出た。やがて院政の開始と共に義家の勢力も衰えはじめ、保元・平治の乱を経て平氏一門が全盛を迎える。やがて平治の乱後、伊豆に配流されていた河内源氏の頼朝が文治元年（1185年）に平氏を滅ぼし、鎌倉幕府を創始。やがて頼朝は征夷大将軍に任ぜられ、武家の棟梁としての清和源氏の地位を不動のものとした。

◇源氏―武門の覇者 乱世を疾駆した武士たち　新人物往来社　2007.7　173p　26cm　（別冊歴史読本 第32巻22号）　1800円

①978-4-404-03374-1

◇頼朝・範頼・義経―武州金沢に伝わる史

政 治

実と伝説 神奈川県立金沢文庫開館75周年記念企画展 神奈川県立金沢文庫編 横浜 神奈川県立金沢文庫 2005.6 72p 30cm 〈会期：平成17年6月9日―8月7日〉

◇日本の歴史 3（古代から中世へ） 平安京―都市の成立 新訂増補 朝日新聞社 2005.1 320p 30cm （朝日百科） ①4-02-380017-1

◇献馬大将―とよたのお祭りと源氏の伝説 特別展 豊田市郷土資料館編 〔豊田〕 豊田市教育委員会 2004.11 93p 30cm 〈会期：平成16年11月3日―12月12日 年表あり〉

◇源氏と日本国王 岡野友彦著 講談社 2003.11 237p 18cm （講談社現代新書） 700円 ①4-06-149690-5

◇源氏三代101の謎 奥富敬之著 新人物往来社 2002.6 263p 20cm 2800円 ①4-404-02966-7

◇日本の歴史 中世1-1 源氏と平氏―東と西 新訂増補 朝日新聞社 2002.6 36p 30cm （週刊朝日百科1） 476円

◇武家の棟梁源氏はなぜ滅んだのか 野口実著 新人物往来社 1998.12 259p 20cm 2800円 ①4-404-02658-7

◇源氏一族のすべて 新人物往来社 1998.11 359p 21cm （別冊歴史読本93） 2200円 ①4-404-02677-3

◇天皇家と多田源氏―摂関家の爪牙 奥富敬之著 三一書房 1997.12 230p 18cm （三一新書） 850円 ①4-380-97025-6

◇天皇家と源氏―臣籍降下の皇族たち 奥富敬之著 三一書房 1997.10 243p 18cm （三一新書） 850円 ①4-380-97019-1

◇物語日本の歴史―その時代を見た人が語る 第8巻 おごる平家 笠原一男編 木耳社 1996.10 192p 20cm 1500円 ①4-8393-7560-7

◇物語日本の歴史―その時代を見た人が語る 第5巻 花開く清和源氏 笠原一男編 木耳社 1994.12 193p 20cm 1500円 ①4-8393-7557-7

◇系図纂要 第12冊 下 清和源氏 7 新版 名著出版 1994.8 p348～691 22cm 〈監修：岩沢愿彦〉 7000円 ①4-626-01491-7

◇系図纂要 第12冊 上 清和源氏 6 新版 名著出版 1994.5 345p 22cm 〈監修：岩沢愿彦〉 7000円 ①4-626-01490-9

◇系図纂要 第10冊 下 清和源氏 3 新版 名著出版 1993.8 p378～712 22cm 〈監修：岩沢愿彦〉 6800円 ①4-626-01482-8

◇系図纂要 第10冊 上 清和源氏 2 新版 名著出版 1993.6 376p 22cm 〈監修：岩沢愿彦〉 7800円 ①4-626-01481-X

◇清和源氏の源流をたずねて―三河遠江名倉氏の系譜 川島長次郎, 細田安治編著 細田安治 1992.10 285p 21cm 〈折り込み図1枚〉 非売品

◇系図纂要 第9冊下 清和源氏 1 新版 名著出版 1991.6 659p 22cm 〈監修：岩沢愿彦〉 8400円 ①4-626-01405-4

◇清和源氏の全家系 4 源平合戦と鎌倉三代 奥富敬之著 新人物往来社 1989.9 316p 20cm 2300円 ①4-404-01652-2

◇清和源氏の全家系 3 東国源氏の京都進出 奥富敬之著 新人物往来社 1989.4 244p 20cm 2300円 ①4-404-01601-8

◇清和源氏の全家系 2 奥羽戦乱と東国源氏 奥富敬之著 新人物往来社 1988.11 225p 20cm 2000円 ①4-404-01574-7

政 治

◇清和源氏の全家系　1　天皇家と多田源氏　奥富敬之著　新人物往来社　1988.9　228p　20cm　2000円　①4-404-01553-4

◇戦乱の日本史―合戦と人物　第3巻　源平の争乱　安田元久責任編集　第一法規出版　1988.6　158p　31cm　〈監修：安田元久　編集：風土社〉　3500円　①4-474-10133-2

◇忘れられた「日本意外史」　1　源氏と平家　岡橋隼夫著　はまの出版　1988.4　243p　19cm　1200円　①4-89361-045-7

◇清和源氏740氏族系図　第3巻　千葉琢穂編著　展望社　1985.11　451p　22cm　6500円

◇清和源氏740氏族系図　第2巻　千葉琢穂編著　展望社　1985.9　604p　22cm　6500円

◇源氏伝説のふるさと―信州鬼無里の伝承　ふるさと草子刊行会編　改訂版　鬼無里村（長野県）　ふるさと草子刊行会　1985.6　122p　19cm　1200円

◇清和源氏740氏族系図　第1巻　千葉琢穂編著　展望社　1985.6　489p　22cm　6500円

◇清和源氏　朧谷寿著　〔東村山〕　教育社　1984.11　258p　18cm　（教育社歴史新書）　800円

◇人物探訪日本の歴史　3　平氏と源氏　暁教育図書　1983.3　195p　30cm　〈新装版〉　2100円

◇激録日本大戦争　第6巻　源氏と平家の死闘　原康史著　東京スポーツ新聞社　1980.3　286p　18cm　950円

◇人物探訪・日本の歴史　3　平氏と源氏　安田元久編集指導　暁教育図書　1975　195p（図共）　31cm　〈編集指導：海音寺潮五郎，奈良本辰也，尾崎秀樹〉　2000円

◇伴野氏の源流清和源氏・甲斐源氏の人々，一遍上人及絵詞伝に就きて（抜萃）　佐久伴野氏館跡保存会　1974.9　29p　22cm　（資料　第3）〈折り込図1枚〉

◇系図纂要　第9冊　村上源氏1-3　清和源氏1-4　名著出版　1974　659p　23cm　〈監修：宝月圭吾，岩沢愿彦　内閣文庫蔵本の複製　限定版〉　5500円

◇系図纂要　第10冊　清和源氏5-12　名著出版　1974　712p　23cm　〈監修：宝月圭吾，岩沢愿彦　内閣文庫蔵本の複製　限定版〉　5500円

◇系図纂要　第11冊　清和源氏13-19　名著出版　1974　664p　22cm　〈監修：宝月圭吾，岩沢愿彦　内閣文庫蔵本の複製　限定版〉　5500円

◇系図纂要　第12冊　清和源氏20-27　名著出版　1974　691p　22cm　〈監修：宝月圭吾，岩沢愿彦　内閣文庫蔵本の複製　限定版〉　5500円

源 経基
みなもとの つねもと

延喜17年（917年）～応和元年11月4日（961年）

平安中期の武将。号は六孫王経基。清和天皇の第六皇子貞純親王の長男といわれるが、陽成天皇の皇子元平親王の子とする説もある。母は右大臣源能有の娘。承平年間に武蔵介として赴任し、足立郡司武蔵武芝と争う。平将門の調停で紛争は治まるが、天慶2年（939年）上京して将門と興世王の謀反を密告。この事件で左衛門府に禁固されるが、将門の乱が起きると赦されて従五位下に叙され、天慶3年（940年）2月征夷副将軍となる。次いで追捕南海凶賊使次官となり、小野好古に従って藤原純友の乱の鎮定に活躍。大宰権少弐として余党の平定に向かい、天慶4年（941年）豊後で賊首桑原生行を捕らえた。のち鎮守府将軍、内蔵頭、右馬頭などを歴任して正四位下に叙され、天徳5年（961年）源朝臣姓を賜って臣籍に降下。清和源氏の祖とされ、その後の興隆の基礎を築いた。

＊　　＊　　＊

75

政治

◇将門記　村上春樹著　山川出版社　2008.6　175p　20cm　〈物語の舞台を歩く〉　1800円　Ⓘ978-4-634-22410-0

◇武蔵武士―郷土の英雄　続　成迫政則著　東松山　まつやま書房　2007.2　336p　21cm　〈続のサブタイトル：源範頼の子孫吉見氏、本田氏、安達氏、大串氏など十四氏の業績と赴任地を探る　文献あり〉　1700円　Ⓘ978-4-89623-036-9

◇源満仲・頼光―殺生放逸朝家の守護　元木泰雄著　京都　ミネルヴァ書房　2004.2　217, 12p　20cm　〈ミネルヴァ日本評伝選〉〈肖像あり　文献あり　年譜あり〉　2400円　Ⓘ4-623-03967-6

◇清和源氏の全家系　1　天皇家と多田源氏　奥富敬之著　新人物往来社　1988.9　228p　20cm　2000円　Ⓘ4-404-01553-4

桓武平氏　かんむへいし

桓武天皇の四皇子の子孫で平姓を賜ったもの。最も栄えたのは葛原親王流で、他に万多親王流、仲野親王流・賀陽親王流などがある。葛原親王流はのちに高棟王流と高望王流の2系統に分かれ、高棟王流は中央貴族となった。一方、寛平元年（889年）に平姓を与えられた高望王（葛原親王の孫、高見王の子）は上総介となり、その子孫は10～11世紀に東国の土着豪族として勢力を拡大し、武士化していった。高望の子には国香、良兼、良将、良文らがおり、良将の子に将門がいる。国香の子孫は貞盛流と繁盛流に分かれ、貞盛流から伊豆の北条氏や伊勢国の伊勢平氏が生まれ、繁盛流からは出羽国の城氏や常陸国の豊田氏が出た。また国香の弟の子孫は武蔵、相模、上総、下総、相模にひろまり、東国地方に繁衍した桓武平氏のうち、千葉、上総、三浦、土肥、秩父、大庭、梶原、長尾を坂東八平氏といい、このうち相模の三浦氏、上総の上総氏、下総の千葉氏は平氏の三介とも呼ばれる。やがて忠常の乱や前九年・後三年の役を経て、東国の桓武平氏の多くは清和源氏を棟梁とする武士団組織の下に集結していく。やがて貞盛の子維衡を祖とし、伊勢・伊賀地方を本拠地とする伊勢平氏が清和源氏（殊に河内源氏）と対立する武士の棟梁としての地位を確立。正盛・忠盛を経て、保元・平治の乱で功をあげた清盛が中央政界に勢力を伸ばし、最初の武家政権となる平氏政権を樹立。ここに至って伊勢平氏が桓武平氏の主流となり、一門は栄華を極めたが、治承4年（1180年）源頼朝以下諸国源氏の挙兵によってその勢力は急速に衰え、文治元年（1185年）壇ノ浦の戦で滅ぼされた。のち伊勢平氏以外の北条、三浦、千葉、畠山氏らは、鎌倉幕府の有力な御家人となった。

◇平家の群像―物語から史実へ　高橋昌明著　岩波書店　2009.10　216, 9p　18cm　（岩波新書　新赤版1212）〈文献あり　年表あり　索引あり〉　740円　Ⓘ978-4-00-431212-3

◇実は平家が好き。―目からウロコの「源平」、その真実　三猿舎編　メディアファクトリー　2005.6　218p　19cm　（ダ・ヴィンチ特別編集 8）〈年表あり〉　1500円　Ⓘ4-8401-1278-9

◇日本の歴史　3（古代から中世へ）　平安京―都市の成立　新訂増補　朝日新聞社　2005.1　320p　30cm　（朝日百科）　Ⓘ4-02-380017-1

◇清盛以前―伊勢平氏の興隆　高橋昌明著　増補・改訂版　京都　文理閣　2004.10　287p　22cm　〈初版：平凡社1984年刊　文献あり〉　4600円　Ⓘ4-89259-465-2

◇日本の歴史　中世 1-1　源氏と平氏―東と西　新訂増補　朝日新聞社　2002.6

◇平家後抄―落日後の平家　下　角田文衞著　講談社　2000.9　391p　15cm　（講談社学術文庫）　1350円　①4-06-159435-4

◇平家後抄―落日後の平家　上　角田文衞著　講談社　2000.6　353p　15cm　（講談社学術文庫）　1250円　①4-06-159434-6

◇逆説の日本史―ケガレ思想と差別の謎　4　中世鳴動編　井沢元彦著　小学館　1999.1　438p　15cm　（小学館文庫）　619円　①4-09-402004-7

◇平家残照　梶原正昭　新典社　1998.4　446p　22cm　（新典社研究叢書 113）　14000円　①4-7879-4113-5

◇物語日本の歴史―その時代を見た人が語る　第9巻　崩れゆく平家　笠原一男編　木耳社　1996.12　199p　20cm　1500円　①4-8393-7561-5

◇物語日本の歴史―その時代を見た人が語る　第8巻　おごる平家　笠原一男編　木耳社　1996.10　192p　20cm　1500円　①4-8393-7560-7

◇日本歴史大系　3　貴族政治と武士　井上光貞ほか編　山川出版社　1995.11　291, 23p　22cm　〈普及版〉　3000円　①4-634-33030-X

◇系図纂要　第7冊　下　紀氏2　平氏1　新版　名著出版　1995.2　p280～604　22cm　〈監修：岩沢愿彦〉　6800円　①4-626-01502-6

◇系図纂要　第8冊　上　平氏2　新版　名著出版　1995.2　405p　22cm　〈監修：岩沢愿彦〉　8400円　①4-626-01511-5

◇平家秘史―落人からの報告　伊藤加津子著　大阪　関西書院　1994.11　293p　20cm　2400円　①4-7613-0176-7

◇平家落人伝説とは―沖縄・鳥取・兵庫・佐賀各県　阪田数年著　広島　阪田数年　〔1992〕　46p　30cm

◇戦乱の日本史―合戦と人物　第3巻　源平の争乱　安田元久責任編集　第一法規出版　1988.6　158p　31cm　〈監修：安田元久　編集：風土社〉　3500円　①4-474-10133-2

◇忘れられた「日本意外史」　1　源氏と平家　岡橋隼夫著　はまの出版　1988.4　243p　19cm　1200円　①4-89361-045-7

◇桓武平氏国香流系図　第2巻　平清盛流・織田流氏族篇　千葉琢穂編著　展望社　1986.10　426p　22cm　6500円

◇平氏発祥から落人まで　宮川秀雄著　岩国　宮川秀雄　1986.8　224p　21cm　〈付(2枚)〉　非売品

◇桓武平氏国香流系図　第1巻　常陸大掾・北条氏族篇　千葉琢穂編著　展望社　1986.7　488p　22cm　6500円

◇桓武平氏良文系全系図　第3巻　奥州葛西・千葉氏族　千葉琢穂編　展望社　1986.4　526p　22cm　6500円

◇伊勢平氏の系譜―伝説とロマン　横山高治著　大阪　創元社　1985.3　167p　19cm　980円　①4-422-20455-6

◇桓武平氏良文系全系図　第2巻　千葉琢穂編著　展望社　1985.1　331p　22cm　〈付(図1枚)：桓武平氏良文―忠通系本流系図〉　5500円

◇桓武平氏良文系全系図　第1巻　千葉琢穂編著　展望社　1984.11　473p　22cm　〈付(図1枚)：桓武平氏良文系本流系図〉　6500円

◇清盛以前―伊勢平氏の興隆　高橋昌明著　平凡社　1984.5　321p　20cm　（平凡社選書 85）　2000円

◇人物探訪日本の歴史　3　平氏と源氏　暁教育図書　1983.3　195p　30cm　〈新

政　治

◇坂東平氏一門―伝記　鏑木清春著　川崎　鏑木清春　1982.8　216p　19cm

◇平氏略系図　田嶋喜三郎著　田嶋喜三郎（製作）　1981.8　1冊（頁付なし）　22×30cm　非売品

◇平家後抄　角田文衞著　朝日新聞社　1981.4-5　2冊　19cm　（朝日選書 179, 180）　900円, 940円

◇激録日本大戦争　第6巻　源氏と平家の死闘　原康史著　東京スポーツ新聞社　1980.3　286p　18cm　950円

◇平家後抄―落日後の平家　角田文衞著　朝日新聞社　1978.9　620, 34p　20cm　3400円

◇人物探訪・日本の歴史　3　平氏と源氏　安田元久編集指導　暁教育図書　1975　195p（図共）　31cm　〈編集指導：海音寺潮五郎, 奈良本辰也, 尾崎秀樹〉　2000円

◇系図纂要　第8冊　平氏3-6 宇多源氏1-3　名著出版　1974　719p　22cm　〈監修：宝月圭吾, 岩沢愿彦　内閣文庫蔵本の複製限定版〉　5500円

◇史実・新平家　山田野理夫著　フォトにっぽん社　1972　202p　19cm　550円

◇平家の群像　安田元久著　塙書房　1967　219p　18cm　（塙新書）　250円

◇平家一門　渡辺保編　人物往来社　1964　253p　19cm

村上天皇
むらかみてんのう

延長4年6月2日（926年）～康保4年5月25日（967年）

第62代天皇。在位期間は天慶9年から康保4年（946～967年）。名は成明、法名は覚貞。醍醐天皇の第十四皇子で、母は太政大臣藤原基経の娘穏子。天慶7年（944年）同母兄・朱雀天皇の皇太弟となり、同9年（946年）朱雀の譲位により即位。当初は基経の子忠平を関白としたが、天暦3年（949年）忠平の没後は摂関を置かずに親政を行い、撰国史所別当の任命、皇朝十二銭の最後となった乾元大宝の鋳造、菅原文時の「意見封事三箇条」の採用、常平所・和歌所の設置、『後撰集』の撰集などが行われ、質素倹約を旨としつつも文化の育成に努めた。後世、親政に対する理想化の意味も含め、延喜の治世と合わせて「延喜・天暦の治」と称されたが、実際は忠平の子実頼・師輔らが依然として政権に並び、師輔の娘である皇后安子の影響力も少なくなかった。詩文・和歌を好み、「村上御時菊合」「天徳三年闘詩」などを主宰、家集に『村上御集』がある。また日記『村上天皇御記』は「天暦御記」とも称され、逸文を加えて一部が伝存するほか、朝儀にも精通し、儀式書『清涼記』を撰述、一部分が伝わっている。

＊　　＊　　＊

◇天皇皇族実録　18　村上天皇実録　第1巻　藤井讓治, 吉岡真之監修・解説　ゆまに書房　2007.7　17, 532p　22cm　〈宮内庁書陵部蔵の複製〉　①978-4-8433-1973-4, 978-4-8433-1954-3

◇天皇皇族実録　19　村上天皇実録　第2巻　藤井讓治, 吉岡真之監修・解説　ゆまに書房　2007.7　p533-860　22cm　〈宮内庁書陵部蔵の複製〉　①978-4-8433-1973-4, 978-4-8433-1954-3

冷泉天皇
れいぜいてんのう

天暦4年5月24日（950年）～寛弘8年10月24日（1011年）

第63代天皇。在位期間は康保4年から安和2年（967～969年）。名は憲平。村上天皇の第二皇子で、母は藤原師輔の娘安子。天暦4年（950年）生後2ヶ月で皇太子に立てられ、康保4年（967年）村上天皇の死去により即位。藤原実頼を関白に任じ、藤原氏が政権を独占した。在位中の安和2年（969年）には安和の変が起き、藤原伊尹の策略によって同年皇太弟守平親王（円融天皇）に譲位。幼少時より病気がちで奇行も多く、大極殿

には出なかったといわれるが、これは藤原元方の娘の生んだ広平親王を越えて皇太子となったため、落胆のあまり病死した元方の怨霊によるものとされた。陵墓は京都市左京区鹿ヶ谷の桜本陵。

◇天皇皇族実録 20 冷泉天皇実録・円融天皇実録 藤井譲治,吉岡真之監修・解説 ゆまに書房 2007.7 1冊 22cm 〈宮内庁書陵部蔵の複製〉 18500円 ⓘ978-4-8433-1974-1, 978-4-8433-1954-3

＊　＊　＊

安和の変　あんなのへん

　平安中期の安和2年(969年)に藤原氏が企てた他氏排斥の疑獄事件。同年3月源満仲、藤原善時らは右大臣・藤原師尹に、橘繁延、源連、藤原千晴らの謀反を密告。取調べの結果、罪は左大臣源高明にも及び、高明は為平親王を擁して皇太子守平親王の廃立を図ったとして大宰権帥に左遷され、繁延と千晴は流罪、源連も追捕された。一方、事件後に師尹が左大臣、在衡が右大臣に昇任。事件の首謀者は師尹といわれ、満仲の密告に乗じて師尹らが高明らの排斥を図ったとみられる。これより以前、高明は村上天皇の第二皇子為平親王に娘を嫁がせ、その将来に期待していた。だが、高明が天皇の外戚関係となることを恐れた藤原氏に疎まれ、康保4年(967年)冷泉天皇が即位すると、守平親王が兄の為平親王を越えて皇太弟となった。こうした経緯から高明や側近の不満が言動に表れ、謀反事件に仕立て上げられたと考えられる。藤原氏による他氏排斥の最後の事件といわれ、以後摂政・関白が常置されることとなり、藤原氏は全盛期を迎える。

◇王朝の貴族　土田直鎮著　改版　中央公論新社　2004.9　553p　16cm　（中公文庫）〈文献あり　年表あり〉　1238円　ⓘ4-12-204425-1

◇源満仲・頼光―殺生放逸朝家の守護　元木泰雄著　京都　ミネルヴァ書房　2004.2　217,12p　20cm　（ミネルヴァ日本評伝選）〈肖像あり　文献あり　年譜あり〉　2400円　ⓘ4-623-03967-6

◇摂関政治史論考　山本信吉著　吉川弘文館　2003.6　451p　22cm　11000円　ⓘ4-642-02394-1

◇歴史物語入門　河北騰著　武蔵野書院　2003.2　255p　20cm　3000円　ⓘ4-8386-0405-X

◇蜻蛉日記　藤原道綱母著,角川書店編　角川書店　2002.1　248p　15cm　（角川文庫）〈年譜あり〉　533円　ⓘ4-04-357407-X

◇川西の人と歴史　菅原いわお著　大阪　創元社　2001.8　183p　19cm　1300円　ⓘ4-422-20141-7

◇平安時代　保立道久著　岩波書店　1999.11　193,3p　18cm　（岩波ジュニア新書）　740円　ⓘ4-00-500333-8

◇貴族のさかえ―平安時代中期・後期　児玉幸多監修,あおむら純漫画　増補版　小学館　1998.2　157p　21cm　（小学館版 学習まんが）　830円　ⓘ4-09-298105-8

◇平安時代の古記録と貴族文化　山中裕著　京都　思文閣出版　1988.5　512,14p　22cm　（思文閣史学叢書）　7000円　ⓘ4-7842-0509-8

◇摂関時代史論集　黒板伸夫著　吉川弘文館　1980.10　323p　22cm　4500円

源 高明
みなもとの たかあきら

政 治

延喜14年（914年）～天元5年12月16日（983年）
　平安中期の公卿。山城国の人。通称は西宮左大臣、西宮殿。醍醐天皇の皇子で、母は源周子。延喜20年（920年）源朝臣姓を賜わり臣籍に降下。醍醐源氏の祖とされる。天慶2年（939年）参議、康保3年（966年）右大臣、翌年左大臣となる。この間、藤原師輔の信任を得てその娘を妻とし、妻の姉・安子が村上天皇の中宮となった。さらに自らの娘を村上天皇の第二皇子為平親王に嫁がせたことにより藤原氏に疎まれ、安和2年（969年）源満仲らの陰謀によって、皇太子守平親王の廃立を図ったとして大宰権帥に左遷された（安和の変）。天禄3年（972年）許されて帰京したのち隠棲。朝儀に通じ、当時の朝廷の政務や儀式（有職故実）を集成した『西宮記』を撰述。和歌にも秀で、家集に『西宮左大臣御集』がある。また琵琶の名手としても知られ、『源氏物語』光源氏のモデルともいわれる。

*　　*　　*

◇光源氏になった皇子たち―源高明と章明親王の場合　西穂梓著　郁朋社　2008.12　294p　20cm　〈文献あり〉　1500円　①978-4-87302-418-9

◇蜻蛉日記　藤原道綱母著、角川書店編　角川書店　2002.1　248p　15cm　（角川文庫）〈年譜あり〉　533円　①4-04-357407-X

◇平安時代の古記録と貴族文化　山中裕著　京都　思文閣出版　1988.5　512, 14p　22cm　（思文閣史学叢書）　7800円　①4-7842-0509-8

源　満仲
みなもとのみつなか

延喜12年（912年）～長徳3年（997年）
　平安中期の武将。京都の人。通称は多田新発意、別名は多田満仲。法名は満慶。源経基の長男。春宮帯刀、左馬権助、左馬権頭、春宮亮などを歴任。また伊予、摂津、武蔵、信濃、下野、陸奥など主に東国の守を務め、従四位下・鎮守府将軍まで累進。摂津守を契機として摂津多田に住し、多田院を創立して多田源氏の祖となった。

安和2年（969年）橘繁延、藤原千晴らを叛乱の意図ありとして右大臣・藤原師尹に密告し、これに連座したとして源高明らが失脚（安和の変）。自らはその功で正五位下に叙せられ、摂関家（藤原北家）と源氏が接近するきっかけを作った。以後、寛和2年（986年）藤原兼家・道兼らによる花山天皇の出家事件で警固を務めるなど、摂関家と結んで武人としての地位を確立。歌人としても知られ、『拾遺集』に和歌が入集している。なお、『尊卑分脈』では生年を延喜12年（912年）または同13年（913年）と伝えるが、父・経基の生年が延喜17年（917年）とされており、何らかの誤伝があると思われる。

*　　*　　*

◇源満仲・頼光―殺生放逸朝家の守護　元木泰雄著　京都　ミネルヴァ書房　2004.2　217, 12p　20cm　（ミネルヴァ日本評伝選）〈肖像あり　文献あり　年譜あり〉　2400円　①4-623-03967-6

◇川西の人と歴史　菅原いわお著　大阪　創元社　2001.8　183p　19cm　1300円　①4-422-20141-7

◇多田満仲公伝―満仲公一千年大祭記念　熱田公, 元木泰雄著　川西　多田神社　1997.10　316p　19cm

◇源頼光　朧谷寿著〔新装版〕　吉川弘文館　1989.6　234p　19cm　（人物叢書）　1650円　①4-642-05160-0

円融天皇
えんゆうてんのう

天徳3年3月2日（959年）～正暦2年2月12日（991年）
　第64代天皇。在位期間は安和2年から永観2年（969～984年）。名は守平、法号は金剛法。村上天皇の第五皇子で、母は藤原師輔の娘安子。天徳3年（959年）親王宣下。康保4年（967年）兄・為平親王を越えて冷泉天皇の皇太弟となり、安和2年（969年）即位。在位15年の間、藤原実頼、伊尹、兼通、頼忠らが摂関として執政し、永観2年（984年）花山天皇に譲位。寛和元年（985年）出家し、円融寺に住して金剛法と号した。譲位後も院司

政治

を駆使して花山・一条朝に介入したことから、円融寺(院)は院政の端緒を開いた場所とされる。陵墓は後村上陵(京都市右京区)。藤原詮子との間に生まれた懐仁はのち一条天皇として即位した。家集に『円融院御集』がある。

＊　＊　＊

◇天皇皇族実録　20　冷泉天皇実録・円融天皇実録　藤井譲治，吉岡真之監修・解説　ゆまに書房　2007.7　1冊　22cm　〈宮内庁書陵部蔵の複製〉　18500円　①978-4-8433-1974-1, 978-4-8433-1954-3

◇大日本史料　第1編之20　円融天皇—天元5年閏12月—永観2年2月　東京大学史料編纂所編纂　東京大学　1977.3　360p　図　22cm　〈発売：東京大学出版会(東京)〉　4000円

◇大日本史料　第1編之19　円融天皇　天元4年11月—同5年12月　東京大学史料編纂所編纂　東京大学　東京大学出版会(発売)　1974　387p　図　22cm　4000円

◇大日本史料　第1編之18　円融天皇　天元3年7月—同4年10月　東京大学史料編纂所編纂　東京大学　東京大学出版会(発売)　1972　395p　図　22cm　2800円

◇大日本史料　第1編之17　円融天皇　貞元2年雑載—天元3年6月　東京大学史料編纂所編纂　東京大学　東京大学出版会(発売)　1970　392p　図　22cm　2800円

花山天皇
かざんてんのう

安和元年10月26日(968年)～寛弘5年2月8日(1008年)

第65代天皇。在位期間は永観2年から寛和2年(984～986年)。名は師貞。僧名は入覚、通称は花山院。冷泉天皇の第一皇子で、母は太政大臣正二位藤原伊尹の娘懐子。永観2年(984年)即位。

関白となった藤原頼忠は外戚でないため実権を持たず、外戚の藤原義懐・惟成を重用。饗宴の禁制や、延喜2年(902年)以来となる荘園整理令の布告など政治改革を試みたが、寛和2年(986年)女御忯子(藤原為光の娘)の死をきっかけに、皇太子懐仁親王(一条天皇)の即位を急ぐ藤原兼家・道兼父子の陰謀により在位3年で退位。花山寺で出家し、皇位は兼家の外孫の一条天皇に移った。和歌を能くし『拾遺和歌集』の撰者とされるほか、家集『花山院御集』があったが現在は散逸。絵画、工芸、造園などにも造詣が深く、風流者として知られた。また「藤原為光の娘に通い、藤原伊周に誤解されて矢を射られた」などの逸話も残る。

＊　＊　＊

◇天皇皇族実録　21　花山天皇実録　藤井譲治，吉岡真之監修・解説　ゆまに書房　2007.7　10, 198p　22cm　〈宮内庁書陵部蔵の複製〉　18500円　①978-4-8433-1975-8, 978-4-8433-1954-3

◇今井源衛著作集　第9巻　花山院と清少納言　今井源衛著，今西祐一郎，辛島正雄，金原理，工藤重矩，古賀典子，後藤昭雄，後藤康文，坂本信道，武谷惠美子，田坂憲二，中島あや子，西丸妙子，松本常彦，森下純昭，森田兼吉編　今井源衛著，古賀典子編　笠間書院　2007.3　359p　22cm　〈年表あり〉　14000円　①978-4-305-60088-2

◇花山法皇の伝承　山本佐一著　金沢　北国新聞社　1993.11　134p　19cm　1200円　①4-8330-0818-1

◇花山院の生涯　今井源衛著　改訂版　桜楓社　1976　315p　19cm　(国語国文学研究叢書8)　1800円

◇花山院の生涯　今井源衛著　桜楓社　1968　315p　図版　19cm　(国語国文学研究叢書8)　780円

政治

平安貴族 へいあんきぞく

　平安時代の律令官人の上層部。律令官位制では三位以上を「貴」、四・五位を「通貴」といい、あわせて貴族とされた。貴族のうち大臣、納言、参議および三位以上を公卿あるいは上達部といい、昇殿を許された四・五位の廷臣を殿上人と呼んだが、蔭子・蔭孫の制などの特権を与えられた貴族と六位以下の官人との間には明確な格差があった。7世紀末から8世紀初めに出現したといわれ、当初は大化前代以来の旧族の子孫が中心であったが、平安初期になると藤原氏、特に北家が他家を圧倒した。また嵯峨天皇の皇子女の臣籍降下をきっかけに、賜姓源氏が宮廷社会に進出し、平氏と共に皇胤貴族への道を歩んだ。平安中期には中下級貴族（受領）層が形成され、上層貴族は受領や地方豪族から所領の寄進を受けるようになるが、平安後期になると中下級貴族・官人たちは皇室と並ぶ二大荘園領主となった摂関家の傘下に組み込まれた。やがて武家勢力が台頭した中世には政治権力を喪失し、以後「武家」と対比して「公家」と呼ばれるようになった。

◇きもので読む源氏物語　近藤富枝著　河出書房新社　2010.5　222p　19cm　1800円　ⓘ978-4-309-01979-6

◇中世前期女性院宮の研究　山田彩起子著　京都　思文閣出版　2010.1　295, 5p　21cm　5600円　ⓘ978-4-7842-1496-9

◇平安貴族の結婚・愛情・性愛―多妻制社会の男と女　増田繁夫著　青簡舎　2009.10　288p　20cm　2800円　ⓘ978-4-903996-19-6

◇御曹司たちの王朝時代　繁田信一著　角川学芸出版, 角川グループパブリッシング（発売）　2009.8　329p　19cm　（角川選書　447）　1700円　ⓘ978-4-04-703447-1

◇平安貴族社会　阿部猛著　同成社　2009.4　324p　22cm　（同成社古代史選書　4）　7500円　ⓘ978-4-88621-472-0

◇王朝の恋の手紙たち　川村裕子著　角川学芸出版, 角川グループパブリッシング（発売）　2009.1　198p　19cm　（角川選書　438）〈文献あり〉　1400円　ⓘ978-4-04-703438-9

◇中世王権と王朝儀礼　遠藤基郎著　東京大学出版会　2008.11　413, 20p　21cm　7600円　ⓘ978-4-13-026218-7

◇殴り合う貴族たち　繁田信一著　角川学芸出版, 角川グループパブリッシング（発売）　2008.11　294p　15cm　（角川文庫）〈柏書房2005年刊の改訂　年表あり〉　781円　ⓘ978-4-04-409201-6

◇かぐや姫の結婚―日記が語る平安姫君の縁談事情　繁田信一著　PHP研究所　2008.10　295p　20cm　1400円　ⓘ978-4-569-70288-9

◇きぞくのくらし　小和田哲男監修, 岡本一郎文, すずき大和絵　チャイルド本社　2008.6　32p　31cm　（れきし絵本館）〈年表あり〉　952円　ⓘ978-4-8054-3114-6

◇平安貴族の夢分析　倉本一宏著　吉川弘文館　2008.3　259p　20cm　〈文献あり〉　2800円　ⓘ978-4-642-07986-0

◇揺れ動く貴族社会―平安時代　川尻秋生著　小学館　2008.3　350p　22cm　（全集日本の歴史　第4巻）〈折り込2枚　文献あり　年表あり〉　2400円　ⓘ978-4-09-622104-4

◇中世貴族社会と仏教　小原仁著　吉川弘文館　2007.6　271, 14p　22cm　9500円

政　治

⑩978-4-642-02460-0

◇王朝貴族の悪だくみ―清少納言、危機一髪　繁田信一著　柏書房　2007.5　229p　20cm　2200円　⑩978-4-7601-3036-8

◇女と子どもの王朝史―後宮・儀礼・縁　服藤早苗編　森話社　2007.4　315p　20cm　（叢書・文化学の越境 13）　2900円　⑩978-4-916087-73-7

◇王朝貴族の病状診断　服部敏良著　吉川弘文館　2006.8　249, 10p　20cm　（歴史文化セレクション）　1900円　⑩4-642-06300-5

◇中世王権と支配構造　中原俊章著　吉川弘文館　2005.10　321, 11p　21cm　9000円　⑩4-642-02844-7

◇殴り合う貴族たち―平安朝裏源氏物語　繁田信一著　柏書房　2005.9　229p　20cm　〈年表あり〉　2200円　⑩4-7601-2789-5

◇平安王朝社会のジェンダー―家・王権・性愛　服藤早苗著　校倉書房　2005.6　350p　22cm　（歴史科学叢書）　8000円　⑩4-7517-3630-2

◇平安貴族と陰陽師―安倍晴明の歴史民俗学　繁田信一著　吉川弘文館　2005.6　200, 6p　20cm　〈文献あり〉　2300円　⑩4-642-07942-4

◇王朝生活の基礎知識―古典のなかの女性たち　川村裕子著　角川書店　2005.3　226p　19cm　（角川選書 372）　1500円　⑩4-04-703372-3

◇摂関期貴族社会の研究　告井幸男著　塙書房　2005.3　360, 18p　22cm　8000円　⑩4-8273-1192-7

◇王朝の貴族　土田直鎮著　改版　中央公論新社　2004.9　553p　16cm　（中公文庫）　〈文献あり　年表あり〉　1238円　⑩4-12-204425-1

◇平安王朝の子どもたち―王権と家と童　服藤早苗著　吉川弘文館　2004.6　326, 10p　22cm　7600円　⑩4-642-02431-X

◇陰陽師と貴族社会　繁田信一著　吉川弘文館　2004.2　341, 7p　22cm　〈文献あり〉　9000円　⑩4-642-02398-4

◇紫式部と平安貴族　藤森陽子文　フレーベル館　2004.1　48p　27cm　（あるいて知ろう！歴史にんげん物語 3）　〈年表あり〉　2900円　⑩4-577-02787-9

◇日本家族史論集　8　婚姻と家族・親族　義江明子編　吉川弘文館　2002.12　382p　21cm　6300円　⑩4-642-01398-9

◇生活の陰翳　江馬務著　新装　中央公論新社　2002.10　518p　22cm　（江馬務著作集　日本の風俗文化　第6巻）　〈シリーズ責任表示：江馬務著　シリーズ責任表示：井筒雅風〔ほか〕編　オンデマンド版）　12000円　⑩4-12-570036-2

◇源氏物語と貴族社会　増田繁夫著　吉川弘文館　2002.8　326, 15p　22cm　10000円　⑩4-642-02383-6

◇新　桜の精神史　牧野和春著　中央公論新社　2002.2　244p　19cm　（中公叢書）　1700円　⑩4-12-003251-5

◇平安貴族の婚姻慣習と源氏物語　胡潔著　風間書房　2001.8　457p　22cm　13000円　⑩4-7599-1272-X

◇調べ学習日本の歴史―平安文化をになった貴族　12　貴族の研究　滝浪貞子監修　ポプラ社　2001.4　47p　30cm　3000円　⑩4-591-06739-4

◇平安貴族の毎日の生活は？―平安時代　竹内誠, 梅沢実監修　学習研究社　2001.2　60p　27cm　（クイズでわかる日本の歴史　総合的学習に役立つ 4）　〈索引あり〉　2200円　⑩4-05-300837-9, 4-05-810600-X

◇平安貴族と邸第　朧谷寿著　吉川弘文館　2000.11　338, 14p　22cm　8000円

政　治

①4-642-02356-9

◇平安時代の貴族と天皇　玉井力著　岩波書店　2000.11　409, 12p　22cm　9000円　①4-00-002054-4

◇平安貴族社会における専門歌人の研究―屏風歌を中心にして　劉卿美著, 富士ゼロックス小林節太郎記念基金編　富士ゼロックス小林節太郎記念基金　1999.12　111p　26cm　〈富士ゼロックス小林節太郎記念基金1997, 1998年度研究助成論文〉　非売品

◇貴族政治の展開　竹内理三著, 橋本義彦編・解説　角川書店　1999.8　499p　22cm　（竹内理三著作集 第5巻）　14000円　①4-04-522705-9

◇源氏物語の風景―王朝時代の都の暮らし　朧谷寿著　吉川弘文館　1999.8　219p　19cm　（歴史文化ライブラリー 72）　1700円　①4-642-05472-3

◇地獄と極楽―『往生要集』と貴族社会　速水侑著　吉川弘文館　1998.12　214p　19cm　（歴史文化ライブラリー 51）　1700円　①4-642-05451-0

◇源氏物語 六条院の生活　五島邦治監修, 風俗博物館編　宗教文化研究所風俗博物館, （京都）光琳社出版〔発売〕　1998.10　168p　30cm　3286円　①4-7713-0367-3

◇平安時代皇親の研究　安田政彦著　吉川弘文館　1998.7　332, 17p　22cm　6800円　①4-642-02330-5

◇平安京の貴族と文化―平安時代初期・中期　古川清行著　小峰書店　1998.4　111p　27cm　（人物・遺産でさぐる日本の歴史 調べ学習に役立つ 4）　2500円　①4-338-15104-8

◇貴族のさかえ―平安時代中期・後期　児玉幸多監修, あおむら純漫画　増補版　小学館　1998.2　157p　21cm　（小学館版 学習まんが）　830円　①4-09-298105-8

◇貴族たち、官僚たち―日本古代史断章　フランシーヌ・エライユ著, 三保元訳　平凡社　1997.6　285p　20cm　（フランス・ジャポノロジー叢書）　2800円　①4-582-70333-X

◇平安の宮廷と貴族　橋本義彦著　吉川弘文館　1996.12　337p　20cm　3605円　①4-642-07498-8

◇貴族社会と古典文化　目崎徳衛著　吉川弘文館　1995.2　291, 11p　22cm　7210円　①4-642-02280-5

◇宮廷公家系図集覧　近藤敏喬編　東京堂出版　1994.9　691, 12p　23×16cm　9500円　①4-490-20243-1

◇王朝貴族物語―古代エリートの日常生活　山口博著　講談社　1994.6　257p　18cm　（講談社現代新書）　650円　①4-06-149208-X

◇平安貴族の環境―平安時代の文学と生活　山中裕, 鈴木一雄編　至文堂　1994.2　229p　21cm　〈各章末：参考文献〉　2500円　①4-7843-0118-6

◇平安貴族の生活と文化　赤木志津子著　パルトス社　1993.4　412, 13p　22cm　〈講談社昭和39年刊の複製〉　19000円

◇平安貴族の実像―教養の日本史　阿部猛著　東京堂出版　1993.3　253p　19cm　2400円　①4-490-20205-9

◇源氏の薫り　尾崎左永子著　朝日新聞社　1992.5　289p　19cm　（朝日選書 449）　1300円　①4-02-259549-3

◇平安貴族の環境―平安時代の文学と生活　山中裕, 鈴木一雄編　至文堂　1991.11　229p　21cm　〈『国文学解釈と鑑賞』別冊　各章末：参考文献〉　2200円

◇家成立史の研究―祖先祭祀・女・子ども　服藤早苗著　校倉書房　1991.3　334p　21cm　（歴史科学叢書）　6180円　①4-

政治

◇王朝びとの生活ノート―古文の理解を深めるための42話　荒井光三,石井秀夫,白鳥永興著　聖文社　1990.12　189p　19cm　980円　Ⓘ4-7922-0138-1

◇家族と女性の歴史　古代・中世　前近代女性史研究会編　吉川弘文館　1989.8　367p　21cm　6500円　Ⓘ4-642-01294-X

◇貴族になってみないか　高野澄著,ムロタニツネ象画　さ・え・ら書房　1989.5　63p　26cm　（まんが日本史キーワード）　1240円　Ⓘ4-378-05004-8

◇平安時代の古記録と貴族文化　山中裕著　京都　思文閣出版　1988.5　512,14p　22cm　（思文閣史学叢書）　7800円　Ⓘ4-7842-0509-8

◇文人貴族の系譜　小原仁著　吉川弘文館　1987.11　291,11p　20cm　（中世史研究選書）　2600円　Ⓘ4-642-02654-1

◇平安貴族社会の研究　橋本義彦著　吉川弘文館　1987.11　510,29p　21cm　7400円　Ⓘ4-642-02067-5

◇平安貴族　橋本義彦著　平凡社　1986.8　284p　20cm　（平凡社選書 97）　2000円　Ⓘ4-582-82297-5

◇平安貴族の世界　村井康彦著　徳間書店　1986.7　2冊　16cm　（徳間文庫）　380円,360円　Ⓘ4-19-598108-5

◇平安貴族の世界　下　村井康彦著　徳間書店　1986.7　238p　15cm　（徳間文庫）　360円　Ⓘ4-19-598109-3

◇平安貴族の生活　有精堂編集部編　有精堂出版　1985.11　272p　20cm　3500円　Ⓘ4-640-30578-8

◇王朝の姫君　大槻修著　京都　世界思想社　1984.10　242p　19cm　（Sekaishiso seminar）　1900円　Ⓘ4-7907-0270-7

◇日本の歴史―学研まんが　4　栄える貴族―平安時代　大倉元則まんが　学習研究社　1982.5　148p　23cm　〈監修：樋口清之〉　580円　Ⓘ4-05-004786-1

◇日本の女性史　1　花かおる王朝のロマン　和歌森太郎,山本藤枝著　集英社　1982.3　276p　16cm　（集英社文庫）〈関係年表・資料および参考文献：p272～276〉　300円

◇公家文化の研究　小島小五郎著　国書刊行会　1981.8　305p　22cm　〈昭和17年刊の複製〉　4500円

◇王朝の女人像　山路麻芸著　春秋社　1980.5　333p　20cm　2000円

◇王朝びとの四季　西村亨著　講談社　1979.12　244p　15cm　（講談社学術文庫）　500円

◇図説人物日本の女性史　2　王朝の恋とみやび　小学館　1979.11　195p　27cm　〈監修：井上靖,児玉幸多　制作：第二アートセンター　女性史・年表2：p194～195〉　1800円

◇王朝のみやび　目崎徳衛著　吉川弘文館　1978.2　278p　19cm　1400円

◇平安時代の文学と生活　池田亀鑑著　至文堂　1977.5　646p　21cm　3500円

◇日本の歴史　4　平安貴族　研秀出版　1976　219p（図共）　30cm

◇平安貴族社会の研究　橋本義彦著　吉川弘文館　1970　510,29p　22cm　5800円

◇日本古代史の旅　8　平安京―貴族王朝の舞台　小学館　1975　182p（図共）　20cm　〈監修：児玉幸多,奈良本辰也,和歌森太郎〉　950円

◇平安貴族社会と仏教　速水侑著　吉川弘文館　1975　261,10p　22cm　（日本宗教史研究叢書）〈監修：笠原一男〉　3200円

◇図説日本の歴史　5　貴族と武士　井上

政　治

幸治等編　編集責任：弥永貞三　集英社　1974　271p（図共）　28cm　1800円

◇日本の歴史　7　院政と平氏　安田元久著　小学館　1974　390p（図共）地図　20cm　790円

◇日本の歴史　8　王朝貴族　村井康彦著　小学館　1974　374p（図共）地図　20cm　790円

◇日本の歴史　12　中世武士団　石井進著　小学館　1974　390p（図共）地図　20cm　790円

◇王朝びとの四季　西村亨著　三彩社　1972　215p　図　22cm　950円

◇日本の歴史　3　平安貴族　編集委員・執筆者代表：岡田章雄，豊田武，和歌森太郎　読売新聞社　1972　288p　図　19cm　〈新装版〉　550円

◇日本の歴史　第3-4　岡田章雄，豊田武，和歌森太郎編　読売新聞社　1968　2冊　19cm　〈決定版〉　各350円

◇平安貴族の世界　村井康彦著　徳間書店　1968　448p　図版　地図　表　20cm　980円

◇王朝の女系図―その性格と運命　米山千代子著　川島書店　1966　204p　19cm　550円

◇平安時代の文学と生活　池田亀鑑著　至文堂　1966　646p　図版　23cm　2500円

◇平安貴族の生活と文化　赤木志津子著　講談社　1964　412p　図版　22cm

◇平安時代の服装―その風俗史的研究　大丸弘著　横浜　成美社　1961　207p　22cm

◇平安時代の貴族の生活　藤木邦彦著　至文堂　1960　228p　19cm　（日本歴史新書）

◇貴族の栄華　佐藤春夫著　河出書房新社　1959　325p　図版　19cm　（現代人の日本史　第5）

◇日本の歴史　第3巻　平安貴族　岡田章雄，豊田武，和歌森太郎編　読売新聞社　1959　318p　図版　地図　23cm

藤原　兼通
ふじわらの　かねみち

延長3年（925年）～貞元2年11月8日（977年）
平安中期の政治家。通称は堀河太政大臣、諡号は忠義公。右大臣藤原師輔の二男で、母は武蔵守藤原経邦の娘盛子。天慶6年（943年）従五位下に叙され、安和2年（969年）参議となる。以後、天禄3年（972年）権中納言となり、同年長兄藤原伊尹が没して内大臣に昇進。天延元年（973年）娘媓子（こうし）を円融天皇の中宮とし、同2年（974年）氏長者、太政大臣となり、関白に就任。実弟の兼家とはひどく仲が悪く、兄伊尹が没してから関白就任に至るまでの権力争いは熾烈で、『大鏡』『栄華物語』などにも逸話が残る。貞元2年（977年）、兼家の関白就任を阻むため重病をおして参内し、従兄の藤原頼忠に譲った話は有名である。

　　　＊　　　＊　　　＊

◇海人手子良集本院侍従集義孝集新注　片桐洋一，三木麻人，藤川晶子，岸本理恵著　青簡舎　2010.1　403p　22cm　（新注和歌文学叢書4）　〈年表あり　文献あり〉　13000円　①978-4-903996-22-6

◇日本律令制の展開　笹山晴生編　吉川弘文館　2003.5　491p　22cm　12000円　①4-642-02393-3

◇平安春秋の記　中橋実著　日本図書刊行会，近代文芸社〔発売〕　1998.9　285p　19cm　1500円　①4-8231-0157-X

◇多武峰少将物語の様式　新田孝子著　風間書房　1987.12　934p　22cm　20000円　①4-7599-0692-4

藤原　兼家
ふじわらの　かねいえ

延長7年(929年)～正暦元年7月2日(990年)
平安中期の公卿。通称は東三条殿、法興院入道。法名は如実。右大臣藤原師輔の三男で、母は信濃守藤原経邦の娘盛子。道長は子。安和元年(968年)兄藤原兼通を越えて従三位に叙される。翌年参議を経ずに中納言、天禄3年(972年)大納言に昇進するが、長兄藤原伊尹の後継をめぐる兼通との争いに敗れ、貞元2年(977年)治部卿に左遷となる。同年兼通は臨終にあたって関白職を従兄の藤原頼忠に譲った。寛和2年(986年)二男道兼と謀って花山天皇を出家退位させ、円融天皇の女御である娘の詮子が生んだ一条天皇を即位させて、その摂政となり、太政大臣を経て、正暦元年(990年)関白の地位を得たが、同年病により出家した。藤原一門による摂関政治の確立に尽力し、道長・頼通の全盛への道を開いたとされる。また兄兼通との権力争いは広く知られ、『大鏡』『栄花物語』などに逸話を残す。歌は『拾遺集』以下の勅撰集に入集。

　　　　　　＊　　＊　　＊

◇日本の歴史　06　道長と宮廷社会　網野善彦, 大津透, 鬼頭宏, 桜井英治, 山本幸司編　大津透著　講談社　2009.2　411p　15cm　（講談社学術文庫1906）〈文献あり　年表あり　索引あり〉　1200円　①978-4-06-291906-7

◇藤原道長―男は妻がらなり　朧谷寿著　京都　ミネルヴァ書房　2007.5　380, 12p 図版3枚　20cm　（ミネルヴァ日本評伝選）〈文献あり　年譜あり〉　3000円　①978-4-623-04884-7

◇蜻蛉日記の養女迎え　倉田実著　新典社　2006.9　257p　19cm　（新典社選書 20）　1800円　①4-7879-6770-3

◇摂関政治史論考　山本信吉著　吉川弘文館　2003.6　451p　22cm　11000円　①4-642-02394-1

◇明月片雲無し―公家日記の世界　加納重文著　風間書房　2002.11　602p　22cm　17000円　①4-7599-1332-7

◇平安人物志　山中裕著　東京大学出版会　2001.1　251p　21cm　（東大人文科学研究叢書）　5200円　①4-13-020039-9

◇論集日記文学の地平　守屋省吾編　新典社　2000.3　478p　22cm　（新典社研究叢書 126）　11500円　①4-7879-4126-7

◇平安春秋の記　中橋実著　日本図書刊行会, 近代文芸社〔発売〕　1998.9　285p　19cm　1500円　①4-8231-0157-X

◇蜻蛉日記解釈大成　第9巻　上村悦子著　明治書院　1995.6　392p　22cm　12000円　①4-625-51125-9

◇蜻蛉日記の心と表現　篠塚純子著　勉誠社　1995.4　814p　22cm　19570円　①4-585-03035-2

◇蜻蛉日記研究序説　星谷昭子著　おうふう　1994.1　212p　20cm　3900円　①4-273-02755-0

◇平安女流文学の研究　針本正行著　桜楓社　1992.11　454p　22cm　19800円　①4-273-02615-5

◇蜻蛉日記の研究　西木忠一著　大阪　和泉書院　1990.9　289p　22cm　（研究叢書 91）　9064円　①4-87088-439-9

◇平安人物志　山中裕著　東京大学出版会　1974　251, 13p　22cm　（東大人文科学研究叢書）　2800円

藤原　伊周
ふじわらの　これちか

天延2年(974年)～寛弘7年1月28日(1010年)
平安中期の公卿。通称は帥内大臣、儀同三司(ぎどうさんし)。関白藤原道隆の二男で、母は高階貴子。妹は一条天皇の皇后定子。寛和元年(985年)従五位下に叙せられる。正暦元年(990年)父道隆が関白・摂政となり実権を握ると、参議、権中納言、権大納言、正三位と累進し、正暦5年(994年)内大臣となる。長徳元年(995年)道隆の病により内覧宣旨をうけるが、叔父の道兼・道長との政争に敗れ、長徳2年(996年)大宰権帥に左遷される。翌年召還され、正二位・准大臣となるが、政権の中枢には戻れなかった。文

政治

才があり、『本朝麗藻』『本朝文粋』などに漢詩文を残す。

*　　*　　*

◇日本史・ライバルたちの「意外な結末」―宿敵・政敵・好敵手たちの知られざる「その後」　日本博学倶楽部著　PHP研究所　2005.9　275p　15cm　（PHP文庫）　533円　⓪4-569-66442-3

◇源氏物語と貴族社会　増田繁夫著　吉川弘文館　2002.8　326,15p　22cm　10000円　⓪4-642-02383-6

◇源氏物語と古代世界　伊井春樹, 高橋文二, 広川勝美編　新典社　1997.10　558p　22cm　（新典社研究叢書 110）　16800円　⓪4-7879-4110-0

◇愛憎　NHK取材班編　角川書店　1996.10　280p　15cm　（角川文庫）　500円　⓪4-04-195420-7

◇ライバル日本史　2　NHK取材班編　角川書店　1994.12　216p　20cm　1500円　⓪4-04-522502-1

藤原　道長　ふじわらの みちなが

　康保3年（966年）～万寿4年12月4日（1028年）　平安中期の政治家で藤原氏全盛期の最頂点にたった人。山城国の人。通称は法成寺殿（ほうじょうじどの）、御堂関白（みどうかんぱく）、法名は行観（ぎょうかん）、行覚（ぎょうかく）。父は藤原北家の兼家で、母は藤原時姫。長徳元年（995年）兄の道隆、道兼が死亡すると、その後継を甥の伊周と争って勝ち、政権の座についた。その後は後宮政策に腐心し、長女の彰子を一条天皇に、二女妍子を三条天皇、威子を後一条天皇の中宮に立て、外戚として内覧・摂政・太政大臣を歴任、摂関政治の最盛期を築いた。この頃「この世をば我が世とぞ思ふ望月のかけたることをなしと思へば」と栄華を謳った。しかしこの頃から病気がちになり、寛仁3年（1019年）に出家、晩年は浄土教に帰依して豪華な法成寺を建立した。政治家としては特別優れた政策はもたなかったが、文学面では優れた詩人であり、歌人であった。中宮彰子の側に才媛の女房を置き、女流文学の興隆を大いに助成した。中宮彰子の女房となった紫式部も、道長に認められた一人である。日記『御堂関白記』、家集『御堂関白集』などを残す。

◇日本の歴史　06　道長と宮廷社会　網野善彦, 大津透, 鬼頭宏, 桜井英治, 山本幸司編　大津透著　講談社　2009.2　411p　15cm　（講談社学術文庫 1906）　〈文献あり　年表あり　索引あり〉　1200円　⓪978-4-06-291906-7

◇中世京都の軌跡―道長と義満をつなぐ首都のかたち　鋤柄俊夫著　雄山閣　2008.7　172p　21cm　2800円　⓪978-4-639-02049-3

◇藤原道長　山中裕著　吉川弘文館　2008.1　252p　19cm　（人物叢書　新装版）　〈年譜あり　文献あり〉　1900円

⓪978-4-642-05243-6

◇藤原道長―男は妻がらなり　朧谷寿著　京都　ミネルヴァ書房　2007.5　380,12p　図版3枚　20cm　（ミネルヴァ日本評伝選）　〈文献あり　年譜あり〉　3000円　⓪978-4-623-04884-7

◇藤原道長　朧谷寿監修　ポプラ社　2003.4　79p　27cm　（徹底大研究日本の歴史人物シリーズ 2）　〈年譜あり〉　2850円　⓪4-591-07551-6, 4-591-99489-9

◇道長と宮廷社会　大津透著　講談社　2001.4　396p　20cm　（日本の歴史　第6

政治

◇藤原道長　北山茂夫著　岩波書店　1995.2　216p　20cm　（岩波新書）　1600円　①4-00-003869-9

◇日本人の往生観　赤根祥道著　れんが書房新社　1992.11　254p　20cm　1854円

◇王朝国家と跳梁する物怪　石ノ森章太郎著　中央公論社　1990.9　237p　19cm　（マンガ　日本の歴史 11）　1000円　①4-12-402811-3

◇藤原道長　山中裕著　〔東村山〕　教育社　1988.11　287p　18cm　（教育社歴史新書）　1000円　①4-315-50762-8

◇藤原道長―藤原氏の全盛　人見倫平まんが　学習研究社　1983.10　147p　23cm　（学研まんが人物日本史）〈監修：樋口清之〉　680円　①4-05-100540-2

◇藤原道長　北山茂夫著　岩波書店　1970　216p　18cm　（岩波新書）　150円

◇道長の栄華　中村匡男著　評論社　1969　227p　図版　18cm　（若い世代と語る日本の歴史 11）　290円

◇御堂関白―藤原道長　栄華と権勢への執念　赤木志津子著　秀英出版　1969　247p　図版　19cm　480円

一条天皇
いちじょうてんのう

天元3年6月1日（980年）-寛弘8年6月22日（1011年）

第66代天皇。在位期間は寛和2年から寛弘8年（986～1011年）。名は懐仁。円融天皇の第一皇子で、母は藤原兼家の娘東三条院詮子。永観2年（984年）花山天皇の皇太子となり、寛和2年（986年）兼家らの陰謀によって花山天皇が退位した後7歳で即位。初め外祖父兼家が摂政、のちその子道隆、道兼が摂関となり、正暦6年（995年）道長が内覧の大臣として政権を掌握。初め道隆の娘定子を皇后としたが、長保2年（1000年）道長の娘彰子が立后して一帝二后の例を開いた。皇后定子との間に敦康親王、中宮彰子との間には敦成親王（後一条天皇）、敦良親王（後朱雀天皇）が生まれ、藤原北家と姻戚関係の天皇として北家の勢力拡大に貢献し、道長が絶大な権勢を振るった。寛弘8年（1011年）病により三条天皇に譲位し、一条院で崩御。陵墓は円融寺北陵（京都市右京区）。在位中は女流文学の最盛期にあたり、両皇后の後宮で紫式部や清少納言らが活躍した。

*　　　*　　　*

◇天皇皇族実録　22　一条天皇実録　第1巻　藤井讓治,吉岡真之監修・解説　ゆまに書房　2007.7　13, 414p　22cm〈宮内庁書陵部蔵の複製〉　①978-4-8433-1976-5, 978-4-8433-1954-3

◇天皇皇族実録　23　一条天皇実録　第2巻　藤井讓治,吉岡真之監修・解説　ゆまに書房　2007.7　p415-835　22cm〈宮内庁書陵部蔵の複製〉　①978-4-8433-1976-5, 978-4-8433-1954-3

◇天皇皇族実録　24　一条天皇実録　第3巻　藤井讓治,吉岡真之監修・解説　ゆまに書房　2007.7　p837-1318　22cm〈宮内庁書陵部蔵の複製〉　①978-4-8433-1976-5, 978-4-8433-1954-3

◇源氏物語の時代――一条天皇と后たちのものがたり　山本淳子著　朝日新聞社　2007.4　290p　19cm　（朝日選書 820）〈文献あり〉　1300円　①978-4-02-259920-9

◇一条天皇　倉本一宏著　吉川弘文館　2003.12　277p　19cm　（人物叢書　新装版）〈シリーズ責任表示：日本歴史学会編　年譜あり　文献あり〉　1900円　①4-642-05229-1

◇一条朝文壇の研究　福井迪子著　桜楓社　1987.9　376p　22cm　15000円　①4-273-02188-9

三条天皇
さんじょうてんのう

貞元元年1月3日（976年）～寛仁元年5月9日（1017年）

第67代天皇。在位期間は寛弘8年から長和5年（1011～1016年）。名は居貞（おきただ）。冷泉天皇の第二皇子、母は藤原兼家の娘超子。寛和2年（986年）元服して皇太子となり、寛弘8年（1011年）即位。しかし有力な後見がなかったため、当時勢力をふるっていた藤原道長の専横に悩まされ対立を深めていった。道長は娘彰子の産んだ敦成親王（後一条天皇）の早い即位を望み、眼病の重くなった天皇に譲位を迫った。長和5年（1016年）退位。寛仁元年（1017年）に出家した。

＊　　＊　　＊

◇天皇皇族実録　25　三条天皇実録　第1巻　藤井譲治,吉岡真之監修・解説　ゆまに書房　2007.7　15, 541p　22cm　〈宮内庁書陵部蔵の複製〉　①978-4-8433-1977-2, 978-4-8433-1954-3

◇天皇皇族実録　26　三条天皇実録　第2巻　藤井譲治,吉岡真之監修・解説　ゆまに書房　2007.7　p543-786　22cm　〈宮内庁書陵部蔵の複製〉　①978-4-8433-1977-2, 978-4-8433-1954-3

中宮
ちゅうぐう

本来は皇后の居所の称。転じて皇后の別称となり、令制では太皇太后、皇太后を加えた三后の総称となったが、聖武天皇の生母・藤原宮子が皇太夫人として中宮職を付置されて以来、奈良・平安前期を通じて皇太夫人の称となった。平安中期、醍醐天皇の養母・藤原温子を最後に皇太夫人が途絶えると、同天皇の皇后穏子は后宮職ではなく中宮職を付置され、以後中宮は皇后の呼称となる。のち一条天皇の彰子と定子の時に二后併立の制度が定められ、中宮と皇后は区別されるようになり、以後皇后以外の后の称となった。

＊　　＊　　＊

◇家族史としての女院論　野村育世著　校倉書房　2006.4　312p　21cm　（歴史科学叢書）　9000円　①4-7517-3710-4

◇宮廷の女性たち―恋とキャリアの平安レィディー　秦澄美枝著　新人物往来社　2005.6　267p　20cm　〈年表あり〉　2000円　①4-404-03259-5

◇平安朝女の生き方―輝いた女性たち　服藤早苗著　小学館　2004.9　223p　21cm　1900円　①4-09-626132-7

◇平安朝サロン文芸史論　目加田さくを著　風間書房　2003.3　991p　22cm　〈年表あり〉　30000円　①4-7599-1373-4

◇「源氏物語」の時代を生きた女性たち　服藤早苗著　日本放送出版協会　2000.3　280p　16cm　（NHKライブラリー）　920円　①4-14-084115-X

◇平安の姫君たち―企画展　斎宮歴史博物館編　明和町（三重県）　斎宮歴史博物館　1995.1　64p　26cm　〈会期：平成7年1月15日～2月19日　主要参考文献：p64〉

◇宮廷を彩る才女―日本女性の歴史　暁教育図書　1983.2　147p　27cm　（日本発見）　〈関連年表：p132～133〉　1700円

◇平安時代後宮及び女司の研究　須田春子著　千代田書房　1982.5　461p　22cm　5500円　①4-8064-3006-4

◇日本女性の歴史　3　宮廷を彩る才女　暁教育図書　1978.1　146p　28cm　〈関連年表：p132～133〉　2300円

◇承香殿の女御―復原された源氏物語の世界　角田文衛著　中央公論社　1963　167p　図版　18cm　（中公新書）

藤原 定子
ふじわらの ていし

貞元元年（976年）～長保2年12月16日（1001年）

一条天皇の皇后。藤原道隆の娘で、母は高階貴子。正暦元年（990年）入内して女御となる。同年、皇后・中宮並列の初めての例として円融天皇の中宮遵子を皇后とし、定子を中宮とした。長徳元年（995年）父道隆が死去し、翌年兄の伊周・隆家が花山法皇の輿に矢を射かけるという事件で失脚すると後見を失い、一旦落飾。同年脩子内親王を生んで還俗し、長保元年（999年）第一皇子敦康親王を生むが、翌年藤原彰子が中宮に立ったために皇后となり、一代二后の先例を開いた。同年12月次女媄子内親王を出産し、即日崩御。清少納言を中心にした女房らによって文芸サロンが生まれ、その様子は『枕草子』に描かれている。また、彰子に仕えた紫式部と定子に仕えた清少納言の対立関係もよく知られる。『後拾遺集』以下の勅撰集に入集。

＊　　＊　　＊

◇枕草子日記的章段の研究　赤間恵都子著　三省堂　2009.3　370p　22cm　〈索引あり〉　9500円　⃝1978-4-385-36405-6

◇枕草子と漢籍　李暁梅著　広島　渓水社　2008.3　208p　21cm　2800円　⃝1978-4-87440-993-0

◇枕草子物語　宮田竜夫著　新風舎　2006.9　175p　15cm　（新風舎文庫）　700円　⃝14-7974-8979-0

◇女性の手による物語文学開花―古典文学雑学ゼミナールより　小林素一編著　八王子　百水社　2005.11　197p　21cm　〈東京　星雲社（発売）〉　1800円　⃝14-434-07224-2

◇宮廷の女性たち―恋とキャリアの平安レイディー　秦澄美枝著　新人物往来社　2005.6　267p　20cm　〈年表あり〉　2000円　⃝14-404-03259-5

◇一条天皇　倉本一宏著　吉川弘文館　2003.12　277p　19cm　（人物叢書　新装版）　〈シリーズ責任表示：日本歴史学会編　年譜あり　文献あり〉　1900円　⃝14-642-05229-1

◇紫式部と清少納言―貴族の栄えた時代に　酒寄雅志監修, 小西聖一著　理論社　2003.8　109p　25cm　（NHKにんげん日本史）〈年譜あり　年表あり〉　1800円　⃝14-652-01462-7

◇辞世の風景　吉岡生夫著　大阪　和泉書院　2003.2　213p　19cm　（歌のこころシリーズ 2）　1800円　⃝14-7576-0194-8

◇王朝の性と身体―逸脱する物語　小嶋菜温子編　新装版　森話社　2002.9　250p　20cm　（叢書・文化学の越境 1）　2600円　⃝14-916087-28-3

◇王朝千年記―平安朝日誌九九〇年代　槙野広造著　京都　思文閣出版　2001.10　287p　22cm　〈年表あり〉　1800円　⃝14-7842-1089-X

◇枕草子逸脱のまなざし　小森潔著　笠間書院　1998.1　190, 3p　22cm　3900円　⃝14-305-70173-1

◇王朝の性と身体―逸脱する物語　小嶋菜温子編　森話社　1996.4　250p　20cm　（叢書・文化学の越境 1）　〈発売：星雲社〉　2678円　⃝14-7952-9064-4

◇枕草子―表現と構造　三田村雅子編　有精堂出版　1994.7　272p　22cm　（日本文学研究資料新集 4）　3650円　⃝14-640-30953-8

◇枕草子女房たちの世界　谷川良子著　日本エディタースクール出版部　1992.6　292p　20cm　2200円　⃝14-88888-189-8

◇歴史に咲いた女たち　平安の花　石丸晶子著　広済堂出版　1992.6　261p　20cm　1000円　⃝14-331-50367-4

◇枕草子―清少納言をとりまく男たち　荻野文子著　学習研究社　1991.12　204p　18cm　（ワインブックス）　1200円　⃝14-05-105714-3

◇王朝絵巻―貴族の世界　毎日新聞社　1990.9　135p　38cm　（復元の日本史）　5000円　⃝14-620-60243-4

政 治

◇枕草子の謎　藤本泉著　徳間書店　1988.6　247p　16cm　(徳間文庫)　380円　④4-19-568533-8

◇源氏物語の謎　伊井春樹著　三省堂　1983.5　232p　19cm　(三省堂選書 98)　1100円

◇東西女流文芸サロン—中宮定子とランブイエ侯爵夫人　目加田さくを,百田みち子共著　笠間書院　1978.8　346p　19cm　(笠間選書 102)　1800円

◇枕草子幻想定子皇后　下玉利百合子著　京都　思文閣出版　1977.11　341p　19cm　2300円

藤原 彰子
ふじわらの しょうし

永延2年(988年)～承保元年10月3日(1074年)

　一条天皇の中宮。別名は中宮彰子。院号は上東門院、法名は清浄覚。藤原道長の長女で、母は源雅信の娘倫子。長保元年(999年)入内して一条天皇の女御となり、翌年立后。中宮定子(藤原道隆の娘)と二后併立となったため、定子が皇后、彰子は中宮となる。後一条天皇、後朱雀天皇を生んで道長による藤原氏全盛の基盤を確立し、一条天皇の死後に皇太后、後一条の即位後には太皇太后となった。万寿3年(1026年)出家し、上東門院の院号宣下。長元3年(1030年)法成寺内に東北院を建立し、晩年は同院に住して国母と仰がれた。和歌に優れ、和泉式部、紫式部、赤染衛門ら才媛が女房として出仕したことで知られる。

　　　＊　　　＊　　　＊

◇藤原道長　山中裕著　吉川弘文館　2008.1　252p　19cm　(人物叢書 新装版)　〈年譜あり　文献あり〉　1900円　①978-4-642-05243-6

◇教科書が教えない日本史のカラクリ　新人物往来社編　新人物往来社　2007.4　293p　19cm　1600円　①978-4-404-03463-2

◇天皇たちの孤独—玉座から見た王朝時代　繁田信一著　角川学芸出版,角川書店(発売)　2006.12　238p　19cm　(角川選書 404)　1500円　①4-04-703404-5

◇枕草子物語　宮田竜夫著　新風舎　2006.9　175p　15cm　(新風舎文庫)　700円　①4-7974-8979-0

◇宮廷の女性たち—恋とキャリアの平安レィディー　秦澄美枝著　新人物往来社　2005.6　267p　20cm　〈年表あり〉　2000円　①4-404-03259-5

◇王朝の貴族　土田直鎮著　改版　中央公論新社　2004.9　553p　16cm　(中公文庫)　〈文献あり　年表あり〉　1238円　①4-12-204425-1

◇一条天皇　倉本一宏著　吉川弘文館　2003.12　277p　19cm　(人物叢書 新装版)　〈シリーズ責任表示：日本歴史学会編　年譜あり　文献あり〉　1900円　①4-642-05229-1

◇紫式部と清少納言—貴族の栄えた時代に　酒寄雅志監修,小西聖一著　理論社　2003.8　109p　25cm　(NHKにんげん日本史)　〈年譜あり　年表あり〉　1800円　①4-652-01462-7

◇紫式部日記　紫式部著,池田亀鑑,秋山虔校注　岩波書店　2003.4　102p　15cm　(岩波文庫)　〈第46刷〉　300円　①4-00-300157-5

◇再現日本史—週刊time travel　平安 5　講談社　2001.7　42p　30cm　533円

◇摂関政治と王朝貴族　倉本一宏著　吉川弘文館　2000.7　372,11p　22cm　8200円　①4-642-02349-6

◇日本の絵巻—コンパクト版　9　紫式部日記絵詞　小松茂美編　中央公論社　1994.5　94p　17cm　1100円　①4-12-403189-0

◇歴史に咲いた女たち　平安の花　石丸晶

子著　広済堂出版　1992.6　261p　20cm　1600円　⑭4-331-50367-4

◇上東門院の系譜とその周辺　酒井みさを著　白帝社　1989.6　240, 10p　22cm　6500円　⑭4-89174-113-9

◇摂関時代の諸相　赤木志津子著　近藤出版社　1988.1　292p　22cm　6500円

◇日本の絵巻　9　紫式部日記絵詞　小松茂美編　中央公論社　1987.12　109p　35cm　3200円　⑭4-12-402659-5

◇源氏物語の謎　伊井春樹著　三省堂　1983.5　232p　19cm　（三省堂選書 98）　1100円

摂関政治　せっかんせいじ

　平安中期、藤原氏が天皇の外戚となって摂政・関白を独占し、天皇に代わってあるいは天皇を補佐して行った政治。特に藤原実頼が関白となった康保4年（967年）から、後三条天皇が即位する治暦4年（1068年）までの約100年間の政治形態をいう。それ以前にも推古朝の聖徳太子や斉明朝の中大兄皇子など、皇族が摂政となって執政した例はあったが、人臣初の摂政は貞観8年（866年）の藤原良房、関白は仁和3年（887年）良房の養嗣子基経に始まる。基経の没後40年と忠平の没後20年の間は摂関の任命がなかったが、康保4年（967年）冷泉天皇が即位して忠平の子・実頼が関白に任ぜられて以降、天皇幼少の間は摂政、成人後は関白を置くようになる。のち寛和2年（986年）一条天皇の摂政・兼家が右大臣辞任後「一座宣旨」を賜り、太政大臣の上席たる摂関独自の地位が確立。11世紀前半の道長・頼通時代には政権を独占し全盛期を迎えるが、治暦4年（1068年）外戚関係のない後三条天皇が即位すると摂関の権勢は急速に衰退し、院政が始まって以降は形式化した。なお、摂関政治は律令政治が変質したものであり、別個の新たな行政機構や組織を創出したわけではない。

◇王朝摂関期の「妻」たち─平安貴族の愛と結婚　園明美著　新典社　2010.2　107p　19cm　（新典社選書）　1000円　⑭978-4-7879-6778-7

◇摂関時代文化史研究　関口力著　京都思文閣出版　2007.3　466, 16p　22cm　（思文閣史学叢書）〈年譜あり〉　9000円　⑭978-4-7842-1344-3

◇摂関制の成立と展開　米田雄介著　吉川弘文館　2006.2　353, 9p　22cm　9500円　⑭4-642-02447-6

◇王朝政治　森田悌著　講談社　2004.1　258p　15cm　（講談社学術文庫）〈文献あり　年表あり〉　1000円　⑭4-06-159632-2

◇摂関政治史論考　山本信吉著　吉川弘文館　2003.6　451p　22cm　11000円　⑭4-642-02394-1

◇摂関政治と王朝文化　加藤友康編　吉川弘文館　2002.11　319, 19p　22cm　（日本の時代史 6）〈シリーズ責任表示：石上英一〔ほか〕企画編集〉　3200円　⑭4-642-00806-3

◇藤原摂関家の誕生─平安時代史の扉　米田雄介著　吉川弘文館　2002.6　226, 4p　19cm　（歴史文化ライブラリー 141）　1700円　⑭4-642-05541-X

◇摂関政治と王朝貴族　倉本一宏著　吉川弘文館　2000.7　372, 11p　22cm　8200円　⑭4-642-02349-6

◇マンガ日本の歴史　12　傾く摂関政治と地方の社会　石ノ森章太郎著　中央公論

社　1997.7　212p　16cm　（中公文庫）　524円　ⓘ4-12-202902-3

◇新摂関家伝　第1　荒川玲子ほか編　続群書類従完成会　1995.12　266p　22cm　9270円　ⓘ4-7971-0254-3

◇摂関時代と古記録　山中裕編　吉川弘文館　1991.6　459p　22cm　7500円　ⓘ4-642-02251-1

◇みやびの深層 日本文明の創造　山折哲雄著　角川書店　1990.8　295p　21×16cm　（日本文明史4）　2300円　ⓘ4-04-521704-5

◇後期摂関時代史の研究　古代学協会編　吉川弘文館　1990.3　748p　22cm　12000円　ⓘ4-642-02242-2

◇摂関時代の諸相　赤木志津子著　近藤出版社　1988.1　292p　22cm　6500円

◇摂関時代史論集　黒板伸夫著　吉川弘文館　1980.10　323p　22cm　4500円

◇激録日本大戦争　第2巻　藤原氏の宮廷謀略　原康史著　東京スポーツ新聞社　1978.12　268p　18cm　950円

◇摂関政治　阿部猛著　〔東村山〕　教育社　1977.10　225p 図　18cm　（教育社歴史新書）〈発売：教育社出版サービス（東京）〉　600円

◇前期摂関政治の様相　山本昌治著　杉山書店　1975　101p　21cm　1200円

◇摂関時代史の研究　古代学協会編　吉川弘文館　1965　636p 図版10枚　22cm

藤原 頼通
ふじわらの よりみち

正暦3年1月（992年）～承保元年2月2日（1074年）

平安中期の公卿。幼名は田鶴（たづ）君、法名は蓮華覚（れんげかく）、寂覚（じゃくかく）。通称は宇治殿。摂政藤原道長の長男、母は左大臣源雅信の娘倫子。寛弘3年（1006年）従三位となり、権中納言、権大納言を経て、寛仁元年（1017年）内大臣に進み、さらに摂政、関白、左大臣、太政大臣となるが、延久4年（1072年）までにすべての官職を辞して、出家した。後一条・後朱雀・後冷泉3代の天皇の摂政・関白となったが、後冷泉の中宮に立てた娘寛子に皇子が生まれなかったため、外戚としての地位が揺らぎ、摂関家衰退の一因となった。永承7年（1052年）宇治に平等院鳳凰堂を建立した。歌人としても知られ、勅撰集に入集しているほか、当時の歌合に関与したり歌壇を後援した。

　　　＊　　　＊　　　＊

◇藤原頼通の文化世界と更級日記　和田律子著　新典社　2008.12　594p　22cm　（新典社研究叢書195）〈年譜あり〉　18000円　ⓘ978-4-7879-4195-4

◇藤原頼通の時代―摂関政治から院政へ　坂本賞三著　平凡社　1991.5　279p　20cm　（平凡社選書138）　2369円　ⓘ4-582-84138-4

後一条天皇
ごいちじょうてんのう

寛弘5年9月11日（1008年）～長元9年4月17日（1036年）

第68代天皇。在位期間は長和5年から長元9年（1016～1036年）。名は敦成（あつひら）。一条天皇の第二皇子、母は藤原道長の娘彰子。寛弘5年（1008年）親王宣下、寛弘8年（1011年）三条天皇の皇太子となり、長和5年（1016年）8歳で即位。外祖父道長が摂政を務め、その後、子頼通が摂政をつぎ、寛仁3年（1019年）には関白となる。この間に道長の娘藤原威子を中宮としたため、道長は外戚として一層の権力を持つようになり、摂関政治の最盛期をもたらした。

　　　＊　　　＊　　　＊

◇天皇皇族実録　27　後一条天皇実録　第1巻　藤井譲治,吉岡真之監修・解説　ゆまに書房　2007.7　9,536p　22cm　〈宮内庁書陵部蔵の複製〉　ⓘ978-4-8433-1978-9, 978-4-8433-1954-3

政　治

◇天皇皇族実録　28　後一条天皇実録　第2巻　藤井譲治, 吉岡真之監修・解説　ゆまに書房　2007.7　p537-1005　22cm　〈宮内庁書陵部蔵の複製〉　⑪978-4-8433-1978-9, 978-4-8433-1954-3

◇天皇皇族実録　29　後一条天皇実録　第3巻　藤井譲治, 吉岡真之監修・解説　ゆまに書房　2007.7　p1007-1268　22cm　〈宮内庁書陵部蔵の複製〉　⑪978-4-8433-1978-9, 978-4-8433-1954-3

◇大日本史料　第2編之20　後一条天皇―治安3年12月～万寿元年11月　東京大学史料編纂所編纂　東京大学　1979.3　373p　22cm　4500円

◇大日本史料　第2編之19　後一条天皇　治安3年3月―同年11月　東京大学史料編纂所編纂　東京大学　東京大学出版会（発売）　1975　338p　図　22cm　4000円

◇大日本史料　第2編之18　後一条天皇　治安2年正月―同3年2月　東京大学史料編纂所編纂　東京大学　東京大学出版会（発売）　1970　400p　図　22cm　2800円

平　忠常
たいらの　ただつね

康保4年（967年）～長元4年6月6日（1031年）
平安中期の武将。父は桓武平氏陸奥介平忠頼。祖父は鎮守府平良文。高望（たかもち）の曾孫。千葉氏、上総氏の祖とされ、良文以来東国に土着して上総介、武蔵押領使などを歴任。長元元年（1028年）安房守惟忠の焼死事件が起き、上総国府を占領したため朝廷より追討使平直方が派遣されたが鎮圧できず、その後3年間に渡り反乱を続けた。長元3年（1030年）直方に代わって源頼信が追討使として派遣されると、翌年戦わずに降伏し、出家。京都に護送される途中、美濃で病死した。

＊　　　＊　　　＊

◇源氏と坂東武士　野口実著　吉川弘文館　2007.7　199p　19cm　（歴史文化ライブラリー 234）〈文献あり　年表あり〉1700円　⑪978-4-642-05634-2

◇図説古代史の舞台裏　滝音能之著　青春出版社　2007.1　95p　26cm　〈年表あり〉　1000円　⑪4-413-00869-3

◇坂東武者　竹村紘一著　叢文社　2006.5　189p　19cm　1500円　⑪4-7947-0551-4

◇戦乱の日本史―合戦と人物　第2巻　平安王朝の武士　村井康彦責任編集　第一法規出版　1988.6　158p　31cm　〈監修：安田元久　編集：風土社〉　3500円　⑪4-474-10132-4

◇大系日本の歴史　4　王朝の社会　永原慶二ほか編　棚橋光男著　小学館　1988.4　326p　21cm　1800円　⑪4-09-622004-3

源　頼信
みなもとの　よりのぶ

安和元年（968年）～永承3年4月17日（1048年）
平安中期の武将。京都の人。清和源氏満仲の三男。母は陸奥守藤原致忠の娘。河内源氏の祖。冷泉院判官代、左馬権頭、治部少輔、皇后宮亮などを歴任し、鎮守府将軍となる。また常陸介、上野、石見、伊勢、甲斐、美濃、河内などの国守を歴任。長元元年（1028年）平忠常の乱が起こると、追討使となった平直方に代わって派遣されたが、忠常は戦を交えずに降伏したため、武名を高めることとなった。またこれが源氏の東国進出のきっかけとなった。一方京都では、摂関家に仕え、とくに藤原道長の覚えをよくした。八幡神を源氏の氏神として崇拝した。

＊　　　＊　　　＊

◇源氏と坂東武士　野口実著　吉川弘文館　2007.7　199p　19cm　（歴史文化ライブラリー 234）〈文献あり　年表あり〉1700円　⑪978-4-642-05634-2

◇源平時代人物関係写真集―清盛・頼朝・義経・義仲　志村有弘解説・撮影　勉誠社　1998.5　182p　21cm　1800円　⑪4-

政治

585-00145-X
◇清和源氏の全家系　1　天皇家と多田源氏　奥富敬之著　新人物往来社　1988.9　228p　20cm　2000円　①4-404-01553-4

後朱雀天皇
ごすざくてんのう

寛弘6年11月25日（1009年）～寛徳2年1月18日（1045年）
第69代天皇。在位期間は長元9年から寛徳2年（1036～1045年）。名は敦良（あつなが）。一条天皇の第三皇子、母は藤原道長の娘彰子。後一条天皇の同母弟。寛弘7年（1010年）親王宣下。寛仁元年（1017年）に三条院の皇子敦明親王が皇太子を辞退した後、皇太弟となる。長元9年（1036年）後一条天皇の死去により即位。在位中は摂関政治の最盛期にあたり、母の弟藤原頼通が関白として威勢を振るった。寛徳2年（1045年）病気により後冷泉天皇に譲位すると同時に、頼通の反対を押し切って次子（後三条天皇）を立太子させた。同年落飾したその日に崩御した。『後拾遺集』以下の勅撰集に和歌が入集し、著書に『後朱雀天皇宸記』。

*　　*　　*

◇天皇皇族実録　30　後朱雀天皇実録　藤井譲治,吉岡真之監修・解説　ゆまに書房　2007.11　672p　22cm　〈宮内庁書陵部蔵の複製〉　①978-4-8433-1979-6, 978-4-8433-1955-0
◇増補史料大成　第1巻　歴代宸記　増補史料大成刊行会編　京都　臨川書店　1989.7　404p　22cm　〈第5刷（第1刷：昭和40年）〉　5047円　①4-653-00514-1
◇宸記集　鎌倉　芸林舍　1974　2冊　22cm　〈謹輯：和田英松　大正6年序刊の複製〉　全13000円

後冷泉天皇
ごれいぜいてんのう

万寿2年8月3日（1025年）～治暦4年4月19日（1068年）
第70代天皇。在位期間は寛徳2年から治暦4年（1045～1068年）。名は親仁（ちかひと）。後朱雀天皇の第一皇子、母は藤原道長の娘嬉子。長元9年（1036年）父後朱雀天皇の即位により親王宣下。翌年皇太子となる。寛徳2年（1045年）即位。母の兄、藤原頼通が関白として権勢を振るったが、治世末期には全盛を極めた摂関政治にも陰りが生じていた。44歳で死去するまで在位したが、皇子女がなく、皇位は弟の後三条天皇に継承された。著書に『後冷泉院御記』があるほか、『後拾遺集』『新古今集』などの勅撰集に和歌が入集。

*　　*　　*

◇天皇皇族実録　31　後冷泉天皇実録　藤井譲治,吉岡真之監修・解説　ゆまに書房　2007.11　524p　22cm　〈宮内庁書陵部蔵の複製〉　①978-4-8433-1980-2, 978-4-8433-1955-0

前九年・後三年の役
ぜんくねん・ごさんねんのえき

平安後期に奥羽で行われた二大戦役のこと。源氏が東国に勢力を築くきっかけとなった。前九年の役は、永承6年（1051年）から康平5年（1062年）の12年にわたる。陸奥の俘囚長であった安倍頼時は、朝廷に逆らい貢賦を納めないなど、早くから国司に反抗的であったので、陸奥守藤原登任らが攻めたが大敗したのがきっかけである。朝廷は永承6年（1051年）武門の名将源頼義らを安倍氏の制圧にあたらせた。一時頼時は帰順したが再び乱を起こし、頼時死後も子の貞任・宗任の勢力は衰えなかったため、出羽国の俘囚長清原武則が参戦し、ようやく鎮定した。後三年の役は、前九年の役の後、永保3年（1083年）から寛治元年（1087年）にかけて、奥羽の豪族清原氏内部の相続争いが発端となって、清原一族と源義家との間で起こった戦。安倍氏の旧領を合わせ奥羽に勢力を伸ばした清原氏であったが、清原武貞の3人の子の関係は複雑（嫡子で先妻の子真衡・後妻の子家衡・後妻の連れ子清衡）で、真衡の死後、家衡と清衡が対立。この戦いで義家は、清衡に請われ味方した。義家らが苦戦の末、家衡らを平定した。しかしこの戦いは私闘と見られ、義家は何の恩賞ももらえなかったが、その武名は大いに上がった。清衡は実父の姓の藤原

◇東北の争乱と奥州合戦―「日本国」の成立　関幸彦著　吉川弘文館　2006.11　264, 3p　20cm　（戦争の日本史 5）〈文献あり　年表あり〉　2500円　①4-642-06315-3

◇新・みちのく物語―前九年・延久・後三年合戦　金野静一著　盛岡　盛岡タイムス社　2005.3　292p　21cm　1429円　①4-944053-39-8

◇再現日本史―週刊time travel　平安 6　講談社　2003.4　42p　30cm　〈年表あり〉　533円

◇週刊ビジュアル日本の歴史　no.56　武士の登場　6　デアゴスティーニ・ジャパン　2001.3　p212-251　30cm　533円

◇週刊ビジュアル日本の歴史　no.57　武士の登場　7　デアゴスティーニ・ジャパン　2001.3　p254-293　30cm　533円

◇奥州争乱　村上元三著　広済堂出版　1993.8　270p　16cm　（広済堂文庫）〈「年表」で読む奥州藤原一族の時代：p237～270〉　480円　①4-331-65175-4

◇前九年の役・後三年の役　伊藤勝也著　秋田　無明舎出版　1993.7　225p　19cm　1800円

◇前九年の役　草間俊一著　〔盛岡〕　盛岡市教育委員会　1993.3　41p　図版5枚　19cm　（盛岡市文化財シリーズ　第21集）

◇前九年の役と安倍一族―奥州十年の証　上野昭夫著　盛岡　盛岡タイムス社　1992.9　228p　21cm　1600円　①4-944053-01-0

◇蝦夷の末裔―前九年・後三年の役の実像　高橋崇著　中央公論社　1991.9　221p　18cm　（中公新書）　620円　①4-12-101041-8

◇後三年合戦論　和泉竜一著　増補版　横手　県南民報社　1984.12　204p　19cm　〈付・前九年の役、平泉焼亡その他随筆〉　1000円

◇陸奥の伝説―前九年の役, 後三年の役, 平泉藤原氏　小原与三郎編　東和町（岩手県）　小原与三郎　1977.12　109p　18cm　600円

◇辺境の争乱　庄司浩著　〔東村山〕　教育社　1977.10　243p　図　18cm　（教育社歴史新書）〈発売：教育社出版サービス（東京）〉　600円

安倍 頼時
あべの よりとき

？～天喜5年7月26日（1057年）
　平安中期の陸奥の豪族。初名は頼良、のちに頼時と改名。父は安倍忠良。貞任・宗任の父。祖父忠頼の代より奥六郡（胆沢、江刺、和賀、剰貫、紫波、岩手）の郡司として蝦夷を統率。対立していた国の官吏である陸奥守藤原登任に大勝。そのため朝廷より陸奥守に後任された源頼義の追討を受け、一度は伏したが、天喜4年（1056年）衣川で子の貞任と共に再び反乱を起こし、前九年の役を起こした。翌年鳥海柵で源頼義・義家父子に討たれた。

＊　　＊　　＊

◇古代東北史の人々　新野直吉著　復刊　吉川弘文館　2009.9　231, 3p　26cm　（歴史文化セレクション）　1900円　①978-4-642-06354-8

◇人物伝承事典　古代・中世編　小野一之, 鈴木彰, 谷口栄, 樋口州男編　東京堂出版　2004.4　313p　19cm　2500円　①4-490-10646-7

◇ばあちゃんに聞いた宗任伝説―何故東北の安倍一族が九州の安部になったのか　米沢真理子著　日本図書刊行会, 近代文芸社〔発売〕　1998.7　95p　19cm　1200円　①4-8231-0107-3

政 治

◇叛逆の日本史―「多民族国家」ニッポンの地方独立戦争　佐治芳彦著　徳間書店　1992.3　283p　18cm　（トクマブックス）　780円　①4-19-504831-1

◇安倍宗任―伝説と史実との接点を求めて　安川浄生著　福岡　みどりや仏壇店出版部　1983.6　223p　19cm　1200円

◇日本古代史研究―関晃先生還暦記念　関晃教授還暦記念会編　吉川弘文館　1980.10　631p　22cm　7800円

◇人物日本の歴史　4　武士の挑戦　小学館　1975　273p　図　22cm　〈編集：日本アート・センター〉　1250円

源 頼義
みなもとの よりよし

永延2年（988年）～承保2年10月12日（1075年）

平安中期の武将。幼名は王代丸、法名は伊予入道。源頼信の子。母は修理命婦。射芸の達人として知られ、長元元年（1028年）平忠常の乱で父に従い武名をあげる。のち小一条院判官代として敦明親王に仕え、また相模、武蔵、下野、陸奥の国司を歴任。陸奥の俘囚長安倍頼時が前九年の役を起こすと、永承6年（1051年）陸奥守兼鎮守府将軍として征討に向い、清原武則の援助を受けてこれを鎮圧、安部氏を滅ぼした。康平6年（1063年）その功により正四位下・伊予守となる。この戦いを通じて東国における源氏の地位が確立された。また相模国由比郷に石清水八幡宮を勧請し、鶴岡八幡宮の起源とした。晩年は出家した。

＊　　＊　　＊

◇古代東北史の人々　新野直吉著　復刊　吉川弘文館　2009.9　231,3p　26cm　（歴史文化セレクション）　1900円　①978-4-642-06354-8

◇日本の絵巻　続17　前九年合戦絵詞・平治物語絵巻・結城合戦絵詞　小松茂美編　中央公論社　1992.2　142p　35cm　4500円　①4-12-402897-0

◇清和源氏の全家系　1　天皇家と多田源氏　奥富敬之著　新人物往来社　1988.9　228p　20cm　2000円　①4-404-01553-4

源 義家
みなもとの よしいえ

長暦3年（1039年）～嘉承元年7月4日（1106年）

平安後期の武将。幼名は不動丸、通称は八幡太郎義家。源頼義の長男、母は上野介平直方の娘。前九年の役で父に従い、陸奥で安倍頼時・貞任を討ち、その功により出羽守に任ぜられる。この奮戦により武勇の名を天下に広めた。永保3年（1083年）陸奥鎮守府将軍となり、奥羽の豪族清原氏の内紛を鎮めた（後三年の役）が、朝廷はこれを奥州制覇の私闘として恩賞を出さなかった。そこで私財をなげうって武士らの労に報いたため、東国武士の高い信頼を得ることになった。承徳2年（1098年）陸奥守時代の功績が認められ、武士として初めて白河院の昇殿をゆるされた。一方、院や貴族は、義家の勢力が急激に増大するのに警戒心を強め、勢力拡大を抑える方針をとった。

＊　　＊　　＊

◇奥羽戦乱と東国源氏―義家とその弟たちの系譜　奥富敬之著　三一書房　1998.2　226p　18cm　（三一新書）　850円　①4-380-98002-2

◇源義家　安田元久著　吉川弘文館　1989.8　214p　19cm　（人物叢書 新装版）〈新装版 源義家の肖像あり 叢書の編者：日本歴史学会〉　1550円　①4-642-05166-X

◇源義家歴史紀行　長谷川周吉著　長谷川周吉　1985.1　318p　22cm

◇激録日本大戦争　第4巻　八幡太郎義家の戦い　原康史著　東京スポーツ新聞社　1979.6　278p　18cm　950円

◇旅に出た八幡太郎―茨城の義家伝説　安部元雄著　流山　崙書房　1978.6　121p　18cm　（ふるさと文庫）　580円

◇源義家　安田元久著　吉川弘文館　1966

214p 図版 18cm （人物叢書 日本歴史　学会編） 270円

奥州藤原氏　おうしゅうふじわらし

平安中期から後期の東北地方の豪族。秀郷流藤原氏の系譜。初代藤原清衡、2代基衡、3代秀衡、4代泰衡のことをいう。平泉を拠点に陸奥・出羽を支配した。清衡の父経清は、安倍頼時の娘を妻としていたため、前九年の役には安倍氏に味方し源頼義に殺された。その後、母は出羽の清原氏に再嫁し、清衡はそこで清原氏として育った。しかし、後三年の役で源義家とともに、異父兄弟の清原家衡と戦って勝ち、嘉保元年（1094年）頃に平泉（岩手県西磐井郡）に居を構えた。以後4代にわたって、奥羽に勢力をふるい、また京風の仏教文化を移入、清衡は中尊寺を、基衡は毛越寺を、秀衡は無量光院をそれぞれ創建した。京風の先進仏教文化の辺境の地への移植など、その強大な財力は、陸奥の金をもとにしたものである。4代は一貫して陸奥・出羽押領使として奥羽両国の武士を統率する地位にあり、特に3代秀衡のときが最盛期で鎮守府将軍、陸奥守となった。しかし源頼朝に追われる源義経をかくまったこともあって、文治5年（1189年）には頼朝の攻撃を受け、敗北・滅亡した。岩手県の中尊寺金色堂には、清衡・基衡・秀衡のミイラ化した遺体と泰衡の首が葬られている。

◇奥州藤原氏―その光と影　高橋富雄著　吉川弘文館　2009.8　279p　20cm　（歴史文化セレクション）〈平成5年刊の復刊〉　2100円　①978-4-642-06353-1

◇平泉藤原氏　工藤雅樹著　秋田　無明舎出版　2009.6　292p　19cm　〈文献あり　年表あり〉　1800円　①978-4-89544-502-3

◇吾妻鏡―現代語訳　4　奥州合戦　五味文彦, 本郷和人編　吉川弘文館　2008.9　214p　20cm　2000円　①978-4-642-02711-3

◇平泉―自然美の浄土　大矢邦宣著　里文出版　2008.8　243p　19cm　1428円　①978-4-89806-296-8

◇建築史と考古学の接点を求めて―平泉と鎌倉から　斎藤努編　佐倉　総研大日本歴史研究専攻　2008.3　99p　21cm　（歴史研究の最前線 v.9）〈会期・会場：2007年7月1日　明治大学アカデミーコモン　共同刊行：国立歴史民俗博物館〉

◇平泉・衣川と京・福原　入間田宣夫編　高志書院　2007.7　231p　21cm　〈文献あり〉　2500円　①978-4-86215-025-7

◇平泉藤原氏と南奥武士団の成立　入間田宣夫著　会津若松　歴史春秋出版　2007.2　170p　19cm　（歴春ふくしま文庫 53）〈文献あり〉　1200円　①978-4-89757-584-1

◇平泉物語―藤原氏四代の盛衰　金野静一著　盛岡　熊谷印刷出版部　2006.8　306p　21cm　〈年表あり〉　1714円　①4-87720-298-6

◇十和田湖が語る古代北奥の謎　義江彰夫, 入間田宣夫, 斉藤利男編著　校倉書房　2006.7　260p　20cm　3800円　①4-7517-3750-3

◇平泉への道―国府多賀城・胆沢鎮守府・平泉藤原氏　工藤雅樹著　雄山閣　2005.12　262p　21cm　〈文献あり〉　2800円　①4-639-01911-4

◇奥州藤原四代甦る秘宝　遠山崇著, 岩手日報社出版部編　増補改訂版　盛岡　岩手日報社　2005.6　280p　21cm　〈年表あり〉　1381円　①4-87201-357-3

政 治

◇平泉—よみがえる中世都市　斉藤利男著　岩波書店　2005.6　243, 3p　18cm　（岩波新書）　780円　①4-00-430214-5

◇義経展—源氏・平氏・奥州藤原氏の至宝　NHKプロモーション編　NHK　2005.4　200p　30cm　〈会期・会場：平成17年4月5日—5月15日　千葉市美術館ほか　共同刊行：NHKプロモーション　年表あり〉

◇都市平泉の遺産　入間田宣夫著　山川出版社　2003.7　102p　21cm　（日本史リブレット 18）　〈文献あり〉　800円　①4-634-54180-7

◇北の平泉、南の琉球　入間田宣夫, 豊見山和行著　中央公論新社　2002.8　334p　20cm　（日本の中世 5）　〈付属資料：16p：月報 5　シリーズ責任表示：網野善彦, 石井進編〉　2500円　①4-12-490214-X

◇平泉の世界　入間田宣夫, 本沢慎輔編　高志書院　2002.6　292p　22cm　（奥羽史研究叢書 3）　3500円　①4-906641-52-0

◇奥州藤原氏—平泉の栄華百年　高橋崇著　中央公論新社　2002.1　264p　18cm　（中公新書）　800円　①4-12-101622-X

◇奥州藤原氏五代—みちのくが一つになった時代　大矢邦宣著　河出書房新社　2001.7　253p　20cm　1800円　①4-309-90448-3

◇奥州藤原氏の時代　大石直正著　吉川弘文館　2001.2　288p　22cm　7000円　①4-642-02360-7

◇平泉の世紀—古代と中世の間　高橋富雄著　日本放送出版協会　1999.5　270p　19cm　（NHKブックス）　1020円　①4-14-001860-7

◇奥州藤原四代甦る秘宝　遠山崇著, 岩手日報社出版部編　2版　盛岡　岩手日報社　1999.4　280p　21cm　〈年表あり〉　1262円　①4-87201-264-X

◇逆説の日本史　5（中世動乱編）　源氏勝利の奇蹟の謎　井沢元彦著　小学館　1997.5　329p　20cm　1550円+税　①4-09-379416-2

◇平泉藤原時代その文化と人々　下巻　小池平和著, 悠研究所編　気仙沼　耕風社　1997.4　299p　21cm　1700円

◇平泉藤原時代その文化と人々　中巻　小池平和著, 悠研究所編　気仙沼　耕風社　1996.11　300p　21cm　1700円

◇平泉藤原時代その文化と人々　上巻　小池平和著　気仙沼　耕風社　1996.10　254p　21cm　1700円

◇平泉建築文化研究　藤島亥治郎編著　吉川弘文館　1995.10　373p　27cm　〈平泉文化史・近代研究史年表：p361〜373〉　19570円　①4-642-02749-1

◇平泉と鎌倉　蘇れ黄金・平泉祭実行委員会編　〔平泉町（岩手県）〕　蘇れ黄金・平泉祭実行委員会　1995.9　167p　26cm　〈永福寺遺物展記念〉

◇米沢と奥州平泉—藤原氏と源氏の宿命　田宮友亀雄著　米沢　不忘出版　1995.3　233p　19cm　〈発売：遠藤書店　折り込2枚〉　1500円

◇中尊寺御遺体学術調査—最終報告　中尊寺編　平泉町（岩手県）　中尊寺　1994.7　495p　22cm　〈奥付の書名：中尊寺御遺体学術調査最終報告書　限定版〉　非売品

◇炎立つ紀行　中村紀顕著, 岩手日報社出版部編　盛岡　岩手日報社　1994.7　79p　30cm　1500円　①4-87201-161-9

◇平泉の原像—エミシから奥州藤原氏への道　北上川流域の歴史と文化を考える会編　三一書房　1994.3　293p　20cm　2600円　①4-380-94216-3

◇奥州藤原四代—消滅した東北独立王国の実像　世界文化社　1994.1　168p　26cm

◇（ビッグマン・スペシャル） 1300円

◇藤原王朝―「炎立つ」謎のすべて まんがガイド付 メモリーバンク編,村野守美まんが 大都社 1993.12 227p 19cm 1300円 ⓘ4-88653-502-X

◇炎立つ国・奥州―安倍・清原・藤原氏の軌跡 高橋克彦編 平泉町（岩手県） 川嶋印刷 1993.9 168p 30cm 2000円

◇奥州藤原王朝の謎 中江克己著 河出書房新社 1993.8 223p 15cm （河出文庫） 540円 ⓘ4-309-47253-2

◇藤原四代ものしり帖―平泉王国興亡の謎 杉田幸三著 広済堂出版 1993.8 263p 18cm （Kosaido books）〈藤原四代と源氏・平家略年表：p245～254 参考文献：p262～263〉 780円 ⓘ4-331-00613-1

◇奥州藤原氏―その光と影 高橋富雄著 吉川弘文館 1993.7 272p 20cm 2300円 ⓘ4-642-07401-5

◇図説・奥州藤原氏と平泉 高橋富雄ほか編 河出書房新社 1993.7 121p 22cm 1600円 ⓘ4-309-72488-4

◇藤原四代 志村有弘現代訳・著 富士出版 1993.7 3冊（別冊とも） 19cm〈豪華・愛蔵本 別冊(151p)：藤原四代・原文 別冊(111p)：藤原四代の舞台 帙入限定版〉 全36000円 ⓘ4-938607-66-2

◇「炎立つ」をたっぷり楽しむ法 高野冬彦著 五月書房 1993.7 246p 19cm 1380円 ⓘ4-7727-0125-7

◇奥川平泉 なるほどピナットク黄金の国・ジパングの藤原文化 河野亮著 青谷舎 1993.6 214p 18cm （Seikokusha books） 780円 ⓘ4-915822-11-7

◇源氏と奥州藤原四代の興亡 緒形隆司著 光風社出版 1993.6 213p 18cm 800円 ⓘ4-87519-610-5

◇平泉―奥州藤原氏黄金の夢 荒木伸介著

プレジデント社 1993.6 243p 20cm 1500円 ⓘ4-8334-1487-2

◇藤原三代興亡の謎 大森隆司著 宇都宮下野新聞社 1993.6 240p 18cm 1200円 ⓘ4-88286-034-1

◇藤原四代のすべて 七宮涬三編 新人物往来社 1993.6 322p 20cm 〈藤原四代略年表・参考文献：p261～305〉 2800円 ⓘ4-404-02025-2

◇北方の王者―藤原四代 八尋舜右著 成美堂出版 1993.6 229p 19cm （物語と史蹟をたずねて） 1000円 ⓘ4-415-06575-9

◇黄金の平泉王国―奥州藤原政権の栄華と没落 武光誠著 広済堂出版 1993.4 211p 19cm 1300円 ⓘ4-331-50396-8

◇黄金の平泉藤原一族の時代 高橋克彦編 日本放送出版協会 1993.4 158p 24cm 1200円

◇奥州藤原四代「炎の生涯」 高橋克彦ほか著 ベストセラーズ 1993.4 263p 15cm （ワニ文庫） 580円 ⓘ4-584-37001-X

◇奥州藤原四代甦る秘宝 遠山崇著,岩手日報社出版部編 盛岡 岩手日報社 1993.4 280p 21cm 1300円 ⓘ4-87201-146-5

◇奥州藤原氏物語―黄金文化を創った清衡,基衡,秀衡,泰衡四代がくりひろげる壮大な歴史絵巻 悠思社 1993.2 95p 27cm 1700円 ⓘ4-946424-46-6

◇奥州藤原氏の興亡 風巻紘一著 二笠書房 1992.7 265p 15cm （知的生きかた文庫） 480円 ⓘ4-8379-0517-X

◇奥州藤原氏と柳之御所跡 平泉文化研究会編 吉川弘文館 1992.4 305p 20cm 1980円 ⓘ4-642-07382-5

◇平泉―よみがえる中世都市 斉藤利男著

政　治

岩波書店　1992.2　243, 3p　18cm　〔岩波新書〕　580円　ⓘ4-00-430214-5

◇平泉―奥州藤原四代　高橋富雄著　〔新装版〕　教育社　1991.12　227p　18cm　（教育社歴史新書7）〔第7刷（第1刷：78.5.1）〕　1030円　ⓘ4-315-40158-7

◇平泉と東北古代史　佐々木博康著　水沢　岩手出版　1991.8　5冊　21cm　〈外箱入 限定版〉　全17000円

◇平泉　岩波書店編集部編，泉秀二，朝日新聞文化事業団，岩波映画製作所写真〔復刻版〕　岩波書店　1988.10　63p　21cm　（シリーズ 古都案内 1950～1954）〈岩波写真文庫復刻ワイド版〉　600円　ⓘ4-00-003548-7

◇奥州藤原氏四代　高橋富雄著　吉川弘文館　1987.10　217p　19cm　（人物叢書 新装版）〈新装版 叢書の編者：日本歴史学会〉　1600円　ⓘ4-642-05094-9

◇奥州平泉黄金の世紀　荒木伸介他著　新潮社　1987.5　119p　22cm　（とんぼの本）　1100円　ⓘ4-10-601947-7

◇私の平泉―藤原秀衡公・源義経公・武蔵坊弁慶八〇〇年特別大祭プレ・イベント「あなたが講師のゼミナール」総集編　平泉町（岩手県）　中尊寺　1986.4　223p　26cm　〈発売：川嶋印刷　平泉関係の論文と著書：p217～219 平泉藤原氏関係年表：p221〉　1800円

◇シンポジウム平泉―奥州藤原氏四代の栄華　高橋富雄編　小学館　1985.11　255p　20cm　〈執筆：高橋富雄ほか〉　1800円　ⓘ4-09-390101-5

◇夢のあと―発掘された平泉　藤島亥治郎著　一関　川嶋印刷　1981.3　178p　22cm　〈刊行：岩手日報社〉

◇平泉今昔　読売新聞社盛岡支局編　一関　川嶋印刷　1980.3　257p　19cm

◇平泉―奥州藤原四代　高橋富雄著　〔東村山〕　教育社　1978.5　227p　18cm　（教育社歴史新書）　600円

◇北方の王者―平泉藤原氏三代の栄耀夢の跡　板橋源著　秀英出版　1970　251, 11p 図　19cm　（歴史図書館）　560円

◇奥州平泉　板橋源著　至文堂　1961　186p　19cm　（日本歴史新書）

◇奥州藤原史料　東北大学東北文化研究会編　東京　吉川弘文館　1959　215, 27p　21cm　（東北史史料集 第2）

◇中尊寺と藤原三代　板橋源著　仙台　東北出版　1959　220p 地図　19cm　（東北の地理歴史研究双書）

◇奥州藤原氏四代　高橋富雄著　吉川弘文館　1958　217p 図版 地図　18cm　（人物叢書 日本歴史学会編）

◇中尊寺と藤原四代―中尊寺学術調査報告　朝日新聞社編　朝日新聞社　1950　260p 図版10枚　22cm

藤原 清衡
ふじわらの きよひら

天喜4年（1056年）～大治3年7月16日（1128年）

平安後期の武将。陸奥の豪族藤原経清の子、母は安倍頼時の娘。前九年の役で父が源頼義に殺された後、母が再嫁した清原武貞の養子となり清原姓を名乗る。後三年の役では異父弟の家衡と共に異父兄真衡を攻め、真衡の死後は家衡と争った。陸奥守源義家がこれに介入すると、義家に支援を請い家衡を滅ぼし、奥州の覇者となった。その後藤原姓に戻り、平泉を本拠として、陸奥の金を財源に中尊寺を建立したり宋との関係を持つなど、東北の地に独自の文化を築いた。奥州藤原氏の祖とされる。

　　　　＊　　　＊　　　＊

◇奥州藤原氏―その光と影　高橋富雄著　吉川弘文館　2009.8　279p　20cm　（歴史文化セレクション）〈平成5年刊の復刊〉　2100円　ⓘ978-4-642-06353-1

◇ばあちゃんに聞いた宗任伝説―何故東北の安倍一族が九州の安部になったのか 米沢真理子著 日本図書刊行会, 近代文芸社〔発売〕 1998.7 95p 19cm 1200円 ①4-8231-0107-3

◇平泉の世紀・藤原清衡 高橋富雄著 清水書院 1984.10 217p 18cm （清水新書）〈『藤原清衡』（昭和46年刊）の改題〉 480円 ①4-389-44001-2

◇藤原清衡―平泉の世紀 高橋富雄著 清水書院 1971 217p 図 19cm （センチュリーブックス）

藤原 基衡
ふじわらの もとひら

長治2年（1105年）～保元2年3月19日（1157年）

平安後期の陸奥の豪族。藤原清衡の長男で、母は平氏。父清衡が死亡すると兄惟常と戦って勝利を収め、奥州藤原氏2代目当主となる。平泉を本拠に奥羽両国を支配し、子藤原秀衡と共に藤原3代の栄華を築いた。陸奥守藤原帥綱が信夫郡の検田を強行しようとした際、拒否して合戦となり国司方に大損害を与えた。一方で関白藤原忠実に高鞍・本良など5荘園を寄進し、その管理にあたったが、仁平3年（1153年）年貢増徴にもたやすく応じず、藤原頼長と争った。平泉に毛越寺を建立するなど奥羽への京都の文化の移入にも努めた。

　　　　＊　　　＊　　　＊

◇奥州藤原氏―その光と影 高橋富雄著 古川弘文館 2009.8 279p 20cm （歴史文化セレクション）〈平成5年刊の復刊〉 2100円 ①978-4-642-06353-1

◇平泉への道―国府多賀城・胆沢鎮守府・平泉藤原氏 工藤雅樹著 雄山閣 2005.12 262p 21cm 〈文献あり〉 2800円 ①4-639-01911-4

◇奥州藤原氏五代―みちのくが一つになった時代 大矢邦宣著 河出書房新社 2001.7 253p 20cm 1800円 ①4-309-90448-3

◇藤原王朝―「炎立つ」謎のすべて まんがガイド付 メモリーバンク編，村野守美まんが 大都社 1993.12 227p 19cm 1300円 ①4-88653-502-X

◇奥州藤原王朝の謎 中江克己著 河出書房新社 1993.8 223p 15cm （河出文庫） 540円 ①4-309-47253-2

◇藤原秀衡―奥州藤原氏の栄光 高橋崇著 新人物往来社 1993.8 227p 20cm 2300円 ①4-404-02047-3

◇源氏と奥州藤原四代の興亡 緒形隆司著 光風社出版 1993.6 213p 18cm 800円 ①4-87519-610-5

◇藤原三代興亡の謎 大森隆司著 宇都宮下野新聞社 1993.6 240p 18cm 1200円 ①4-88286-034-1

◇藤原四代のすべて 七宮涬三編 新人物往来社 1993.6 322p 20cm 〈藤原四代略年表・参考文献：p261～305〉 2800円 ①4-404-02025-2

◇奥州藤原四代「炎の生涯」 高橋克彦ほか著 ベストセラーズ 1993.4 263p 15cm （ワニ文庫） 580円 ①4-584-37001-X

◇奥州藤原氏物語―黄金文化を創った清衡，基衡，秀衡，泰衡四代がくりひろげる壮大な歴史絵巻 悠思社 1993.2 95p 27cm 1700円 ①4-946424-46-6

◇奥州藤原氏の興亡 風巻絃一著 三笠書房 1992.7 265p 15cm （知的生きかた文庫） 480円 ①4-8379-0517-X

◇奥州藤原四代―黄金の浄土国と覇王家の最期 童門冬二著 三笠書房 1992.5 241p 19cm 1100円 ①4-8379-1481-0

◇奥州藤原氏四代 高橋富雄著 吉川弘文館 1987.10 217p 19cm （人物叢書 新装版）〈新装版 叢書の編者：日本歴

政治

史学会〉 1600円 ①4-642-05094-9

藤原 秀衡
ふじわらの ひでひら

保安3年(1122年)〜文治3年10月29日(1187年)

平安後期の武将。祖父は藤原清衡、父は基衡。母は安倍宗任の娘。嘉応2年(1170年)従五位下・鎮守府将軍を経て、養和元年(1181年)従五位上・陸奥守に任じられ、平泉を本拠に奥州藤原氏の最盛期を築く。源平争乱の中、平家と朝廷から源頼朝討伐に誘われたが動かなかった。平氏滅亡後は頼朝に対抗し、文治3年(1187年)頼朝と不和になった源義経を平泉に迎え、子の国衡、泰衡に義経を主君として仕えるよう遺言したという。また宇治平等院を模して無量光院を建立。平泉に京文化の移入を図った。

＊　　＊　　＊

◇奥州藤原氏―その光と影　高橋富雄著　吉川弘文館　2009.8　279p　20cm　〈歴史文化セレクション〉〈平成5年刊の復刊〉　2100円　①978-4-642-06353-1

◇英傑の日本史　源平争乱編　井沢元彦著　角川学芸出版、角川グループパブリッシング（発売）　2008.9　311p　15cm　〈角川文庫〉〈年表あり〉　552円　①978-4-04-166218-2

◇平泉藤原氏と南奥武士団の成立　入間田宣夫著　会津若松　歴史春秋出版　2007.2　170p　19cm　〈歴春ふくしま文庫 53〉〈文献あり〉　1200円　①978-4-89757-584-1

◇英傑の日本史　源平争乱編　井沢元彦著　角川学芸出版　2006.2　301p　20cm　〈東京　角川書店（発売）　年表あり〉　1500円　①4-04-621018-4

◇平泉への道―国府多賀城・胆沢鎮守府・平泉藤原氏　工藤雅樹著　雄山閣　2005.12　262p　21cm　〈文献あり〉　2800円　①4-639-01911-4

◇奥州藤原氏―平泉の栄華百年　高橋崇著　中央公論新社　2002.1　264p　18cm　（中公新書）　800円　①4-12-101622-X

◇奥州藤原氏五代―みちのくが一つになった時代　大矢邦宣著　河出書房新社　2001.7　253p　20cm　1800円　①4-309-90448-3

◇知っててほしい貴族・武士の世に活躍した人びと―平安・鎌倉時代　佐藤和彦監修　あかね書房　2000.4　47p　31cm　〈楽しく調べる人物図解日本の歴史 2〉〈索引あり〉　3200円　①4-251-07932-9

◇藤原王朝―「炎立つ」謎のすべて　まんがガイド付　メモリーバンク編、村野守美まんが　大都社　1993.12　227p　19cm　1300円　①4-88653-502-X

◇奥州藤原王朝の謎　中江克己著　河出書房新社　1993.8　223p　15cm　（河出文庫）　540円　①4-309-47253-2

◇藤原秀衡―奥州藤原氏の栄光　高橋崇著　新人物往来社　1993.8　227p　20cm　2300円　①4-404-02047-3

◇源氏と奥州藤原四代の興亡　緒形隆司著　光風社出版　1993.6　213p　18cm　800円　①4-87519-610-5

◇藤原三代興亡の謎　大森隆司著　宇都宮　下野新聞社　1993.6　240p　18cm　1200円　①4-88286-034-1

◇藤原四代のすべて　七宮涬三編　新人物往来社　1993.6　322p　20cm　〈藤原四代略年表・参考文献：p261〜305〉　2800円　①4-404-02025-2

◇黄金の平泉王国―奥州藤原政権の栄華と没落　武光誠著　広済堂出版　1993.4　211p　19cm　1300円　①4-331-50396-8

◇奥州藤原四代「炎の生涯」　高橋克彦ほか著　ベストセラーズ　1993.4　263p　15cm　（ワニ文庫）　580円　①4-584-37001-X

政 治

◇奥州藤原氏物語―黄金文化を創った清衡,基衡,秀衡,泰衡四代がくりひろげる壮大な歴史絵巻　悠思社　1993.2　95p　27cm　1700円　⓪4-946424-46-6

◇奥州藤原氏の興亡　風巻紘一著　三笠書房　1992.7　265p　15cm　（知的生きかた文庫）　480円　⓪4-8379-0517-X

◇奥州藤原四代―黄金の浄土国と覇王家の最期　童門冬二著　三笠書房　1992.5　241p　19cm　1100円　⓪4-8379-1481-0

◇奥州藤原氏四代　高橋富雄著　吉川弘文館　1987.10　217p　19cm　（人物叢書　新装版）〈新装版　叢書の編者：日本歴史学会〉　1600円　⓪4-642-05094-9

◇藤原秀衡　高橋崇著　人物往来社　1966　261p 図版　19cm　（日本の武将 9）　480円

◇中尊寺と藤原四代―中尊寺学術調査報告　朝日新聞社編　朝日新聞社　1950　260p 図版10枚　22cm

藤原 泰衡
ふじわらの やすひら

久寿2年（1155年）～久寿2年（1155年）
平安末期の武将。奥州藤原氏第4代。藤原秀衡の二男で、母は藤原基成の娘。文治3年（1187年）父のあとを継いで陸奥・出羽国押領使となる。父の遺命によって源義経を庇護したが、文治5年（1189年）鎌倉幕府の圧力に抗しきれず、義経を衣川館で攻め殺して、その首を鎌倉に送った。また一方で庶兄の錦戸太郎頼衡や実弟の泉冠者忠衡を殺すなど内部抗争を深めるうち、源頼朝の軍に攻められて平泉を脱し、蝦夷に逃れる途中、郎従の河田次郎に殺された。これにより奥州藤原氏は滅亡。泰衡の首は鎌倉の頼朝のもとに届けられたが返され、中尊寺金色堂に葬られた。

＊　　＊　　＊

◇奥州藤原氏―その光と影　高橋富雄著　吉川弘文館　2009.8　279p　20cm　（歴史文化セレクション）〈平成5年刊の復刊〉　2100円　⓪978-4-642-06353-1

◇私たちの世界遺産　別冊　ユネスコ憲章と平泉・中尊寺供養願文　五十嵐敬喜,佐藤弘弥共著　公人の友社　2009.7　123p　21cm　〈年表あり〉　1200円　⓪978-4-87555-555-1

◇奥州藤原氏五代―みちのくが一つになった時代　大矢邦宣著　河出書房新社　2001.7　253p　20cm　1800円　⓪4-309-90448-3

◇藤原王朝―「炎立つ」謎のすべて　まんがガイド付　メモリーバンク編,村野守美まんが　大都社　1993.12　227p　19cm　1300円　⓪4-88653-502-X

◇源氏と奥州藤原四代の興亡　緒形隆司著　光風社出版　1993.6　213p　18cm　800円　⓪4-87519-610-5

◇藤原三代興亡の謎　大森隆司著　宇都宮下野新聞社　1993.6　240p　18cm　1200円　⓪4-88286-034-1

◇藤原四代のすべて　七宮涬三編　新人物往来社　1993.6　322p　20cm　〈藤原四代略年表・参考文献：p261～305〉　2800円　⓪4-404-02025-2

◇黄金の平泉王国―奥州藤原政権の栄華と没落　武光誠著　広済堂出版　1993.4　211p　19cm　1300円　⓪4-331-50396-8

◇奥州藤原四代「炎の生涯」　高橋克彦ほか著　ベストセラーズ　1993.4　263p　15cm　（ワニ文庫）　580円　⓪4-584-37001-X

◇奥州藤原氏物語―黄金文化を創った清衡,基衡,秀衡,泰衡四代がくりひろげる壮大な歴史絵巻　悠思社　1993.2　95p　27cm　1700円　⓪4-946424-46-6

◇奥州藤原氏の興亡　風巻紘一著　三笠書房　1992.7　265p　15cm　（知的生きかた文庫）　480円　⓪4-8379-0517-X

政治

◇奥州藤原四代―黄金の浄土国と覇王家の最期　童門冬二著　三笠書房　1992.5　241p　19cm　1100円　①4-8379-1481-0

◇奥州藤原氏四代　高橋富雄著　吉川弘文館　1987.10　217p　19cm　(人物叢書 新装版)〈新装版 叢書の編者：日本歴史学会〉　1600円　①4-642-05094-9

◇平安王朝　保立道久著　岩波書店　1996.11　251p　18cm　(岩波新書)　680円　①4-00-430469-5

◇藤原頼通の時代―摂関政治から院政へ　坂本賞三著　平凡社　1991.5　279p　20cm　(平凡社選書 138)　2369円　①4-582-84138-4

後三条天皇
ごさんじょうてんのう

長元7年7月18日(1034年)～延久5年5月7日(1073年)

第71代天皇。在位期間は治暦4年から延久4年(1068～1072年)。名は尊仁(たかひと)。後朱雀天皇の第二皇子、母は三条天皇の皇女禎子内親王(陽明門院)。父後朱雀天皇が第一皇子親仁親王(後冷泉天皇)に譲位後、皇太弟となったが、藤原摂関家に外戚をもたなかったため、関白藤原頼通に疎んじられたといわれる。治暦4年(1068年)異母兄の後冷泉天皇が皇嗣がないまま死去したために即位。藤原教通を関白としたが、積極的に天皇親政を行い、荘園整理令の発布とその実施のための記録荘園券契所の設置、標準枡の制定など新政策を推進し、皇室の経済基盤強化に尽力した。即位5年目の延久4年(1072年)第一皇子貞仁親王(白河天皇)に譲位、同時に2歳の実仁親王を立太子させ、院政を開始しようとしたが、翌5年(1073年)病のため出家し、同年死去した。

　　　　＊　　　＊　　　＊

◇天皇皇族実録　32　後三条天皇実録　藤井讓治,吉岡真之監修・解説　ゆまに書房　2007.11　496p　22cm　〈宮内庁書陵部蔵の複製〉　①978-4-8433-1981-9, 978-4-8433-1955-0

◇王朝の変容と武者　元木泰雄編　大阪清文堂出版　2005.6　463p　22cm　(古代の人物 6)　3800円　①4-7924-0569-6

◇平安時代　保立道久著　岩波書店　1999.11　193, 3p　18cm　(岩波ジュニア新書)　740円　①4-00-500333-8

大江 匡房
おおえの まさふさ

長久2年(1041年)～天永2年11月5日(1111年)

平安後期の学者、歌人、公卿。学問を業とする大江氏生まれ。式部大輔匡衡の曾孫、父は大学頭成衡、母は文章博士・宮内大輔橘孝親の女。唐名は満昌。通称は、江大府卿(ごうたいふけい)、江都督(ごうととく)など。8歳で『史記』に通じ、11歳にして詩を作り、神童といわれる。天喜4年(1056年)文章得業生となり、後三条、白河、堀河天皇の東宮学士を務める。また白河院の院庁の別当として院政政権の重要メンバーとなり、院政に深くかかわった。寛治2年(1088年)参議、嘉保元年(1094年)権中納言となって後、大宰権帥を兼任し大宰府に下向。康和4年(1102年)正二位として戻り、のち大蔵卿も務めた。朝廷儀式の故実に通じ、和漢文学にも優れ、勅撰集に多くの秀作を残す。著書に『江家次第』『江記』『江師集』『江都督納言願文集』『読本朝往生伝』など。

　　　　＊　　　＊　　　＊

◇古鈔本『江都督納言願文集』大江匡房著, 二松学舎大学21世紀COEプログラム「日本漢文学研究の世界的拠点の構築」上古・中古日本漢文学班編　二松学舎大学21世紀COEプログラム　2009.3　77p　30cm　〈発行所：二松学舎大学COE事務局〉　非売品　①4-903353-17-6

◇中世神話の煉丹術―大江匡房とその時代　深沢徹著　京都　人文書院　1994.8　280p　20cm　2472円　①4-409-52022-9

◇大江匡房　川口久雄著　吉川弘文館　1989.3　375p　19cm　(人物叢書 新装

政治

版）〈新装版 叢書の編者：日本歴史学会〉 1900円 ⑭-642-05147-3

◇大江匡房 川口久雄著 吉川弘文館 1968 375p 図版 18cm （人物叢書 日本歴史学会編） 470円

白河天皇　しらかわてんのう

天喜元年6月19日（1053年）～大治4年7月7日（1129年） 第72代天皇。在位期間は延久4年から応徳3年（1072～1086年）。名は貞仁（さだひと）、法名は融観。後三条天皇の第一皇子、母は藤原公成の娘茂子。延久元年（1069年）立太子、同4年（1072年）即位。応徳3年（1086年）第二皇子善仁親王（堀河天皇）を皇太子にたて、即日譲位して白河上皇となった。父の遺志をついで摂関政治を廃し、堀河、鳥羽、崇徳の各天皇の43年間、その後見として政治の実権を握り、「院政」という政治形態を確立させた。また父の政策を受けて荘園整理令をたびたび発令したり、院独自の軍事力として北面の武士を創設するなどした。仏教への帰依も強く、法勝寺などを建立したり、熊野詣などを行った。永長元年（1096年）出家して法皇となった。また自らを文王と称し、『後拾遺集』『金葉集』を勅撰し、『千載集』などに和歌、『新撰朗詠集』に漢詩が残る。

◇天皇皇族実録 33 白河天皇実録 第1巻 藤井譲治,吉岡真之監修・解説 ゆまに書房 2007.11 499p 22cm 〈宮内庁書陵部蔵の複製〉 ⑭978-4-8433-1982-6, 978-4-8433-1955-0

◇天皇皇族実録 34 白河天皇実録 第2巻 藤井譲治,吉岡真之監修・解説 ゆまに書房 2007.11 p501-1028 22cm 〈宮内庁書陵部蔵の複製〉 ⑭978-4-8433-1982-6, 978-4-8433-1955-0

◇天皇皇族実録 35 白河天皇実録 第3巻 藤井譲治,吉岡真之監修・解説 ゆまに書房 2007.11 p1029-1294 22cm 〈宮内庁書陵部蔵の複製〉 ⑭978-4-8433-1982-6, 978-4-8433-1955-0

◇白河法皇―中世をひらいた帝王 美川圭著 日本放送出版協会 2003.6 270p 19cm （NHKブックス）〈年表あり 文献あり〉 1020円 ⑭4-14-001973-5

堀河天皇　ほりかわてんのう

承暦3年7月9日（1079年）～嘉承2年7月19日（1107年）

第73代天皇。在位期間は応徳3年から嘉承2年（1086～1107年）。名は善仁（たるひと）。白河天皇の第二皇子、母は源顕房の娘賢子（藤原師実の養女となる）。父白河天皇の弟の皇太子実仁親王の死から1年後の、応徳3年（1086年）に立太子し、その日に父から譲位を受けて即位し、外祖父である関白藤原師実を摂政とした。わずか8歳の即位で、父白河法皇が院政を行ったため、もっぱら笛や笙などの音楽に親しんだ。のち成長すると大江匡房、源俊方らが補佐を行い、自ら政務に精励して賢王と評された。白河院政には批判的であった。文学を好み『新古今集』『金葉集』等に入集。また『続教訓抄』には笛の譜を作らせたという逸話が残る。

＊　　＊　　＊

◇天皇皇族実録 36 堀河天皇実録 第1巻 藤井譲治,吉岡真之監修・解説 ゆまに書房 2007.11 467p 22cm 〈宮内庁書陵部蔵の複製〉 ⑭978-4-8433-1983-3, 978-4-8433-1955-0

◇天皇皇族実録 37 堀河天皇実録 第2巻 藤井譲治,吉岡真之監修・解説 ゆまに書房 2007.11 p469-1062 22cm

政 治

〈宮内庁書陵部蔵の複製〉　①978-4-8433-1983-3, 978-4-8433-1955-0
◇堀河朝の文学―堀河天皇の動静を中心として　古池由美著　新典社　2002.7　285p　22cm　（新典社研究叢書 142）　7200円　①4-7879-4142-9

院政　いんせい

太上天皇（上皇、法皇）の執政を常態とする政治形態。応徳3年（1086年）白河上皇に始まり、形式的には江戸末期の天保11年（1840年）光格上皇崩御まで断続して行われた。しかし、いちおう政権としての機能を保ったのは、鎌倉末期の後宇多院政までの250年間で、それは3期に分けられ、第1期は白河・鳥羽院政の70年間、第2期は後白河・後鳥羽院政は約60年間、第3期は承久3年（1221年）の後高倉院政から、元亨元年（1321年）に終わる後宇多院政まで。とくに、白河上皇から平家滅亡のころまでの約100年間を院政時代という。白河上皇の執政は、国政の主導権を摂関の手から天皇のもとに取り返した後三条、白河2代の親政を継承するものであったが、制度的にも慣習的にも密接な関係であった天皇と摂政・関白に対し、上皇はそれらにまったく拘束されず、その政治権力は国政全般を支配するものであり、院宣が詔勅・宣旨よりも重んじられた。後白河・後鳥羽院政時代は武家政権の成立期に当り、公武両政権の対立期でもあったが、承久の乱（1221年）によって公家政権は決定的な打撃を受けることとなった。

◇院政と武士の登場　福島正樹著　吉川弘文館　2009.7　265p　20cm　（日本中世の歴史 2）　〈文献あり 年表あり〉　2600円　①978-4-642-06402-6

◇院政の日本人―双調平家物語ノート 2　橋本治著　講談社　2009.6　437p　21cm　2100円　①978-4-06-214287-8

◇全集日本の歴史　第6巻　京・鎌倉ふたつの王権―院政から鎌倉時代　本郷恵子著　小学館　2008.5　364p　22cm　〈標題紙等のタイトル：日本の歴史　折り込2枚　文献あり　年表あり〉　2400円　①978-4-09-622106-8

◇日本中世の権力と地域社会　木村茂光編　吉川弘文館　2007.8　296p　22cm　13000円　①978-4-642-02866-0

◇日本中世の朝廷・幕府体制　河内祥輔著　吉川弘文館　2007.6　349, 7p　22cm　9000円　①978-4-642-02863-9

◇院政―もうひとつの天皇制　美川圭著　中央公論新社　2006.10　270p　18cm　（中公新書）　〈文献あり〉　820円　①4-12-101867-2

◇院政期の王家と御願寺―造営事業と社会変動　丸山仁著　高志書院　2006.6　232, 15p　22cm　5000円　①4-86215-014-4

◇生活誌　院政期文化研究会編　森話社　2005.1　232p　22cm　（院政期文化論集　第5巻）　5400円　①4-916087-50-X

◇院政と平氏政権　石井進著　岩波書店　2004.11　417, 18p　22cm　（石井進著作集　第3巻）　〈付属資料：6p：月報 3　シリーズ責任表示：石井進著　シリーズ責任表示：石井進著作集刊行会編〉　8400円　①4-00-092623-3

◇時間と空間　院政期文化研究会編　森話社　2003.10　262p　22cm　（院政期文化論集　第3巻）　5600円　①4-916087-38-0

◇白河法皇―中世をひらいた帝王　美川圭著　日本放送出版協会　2003.6　270p　19cm　（NHKブックス）　〈年表あり

文献あり〉 1020円 ①4-14-001973-5

◇院政とその時代―王権・武士・寺院 田中文英著 京都 仏教大学通信教育部 2003.3 306p 20cm （仏教大学鷹陵文化叢書 8）〈京都 思文閣出版（発売）〉 2200円 ①4-7842-1149-7

◇院政の展開と内乱 元木泰雄編 吉川弘文館 2002.12 318, 13p 22cm （日本の時代史 7）〈シリーズ責任表示：石上英一〔ほか企画・編集〕 文献あり 年表あり〉 3200円 ①4-642-00807-1

◇言説とテキスト学 院政期文化研究会編 森話社 2002.12 246p 22cm （院政期文化論集 第2巻） 5600円 ①4-916087-32-1

◇院政と平氏、鎌倉政権 上横手雅敬, 元木泰雄, 勝山清次著 中央公論新社 2002.11 414p 20cm （日本の中世 8）〈付属資料：16p；月報 8 シリーズ責任表示：網野善彦, 石井進編 文献あり 年表あり〉 2700円 ①4-12-490217-4

◇権力と文化 院政期文化研究会編 森話社 2001.9 273p 22cm （院政期文化論集 第1巻） 5200円 ①4-916087-22-4

◇武士の成長と院政 下向井竜彦著 講談社 2001.5 366p 20cm （日本の歴史 第7巻）〈年表あり 文献あり〉 2200円 ①4-06-268907-3

◇中世の王朝社会と院政 白根靖大著 吉川弘文館 2000.2 286, 8p 22cm 7000円 ①4-642-02787-4

◇院政と平氏政権 竹内理三著, 五味文彦編集・解説 角川書店 1999.9 405p 22cm （竹内理三著作集 第6巻）〈シリーズ責任表示：竹内理三著〉 14000円 ①4-04-522706-7

◇院政と武士の登場―平安時代2 入間田宣夫監修, 森藤よしひろ漫画 集英社 1998.3 163p 23cm （集英社版・学習漫画）〈年表あり 文献あり〉 850円 ①4-08-239006-5

◇マンガ日本の歴史 14 平氏政権と後白河院政 石ノ森章太郎著 中央公論社 1997.8 214p 16cm （中公文庫） 524円 ①4-12-202926-0

◇院政の研究 美川圭著 京都 臨川書店 1996.11 285, 30p 22cm 7210円 ①4-653-03284-X

◇院政期政治史研究 元木泰雄著 京都 思文閣出版 1996.2 381, 28p 22cm （思文閣史学叢書） 8034円 ①4-7842-0901-8

◇院政 山下尚志 近代文芸社 1995.5 193p 20cm 1500円 ①4-7733-3707-9

◇君臨する天皇―日本史最大の謎「天皇」の怪しい力 武光誠著 文芸春秋 1995.2 215p 19cm 1400円 ①4-16-349880-X

◇武 貴族と鎌倉 村井康彦編 講談社 1994.4 297p 21cm （京の歴史と文化 2 院政・鎌倉時代） 2600円 ①4-06-251952-6

◇院政時代史論集 槙道雄著 続群書類従完成会 1993.4 390, 31p 22cm 9800円

◇都と鄙の中世史 石井進編 吉川弘文館 1992.3 316p 21cm 5200円 ①4-642-02641-X

◇日本中世史入門 中野栄夫著 雄山閣 1986.4 280p 21cm 2500円 ①4-639-00557-1

◇院政期社会の研究 五味文彦著 山川出版社 1984.11 495, 27p 22cm 5000円

◇平安末期政治史研究 河野房雄著 東京堂出版 1979.6 496, 9p 22cm 〈折り込表5枚〉 6800円

◇院政　吉村茂樹著　至文堂　1958　166p　図版　19cm　（日本歴史新書）〈付：院政に関する参考論文及び著書 162-166p〉

院庁
いんのちょう

　上皇や女院に付属して院中の諸務を処理する役所のことをいうが、狭義には平安後期、院政をとる上皇・法皇の政務機関のこと。別当以下の院司がその職員で、譲位後または女院号宣下後の吉日を選んで院庁始すなわち開庁式を行う。院政開始以後、政務をとる上皇の院庁はとくに拡充され、しだいに国政にも関与し、発行する文書の院庁下文、院の牒の権威も高まった。宇多上皇の院中にみえる「院庁雑色」がその初見で、円融上皇のとき院庁始が行われたことも記録に見える。院政が開始されるや、執政の上皇の院司は強大化し、後白河院政以降は、院庁が国政運営の一端を担った例もあるが、それでも院政の中心機関となることはなかった。

　　　　＊　　　＊　　　＊

◇院政期の内裏・大内裏と院御所　高橋昌明編　京都　文理閣　2006.6　393p　22cm　（平安京・京都研究叢書1）〈文献あり　年表あり〉　6000円　①4-89259-514-4

◇中世公家社会の空間と芸能　秋山喜代子著　山川出版社　2003.10　197,9p　21cm　（山川歴史モノグラフ3）　4800円　①4-634-52300-0

◇院近臣の研究　槙道雄著　続群書類従完成会　2001.11　290,33p　22cm　8000円　①4-7971-0735-9

◇中世公家政権の研究　本郷恵子著　東京大学出版会　1998.3　352,7p　21cm　7400円　①4-13-020116-6

◇古代文書の機能論的研究　鈴木茂男著　吉川弘文館　1997.12　362p　22cm　8800円　①4-642-02317-8

北面の武士
ほくめんのぶし

　院の御所の北面に詰め、院中の警備にあたった武士。院司の一つ。白河上皇の時に設置。上皇の身辺の警護のほか、御幸の供奉・警衛も命じ、ときには僧兵の鎮圧にも動員した。その員数もしだいに増加し、上北面（四位、五位）、下北面（五位、六位）の別も生じた。上皇の晩年には、80余人を数え、それに郎等らを加えると1000余人にも上ったといわれ、上皇に直属、院政を支える重要な武力となった。白河上皇の北面武士になった伊勢平氏の平正盛は武士団の中心に成り上がった。正盛の子忠盛も白河・鳥羽院の北面の武士になり、院の北面と平氏との緊密な関係が知られる。承久の乱後、規模を縮小しながらも江戸時代末まで続いた。

　　　　＊　　　＊　　　＊

◇西行の旅路　岡田喜秋著　秀作社出版　2005.6　381p　22cm　〈年譜あり　年表あり　文献あり　著作目録あり〉　2800円　①4-88265-369-9

◇西行のすべて　佐藤和彦, 樋口州男編　新人物往来社　1999.3　231p　20cm　2800円　①4-404-02674-9

◇院政期軍事・警察史拾遺　米谷豊之祐著　近代文芸社　1993.7　353p　20cm　2000円　①4-7733-1888-0

鳥羽天皇
とばてんのう

康和5年1月16日（1103年）～保元元年7月2日（1156年）

　第74代天皇。在位期間は嘉承2年から保安4年（1107～1123年）。名は宗仁（むねひと）。法名は空覚。堀河天皇の第一皇子、母は藤原実季の娘苡子。祖父白河法皇に養育され、嘉承2年（1107年）即位。のち、保安4年（1123年）子の崇徳天皇に譲位して上皇となったが、しばらく白河法皇による院政が続いた。大治4年（1129年）白河法皇が没すると代わって院政を行い、崇徳・近衛・後白河天皇の3代28年間におよんだ。多くの御願

寺を建立し、20回を超える熊野詣など仏教信仰に厚かった。崇徳天皇を退位させて近衛天皇を即位させたことで崇徳天皇と不和になり、近衛天皇が病死すると後白河天皇を即位させて崇徳天皇を排除し続けたため、崇徳上皇の不満、璋子（待賢門院）・得子（美福門院）両后派の対立、摂関家の内紛、源・平武士団内の対立などがからみ、不安な政情を内包していたが、鳥羽上皇が没すると直ちに保元の乱が起こった。催馬楽（さいばら）、音律に精通。

＊　＊　＊

◇天皇皇族実録　38　鳥羽天皇実録　第1巻　藤井讓治, 吉岡真之監修・解説　ゆまに書房　2007.11　712p　22cm　〈宮内庁書陵部蔵の複製〉　①978-4-8433-1984-0, 978-4-8433-1955-0

◇天皇皇族実録　39　鳥羽天皇実録　第2巻　藤井讓治, 吉岡真之監修・解説　ゆまに書房　2007.11　p713-1320　22cm　〈宮内庁書陵部蔵の複製〉　①978-4-8433-1984-0, 978-4-8433-1955-0

◇天皇皇族実録　40　鳥羽天皇実録　第3巻　藤井讓治, 吉岡真之監修・解説　ゆまに書房　2007.11　p1321-1720　22cm　〈宮内庁書陵部蔵の複製〉　①978-4-8433-1984-0, 978-4-8433-1955-0

平 正盛
たいらの まさもり

？〜保安2年（1121年）
平安後期の武将。伊勢平氏の正衡の子。清盛の祖父。承徳元年（1097年）伊賀の所領を白河法皇の皇女郁芳門院媞子内親王の菩提所六条院に寄進し、白河法皇の信任を得て北面の武士として近臣となり、白河院政を支える武士団の中心に成り上がっていった。天仁元年（1108年）源義親の乱を平定した功によって但馬守となる。永久元年（1113年）延暦寺僧徒の強訴を阻止、元永2年（1119年）謀反人平眞澄の誅伐などによって武名をあげる。またこの間、法王の造寺・造塔に尽力したり、若狭守、丹後守、備前守など各地の国守を歴任し、伊勢平氏台頭の基礎を築いた。

＊　＊　＊

◇清盛以前―伊勢平氏の興隆　高橋昌明著　増補・改訂版　京都　文理閣　2004.10　287p　22cm　〈初版：平凡社1984年刊　文献あり〉　4600円　①4-89259-465-2

◇平家物語の京都を歩く　蔵田敏明文, 渡部厳写真　京都　淡交社　2004.10　127p　21cm　（新撰京の魅力）〈年表あり〉　1500円　①4-473-03193-4

◇変革期の人間像　永井路子著　吉川弘文館　1990.12　275p　20cm　1600円　①4-642-07290-X

強 訴
ごうそ

宗教的権威を背景に、集団で権力者に直訴する行動。ふつう平安中期から室町末期に、寺社の僧や神人（じにん）らが武器をとって、集団で朝廷や幕府に訴えたり要求を突きつけるもの。奈良興福寺の衆徒と比叡山延暦寺の大衆の行動が有名。僧侶は本来、所司の順序を経ずに直接訴訟することは養老令以来禁止されていたが、平安後期に朝廷の寺院に対する統制力が緩くなったのに乗じて寺院大衆の権力が著しく伸張したことや、公家の祟り迷信がますます強くなって、次第に寺院側の要求を拒絶できなくなった。

＊　＊　＊

◇文覚　山田昭全著　吉川弘文館　2010.3　230p　19cm　（人物叢書 新装版）〈シリーズの編者：日本歴史学会　文献あり　年譜あり〉　1900円　①978-4-642-05256-6

◇唱導文学研究　第7集　福田晃, 中前正志編　三弥井書店　2009.5　314p　22cm　8500円　①978-4-8382-3180-5

◇延暦寺と中世社会　河音能平, 福田栄次郎編　京都　法蔵館　2004.6　499p　22cm　9500円　①4-8318-7462-0

◇白河法皇―中世をひらいた帝王　美川圭著　日本放送出版協会　2003.6　270p

政治

19cm （NHKブックス）〈年表あり 文献あり〉 1020円 ⓘ4-14-001973-5

◇僧兵の歴史―法と鎧をまとった荒法師たち 日置英剛編著 戎光祥出版 2003.4 346p 19cm 〈年表あり〉 2800円 ⓘ4-900901-28-8

◇平家物語の形成と琵琶法師 砂川博著 おうふう 2001.10 465p 22cm 15000円 ⓘ4-273-03208-2

僧 兵
そうへい

古代・中世の武装した僧侶集団の称で、平安後期には強大な勢力となり、特に興福寺の僧兵は奈良法師、延暦寺は山法師、園城寺は寺法師と呼ばれ有名。多くの集会をもつ寺院は、その集会での合議のもとに、強訴や抗争を起こした。それはときに寺院連合を組み、源氏・平氏をもしのぐ軍事力を持った。織田信長・豊臣秀吉政権の全国統一が進むにつれ消滅した。

* * *

◇平安僧兵奮戦記 川村一彦著 歴研 2008.5 95p 21cm （歴研「日本史の謎」ブックレット） 800円 ⓘ978-4-903991-11-5

◇僧兵の歴史―法と鎧をまとった荒法師たち 日置英剛編著 戎光祥出版 2003.4 346p 19cm 〈年表あり〉 2800円 ⓘ4-900901-28-8

◇僧兵盛衰記 渡辺守順著 三省堂 1984.8 229p 19cm （三省堂選書108） 1200円 ⓘ4-385-43108-6

◇日本僧兵研究 日置昌一著 国書刊行会 1972 343, 35p 図 22cm 3800円

◇僧兵 勝野隆信著 至文堂 1955 199p 図版 19cm （日本歴史新書）

神 人
じにん

「じんにん」とも読む。平安時代末期から室町時代末期にかけて、神社に属した下級神職者や神事・雑役に従事する人をさす。彼らは宗教的職務に従事する見返りとして、強い宗教的、身分的特権を有していた。そしてその特権を守るために、また寺社の指示によって、彼らは神宝、神輿（しんよ）、神木を奉じて、強訴を行った。中央では伊勢、春日、日吉などの大社に、地方でも多数の神人が組織された。

* * *

◇片隅の中世・播磨国鵤荘の日々 水藤真著 吉川弘文館 2000.5 203p 20cm 〈文献あり〉 2500円 ⓘ4-642-07764-2

◇天満宮 竹内秀雄著 吉川弘文館 1996.5 389, 8p 20cm （日本歴史叢書 新装版）〈新装版 叢書の編者：日本歴史学会〉 3193円 ⓘ4-642-06636-5

南都北嶺
なんとほくれい

南都とは奈良の興福寺を中心とする仏教集団のこと、北嶺とは最澄が天台宗を開いた京都・比叡山延暦寺のこと。春日大社の神木を擁した興福寺の僧兵と日吉神社の神輿を奉じた延暦寺の僧兵との確執が繰り返され、朝廷への強訴を行ったり、また闘争になることもあった。そのため南都北嶺の称はもっぱら強訴の僧兵をさすこととなった。

* * *

◇南都寺院文書の世界 勝山清次編 京都 思文閣出版 2007.10 342p 22cm 5800円 ⓘ978-4-7842-1369-6

◇南都北嶺 中村直勝著 再版 京都 星野書店 1950 298p 19cm

◇南都北嶺 中村直勝著 京都 星野書店 1948 298p 19cm

平 忠盛
たいらの ただもり

永長元年（1096年）～仁平3年1月15日（1153

政　治

年）
　平安末期の武将。津市産品の人とされる。平正盛の長男で、清盛の父。父正盛と共に白河法皇に仕え、天仁元年（1108年）左衛門少尉、検非違使となり、伯耆、越前、備前、美作、尾張、播磨などの国守を歴任。大治4年（1129年）山陽・南海両道の海賊追討に活躍。日宋貿易により一門繁栄の基礎を築いた。白河法皇の没後は、鳥羽上皇の別当となり、長承元年（1132年）鳥羽院御願の得長寿院千体観音堂造営の功によって但馬守となり、内昇殿をゆるされた。保延元年（1135年）再び海賊追討にあたり、宮廷における平氏の地位を高めた。また、武力・財力だけでなく歌才もあり、『金葉集』などに入集し、家集『忠盛集』がある。

　　　　　　＊　　＊　　＊

◇清盛以前―伊勢平氏の興隆　高橋昌明著　増補・改訂版　京都　文理閣　2004.10　287p　22cm　〈初版：平凡社1984年刊　文献あり〉　4600円　①4-89259-465-2

◇平家物語の京都を歩く　蔵田敏明文, 渡部巌写真　京都　淡交社　2004.10　127p　21cm　（新撰京の魅力）〈年表あり〉　1500円　①4-473-03193-4

◇鹿の谷事件―平家物語鑑賞　梶原正昭著　武蔵野書院　1997.7　316p　22cm　2400円　①4-8386-0387-8

◇変革期の人間像　永井路子著　吉川弘文館　1990.12　275p　20cm　1600円　①4-642-07290-X

保元の乱
ほうげんのらん

　平安末期、保元元年（1156年）京都に起こった内乱。皇室・摂関家の勢力争いに源氏平氏が介入して勃発した。皇室では皇位継承をめぐって崇徳上皇と弟の後白河天皇とが、摂関家では藤原頼長・忠通兄弟が対立し、崇徳・頼長側は源為義・平忠正の軍を招き、後白河・忠通側は源義朝・平清盛の兵をもって交戦したが、半日ほどの短時間の戦闘で、崇徳側が敗れ、上皇は讃岐に流された。この乱を契機に武士政権が成立することとなった。

　　　　　　＊　　＊　　＊

◇院政と武士の登場　福島正樹著　吉川弘文館　2009.7　265p　20cm　（日本中世の歴史2）〈文献あり　年表あり〉　2600円　①978-4-642-06402-6

◇武者の世の生と死　樋口州男著　新人物往来社　2008.5　252p　20cm　2800円　①978-4-404-03510-3

◇源平の争乱　上杉和彦著　吉川弘文館　2007.3　267, 4p　20cm　（戦争の日本史6）〈文献あり　年表あり〉　2500円　①978-4-642-06316-6

◇地図で読む日本古代戦史　武光誠著　平凡社　2005.5　195p　18cm　（平凡社新書）　720円　①4-582-85272-6

◇保元・平治の乱を読みなおす　元木泰雄著　日本放送出版協会　2004.12　243p　19cm　（NHKブックス 1017）〈文献あり〉　970円　①4-14-091017-8

◇院政と平氏政権　石井進著　岩波書店　2004.11　417, 18p　22cm　（石井進著作集 第3巻）〈付属資料：6p；月報3　シリーズ責任表示：石井進著　シリーズ責任表示：石井進著作集刊行会編〉　8400円　①4-00-092623-3

◇源平合戦・戦場の教訓―勝者と敗者、何が明暗を分けたのか　柘植久慶著　PHP研究所　2004.9　195p　15cm　（PHP文庫）　457円　①4-569-66266-8

◇再現日本史―週刊time travel　平安8　講談社　2003.4　42p　30cm　〈年表あり〉　533円

◇院政と平氏、鎌倉政権　上横手雅敬, 元木泰雄, 勝山清次著　中央公論新社　2002.11　414p　20cm　（日本の中世8）〈付属資料：16p；月報8　シリーズ責任表示：網野善彦, 石井進編　文献あり　年表あり〉　2700円　①4-12-490217-4

113

政　治

◇保元の乱・平治の乱　河内祥輔著　吉川弘文館　2002.6　225p　20cm　2500円　Ⓘ4-642-07787-1

◇週刊ビジュアル日本の歴史　no.60　武士の登場　10　デアゴスティーニ・ジャパン　2001.4　p380-417　30cm　533円

◇少年少女日本の歴史　第6巻　源平の戦い　児玉幸多監修, あおむら純まんが　増補版　小学館　1998.2　157p　23cm　(小学館版学習まんが)　〈年表あり〉　830円　Ⓘ4-09-298106-6

◇物語日本の歴史―その時代を見た人が語る　第7巻　武家政治の夜明け　笠原一男編　木耳社　1996.7　201p　20cm　1500円　Ⓘ4-8393-7559-3

◇武士の成立　元木泰雄著　吉川弘文館　1994.8　217, 9p　20cm　(日本歴史叢書　新装版)　〈叢書の編者：日本歴史学会〉　2472円　Ⓘ4-642-06600-4

◇新編日本合戦全集　1　古代源平編　桑田忠親著　秋田書店　1990.3　262p　20cm　〈折り込み図1枚〉　1700円　Ⓘ4-253-00377-X, 4-253-90008-9

◇源頼政　多賀宗隼著　吉川弘文館　1990.2　249p　19cm　(人物叢書　新装版)　〈新装版　叢書の編者：日本歴史学会〉　1650円　Ⓘ4-642-05184-8

◇戦乱の日本史―合戦と人物　第3巻　源平の争乱　安田元久責任編集　第一法規出版　1988.6　158p　31cm　〈監修：安田元久　編集：風土社〉　3500円　Ⓘ4-474-10133-2

◇源平の合戦　人見倫平漫画　学習研究社　1988.4　130p　21cm　(学研まんが 合戦日本史)　680円　Ⓘ4-05-102838-0

◇源平の争乱　安田元久著　新人物往来社　1987.6　218p　20cm　1800円　Ⓘ4-404-01419-8

◇保元・平治の乱　飯田悠紀子著　〔東村山〕　教育社　1979.8　225p　18cm　(教育社歴史新書)　600円

◇激録日本大戦争　第5巻　源為朝と保元の乱　原康史著　東京スポーツ新聞社　1975.10　276p　18cm　950円

崇徳天皇
すとくてんのう

元永2年5月28日(1119年)～長寛2年8月26日(1164年)

第75代天皇。在位期間は保安4年から永治元年(1123～1141年)。名は顕仁(あきひと)。最初の号は讃岐院。鳥羽天皇の第一皇子、母は藤原公実の娘璋子(待賢門院)。後白河天皇の兄。保安4年(1123年)5歳で即位したが、国政は曽祖父白河法皇が行い、実権はなかった。大治4年(1129年)白河法皇の没後は父の鳥羽上皇が院政を行い、その後、異母弟近衛天皇に譲位させられ、さらに近衛の死後は後白河天皇が擁立されて、子の重仁親王への皇位継承は絶たれた。これらの政治的不満が原因となり、保元元年(1156年)鳥羽法皇が崩御すると源為義、平忠正らを集めて挙兵した(保元の乱)が、敗れて讃岐に配流となり、同地で没した。その後に生じた怪異や天変地異は崇徳の怨念によるものとされ、讃岐院の号を崇徳院に改めたり、保元の乱の戦場跡地に粟田宮を建立するなど様々な鎮魂が試みられた。

＊　　＊　　＊

◇中世前期女性院宮の研究　山田彩起子著　京都　思文閣出版　2010.1　295, 5p　21cm　5600円　Ⓘ978-4-7842-1496-9

◇天皇皇族実録　41　崇徳天皇実録　藤井譲治, 吉岡真之監修・解説　ゆまに書房　2008.4　8, 644p　22cm　〈宮内庁書陵部蔵の複製〉　18500円　Ⓘ978-4-8433-1985-7, 978-4-8433-1956-7

◇日本妖怪異聞録　小松和彦著　講談社　2007.8　208p　15cm　(講談社学術文庫)　800円　Ⓘ978-4-06-159830-0

◇家族史としての女院論　野村育世著　校倉書房　2006.4　312p　21cm　(歴史科

学叢書） 9000円 ①4-7517-3710-4

◇崇徳院怨霊の研究　山田雄司著　京都　思文閣出版　2001.2　293,11p　22cm　6000円　①4-7842-1060-1

◇日本妖怪異聞録　小松和彦著　小学館　1995.8　247p　15cm　（小学館ライブラリー 73）　760円　①4-09-460073-6

◇日本妖怪異聞録　小松和彦著　小学館　1992.5　221p　19cm　1700円　①4-09-207302-X

◇悲涙崇徳院　真鍋頼行著　高松　大塚秀男　1982.3　16p　21cm　（御裳濯川 6 撰）　450円

◇崇徳天皇御製集　阿河準三編　坂出　白峯聖蹟護持会　1975　141p　図　22cm　非売品

近衛天皇
このえてんのう

保延5年5月18日（1139年）〜久寿2年7月23日（1155年）

第76代天皇。在位期間は永治元年から久寿2年（1141〜1155年）。名は体仁（なりひと）。鳥羽上皇の第八皇子、母は藤原長実の娘得子（美福門院）。鳥羽法皇は白河法皇によって即位した崇徳天皇を排除するため、体仁を保延5年（1139年）生後3カ月で皇太子にし、永治元年（1141年）3歳で皇位につけた。久安6年（1150年）元服。藤原頼長の養女藤原多子を皇后に、次いで藤原忠通の養女九条院呈子を中宮としたため、摂関家内部において忠通・頼長兄弟の対立が激化、保元の乱の遠因となった。久寿2年（1155年）17歳で皇子女のないまま死去した。

＊　　＊　　＊

◇面白いほどよくわかる天皇と日本史―神武から昭和まで歴代天皇を知ると日本史がわかる　阿部正路監修　日本文芸社　2008.12　278p　19cm　（学校で教えない教科書）　1400円　①978-4-537-25646-8

◇天皇皇族実録　42　近衛天皇実録　藤井讓治,吉岡真之監修・解説　ゆまに書房　2008.4　6,470p　22cm　〈宮内庁書陵部蔵の複製〉　18500円　①978-4-8433-1986-4, 978-4-8433-1956-7

後白河天皇　ごしらかわてんのう

大治2年9月11日（1127年）〜建久3年3月13日（1192年）　第77代天皇。在位期間は久寿2年から保元3年（1155〜1158年）。名は雅仁（まさひと）。法名は行真。鳥羽天皇の第四皇子、母は藤原璋子（待賢門院）。異母弟の近衛天皇が17歳で没したため、久寿2年（1155年）に異例の29歳で即位。これに不満を持つ崇徳上皇らが保元の乱を起こしたが鎮圧。保元3年（1158年）子の二条天皇に譲位したのちは、二条、六条、高倉、安徳、後鳥羽の5代30余年間に渡って、上皇・法皇として院政を行った。その間、平治の乱で台頭した平清盛を貴族社会に引き立ててその勢力を利用しようとしたが、やがて平氏の勢力が強大になると、今度は逆にその排除を企てたりした（鹿ヶ谷事件）。清盛が没すると源氏に接近、源平の争いを中心とする政争・戦乱の陰の演出者とされる。権謀術数に巧みであることから頼朝は後白河院を「日本一の大天狗」と評した。嘉応元年（1169年）出家して法皇となり、造寺造仏・参詣を盛んに行い、また今様を好み、歌謡集『梁塵秘抄』を編纂した。

◇天皇皇族実録　43　後白河天皇実録　第1巻　藤井讓治,吉岡真之監修・解説　ゆまに書房　2008.4　13,506p　22cm　〈宮内庁書陵部蔵の複製〉　①978-4-

政治

8433-1987-1, 978-4-8433-1956-7

◇天皇皇族実録　44　後白河天皇実録　第2巻　藤井讓治, 吉岡真之監修・解説　ゆまに書房　2008.4　p507-1013　22cm　〈宮内庁書陵部蔵の複製〉　①978-4-8433-1987-1, 978-4-8433-1956-7

◇天皇皇族実録　45　後白河天皇実録　第3巻　藤井讓治, 吉岡真之監修・解説　ゆまに書房　2008.4　p1015-1240　22cm　〈宮内庁書陵部蔵の複製〉　①978-4-8433-1987-1, 978-4-8433-1956-7

◇後白河法皇　棚橋光男著　講談社　2006.8　281p　15cm　（講談社学術文庫）　960円　①4-06-159777-9

◇見果てぬ夢―平安京を生きた巨人たち　在原業平・平清盛・後白河・後鳥羽院　日本を見つける知の探訪　JR東海生涯学習財団編著　ウェッジ　2005.9　200p　21cm　1800円　①4-900594-86-5

◇後白河院時代歌人伝の研究　中村文著　笠間書院　2005.6　481, 26p　22cm　14500円　①4-305-70296-7

◇再現日本史―週刊time travel　平安9　講談社　2003.5　42p　30cm　〈年表あり〉　533円

◇天狗はうたう―後白河院の癒しの生涯　藤原成一著　京都　法藏館　2001.3　244p　20cm　2000円　①4-8318-5627-4

◇後白河院政の研究　下郡剛著　吉川弘文館　1999.8　276, 8p　22cm　7500円　①4-642-02781-5

◇マンガ日本の歴史　14　平氏政権と後白河院政　石ノ森章太郎著　中央公論社　1997.8　214p　16cm　（中公文庫）　524円　①4-12-202926-0

◇後白河法皇　棚橋光男著　講談社　1995.12　258p　19cm　（講談社選書メチエ　65）　1500円　①4-06-258065-9

◇後白河院―動乱期の天皇　古代学協会編　吉川弘文館　1993.3　559p　22cm　〈後白河院の肖像あり〉　12000円　①4-642-02262-7

◇後白河上皇　安田元久著　吉川弘文館　1986.11　219p　19cm　（人物叢書　新装版）〈後白河上皇の肖像あり　叢書の編者：日本歴史学会〉　1500円　①4-642-05079-5

◇人物日本の女性史　第5巻　政権を動かした女たち　集英社　1977.7　250p　図　肖像　20cm　〈監修：円地文子〉　890円

◇後白河天皇と新日吉神宮　藤島益雄著　〔京都〕　新日吉神宮　1975　189p（図共）　19cm　非売品

◇後白河天皇　赤木志津子著　秋田書店　1974　246p　肖像　20cm　〈巻末：天皇家系図〉　1300円

◇後白河法皇　山崎丹照著　帝国地方行政学会　1961　220p　19cm

藤原 忠通
ふじわらの ただみち

承徳元年閏1月29日（1097年）～長寛2年2月19日（1164年）

平安後期の公卿。関白藤原忠実の長男、母は村上源氏右大臣顕房の娘師子。別称は法性寺（ほっしょうじ）殿。父罷免の後を受けて関白となり、崇徳天皇の即位により摂政、太政大臣、関白となる。白河法皇の死と鳥羽院政の開始によって父忠実が政界に復帰すると父との対立が激化し、久安6年（1150年）父と縁を切られ、氏長者を異母弟頼長に奪われる。これが一因となって保元の乱が起こり、乱で頼長方を破って再び氏長者となり、のち二条天皇の代になって関白を嫡子基実に譲った。詩文・和歌に優れ、特に書では、扁平な字形と点画をはっきり書く書風の法性寺流の祖とされる。

＊　　＊　　＊

◇法性寺殿御記―九条家本　藤原忠通筆, 宮内庁書陵部編　八木書店　1989.6　1

政 治

軸　33cm　〈宮内庁書陵部蔵の複製 付（22p 21cm）：解題・釈文 箱入 限定版 和装〉　41200円　ⓘ4-8406-2014-8

◇法性寺殿御記―九条家本　藤原忠通筆　宮内庁書陵部　1989.2　1軸　33cm　〈宮内庁書陵部蔵の複製 付（22p 21cm）：解題・釈文 箱入　和装〉

藤原 頼長
ふじわらの よりなが

保安元年5月（1120年）～保元元年7月14日（1156年）

平安後期の公卿。幼名は菖蒲若。通称は、宇治左大臣、悪左府（あくさふ）。藤原忠実の二男で、異母兄藤原忠通の養子。母は藤原盛実の娘。権中納言、権大納言を経て内大臣、左大臣に進む。実父忠実の寵愛を受け、忠通に代わって氏長者となるが、久寿2年（1155年）後白河天皇が即位すると鳥羽法皇の信任も失い孤立を深める。保元元年（1156年）鳥羽法皇が死去すると、崇徳上皇と結んで挙兵（保元の乱）したが敗れ、戦で受けた傷がもとで死去。和漢の才に富み、日記『台記』は著名。

＊　　＊　　＊

◇藤原頼長　橋本義彦著　吉川弘文館　1988.3　233p　19cm　（人物叢書 新装版）〈新装版 藤原頼長の肖像あり 叢書の編者：日本歴史学会〉　1600円　ⓘ4-642-05109-0

◇真鍋先祖発掘　上巻　大塚秀男著　高松真鍋頼行　1982.8　58p　21cm　（御裳濯川 10揖）

◇いろは歌と藤原頼長公　真鍋頼行著　高松　大塚秀男　1982.3　18p　21cm　（御裳濯川 7揖）

◇藤原頼長　橋本義彦著　吉川弘文館　1964　233p 図版　18cm　（人物叢書 日本歴史学会編）

源 為義
みなもとの ためよし

永長元年（1096年）～保元元年7月30日（1156年）

平安末期の武将。通称は六条判官。父は源義親。祖父は清和源氏嫡流義家。父が謀反を起こしたため祖父の養子となり、源氏の家督を継ぐ。天仁2年（1109年）朝廷の命により源義綱を甲賀山で破り、左衛門少尉に任ぜられる。のち藤原頼長の従者となり、久安2年（1146年）検非違使となる。久寿元年（1154年）子義朝の九州での乱行のため解官となり、家督を長男義朝に譲る。保元元年（1156年）保元の乱では、為朝らを率いて崇徳上皇方に加わるが敗れ、後白河天皇方についた義朝の助命嘆願も及ばず、行方不明の為朝を除く子息5人とともに、義朝により斬られた。

＊　　＊　　＊

◇源氏と坂東武士　野口実著　吉川弘文館　2007.7　199p　19cm　（歴史文化ライブラリー 234）〈文献あり　年表あり〉　1700円　ⓘ978-4-642-05634-2

◇講座日本の伝承文学　第3巻　散文文学〈物語〉の世界　福田晃ほか編　美濃部重克, 服部幸造編著　三弥井書店　1995.10　373p　22cm　5500円　ⓘ4-8382-5103-3

◇院政期軍事・警察史拾遺　米谷豊之祐著　近代文芸社　1993.7　353p　20cm　2000円　ⓘ4-7733-1888-0

◇軍記物語の研究　砂川博著　桜楓社　1990.3　454p　21cm　24720円　ⓘ4-273-02379-2

◇清和源氏の全家系　3　東国源氏の京都進出　奥富敬之著　新人物往来社　1989.4　244p　20cm　2300円　ⓘ4-404-01601-8

源 為朝
みなもとの ためとも

保延5年（1139年）～治承元年3月6日（1177年）

平安後期の武将。通称は鎮西八郎為朝（ちんぜ

いはちろうためとも）。父は源為義、母は江口の遊女。13歳の時、父の不興を買って九州に追放され、豊後に住む。総追捕使と称して騒乱事件を起こし、朝廷に訴えられるが召喚命令には従わなかった。久寿元年（1154年）父の解任に伴い上洛し、保元の乱では父と共に崇徳上皇側につ いて奮戦したが、敗れて伊豆大島に配流となる。配流先の大島や近隣の島で数々の狼藉を働いたため、工藤茂光の追討を受けて自害した。巨躯・剛勇・強弓をもって聞こえ、また大島から琉球へ渡り、琉球王朝の祖となったなど多くの伝説がある。

　　　　　＊　　　＊　　　＊

◇伝承の「場」を歩く―芸能・物語・歴史をめぐって　須田悦生著　三弥井書店　2008.9　254p　21cm　3300円　⑪978-4-8382-3169-0

◇源為朝琉球渡来　与那嶺正秀著　南風原町（沖縄県）　グローバル企画印刷（印刷）　1996.7　10p　21cm

◇源為朝外史　藤井健造ほか編　大阪　大手前女子学園本部　1990.11　500p　22cm　〈折り込図2枚〉　非売品

◇崇神―ブラックホールとしての日本の神々　菅田正昭著　コスモ・テン・パブリケーション，太陽出版〔発売〕　1989.2　215p　19cm　（TEN BOOKS）　1200円　⑪4-87666-009-3

◇激録日本大戦争　第5巻　源為朝と保元の乱　原康史著　東京スポーツ新聞社　1975.10　276p　18cm　950円

源 義朝
みなもとの よしとも

保安4年（1123年）～保安4年（1123年）
　平安末期の武将。異名は上総御曹司（かずさおんぞうし）。清和源氏嫡流為義の長男。母は淡路守藤原忠清の娘。若年より父祖伝来の地である鎌倉を拠点に近隣の有力武士を組織して東国に勢力を持つ。仁平3年（1153年）従五位下・下野守となり、久寿元年（1154年）家督をつぐ。保元の乱では平清盛と共に後白河天皇方につき、父や弟を敵として争い勝利。その功により昇殿をゆるされ左馬頭を任ぜられたが、清盛ら平氏に比べると冷遇された。のち清盛と対立、藤原信頼と組んで平治の乱を起こし、京都六条河原で清盛と交戦したが大敗。東国へ逃げる途中、尾張で家人の長田忠致に殺された。

　　　　　＊　　　＊　　　＊

◇平家物語・京を歩く―義経にまつわる28人の群像　佐藤弘弥著　道出版　2005.7　127p　21cm　〈年譜あり〉　1500円　⑪4-86086-022-5

◇源義経と源平の京都　京都　ユニプラン　2004.11　176p　21cm　1429円　⑪4-89704-203-8

◇常盤御前・稿　中村光夫編　〔鎌倉〕〔中村光夫〕　2004.10　61p　27cm　（中村教材資料文庫シリーズ 21）　〈折り込2枚〉　非売品

◇源氏三代101の謎　奥富敬之著　新人物往来社　2002.6　263p　20cm　2800円　⑪4-404-02966-7

◇サバ神社その謎に迫る―源義朝を祀る　江本好一著　藤沢　武田出版　2000.11　226p　19cm　〈東京 星雲社（発売）〉　1400円　⑪4-434-00615-0

◇源義経―物語と史蹟をだすねて　土橋治重著　成美堂出版　1996.12　317p　16cm　（成美文庫）　〈源義経の肖像あり〉　560円　⑪4-415-06454-X

◇物語日本の歴史―その時代を見た人が語る　第8巻　おごる平家　笠原一男編　木耳社　1996.10　192p　20cm　1500円　⑪4-8393-7560-7

◇軍記物語の研究　砂川博著　桜楓社　1990.3　454p　21cm　24720円　⑪4-273-02379-2

◇清和源氏の全家系　3　東国源氏の京都進出　奥富敬之著　新人物往来社　1989.4　244p　20cm　2300円　⑪4-404-01601-8

◇源頼朝―武家政権創始の歴史的背景　安田元久著　新訂版　吉川弘文館　1986.10　223p　20cm　〈初版：弘文堂　昭和33年刊〉　2300円　①4-642-07257-8

◇人物日本の歴史　5　源平の確執　小学館　1975　272, 3p（図共）　22cm　〈編集：日本アート・センター〉　1250円

平治の乱
へいじのらん

　平安末期の平治元年（1159年）京都に起こった内乱。保元元年（1156年）に起こった保元の乱後、後白河上皇を巡り、藤原通憲（信西）と組んで勢力を伸ばした平清盛を打倒しようとして、源義朝が藤原信頼と挙兵したもの。信頼らは清盛の熊野参詣のため京都を留守にしたすきをねらって挙兵、上皇を幽閉し、通憲を殺した。しかし、清盛の策略によって上皇は脱出に成功。六波羅付近で激しい合戦を繰り広げたが、源氏方は敗北した。信頼は斬罪、義朝は尾張で部下の裏切りにあい殺された。義朝の三男頼朝も伊豆に流され源氏は一時衰退。平氏政権が成立するきっかけとなった。

　　　　＊　　　＊　　　＊

◇院政と武士の登場　福島正樹著　吉川弘文館　2009.7　265p　20cm　（日本中世の歴史 2）　〈文献あり　年表あり〉　2600円　①978-4-642-06402-6

◇武者の世の生と死　樋口州男著　新人物往来社　2008.5　252p　20cm　2800円　①978-4-404-03510-3

◇源平の争乱　上杉和彦著　吉川弘文館　2007.3　267, 4p　20cm　（戦争の日本史 6）　〈文献あり　年表あり〉　2500円　①978-4-642-06316-6

◇地図で読む日本古代戦史　武光誠著　平凡社　2005.5　195p　18cm　（平凡社新書）　720円　①4-582-85272-6

◇保元・平治の乱を読みなおす　元木泰雄著　日本放送出版協会　2004.12　243p　19cm　（NHKブックス 1017）　〈文献あり〉　970円　①4-14-091017-8

◇院政と平氏政権　石井進著　岩波書店　2004.11　417, 18p　22cm　（石井進著作集 第3巻）　〈付属資料：6p：月報 3　シリーズ責任表示：石井進　シリーズ責任表示：石井進著作集刊行会編〉　8400円　①4-00-092623-3

◇源平合戦・戦場の教訓―勝者と敗者、何が明暗を分けたのか　柘植久慶著　PHP研究所　2004.9　195p　15cm　（PHP文庫）　457円　①4-569-66266-8

◇院政と平氏、鎌倉政権　上横手雅敬, 元木泰雄, 勝山清次著　中央公論新社　2002.11　414p　20cm　（日本の中世 8）〈付属資料：16p：月報 8　シリーズ責任表示：網野善彦, 石井進編　文献あり　年表あり〉　2700円　①4-12-490217-4

◇保元の乱・平治の乱　河内祥輔著　吉川弘文館　2002.6　225p　20cm　2500円　①4-642-07787-1

◇週刊ビジュアル日本の歴史　no.60　武士の登場　10　デアゴスティーニ・ジャパン　2001.4　p380-417　30cm　533円

◇少年少女日本の歴史　第6巻　源平の戦い　児玉幸多監修, あおむら純まんが　増補版　小学館　1998.2　157p　23cm　（小学館版学習まんが）〈年表あり〉　830円　①4-09-298106-6

◇物語日本の歴史　その時代を見た人が語る　第7巻　武家政治の夜明け　笠原一男編　木耳社　1996.7　201p　20cm　1500円　①4-8393-7559-3

◇武士の成立　元木泰雄著　吉川弘文館　1994.8　217, 9p　20cm　（日本歴史叢書 新装版）〈叢書の編者：日本歴史学会〉　2472円　①4-642-06600-4

◇日本合戦史　上　高柳光寿, 鈴木亨著　河出書房新社　1991.6　207p　15cm

政 治

（河出文庫）　490円　Ⓘ4-309-47222-2

◇新編日本合戦全集　1　古代源平編　桑田忠親著　秋田書店　1990.3　262p　20cm　〈折り込み図1枚〉　1700円　Ⓘ4-253-00377-X, 4-253-90008-9

◇源頼政　多賀宗隼著　吉川弘文館　1990.2　249p　19cm　〈人物叢書 新装版〉　〈新装版 叢書の編者：日本歴史学会〉　1650円　Ⓘ4-642-05184-8

◇戦乱の日本史―合戦と人物　第3巻　源平の争乱　安田元久責任編集　第一法規出版　1988.6　158p　31cm　〈監修：安田元久　編集：風土社〉　3500円　Ⓘ4-474-10133-2

◇源平の合戦　人見倫平漫画　学習研究社　1988.4　130p　21cm　〈学研まんが 合戦日本史〉　680円　Ⓘ4-05-102838-0

◇源平の争乱　安田元久著　新人物往来社　1987.6　218p　20cm　1800円　Ⓘ4-404-01419-8

◇保元・平治の乱　飯田悠紀子著　〔東村山〕　教育社　1979.8　225p　18cm　（教育社歴史新書）　600円

藤原 信頼
ふじわらの のぶより

長承2年（1133年）～平治元年12月27日（1160年）

平安後期の公卿。父は従三位藤原忠隆、母は鳥羽院第一の近臣藤原顕頼の娘。保元の乱ののち、後白河天皇の信任を得て急速に台頭、左近中将、蔵人頭、26歳で参議に昇り、ついで権中納言、検非違使別当となる。後白河院政を支えて活躍したが、のちに藤原通憲（信西）と権勢を争うようにし、平治元年（1159年）、平清盛に圧迫された源義朝と共に挙兵（平治の乱）し、通憲を討って一時政権を掌握したが、清盛に敗れて京都六条河原で斬首となった。

＊　　＊　　＊

◇日本史・ライバルたちの「意外な結末」―宿敵・政敵・好敵手たちの知られざる「その後」　日本博学倶楽部著　PHP研究所　2005.9　275p　15cm　（PHP文庫）　533円　Ⓘ4-569-66442-3

◇保元・平治の乱を読みなおす　元木泰雄著　日本放送出版協会　2004.12　243p　19cm　（NHKブックス 1017）　〈文献あり〉　970円　Ⓘ4-14-091017-8

藤原 通憲
ふじわらの みちのり

嘉承元年（1106年）～平治元年12月13日（1160年）

平安後期の官僚、学者。法名は初め円空、のち信西（しんぜい）。父は筆頭蔵人の藤原実兼、母は源有房の娘。学問に優れ、藤原頼長と並び称されたが、藤原南家の出であったために不遇で、官位は少納言にとどまった。天養元年（1144年）、39歳で出家したのちも政界から隠退せず、妻が後白河天皇の乳母であったために、天皇の即位後に重用された。保元元年（1156年）の保元の乱では源義朝の意見を容れ、崇徳上皇方を破って勝利を収めたが、後白河院政が始まると平清盛と結んで権勢を誇ったため藤原信頼と対立。平治の乱が起こると信頼、義朝らの追撃を受けて殺された。信西は博識多才で、『本朝世紀』『法曹類林』などの編纂・執筆も手がけた。

＊　　＊　　＊

◇藤原通憲資料集―二松学舎大学21世紀COEプログラム「日本漢文学研究の世界的拠点の構築」中世部会事業推進資料　文人研究会編纂　二松学舎大学二十一世紀COEプログラム　2005.3　248p　30cm　〈年表あり　文献あり　年譜あり〉　非売品

◇法曹類林　藤原通憲編　八木書店　2005.1　78, 11p　27cm　（尊経閣善本影印集成 35-2）　〈シリーズ責任表示：前田育徳会尊経閣文庫編〉　Ⓘ4-8406-2335-X

◇新抄格勅符抄　法曹類林　類聚符宣抄　続左丞抄　別聚符宣抄　黒板勝美編輯,

政 治

藤原通憲著, 黒板勝美編輯, 黒板勝美編, 壬生季連編, 黒板勝美編輯, 黒板勝美編輯　新装版　吉川弘文館　1999.4　1冊　23cm　（国史大系 新訂増補 第27巻）〈複製〉　10000円　④4-642-00329-0

◇法曹類林—残巻　藤原通憲著　内閣文庫　1957　3軸1冊（解説共）　21-29cm　〈存巻 巻第192（巻首欠）巻第197（巻首のみ）巻第200 金沢文庫旧蔵 内閣文庫現蔵古写本のコロタイプ複製 巻子本〉

平氏政権　へいしせいけん

　平安末期に平清盛が樹立した政権。平氏一門の居館の在所から六波羅政権と呼ぶこともある。京都で起こった保元・平治の乱は、武力の重要性を内外に知らせる結果となり、平氏清盛が唯一最高の武家のトップに成り上がった。そして国家権力の一翼である軍事権門を担うこととなり、清盛とその一門は中央政界に地盤を固めることとなった。しかし宮廷内外にわたる強引で急激な勢力拡大は、後白河院・摂関家など既成勢力の反感を買うこととなり、治承年間（1177～1181年）に入ると鹿ヶ谷事件など平氏と院との対立が表面化する。治承3年（1179年）11月清盛は軍事クーデターを敢行し、反平氏方貴族を大量に処分、院政を一時停止し、軍事独裁政治を開始した。この軍事クーデター以後を、厳密な意味で平氏政権が成立したという見方が有力である。クーデター後平氏の知行国および平氏一門らが国守につく国が飛躍的に増加、平氏はまた多数の荘園を所有し、日宋貿易を政権の基盤とした。日宋貿易は父の代からの伝統であるが、清盛は瀬戸内海航路の整備に力を入れ、これまで大宰府どまりであった宋船を大輪田泊まで引き入れるなど、貿易に積極的な姿勢を示し、その利益を平氏経済力の強化にあてた。しかし平氏が政権を掌握したことで、平氏と地方武士の対立は深まった。治承4年（1180年）以仁王・源頼政らが挙兵すると、内乱は急速に全国に広まり、源頼朝・義仲らの反平氏勢力の挙兵も続いた。福原への遷都や、東大寺や興福寺を焼き討ちしたりと対抗したが、養和元年（1181年）には一門の総帥清盛が病死。寿永2年（1183年）7月、天皇・神器を奉じて都を落ち西海に逃れた。一時勢力を回復した平氏であるが、文治元年（1185年）3月壇ノ浦の戦を最後に一族は滅亡した。

◇院政と平氏政権　石井進著　岩波書店　2004.11　417, 18p　22cm　（石井進著作集 第3巻）〈付属資料:6p;月報 3　シリーズ責任表示:石井進著　シリーズ責任表示:石井進著作集刊行会編〉　8400円　④4-00-092023-3

◇ある遺書—北摂能勢に残るもうひとつの平家物語　能勢初枝著　大阪　クレイ　2001.9　215p　19cm　1000円　④4-907713-02-9

◇院政と平氏政権　竹内理三著, 五味文彦編集・解説　角川書店　1999.9　405p　22cm　（竹内理三著作集 第6巻）〈シリーズ責任表示:竹内理三著〉　14000円　④4-04-522706-7

◇沙羅双樹—平家姫君達の鎮魂歌　大平智也著　国分寺　新風舎　1998.10　269p　19cm　1800円　④4-7974-0667-4

◇中世初期政治史研究　北爪真佐夫著　吉川弘文館　1998.9　384p　22cm　8000円　④4-642-02764-5

◇少年少女日本の歴史　第6巻　源平の戦い　児玉幸多監修, あおむら純まんが　増補版　小学館　1998.2　157p　23cm　（小学館版学習まんが）〈年表あり〉　830円　④4-09-298106-6

政　治

◇マンガ日本の歴史　14　平氏政権と後白河院政　石ノ森章太郎著　中央公論社　1997.8　214p　16cm　（中公文庫）　524円　⑪4-12-202926-0

◇平知盛―平家最後の勇将　大平智也著　近代文芸社　1995.7　249p　19cm　1800円　⑪4-7733-4213-7

◇平氏政権の研究　田中文英著　京都　思文閣出版　1994.6　462, 18p　22cm　（思文閣史学叢書）　9064円　⑪4-7842-0833-X

◇日本の歴史―マンガ　14　平氏政権と後白河院政　石ノ森章太郎著　中央公論社　1990.12　237p　20cm　〈監修：児玉幸多〉　1000円　⑪4-12-402814-8

◇日本中世政治史　利光三津夫著　慶応通信　1989.6　138p　21cm　1854円　⑪4-7664-0422-X

◇日本中世史入門　中野栄夫著　雄山閣　1986.4　280p　21cm　2500円　⑪4-639-00557-1

平　清盛　たいらの　きよもり

　元永元年（1118年）～養和元年閏2月4日（1181年）　平安末期の武将。平忠盛の嫡男。母は祇園女御の妹とする説が有力。通称は平相国（へいしょうこく）、六波羅殿。法号は清蓮、のち静（浄）海。祖父正盛や父の政治的基盤を利用して政界に進出したのち、保元・平治の乱を制圧して平家一門の地位を確立。永暦元年（1160年）正三位・参議となり、武士として初めて公家に列し、仁安2年（1167年）、50歳のとき従一位太政大臣となる。翌年病に冒されたため、出家して摂津福原に隠退するが、摂関家への接近を図り、娘の徳子を高倉天皇に嫁がせ、その子安徳天皇の外祖父となり、朝廷内の官職を一門で独占、知行三十余国に及ぶ平氏政権を樹立した。また、対宋貿易に関心を示し、宋船を入港させるため港の修築などを行った。治承4年（1180年）以仁王らが平氏追討の挙兵を行うと福原遷都を強行、全国的な内乱状態の中で、熱病に冒されてまもなく没した。

◇平清盛―源平武将伝　加来耕三企画・構成・監修, 水谷俊樹原作, 中島健志作画　ポプラ社　2009.9　126p　22cm　（コミック版日本の歴史 16）〈文献あり　年表あり〉　1000円　⑪978-4-591-11092-8

◇平清盛福原の夢　高橋昌明著　講談社　2007.11　310p　19cm　（講談社選書メチエ　400）　1700円　⑪978-4-06-258400-5

◇見果てぬ夢―平安京を生きた巨人たち　在原業平・平清盛・後白河院・後鳥羽院　日本を見つける知の探訪　JR東海生涯学習財団編著　ウェッジ　2005.9　200p　21cm　1800円　⑪4-900594-86-5

◇平家の棟梁平清盛―夢と栄華の世界をひらいた男　高野澄著　京都　淡交社　2005.7　239p　19cm　1600円　⑪4-473-03254-X

◇清盛と福原と経ヶ島　中島豊著　神戸　交友印刷（印刷）　2003.3　243p　21cm　〈文献あり〉　1143円　⑪4-87787-158-6

◇平清盛の闘い―幻の中世国家　元木泰雄著　角川書店　2001.2　286p　20cm　（角川叢書 14）　2600円　⑪4-04-702114-8

◇平清盛　五味文彦著　吉川弘文館　1999.1　332p　19cm　（人物叢書　新装版）　2100円　⑪4-642-05212-7

◇権勢の政治家・平清盛　安田元久著　清水書院　1984.10　217p　18cm　（清水

新書）〈『平清盛』(昭和46年刊)の改題 平清盛の肖像あり〉　480円　①4-389-44011-X

◇平清盛　加藤秀著, 小沢重行絵　さ・え・ら書房　1984.2　190p　23cm　（少年少女伝記読みもの）　1200円　①4-378-02126-9

◇平清盛――あらそう白旗と赤旗　柚木象吉著　講談社　1982.5　189p　18cm　（講談社火の鳥伝記文庫）　390円　①4-06-147528-2

◇平清盛――平氏一門の栄え　田中正雄まんが　学習研究社　1981.4　148p　23cm　（学研まんが日本史）〈監修：樋口清之〉　680円

◇日本を創った人びと　6　平清盛――「さぶらひ」と「公達」の間　日本文化の会編集　村井康彦著　平凡社　1979.1　82p　29cm　1600円

◇平清盛――平家物語の虚実　邦光史郎著　大阪　保育社　1972　153p（おもに図）15cm　（カラーブックス）　280円

◇平清盛――権勢の政治家と激動の歴史　安田元久著　清水書院　1971　217p　図　19cm　（センチュリーブックス）

平 重盛
たいらの しげもり

保延4年（1138年）～治承3年7月29日（1179年）

平安末期の武将。通称は小松内府（こまつのないふ）、灯籠大臣（とうろうのだいじん）。法名は静蓮（じょうれん）（一説に証空）。平清盛の長男、母は高階基章の娘。保元の乱では父清盛に従い後白河天皇側として勝利を得た。また平治の乱には六波羅を守って活躍。遠江守、従三位、参議などを経て、仁安2年（1167年）権大納言となる。清盛が福原に隠棲したのちは一門の棟梁として行動したが、孤立気味であった。鹿ヶ谷事件で後白河法皇を幽閉しようとした父の清盛を諫めたという逸話が残る。後白河院との表面的対立を抑えるなど性質温厚で、道理を重んじ人望があったが、一門全盛期に父より先に没した。重盛没後、清盛の軍事的独裁政治が始まった。

＊　　＊　　＊

◇平家の群像――物語から史実へ　高橋昌明著　岩波書店　2009.10　216, 9p　18cm　（岩波新書 新赤版1212）〈文献あり 年表あり 索引あり〉　740円　①978-4-00-431212-3

◇英傑の日本史　源平争乱編　井沢元彦著　角川学芸出版, 角川グループパブリッシング（発売）　2008.9　311p　15cm　（角川文庫）〈年表あり〉　552円　①978-4-04-166218-2

◇常葉御前のこと　日吉真夫著　五曜書房, 星雲社（発売）　2007.9　238p　20cm　1714円　①978-4-434-11078-8

◇教科書が教えない日本史のカラクリ　新人物往来社編　新人物往来社　2007.4　293p　19cm　1600円　①978-4-404-03463-2

◇英傑の日本史　源平争乱編　井沢元彦著　角川学芸出版　2006.2　301p　20cm〈東京 角川書店（発売）　年表あり〉　1500円　①4-04-621018-4

◇往生の物語――死の万華鏡『平家物語』林望著　集英社　2000.6　262p　18cm　（集英社新書）　720円　①4-08-720039-6

◇法楽寺――平重盛・慈雲尊者　永井路子, 木南卓一著　大阪　法楽寺　1978.12　155p　25×26cm　〈法楽寺開創八百年記念出版〉

平 時忠
たいらの ときただ

大治2年（1127年）～文治5年2月24日（1189年）

平安後期の公卿。平大納言、平関白（へいかんぱく）と称された。父は平時信。妹滋子（建春門院）が後白河天皇の女御、姉時子が平清盛の妻。

二条天皇にいまだ皇子がなかったため、応保元年（1161年）滋子の生んだ憲仁親王（高倉天皇）の立太子を企てたため、出雲に流された。のちゆるされて戻ったが、嘉応元年（1169年）藤原成親の配流事件に連座して再び出雲に配流となる。高倉天皇の即位後は、清盛の義弟として平氏政権下で権力をふるい、検非違使別当を3度任じられたほか、正二位に昇り、寿永2年（1183年）権大納言となり、平関白と呼ばれた。「平氏にあらざれば人にあらず」の言葉は有名。壇ノ浦の戦で平氏が滅亡すると、源義経に近づいて延命工作を図ったが、源頼朝の厳命で能登に配流となった。

＊　＊　＊　＊

◇神祇文学として読む「平家物語」　上　佐藤太美著　MBC21　2004.11　388p　20cm　〈〔東京〕東京経済（発売）〉　1600円　①4-8064-0742-9

◇沙羅双樹―平家姫君達の鎮魂歌　大平智也著　国分寺　新風舎　1998.10　269p　19cm　1800円　①4-7974-0667-4

二条天皇
にじょうてんのう

康治2年6月17日（1143年）～永万元年7月28日（1165年）

第78代天皇。在位期間は保元3年から永万元年（1158～1165年）。名は守仁（もりひと）。後白河天皇の第一皇子、母は藤原経実の娘懿子。幼時は鳥羽天皇の皇后美福門院得子に養われ、久寿2年（1155年）後白河天皇の即位と同時に皇太子となる。保元3年（1158年）即位。父後白河の院政に抵抗し、親政を行おうとして対立を深め、平治の乱へと発展。乱では、藤原信頼、源義朝が挙兵すると幽閉されたが、まもなく平清盛により脱出して清盛の六波羅邸に身を寄せて難を逃れた。まもなく病気のため若くして没した。

＊　＊　＊　＊

◇天皇皇族実録　46　二条天皇実録・六条天皇実録　藤井譲治, 吉岡真之監修・解説　ゆまに書房　2008.4　1冊　22cm　〈宮内庁書陵部蔵の複製〉　18500円　①978-4-8433-1988-8, 978-4-8433-1956-7

◇後白河院時代歌人伝の研究　中村文著　笠間書院　2005.6　481, 26p　22cm　14500円　①4-305-70296-7

◇天皇の日本史　下　山本峯章編著　光風社出版　1989.9　272p　19cm　1200円　①4-87519-748-9

六条天皇
ろくじょうてんのう

長寛2年11月14日（1164年）～安元2年7月17日（1176年）

第79代天皇。在位期間は永万元年から仁安3年（1165～1168年）。名は順仁（のぶひと）。二条天皇の第二皇子、母は伊岐致遠の娘。永万元年（1165年）病弱の二条天皇に代わって2歳で即位したが、幼少のため後白河上皇が院政を行った。後白河は、病床にあった平清盛が死んだときに天皇支持派の勢力が動き出すことを恐れ、仁安3年（1168年）六条に退位させ、自分の皇子憲仁親王（高倉天皇）に即位させた。六条は太上天皇となったが、これは元服以前に太上天皇とした最初であった。安元2年（1176年）13歳で死去。

＊　＊　＊　＊

◇天皇皇族実録　46　二条天皇実録・六条天皇実録　藤井譲治, 吉岡真之監修・解説　ゆまに書房　2008.4　1冊　22cm　〈宮内庁書陵部蔵の複製〉　18500円　①978-4-8433-1988-8, 978-4-8433-1956-7

◇日本史の意外なウラ事情―家系図から読みとる　須藤公博著　PHP研究所　2007.1　371p　15cm　（PHP文庫）〈『家系図から読みとる日本史』加筆・修正・改題書〉　762円　①978-4-569-66756-0

◇家系図から読みとる日本史　須藤公博著　駿台曜曜社　2003.9　286p　19cm　1300円　①4-89692-212-3

高倉天皇
たかくらてんのう

政治

応保元年9月3日(1161年)～養和元年1月14日(1181年)

第80代天皇。在位期間は仁安3年から治承4年(1168～1180年)。名は憲仁(のりひと)。後白河天皇の第七皇子、母は平清盛の義妹滋子(建春門院)。仁安元年(1166年)六条天皇の皇太子となり、仁安3年(1168年)後白河の院政下に即位。承安2年(1172年)清盛の娘徳子(建礼門院)を中宮とする。その後、後白河の側近らによる平氏打倒計画(鹿ヶ谷事件)が発覚すると、義父清盛と父後白河の対立は激化し、悩まされた。治承4年(1180年)安徳天皇に譲位し、形式的な院政を行った。また、笛を藤原実国に師事し、名手として知られた。

＊　　＊　　＊

◇天皇皇族実録　47　高倉天皇実録　第1巻　藤井讓治,吉岡真之監修・解説　ゆまに書房　2008.4　12,612p　22cm　〈宮内庁書陵部蔵の複製〉　①978-4-8433-1989-5, 978-4-8433-1956-7

◇天皇皇族実録　48　高倉天皇実録　第2巻　藤井讓治,吉岡真之監修・解説　ゆまに書房　2008.4　p613-1158　22cm　〈宮内庁書陵部蔵の複製〉　①978-4-8433-1989-5, 978-4-8433-1956-7

建礼門院
けんれいもんいん

久寿2年(1155年)～建保元年12月13日(1214年)

高倉天皇の中宮。名は平徳子。法名は真如覚。父は平清盛、母は平時子。承安元年(1171年)後白河法皇の猶子として入内、翌年高倉天皇の中宮となる。治承2年(1178年)安徳天皇を出産。養和元年(1181年)院号を与えられて建礼門院と称する。寿永2年(1183年)平氏追討の源義仲軍が京都に迫ると、安徳天皇を連れて平氏一門と西国に逃れた。文治元年(1185年)壇ノ浦の戦で、安徳天皇と共に入水したが、ひとり助けられて京都に送還された。その後出家して大原寂光院で平家一門の菩提を弔って余生を送った。

＊　　＊　　＊

◇建礼門院という悲劇　佐伯真一著　角川学芸出版, 角川グループパブリッシング(発売)　2009.6　222p　19cm　(角川選書　445)　1500円　①978-4-04-703445-7

◇大原と建礼門院　滝川信子著　京都　柴の庵　1985.9　220p　19cm　980円

鹿ヶ谷事件
ししがたにじけん

治承元年(1177年)5月、後白河院の寵臣藤原成親・成経父子、藤原師光(西光)、法勝寺執行の俊寛、平判官康頼、摂津源氏多田行綱らが、俊寛の京都・東山鹿ヶ谷山荘において平氏討伐の謀議をした事件。その内容は、近く行われる祇園御霊会に乗じて六波羅屋敷を攻撃し、一挙に平氏滅亡を図ろうとするものであったが、事は多田行綱の密告によって事前に平清盛に発覚し、西光の白状により関係者は次々に捕らえられ処罰された。西光は死罪、成親は備中国(岡山県)に、俊寛・成経らは九州の南の孤島鬼界ケ島に配流された。この事件の主謀者が一家の縁者(成親は平重盛の婿、成経は教盛の婿)であったことは、平氏にとって衝撃的であった。以後、院と清盛との関係はますます険悪となっていった。

＊　　＊　　＊

◇院政の日本人―双調平家物語ノート　2　橋本治著　講談社　2009.6　437p　21cm　2100円　①978-4-06-214287-8

◇平家物語を読む　川合康編　吉川弘文館　2009.1　281p　20cm　(歴史と古典)　〈文献あり〉　2800円　①978-4-642-07157-4

◇平家物語転読―何を語り継ごうとしたのか　日下力著　笠間書院　2006.4　288p　19cm　(古典ルネッサンス)　〈年表あり〉　1900円　①4-305-00274-4

◇平家物語への旅　西田直敏著　京都　人文書院　2001.10　211p　19cm　〈年表あり〉　1800円　①4-409-16081-8

◇鹿の谷事件―平家物語鑑賞　梶原正昭著

政　治

武蔵野書院　1997.7　316p　22cm　2400円　Ⓘ4-8386-0387-8
◇物語日本の歴史―その時代を見た人が語る　第8巻　おごる平家　笠原一男編　木耳社　1996.10　192p　20cm　1500円　Ⓘ4-8393-7560-7
◇西光の賦　七条勝著　徳島　教育出版センター　1993.3　305p　22cm　〈折り込図1枚〉　非売品

俊　寛
しゅんかん

康治2年（1143年）～治承3年3月2日（1179年）
　平安後期の真言宗僧侶。後白河法皇の近臣で、法勝寺の座主。父は仁和寺法印寛雅。早くから後白河法皇の信任を得て法勝寺執行（しゅぎょう）に任じられ、また法皇の近習となった。俊寛はかねてより平清盛の専横を憎んでいたため、治承元年（1177年）、同じく院の近習であった藤原師光（西光）、藤原成親、平判官康頼らとともに、京都・東山鹿ヶ谷の山荘で平氏討伐の謀議をこらした（鹿ヶ谷事件）。しかし、源（多田）行綱の密告で発覚し、全員捕らえられた。清盛によって成親の子成経、平康頼と共に薩摩の鬼界ヶ島に流される。成経、康頼は翌年赦されて帰京したが、一人残されて悲嘆のうちに自害した。のち俊寛を題材として世阿弥の『俊寛』、近松門左衛門の『平家女護島』などが創作された。

　　　＊　　　＊　　　＊

◇俊寛―対訳でたのしむ　竹本幹夫著　檜書店　2002.10　28p　21cm　500円　Ⓘ4-8279-1032-4
◇読謡集　第17巻　自然居士・俊寛　坂元英夫著　神戸　「尚謡」発行所　1991.10　23p　26cm

藤原　成親
ふじわらの　なりちか

保延4年（1138年）～治承元年（1177年）
　平安後期の公卿。後白河上皇の寵臣。京都の人。中納言藤原家成の三男で、母は中納言藤原経忠の娘。康治元年（1142年）従五位下に叙せられ、越後守、讃岐守、右中将などを務める。平治の乱では藤原信頼方につき、敗れて解官となるが、平重盛の婿であったため死罪を免れる。応保元年（1161年）平時忠らと後白河法皇の皇子憲仁親王（高倉天皇）の皇太子擁立を企てるが失敗し、時忠と共に流罪となったが、翌年ゆるされた。その後も数度に渡り解官・配流を受けるが、後白河による擁護もあって乗り切り、安元元年（1175年）権大納言に昇進。次第に平氏と対立するようになり、治承元年（1177年）僧俊寛、藤原師光らと鹿ヶ谷で平氏打倒を謀った（鹿ヶ谷事件）が、事前に発覚して捕えられ、備前への配流の途中で平清盛のために殺された。

　　　＊　　　＊　　　＊

◇文学の言葉―解釈の諸相　大石嘉美著　冬至書房　2009.6　211p　19cm　2500円　Ⓘ978-4-88582-163-9

西　光
さいこう

？～治承元年6月1日（1177年）
　平安後期の廷臣、僧侶。俗名は藤原師光（もろみつ）。父は中納言家成（白河院乳父顕季の孫）。母は少納言入道信西（藤原通憲）の乳母。信西に仕え、平治元年（1159年）平治の乱で信西が死亡すると出家して西光と称した。のち後白河上皇の寵臣なり権勢をふるったが、治承元年（1177年）4月、子息加賀守師高が延暦寺との争いで配流されると、翌月には院に奏請して天台座主明雲を伊豆に流させた。また同じ頃、京都鹿ヶ谷で藤原成親、僧俊寛らと行った平氏討伐の謀議（鹿ヶ谷事件）が発覚、平清盛に憎まれ朱雀大路で斬られた。

　　　＊　　　＊　　　＊

◇西光の賦　七条勝著　徳島　教育出版センター　1993.3　305p　22cm　〈折り込図1枚〉　非売品

治承・寿永の乱　じしょう・じゅえいのらん

　治承4年(1180年)以仁王の平氏追討の令旨を受けた諸国源氏の挙兵から、寿永4年(1185年)平氏一門が壇ノ浦で滅亡するまでの内乱。源平の合戦(争乱)とも称する。在地武士の協力もあって政界に進出した平氏一族であったが、高位高官の独占、荘園・知行国の集積など、従来の政治権力のあり方となんら変わりがなかった。旧体制から脱却し、さらなる発展を遂げようとする在地武士たちが、平氏に寄せた期待は裏切られた格好になった。とくに治承3年(1179年)11月平清盛がクーデターを断行、後白河法皇の院政を停止させて以後、独裁体制を固めた平氏の政権では、彼らの不満が一気に吹き上がった。院や貴族層との対立、寺社勢力との対立で、平氏は全面的に孤立した。このような情勢から以仁王は治承4年(1180年)4月平氏討伐の令旨を発した。王は翌月末に平氏の攻撃により戦死したが、王の令旨は全国の源氏に伝えられた。配流先の伊豆で令旨を受けた清和源氏の嫡流頼朝は、同年8月挙兵。一時は平氏方に惨敗したが、態勢を立て直し進撃。駿河国富士川の戦いに勝った結果、東国武士のほとんどが源氏の勢力下に入り、頼朝は鎌倉を本拠に関東の地固めを急いだ。北陸道方面では、信濃国に挙兵した源義仲がたちまち同方面を制圧し、寿永2年(1183年)5月平維盛軍を砺波山で撃破(抑圧伽羅峠の戦)。7月末入京。宗盛以下平氏一門は幼少の安徳天皇、三種神器を奉じて西海に落ちた。しかし京都の義仲軍は統制を欠き、後白河法皇以下の権門貴族から疎まれ、源氏の宗主権をめぐる義仲・頼朝の対立も深刻化した。彼の上洛を待望する声が募るなか、頼朝はひそかに法皇と交渉し、「寿永の宣旨」を獲得した。この和議の成立により追い詰められた義仲は、11月クーデターを断行したが、元暦元年(1184年)1月頼朝が範頼・義経に付けて西上させた軍勢と宇治川に会戦して敗れ、逃走の途中近江国粟津(大津市)で戦死した。

◇源平合戦の虚像を剥ぐ―治承・寿永内乱史研究　川合康著　講談社　2010.4　285p　15cm　（講談社学術文庫）　960円　①978-4-06-291988-3

◇源平の内乱と公武政権　川合康著　吉川弘文館　2009.11　322p　20cm　（日本中世の歴史 3）〈文献あり　年表あり〉　2600円　①978-4-642-06403-3

◇英傑の日本史　源平争乱編　井沢元彦著　角川学芸出版, 角川グループパブリッシング（発売）　2008.9　311p　15cm　（角川文庫）〈年表あり〉　552円　①978-4-04-166218-2

◇NHKその時歴史が動いたコミック版　源平争乱・元寇編　NHK取材班編　ホーム社, 集英社〔発売〕　2008.5　497p　15cm　（ホーム社漫画文庫）　876円　①978-4-8342-7416-5

◇平氏滅亡　五味文彦, 本郷和人編　吉川弘文館　2008.3　244p　20cm　（現代語訳吾妻鏡 2）　2300円　①978-4-642-02709-0

◇地域社会からみた「源平合戦」―福原京と生田森・一の谷合戦　歴史資料ネットワーク編　岩田書院　2007.6　117p　21cm　（岩田書院ブックレット　歴史考古学系 H-2）　1400円　①978-4-87294-474-7

◇日本中世の朝廷・幕府体制　河内祥輔著　吉川弘文館　2007.6　349, 7p　22cm　9000円　①978-4-642-02863-9

◇土肥実平と湯河原―鎌倉幕府草創の立役

政　治

者の生涯　高橋徳著　湯河原町(神奈川県)　土肥会　2007.4　160p　27cm　〈年表あり〉

◇源平の争乱　上杉和彦著　吉川弘文館　2007.3　267,4p　20cm　（戦争の日本史6)　〈文献あり　年表あり〉　2500円　⑪978-4-642-06316-6

◇源平合戦事典　福田豊彦,関幸彦編　吉川弘文館　2006.12　342,7p　23cm　〈文献あり　年表あり〉　7000円　⑪4-642-01435-7

◇源平争乱と鎌倉武士―源平期―鎌倉期　武光誠監修・年表解説　世界文化社　2006.3　199p　24cm　（日本の歴史を見るビジュアル版 3)　〈年譜あり　年表あり〉　2400円　⑪4-418-06210-6

◇英傑の日本史　源平争乱編　井沢元彦著　角川学芸出版　2006.2　301p　20cm　〈東京　角川書店(発売)　年表あり〉　1500円　⑪4-04-621018-4

◇源平の時代展図録―歴史浪漫　茨城県近代美術館編　水戸　茨城県近代美術館　2006　135p　31cm　〈会期・会場：平成18年2月11日―3月21日　茨城県近代美術館〉

◇源平合戦と北陸―義経伝説を育んだふるさと　平成17年度夏季特別展　石川県立歴史博物館編　金沢　石川県立歴史博物館　2005.7　106p　30cm　〈会期：平成17年7月23日―8月28日〉

◇争乱期を生きぬいた頼朝と義経　北爪真佐夫著　花伝社　2005.7　251p　20cm　〈東京　共栄書房(発売)〉　1700円　⑪4-7634-0445-8

◇平知盛―平家最後の勇将　源義経との恩讐　大平智也著　伊丹　牧歌舎　2005.7　524p　19cm　〈東京　星雲社(発売)　肖像あり　年表あり〉　1905円　⑪4-434-06281-6

◇もしも義経にケータイがあったなら　鈴木輝一郎著　新潮社　2005.6　189p　18cm　（新潮新書)　680円　⑪4-10-610124-6

◇義経とその時代　大三輪竜彦,関幸彦,福田豊彦編　山川出版社　2005.5　196p　19cm　1800円　⑪4-634-59041-7

◇源義経の合戦と戦略―その伝説と実像　菱沼一憲著　角川書店　2005.4　221p　19cm　（角川選書 374)　1400円　⑪4-04-703374-X

◇源平海の合戦―史実と伝承を紀行する　森本繁著　新人物往来社　2005.2　254p　20cm　〈文献あり〉　2500円　⑪4-404-03233-1

◇源平合戦を馬が行く―馬の博物館所蔵品図録　馬事文化財団編　横浜　馬事文化財団　2005.1　32p　26cm

◇源氏対平氏―義経・清盛の攻防を描く　五味文彦編　新人物往来社　2004.12　207p　26cm　（別冊歴史読本　第29巻第32号)　1800円　⑪4-404-03301-X

◇おんなたちの源平恋絵巻　高城修三著　京都　京都新聞出版センター　2004.11　159p　21cm　〈年表あり〉　1500円　⑪4-7638-0548-7

◇源平ものしり人物事典―「義経」と106人のビジュアル・エピソード　永久保存版　泉秀樹著　文芸社　2004.11　111p　26cm　952円　⑪4-8355-8117-2

◇源義経と源平の京都　京都　ユニプラン　2004.11　176p　21cm　1429円　⑪4-89704-203-8

◇源平合戦・あの人の「その後」―伝説・伝承にみる「それから」の人間模様　日本博学倶楽部著　PHP研究所　2004.10　283p　15cm　（PHP文庫)　〈文献あり〉　552円　⑪4-569-66263-3

◇図説・源平合戦人物伝―決定版　学習研

政　治

究社　2004.10　191p　26cm　〈歴史群像シリーズ　特別編集〉〈折り込1枚　年表あり〉　1900円　①4-05-603640-3

◇源平合戦・戦場の教訓―勝者と敗者、何が明暗を分けたのか　柘植久慶著　PHP研究所　2004.9　195p　15cm　（PHP文庫）　457円　①4-569-66266-8

◇新説・源平盛衰記　八切止夫著　作品社　2004.9　222p　20cm　2400円　①4-87893-696-7

◇図説合戦地図で読む源平争乱　関幸彦監修　青春出版社　2004.9　95p　26cm　〈年表あり〉　1200円　①4-413-00691-7

◇源義経と源平の合戦　鈴木亨著　河出書房新社　2004.9　253p　19cm　〈年譜あり　文献あり〉　1600円　①4-309-22418-0

◇水都の調べ―関門海峡源平哀歌　安冨静夫著,吉岡一生写真　下関　下関郷土会　2004.8　133p　21cm　1000円

◇源平合戦とその時代―特別展　香川県歴史博物館編　高松　香川県歴史博物館　2003.10　100p　30cm　〈会期：平成15年10月18日―11月24日　文献あり　年表あり〉

◇二条の后藤原高子―業平との恋　角田文衛著　幻戯書房　2003.3　380p　22cm　4700円　①4-901998-02-1

◇院政と平氏、鎌倉政権　上横手雅敬,元木泰雄,勝山清次著　中央公論新社　2002.11　414p　20cm　（日本の中世 8）〈付属資料：16p：月報 8　シリーズ責任表示：網野善彦,石井進編　文献あり　年表あり〉　2700円　①4-12-490217-4

◇平家の旅―源平ゆかりの地・平家落人の里を訪ねて　三木秀生著　〔岐阜〕　大衆書房　2002.9　105p　21cm　953円

◇ものがたり源義経―絵画に描かれた源平合戦の世界　こども博物館　徳島　徳島市立徳島城博物館　2002.4　2枚　30cm

◇源平争乱と平家物語　上横手雅敬著　角川書店　2001.4　291p　19cm　（角川選書 322）　1600円　①4-04-703322-7

◇中世初期政治史研究　北爪真佐夫著　吉川弘文館　1998.9　384p　22cm　8000円　①4-642-02764-5

◇源平時代人物関係写真集―清盛・頼朝・義経・義仲　志村有弘解説・撮影　勉誠社　1998.5　182p　21cm　1800円　①4-585-00145-X

◇源平の戦いと鎌倉幕府―鎌倉時代　古川清行著　小峰書店　1998.4　119p　27cm　（人物・遺産でさぐる日本の歴史　調べ学習に役立つ 6）　2500円　①4-338-15106-4

◇岡山の源平合戦談　市川俊介著　岡山　日本文教出版　1998.2　156p　15cm　（岡山文庫 192）　800円　①4-8212-5192-2

◇少年少女日本の歴史　第6巻　源平の戦い　児玉幸多監修,あおむら純まんが　増補版　小学館　1998.2　157p　23cm　（小学館版学習まんが）〈年表あり〉　830円　①4-09-298106-6

◇マンガ日本の歴史　15　源平の内乱と鎌倉幕府の誕生　石ノ森章太郎著　中央公論社　1997.9　212p　16cm　（中公文庫）　524円　①4-12-202951-1

◇弓矢と刀剣―中世合戦の実像　近藤好和著　吉川弘文館　1997.8　232p　19cm　（歴史文化ライブラリー 20）〈文献あり〉　1700円　①4-642-05420-0

◇逆説の日本史　5（中世動乱編）　源氏勝利の奇蹟の謎　井沢元彦著　小学館　1997.5　329p　20cm　1550円+税　①4-09-379416-2

◇源平の盛衰　上横手雅敬著　講談社　1997.4　334p　15cm　（講談社学術文

政　治

庫）　940円＋税　①4-06-159275-0

◇源平合戦の虚像を剥ぐ―治承・寿永内乱史研究　川合康著　講談社　1996.4　254p　19cm　（講談社選書メチエ 72）　1500円　①4-06-258072-1

◇源平合戦物語　遠藤寛子作，百鬼丸絵　講談社　1995.11　281p　18cm　（講談社青い鳥文庫）　590円　①4-06-148429-X

◇源平人物ものしり百科―総集編　新人物往来社　1994.1　488p　21cm　（別冊歴史読本特別増刊）　1800円

◇源氏と奥州藤原四代の興亡　緒形隆司著　光風社出版　1993.6　213p　18cm　800円　①4-87519-610-5

◇源平の盛衰に学ぶ経営哲学　伊佐早二郎著　泰流社　1993.6　200p　20cm　1800円　①4-8121-0038-0

◇歴史に咲いた女たち―源氏の花平家の花　石丸晶子著　広済堂出版　1991.12　287p　20cm　1600円　①4-331-50351-8

◇私の源平盛衰帖　太田一夫著　信山社出版　1991.10　569, 3p　20cm　〈発売：大学図書　著者の肖像あり〉　3090円　①4-88261-935-0

◇紀州史の源氏と平氏　松田文夫著　〔和歌山〕　〔松田文夫〕　1991.9　172p　23cm　2600円

◇日本の歴史―マンガ　15　源平の内乱と鎌倉幕府の誕生　石ノ森章太郎著　中央公論社　1991.1　235p　20cm　（監修：児玉幸多）　1000円　①4-12-402815-6

◇頼朝の時代――一一八〇年代内乱史　河内祥輔著　平凡社　1990.4　296p　20cm　（平凡社選書 135）　2266円　①4-582-84135-X

◇源平の武将と女人　長野甞一著　宮本企画　1990.2　122p　15cm　（かたりべ叢書 29）　〈著者の肖像あり〉

◇源平の興亡―頼朝、義経の戦いと兵馬の権　学習研究社　1989.8　176p　26cm　（歴史群像シリーズ 13）　〈付（図1枚）〉　1000円

◇日本中世政治史　利光三津夫著　慶応通信　1989.6　138p　21cm　1854円　①4-7664-0422-X

◇源平の合戦　人見倫平漫画　学習研究社　1988.4　130p　21cm　（学研まんが 合戦日本史）　680円　①4-05-102838-0

◇源平の争乱　安田元久著　新人物往来社　1987.6　218p　20cm　1800円　①4-404-01419-8

◇考証武蔵坊弁慶―源平合戦時代面白蘊蓄絵図　白井孝昌著　徳間書店　1986.3　190p　21cm　〈画：かもよしひさ〉　1300円　①4-19-223234-0

◇壇浦源平戦八百年　伊賀平内左衛門著　〔香住町（兵庫県）〕　〔伊賀平内左衛門〕　1985.6　55p　18cm　〈編集：学研一冊の本出版会（東京）折り込図1枚〉

◇赤間神宮源平合戦図録　下関　赤間神宮社務所　1985.4　66p　31cm　〈年表：p64～66〉

◇源平の美術展　下関　下関市立美術館　1984.9　163, 18p　28cm　〈壇の浦合戦800年記念　会期：1984年9月15日～10月21日〉

◇まんが日本史―アニメ版　11　源平のたたかい　小学館　1983.11　40p　21cm　（小学館のテレビ学習シリーズ）　320円　①4-09-112011-3

◇源平悲劇の女性―日本女性の歴史　暁教育図書　1983.1　147p　27cm　（日本発見）　〈関連年表：p133～134〉　1700円

◇日本の歴史―学研まんが　5　源氏と平氏―鎌倉時代・前期　堀江卓まんが　学習研究社　1982.3　148p　23cm　〈監修：樋口清之〉　580円　①4-05-004648-2

政 治

◇治承・寿永の内乱論序説—北陸の古代と中世2　浅香年木著　法政大学出版局　1981.12　445, 28p　22cm　（叢書・歴史学研究）　6800円

◇激録日本大戦争　第7巻　源頼朝と平家滅亡　原康史著　東京スポーツ新聞社　1980.8　322p　18cm　1300円　①4-8084-0038-3

◇図説人物日本の女性史　3　源平女性の光と影　小学館　1979.10　195p　27cm　〈監修：井上靖、児玉幸多　制作：第二アートセンター　女性史・年表3：p194～195〉　1800円

◇屋島のたたかい　赤羽末吉絵, 今西祐行文　偕成社　1979.4　1冊　23×31cm　（源平絵巻物語 第6巻）　1500円

◇日本女性の歴史　4　源平悲劇の女性　暁教育図書　1978.7　146p　28cm　〈付：関連年表〉　2000円

◇人物日本の女性史　第3巻　源平争乱期の女性　集英社　1977.5　244p　図　22cm　〈監修：円地文子〉　890円

◇源平絵巻画集　赤羽末吉著　岩崎書店　1975.1　図版12枚　46cm　〈帙入 限定版〉　58000円

◇源平軍物語　黒川真道編　下関　防長史料出版社　1974　744p　20cm　（国史叢書）〈国史研究会大正3年刊の複製 限定版〉　8000円

◇仏川のやかた　源平絵巻物語　今西祐行文, 赤羽末吉絵　講談社　1973　40p　29cm　（日本の歴史物語）

◇安宅の関—源平絵巻物語　今西祐行文, 赤羽末吉絵　講談社　1972　40p　29cm　（日本の歴史物語）

◇源平の古戦場を行く　鈴木亨著　青樹社　1972　254p　図　20cm　500円

◇武蔵坊弁慶—源平絵巻物語　今西祐行文, 赤羽末吉絵　講談社　1971　40p　29cm

◇屋島のたたかい—源平絵巻物語　今西祐行文, 赤羽末吉絵　講談社　1971　39p　29cm　（日本の歴史物語）

◇源氏と平家　前田晁等著, 大石哲路等絵　金の星社　1970　266p　22cm　（おはなし日本の歴史 第3巻）

◇源平の合戦・三代将軍実朝　榊山潤著, 榎本真砂夫等絵　学習研究社　1967　330p　23cm　（物語日本史 3）

◇源平史料総覧　遠藤元男著　雄山閣出版　1966　365p　図版　22cm　〈参考文献目録：336-342p〉　1800円

◇源平の争乱　安田元久著　筑摩書房　1966　210p　18cm　（グリーンベルト・シリーズ）　250円

◇源平の盛衰　中谷孝雄著　河出書房新社　1959　300p　図版　19cm　（現代人の日本史 第7）

◇源氏と平氏　渡辺保著　至文堂　1955　210p　19cm　（日本歴史新書）

◇源平時代　西岡虎之助著　要書房　1955　238p　19cm　（要選書）

以仁王
もちひとおう

仁平元年（1151年）～治承4年5月26日（1180年）

別称は、最勝親王、三条宮、高倉宮。後白河天皇の皇子、母は権大納言三条季成の娘高倉三位成子。才学優れ、人望もあり皇位継承の有力候補とみられたが、弟（のちの高倉天皇）の母建春門院滋子（後白河天皇女御）の妨害によって親王になれなかった。治承3年（1179年）平氏のクーデターにより父法皇が幽閉され、王も常興寺（領）を没収されるに及び、翌年源頼政の勧めにより、平氏追討を決意し令旨を発した。以仁王自身は頼政と共に宇治川の戦いで平氏に敗れたが、令旨は各地に伝わり、源頼朝や源義仲など全国の

131

源氏が蜂起する契機となった。

　　　　＊　　　＊　　　＊

◇会津の伝説―高倉宮以仁王の会津潜行記　安藤紫香, 滝沢洋之著　会津若松　歴史春秋出版　2007.5　179p　19cm　（歴春ふくしま文庫 94）〈文献あり〉　1200円　ⓘ978-4-89757-586-5

◇皇子・逃亡伝説―以仁王生存説の真相を探る　柿花仄著　MBC21　1993.8　379p　20cm　〈発売：東京経済〉　2500円　ⓘ4-8064-0364-4

◇以仁王の御廟所とその令旨―郷土史の研究　望月清歳著　〔望月清歳〕　〔1989〕　80p　19cm　〈以仁王の肖像あり〉

◇以仁王と嵯峨孫王ゆかりの人々　鎌村善子著　綾部　佐々木喜一　1988.2　142p　19cm

安徳天皇
あんとくてんのう

治承2年11月12日（1178年）～文治元年3月24日（1185年）

　第81代天皇。在位期間は治承4年から寿永4年（1180～1185年）。名は言仁（ときひと）。高倉天皇の第一皇子、母は平清盛の娘建礼門院徳子。誕生後1カ月で皇太子となり、治承4年（1180年）高倉天皇の譲位を受けて3歳で即位。同年6月摂津福原に遷都したが、11月京都に戻る。寿永2年（1183年）源義仲入京の際、平宗盛に擁せられ西国に逃げ落ちる。大宰府、讃岐の屋島を経て、文治元年（1185年）長門壇ノ浦で祖母二位尼（平時子）に抱かれ、平氏一門と共に入水した。

　　　　＊　　　＊　　　＊

◇天皇皇族実録　49　安徳天皇実録　藤井讓治, 吉岡真之監修・解説　ゆまに書房　2008.4　6, 296p　22cm　〈宮内庁書陵部蔵の複製〉　18500円　ⓘ978-4-8433-1990-1, 978-4-8433-1956-7

◇安徳天皇漂海記　宇月原晴明著　中央公論新社　2006.2　330p　20cm　1900円　ⓘ4-12-003705-3

◇安徳じゃが浮かびたい―安徳天皇の四国潜幸秘史　細川幹夫著　〔柏〕　麗沢大学出版会　2004.4　237p　20cm　〈柏広池学園事業部（発売）〉　文献あり　年表あり〉　1800円　ⓘ4-89205-478-X

◇あやかし考―不思議の中世へ　田中貴子著　平凡社　2004.3　255p　19cm　2000円　ⓘ4-582-83214-8

◇平家落人伝説―生きていた安徳天皇　門脇茂, 上条彰共著　野田　上条彰　2003.9　102p　19cm　非売品

◇安徳帝因幡国古跡実記―東家蔵本　東慈性編著　安徳天皇古跡研究会　1995.10　296, 10p　22cm　〈肖像あり　東京　新人物往来社（発売）〉　8252円　ⓘ4-404-02268-9

◇能勢に潜幸された安徳天皇　野木円之助編　能勢町（大阪府）　詩画工房　1992.2　194p　22cm　2500円

◇安徳天皇御潜幸と越知の歩み　織田盛雄著　越知町（高知県）　織田盛雄　1990.5　194p　21cm　〈著者の肖像あり〉　1100円

◇安徳天皇はすり替えられていた　宇佐公康著　木耳社　1990.4　256p　19cm　（オリエントブックス）〈折り込図1枚〉　1200円　ⓘ4-8393-7515-1

◇安徳天皇御事蹟論　阿部鉄眠著　下関　防長史料出版社　1974　250p　図　22cm　〈松野秀葉明治37年刊の複製　限定版〉　4000円

福原
ふくはら

　治承4年（1180年）平清盛が安徳天皇を奉じて一時新都とした地で、現在の兵庫県神戸市兵庫区の福原町あたり。大輪田泊に接する地で瀬戸内海交通の要衝に位置する。福原荘として清盛

が領有、ここに別荘をつくった。仁安3年（1168年）出家後ここに引退。大輪田泊の修築に努め、2年後には初めて宋の船を福原まで入航させることに成功。後白河院との間の対立が深刻化し、治承4年（1180年）6月安徳幼帝を擁して、旧勢力の地盤である京から福原に遷都する。しかし土地が狭く造都も進まず、貴族や寺院勢力の激しい反発をうけて11月再び京都に還都した。

　　　　　＊　　＊　　＊

◇日本中世都市遺跡の見方・歩き方―「市」と「館」を手がかりに　鋤柄俊夫著　京都　昭和堂　2010.5　271p　19cm　2000円　①978-4-8122-1014-7

◇平清盛福原の夢　髙橋昌明著　講談社　2007.11　310p　19cm　（講談社選書メチエ　400）　1700円　①978-4-06-258400-5

◇生活の陰翳　江馬務著　新装　中央公論新社　2002.10　518p　22cm　（江馬務著作集　日本の風俗文化　第6巻〉〈シリーズ責任表示：江馬務著　シリーズ責任表示：井筒雅風〔ほか〕編　オンデマンド版）　12000円　①4-12-570036-2

源　頼政
みなもとの　よりまさ

長治元年（1104年）～治承4年5月26日（1180年）

　平安末期の武将、歌人。通称は源三位頼政（げんざんみよりまさ）。法名は真蓮（頼円とも）。源仲政の長男、母は勘解由次官藤原友実の娘。清和源氏摂津渡辺党の棟梁で、白河上皇に仕え蔵人、従五位下に叙せられる。保元の乱では後白河天皇方となり、平治の乱では源義朝に請われて出陣したが、途中から平清盛側となった。乱後昇殿をゆるされ、清盛の推挙により平氏政権下で唯一、源氏として従三位にまで昇進したが、翌年出家。治承4年（1180年）以仁王の平氏追討に同調して挙兵したが、宇治平等院で戦死した。弓の名手で鵺退治の伝説で有名。また和歌にも長じ、著書に『源三位頼政家集』がある。

　　　　　＊　　＊　　＊

◇源三位頼政集全釈　小原幹雄，錦織周一共著　笠間書院　2010.1　528p　22cm　〈文献あり　年表あり　索引あり〉　14000円　①978-4-305-70498-6

◇頼政集本文集成―二〇〇八年度早稲田大学戸山リサーチセンター個別研究課題「オンデマンド授業システムの共同研究基盤への応用研究」研究成果　頼政集輪読会　2009.1　28p　21cm

◇頼政集夏部注釈―二〇〇七年度早稲田大学戸山リサーチセンター個別研究課題研究成果　頼政集輪読会　2008.1　7，134p　21cm

◇源頼政　多賀宗隼著　吉川弘文館　1990.2　249p　19cm　（人物叢書　新装版）〈新装版　叢書の編者：日本歴史学会〉　1650円　①4-642-05184-8

◇頼政公と高松山―高松町郷土誌　源三位頼政公奉賛会記念郷土誌編集部編　西脇　源三位頼政公奉賛会　1981.5　15，601，19p　22cm

◇源頼政　多賀宗隼著　吉川弘文館　1973　249p　図　18cm　（人物叢書　日本歴史学会編）

◇源三位頼政集　吉野町（奈良県）　阪本竜門文庫　1965　3冊（別冊共）　21-25cm　（阪本竜門文庫覆製叢刊　第5）〈日野角坊文庫旧蔵竜門文庫現蔵永録6年山科言継筆のコロタイプ複製　箱入　別冊（102p）：山科言継自筆「源三位頼政集」解説並釈文（川瀬一馬）　和装〉

◇源三位頼政　川田順著　春秋社　1958　242p　図版　19cm

政治

源 頼朝 みなもとの よりとも

久安3年(1147年)～正治元年1月13日(1199年)　平安末期から鎌倉初期の武将。鎌倉幕府第1代将軍。幼名は鬼武者。父は源義朝、母は熱田大宮司藤原季範の娘。平治の乱で捕えられ、伊豆に配流となる。20年間の流人生活の間、頼朝の監視役だった北条時政の娘政子と結婚。またこの間、伊豆、相模の武士たちとの交流や、京都からの情報などから、都の政治情況の変化を的確に把握していた。治承4年(1180年)以仁王の平氏追討の令旨を受けて挙兵。相模石橋山で敗れて安房に逃れたが、安房の武士たちを味方に加えて勢力を巻き返し、鎌倉に入って本拠とした。平維盛軍を富士川に破り、自立の動きを見せていた常陸国佐竹氏を討って南関東一帯を制圧。ついで傘下の武士たちを統率する機関として侍所を設置した。平氏を追って入京した源義仲が、政治力の欠如と義仲軍の狼藉から京都貴族の反発をよび、後白河法皇とも対立するようになると、頼朝はこの機を逃さずに奏上し、法皇と貴族の歓心を買うことに成功した。頼朝は東国諸国の支配権を公的に承認され、実質的な鎌倉幕府が成立。元暦元年(1184年)弟の範頼と義経を派遣して義仲を討ち、文治元年(1185年)平氏を壇ノ浦で滅ぼした。全国武将の反乱防止策として各地に守護・地頭を置いて幕政をより強固にし、文治5年(1189年)不和となった義経をかくまった奥州藤原氏を滅ぼし、建久3年(1192年)法皇の死後、征夷大将軍に就任。のち相模川の橋供養の帰路に落馬し、これが原因で死去した。将軍在職期間は建久3年(1192年)～建久10年(1199年)。

◇鎌倉殿誕生―源頼朝　関幸彦著　山川出版社　2010.2　212p　19cm　〈『源頼朝―鎌倉殿誕生』(PHP研究所2001年刊)の改題　文献あり 年表あり〉　2000円　①978-4-634-15003-4

◇日本の歴史　09　頼朝の天下草創　網野善彦, 大津透, 鬼頭宏, 桜井英治, 山本幸司編　山本幸司著　講談社　2009.4　395p　15cm　（講談社学術文庫 1909）〈文献あり 年表あり 索引あり〉　1200円　①978-4-06-291909-8

◇吾妻鏡―現代語訳　5　征夷大将軍　五味文彦, 本郷和人編　吉川弘文館　2009.3　269p　20cm　2600円　①978-4-642-02712-0

◇井沢式「日本史入門」講座　5(朝幕併存と天皇教の巻)　井沢元彦著　徳間書店　2008.12　324p　20cm　1500円　①978-4-19-862650-1

◇頼朝の挙兵　五味文彦, 本郷和人編　吉川弘文館　2007.11　210p　20cm　(現代語訳吾妻鏡 1)　2200円　①978-4-642-02708-3

◇源氏と坂東武士　野口実著　吉川弘文館　2007.7　199p　19cm　（歴史文化ライブラリー 234）〈文献あり　年表あり〉　1700円　①978-4-642-05634-2

◇源頼朝と関東の御家人―千葉開府880年　千葉市立郷土博物館特別展図録　千葉市立郷土博物館編　千葉　千葉市立郷土博物館　2006.10　35p　30cm　〈会期：平成18年10月3日―11月5日〉

◇争乱期を生きぬいた頼朝と義経　北爪真佐夫著　花伝社　2005.7　251p　20cm　〈東京　共栄書房(発売)〉　1700円　①4-7634-0445-8

◇源頼朝と天下の草創―東国武士団の発展史について　山内景樹著　大阪　かんぽうサービス　2005.2　189p　19cm　〈大阪　かんぽう(発売)　文献あり〉　1500円　①4-900277-59-2

134

◇源頼朝―武家の時代を開く　酒寄雅志監修, 小西聖一著　理論社　2004.1　109p　25cm　（NHKにんげん日本史）〈年表あり〉　1800円　①4-652-01466-X

◇源頼朝　奥富敬之監修　ポプラ社　2003.4　79p　27cm　（徹底大研究日本の歴史人物シリーズ3）〈年譜あり〉　2850円　①4-591-07552-4, 4-591-99489-9

◇源頼朝―鎌倉殿誕生　関幸彦著　PHP研究所　2001.6　228p　18cm　（PHP新書）〈肖像あり〉　660円　①4-569-61641-0

◇週刊ビジュアル日本の歴史　no.62　貴族の没落　2　デアゴスティーニ・ジャパン　2001.5　p44-83　30cm　533円

◇源頼朝とゆかりの寺社の名宝　神奈川県立歴史博物館編　横浜　神奈川県立歴史博物館　1999.10　127p　30cm　〈特別展：平成11年10月23日―11月28日　没後800年記念〉

◇源頼朝公展―源頼朝公八百年祭記念　〔鎌倉〕　〔鶴岡八幡宮〕　〔1999〕　83p　30cm　〈会期：平成11年6月10日―20日〉

◇頼朝の精神史　山本幸司著　講談社　1998.11　254p　19cm　（講談社選書メチエ　143）　1500円　①4-06-258143-4

◇源頼朝　山路愛山著　復刻版　日本図書センター　1998.1　682p　22cm　（山路愛山伝記選集　第1巻）〈原本：玄黄社明治42年刊〉　①4-8205-8238-0, 4-8205-8237-2

◇源頼朝　永原慶二著　岩波書店　1995.4　211p　20cm　（岩波新書）〈関係年表：p204～209〉　1600円　①4-00-003873-7

◇源頼朝のすべて　奥富敬之編　新人物往来社　1995.4　245p　20cm　2800円　①4-404-02181-X

◇源頼朝　永原慶二著　岩波書店　1992.8　211p　18cm　（岩波新書）〈第26刷（第1刷：1958年）　関係年表：p204～209〉　550円　①4-00-413098-0

◇伊豆の源氏　静岡県東部振興センター企画・編集　韮山町（静岡県）　源氏に関する連絡協議会　1990.7　96p　26cm

◇源頼朝七つの謎　新人物往来社編　新人物往来社　1990.7　237p　20cm　1800円　①4-404-01733-2

◇頼朝の時代――一一八〇年代内乱史　河内祥輔著　平凡社　1990.4　296p　20cm　（平凡社選書　135）　2266円　①4-582-84135-X

◇伊豆の源氏　静岡県東部振興センター編　沼津　静岡県東部振興センター　1990.3　96p　26cm

◇源頼朝　今西祐行著, 折井宏光画　講談社　1989.5　285p　22cm　（少年少女伝記文学館　第3巻）　1440円　①4-06-194603-X

◇源頼朝　宮崎章指導, 山口太一まんが　くもん出版　1988.7　120p　19cm　（くもんのまんがおもしろ大研究）〈監修：石井進〉　580円　①4-87576-382-4

◇源頼朝―時代代表日本英雄伝　山路愛山著　平凡社　1987.12　379p　18cm　（東洋文庫　477）　2300円　①4-582-80477-2

◇源頼朝―武家政権創始の歴史的背景　安田元久著　新訂版　吉川弘文館　1986.10　223p　20cm　〈初版：弘文堂昭和33年刊〉　2300円　①4-642-07257-8

◇源頼朝―武家政治をひらいた　上述義親著　講談社　1985.9　205p　18cm　（講談社火の鳥伝記文庫）　390円　①4-06-147557-6

◇源頼朝　須知徳平著, 東重雄絵　さ・え・ら書房　1982.5　190p　23cm　（少年少女伝記読みもの）　1200円　①4-378-02109-9

政 治

◇激録日本大戦争　第7巻　源頼朝と平家滅亡　原康史著　東京スポーツ新聞社　1980.8　322p　18cm　1300円　①4-8084-0038-3

◇源頼朝　赤羽末吉絵，今西祐行文　偕成社　1979.4　1冊　23×31cm　（源平絵巻物語　第3巻）　1500円

◇源頼朝―鎌倉の武将たち　左近義親著，木俣清児絵　講談社　1979.3　187p　19cm　（少年少女講談社文庫）　480円

◇源頼朝―その生涯と時代　安田元久編　新人物往来社　1979.2　256p　20cm　〈源頼朝の肖像あり〉　1300円

◇源頼朝―物語と史蹟をたずねて　永岡慶之助著　成美堂出版　1979.1　232p　19cm　800円

◇源頼朝―源平の戦い　田中正雄まんが　学習研究社　1978.12　148p　23cm　（図解まんが日本史）　〈監修：樋口清之〉　580円

◇源頼朝　颯手達治著，成瀬数富絵　あかね書房　1978.12　221p　20cm　（嵐の中の日本人シリーズ 13）　780円

◇鎌倉開府と源頼朝　安田元久著　〔東村山〕　教育社　1977.10　245p　図　18cm　（教育社歴史新書）　〈発売：教育社出版サービス（東京）〉　600円

◇批評日本史―政治的人間の系譜　2　源頼朝　奈良本辰也，山田宗睦，尾崎秀樹著　思索社　1972　239p　図　肖像　20cm　980円

◇源頼朝―源平絵巻物語　今西祐行文，赤羽末吉絵　講談社　1972　40p　29cm　（日本の歴史物語）

◇源頼朝　依藤道夫著　依藤醇　1968　486p　図版　22cm　非売

◇史料からみた義経と頼朝　田村栄太郎著　雄山閣　1966　243p　22cm　950円

◇義経と頼朝―敗者の栄光と勝者の悲惨　邑井操著　大和書房　1966　220p　18cm　（ペンギン・ブックス）　290円

◇源頼朝―武家政治の創始とその社会的背景　安田元久著　弘文堂　1958　221p　19cm　（アテネ新書）

◇源頼朝　永原慶二著　岩波書店　1958　211p　18cm　（岩波新書）〈附録（200-211p）：史料と参考文献，関係年表〉

◇源頼朝　中　徳富猪一郎著　大日本雄弁会講談社　1954　344p　図版　地図　19cm

◇源頼朝　下　徳富猪一郎著　大日本雄弁会講談社　1954　357p　図版　19cm

◇源頼朝　上　徳富猪一郎著　大日本雄弁会講談社　1953　331p　図版　地図　19cm

北条 時政
ほうじょう ときまさ

保延4年（1138年）～建保3年1月6日（1215年）
鎌倉幕府第1代執権。執権在職期間は建仁3年から元久2年（1203～1205年）。伊豆の人。通称は四郎。法名は明盛。北条時方の子、母は伴為房の娘。伊豆に流された源頼朝の監視役であったが、ひそかに通じ、娘政子を頼朝の妻とした。治承4年（1180年）頼朝が平氏打倒の兵を挙げるとそれを手助けし、以後頼朝に従って石橋山の戦いや富士川の戦など諸戦に活躍して信頼を得た。文治元年（1185年）源義経追討を名目に上洛し、朝廷との交渉役を務め、また守護・地頭設置の勅許に成功し、初代京都守護職となる。頼朝の死後の建仁3年（1203年）、独裁に走る2代将軍頼家を謀殺して実朝を3代将軍に擁立し、初代執権となって幕政の実権を握る。元久2年（1205年）今度は3代将軍実朝を廃位しようと画策したが失敗。出家して伊豆北条に退隠した。

*　　　*　　　*

◇北条時政と北条政子―「鎌倉」の時代を担った父と娘　関幸彦著　山川出版社　2009.12　86p　21cm　（日本史リブレット人 029）〈文献あり 年表あり〉　800

円　①978-4-634-54829-9
◇英傑の日本史　源平争乱編　井沢元彦著　角川学芸出版, 角川グループパブリッシング（発売）　2008.9　311p　15cm　（角川文庫）〈年表あり〉　552円　①978-4-04-166218-2
◇英傑の日本史　源平争乱編　井沢元彦著　角川学芸出版　2006.2　301p　20cm　〈東京　角川書店（発売）　年表あり〉　1500円　①4-04-621018-4
◇裏方将軍北条時政　小野真一著　叢文社　2000.1　418p　20cm　3000円　①4-7947-0326-0

千葉 常胤
ちば つねたね

元永元年5月24日（1118年）～建仁元年3月24日（1201年）

鎌倉初期の武将。下総国の人。通称は千葉介、下総権介。父は千葉（平）常重、母は常陸の豪族平政幹の娘。保延元年（1135年）下総相馬御厨を相続するが、その支配権を巡って藤原親通、源義朝、平常澄らと争う。保元の乱では義朝に従って出陣。治承4年（1180年）石橋山で敗戦して房総に逃れた源頼朝を迎えて再起を助け、江戸湾岸の制圧に貢献した。平氏追討で軍功をあげ、また東国経営の重要性を説いてその後の幕府の創立に貢献。素朴で誠実な人柄の常胤は御家人の筆頭として重視され、褒賞などもつねに最初に与えられた。平氏追討、奥州征伐（合戦）では東海道軍の大将軍として参戦。幕府成立後、下総の守護職に任じられた。

＊　　＊　　＊

◇千葉常胤　福田豊彦著　吉川弘文館　1987.1　252p　19cm　（人物叢書　新装版）〈新装版 叢書の編者：日本歴史学会〉　1600円　①4-642-05063-9
◇千葉常胤　福田豊彦著　吉川弘文館　1973　252p 図　18cm　（人物叢書　日本歴史学会編）

源 義仲
みなもとの よしなか

久寿元年（1154年）～元暦元年1月20日（1184年）

平安後期の武将。信濃国の人。幼名は駒王丸、通称は木曽冠者。木曽義仲、朝日将軍ともいう。父は源義賢、母は遊女。父が甥の源義平に討たれたため、木曽の豪族中原兼遠のもとに逃れてそこで成人。治承4年（1180年）以仁王の令旨を受けて挙兵、翌年越後の豪族城長茂を横田河原に撃破して北陸を制する。寿永2年（1183年）源頼朝と不和になるが、長男義高を人質に出して和睦。北陸道を侵攻してきた平維盛軍を加賀・越中境の倶利伽羅峠で破り、続く戦いにも連勝。また比叡山を味方にし、都落ちした平氏に代わって上洛。義仲は伊予守に任ぜられるが、政治力の無さや義仲軍勢の暴行や略奪などから都での支持は得られず、孤立していった。元暦元年（1184年）征夷大将軍に任ぜられたが、源範頼・義経軍の追討を受け、近江国粟津で戦死した。

＊　　＊　　＊

◇木曽義仲のすべて　鈴木彰, 樋口州男, 松井吉昭編　新人物往来社　2008.12　233p　20cm　〈文献あり 年譜あり〉　2800円　①978-4-404-03569-1
◇朝日将軍木曽義仲洛中日記　高坪守男著　松本　オフィス・アングル《歴史史料編さん会》　2008.6　207p　19cm　1800円　①978-4-9902289-2-7
◇義仲と今井四郎兼平　川口素生監修, 今井道雄編著　岡谷　諏訪文化社　2007.12　98p　27cm　（史料叢書）　3000円
◇浮世絵で見る義仲・義経の生涯　高津市三解説　松本　オフィス・アングル　2005.1　102p　21×30cm　〈年譜あり　年表あり〉　3000円　①4-9902289-0-1
◇関白松殿と桜姫―源平の渦　藤原美都著　新人物往来社　2002.4　315p　20cm　〈年表あり〉　1500円　①4-404-02960-8
◇悲運の若武者清水冠者義高と大室氏―朝

日将軍木曽義仲伝説　小林孝吉著　文芸社　2000.11　99p　20cm　1100円　①4-8355-0656-1

◇かわら版歴史の道　中山道—信濃路二十六宿の旅　吉井正徳著　長野　ほおずき書籍，星雲社〔発売〕　2000.4　277p　19cm　1800円　①4-7952-2530-3

◇木曽義仲　松本利昭著　愛蔵版　光文社　1997.9　354p　20cm　1600円　①4-334-92287-2

◇朝日将軍・木曽義仲—その波瀾に満ちた生涯に、真の人間義仲像をみた。　日義村義仲館，日義村村誌編纂室編　日義村（長野県）　日義村　1992.5　111p　26cm　〈製作：銀河書房〉　2000円

◇兼遠と義仲　小林清三郎著　長野　銀河書房　1991.12　154p　19cm　〈木曽義仲の肖像あり〉　1500円

◇木曽義仲の挙兵　佐久　伴野氏館跡保存会　1991.3　28p　22cm　（資料 第17）

◇木曽義仲—朝日将軍 史実と小説の間　長島喜平著　国書刊行会　1990.12　217, 3p　20cm　1800円　①4-336-03190-8

◇木曽義仲をしのぶ—そこに「滅びの美」をみつめて　丸山政吉著　〔長野〕　信濃教育会出版部（製作）　1989.11　288p　21cm　1700円

◇義仲と松本平—旭将軍義仲とその子清水冠者義高 ふるさと歴史ものがたり　飯沼伴雄著　〔松本〕　松本市歴研刊行会　1989.9　157p　22cm　〈源義仲の肖像あり〉　2000円

◇木曽義仲物語　駒込幸典ほか編　長野　信濃教育会出版部　1988.6　164p　22cm　（現代口語訳信濃古典読み物叢書 第3巻）　〈監修・指導：滝沢貞夫 叢書の編者：信州大学教育学部附属長野中学校創立記念事業編集委員会 付（11p）：朗読資料〉　980円

◇木曽義重関係資料集—朝日将軍木曽義仲の遺児　〔向島町（広島県）〕　向島町教育委員会　〔1988〕　21p　21cm　（研究紀要 第1号）〈折り込図1枚〉

◇戦国哀史抄—薄命の武将木曽義仲の周辺　田屋久男著　近代文芸　1986.4　189p　20cm　1500円　①4-89607-904-3

◇木曽義仲　赤羽末吉絵，今西祐行文　偕成社　1979.4　1冊　23×31cm　（源平絵巻物語 第4巻）　1500円

◇木曽義仲の隠れ城—朝日ケ峯城址 謎を秘めた大遺跡　島田安太郎，舟木慎吾著　楢川村（長野県木曽郡）　竜門堂　1973　198p 図　22cm　1500円

◇木曽義仲　下出積与著　人物往来社　1966　267p 図版　19cm　（日本の武将 6）　480円

源 範頼
みなもとののりより

?～建久4年8月（1193年）

平安末期から鎌倉初期の武将。遠江国蒲御厨の人。通称は蒲冠者（かばのかじゃ）。源義朝の六男。母は遠江池田宿の遊女。治承4年（1180年）伊豆で挙兵した兄頼朝の部将となる。元暦元年（1184年）弟義経と共に源義仲の軍を倒す。続いて一ノ谷の戦いで平氏を破り、その功により三河守となる。平氏の滅亡後は、九州地方で鎌倉幕府支配のために尽力した。範頼は、頼朝・義経の衝突、義経の運命をみて、頼朝に対して努めて従順な態度をとったが、頼朝の嫌疑を受け失脚、伊豆に配流となった。その後、頼朝の命を受けた梶原景時の刺客に襲われて自害したとも殺されたともいわれる。

＊　　＊　　＊

◇頼朝・範頼・義経—武州金沢に伝わる史実と伝説 神奈川県立金沢文庫開館75周年記念企画展　神奈川県立金沢文庫編　横浜　神奈川県立金沢文庫　2005.6　72p　30cm　〈会期：平成17年6月9日—8月7日〉

政　治

◇蒲冠者源範頼―悲運の生涯と史話探訪　森岡正雄著　伊予　伊予市歴史文化の会　1993.8　91p　22cm　（伊予市歴史文化双書 2）〈源範頼の肖像あり〉　850円

◇清和源氏の全家系　4　源平合戦と鎌倉三代　奥富敬之著　新人物往来社　1989.9　316p　20cm　2300円　①4-404-01652-2

源 義経　みなもとの よしつね

　平治元年（1159年）～文治5年閏4月30日（1189年）　平安末期から鎌倉初期の武将。京都の人。幼名は牛若丸、遮那王。通称は九郎判官（ほうがん）。源義朝の九男、母は常盤御前。平治の乱で平氏に捕らえられたが、幼少のため助けられ鞍馬寺に預けられた。その後脱出して奥州藤原秀衡のもとに身を寄せ、そこで成長した。治承4年（1180年）兄頼朝の平氏追討の挙兵に応じ、一ノ谷・屋島・壇ノ浦と平氏を滅亡に追いやった。しかしその活躍ぶりや、後白河法皇の信任を得ていたことから、頼朝に疎まれ鎌倉入りを許されず追放となった。頼朝の刺客に襲撃されたことから、反逆を企てたが失敗、秀衡を頼って平泉に逃がれた。しかし秀衡の死後、子の泰衡は頼朝に屈し、衣川館で襲撃、義経は自害した。義経に関する伝説は極めて多い。牛若丸時代の天狗・武蔵坊弁慶・金売吉次伝説、平泉で自害せず蝦夷に入り、大陸に渡ってチンギス・ハーンになったとする説も出てきた。数奇な運命にもてあそばれた悲劇的な生涯は、多くの人々の同情を集め、後世には彼を英雄視する伝説・文学を生む結果となり、世に「判官びいき」の風潮を作った。

◇義経浪漫紀行―北海道の伝説　カラー版　上　滝口鉄夫著　札幌　太陽　2009.11　128p　15cm　（くま文庫 37）　476円　①978-4-88642-241-5

◇義経浪漫紀行―北海道の伝説　カラー版　下　滝口鉄夫著　札幌　太陽　2009.11　126p　15cm　（くま文庫 38）　476円　①978-4-88642-242-2

◇源義経―源平武将伝　加来耕三企画・構成・監修，水谷俊樹原作，滝玲子作画　ポプラ社　2009.10　126p　22cm　（コミック版日本の歴史 17）〈文献あり 年表あり〉　1000円　①978-4-591-11093-5

◇九郎義経の謎　伊藤加津子著　文芸社　2009.5　247p　19cm　〈共栄書房1981年刊の増訂〉　1500円　①978-4-286-06704-9

◇源氏将軍神話の誕生―襲う義経、奪う頼朝　清水真澄著　日本放送出版協会　2009.2　235p　19cm　（NHKブックス 1129）〈並列シリーズ名：NHK books　文献あり〉　970円　①978-4-14-091129-7

◇井沢式「日本史入門」講座　5（朝幕併存と天皇教の巻）　井沢元彦著　徳間書店　2008.12　324p　20cm　1500円　①978-4-19-862650-1

◇吾妻鏡―現代語訳　4　奥州合戦　五味文彦，本郷和人編　吉川弘文館　2008.9　214p　20cm　2000円　①978-4-642-02711-3

◇義経伝説を訪ねて　円山義一著　七尾　生生会　2008.6　339p　23cm　〈年譜あり〉　1905円

◇ヒーロー伝説―描き継がれる義経　時代を超えて…義経見参！　特別展　斎宮歴史博物館編　明和町（三重県）　斎宮歴史博物館　2007.9　63p　30cm　〈会期・会場：平成19年9月15日―10月14日 斎宮歴史博物館特別展示室〉

◇源義経　元木泰雄著　吉川弘文館

政治

2007.2 208p 19cm （歴史文化ライブラリー 223）〈文献あり〉 1700円 ①978-4-642-05623-6

◇源義経虚実の間 白方勝著 松山 白水書苑 2006.9 210p 21cm

◇絵本義経ものがたり 村上豊画, 桑原茂夫構成・文 講談社 2006.8 191p 24cm 〈折り込1枚 年譜あり〉 2800円 ①4-06-213555-8

◇義経とみちのく―その史実と伝説 関河惇著 講談社出版サービスセンター 2006.8 273p 20cm 2000円 ①4-87601-762-X

◇義経の真実―源義経の歩んだ道を訪ねて 古訪未夢著 文芸社 2006.7 127p 19cm 〈年譜あり〉 1100円 ①4-286-01393-6

◇義経のすべて―特別参加歴史小説自信作選 歴史研究会出版局歴史浪漫編集委員会編 歴研 2006.5 167p 21cm （歴史浪漫 新装 第1号）〈年表あり〉 2000円 ①4-947769-71-8

◇義経伝説物語 岩淵実著, 岩淵国雄編 新風舎 2006.4 259p 21cm 1800円 ①4-7974-8380-6

◇義経伝説の謎に迫る―ふくしまの義経伝説 黒沢賢一著 いわき いわきセミナー出版部 2006.3 194p 21cm 〈年表あり〉 1575円

◇白拍子静御前 森本繁著 新人物往来社 2005.12 246p 19cm 〈文献あり〉 1800円 ①4-404-03286-2

◇悲運に散った若武者義経 小西聖一著, 小泉澄夫絵 理論社 2005.11 153p 21cm （ものがたり日本 歴史の事件簿） 1200円 ①4-652-01632-8

◇悲劇の英雄源義経と奥州平泉 星亮一著 ベストセラーズ 2005.10 245p 18cm （ベスト新書）〈文献あり〉 840円 ①4-584-12098-6

◇源義経―後代の佳名を胎す者か 近藤好和著 京都 ミネルヴァ書房 2005.9 267, 12p 20cm （ミネルヴァ日本評伝選）〈肖像あり 文献あり 年譜あり〉 2200円 ①4-623-04475-0

◇義経の東アジア 小島毅著 勉誠出版 2005.9 189p 19cm （智慧の海叢書 18）〈文献あり 年表あり〉 950円 ①4-585-07119-9

◇裏・義経本 城島明彦著 主婦の友社 2005.8 285p 19cm 〈肖像あり 年譜あり〉 1200円 ①4-07-248728-7

◇義経記 五味文彦著 山川出版社 2005.7 181p 19cm （物語の舞台を歩く） 1800円 ①4-634-22500-X

◇争乱期を生きぬいた頼朝と義経 北爪真佐夫著 花伝社 2005.7 251p 20cm 〈東京 共栄書房（発売）〉 1700円 ①4-7634-0445-8

◇「逆説」で斬る！義経の謎 井沢元彦著 宝島社 2005.6 222p 16cm （宝島社文庫）〈背のタイトル：「逆説」で斬る！義経 「義経の謎」（2004年刊）の改題 年表あり〉 619円 ①4-7966-4691-4

◇もしも義経にケータイがあったなら 鈴木輝一郎著 新潮社 2005.6 189p 18cm （新潮新書） 680円 ①4-10-610124-6

◇義経とその時代 大三輪竜彦, 関幸彦, 福田豊彦編 山川出版社 2005.5 196p 19cm 1800円 ①4-634-59041-7

◇義経北行 下（海峡を渡った義経の生存伝説） 金野静一著 矢巾町（岩手県）ツーワンライフ 2005.5 212p 19cm 1143円 ①4-924981-49-4

◇好色義経記 中丸明著 新潮社 2005.4 211p 16cm （新潮文庫） 400円 ①4-10-149824-5

◇津軽海峡を渡った義経　鹿野仰二著　新風舎　2005.4　79p　19cm　1000円　⑭4-7974-6298-1

◇源義経の合戦と戦略—その伝説と実像　菱沼一憲著　角川書店　2005.4　221p　19cm　（角川選書 374）　1400円　⑭4-04-703374-X

◇義経展—源氏・平氏・奥州藤原氏の至宝　NHKプロモーション編　NHK　2005.4　200p　30cm　〈会期・会場：平成17年4月5日—5月15日　千葉市美術館ほか　共同刊行：NHKプロモーション　年表あり〉

◇義経ハンドブック—京都・近郊源平史跡一七七選　京都新聞出版センター編　京都　京都新聞出版センター　2005.4　144p　19cm　286円　⑭4-7638-0553-3

◇義経北行伝説の旅　伊藤孝博著　秋田　無明舎出版　2005.4　139p　21cm　（んだんだブックス）　1800円　⑭4-89544-391-4

◇義経北行　上（史実と伝承をめぐって）　金野静一著　矢巾町（岩手県）　ツーワンライフ　2005.3　334p　19cm　1429円　⑭4-924981-48-6

◇義経伝説と日本人　森村宗冬著　平凡社　2005.2　211p　18cm　（平凡社新書）〈文献あり　年表あり〉　700円　⑭4-582-85259-9

◇浮世絵で見る義仲・義経の生涯　高津市三解説　松本　オノィス・アングル　2005.1　102p　21×30cm　〈年譜あり　年表あり〉　3000円　⑭4-9902289-0-1

◇「徹底追跡」源義経の謎—戦乱に明け暮れた31年の生涯　菊池紳一編　新人物往来社　2005.1　255p　21cm　（別冊歴史読本　第30巻第1号）　1600円　⑭4-404-03303-6

◇源義経　角川源義,高田実著　講談社　2005.1　314p　15cm　（講談社学術文庫）〈年譜あり〉　1050円　⑭4-06-159690-X

◇源義経—栄光と落魄の英雄伝説　学習研究社　2005.1　185p　26cm　（歴史群像シリーズ 76号）〈年譜あり〉　1500円　⑭4-05-603641-1

◇源義経—謎と怪奇　志村有弘編　勉誠出版　2005.1　315p　19cm　〈年譜あり　文献あり〉　1800円　⑭4-585-05136-8

◇義経、讃岐を駆ける　津森明著　ビコー出版　2005.1　80p　19cm　〈年譜あり〉　800円　⑭4-938236-90-7

◇義経の時代一〇〇人　関幸彦監修　河出書房新社　2005.1　222p　15cm　（河出文庫）〈年表あり〉　720円　⑭4-309-40734-X

◇百の義経展—義経像の百様とその真実　京都　鞍馬寺出版部　〔2005〕　61p　30cm　〈他言語標題：One hundred Yoshitsune　年表あり〉

◇源義経　今西祐行作,田代三善絵　小峰書店　2004.12　103p　22cm　800円　⑭4-338-08145-7

◇源義経　砂田弘著,狩野富貴子絵　ポプラ社　2004.12　135p　22cm　900円　⑭4-591-08331-4

◇源義経　安田元久著　新版　新人物往来社　2004.12　250p　20cm　〈年譜あり〉　1800円　⑭4-404-03222-6

◇源義経　西本鶏介著,伊吹アスカ絵　ポプラ社　2004.12　178p　18cm　（ポプラ社文庫）　600円　⑭4-591-08339-X

◇源義経の時代—歴史・文化ガイド　奥富敬之監修　日本放送出版協会　2004.12　158p　24cm　（NHKシリーズ）〈年表あり〉　1300円　⑭4-14-910554-5

◇源義経　土橋治重著　成美堂出版　2004.12　317p　16cm　（成美文庫）〈肖像あり〉　543円　⑭4-415-07076-0

◇義経と平家の京都―伝説と史跡　武山峯久著　大阪　創元社　2004.12　205p　19cm　〈年表あり〉　1300円　①4-422-20145-X

◇義経の正体　佐治芳彦著　ベストセラーズ　2004.12　222p　15cm　（ワニ文庫）　600円　①4-584-39200-5

◇義経の登場―王権論の視座から　保立道久著　日本放送出版協会　2004.12　310p　19cm　（NHKブックス 1020）〈文献あり〉　1200円　①4-14-091020-8

◇義経明解事典　脇坂昌宏著　第三文明社　2004.12　239p　19cm　〈文献あり　年譜あり〉　1200円　①4-476-03275-3

◇図解雑学源義経　上横手雅敬監修　ナツメ社　2004.11　223p　19cm　〈奥付のタイトル：源義経　文献あり　年表あり〉　1400円　①4-8163-3789-X

◇図説浮世絵義経物語　藤原千恵子編　河出書房新社　2004.11　111p　22cm　（ふくろうの本）　1800円　①4-309-76056-2

◇源義経大いなる謎―伝説的英雄の真相に迫る　川口素生著　PHP研究所　2004.11　329p　15cm　（PHP文庫）〈年表あり　文献あり〉　552円　①4-569-66283-8

◇源義経と源平の京都　京都　ユニプラン　2004.11　176p　21cm　1429円　①4-89704-203-8

◇源義経の大常識　樋口州男監修, 河野美智子文　ポプラ社　2004.11　143p　22cm　（これだけは知っておきたい！ 16）　880円　①4-591-08342-X

◇源義経―源平内乱と英雄の実像　上横手雅敬著　平凡社　2004.11　234p　16cm　（平凡社ライブラリー）〈年譜あり〉　1100円　①4-582-76519-X

◇源義経99の謎と真相　高木浩明監修　二見書房　2004.11　262p　15cm　（二見文庫）　524円　①4-576-04199-1

◇源義経の生涯―源平争乱を駆けぬけた悲運の武将　新人物往来社　2004.11　183p　26cm　（別冊歴史読本　第29巻30号）〈年譜あり〉　1800円　①4-404-03098-3

◇義経伝説―判官びいき集大成　鈴木健一編著　小学館　2004.11　238p　19cm　〈肖像あり　年譜あり　文献あり〉　1400円　①4-09-626133-5

◇史伝源義経　岳真也著　学習研究社　2004.10　347p　15cm　（学研M文庫）〈年譜あり〉　660円　①4-05-901165-7

◇図解源義経のことが面白いほどわかる本―2時間でわかる　中見利男著　中経出版　2004.10　286p　21cm　〈他言語標題：An illustrated guide to Minamoto no Yoshitsune　年表あり〉　1300円　①4-8061-2090-1

◇図説源義経―その生涯と伝説　河出書房新社編集部編　河出書房新社　2004.10　111p　22cm　（ふくろうの本）〈年譜あり〉　1800円　①4-309-76055-4

◇源義経のすべて　奥富敬之編　新装版　新人物往来社　2004.10　266p　20cm　〈年譜あり　文献あり〉　2800円　①4-404-03223-4

◇源義経　五味文彦著　岩波書店　2004.10　210, 12p　18cm　（岩波新書）〈文献あり　年表あり〉　740円　①4-00-430914-X

◇源義経111の謎　楠木誠一郎著　成美堂出版　2004.10　271p　16cm　（成美文庫）〈年表あり　文献あり〉　524円　①4-415-07078-7

◇義経をめぐる群像　舘鼻誠著　日本放送出版協会　2004.10　206p　21cm　（NHKシリーズ）〈放送期間：2004年10月―12月　文献あり〉　850円　①4-14-910532-4

◇義経新詳解事典―知れば知るほど面白い・人物歴史丸ごとガイド　髙木浩明著　学習研究社　2004.10　271p　19cm　〈年譜あり　文献あり〉　1350円　Ⓓ4-05-402354-1

◇義経の謎〈徹底検証〉　加来耕三著　講談社　2004.10　533p　15cm　（講談社文庫）〈年譜あり　文献あり〉　781円　Ⓓ4-06-274903-3

◇大塚ひかりの義経物語　大塚ひかり著　角川書店　2004.9　411p　15cm　（角川ソフィア文庫）　667円　Ⓓ4-04-195102-X

◇源義経と源平の合戦　鈴木亨著　河出書房新社　2004.9　253p　19cm　〈年譜あり　文献あり〉　1600円　Ⓓ4-309-22418-0

◇源義経流浪の勇者―京都・鎌倉・平泉　上横手雅敬編著　文英堂　2004.9　333p　21cm　〈年譜あり　文献あり〉　1900円　Ⓓ4-578-12991-8

◇〈義経〉のことがマンガで3時間でわかる本―へぇ～そうなのか！　津田太愚著　明日香出版社　2004.9　236p　21cm　（Asuka business & language books）〈マンガ：つだゆみ　年表あり　文献あり〉　1300円　Ⓓ4-7569-0797-0

◇義経の悲劇　奥富敬之著　角川書店　2004.9　221p　19cm　（角川選書370）　1400円　Ⓓ4-04-703370-7

◇ボルテ・チノ―真・義経記　七海晧奘著　会津若松　歴史春秋出版　2004.8　357p　20cm　〈他言語標題：Bolte tino　文献あり〉　1714円　Ⓓ4-89757-511-7

◇義経と静御前・二人の「その後」―各地に残された生存伝説は何を語るのか　今泉正顕著　PHP研究所　2004.8　275p　15cm　（PHP文庫）〈「静御前伝説とその時代」（歴史春秋社2002年刊）の増訂　年譜あり　文献あり〉　619円　Ⓓ4-569-66246-3

◇義経伝説をゆく―京から奥州へ　河北新報出版センター, 京都新聞出版センター編　仙台　河北新報出版センター　2004.7　141p　21cm　〈年表あり〉　1333円　Ⓓ4-87341-184-X

◇義経伝説をゆく―京から奥州へ　京都新聞出版センター編　京都　京都新聞出版センター　2004.7　141p　21cm　〈年表あり〉　1333円　Ⓓ4-7638-0539-8

◇義経記　西津弘美訳, 西沢正史監修　勉誠出版　2004.6　447p　19cm　（現代語で読む歴史文学）　3500円　Ⓓ4-585-07066-4

◇義経紀行―弁慶はエミシの末裔だった　林順治著　彩流社　2002.11　541, 49p　20cm　3800円　Ⓓ4-88202-771-2

◇北海道義経伝説序説　阿部敏夫編著　札幌　響文社　2002.4　187p　21cm　1500円　Ⓓ4-87799-008-9

◇ものがたり源義経―絵画に描かれた源平合戦の世界　こども博物館　徳島　徳島市立徳島城博物館　2002.4　2枚　30cm

◇静御前伝説とその時代―悲劇の舞姫終焉の地郡山源義経の蝦夷地逃亡説の真実　今泉正顕著　会津若松　歴史春秋出版　2002.3　221p　20cm　1300円　Ⓓ4-89757-447-1

◇能と義経―シテが語る　桜間金記著　光芒社　2000.2　243p　20cm　2500円　Ⓓ4-89542-169-4

◇〉「蒔絵のなかの義経」―平泉郷土館特別展　平泉郷土館編　平泉町（岩手県）　平泉郷土館　〔2000〕　16p　30cm　〈会期：2000年9月1日―11月30日〉

◇北海道の義経伝説　北海道口承文芸研究会編集委員会編　札幌　野薔薇舎　1998.2　195p　21cm　（北の語り　口承文芸研究資料集　第11号）　2000円　Ⓓ4-

931473-00-8

◇源義経―物語と史蹟をだすねて　土橋治重著　成美堂出版　1996.12　317p　16cm　（成美文庫）〈源義経の肖像あり〉　560円　⑪4-415-06454-X

◇義経はどこへ消えた？―北行説の謎に迫る　中津文彦著　PHP研究所　1996.11　219p　18cm　1200円　⑪4-569-55407-5

◇古典に残る米沢物語―源義経悲運の生涯　田宮友亀雄著　米沢　不忘出版　1996.10　256p　19cm　〈発売：遠藤書店　肖像あり〉　1456円

◇源義経―平氏をたおした悲劇の英雄　平安時代末期　小井土繁まんが　小学館　1995.11　157p　19cm　（小学館版学習まんが）〈責任監修：高橋富雄〉　680円　⑪4-09-230405-6

◇義経の伝承―急げ一の谷へ　小野を駆けぬけた　平成6年度秋季特別展　小野市立好古館編　小野　小野市立好古館　1994.10　32p　30cm　（小野市立好古館特別展図録9）〈会期：平成6年10月28日～12月4日〉

◇義経と山の民（サンカ）の陰謀―義経伝説の背後に漂う「山の民」の謎に迫る!!　佐治芳彦著　ベストセラーズ　1993.10　239p　18cm　（ワニの本）　800円　⑪4-584-00869-8

◇源九郎義経の兵法―天才戦術家の謎にせまる　土橋治重著　ベストセラーズ　1993.8　255p　18cm　（ワニの本）　820円　⑪4-584-00863-9

◇源義経49の謎―奥州藤原氏の運命を変えた男　三谷茉沙夫著　広済堂出版　1993.8　282p　18cm　（Kosaido books）〈参考文献：p281～282〉　800円　⑪4-331-00614-X

◇源義経のすべて　奥富敬之編　新人物往来社　1993.8　266p　20cm　2800円　⑪4-404-02030-9

◇源義経　安田元久著　新人物往来社　1993.7　281p　20cm　〈新装版〉　2800円　⑪4-404-02040-6

◇義経伝説推理行　荒巻義雄, 合田一道著　徳間書店　1993.7　311p　16cm　（徳間文庫）　520円　⑪4-19-577623-6

◇義経記　岡見正雄校注〔新装版〕岩波書店　1992.10　461p　21cm　（日本古典文学大系）　3800円　⑪4-00-004500-8

◇義経の謎―「薄墨の笛」が語る源平秘史　邦光史郎著　祥伝社　1992.6　247p　16cm　（ノン・ポシェット）　450円　⑪4-396-31045-5

◇義経伝　黒板勝美著　中央公論社　1991.9　258p　16cm　（中公文庫）　500円　⑪4-12-201837-4

◇判官びいきと日本人　和歌森太郎著　木耳社　1991.6　190p　19cm　（オリエントブックス）　1300円　⑪4-8393-7539-9

◇義経伝説の謎―成吉思汗は源義経か　佐々木勝三ほか共著　勁文社　1991.6　269p　18cm　（ケイブンシャブックス）　850円　⑪4-7669-1395-7

◇中世を読み解く―古文書入門　石井進著　東京大学出版会　1990.11　215p　26cm　2884円　⑪4-13-022011-X

◇源義経・伝説に生きる英雄　関幸彦著　清水書院　1990.7　231p　18cm　（清水新書）〈源義経の肖像あり〉　520円　⑪4-389-44053-5

◇NHK歴史への招待　第5巻　無敵義経軍団　日本放送協会編　日本放送出版協会　1990.5　238p　18cm　700円　⑪4-14-018080-3

◇義経残照―カメラ紀行　読売新聞社編　読売新聞社　1990.4　270p　21cm　1700円　⑪4-643-90031-5

◇義経阿讃を征く―史実と伝説の間　田村直一著　〔小松島〕〔田村直一〕1989.11　410p　19cm

◇源義経―平氏をたおした源氏の武将　蔵持重裕立案・構成, 柳川創造シナリオ, 荘司としお漫画　集英社　1988.6　141p　23cm　（集英社版・学習漫画）〈監修：永原慶二〉　680円　①4-08-241007-4

◇源義経弁慶主従の最期地　金政には子著　新人物往来社　1986.9　233p　20cm　2000円　①4-404-01377-9

◇義経伝説の謎―成吉思汗は源義経か　佐々木勝三ほか共著　勁文社　1986.7　248p　20cm　〈源義経の肖像あり〉　1200円　①4-7669-0422-2

◇源義経　渡辺保著　吉川弘文館　1986.6　254p　19cm　（人物叢書 新装版）〈新装版 叢書の編者：日本歴史学会〉　1500円　①4-642-05042-6

◇義経の謎　菊村紀彦著　大和書房　1986.6　201p　19cm　1200円　①4-479-76009-1

◇私の平泉―藤原秀衡公・源義経公・武蔵坊弁慶八〇〇年特別大祭プレ・イベント「あなたが講師のゼミナール」総集編　平泉町（岩手県）　中尊寺　1986.4　223p　26cm　〈発売：川嶋印刷　平泉関係の論文と著書：p217～219　平泉藤原氏関係年表：p221〉　1800円

◇考証武蔵坊弁慶―源平合戦時代面白蘊蓄絵図　白井孝昌著　徳間書店　1986.3　190p　21cm　（画：かもよしひる）　1300円　①4-19-223234-0

◇世界の伝記―国際カラー版　第26巻　源義経　久保喬文, 安井庸浩絵　小学館　1984.9　116p　21cm　650円　①4-09-231126-5

◇源義経―源平の悲劇の武将　今西祐行著　講談社　1982.6　189p　18cm　（講談社火の鳥伝記文庫）　390円　①4-06-147530-4

◇頼長の御子義経の考証　真鍋頼行著　高松　大塚秀男　1982.3　10p　21cm　（御裳濯川 9揖）

◇平泉における義経最後の問題　小原三次編著　北上　モノグラム社　1982.1　403p　22cm　〈創立満40年記念事業　折り込図2枚〉

◇北海道の義経伝説　斧二三夫著　札幌　みやま書房　1981.12　218p　19cm　1200円

◇九郎義経の謎―三人の義経　伊藤加津子著　共栄書房　1981.5　240p　19cm　980円

◇ひよどりごえ　赤羽末吉絵, 今西祐行文　偕成社　1979.4　1冊　23×31cm　（源平絵巻物語 第5巻）　1500円

◇源義経　安田元久著　新人物往来社　1979.1　281p　20cm　1300円

◇源氏の旗風―義経物語　北川忠彦著, 守屋多々志絵　平凡社　1978.12　292p　21cm　（平凡社名作文庫）　1300円

◇日本を創った人びと　7　源義経―源平内乱と英雄の実像　日本文化の会編集　上横手雅敬著　平凡社　1978.10　82p　29cm　1600円

◇義経の生涯―能楽義経像　田居尚著〔三鷹〕〔田居尚〕1978.7　302p　22cm　〈製作：中央公論事業出版　発売：桧書店（東京）　著者の肖像あり　義経年譜―能楽を中心として：p292～295〉　1800円

◇義経伝説と文学　島津久基著　京都　大学堂書店　1977.5　774p 図　22cm　〈解説：市古貞次　明治書院昭和10年刊の複製〉　9500円

◇史実源義経　岡田稔著　大陸書房　1972

238p 19cm 650円

◇松前蝦夷地義経伝説考—アイヌ社会経済史の一断面 白山友正著 函館 北海道経済史研究所 1972 82p(図共) 22cm (北海道経済史研究所研究叢書 第47編) 〈白山友正博士古稀記念出版〉

◇源義経蝦夷亡命追跡の記—義経は生きていた 下巻 佐々木勝三, 樋口忠次郎, 大町北造著 内外緑地出版部 三越(製作) 1972 121p 図 22cm 〈限定版〉 1200円

◇源義経—史実と説話との交流 文学散歩 2 牧村史陽著 大阪 史陽選集刊行会 1971.10 91p 19cm (史陽選集 47) 〈限定版〉

◇源義経蝦夷亡命追跡の記—義経は生きていた 上巻 佐々木勝三, 大町北造著 内外緑地出版部 そごう東京店書籍部(発売) 1970 206p 図 22cm 〈限定版〉 1000円

◇源義経—史実と説話との交流 文学散歩 1 牧村史陽著 大阪 史陽選集刊行会 1969.10 113p 19cm (史陽選集 40) 〈限定版〉

◇羽前最上郡源義経の足あと 佐藤義則編 最上町(山形県) 佐藤義則 1967 83p 25cm 〈謄写版 限定版〉 非売

◇源義経 高柳光寿著 文芸春秋 1967 285p 20cm 600円

◇義経の周囲 大仏次郎著 朝日新聞社 1967 313p 図版18枚 23cm 〈帙入 限定版 著者署名本〉 4800円

◇史料からみた義経と頼朝 田村栄太郎著 雄山閣 1966 243p 22cm 950円

◇人間源義経—その栄光と悲劇の生涯 八剣浩太郎著 久保書店 1966 236p 18cm 270円

◇源義経 速水速雄著, 三谷一馬絵 日本書房 1966 245p 19cm (学級文庫の三、四年文庫)

◇源義経 安田元久著 人物往来社 1966 281p 図版 19cm (日本の武将 7) 480円

◇源義経 渡辺保著 吉川弘文館 1966 254p 18cm (人物叢書 日本歴史学会編) 320円

◇源義経 角川源義, 高田実著 角川書店 1966 302p 18cm (角川新書) 270円

◇源義経—孤独の生涯 邑井操著 大和書房 1966 231p 18cm (ペンギン・ブックス) 290円

◇源義経の旅 菊村紀彦著 雪華社 1966 246p 図版 19cm 460円

◇源義経の謎 菊村紀彦著 大和書房 1966 212p 図版 18cm (ペンギン・ブックス) 290円

◇源義経の悲劇—歴史の事実と真実 数江教一著 二見書房 1966 334p 19cm 480円

◇義経をめぐる女たち 桑田忠親著 秋田書店 1966 222p 18cm (サンデー新書) 280円

◇義経伝説—歴史の虚実 高橋富雄著 中央公論社 1966 168p 18cm (中公新書) 200円

◇義経と歩く 来住邦男, 松野五郎共著 神戸 のじぎく文庫 1966 53p(図版共) 13cm

◇義経と日本人 和歌森太郎著 講談社 1966 221p 18cm (講談社現代新書) 240円

◇義経と頼朝—敗者の栄光と勝者の悲惨 邑井操著 大和書房 1966 220p 18cm (ペンギン・ブックス) 290円

◇義経の周囲 大仏次郎著 朝日新聞社

1966　314p　20cm　680円

◇原典源義経―義経記・平家物語・吾妻鏡　小木曽堅志, 山田徳三, 大滝十二郎訳編　徳間書店　1965　334p　20cm　580円

◇義経は生きていた―義高(静の子)も由比ケ浜で殺されていなかった　佐々木勝三著　東北社　1958　392p 図版　19cm

◇源義経―義経伝と伝記　数江教一著　弘文堂　1954　228p　19cm　(アテネ新書)

石橋山の戦
いしばしやまのたたかい

　治承4年(1180年)8月、小田原市南部の石橋山で行われた、源頼朝挙兵後最初の合戦で、平家方の大庭景親らの軍に破れた戦い。伊豆北条に挙兵し、同国目代の山木兼隆を討った頼朝は、ついで三浦氏の軍との合流を望み相模に進出、石橋山に布陣した。しかし23日夕、平氏の命を受けた景親勢がこれを強襲、伊東祐親も背後をうかがった。三浦氏軍との合流を阻止された頼朝勢は大敗したが、飯田家義、梶原景時など、景親の手に属しながらも内通する者があり、彼らの計らいで九死に一生を得、土肥郷(湯河原町)に脱出、海路を安房(千葉県)に渡り、再挙をはかることになった。

＊　　　＊　　　＊

◇石橋山合戦前後―源頼朝と郷土の武士　中野敬次郎著　名著出版　1982.6　248p　19cm　(小田原文庫 3)

◇石橋山合戦前後―源頼朝と郷土の武士　中野敬次郎著, 小田原文庫刊行会編　名著出版　1976.9　251p(図共)　19cm　(小田原文庫 3)　880円

一ノ谷の戦
いちのたにのたたかい

　元暦元年(1184年)2月7日、摂津国一ノ谷(兵庫県神戸市須磨区)で起こった源平の合戦。前年7月、安徳天皇を擁して西方に走った平氏一門は、源頼朝、義仲の確執に乗じて勢力を挽回、このころには旧都福原に東進し、東(生田森)、西(一ノ谷)に軍陣を構えて要害を固め、京都回復を目指した。頼朝は義仲を倒すとすぐに平氏追討の院宣を請い、弟の範頼と義経を送り込んだ。一ノ谷は背後に険しい山峰を連ねて入口が狭く、もっとも堅牢な陣地であった。戦闘は一時混戦状態になったが、結局、2万騎を率いる義経の鵯越(ひよどりごえ)の奇襲により、平氏軍は四国屋島に敗走した。この戦いで平氏一族の多くが戦死、清盛の子重衡は須磨で捕らえられた。

＊　　　＊　　　＊

◇地域社会からみた「源平合戦」―福原京と生田森・一の谷合戦　歴史資料ネットワーク編　岩田書院　2007.6　117p　21cm　(岩田書院ブックレット 歴史考古学系 H-2)　1400円　①978-4-87294-474-7

◇源義経一の谷合戦の謎　梅村伸雄著　新人物往来社　1989.1　377p　20cm　2000円　①4-404-01590-9

◇ひよどりごえ　赤羽末吉絵, 今西祐行文　偕成社　1979.4　1冊　23×31cm　(源平絵巻物語 第5巻)　1500円

熊谷 直実
くまがい なおざね

永治元年(1141年)〜承元2年9月14日(1208年)

　平安末期から鎌倉初期の武将。武蔵国(埼玉県)熊谷の人。通称は次郎、法名は蓮生(れんしょう)。父は熊谷直貞。母は武蔵国の豪族久下権守直光の妹。保元・平治の乱で源氏に従うが、乱後は平知盛に仕える。治承4年(1180年)の石橋山の戦いでは最初、平氏方として源頼朝を攻めたが、東国の状況を察して、頼朝方につき佐竹追討での戦功により、熊谷郷地頭職になる。一ノ谷の戦いで平敦盛を討ち取るなどの功をあげたが、建久3年(1192年)久下直光との領地争いに敗れて出家、法然の門に入った。

＊　　　＊　　　＊

◇熊谷次郎直実・法力房蓮生法師の研究

政 治

熊谷市立図書館編　熊谷　熊谷市立図書館　2003.3　537p　30cm　〈文献あり〉

◇復刻熊谷蓮生一代記　葛原斎仲通著, 土屋順子解題, くまがや古文書学習・研究会解読, 熊谷市立図書館編　熊谷　熊谷市立図書館　2000.3　341p　26cm　〈文化7年刊の複製　翻刻を含む〉

◇熊谷直実　熊谷市文化連合編　復刻版　熊谷　熊谷市立図書館　1999.10　171p　26cm　〈原本：昭和44年刊〉

◇直実公菩提寺の徳蔵寺と縁の地蔵堂・八幡神社　根岸政雄著　熊谷　根岸政雄　1997.3　28p　26cm　〈電子複写〉

◇熊谷直実一代記図録　熊谷　熊谷市立図書館　1988.3　73p　26cm　〈'88さいたま博開催地記念〉

◇熊谷法力房蓮生法師―熊谷次郎直実の生きた道　漆間和美著　熊谷　熊谷法力房蓮生法師奉賛会　1987.9　267p　22cm　〈熊谷直実の肖像あり〉

◇直実公一代記　熊谷市立図書館編　熊谷　熊谷市立図書館　1987.5　26p　21cm　（市内文化財をめぐる　4）

◇熊谷直実　熊谷市文化連合編　熊谷　熊谷市文化連合　1969　171p　図　肖像　22cm　非売

平 敦盛
たいらの あつもり

嘉応元年（1169年）～元暦元年2月7日（1184年）

平安末期の武将。別称は無官大夫。父は平清盛の異母弟経盛。元暦元年（1184年）2月、源義経軍との一ノ谷の戦いに敗れた平氏は海上へ逃れたが、このとき逃げ遅れた敦盛は、源氏方の熊谷直実に捕り押さえられ、討たれた。16歳または17歳と伝えられる。横笛の名手で、祖父忠盛が鳥羽院より賜った名笛小枝（さえだ）を携えていたという。敦盛を討った直実が、人生の無常を感じ出家する話は史実ではないが、この話が『平家物語』などに収められ、能の幸若舞曲『敦盛』、謡曲『敦盛』、また浄瑠璃『一谷嫩軍記（いちのたにふたばぐんき）』などとしてよく知られている。

＊　　＊　　＊

◇歌人が歩いた平家物語　小柳素子著　角川学芸出版, 角川グループパブリッシング（発売）　2009.3　241p　19cm　（角川学芸ブックス）〈並列シリーズ名：Kadokawa gakugei books〉　1500円　①978-4-04-621272-6

◇平家物語から浄瑠璃へ―敦盛説話の変容　佐谷真木人著　慶応義塾大学出版会　2002.10　289, 16p　22cm　4000円　①4-7664-0936-1

◇滅びの美「敦盛」―須磨・一の谷・須磨寺　小池義人著　神戸　須磨寺　1985.7　218p　19cm　〈発売：神戸新聞出版センター〉　1100円　①4-87521-141-4

那須 与一
なすの よいち

生没年不詳

鎌倉初期の武将。下野国那須の人。名は那須宗隆（むねたか）。父は那須資隆。文治元年（1185年）屋島の戦いで、平氏の女房が掲げた扇を射落とせとの源義経の命を受け、乗馬したまま海中に入り目を閉じて八幡大菩薩や下野国に鎮座する日光権現などに祈り、失敗したときは自害する覚悟で射ると、1矢で命中し、源平両軍が与一を賞賛したとされる。後世、浄瑠璃・謡曲や能の題材となって広く知られるようになったが、詳細は不明。

＊　　＊　　＊

◇那須与一と「那須家資料」の世界―特別企画展　2007　大田原市那須与一伝承館編　大田原　大田原市那須与一伝承館　2007.10　91p　30cm　〈会期：平成19年10月5日―12月2日　年表あり〉

◇与一を生んだ那須とその時代―栃木県立なす風土記の丘資料館平成17年度企画展

政 治

記念シンポジウム報告書　栃木県教育委員会,栃木県立なす風土記の丘資料館編　那珂川町(栃木県)　栃木県教育委員会　2006.3　56p　30cm　〈会期:平成17年10月29日　共同刊行:栃木県立なす風土記の丘資料館〉

◇那須与一とその時代―平成十七年第十三回企画展　栃木県教育委員会,栃木県立なす風土記の丘資料館編　〔宇都宮〕　栃木県教育委員会　2005.9　98p　30cm　(栃木県立なす風土記の丘資料館展示図録 第14冊)　〈会場:栃木県立なす風土記の丘資料館　共同刊行:栃木県立なす風土記の丘資料館　文献あり〉

◇華の弓那須与一　那須義定著　叢文社　1998.12　335p　20cm　2300円　①4-7947-0293-0

◇天の弓那須与一　那須義定著　叢文社　1993.5　401p　20cm　2600円　①4-7947-0201-9

◇那須与一の歴史・民俗的調査研究　栃木県立博物館編　宇都宮　栃木県立博物館　1991.2　142p　26cm

◇那須与一は生きている―日本のロビンフッド　宇都宮　栃木県立博物館　1990.11　52p　21cm

◇那須与一　大野信一著　新人物往来社　1989.9　269p　20cm　〈那須与一の肖像あり〉　2000円　①4-404-01656-5

壇ノ浦の戦　だんのうらのたたかい

　文治元年(1185年)下関市東方の壇ノ浦で行われた源平最後の合戦。この年2月源義経に強襲され、四国屋島(高松市)での戦いに敗れた平氏の総帥宗盛らは、長門彦島(下関市)にあって関門海峡を根拠地としていた知盛軍と合流し、劣勢を支えようとした。しかし、瀬戸内の制海権を握った義経軍は執拗に追尾し、九州の源範頼軍も平氏の動きを牽制した。3月24日、彦島を発した平氏の軍船500余艘と源義経率いる840余隻の船団が、長門壇ノ浦で遭遇。正午ころから激しい戦闘状態に入った。はじめは東進する潮流に乗った平氏方が有利だったが、途中から潮が逆流に転じ、結局午後4時ころには平氏の敗北・滅亡が決定した。しかし、開・終戦時刻、潮流の戦闘に及ぼした影響などについては異論もある。安徳天皇は、宝剣を抱いた二位尼(清盛の妻時子)とともに入水、宗盛父子らは捕らえられて、平家一門は滅亡した。天皇の母建礼門院徳子も入水したが、救助された。

◇再現日本史―週刊 time travel　平安 10　講談社　2001.6　42p　30cm　533円

◇先帝祭を支えた「関の廓」盛衰史―考証「源平壇ノ浦合戦」　沢忠宏著　下関　沢忠宏　1985.4　275p　22cm　〈編集:アルファデザイン〉　非売品

◇壇の浦のたたかい　赤羽末吉絵,今西祐行文　偕成社　1979.4　1冊　23×31cm　(源平絵巻物語 第7巻)　1500円

◇壇の浦のたたかい―源平絵巻物語　今西祐行文,赤羽末吉絵　講談社　1971　40p　29cm　(日本の歴史物語)

◆社　会

荘園制　しょうえんせい

　貴族や寺社などによる私的大土地所有の形態。また、その所有地。「そうえん」とも読み、「庄園」とも書く。奈良時代末期に墾田を起源として登場した。養老7年(723年)の三世一身法や天平15年(743年)の墾田永年私財法などにより墾田の私有が認められたことから貴族や寺社による大土地所有が進展し、9世紀には天皇家が財政を補うために国衙に命じて空閑地・荒廃田を開墾して勅旨田を設定するようになり、貴族や寺社による開墾も一層進められた。このような初期の荘園を自墾地系荘園あるいは墾田地系荘園と称する。9世紀末ないし10世紀初め以降、地方豪族や有力農民といった開発領主から中央の貴族や寺社への田地の寄進が盛んに行われるようになった。これは国衙から課せられる田租などを免れることを目的としており、寄進者は土地の実質的支配権である下地進止権を保有したまま下司・預所・田所などの荘官となり、引き続き土地経営を行う場合が多かった。また、被寄進者は領家あるいは本所と呼ばれ、毎年一定の得分を受け取ったが、領家が一般の貴族や寺社である場合、領家から摂関家や皇室へ重ねての寄進が行われることもあり、こうした上級領主は本家と呼ばれた。このように、荘園における土地支配権は本家―領家(本所)―荘官と重層的なものであり、職権と得分を伴うこれらの地位は職(しき)と呼ばれた。このようにして成立した荘園は寄進地系荘園と称される。延喜2年(902年)以降、荘園の増加を抑制するためにしばしば荘園整理令が出されたが、さしたる効果を挙げられず、逆に荘園の存在を公認する結果となった。やがて各地の荘園は不輸・不入の特権を得て公的権力の介入を排除するようになり、11世紀から12世紀には太政官符・民部省符により免租された官省符荘や国司により免租された国免荘が全国各地に盛行した。その一方で特定の荘園領主を持たず国衙の支配下にあった国衙領の面積も荘園にほぼ匹敵しており、こうした土地支配体制を荘園公領制と称する。鎌倉時代以降、守護・地頭ら武士による侵略、農民層の成長と惣村の成立、商業経済の発達などにより荘園は衰退に向かい、16世紀末の太閤検地により消滅した。

◇中世荘園公領制と流通　峰岸純夫著　岩田書院　2009.3　256p　22cm　(中世史研究叢書 17)　5200円　①978-4-87294-551-5

◇中世の人と自然の関係史　水野章二著　吉川弘文館　2009.3　344,5p　22cm　〈索引あり〉　12000円　①978-4-642-02884-4

◇日本中世荘園制成立史論　鎌倉佐保著　塙書房　2009.2　313,9p　22cm　〈索引あり〉　7000円　①978-4-8273-1223-2

◇網野善彦著作集　第4巻　荘園・公領の地域展開　網野善彦著,稲葉伸道,桜井英治,盛本昌広,山本幸司編　岩波書店　2009.1　490p　22cm　4500円　①978-4-00-092644-7

◇荘園絵図が語る古代・中世　藤田裕嗣著　山川出版社　2009.1　107p　21cm　(日本史リブレット 76)　〈文献あり〉　800円　①978-4-634-54688-2

◇中世民衆史研究の軌跡―佐藤和彦の歴史と学問　佐藤和彦著,佐藤和彦先生追悼文集刊行会編　岩田書院　2008.12　471p　21cm　9500円　①978-4-87294-536-2

◇日本中世地域環境史の研究　高木徳郎著　校倉書房　2008.10　422p　22cm　(歴

◇史科学叢書） 10000円 ①978-4-7517-3980-8

◇網野善彦著作集　第3巻　荘園公領制の構造　網野善彦著, 稲葉伸道, 桜井英治, 盛本昌広, 山本幸司編　岩波書店　2008.7　402p　22cm　4200円　①978-4-00-092643-0

◇網野善彦著作集　第1巻　中世荘園の様相　網野善彦著, 稲葉伸道, 桜井英治, 盛本昌広, 山本幸司編　網野善彦著　岩波書店　2008.1　375p　22cm　4000円　①978-4-00-092641-6

◇再考中世荘園制　遠藤ゆり子, 蔵持重裕, 田村憲美編　岩田書院　2007.10　315p　22cm　6900円　①978-4-87294-488-4

◇荘園　荘園制と中世村落　永原慶二著　吉川弘文館　2007.10　578, 18p　22cm　（永原慶二著作選集　第4巻）〈文献あり　年表あり〉　17000円　①978-4-642-02683-3

◇日本中世社会構造の研究　永原慶二著　吉川弘文館　2007.9　540, 7p　22cm　（永原慶二著作選集　第3巻）　16000円　①978-4-642-02682-6

◇日本封建制成立過程の研究　永原慶二著　吉川弘文館　2007.8　522, 7p　22cm　（永原慶二著作選集　第2巻）　15000円　①978-4-642-02681-9

◇中世的世界の形成　石母田正著　岩波書店　2007.7　407, 14p　15cm　（岩波文庫）〈第19刷〉　1100円　①4-00-334361-1

◇日本封建社会論　日本の中世社会　永原慶二著　吉川弘文館　2007.7　508, 12p　22cm　（永原慶二著作選集　第1巻）〈肖像あり　文献あり〉　15000円　①978-4-642-02680-2

◇荘園の歴史地理的世界　中野栄夫著　同成社　2006.12　398p　22cm　（同成社中世史選書2）〈年表あり〉　9000円　①4-88621-374-X

◇中世東国の荘園公領と宗教　峰岸純夫著　吉川弘文館　2006.5　350, 21p　22cm　9500円　①4-642-02854-4

◇日本初期中世社会の研究　木村茂光著　校倉書房　2006.5　340p　22cm　（歴史科学叢書）　10000円　①4-7517-3740-6

◇日本荘園史の研究　阿部猛著　同成社　2005.6　324p　22cm　（同成社中世史選書1）　7500円　①4-88621-326-X

◇中世成立期の荘園と都市　鈴木敏弘著　東京堂出版　2005.5　300p　22cm　7000円　①4-490-20551-1

◇中世の一揆と民衆世界　佐藤和彦著　東京堂出版　2005.5　368p　22cm　12000円　①4-490-20543-0

◇景観に歴史を読む　史料編　海老沢衷著　早稲田大学文学部　2005.3　118p　26cm　（早稲田大学オンデマンド出版シリーズ）〈東京トランスアート（発売）〉　1600円　①4-88752-283-5

◇荘園を旅する　石井進著　岩波書店　2005.3　339, 4p　22cm　（石井進著作集　第8巻）〈付属資料：6p：月報7　シリーズ責任表示：石井進著　シリーズ責任表示：石井進著作集刊行会編〉　8400円　①4-00-092628-4

◇荘園の在地構造と経営　須磨千頴著　吉川弘文館　2005.3　476, 26p　22cm　14000円　①4-642-02840-4

◇講座日本荘園史　10　四国・九州地方の荘園　網野善彦, 石井進, 稲垣泰彦, 永原慶二編　吉川弘文館　2005.2　476, 69p　22cm　〈付・総索引〉　9000円　①4-642-02700-9

◇武士と荘園支配　服部英雄著　山川出版社　2004.9　107p　21cm　（日本史リブレット24）〈文献あり〉　800円　①4-634-54240-4

政治

◇荘園社会における宗教構造　苅米一志著　校倉書房　2004.4　348p　22cm　（歴史科学叢書）　9000円　①4-7517-3530-6

◇講座日本荘園史　3　荘園の構造　網野善彦ほか編　吉川弘文館　2003.5　345p　22cm　5200円　①4-642-02693-2

◇日本荘園史大辞典　瀬野精一郎編　吉川弘文館　2003.3　729, 255p　27cm　24000円　①4-642-01338-5

◇荘園制社会の基本構造　工藤敬一著　校倉書房　2002.11　312p　22cm　（歴史科学叢書）　8000円　①4-7517-3360-5

◇日本の歴史　中世1-2　中世の村を歩く─寺院と荘園　新訂増補　朝日新聞社　2002.6　p38-68　30cm　（週刊朝日百科2）　476円

◇きのくに荘園の世界─学ぶ・歩く・調べる　下巻　山陰加春夫編　大阪　清文堂出版　2002.2　422p　19cm　2700円　①4-7924-0491-6

◇講座日本荘園史　8　近畿地方の荘園　3　網野善彦ほか編　吉川弘文館　2001.12　459p　22cm　7000円　①4-642-02698-3

◇日本の中世社会　永原慶二著　岩波書店　2001.11　343, 9p　20cm　（岩波モダンクラシックス）〈文献あり〉　3200円　①4-00-026673-X

◇荘園制と中世村落　島田次郎著　吉川弘文館　2001.8　320, 14p　22cm　9000円　①4-642-02806-4

◇紀伊国官省符荘史　松田文夫著　〔和歌山〕　〔松田文夫〕　2001.7　22, 244p　23cm　〈著作目録あり〉　3000円

◇荘園の考古学　宇野隆夫著　青木書店　2001.6　211p　22cm　（シリーズ日本史のなかの考古学）　3000円　①4-250-20125-2, 4-250-98070-7

◇日本古代の王家・寺院と所領　鷺森浩幸著　塙書房　2001.3　430, 21p　22cm　8500円　①4-8273-1172-2

◇日本中世の黎明　佐藤泰弘著　京都　京都大学学術出版会　2001.3　664p　22cm　7000円　①4-87698-414-X

◇日本古代社会と荘園図　長岡篤編著　東京堂出版　2001.2　276p　22cm　4800円　①4-490-20422-1

◇荘園制成立史の研究─拾遺　川端新著　〔京都〕　〔川端新『荘園制成立史の研究』を刊行する会〕　〔2001〕　157p　21cm

◇荘園制成立史の研究　川端新著　京都　思文閣出版　2000.11　494, 20p　22cm　（思文閣史学叢書）　8800円　①4-7842-1054-7

◇展望日本歴史　8　荘園公領制　木村茂光, 井原今朝男編　東京堂出版　2000.10　417p　23cm　〈文献あり〉　5000円　①4-490-30558-3

◇中世荘園絵図の解釈学　黒田日出男著　東京大学出版会　2000.7　423p　22cm　5600円　①4-13-020125-5

◇日本中世の村落と荘園制　水野章二著　校倉書房　2000.7　510p　22cm　（歴史科学叢書）　10000円　①4-7517-3090-8

◇きのくに荘園の世界─学ぶ・歩く・調べる　上巻　山陰加春夫編　大阪　清文堂出版　2000.6　303p　19cm　1900円　①4-7924-0490-8

◇荘園絵図研究の視座　奥野中彦編　東京堂出版　2000.5　342p　22cm　6000円　①4-490-20406-X

◇中世の民衆生活史　木村茂光著　青木書店　2000.5　273p　20cm　2800円　①4-250-20023-X

◇中世の村を歩く　石井進著　朝日新聞社　2000.3　293p　19cm　（朝日選書 648）　1500円　①4-02-259748-8

政　治

◇荘園公領制と中世村落　海老沢衷著　校倉書房　2000.2　544p　22cm　（歴史科学叢書）　12000円　①4-7517-3030-4

◇寺領荘園の研究　竹内理三著，瀬野精一郎編・解説　角川書店　1999.11　430p　22cm　（竹内理三著作集　第3巻）　14000円　①4-04-522703-2

◇日本古代土地経営関係史料集成―デジタル古文書集　東大寺領・北陸編　小口雅史編著　同成社　1999.11　293p　19×27cm　（付属資料：CD-ROM1枚（12cm）1枚）　8000円　①4-88621-187-9

◇講座日本荘園史　9　中国地方の荘園　網野善彦ほか編　吉川弘文館　1999.3　410p　22cm　6000円　①4-642-02699-1

◇日本上代寺院経済史の研究　竹内理三著，新川登亀男編・解説　角川書店　1999.3　486p　22cm　（竹内理三著作集　第2巻）〈シリーズ責任表示：竹内理三著〉　14000円　①4-04-522702-4

◇中世公家領の研究　金井静香著　京都　思文閣出版　1999.2　308，14p　22cm　（思文閣史学叢書）　6000円　①4-7842-0996-4

◇荘園村落・農民の動向　宮川満著　第一書房　1998.12　506,9p　22cm　（宮川満著作集　1）　8000円　①4-8042-0687-6

◇荘園史研究　竹内理三著，黒田日出男編集・解説　角川書店　1998.11　573p　22cm　（竹内理三著作集　第7巻）　14000円　①4-04-522707-5

◇古代荘園図と景観　金田章裕著　東京大学出版会　1998.10　346,14p　22cm　6400円　①4-13-020118-2

◇荘園　永原慶二著　吉川弘文館　1998.8　331,15p　20cm　（日本歴史叢書　新装版）〈シリーズ責任表示：日本歴史学会編〉　3000円　①4-642-06656-X

◇日本荘園資料　国立歴史民俗博物館編　吉川弘文館　1998.7　2冊（別冊とも）　31cm　〈別冊：荘園関係文献目録〉　全28000円　①4-642-02758-0, 4-642-02760-2, 4-642-02759-9

◇中世荘園への道―富沢清人の世界　富沢清人著，富沢清人遺稿集刊行委員会編　富沢清人遺稿集刊行委員会　1997.9　243p　19cm

◇日本荘園大辞典　阿部猛，佐藤和彦編　東京堂出版　1997.9　950p　23cm　〈文献あり　索引あり〉　18000円　①4-490-10452-9

◇古代荘園史料の基礎的研究　上　石上英一著　塙書房　1997.7　422p　22cm　7500円　①4-8273-1146-3

◇古代荘園史料の基礎的研究　下　石上英一著　塙書房　1997.7　p427-858，26p　22cm　7500円　①4-8273-1147-1

◇古代・中世国家と領主支配　小川弘和著　吉川弘文館　1997.6　219,2p　22cm　5000円　①4-642-01303-2

◇荘園史用語辞典　阿部猛編　東京堂出版　1997.5　230p　22cm　3800円　①4-490-10451-0

◇中世の杜―羽下徳彦先生退官記念論集　仙台　東北大学文学部国史研究室中世史研究会　1997.3　102p　26cm

◇日本中世の村落　清水三男著，大山喬平，馬田綾子校注　岩波書店　1996.11　369p　15cm　（岩波文庫）　670円　①4-00-334701-3

◇荘園を読む・歩く―畿内・近国の荘園　京都大学文学部博物館編　京都　京都大学文学部博物館　1996.10　131p　26cm　（京都大学文学部博物館図録　第7冊）〈発売：思文閣出版〉　500円　①4-7842-0919-0

◇土地と在地の世界をさぐる―古代から中世へ　佐藤信，五味文彦編　山川出版社

153

政 治

1996.10 288, 19p 22cm 5400円 ⑬4-634-61060-4

◇中世荘園と検注 富沢清人著 吉川弘文館 1996.9 258, 5p 20cm （中世史研究選書） 3296円 ⑬4-642-02670-3

◇中世荘園の世界―東寺領丹波国大山荘 大山喬平編 京都 思文閣出版 1996.9 324p 27cm 〈折り込図1枚 付(地図4枚)〉 9888円 ⑬4-7842-0893-3

◇日本古代荘園図 金田章裕ほか編 東京大学出版会 1996.2 582, 31p 27cm 14420円 ⑬4-13-026065-0

◇景観にさぐる中世―変貌する村の姿と荘園史研究 服部英雄著 新人物往来社 1995.12 611p 図版28枚 27cm 18000円 ⑬4-404-02319-7

◇荘園に生きる人々―『政基公旅引付』の世界 小山靖憲, 平雅行編 大阪 和泉書院 1995.7 221p 20cm （和泉選書96）〈『政基公旅引付』関係年表・日根荘関係文献目録：p197～215〉 2500円 ⑬4-87088-741-X

◇描かれた荘園の世界―歴博フォーラム 国立歴史民俗博物館編 新人物往来社 1995.3 271p 22cm 3000円 ⑬4-404-02194-1

◇講座日本荘園史 7 近畿地方の荘園 2 網野善彦ほか編 吉川弘文館 1995.3 413p 22cm 5356円 ⑬4-642-02697-5

◇中世のムラ―景観は語りかける 石井進編 東京大学出版会 1995.3 248p 26cm 3708円 ⑬4-13-020106-9

◇中世年貢制成立史の研究 勝山清次著 塙書房 1995.2 452, 21p 22cm 9270円 ⑬4-8273-1135-8

◇荘園制の展開と地域社会 山本隆志著 刀水書房 1994.2 428p 22cm 10000円 ⑬4-88708-162-6

◇荘園 安田元久編 東京堂出版 1993.9 283, 12p 20cm （日本史小百科）〈新装版〉 2500円 ⑬4-490-20219-9

◇荘園絵図とその世界―企画展示 国立歴史民俗博物館編 佐倉 国立歴史民俗博物館 1993.3 131p 30cm 〈会期・会場：1993年3月16日―5月16日 国立歴史民俗博物館〉

◇講座日本荘園史 6 北陸地方の荘園 近畿地方の荘園 1 網野善彦ほか編 吉川弘文館 1993.2 372p 22cm 4600円 ⑬4-642-02696-7

◇荘園公領制の成立と内乱 工藤敬一著 京都 思文閣出版 1992.11 403, 21p 22cm （思文閣史学叢書） 9064円 ⑬4-7842-0750-3

◇中世日本の地域的諸相 岡田清一ほか共編 南窓社 1992.4 193p 22cm 〈執筆：岡田清一ほか〉 2800円 ⑬4-8165-0088-X

◇中世の村落と現代 石井進編 吉川弘文館 1991.9 370p 21cm 6800円 ⑬4-642-02637-1

◇中世史を考える―社会論・史料論・都市論 石井進著 校倉書房 1991.6 357p 19cm 3090円 ⑬4-7517-2110-0

◇中世後期の村落―紀伊国賀太荘の場合 伊藤正敏著 吉川弘文館 1991.3 197, 7p 19cm （中世史研究選書） 2000円 ⑬4-642-02662-7

◇日本中世土地制度史の研究 網野善彦著 塙書房 1991.3 602, 60p 22cm 10300円 ⑬4-8273-1080-7

◇講座日本荘園史 2 荘園の成立と領有 網野善彦ほか編 吉川弘文館 1991.2 356p 22cm 4300円 ⑬4-642-02692-4

◇絵引荘園絵図 荘園絵図研究会編 東京堂出版 1991.1 200p 26cm 2800円 ⑬4-490-20173-7

◇荘園絵図の世界―紀ノ川流域を中心として　'90秋季特別展　和歌山市立博物館編　和歌山　和歌山市教育委員会　1990.10　77p　26cm　〈会期：平成2年10月20日～11月25日〉

◇講座日本荘園史　5　東北・関東・東海地方の荘園　網野善彦ほか編　吉川弘文館　1990.5　475p　22cm　4900円　①4-642-02695-9

◇人物でたどる日本荘園史　阿部猛, 佐藤和彦編　東京堂出版　1990.1　381p　19cm　〈日本荘園史研究のための参考文献：p378～381〉　2800円　①4-490-20159-1

◇講座日本荘園史　1　荘園入門　網野善彦ほか編　吉川弘文館　1989.7　453p　22cm　4900円　①4-642-02691-6

◇日本における荘園制形成過程の研究　奥野中彦著　三一書房　1988.7　442p　23cm　7500円

◇国史学論集―今井林太郎先生喜寿記念　今井林太郎先生喜寿記念論文集刊行会編　神戸　今井林太郎先生喜寿記念論文集刊行会　1988.1　472p　22cm　〈今井林太郎の肖像あり〉

◇日本荘園制論　今井林太郎著　京都　臨川書店　1988.1　268p　19cm　〈日本歴史全書　第8（三笠書房昭和14年刊）の複製〉　3300円　①4-653-01679-8

◇中世村落と荘園絵図　小山靖憲著　東京大学出版会　1987.11　298, 9p　22cm　4500円　①4-13-020078-X

◇日本古文書学論集　9　中世　5　中世の社会と経済関係文書　日本古文書学会編　熱田公編　吉川弘文館　1987.7　402p　22cm　5800円　①4-642-01264-8

◇絵図にみる荘園の世界　小山靖憲, 佐藤和彦編　東京大学出版会　1987.6　182p　26cm　〈執筆：小山靖憲ほか〉　2500円　①4-13-023040-9

◇中世村落の構造と領主制　田端泰子著　法政大学出版局　1986.11　309, 24p　22cm　（叢書・歴史学研究）　6500円

◇初期荘園史の研究　藤井一二著　塙書房　1986.6　492, 21p　22cm　8800円

◇日本中世の領制と村落　下巻　島田次郎著　吉川弘文館　1986.6　434, 18p　22cm　〈折り込図3枚〉　7800円　①4-642-02610-X

◇日本中世史入門　中野栄夫著　雄山閣　1986.4　280p　21cm　2500円　①4-639-00557-1

◇日本中世の領制と村落　上巻　島田次郎著　吉川弘文館　1985.11　400, 17p　22cm　7800円　①4-642-02609-6

◇荘園制成立と王朝国家　坂本賞三著　塙書房　1985.6　344, 5p　19cm　（塙選書92）　3000円

◇荘園制と中世社会―竹内理三先生喜寿記念論文集下巻　竹内理三先生喜寿記念論文集刊行会編　東京堂出版　1984.9　488p　22cm　7300円

◇日本政治社会史研究　上　岸俊男教授退官記念会編　塙書房　1984.5　528p　22cm　〈岸俊男の肖像あり〉　8800円

◇寺領荘園の研究　竹内理三著　吉川弘文館　1983.3　555, 4p　22cm　〈畝傍史学叢書（畝傍書房昭和17年刊）の複製〉　6800円

◇中世荘園史研究の歩み―律令制から鎌倉幕府まで　中野栄夫著　新人物往来社　1982.10　302p　20cm　2800円

◇荘園絵図研究　竹内理三編　東京堂出版　1982.9　414p　22cm　6800円

◇演習古文書選　荘園編　下　日本歴史学会編　吉川弘文館　1981.8　151p　19×27cm　1800円

政 治

◇演習古文書選　荘園編　上　日本歴史学会編　吉川弘文館　1980.9　131p　19×27cm　1600円

◇丹波の荘園　細見末雄著　名著出版　1980.7　235p　22cm　3900円

◇荘園制社会と身分構造　竹内理三編　校倉書房　1980.4　445p　22cm　〈執筆：竹内理三ほか〉　5000円

◇荘園の人々　工藤敬一著　〔東村山〕教育社　1978.11　232p　18cm　（教育社歴史新書）　600円

◇中村直勝著作集　第4巻　荘園の研究　京都　淡交社　1978.9　570p　22cm　〈編集：赤松俊秀ほか〉　4500円

◇荘園支配構造の研究　仲村研著　吉川弘文館　1978.7　396p　22cm　5000円

◇荘園　永原慶二著　評論社　1978.2　246, 8p　18cm　（若い世代と語る日本の歴史 12）〈さらに進んで読む人のために—文献案内：p241〜243〉　690円

◇日本史小百科　3　荘園　安田元久編　近藤出版社　1977.12　283, 12p　20cm　1600円

◇荘園の研究　中村直勝著　下関　防長史料出版社　1976　809p　22cm　〈複製版〉

◇荘園分布図　下巻　竹内理三編　吉川弘文館　1976　地図175-360p 39, 22, 18p　31cm　3800円

◇中世社会の成立と展開　大阪歴史学会編　吉川弘文館　1976　540p　22cm　〈大阪歴史学会25周年記念〉　7000円

◇清水三男著作集　第3巻　中世荘園の基礎構造　校倉書房　1975　258p　肖像　22cm　3800円

◇荘園分布図　上巻　竹内理三編　吉川弘文館　1975　174, 15, 29p（おもに図）　22cm　3800円

◇清水三男著作集　第2巻　日本中世の村落　校倉書房　1974　354p　肖像　22cm　〈付：清水さんのこと（石母田正）『ぼくらの歴史教室—研究者の戦争責任』（鈴木良一）〉　4200円

◇日本中世封建制論　黒田俊雄著　東京大学出版会　1974　393p　22cm　2800円

◇荘園絵図の基礎的研究　荘園研究会編　三一書房　1973　245p　図　22cm

◇荘園の世界　稲垣泰彦編　東京大学出版会　1973　330p　19cm　（UP選書）〈参考文献：p.327-330〉

◇日本歴史—シンポジウム　6　荘園制　司会：大山喬平　学生社　1973　273p　19cm　980円

◇日本荘園史　阿部猛著　大原新生社　1972　458p（図共）　22cm　1500円

◇日本中世史論集　福尾教授退官記念事業会編　吉川弘文館　1972　344p　22cm　2500円

◇畿内庄園の基礎構造　下　渡辺澄夫著　増訂版　吉川弘文館　1970　441, 50p　表　22cm　〈特に均等名庄園・摂関家大番領番頭制庄園等に関する実証的研究〉　3000円

◇京郊庄園村落の研究　上島有著　塙書房　1970　503, 13p　図版　22cm　3300円

◇畿内庄園の基礎構造　上　渡辺澄夫著　増訂版　吉川弘文館　1969　504p　表　22cm　〈特に均等名庄園・摂関家大番領番頭制庄園等に関する実証的研究〉　3000円

◇九州庄園の研究　工藤敬一著　塙書房　1969　348p　22cm　2000円

◇荘園史資料　西岡虎之助編　校倉書房　1969　546p　図版　22cm　5000円

◇中世の荘園と社会　水上一久著　吉川弘

◇日本の中世社会　永原慶二著　岩波書店　1968　343p　19cm　(日本歴史叢書)〈参考文献解説：337-343p〉500円

◇体系・日本歴史　第2　荘園制社会　黒田俊雄著　日本評論社　1967　266p　19cm　580円

◇日本社会経済史研究　古代・中世, 中世編　宝月圭吾先生還暦記念会編　吉川弘文館　1967　2冊　22cm　2800-3700円

◇中世荘園の様相　網野善彦著　塙書房　1966　381p 図版 表 地図　19cm　(塙選書)〈参考史料・文献：377-379p〉760円

◇中世日本荘園史の研究　阿部猛著　新生社　〔1966〕596p　22cm　2800円

◇日本中世村落史の研究―摂津国豊島郡榎坂郷地域における　島田次郎著　吉川弘文館　1966　547p 図版10枚 表 地図　22cm　3800円

◇荘園研究　朝河貫一著, 朝河貫一著書刊行委員会編　日本学術振興会　1965　1冊　27cm　〈本文は英文 関係文書(日文)を付す〉4000円

◇荘園志料　清水正健著　角川書店　1965　3冊(付録共)　22cm　〈付録：荘園索引(竹内理三編)　昭和8年(帝都出版社)刊本の複製　限定版〉25000円

◇中世の社会と経済　稲垣泰彦, 永原慶二編　東京大学出版会　1962　624p　22cm　(日本封建制研究 第2)

◇日本荘園成立史の研究　阿部猛著　雄山閣　1960　344p　22cm

◇庄園解体過程の研究　杉山博著　東京大学出版会　1959　252p　22cm　(東大人文科学研究叢書)

◇庄園目録長篇　矢島玄亮, 鈴木嘉美著　仙台　東北大学川内東分校図書館　1959　74p　25cm　(図書館学資料 第2)〈謄写版 奥付には続庄園目録稿とあり〉

◇越中国東大寺領庄園絵図　弥永貞三, 亀田隆之, 新井喜久夫共編　大阪　続日本紀研究会　1958　2冊(付録共)　27×37cm　〈続日本紀研究 第5巻第2号別冊　謄写版　越中国礪波郡伊加流伎野地開田地図他13枚　付録(別冊)：解説及索引22, 12p〉

◇中世社会の基本構造　日本史研究会(京都大学内)史料研究部会編　御茶の水書房　1958　461p　22cm

◇日本荘園史概説　安田元久著　吉川弘文館　1957　290, 34p 図版　19cm

◇畿内庄園の基礎構造―特に均等名庄園, 摂関家大番領, 番頭制庄園等に関する実証的研究　渡辺澄夫著　吉川弘文館　1956　764, 36p 表 地図　22cm

◇荘園史の研究　下巻 第1　西岡虎之助著　岩波書店　1956　735p 図版　22cm

◇荘園史の研究　下巻 第2　西岡虎之助著　岩波書店　1956　696p 図版　22cm

◇中世荘園の基礎構造　清水三男著, 日本史研究会編　京都　史籍刊行会　1956　293p　22cm

◇庄園村落の構造　柴田実著　大阪　創元社　1955　438p 表 地図　22cm　〈別篇：丹波国和智庄における地頭家とその氏神祭の変遷(竹田聴洲)〉

◇日本封建制成立の研究　竹内埋二編　古川弘文館　1955　318p　22cm

◇荘園史の研究　上巻　西岡虎之助著　岩波書店　1953　894p 図版7枚　22cm

◇中世荘園の基礎構造　清水三男著　京都　高桐書院　1949　359p　22cm　(現代歴史学論叢 第2)

◇庄園の研究　中田薫著　彰考書院　1948

政治

404p 21cm （法制史叢書 第1冊）
◇庄園の研究　中田薫著　彰考書院　1948
　414p 22cm （法制史叢書 第1冊）
◇日本中世の村落　清水三男著　日本評論社　1948 2刷 406p 22cm〈昭和17年刊の再版〉
◇日本庄園史―古代より中世に至る変革の経済的基礎構造の研究　藤間生大著　近藤書店　1947　501p 表 22cm
◇中世的世界の形成　石母田正著　伊藤書店　1946　304p 22cm

公営田制　くえいでんせい

　平安時代初期に採られた国営田制度。特に大宰府管内の諸国で実施された事例を指す場合が多い。「こうえいでん」とも読む。弘仁4年（813年）に石見国に初めて設置され、弘仁14年（823年）に大宰府管内9ヶ国で実施され、後に上総国や畿内諸国でも導入されたが、10世紀までに廃絶した。律令体制の弛緩に伴う財政難に処するための制度で、国司らが田地を直営し、班田農民の徭役労働で耕作を行い、種子・農具・食料・佃功（日当）などを支給し調・庸を免除する代わりに、必要経費を除いた全収穫を国家の収入とした。比較的詳細が明らかにされている大宰府管内の事例は大宰大弐小野岑守の建策によるもので、管内9ヶ国の口分田・乗田約7万6000町歩のうち良田1万2095町歩を公営田とし、農民6万257人を投入し、必要経費を差し引いた108万421束の収入を得る計画で、原案では30年間にわたり実施することになっていたが、中央政府の意向により4年間の実施とされた。以上が狭義の公営田だが、私営田に対して、官田・諸司田・勅旨田・狭義の公営田などを総称して公営田と呼ぶこともある。

◇日本荘園史の研究　阿部猛著　同成社　2005.6 324p 22cm （同成社中世史選書1）　7500円　④4-88621-326-X
◇地方の豪族と古代の官人―考古学が解く古代社会の権力構造　田中広明著　柏書房　2003.4 363, 16p 22cm（Kashiwa学術ライブラリー1）　4800円　④4-7601-2325-3
◇律令田制と班田図　宮本救著　吉川弘文館　1998.2 288, 6p 27cm （日本史研究叢書）〈文献あり　索引あり〉　12000円　④4-642-02322-4

田堵
たと

　平安時代に荘園・国衙領（公領）の田地経営を行った有力農民。「たとう」「でんと」とも読み、9世紀から10世紀の史料では主に「田刀」と書かれている。かつては名主（みょうしゅ）と同じものとみられていたが、近年は名主の前段階的存在とされている。10世紀から11世紀にかけて、律令制が解体する中で成長してきたもので、荘園領主・国衙から1年ごとに田地の耕作を請け負い、年貢・公事を納めた。12世紀以降、田地に自分の名を付けて名田（みょうでん）とし、田堵は名主へと発展していった。

＊　　＊　　＊

◇律令官人社会の研究　虎尾達哉著　塙書房　2006.11 437, 4p 22cm 11000円　④4-8273-1208-7
◇日本初期中世社会の研究　木村茂光著　校倉書房　2006.5 340p 22cm （歴史科学叢書）　10000円　④4-7517-3740-6
◇歴史が動く時―人間とその時代　歴史科学協議会編　青木書店　2001.10 340p 21cm　3800円　④4-250-20137-6

◇中世日本の諸相　上　安田元久先生退任記念論集刊行委員会編　吉川弘文館　1989.4　582p　22cm　10100円　①4-642-02628-2

荘園整理令
しょうえんせいりれい

　平安時代後期に荘園の増加を抑えるために出された法令。延喜2年(902年)に出された延喜の荘園整理令を最初とし、その後もしばしば発令された。既存の荘園を合法とする一方、新立荘園を停止する内容だが、荘園が公認される結果を招き、その増加を抑制することは出来なかった。延久元年(1069年)に出された延久の荘園整理令では記録荘園券契所が設置され、貴族・寺院から荘園文書を提出させるなど、広範囲な荘園整理が行われ、その後の荘園整理に多大な影響を及ぼした。建久2年(1191年)の建久の荘園整理令を最後に、荘園整理令は出されなくなった。

　　　　　＊　　　　＊　　　　＊

◇日本中世荘園制成立史論　鎌倉佐保著　塙書房　2009.2　313, 9p　22cm　〈索引あり〉　7000円　①978-4-8273-1223-2

◇中世成立期の荘園と都市　鈴木敏弘著　東京堂出版　2005.5　300p　22cm　7000円　①4-490-20551-1

◇石母田正著作集　第7巻　古代末期政治史論　青木和夫ほか編　岩波書店　1989.11　297p　22cm　4200円　①4-00-091407-3

◇日本中世史論集　福尾教授退官記念事業会編　吉川弘文館　1972　344p　22cm　2500円

目代
もくだい

　平安時代から鎌倉時代にかけて、現地に赴任しない国守が任国支配のために私的に設けた代官。「めしろ」とも読み、「眼代(がんだい)」とも書く。遙任制や知行国制が盛んになると、国司・知行国主の子弟や家人が目代として任国に下向し、留守所に在勤する在庁官人を指揮して政務を執るようになった。平安時代末期には在庁官人の武士化が進み、国守の命を奉ずる目代と在庁官人層との対立が深刻化し、国衙における国司権力は衰退していった。室町時代以降、目代の語は広く代官の意に用いられるようになった。

　　　　　＊　　　　＊　　　　＊

◇史学論集―仏教大学文学部史学科創設三十周年記念　仏教大学文学部史学科創設三十周年記念論集刊行会編　京都　仏教大学文学部史学科創設三十周年記念論集刊行会　1999.3　188, 72p　27cm

◇武士と文士の中世史　五味文彦著　東京大学出版会　1992.10　300, 11p　21cm　2884円　①4-13-020102-6

◇北野天満宮史料　目代記録　北野天満宮史料刊行会編　京都　北野天満宮　1984.7　804p　22cm

◇北野天満宮史料―目代日記　北野天満宮史料刊行会編　京都　北野天満宮　1975　722p　図　22cm

受領　ずりょう

　平安時代中期以降、実際に任国に赴任した国司の中の最上位者。「じゅりょう」「ずろう」とも読む。多くは守または権守だが、親王任国などでは介・権介などの場合もある。これに対し、掾・目など受領以外の国司は任用と称される。受領とは本来は官人の交代の際に前任者が後任者から解由状(事務引継の完了を証明する文書)を受理することを指したが、解由状の発給が主に国司を対象とする制度であったことから国司のことを受領と称するようになり、さらに国司四等官による職務分掌が崩れて最上位者に権限が集中していったこと、国司に任命されても任国に赴任しない遙任が一般化したことから、任国に赴任した最上位者

政　治

を受領と呼ぶようになった。受領の多くは四位・五位の下級貴族で、任国における徴税権・国衙資財の管理権・裁判権などを掌握して国務にあたった。恣意的な支配を行う者も多く、権限を濫用し、自らの郎党を使役して巨富を築いたが、これに対し永延2年(988年)の「尾張国郡司百姓等解文」に代表される郡司・百姓らによる抵抗運動(国司苛政上訴)も頻発した。また、任期後も現地に土着して勢力を扶植し、やがて武士団の棟梁に成長する者も現れた。摂関期から院政期初期にかけて受領の繁栄は頂点に達したが、その後の知行国制の展開・荘園の増加・在地勢力の台頭に伴い受領の勢力は衰退していった。

◇受領制の研究　寺内浩著　塙書房　2004.2　354, 15p　22cm　①4-8273-1187-0

◇受領と地方社会　佐々木恵介著　山川出版社　2004.2　95p　21cm　(日本史リブレット 12)　〈文献あり〉　800円　①4-634-54120-3

◇受領　森田悌著　〔東村山〕　教育社　1978.7　217p　18cm　(教育社歴史新書)　600円

尾張国郡司百姓等解文
おわりのくにぐんじひゃくせいらのげぶみ

　永延2年(988年)11月8日付けで、尾張国の郡司・百姓らが、国司である藤原元命の在任中3年間の悪政を朝廷に訴えた文書。「尾張国解文」、「尾張国申文」とも称される。31ヶ条からなり、不法な徴税や百姓の使役、国衙官人の給与未払い、官物の横領などの私利追求、自らに都合の悪い法令を公布しないなどの悪政を書き連ね、元命の解任を要請したもの。元命は永祚元年(989年)4月5日の除目で解任された。10世紀から11世紀にかけて、各地で国司の悪政を告発し、あるいは国司を襲撃する事件が頻発したが、本文書は当時の地方政治の実態を知る上での貴重な史料である。原本は現存せず、早稲田大学図書館本、大須真福寺本などの古写本が伝わる。

＊　　＊　　＊

◇古典語研究の焦点―武蔵野書院創立90周年記念論集　月本雅幸, 藤井俊博, 肥爪周二編　武蔵野書院　2010.1　999p　22cm　13000円　①978-4-8386-0239-1

◇平安鎌倉古文書集　東京大学史料編纂所編纂　八木書店　2009.5　272, 50p　22×31cm　(東京大学史料編纂所影印叢書 5)　〈東京大学史料編纂所蔵の複製〉　25000円　①978-4-8406-2505-0

◇史籍集覧　第1冊―第5冊　近藤瓶城原編　新訂増補　角田文衛, 五来重編　京都　臨川書店　1967　5冊　22cm　120000円

藤原 元命
ふじわらの もとなが

生没年不詳
　平安時代中期の官人。名を「もとよし」と読む説もある。藤原北家魚名流で、父は正五位下肥前守経臣、母は周防守源致の女、兄は従五位下右少弁雅材。式部丞を経て、寛和2年(986年)に尾張守に任じられて現地に赴任した。不法に徴税したり一族で宝物を横領するなどの悪政を行ったため、永延2年(988年)に「尾張国郡司百姓等解文」で郡司・農民らから悪政を訴えられ、永祚元年(989年)の除目で尾張守を解任された。後に他国の国司に任じられ、従四位下まで進んだ。

＊　　＊　　＊

◇名場面でわかる日本の歴史―1時間で読める　小和田哲男著　三笠書房　2002.7　294p　15cm　(知的生きかた文庫)　562円　①4-8379-7260-8

◇通勤電車で楽しむ日本史の本―読みはじめたらアッという間の1時間　小和田哲男著　三笠書房　1998.11　294p　15cm　(知的生きかた文庫)　552円　①4-8379-0990-6

在庁官人
ざいちょうかんじん

　平安時代中期から鎌倉時代にかけて、国衙の実務に携わった地方役人の総称。在庁・在庁人・庁官とも称される。平安時代中期以降に遙任が一般化すると、国司の代官として任国に派遣された目代と、現地で採用された在庁官人とで構成される執務機関である留守所が地方行政全般を担うようになった。在庁官人の多くは郡司層の系譜を引く土着の豪族で、惣判官代・惣大判官代・判官代などの肩書を有し、その職を世襲した。後に武士化し、御家人として鎌倉幕府に組み入れられていった。

　　　　　　＊　　＊　　＊

◇日本古代の思想と筑紫　長洋一監修, 柴田博子編　福岡　櫂歌書房, 星雲社（発売）　2009.11　351p　22cm　4800円　①978-4-434-13973-4

◇院政と平氏政権　竹内理三著　竹内理三, 五味文彦編集・解説　角川書店　1999.9　405p　22cm　（竹内理三著作集　第6巻）〈シリーズ責任表示：竹内理三著〉　14000円　①4-04-522706-7

◇在地領主制　鈴木国弘著　雄山閣出版　1980.2　295p　22cm　（中世史選書2）　2800円

◇日本封建制成立の研究　竹内理三編　吉川弘文館　1955　348p　22cm

開発領主
かいはつりょうしゅ

　未墾地を私力で開発し、その土地の所有者となった者。買収や寄進による領主に対する称で、本来は「かいほつりょうしゅ」と読み、根本領主とも呼ばれる。墾田活動が盛んとなった平安時代中期から登場し始め、その多くは在地の富豪層である。国衙から所領に課せられる田租などを免れるため、土地の実質的支配権である下地進止権を保留した形で貴族・社寺などの権門勢家に所領を寄進し、その荘官となる者が多かった。こうして成立した荘園を寄進地系荘園と称する。開発領主の権利は子孫に相伝されたが、やがて開発領主を棟梁、名主・百姓を郎党・兵とする武士団が形成され、鎌倉時代には典型的な幕府御家人となった。

　　　　　　＊　　＊　　＊

◇中世後期の地域と在地領主　湯浅治久著　吉川弘文館　2002.8　365, 9p　21cm　9000円　①4-642-02677-0

◇日本領主制成立史の研究　戸田芳実著　岩波書店　1967　406p　22cm　1300円

国衙領
こくがりょう

　平安時代後期以降、特定の荘園領主を持たず国衙の支配下にあった土地。国衙と略されることもあり、荘園に対して公領・国領とも称される。前身は律令制の口分田・公田で、荘園制の発展の影響を受けて国衙の私領化した。国司が検田帳や国図によって公田数を把握し、名（みょう）を単位として田堵（たと）と呼ばれる経営者に耕作を請け負わせ、租税などを徴収した。平安時代末期には荘園・公領の両属状態からくる紛争が多発し、中世には荘園・公領が分立する荘園公領制が確立され、公領の総面積は荘園に匹敵する規模を有していた。鎌倉時代末期以降、公領の多くは寺社領・皇室領となり、荘園と同様に守護・地頭ら武家勢力に押領されていった。

　　　　　　＊　　＊　　＊

◇中世の支配と民衆　阿部猛編　同成社　2007.10　296p　22cm　（同成社中世史選書4）〈文献あり〉　7000円　①978-4-88621-408-9

◇中世国衙領の支配構造　錦織勤著　吉川弘文館　2005.12　363, 7p　22cm　9000円　①4-642-02846-3

◇国衙機構の研究—「在国司職」研究序説　関幸彦著　吉川弘文館　1984.12　339, 13p　22cm　5000円　①4-642-02574-X

◇日本中世史論集　福尾教授退官記念事業会編　吉川弘文館　1972　344p　22cm

2500円

不輸・不入の権
ふゆ・ふにゅうのけん

　荘園に対する国家権力の介入を排除する特権。不輸の権とは租税免除のこと。律令国家においては税制体系の中で唯一の地税である租だけが不輸の対象とされた（不輸租）が、王朝国家において税制が官物と臨時雑役の二本立てになると、不輸の対象も官物となり（不輸官物）、やがて臨時雑役も免除されるようになった（雑役免）。不入の権とは荘園内への国衙官人の立ち入り禁止のこと。不輸の権は個々の田地ごとに認可されるものであり、国衙は租税増徴のため、しばしば検田使・収納使らを派遣して荘園の立入調査を行ったが、やがて不入の権も獲得されるようになり、荘園の私有権が確立された。その後、不入の権は検非違使など警察権の排除へと発展した。

　　　＊　　　＊　　　＊

◇日本初期中世社会の研究　木村茂光著　校倉書房　2006.5　340p　22cm　（歴史科学叢書）　10000円　①4-7517-3740-6

知行国制
ちぎょうこくせい

　貴族・寺社などに令制国の知行権を与え、その国の収益を得させる制度。分国・領国・沙汰国・給国とも称され、知行権を与えられた者は知行主・国主と呼ばれる。11世紀中頃に始まり、院政期に急速に発展し、建保3年（1215年）には全国66ヶ国中34ヶ国以上が知行国であったといわれる。律令制が弛緩して国守の地位が利権化する一方、貴族・官人らの俸禄制度が有名無実化したことを背景とした制度で、はじめは知行主に国守の任命権を与えて任料を収入とさせたが、やがて国守の徴収した租税も知行主の収入とされるようになった。知行国主は自らの子弟・近親や近臣を国守に推挙する一方、目代を派遣して現地の国務に当たらせた。知行主とされた者は摂政・関白から公卿や四位・五位の下級貴族、寺社、平家や鎌倉将軍のような武家に及ぶが、摂政・関白のように2・3ヶ国を知行する者もおり、平氏政権の全盛期には平家の知行国が30余国に達し、鎌倉幕府成立後は東国を中心とする9ヶ国が将軍家知行国（関東御分国）とされた。同様の制度に10世紀初めに始まり院宮家（上皇・女院など）を対象とする院宮分国制があるが、院宮分国制が公式な制度であるのに対して、知行国制は国家公認の制度ではなかった。鎌倉時代には知行国制が次第に公認されるようになり、知行国と院宮分国が全国の大半を占めるに至ったが、武士の台頭により次第に名目化し、室町時代末期までに消滅した。

◇日本国家の史的特質　古代・中世　大山喬平教授退官記念会編　京都　思文閣出版　1997.5　783p　22cm　〈肖像あり〉　15000円　①4-7842-0937-9

◇中世を読み解く―古文書入門　石井進著　東京大学出版会　1990.11　215p　26cm　2884円　①4-13-022011-X

◇論集日本歴史　4　鎌倉政権　黒川高明、北爪真佐夫編　有精堂出版　1976　354p　22cm　〈監修：豊田武、児玉幸多、大久保利謙〉　2800円

◇続日本古代史論集　坂本太郎博士古稀記念会編　吉川弘文館　1972　3冊　22cm　3500-4100円

遣渤海使
けんぼっかいし

　神亀5年（728年）から弘仁2年（811年）にかけて、日本から渤海に派遣された公的使節。日本と渤海との交渉は神亀4年（728年）に渤海使が来

日したことに始まるが、当時渤海は唐・新羅と対立しており、渤海使は新羅を牽制する目的で派遣されたものだった。また、日本にとっても渤海は新羅を避けて渡唐する経路として有用であり、翌年に最初の遣渤海使が派遣された。8世紀後半に渤海と唐・新羅との関係が改善されると、日本と渤海の関係は政治的なものから経済的なものへと変化し、日本からは絹糸・織物・漆などが輸出され、渤海からは毛皮・人参・蜂蜜などが輸入された。遣渤海使の派遣は13回、渤海使の来日は延喜19年(919年)までに34回に達した。

＊　　＊　　＊

◇古代能登の対岸世界―TOGI渤海シンポジウム　富来町(石川県)　富来町　2004.11　120p　30cm　〈会期・会場：2004年11月7日　石川県富来町地域活性化センター〉

◇渤海国―東アジア古代王国の使者たち　上田雄著　講談社　2004.4　316p　15cm　(講談社学術文庫)　〈「渤海国の謎」1992年刊の増訂　年表あり　文献あり〉　1050円　⑪4-06-159653-5

◇渤海国交流の謎を探る―渤海食談塾in富来講演記録集　1　渤海国交流研究センター編集・監修　富来町(石川県)　富来町　2003.3　249p　21cm

◇渤海使の研究―日本海を渡った使節たちの軌跡　上田雄著　明石書店　2002.1　1068p　22cm　〈年表あり　文献あり〉　12000円　⑪4-7503-1507-9

◇日本渤海関係史の研究　石井正敏著　吉川弘文館　2001.4　663,19p　22cm　13000円　⑪4-642-02363-1

◇対岸諸国における渤海研究論文集　富山北陸電力地域総合研究所　1997.3　51p　30cm　〈年表あり〉

◇日本渤海交渉史　上田雄,孫栄健共著　改訂増補版　彩流社　1994.7　270p　20cm　〈初版の出版者：六興出版〉　3000円　⑪4-88202-305-9

◇渤海国の謎―知られざる東アジアの古代王国　上田雄著　講談社　1992.6　272p　18cm　(講談社現代新書)　650円　⑪4-06-149104-0

◇日本渤海交渉史　上田雄,孫栄健著　六興出版　1990.2　249p　20cm　2000円　⑪4-8453-8106-0

◇渤海国史及び日本との国交史の研究　新妻利久著　東京電気大学出版局　1969　431p　22cm　3800円

遣唐使
けんとうし

大和朝廷から唐に派遣された公式使節。入唐使とも称される。推古22年(614年)に最後の遣隋使が派遣された後、舒明2年(630年)に犬上御田鍬らが最初の遣唐使として派遣された。遣唐使の任命は約20回に達し、このうち十数回が実際に渡海しているが、このうち平安時代の遣使は延暦23年(804年)と承和5年(838年)の2回を数える。大使・副使、留学生・学問僧、知乗船事以下の船員など数百人に達する大規模な使節で、はじめ2隻、後に4隻の船に分乗して入唐し、多くは2～3年で帰国した。中国の制度・文物の輸入を主な目的とし、日本の文化発展や政治改革などに貢献したが、唐末の混乱などを背景に寛平6年(894年)に菅原道真の建議で中止された。

＊　　＊　　＊

◇遣唐使の光芒―東アジアの歴史の使者　森公章著　角川学芸出版,角川グループパブリッシング〔発売〕　2010.4　261p　19cm　(角川選書)　1600円　⑪978-4-04-703468-6

◇唐王朝と古代日本　榎本淳一著　吉川弘文館　2008.7　286,10p　22cm　10000円　⑪978-4-642-02469-3

◇最後の遣唐使　佐伯有清著　講談社　2007.11　221p　15cm　(講談社学術文庫)　〈年表あり〉　800円　⑪978-4-06-159847-8

◇遣隋使・遣唐使が出会った人びと―中国

政治

隋唐陶製人形の美 第54回企画展図録　天理大学附属天理参考館編　〔天理〕　天理大学出版部　2007.4　12p　30cm　①978-4-903058-12-2

◇遣唐使と唐の美術―特別展　東京国立博物館、朝日新聞社編　朝日新聞社　2005.7　149p　30cm　〈他言語標題：Cultural crossings-Tang art and the Japanese envoys　会期・会場：2005年7月20日―9月11日 東京国立博物館ほか　年表あり〉

◇奈良平安期の日本とアジア　山内晋次著　吉川弘文館　2003.8　268,48p　22cm　8500円　①4-642-02395-X

◇船が運んだ日本の食文化　伊東椰子著,柳原良平イラスト　調理栄養教育公社　1998.10　237p　21cm　1714円　①4-924737-34-8

◇長安―絢爛たる唐の都　京都文化博物館編、門脇禎二、町田章、田中淡、井上満郎、田辺昭三、礪波護、筒井紘一、渡辺信一郎著　角川書店　1996.4　280p　19cm　（角川選書）　1700円　①4-04-703269-7

◇貿易陶磁―奈良・平安の中国陶磁　橿原考古学研究所附属博物館編　京都　臨川書店　1993.6　540p　30cm　48000円　①4-653-02563-0

◇国史学論集―今井林太郎先生喜寿記念　今井林太郎先生喜寿記念論文集刊行会編　神戸　今井林太郎先生喜寿記念論文集刊行会　1988.1　472p　22cm　〈今井林太郎の肖像あり〉

◇最後の遣唐使　佐伯有清著　講談社　1978.10　203p　18cm　（講談社現代新書）　〈遣唐使派遣年表：p197〜203〉　390円

刀伊の入寇
といのにゅうこう

寛仁3年（1019年）3月から4月にかけて、「刀伊の賊」が対馬・壱岐・筑前に来寇した事件。刀伊とは朝鮮語で夷狄を意味し、日本では中国沿岸部の沿海州地方に住んでいた女真族を指す。刀伊の居住地域は高麗の北辺に位置し、以前から海路で高麗への侵入を繰り返していたが、同年3月に高麗を襲った女真族が50艘余の船に分乗して壱岐・対馬を襲撃し、次いで筑前国怡土郡・志麻郡・早良郡で略奪を行った。この間、壱岐守藤原理忠をはじめ400人以上が殺害され、1000人以上が捕らえられたとされる。更に刀伊は博多湾まで到達したが、大宰権帥藤原隆家が組織した大宰府・国衙官人らによる軍勢に撃退され、対馬来寇から約1週間で日本近海から退散した。

＊　　＊　　＊

◇史址ふくおか散策　榊田哲弘著　福岡　梓書院　2008.8　277p　19cm　1429円　①978-4-87035-319-0

◇刀伊の襲来　小田利久著　レーヴック,星雲社（発売）　2007.8　239p　19cm　1500円　①978-4-434-10857-0

◇福岡歴史探訪　西区編　柳猛直著　福岡　海鳥社　1995.6　197p　19cm　（歴史探訪シリーズ）　1300円　①4-87415-109-4

◇海が語る古代交流　朝日新聞福岡総局編　福岡　葦書房　1990.1　222p　19cm　（はかた学 3）　1360円

藤原　隆家
ふじわらの たかいえ

天元2年（979年）〜寛徳元年1月1日（1044年）平安時代中期の公卿。通称は大炊帥、幼名は阿古。関白藤原道隆の四男で、母は高階成忠の娘貴子、姉は一条天皇中宮定子。永祚元年（989年）に従五位下に叙せられ、正暦元年（990年）に父道隆が実権を握ると急速に昇進し、長徳元年（995年）に権中納言となった。父道隆の没後は叔父道長と対立して失脚し、長徳2年（996年）に出雲権守に左遷された。翌年赦されて帰京し、長保4年（1002年）に権中納言に復任。寛弘4年（1007年）に従二位、寛弘6年（1009年）に中納言となるが、政治的には不遇であった。長和3年（1014年）に大宰権帥となり、翌年に九州に下向。同年に

正二位となり、寛仁3年(1019年)には刀伊の入寇を撃退して武名をあげた。

　　　　＊　　　＊　　　＊

◇王朝の変容と武者　元木泰雄編　大阪　清文堂出版　2005.6　463p　22cm　（古代の人物 6）　3800円　①4-7924-0569-6

◇菊池一族の興亡　荒木栄司著　熊本　熊本出版文化会館, 亜紀書房〔発売〕　1988.4　165, 33p　21cm　1500円

日宋貿易
にっそうぼうえき

　平安時代中期から鎌倉時代中期にかけて、日本と宋の間で行われた貿易。9世紀中頃には東南アジアの産品を積んだ唐船が日本を訪れるようになっていたが、10世紀後半に宋が中国を統一すると、日本との貿易は唐代をはるかに凌ぐ規模に発展した。10世紀後半から12世紀前半にかけては博多が貿易の場とされ、来航した宋船が大宰府の統制の下に貿易を行ったが、次第に九州各地の沿岸で私貿易が行われるようになった。12世紀後半に成立した平氏政権は大輪田泊を修築して瀬戸内航路を整備するなど、日宗貿易の振興を図った。平氏政権の後を継いだ鎌倉幕府も積極的に日宋貿易を推進し、鎌倉の外港である和賀江・飯島津・六浦などにも宋船が来航したとされる。また、渡宋する日本船も多く、その数は1年間に40～50隻に達したという。日本からの輸出品は硫黄・水銀・砂金・刀剣・漆器など、宋からの輸入品は銅銭・織物・陶磁器・香料・典籍などで、中でも宋銭の輸入は日本における貨幣経済の発達に多大な影響を及ぼした。

　　　　＊　　　＊　　　＊

◇新編森克己著作集　第3巻　日宋貿易の研究　続続　森克己著, 新編森克己著作集編集委員会編　勉誠出版　2009.10　460p　22cm　〈年表あり〉　10000円　①978-4-585-03202-1

◇日宋貿易と「硫黄の道」　山内晋次著　山川出版社　2009.8　87p　21cm　（日本史リブレット 75）　〈文献あり〉　800円　①978-4-634-54687-5

◇新編森克己著作集　第2巻　日宋貿易の研究　続　森克己著, 新編森克己著作集編集委員会編　勉誠出版　2009.4　441p　22cm　10000円　①978-4-585-03201-4

◇新編森克己著作集　第1巻　日宋貿易の研究―新訂　森克己著, 新編森克己著作集編集委員会編　勉誠出版　2008.12　469p　22cm　〈年表あり〉　10000円　①978-4-585-03200-7

◇貿易陶磁―奈良・平安の中国陶磁　橿原考古学研究所附属博物館編　京都　臨川書店　1993.6　540p　30cm　48000円　①4-653-02563-0

◇国史学論集―今井林太郎先生喜寿記念　今井林太郎先生喜寿記念論文集刊行会編　神戸　今井林太郎先生喜寿記念論文集刊行会　1988.1　472p　22cm　〈今井林太郎の肖像あり〉

◇日宋文化交流史―主として北宋を中心に　木宮之彦著　〔静岡〕　〔木宮之彦〕　1987.10　200p　19cm　〈製作：鹿島出版会(東京)〉　1700円

◇日宋貿易の研究　森克己著　新訂　国書刊行会　1986.8　574, 24p　22cm　〈第2刷(第1刷：昭和50年)〉

◇日宋貿易の研究　続　森克己著　国書刊行会　1986.8　427p　22cm　〈第2刷(第1刷：昭和50年)〉

◇日宋貿易の研究　続々　森克己著　国書刊行会　1986.8　446p　22cm　〈第2刷(第1刷：昭和50年)〉

◇図説人物海の日本史 2　日宋貿易と元寇　毎日新聞社　1979.1　187p　27cm　〈関係年表：p179～186〉　1900円

◇日宋文化交流の諸問題　森克己著　増補　国書刊行会　1975　429p　22cm　（森克己著作選集 第4巻）　4800円

◇日宋貿易の研究　森克己著　新訂　国書刊行会　1975　574, 24p 図　22cm　（森

克己著作選集 第1巻） 4800円

◇日宋貿易の研究 続 森克己著 国書刊行会 1975 427p 図 22cm （森克己著作選集 第2巻） 4800円

◇日宋貿易の研究 続々 森克己著 国書刊行会 1975 446p 図 22cm （森克己著作選集 第3巻） 4800円

◇日宋文化交流の諸問題 森克己著 刀江書院 1950 323p 図版 22cm

大輪田泊
おおわだのとまり

摂津国に存在した港。現在の兵庫県神戸市の神戸港内に位置し、和田岬により南西風と潮流から守られた天然の良港で、奈良時代に行基が開いたと伝えられる「五泊」の一つである。平安時代初期以降、しばしば造大輪田船瀬使あるいは造大輪田泊使が置かれて港の修築にあたり、工事終了後は国司が港を管理した。12世紀後半に政権を握った平清盛は、大輪田泊を博多に代わる日宋貿易の拠点とするため、近傍の福原荘に山荘を構え、承安3年（1173年）に経島を築き、治承4年（1180年）に石椋を修造するなど、大規模な修築を行った。こうして大輪田泊は宋船が入港する要港に発展したが、平氏の没落後は荒廃し、鎌倉時代以降は兵庫津・兵庫島と称されるようになった。

* * *

◇歴史が語る湊川—新湊川流域変遷史 兵庫県神戸県民局監修，新湊川流域変遷史編集委員会編 神戸 神戸新聞総合出版センター 2002.12 315p 21cm 1800円 ①4-343-00213-6

◇歴史のなかの神戸と平家—地域再生へのメッセージ 歴史資料ネットワーク編 神戸 神戸新聞総合出版センター 1999.12 270p 19cm 1800円 ①4-343-00034-6

◇歴史海道のターミナル—兵庫の津の物語 神木哲男，崎山昌広編著 神戸 神戸新聞総合出版センター 1996.4 274p 19cm （のじぎく文庫） 1500円 ①4-87521-485-5

鴨川
かもがわ

京都市街東部を貫流する川。北区雲ヶ畑の桟敷ヶ岳に源を発し、高野川と合流して市街東部を南流し、桂川と合流して淀川に注ぐ。全長は31キロで、高野川との合流点から上流を賀茂川、下流を鴨川と書く。しばしば氾濫し、天長元年（824年）に防鴨河使が置かれたが成果が挙がらず、平安時代末期の白河法皇は鴨川の氾濫を天下三不如意の一つに挙げている。その一方、平時は水量が少ないため、慶長19年（1614年）に角倉了以により高瀬川が、明治27年（1894年）には琵琶湖疏水が開削され、水運に用いられた。また、鴨川の河原は古来禊祓の神事の場として知られる他、しばしば合戦場となり、平安時代から近世初期にかけては五条・六条・七条の河原が罪人の処刑場とされ、中世末期から近世にかけては三条・四条・五条の河原に芝居小屋・見世物小屋が立ち並ぶ歓楽街が形成された。

* * *

◇中世の人と自然の関係史 水野章二著 吉川弘文館 2009.3 344,5p 22cm 〈索引あり〉 12000円 ①978-4-642-02884-4

◇京都の自然史—京都・奈良盆地の移りかわり 横山卓雄著 京都 京都自然史研究所，（大津）三学出版〔発売〕 2004.6 232p 19cm （自然史シリーズ No.7） 1619円 ①4-921134-65-0

◇鴨川の謎を追って 荒井まさお著 文芸社 2001.11 95p 19cm 1000円 ①4-8355-2457-8

◇京の鴨川と橋—その歴史と生活 門脇禎二，朝尾直弘共編 京都 思文閣出版 2001.7 251p 19cm 2200円 ①4-7842-1082-2

◇鴨川周辺の史跡を歩く 竹村俊則著 京

都　京都新聞社　1996.3　253p　19cm
1400円　①4-7638-0388-3

◇平安遷都と「鴨川つけかえ」―歴史と自然史の接点　横山卓雄著　八幡　法政出版　1988.6　235p　19cm　1800円　①4-938554-12-7

満濃池
まんのういけ

　香川県仲多度郡まんのう町にある灌漑用の溜池。『今昔物語集』に万能ノ池と記されている他、万農池とも記し、十千池（とちのいけ）とも呼ばれる。面積1.4平方キロ、堤高32メートル、貯水量1540万立方メートル。農業用溜池としては日本最大である。大宝年間(701～704年)に讃岐守であった道守朝臣某が築いたと伝えられる。弘仁9年(818年)に堤が大破し、弘仁12年(821年)に同国出身の空海が築池別当として派遣されて修築を行った。その後も決壊と修築を繰り返したが、元暦元年(1184年)の決壊の後は放置され、池の中に村落ができたという。江戸時代初期以降は数度の修築が行われ、昭和34年(1959年)に大改修を完了して現在の姿となった。

　　　　　＊　　　＊　　　＊

◇法然配流とその背景　よねもとひとし著　近代文芸社　2004.6　153p　20cm　1500円　①4-7733-7162-5

◇よみがえる古代大建設時代―巨大建造物を復元する　大林組プロジェクトチーム編著　東京書籍　2002.8　325p　29cm　8000円　①4-487-79698-9

宗　教

平安仏教　へいあんぶっきょう

　延暦13年(794年)の桓武天皇の平安遷都により出現した、最澄の天台宗と、空海の真言宗を中心とした、平安時代の新仏教の総称。都市の中で世俗化した奈良仏教への批判から形成された。奈良仏教と同じく鎮護国家を標榜するが、比叡山・高野山などの山岳に寺院を建立し、政治とは一定の距離を置きながら営まれた。「王法と仏法は車の両輪のごとし」という、対等の理論が平安仏教の段階で初めて唱えられ、新時代の国家仏教の理念となった。また法相宗学を主流とした南都仏教が、成仏の可否は人間の素質によると説いたのに対して、天台・真言宗の平安仏教は「一切皆成」、すなわち素質や能力に関係なく、すべての人間が成仏できるとの一乗主義を説き、これも平安仏教の新しい特色だった。こうして平安時代、東北地方まで天台・真言宗の僧が布教の足をのばし、仏教はほぼ日本全国にひろまった。平安貴族の厚い帰依と保護を受けて、寺院造営や法会、加持祈祷が貴族社会で盛んに行われ、貴族出身の僧侶が大寺の住持を独占するようになり、平安仏教もしだいに貴族仏教となった。諸大寺は貴族から寄進された荘園をもつ大領主となり、僧兵という武力をもち、権門と呼ばれて栄えた。しかし、平安中期以降、飢饉や疫病などと末法思想が一緒になり、阿弥陀信仰が盛んになった。

◇平安時代の国家と寺院　岡野浩二著　塙書房　2009.10　388, 19p　21cm　11000円　①978-4-8273-1229-4

◇源氏物語と仏教―仏典・故事・儀礼　日向一雅編　青簡舎　2009.3　260p　20cm　2800円　①978-4-903996-16-5

◇中世寺院と民衆　井原今朝男著　増補　京都　臨川書店　2009.1　365p　20cm　3400円　①978-4-653-04036-1

◇わが心の源氏物語―摂関時代の仏教　三浦克子著　八王子　揺籃社　2008.7　111p　21cm　〈文献あり〉　1000円　①978-4-89708-264-6

◇平安期の願文と仏教的世界観　工藤美和子著　京都　仏教大学, 思文閣出版(製作発売)　2008.3　352, 8p　22cm　(仏教大学研究叢書2)　6500円　①978-4-7842-1393-1

◇律令国家仏教の研究　本郷真紹著　京都　法藏館　2005.3　333, 11p　22cm　6600円　①4-8318-7465-5

◇平安時代の寺院と民衆　西口順子著　京都　法藏館　2004.9　390, 16p　22cm　8700円　①4-8318-7461-2

◇中世寺院の僧団・法会・文書　山岸常人著　東京大学出版会　2004.2　429, 7p　22cm　8200円　①4-13-026205-X

◇中世寺院と民衆　井原今朝男著　京都　臨川書店　2004.1　309p　20cm　2800円　①4-653-03934-8

◇平安文人の思想と信仰　中尾正己著　日本図書センター　2003.10　203p　22cm　（学術叢書）　3000円　⑪4-8205-8022-1

◇日本の歴史　古代から中世へ2　山と寺・僧と法会―平安仏教　新訂増補　朝日新聞社　2003.6　p34-63　30cm　（週刊朝日百科52）　476円

◇仏教教育思想　第1巻　新装版　日本図書センター　2001.11　785p　22cm　（日本近世教育思想シリーズ）　⑪4-8205-5988-5, 4-8205-5987-7

◇仏教教育思想　第2巻　新装版　日本図書センター　2001.11　664p　22cm　（日本近世教育思想シリーズ）　⑪4-8205-5989-3, 4-8205-5987-7

◇仏教教育思想　第3巻　新装版　日本図書センター　2001.11　980p　22cm　（日本近世教育思想シリーズ）　⑪4-8205-5990-7, 4-8205-5987-7

◇悲運の遣唐僧―円載の数奇な生涯　佐伯有清著　吉川弘文館　1999.4　215p　19cm　（歴史文化ライブラリー63）　1700円　⑪4-642-05463-4

◇平安時代の埋経と写経　関秀夫著　東京堂出版　1999.2　757p　27cm　34000円　⑪4-490-20365-9

◇源氏物語と仏教　中井和子著　大阪　東方出版　1998.9　262p　20cm　2500円　⑪4-88591-578-3

◇中世寺院の風景―中世民衆の生活と心性　細川涼一著　新曜社　1997.4　275p　19cm　2500円　⑪4-7885-0595-9

◇図説日本仏教の歴史　平安時代　速水侑編　佼成出版社　1996.9　157p　21cm　2000円　⑪4-333-01750-5

◇論集日本仏教史　第3巻　平安時代　平岡定海編　雄山閣出版　1986.6　335p　22cm　4800円　⑪4-639-00575-X, 4-639-00552-0

◇源氏物語の仏教―その宗教性の考察と源泉となる教説についての探究　丸山キヨ子著　創文社　1985.2　429, 37p　22cm　7000円

◇中世を歩く―京都の古寺　饗庭孝男著　小沢書店　1982.3　199p　20cm　〈新装版〉　1400円

◇平安仏教の研究　薗田香融著　京都　法蔵館　1981.8　382, 18p　22cm　6800円

◇平安貴族社会と仏教　速水侑著　吉川弘文館　1975　261, 10p　22cm　（日本宗教史研究叢書）　〈監修：笠原一男〉　3200円

◇源氏物語と仏教思想　岩瀬法雲著　笠間書院　1972　245p　22cm　（笠間叢書34）　3000円

◇源氏物語の仏教思想―仏教思想とその文芸的意義の研究　重松信弘著　京都　平楽寺書店　1967　468p　22cm　3800円

清水寺
きよみずでら

京都市東山区清水にある法相宗大本山。別名は「せいすいじ」。山号は音羽山（おとわさん）。古くは北観音寺とも称した。延暦17年（798年）頃僧延鎮が坂上田村麻呂の助成を得て開山。延暦24年（805年）桓武天皇の御願寺、弘仁元年（810年）鎮護国家の道場となり隆盛したが、天災のほか、興福寺に属したため延暦寺と興福寺の抗争に巻き込まれたこともあって焼失破壊を重ねた。現在の本堂（国宝）は寛永10年（1633年）の徳川家光による再建のもの。本尊は十一面観音像（国重要文化財）。清水の舞台とよばれる前面を懸け造りとした本堂は国宝。平成6年（1994年）世界遺産（文化遺産）に登録。西国三十三所第16番札所。

*　　*　　*

◇古寺巡礼京都　26　清水寺　梅原猛監修　森清範, 田辺聖子著　新版　京都　淡交社　2008.10　142p　21cm　〈年表あり〉

1600円　①978-4-473-03496-0
◇心で観る—清水寺 秘仏と四季　森清範著　講談社　2005.3　44p　22cm　〈講談社DVD book〉〈付属資料：DVD-Video1枚(12cm)〉　4762円　①4-06-274197-0
◇心に響く—清水寺 般若心経と法話　森清範著　講談社　2005.3　45p　22cm　〈講談社DVD book〉〈付属資料：DVD-Video1枚(12cm)〉　4762円　①4-06-274198-9
◇週刊古寺をゆく　6　清水寺　小学館　2001.3　35p　30cm　〈小学館ウイークリーブック〉　533円
◇実録「清水の舞台より飛び落ちる」—江戸時代の『清水寺成就院日記』を読む　横山正幸編著　京都　横山正幸　2000.4　302p　21cm
◇清水寺史　第3巻　史料　清水寺史編纂委員会編　京都　音羽山清水寺　2000.3　461, 66p　22cm　〈京都 法蔵館(製作・発売)　開創1200年記念　年表あり〉　8500円　①4-8318-7515-5
◇清水寺史　第2巻　通史　下　清水寺史編纂委員会編　京都　音羽山清水寺　1997.5　717, 17p　22cm　〈京都 法蔵館(製作・発売)　開創1200年記念〉　9714円　①4-8318-7514-7
◇ガイドブック清水寺　横山正幸著　京都　法蔵館　1996.11　168p　21cm　〈略年表：p19～26〉　1600円　①4-8318-2211-6
◇清水寺巡拝—余録　平井良和著　〔枚方〕〔平井良和〕　1995.10　44p　21cm
◇清水寺史　第1巻　通史　上　清水寺史編纂委員会編　京都　音羽山清水寺　1995.8　496p　22cm　〈開創1200年記念　製作・発売：法蔵館〉　7800円　①4-8318-7513-9
◇清水寺の色—清水寺写真集　橋本健次写真　京都　清水寺　1989.8　1冊(頁付なし)　28cm
◇各地清水寺巡拝　平井良和著　〔枚方〕〔平井良和〕　1988.12　124p　21cm　〈折り込図1枚〉
◇古寺巡礼京都　24　清水寺　大庭みな子ほか著　京都　淡交社　1978.5　143p　27cm　〈監修：井上靖、塚本善隆　清水寺年表：p139～142〉　2800円

密教　みっきょう

　仏教の流派の一つ。顕教(けんぎょう)に対しての呼称で、非公開的な教団の内に閉鎖し、秘密の教義と儀礼を師資相承によって維持しようとする秘密仏教をいい、真言密教ともいう。インド大乗仏教の末期(7世紀後半)に突然興起した一流派。大日如来(摩訶毘盧遮那(まかびるしゃな)如来)を本仏とし、加持祈祷を特に重要視し、そのための儀式や呪文がある。日本には平安初期に弘法大師空海によって唐代の純粋密教が伝えられ、日本化されて日本仏教の一宗派として真言宗が開かれた。また、伝教大師最澄、慈覚大師円仁、智証大師円珍ら天台宗の人々によって伝えられた密教は、天台と密教との一致を強調する特異の密教と成った。そこで、真言宗の密教を東密(とうみつ)(東寺の密教)というのに対して、天台宗の密教を台密(たいみつ)という。東密は、物質原理と精神原理の一元化をその特色とし、以後、平安末期の教学改革をも経ながら、めざましい発展を遂げた。最澄の持ってきた密教は不十分なものであったが、この課題は、円仁、円珍に継承され、彼らは相次いで入唐して組織的な密教を日本にもた

らした。

◇愛欲の精神史 2 密教的エロス 山折哲雄著 角川学芸出版, 角川グループパブリッシング(発売) 2010.3 263p 15cm (角川文庫 16206) 819円 ①978-4-04-409419-5

◇図解・曼荼羅の見方―カラー版 小峰弥彦著 大法輪閣 2009.9 119p 21cm 2000円 ①978-4-8046-1288-1

◇覚眼記『秘鈔伝授記』―報恩院流相承 覚眼著, 北尾隆心編 京都 法蔵館 2009.8 140p 21cm 〈付:『諸尊護摩鈔伝授記』〉 2900円 ①978-4-8318-7074-2

◇密教の神々―その文化史的考察 佐藤任著 平凡社 2009.7 333p 16cm (平凡社ライブラリー 673) 〈並列シリーズ名: Heibonsha library 文献あり 索引あり〉 1500円 ①978-4-582-76673-8

◇面白いほどよくわかる密教―曼荼羅・仏像から修法、教理、寺院まで徹底解説 渋谷申博著, 宮坂宥洪監修 日本文芸社 2009.5 255p 19cm (学校で教えない教科書) 〈文献あり〉 1400円 ①978-4-537-25676-5

◇マンダラの謎を解く―三次元からのアプローチ 武沢秀一著 講談社 2009.5 253p 18cm (講談社現代新書 1994) 〈文献あり〉 740円 ①978-4-06-287994-1

◇マンダラ―神々の降り立つ超常世界 立川武蔵著 増補改訂版 学習研究社 2009.3 119p 22cm 〈文献あり 年表あり〉 1560円 ①978-4-05-404090-8

◇「図解」密のすべて 花山勝友監修, PHP研究所編 新装版 PHP研究所 2008.12 142p 21cm 〈文献あり〉 1100円 ①978-4-569-70451-7

◇中世密教寺院と修法 西弥生著 勉誠出版 2008.11 320, 16p 22cm 9800円 ①978-4-585-03206-9

◇密教・自心の探求―『菩提心論』を読む 生井智紹著 大法輪閣 2008.8 273p 19cm 2700円 ①978-4-8046-1273-7

◇曼荼羅の世界とデザイン―ほとけの「かたち」と「こころ」を知るために 松原智美著 グラフ社 2008.6 101p 図版8p 21cm 1429円 ①978-4-7662-1153-5

◇マンダラ事典―100のキーワードで読み解く 森雅秀著 春秋社 2008.4 218, 8p 19cm 1900円 ①978-4-393-13543-3

◇大日如来の世界 頼富本宏編著 春秋社 2007.11 241p 22cm 〈文献あり〉 3200円 ①978-4-393-17280-3

◇陰陽道×密教―企画展 神奈川県立金沢文庫編 横浜 神奈川県立金沢文庫 2007.8 71p 30cm 〈会期・会場:平成19年8月9日～9月30日 神奈川県立金沢文庫〉

◇マンダラとは何か 正木晃著 日本放送出版協会 2007.8 283p 19cm (NHKブックス 1090) 〈文献あり〉 1070円 ①978-4-14-091090-0

◇生と死からはじめるマンダラ入門 森雅秀著 京都 法蔵館 2007.7 222p 20cm 2300円 ①978-4-8318-7433-7

◇楽しくわかるマンダラ世界 正木晃著 春秋社 2007.7 141p 22cm 〈塗り絵付き〉 1800円 ①978-4-393-11904-4

◇密教関係文献目録 種智院大学密教学会編 増補新訂版 京都 同朋舎メディアプラン 2007.5 837p 23cm 25000円 ①978-4-86236-014-4

◇曼荼羅グラフィクス 田中公明著 山川

宗　教

出版社　2007.4　135p　21cm　〈文献あり〉　2800円　⑪978-4-634-64026-9

◇金田元成和尚著作集　金田元成著, 西大寺編　大阪　東方出版　2006.12　454p　22cm　〈年譜あり　著作目録あり〉　15000円　⑪4-86249-046-8, 4-86249-047-6

◇当麻曼陀羅絵説き　鷲津清静著　京都　白馬社　2006.11　189p　26cm　2400円　⑪4-938651-61-0

◇Mandala光の旅―釈迦如来　nanaco著　日本放送出版協会　2006.9　1冊（ページ付なし）　30cm　〈おもに図〉　2800円　⑪4-14-081142-0

◇マンダラ―心と身体　立川武蔵編　吹田　千里文化財団　2006.7　129p　19cm　（千里文化財団選書）　680円　⑪4-915606-56-2

◇マンダラ　ホセ＆ミリアム・アーグエイエス著, 中村正明訳　新装版　青土社　2006.4　229, 9p　23cm　〈文献あり〉　2800円　⑪4-7917-6261-4

◇図解雑学密教　頼富本宏編著, 今井浄円, 那須真裕美著　ナツメ社　2005.11　261p　19cm　〈奥付のタイトル：密教年表あり　文献あり〉　1420円　⑪4-8163-4038-6

◇マンダラの諸相と文化―頼富本宏博士還暦記念論文集　上（金剛界の巻）　頼富本宏博士還暦記念論文集刊行会編　京都　法藏館　2005.11　988p　22cm　〈肖像あり　年譜あり　著作目録あり〉　⑪4-8318-6363-7

◇マンダラの諸相と文化―頼富本宏博士還暦記念論文集　下（胎蔵界の巻）　頼富本宏博士還暦記念論文集刊行会編　京都　法藏館　2005.11　847p　22cm　⑪4-8318-6363-7

◇密教と曼荼羅　世界文化社　2005.11　143p　21cm　（ほたるの本）　〈年表あり〉　1800円　⑪4-418-05415-4

◇図説・マンダラの基礎知識―密教宇宙の構造と儀礼　越智淳仁著　大法輪閣　2005.10　238p　21cm　〈文献あり〉　3400円　⑪4-8046-1225-4

◇日本密教　立川武蔵, 頼富本宏編　新装版　春秋社　2005.8　354p　22cm　（シリーズ密教 4）　3500円　⑪4-393-11254-7

◇立山曼荼羅―絵解きと信仰の世界　福江充著　京都　法藏館　2005.7　212p　20cm　2000円　⑪4-8318-7440-X

◇曼荼羅の思想　鶴見和子, 頼富本宏著　藤原書店　2005.7　199p　19cm　2200円　⑪4-89434-463-7

◇『金剛頂経』入門―即身成仏への道　頼富本宏著　大法輪閣　2005.5　388p　20cm　〈文献あり〉　3000円　⑪4-8046-1221-1

◇すぐわかるマンダラの仏たち　頼富本宏著　東京美術　2004.11　143p　21cm　〈文献あり〉　2000円　⑪4-8087-0774-8

◇密教　正木晃著　講談社　2004.9　230p　19cm　（講談社選書メチエ 310）　〈文献あり〉　1500円　⑪4-06-258310-0

◇密教マンダラと文学・絵解き　真鍋俊照著　京都　法藏館　2004.7　288p　19cm　2800円　⑪4-8318-6361-0

◇曼荼羅の神々―仏教のイコノロジー　立川武蔵著　新装第1版　ありな書房　2004.4　193, 13p　22cm　〈文献あり〉　4000円　⑪4-7566-0482-X

◇密教概論　高神覚昇著　改訂新版　大法輪閣　2004.3　319p　19cm　〈平成7年刊（改訂新版第3刷）を原本としたオンデマンド版〉　3300円　⑪4-8046-1636-5

◇密教―インドから日本への伝承　松長有慶著　中央公論新社　2004.2　278p

21cm （中公文庫ワイド版）〈年表あり〉 4300円 ⑭4-12-551489-5

◇密教入門 勝又俊教著 新装版 春秋社 2003.10 217p 20cm 1800円 ⑭4-393-13521-0

◇曼陀羅を説く 塩竈義弘著 山喜房仏書林 2003.8 382p 22cm 5000円 ⑭4-7963-0446-0

◇密教とマンダラ 頼富本宏著 日本放送出版協会 2003.4 253p 16cm （NHKライブラリー）〈年表あり 文献あり〉 870円 ⑭4-14-084161-3

◇変身の原理―密教の神秘 桐山靖雄著 平河出版社 2002.12 560p 20cm 〈角川文庫1975年刊の増訂〉 2000円 ⑭4-89203-320-0

◇日本秘教全書 藤巻一保著 学習研究社 2002.11 617,8p 20cm 3800円 ⑭4-05-401643-X

◇あなたの密教―明日を生きる手立て 頼富本宏著 京都 法蔵館 2002.10 262p 20cm 2200円 ⑭4-8318-6356-4

◇源氏物語のコスモロジー―若紫はなぜ雀の子を飼い育てるのか 大久保健治著 作品社 2002.7 224p 20cm 1600円 ⑭4-87893-486-7

◇わたしの密教―今日を生きる智恵 頼富本宏著 京都 法蔵館 2002.7 225p 20cm 2000円 ⑭4-8318-6355-6

◇栂尾祥雲遺稿集 聞書編 巻第1 栂尾祥雲著 栂尾祥雲遺稿集刊行会編 高野町（和歌山県） 高野山出版社 2002.5 604p 22cm 〈肖像あり〉 23000円 ⑭4-87527-019-4

◇彩色胎蔵曼荼羅 染川英輔著 大法輪閣 2002.2 191p 37cm 〈付属資料：図1枚：原寸大中台八葉院白描図〉 20000円 ⑭4-8046-1180-0

◇胎蔵図像の研究 八田幸雄著 京都 法蔵館 2002.2 228p 27cm 13000円 ⑭4-8318-7640-2

◇四度加行―傍訳 下巻 栗山秀純, 福田亮成, 布施浄慧監修, 佐藤正伸, 北原裕全編著 四季社 2002.1 477p 22cm （秘密儀軌大系 平成版3） 16000円 ⑭4-88405-117-3

◇密教―インドから日本への伝承 松長有慶著 中央公論新社 2001.9 278p 16cm （中公文庫）〈「密教の相承者」（評論社1973年刊）の改版〉 800円 ⑭4-12-203901-0

◇四度加行―傍訳 中巻 栗山秀純, 福田亮成, 布施浄慧監修, 佐藤正伸編著 四季社 2001.7 303p 22cm （秘密儀軌大系 平成版3） 16000円 ⑭4-88405-032-0

◇密教 松長有慶著 岩波書店 2001.5 236,8p 18cm （岩波新書）〈第17刷〉 780円 ⑭4-00-430179-3

◇密教図像と儀軌の研究 下巻 真鍋俊照著 京都 法蔵館 2001.4 642,20p 27cm 25000円 ⑭4-8318-7644-5

◇図解・別尊曼荼羅―密教図像を読む 小峰弥彦, 高橋尚夫監修 大法輪閣 2001.1 167p 21cm 2300円 ⑭4-8046-1171-1

◇四度加行―傍訳 上巻 栗山秀純, 福田亮成, 布施浄慧監修, 佐藤正伸編著 四季社 2000.12 494p 22cm （秘密儀軌大系 平成版3） ⑭4-88405-031-2

◇密教図像と儀軌の研究 上巻 真鍋俊照著 京都 法蔵館 2000.11 442p 27cm 21000円 ⑭4-8318-7643-7

◇理趣経法―傍訳 下巻 栗山秀純, 福田亮成, 布施浄慧監修 四季社 2000.11 617p 22cm （秘密儀軌大系 平成版2） ⑭4-88405-030-4

◇曼陀羅相承 小木曽善竜監修, 五十嵐隆明編 〔京都〕 浄土宗西山禅林寺派教

宗　教

学部　2000.10　366p　22cm　〈発行所：浄土宗西山禅林寺派宗務所　年譜あり　文献あり〉

◇密教曼荼羅―如来・菩薩・明王・天　久保田悠羅, 佐藤俊之, 山本剛著, 新紀元社編集部, ファーイースト・アミューズメント・リサーチ編　新紀元社　2000.10　298p　21cm　（Truth in fantasy 52）　1800円　ⓘ4-88317-351-8

◇理趣経法―傍訳　上巻　栗山秀純, 福田亮成, 布施浄慧監修　四季社　2000.10　551p　22cm　（秘密儀軌大系 平成版 2）　ⓘ4-88405-029-0

◇覚禅鈔　1　覚禅著, 覚禅鈔研究会編〔高野町（和歌山県）〕　親王院堯栄文庫　2000.9　328p　22×31cm　（勧修寺善本影印集成 1）　〈複製〉　18000円　ⓘ4-88413-011-1, 4-88413-010-3

◇図説密教入門　大栗道栄著　鈴木出版　2000.6　197p　19cm　1600円　ⓘ4-7902-1097-9

◇日本密教　立川武蔵, 頼富本宏編　春秋社　2000.5　354p　22cm　（シリーズ密教 4）　3500円　ⓘ4-393-11214-8

◇空海とマンダラ・鎌倉で栄えた密教とマンダラ　神奈川県立金沢文庫編　横浜　神奈川県立金沢文庫　1999.9　62p　30cm　〈特別展：平成11年9月9日―10月24日（前期）, 平成11年10月28日―平成12年1月23日（後）〉

◇図説・大日如来と密教の仏たち　大法輪閣編集部編　大法輪閣　1999.3　238p　19cm　1900円　ⓘ4-8046-1150-9

◇密教の思想　立川武蔵著　吉川弘文館　1998.12　210p　19cm　（歴史文化ライブラリー 52）　1700円　ⓘ4-642-05452-9

◇密教の種々相　宮坂宥勝著　京都　法蔵館　1998.10　460p　22cm　（宮坂宥勝著作集 第6巻）　ⓘ4-8318-3351-7

◇密教の思想　宮坂宥勝著　京都　法蔵館　1998.8　488p　22cm　（宮坂宥勝著作集 第4巻）　ⓘ4-8318-3351-7

◇「図解」密教のすべて　花山勝友監修　光文社　1998.6　229p　16cm　（光文社文庫）　476円　ⓘ4-334-72632-1

◇聖地の想像力―参詣曼荼羅を読む　西山克著　京都　法蔵館　1998.5　256p　22cm　3200円　ⓘ4-8318-7489-2

◇願行流の研究　岡部光伸著　大宮　斎々坊　1997.12　3冊（資料篇とも）　22cm　〈帙入　和装〉　全18000円

◇金剛頂経講伝　現図両界曼荼羅講伝　那須政隆著　京都　法蔵館　1997.10　541p　22cm　（那須政隆著作集 第5巻）　〈解説：遠藤祐純　折り込2枚〉　ⓘ4-8318-3500-5

◇密教美術とマンダラ―特別展図録　神奈川県立金沢文庫編　横浜　神奈川県立金沢文庫　1997.10　112p　26cm　〈会期：平成9年10月2日―11月30日〉

◇長谷宝秀全集　第6巻　長谷宝秀著, 種智院大学密教資料研究所編　京都　法蔵館　1997.9　396p　22cm　〈付属資料：11p〉　ⓘ4-8318-3499-8

◇長谷宝秀全集　第3巻　長谷宝秀著, 種智院大学密教資料研究所編　京都　法蔵館　1997.8　495p　22cm　ⓘ4-8318-3499-8

◇長谷宝秀全集　第4巻　長谷宝秀著, 種智院大学密教資料研究所編　京都　法蔵館　1997.8　399p　22cm　ⓘ4-8318-3499-8

◇図解・曼荼羅の見方　小峰弥彦著　大法輪閣　1997.7　213p　19cm　1800円　ⓘ4-8046-1134-7

◇密教と曼荼羅―曼荼羅に秘められた密教の宇宙観を知る 図説神秘の世界　世界文化社　1997.7　162p　26cm　（ビッグマンスペシャル）　1600円　ⓘ4-418-97119-X

◇長谷宝秀全集　第1巻　長谷宝秀著, 種智院大学密教資料研究所編　京都　法蔵館　1997.3　524, 24p　22cm　〈肖像あり〉　⓪4-8318-3499-8

◇長谷宝秀全集　別帙　三宝院流憲深方四度次第　長谷宝秀著, 種智院大学密教資料研究所編　京都　法蔵館　1997.3　6冊　17×17cm　〈帙入　付属資料：3枚：十八道加作法幸心　和装〉　⓪4-8318-3499-8

◇長谷宝秀全集　第2巻　長谷宝秀著, 種智院大学密教資料研究所編　京都　法蔵館　1997.1　571p　22cm　⓪4-8318-3499-8

◇長谷宝秀全集　第5巻　長谷宝秀著, 種智院大学密教資料研究所編　京都　法蔵館　1997.1　420p　22cm　⓪4-8318-3499-8

◇マンダラ　ホセ&ミリアム・アーグエイエス著, 中村正明訳　青土社　1997.1　228, 9p　23cm　2800円　⓪4-7917-5507-3

◇密教瞑想の研究—興教大師覚鑁の阿字観　北尾隆心著　大阪　東方出版　1996.11　230p　22cm　3800円　⓪4-88591-463-9

◇彩色金剛界曼荼羅　染川英輔著　大法輪閣　1996.10　142p　37cm　〈折り込1枚　付属資料：1枚（袋入）：原寸大「一印会」白描図〉　17476円　⓪4-8046-1127-4

◇マンダラ宇宙論　立川武蔵編　京都　法蔵館　1996.9　450p　22cm　〈付（図1枚）〉　9785円　⓪4-8318-7148-6

◇ひろさちやのはじめて読む密教の本—人生にゆとりと幸福をもたらす智恵　ひろさちや著　大和出版　1996.8　205p　19cm　1400円　⓪4-8047-1409-X

◇密教入門　西村公朝著　新潮社　1996.7　111p　22cm　（とんぼの本）　1600円　⓪4-10-602048-3

◇マンダラ—神々の降り立つ超常世界　立川武蔵著　学習研究社　1996.6　111p　22cm　（Gakken graphic books 10）　1600円　⓪4-05-400589-6

◇探訪・信州の古寺　第1巻　天台宗・真言宗　松本　郷土出版社　1996.4　278p　26cm　〈『信州の仏教寺院』の改題普及版〉　2800円　⓪4-87663-323-1

◇大和文化財保存会援助事業による当麻寺の版木—護念院・中之坊・奥院　奈良　元興寺文化財研究所　1996.3　60p　30cm　〈(財)大和文化財保存会援助事業による〉

◇「図解」マンダラのすべて—宇宙の摂理・宗教絵画の謎を解く　西上青曜著　PHP研究所　1996.2　158p　21cm　1400円　⓪4-569-54941-1

◇マンダラ講話—密教の智恵　頼富本宏著　大阪　朱鷺書房　1996.1　253p　19cm　1545円　⓪4-88602-169-7

◇修行千二百日—真の自己を求めて　市川覚峯著　PHP研究所　1995.12　245p　20cm　1500円　⓪4-569-54928-4

◇密教を知るためのブックガイド　松長有慶編　京都　法蔵館　1995.11　265, 26p　22cm　3900円　⓪4-8318-7137-0

◇密教と現代　村上保寿著　高野町（和歌山県）　高野山出版社　1995.11　172p　18cm　1700円

◇星曼荼羅の研究　武田和昭著　京都　法蔵館　1995.10　266p 図版12枚　27cm　15000円　⓪4-8318-7345-4

◇密教の遊歩道—これからの仏教　宮坂宥洪著　角川書店　1995.8　229p　20cm　1200円　⓪4-04-883418-5

◇阿弥陀経マンダラ—図像解説と経文　稲垣久雄著　〔京都〕　浄土マンダラ研究会　1995.4　115p　27cm　（浄土教と美術 vol.1）〈書名は奥付による　標題紙等の書名：The Amida sutra mandala　英文併記　共同刊行：永田文昌堂　折り込図1枚〉　3500円　⓪4-8162-4451-4

宗　教

◇平安初期仏教思想の研究―安然の思想形成を中心として　末木文美士著　春秋社　1995.2　829, 8, 11p　23cm　35000円　④4-393-11186-9

◇密教仏像図典―インドと日本のほとけたち　頼富本宏, 下泉全暁著　京都　人文書院　1994.11　308p　22cm　4944円　④4-409-41058-X

◇魂のヴァージョン　日本文化デザインフォーラム編, 伊東順二ほか責任編集　栄光教育文化研究所　1994.9　121p　18cm　（団談文庫2）〈発売：悠思社〉　1000円　④4-946424-63-6

◇密教名句辞典　有賀要延編著　国書刊行会　1994.8　697p　27cm　25000円　④4-336-03628-4

◇密教呪術と権力者―貴族と天皇を支配した修法　武光誠著　ネスコ　1994.5　230p　19cm　〈発売：文芸春秋〉　1400円　④4-89036-872-8

◇四度甲鈔　頼瑜記, 稲谷祐宣編訳　大阪　青山社　1994.4　489p　22cm　（東密事相口訣集成4）〈付(16p)：参考印図〉　16000円　④4-916012-18-6

◇〈図解〉密教のすべて　PHP研究所編　PHP研究所　1994.3　142p　21cm　〈監修：花山勝友〉　1400円　④4-569-54314-6

◇生命の探究―密教のライフサイエンス　松長有慶著　京都　法藏館　1994.2　246p　20cm　2000円　④4-8318-7135-4

◇浄土変相極略談―当麻曼陀羅の世界　塩竈義弘著　京都　上徳寺　1994.1　332p　22cm　8000円

◇密教とはなにか―宇宙と人間　松長有慶著　中央公論社　1994.1　213p　16cm　（中公文庫）　500円　④4-12-202066-2

◇密教のはなし　ひろさちや原作, 辰巳ヨシヒロ漫画　鈴木出版　1994.1　153p　22cm　（仏教コミックス45）　1200円　④4-7902-1942-9

◇曼荼羅と輪廻―その思想と美術　立川武蔵編著　佼成出版社　1993.12　347p　22cm　3000円　④4-333-01667-3

◇密教入門―即身成仏/現世利益の秘法術　小宮山祥広著　ナツメ社　1993.11　222p　19cm　1100円　④4-8163-1583-7

◇曼荼羅・智慧の構造―その秘められた謎を解く　今泉浩晃著　オーエス出版　1993.10　204p　19cm　1300円　④4-87190-644-2

◇正純密教入門　織田隆弘著　密門会　1993.9　181p　18cm　1000円　④4-905757-24-X

◇よくわかる密教のすべて―宗教を超越した驚くべき仏と人の大宇宙　大栗道栄著　日本文芸社　1993.9　220p　19cm　1400円　④4-537-02381-3

◇真言・梵字の基礎知識　大法輪編集部編　大法輪閣　1993.6　190p　19cm　1600円　④4-8046-1106-1

◇現代密教講座　第3巻　思想篇2　大東出版社　1993.4　253p　22cm　〈監修・編集：宮坂宥勝ほか〉　5500円　④4-500-00434-3

◇密教宇宙が体感できる―時空を超える心の旅　寺林峻著　広済堂出版　1993.4　246p　18cm　（Kosaido books）　780円　④4-331-00600-X

◇曼荼羅図典　染川英輔図版, 小峰弥彦ほか解説　大法輪閣　1993.2　422p　27cm　〈折り込図2枚〉　18000円　④4-8046-1102-9

◇密教の話―曼荼羅の世界　金岡秀友著　潮文社　1993.2　238p　19cm　〈新装版〉　1400円　④4-8063-1247-9

◇密教の本―驚くべき秘儀・修法の世界　学習研究社　1993.2　227p　21cm

◇（New sight mook） 1000円

◇虚空蔵求聞持法　田中成明著　世界聖典刊行協会　1993.1　220p　19cm　（ぼんブックス 30）　1442円　④4-88110-180-3

◇密教の愛の神仏　村岡空著　大蔵出版　1992.11　204p　20cm　〈新装版〉　1800円　④4-8043-3036-4

◇絵でわかるマンダラ世界の歩き方―仏たちとの出会いの旅へ　寺林峻著　日本実業出版社　1992.10　220p　19cm　〈折り込み図1枚〉　1400円　④4-534-01933-5

◇曼荼羅入門　福田亮成著　八王子　大本山高尾山薬王院　1992.9　120, 4p　18×19cm　〈発行所：ノンブル社（東京）〉　3200円　④4-931117-12-0

◇密教と神祇思想　三崎良周著　創文社　1992.6　353, 22p　22cm　5665円　④4-423-27012-9

◇悠々と生きる―「空海」・「密教」が教える生命のマンダラの生かし方　宮坂宥勝著　大和出版　1992.6　189p　20cm　（仏教の心）　1600円　④4-8047-5029-0

◇マンダラの理論と実際―特に現代の深層心理学を考慮して　ジュゼッペ・トゥッチ著, 金岡秀友, 秋山余思共訳　金花舎　1992.5　581p　31cm　（叢書/仏教文化の世界）〈著者の肖像あり〉　39800円

◇密教の学び方　宮坂宥勝著　京都　法蔵館　1992.3　273p　20cm　2400円　④4-8318-8050-7

◇四度加行如記　四度土代　寛済述, 泊如運敞記, 稲谷祐宣訳, 隆源撰, 稲谷祐宣訳　大阪　青山社　1992.1　119p　22cm　（東密事相口訣集成 1）　4500円　④4-916012-15-1

◇密教の神髄　田中成明著　大阪　東方出版　1992.1　206p　20cm　〈著者の肖像あり〉　1800円　④4-88591-290-3

◇曼荼羅の鑑賞基礎知識　頼富本宏著　至文堂　1991.10　261p　26cm　3500円　④4-7843-0105-4

◇マンダラは何を語っているか　真鍋俊照著　講談社　1991.9　221p　18cm　（講談社現代新書）　600円　④4-06-149066-4

◇密教経典入門　松本照敬著　東京書籍　1991.9　181p　19cm　（東書選書 119）　1200円　④4-487-72219-5

◇密教　松長有慶著　岩波書店　1991.7　236, 8p　18cm　（岩波新書）　620円　④4-00-430179-3

◇現代密教天地開動術―あらゆる願望をかなえる　藤本憲幸著　実業之日本社　1991.6　317p　19cm　1300円　④4-408-39366-5

◇曼荼羅ルネサンス―21世紀を開くコスミックパワー　朝日新聞社編　朝日新聞社　1991.3　192p　30cm　3000円　④4-02-258476-9

◇密教入門　勝又俊教著　春秋社　1991.3　217p　20cm　（仏教・入門シリーズ）　1900円　④4-393-13251-3

◇マンダラ図鑑―密教文化の宇宙観　西上青曜著　国書刊行会　1991.2　183p　31cm　6800円　④4-336-03156-8

◇マンダラ・パワー―仏教究極の教え　田口汎著　情報センター出版局　1991.2　271p　19cm　（Century press）　1100円　④4-7958-1351-5

◇日本の仏像大百科　第3巻　明王・曼荼羅　有賀祥隆責任編集　ぎょうせい　1990.12　259p　31cm　〈監修：田辺三郎助〉　11000円　④4-324-02115-5

◇密教とマンダラ―その万華鏡的世界　頼富本宏著　日本放送出版協会　1990.9　261p　図版12枚　22cm　2200円　④4-14-008729-3

◇密教の読み方　ひろさちや著　徳間書店

宗教

1990.4　222p　16cm　（徳間文庫）　400円　④4-19-599063-7

◇密教仏の研究　頼富本宏著　京都　法蔵館　1990.2　762p　図版20枚　27cm　25750円　④4-8318-7616-X

◇密教と暮らす365日　寺林峻著　日本放送出版協会　1989.12　221p　18cm　670円　④4-14-018070-6

◇栂尾祥雲全集　別巻5　遺稿・論文集　4　後期密教の研究　下　栂尾祥瑞編　京都　臨川書店　1989.11　p501〜1080　27cm　17510円　④4-653-01994-0

◇絵でわかるマンダラの読み方―心の宇宙を歩く　寺林峻著　日本実業出版社　1989.10　189p　19cm　1250円　④4-534-01517-8

◇密教の哲学　金岡秀友著　講談社　1989.7　340p　15cm　（講談社学術文庫）　840円　④4-06-158884-2

◇図説日本の仏教　第2巻　密教　関口正之責任編集　新潮社　1989.5　381p　29cm　〈監修：太田博太郎ほか　編集：座右宝刊行社〉　10300円　④4-10-602602-3

◇密教―インドから日本への伝承　松長有慶著　中央公論社　1989.5　278p　16cm　（中公文庫）　440円　④4-12-201613-4

◇密教概論　高神覚昇著　改訂新版　大法輪閣　1989.4　319p　19cm　2200円　④4-8046-1087-1

◇密教の象徴世界　八田幸雄著　平河出版社　1989.4　287,18p　22cm　3500円　④4-89203-164-X

◇密教夜話　三井英光著　大阪　東方出版　1989.4　224p　20cm　1800円　④4-88591-213-X

◇栂尾祥雲全集　別巻4　遺稿・論文集　4　後期密教の研究　上　栂尾祥瑞編　京都　臨川書店　1989.3　500p　27cm　17000円　④4-653-01848-0

◇密教文化論集―堀内寛仁先生喜寿記念　堀内寛仁先生喜寿記念密教文化論集刊行会編　高野町（和歌山県）　高野山大学密教学研究室　1989.3　790p　22cm　〈堀内寛仁の肖像あり　限定版〉　非売品

◇図説日本仏教の世界　4　曼荼羅の宇宙―密教の神秘　金岡秀友ほか著　集英社　1988.12　177p　27cm　〈編集：日本アートセンター〉　2800円　④4-08-193004-X

◇密教―悟りとほとけへの道　頼富本宏著　講談社　1988.12　234p　18cm　（講談社現代新書）　530円　④4-06-148926-7

◇密教とマンダラ　頼富本宏述,日本放送協会編　日本放送出版協会　1988.7　153p　21cm　（NHK市民大学）　〈1988年7月〜9月期〉　350円

◇即身―密教パラダイム　高野山大学百周年記念シンポジウムより　松長有慶ほか著　河出書房新社　1988.6　286p　20cm　2500円　④4-309-25042-4

◇秘密マンダラの世界　八田幸雄著　平河出版社　1988.4　435,22p　22cm　4200円　④4-89203-146-1

◇山岳まんだらの世界―日本列島の原風景　1　川口久雄著　名著出版　1987.12　387p　22cm　7800円　④4-626-01300-7

◇密教からみた教育　織田隆弘著　密門会出版部　1987.11　198p　19cm　（織田隆弘講話集　第1巻）　1200円　④4-905757-20-8

◇密教の門　織田隆弘著　密門会出版部　1987.11　227p　19cm　〈著者の肖像あり〉　1200円　④4-905757-19-3

◇曼荼羅イコノロジー　田中公明著　平河出版社　1987.8　315p　22cm　2800円　④4-89203-122-4

◇密教の神秘思想　山崎泰広編　大阪　大

阪書籍　1987.6　208p　19cm　（朝日カルチャーブックス 74）　1200円　①4-7548-1074-0

◇呪術宗教の世界─密教修法の歴史　速水侑著　塙書房　1987.4　203p　18cm　（塙新書）　750円

◇密教のわかる本　金岡秀友著　広済堂出版　1987.4　223p　16cm　（広済堂文庫）　400円　①4-331-65015-4

◇講座密教　5　密教小辞典　宮坂宥勝ほか編　春秋社　1987.3　291p　22cm　4000円　①4-393-17215-9

◇曼荼羅の神々─仏教のイコノロジー　立川武蔵著　ありな書房　1987.3　193, 13p　22cm　2800円

◇密教のこころ─ゆったりと思いのままに今を生きる　ひろさちや著　太陽企画出版　1986.12　212p　19cm　（Sun business）　1000円　①4-88466-103-6

◇信州の仏教寺院　第1巻　密教　宮坂宥勝ほか執筆　松本　郷土出版社　1986.10　320, 7p　31cm　14000円

◇密教関係文献目録　種智院大学密教学会編　京都　同朋舎出版　1986.10　485p　23cm　10000円　①4-8104-0525-7

◇講座密教の理解　小野清秀著　国書刊行会　1986.9　5冊　22cm　〈『真言密教聖典』（大正4年刊）の改題再編集〉　3500～6200円

◇密教寸描　頼富本宏著　大東出版社　1986.2　290p　20cm　（大東名著選 11）　1800円　①4-500-00511-0

◇別尊曼荼羅　真保亨編著, 金子桂三写真　毎日新聞社　1985.12　251, 3p　38cm　〈折り込図1枚　箱入（39cm）〉　75000円

◇密教・コスモスとマンダラ　松長有慶著　日本放送出版協会　1985.9　222p　19cm　（NHKブックス 486）　750円　①4-14-001486-5

◇密教の起源　金岡秀友著　筑摩書房　1985.9　232p　22cm　3000円

◇講座密教文化　3　密教のほとけたち　井ノ口泰淳ほか編　京都　人文書院　1985.6　252p　20cm　1600円　①4-409-41033-4

◇権田雷斧名著選集　東洋文化出版　1985.6　7冊　23cm　〈複製〉　10000～15000円　①4-88676-062-7

◇栂尾祥雲全集　別巻 3　遺稿・論文集 3　金剛頂経の研究　栂尾祥瑞編　京都　臨川書店　1985.6　464p　27cm　16000円

◇密教─生命と宇宙の交錯　勝又俊教ほか著　大正大学出版部　1985.3　232p　20cm　（大正大学選書 11）〈発売：第一書房〉　1500円

◇マンダラの仏たち　頼富本宏著　東京美術　1985.2　191p　19cm　（東京美術選書 40）　1200円

◇講座密教文化　2　密教の文化　中田勇次郎ほか編　京都　人文書院　1984.11　238p　20cm　1600円　①4-409-41032-6

◇マンダラの理論と実践　ジュゼッペ・トゥッチ著, ロルフ・ギーブル訳　平河出版社　1984.11　237, 23p　20cm　2200円　①4-89203-084-8

◇密教思想論　宮坂宥勝著　筑摩書房　1984.10　210p　20cm　1500円

◇曼荼羅の世界─いろと形の読み方　真鍋俊照著　大阪　朱鷺書房　1984.9　207p　19cm　〈折り込図1枚〉　1300円

◇講座密教文化　1　密教の流伝　高井隆秀ほか編　京都　人文書院　1984.6　230, 13p　20cm　〈折り込図1枚〉　1600円　①4-409-41031-8

◇十巻抄　仏書刊行会編纂　名著普及会　1984.4　10冊　24cm　〈『大日本仏教全

宗　教

書』別巻 複製〉　全100000円

◇曼荼羅のみかた—パターン認識　石田尚豊著　岩波書店　1984.4　80p　22cm　（岩波グラフィックス 20）　1200円

◇陀羅尼の世界　氏家覚勝著　大阪　東方出版　1984.3　234p　19cm　980円

◇密教とはなにか—宇宙と人間　松長有慶著　京都　人文書院　1984.3　223p　20cm　1500円

◇密教の神話と伝説　松長有慶ほか著　大阪　大阪書籍　1984.2　279p　19cm　（朝日カルチャーブックス 34）　1200円　①4-7548-1034-1

◇密教の読み方—愛欲の巷に生きる原理　ひろさちや著　徳間書店　1983.10　252p　18cm　（Tokuma books）　680円　①4-19-502813-2

◇マンダラの世界　松長有慶,杉浦康平編　講談社　1983.7　303p　22cm　（美と宗教のコスモス 1）　3500円　①4-06-200372-4

◇栂尾祥雲全集　別巻1　遺稿・論文集　1　栂尾祥瑞編　京都　臨川書店　1983.3　350p　27cm　〈第6巻までの出版者：高野山大学密教文化研究所〉　11000円　①4-653-00785-3

◇曼荼羅—色と形の意味するもの　松長有慶編　大阪　大阪書籍　1983.3　319p　19cm　（朝日カルチャーブックス 19）　1400円　①4-7548-1019-8

◇密教宝庫を開く　織田隆弘著　増補　密門会出版部　1983.3　326p　19cm　（はらブックス）　〈発売：原書房〉　980円　①4-562-01354-0

◇密教大辞典　密教辞典編纂会編　改訂増補　密教大辞典再版委員会増補　京都　法蔵館　1983.2　2347, 166, 232p　22cm　〈縮刷版〉　25000円

◇アジアのコスモス＋マンダラ　杉浦康平構成　講談社　1982.11　192p　30cm　〈監修：岩田慶治〉　2500円　①4-06-200285-X

◇密教の秘密—そこに奇跡がある　池口恵観著　潮文社　1982.8　238p　19cm　980円　①4-8063-1105-7

◇密教の世界　上山春平ほか著　大阪　大阪書籍　1982.6　316p　19cm　（朝日カルチャーブックス 4）　1400円

◇栂尾祥雲全集　第3巻　密教思想と生活　高野山大学密教文化研究所編　〔高野町（和歌山県）〕　高野山大学密教文化研究所　1982.4　547p　27cm　〈高野山大学出版部昭和14年刊の複製　発売：臨川書店（京都）〉　15000円　①4-653-00741-1

◇栂尾祥雲全集　第5巻　理趣経の研究　高野山大学密教文化研究所編　〔高野町（和歌山県）〕　高野山大学密教文化研究所　1982.4　544, 43p　図版71枚　27cm　〈高野山大学出版部昭和5年刊の複製　発売：臨川書店（京都）〉　25000円　①4-653-00743-8

◇栂尾祥雲全集　第6巻　日本密教学道史　高野山大学密教文化研究所編　〔高野町（和歌山県）〕　高野山大学密教文化研究所　1982.4　432p　27cm　〈高野山大学出版部昭和17年刊の複製　発売：臨川書店（京都）〉　12000円　①4-653-00744-6

◇栂尾祥雲全集　第1巻　秘密仏教史　高野山大学密教文化研究所編　〔高野町（和歌山県）〕　高野山大学密教文化研究所　1982.2　436, 9, 24p　27cm　〈高野山大学出版部昭和8年刊の複製　発売：臨川書店（京都）〉　12000円　①4-653-00739-X

◇栂尾祥雲全集　第2巻　秘密事相の研究　高野山大学密教文化研究所編　〔高野町（和歌山県）〕　高野山大学密教文化研究所　1982.2　746, 4, 12p　27cm　〈高野山大学出版部昭和10年刊の複製　発売：臨

川書店(京都)〉 18000円 ①4-653-00740-3

◇栂尾祥雲全集 第4巻 曼荼羅の研究 高野山大学密教文化研究所編 〔高野町(和歌山県)〕 高野山大学密教文化研究所 1982.2 532, 45, 12p 図版94枚 27cm 〈高野山大学出版部昭和2年刊の複製 発売:臨川書店(京都)〉 28000円 ①4-653-00742-X

◇秘密仏教史 栂尾祥雲著 隆文館 1981.12 197p 21cm 〈『現代仏教名著全集第9巻』より〉 1800円 ①4-89747-301-2

◇大乗仏教から密教へ—勝又俊教博士古稀記念論集 勝又俊教博士古稀記念論文集刊行会編 春秋社 1981.9 1334p 23cm 〈勝又俊教の肖像あり〉 20000円

◇栂尾コレクション顕密典籍文書集成 1 教相篇 1 平河出版社 1981.9 705p 27cm 〈監修:金岡秀友ほか カリフォルニア州立大学ロスアンゼルス分校所蔵本(栂尾祥雲旧蔵)の複製〉

◇栂尾コレクション顕密典籍文書集成 2 教相篇 2 平河出版社 1981.9 524p 27cm 〈監修:金岡秀友ほか カリフォルニア州立大学ロスアンゼルス分校所蔵本(栂尾祥雲旧蔵)の複製〉

◇栂尾コレクション顕密典籍文書集成 3 教相篇 3 平河出版社 1981.9 477p 27cm 〈監修:金岡秀友ほか カリフォルニア州立大学ロスアンゼルス分校所蔵本(栂尾祥雲旧蔵)の複製〉

◇栂尾コレクション顕密典籍文書集成 4 教相篇 4 平河出版社 1981.9 597p 27cm 〈監修:金岡秀友ほか カリフォルニア州立大学ロスアンゼルス分校所蔵本(栂尾祥雲旧蔵)の複製〉

◇栂尾コレクション顕密典籍文書集成 5 教相篇 5 平河出版社 1981.9 726p 27cm 〈監修:金岡秀友ほか カリフォルニア州立大学ロスアンゼルス分校所蔵本(栂尾祥雲旧蔵)の複製〉

◇栂尾コレクション顕密典籍文書集成 6 教相篇 6 平河出版社 1981.9 500p 27cm 〈監修:金岡秀友ほか カリフォルニア州立大学ロスアンゼルス分校所蔵本(栂尾祥雲旧蔵)の複製〉

◇栂尾コレクション顕密典籍文書集成 7 事相篇 1 平河出版社 1981.9 463p 27cm 〈監修:金岡秀友ほか カリフォルニア州立大学ロスアンゼルス分校所蔵本(栂尾祥雲旧蔵)の複製〉

◇栂尾コレクション顕密典籍文書集成 8 事相篇 2 平河出版社 1981.9 653p 27cm 〈監修:金岡秀友ほか カリフォルニア州立大学ロスアンゼルス分校所蔵本(栂尾祥雲旧蔵)の複製〉

◇栂尾コレクション顕密典籍文書集成 9 事相篇 3 平河出版社 1981.9 731p 27cm 〈監修:金岡秀友ほか カリフォルニア州立大学ロスアンゼルス分校所蔵本(栂尾祥雲旧蔵)の複製〉

◇栂尾コレクション顕密典籍文書集成 10 縁起・血脈篇 1 平河出版社 1981.9 551p 27cm 〈監修:金岡秀友ほか カリフォルニア州立大学ロスアンゼルス分校所蔵本(栂尾祥雲旧蔵)の複製 付(図1枚):疏伝授血脈〉

◇栂尾コレクション顕密典籍文書集成 11 縁起・血脈篇 2 平河出版社 1981.9 653p 27cm 〈監修:金岡秀友ほか カリフォルニア州立大学ロスアンゼルス分校所蔵本(栂尾祥雲旧蔵)の複製〉

◇栂尾コレクション顕密典籍文書集成 12 悉曇・曼荼羅篇 平河出版社 1981.9 509p 27cm 〈監修:金岡秀友ほか カリフォルニア州立大学ロスアンゼルス分校所蔵本(栂尾祥雲旧蔵)の複製〉

◇栂尾コレクション顕密典籍文書集成 別巻 平河出版社 1981.9 457p 27cm

〈監修：金岡秀友ほか カリフォルニア州立大学ロスアンゼルス分校所蔵本(栂尾祥雲旧蔵)の複製 栂尾祥雲の肖像あり〉

◇密教成立論―阿含経典と密教　金岡秀友著　筑摩書房　1981.9　233, 7p　22cm　2600円

◇密教宝庫を開く　織田隆弘著　密門会出版部　1981.9　292p　19cm　（はらブックス）〈発売：原書房〉　980円　①4-562-01165-3

◇現代密教講座　第2巻　思想篇　1　大東出版社　1981.6　282p　22cm　〈監修・編集：宮坂宥勝ほか〉　4800円　①4-500-00433-5

◇密教瞑想と深層心理―阿字観・曼荼羅・精神療法　山崎泰広著　大阪　創元社　1981.5　270, 17p 図版12p　22cm　2800円　①4-422-14031-1

◇五部心観の研究　八田幸雄著　京都　法蔵館　1981.4　321p　27cm　13500円

◇密教の話　金岡秀友著　潮文社　1981.4　238p　20cm　〈著者の肖像あり〉　1200円　①4-8063-1087-5

◇観経曼陀羅図説　後藤真雄, 吉田嘉雄共著　東洋文化出版　1980.11　99p　27cm　〈参考文献：p98〜99〉　4800円

◇曼荼羅美の世界　真鍋俊照著　京都　人文書院　1980.10　297p　22cm　2800円

◇密教の風景　真鍋俊照著　平河出版社　1980.10　235p　22cm　2000円

◇平安初期仏教史研究　朝枝善照著　京都　永田文昌堂　1980.7　302p　22cm　4500円

◇密教図典　宮坂宥勝ほか編著　筑摩書房　1980.6　219, 9p　27cm　6800円

◇これが密教だ―奇跡の法力と信仰の原点　織田隆弘著　かんき出版　1980.2　213p　18cm　（かんきブックス）　650円

◇密教経典成立史論　松長有慶著　京都　法蔵館　1980.1　330, 31p　22cm　6500円

◇密教への道　村岡空著　三学出版　1979.11　243p　19cm　1200円

◇密教への誘い　宮坂宥勝著　京都　人文書院　1979.9　297p　20cm　1400円

◇密教思想の真理　宮坂宥勝著　京都　人文書院　1979.9　270p　20cm　1300円

◇密教の神々―その文化史的考察　佐藤任著　平河出版社　1979.7　258, 3p　20cm　1600円

◇現代密教講座　第1巻　歴史篇　大東出版社　1979.3　456p　22cm　〈監修・編集：宮坂宥勝ほか〉　4200円

◇日本の密教　金岡秀友著　ピタカ　1979.3　329p　22cm　3300円

◇密教の発想―生きがいをつかむ超論理の秘密　金岡秀友著　徳間書店　1979.2　224p　18cm　（Tokuma books）　650円

◇加藤精神著作集―密教学編　加藤純隆編　世界聖典刊行協会　1978.11　363p　22cm　〈複製　著者の肖像あり〉　3600円　①4-88110-033-5

◇伝真言院曼荼羅―世界文明の縮図　小久保和夫著, 石元泰博写真　京都　サンブライト出版　1978.10　138p　20cm　（サンブックス 001）〈監修：真言宗総本山東寺〉　850円

◇講座密教　1　密教の理論と実践　宮坂宥勝ほか編　春秋社　1978.9　251p　22cm　2000円

◇二十一世紀の密教　横山公実著　たま出版　1978.6　340p　22cm　2500円

◇密教思想―高井隆秀教授還暦記念論集　高井隆秀教授還暦記念論集編集委員会編　京都　種智院大学密教学会　1977.10　336, 156, 3p　22cm　〈高井隆秀の肖像

あり〉

◇講座密教　2　密教の歴史　宮坂宥勝,梅原猛,金岡秀友編　金岡秀友等著　春秋社　1977.3　246p　図　19cm　2000円

◇講座密教　3　空海の人生と思想　宮坂宥勝,梅原猛,金岡秀友編　執筆:宮坂宥勝等　春秋社　1976　268p　図　22cm　2000円

◇金字宝塔曼陀羅　宮次男著　吉川弘文館　1976　1冊　31cm　13000円

◇愛の神仏―密教と民間信仰　村岡空著　大蔵出版　1975　204p　18cm　（大蔵新書）　600円

◇現代語の十巻章と解説　栂尾祥雲訳著　高野町（和歌山県）　高野山出版社　1975　650p　22cm

◇現代密教講座　第4巻　行道篇 1　大東出版社　1975　412p　22cm　〈監修・編集:宮坂宥勝,金岡秀友,松長有慶〉　4200円

◇現代密教講座　第7巻　文化篇　大東出版社　1975　400p　図　22cm　〈監修・編集:宮坂宥勝,金岡秀友,松長有慶〉　3800円

◇曼荼羅の研究　石田尚豊著　東京美術　1975　2冊　35cm　〈研究篇、図版篇に分冊刊行　付:胎蔵旧図様による復原図（1枚）帙入〉　全36000円

◇密教関係雑誌論文目録　夏目祐伸著　京都　文政堂　1975　199p　22cm　〈収録期間:明治以降昭和40年12月迄〉

◇密教辞典　佐和隆研編　京都　法蔵館　1975　730,176p　23cm　9500円

◇霊験―密教・その神秘なドラマへの誘い　今井幹雄著　芸立出版　1975　262p　19cm　980円

◇阿字観の手びき　大野峻覧著　〔高野町（和歌山県）〕　高野山出版社　1974　144p　図　19cm

◇終末期の密教―人間の全体的回復と解放の論理　稲垣足穂,梅原正紀編著　産報　1973　349p　19cm　（Sanpô-People's）　960円

◇密教の相承者―その行動と思想　松長有慶著　評論社　1973　276p　図　19cm　（東洋人の行動と思想 3）　790円

◇密教発達志　大村西崖撰　国書刊行会　1972　916,66,2p　22cm　〈仏書刊行会図像部大正7年刊の複製〉　6000円

◇天台真言―日本の仏教　壬生台舜,宮坂宥勝著　春秋社　1971　305p　20cm　〈参考文献:p.272-276〉　1000円

◇変身の原理―密教・その持つ秘密神通力　桐山靖雄著　文一出版　1971　456p　図　20cm　960円

◇密教大辞典　第6巻　索引・年表　改訂増補版　密教辞典編纂会編　密教大辞典再刊委員会（種智院大学密教学会内）増訂　京都　法蔵館　1970　1冊　26cm　6000円

◇密教の信仰と倫理―中野義照集　中野義照著　教育新潮社　1970　262p　肖像　19cm　（昭和仏教全集 第6部 5）　800円

◇密教の日本的展開　勝又俊教著　春秋社　1970　297,18p　22cm　1800円

◇密教の哲学　金岡秀友著　京都　平楽寺書店　1969.1（第9刷:1991.4）　292,36p　19cm　（サーラ叢書 18）　①4-8313-0018-7

◇即身の哲学―密教哲学序説　古原瑩覚著　理想社　1969　295p　22cm　1200円

◇伝灯の系譜―金岡秀友集　金岡秀友著　教育新潮社　1969　268p（図版共）　19cm　（昭和仏教全集 第6部 3）　600円

◇密教大辞典　第2巻　コ―シネ　改訂増補版　密教辞典編纂会編　密教大辞典再刊委員会（種智院大学密教学会内）増訂　京

宗　教

都　法蔵館　1969　491-1014p　図版　27cm　6000円

◇密教大辞典　第3巻　シハータ　改訂増補版　密教辞典編纂会編　密教大辞典再刊委員会(種智院大学密教学会内)増訂　京都　法蔵館　1969　1015-1575p　図版　27cm　6000円

◇密教大辞典　第4巻　チーヘ　改訂増補版　密教辞典編纂会編　密教大辞典再刊委員会(種智院大学密教学会内)増訂　京都　法蔵館　1969　1575-1984p　図版　27cm　6000円

◇密教大辞典　第5巻　ホーン　改訂増補版　密教辞典編纂会編　密教大辞典再刊委員会(種智院大学密教学会内)増訂　京都　法蔵館　1969　1985-2347p　27cm　4000円

◇密教の哲学　金岡秀友著　京都　平楽寺書店　1969　292p　19cm　(サーラ叢書)　950円

◇密教の歴史　松長有慶著　京都　平楽寺書店　1969　293p　19cm　(サーラ叢書19)　900円

◇密教概論　1　坪井俊映編　京都　仏教大学通信教育部　1968.6　66p　21cm　非売品

◇密教概論　2　坪井俊映編　京都　仏教大学通信教育部　1968.6　159p　21cm　非売品

◇密教大辞典　第1巻　アーケ　改訂増補版　密教辞典編纂会編　密教大辞典再刊委員会(種智院大学密教学会内)増訂　京都　法蔵館　1968　490p　27cm　6000円

◇密教の一字禅　中井竜瑞著　高野町(和歌山県)　高野山出版社　1968　62p　図版　19cm　150円

◇嵯峨御所大覚寺門跡聖教目録　黒田昇竜、初崎正純編　京都　嵯峨御所大覚寺門跡　1967　72p　27cm　非売

◇密教史概説と教理　大山公淳著　校訂　高野町(和歌山県)　大山教授古稀記念出版会　1967　636p　22cm

◇密教学密教史論文集　密教学密教史論文集編集委員会編　高野山町(和歌山県)　高野山大学　1965　438,428p　22cm　〈高野山開創千百五十年記念〉　4000円

◇密教概説　長岡慶信著　鹿野苑　1964　266p　表　22cm

◇密教の真理　宮坂宥勝著　高野町(和歌山県)　高野山出版社　1964　201p　図版　18cm　(真言のおしえ　第3集)

◇栂尾全集　栂尾祥雲著　〔高野町(和歌山県)〕　密教文化研究所　1958-1959　5冊　26cm

◇金剛童子随心呪　前田育徳会　1951　1軸1冊　28cm　(尊経閣叢刊　第65回)　〈一名「安陀利金剛」題簽及巻末は「金剛童子法」箱書「紙本墨書金剛童子法」前田尊経閣蔵　伝空海筆本の影印　巻子本箱入　別冊岩井大慧著「金剛童子随心呪について」を附す〉

◇天寿国曼荼羅の研究　青木茂作著　法隆寺村(奈良県生駒郡)　鵤故郷舎出版部　1946　301p　図版13枚　22cm

加持祈祷
かじきとう

何らかの願望が叶えられるよう神仏に対して行う一種の呪術儀式。一般には、病気・災難などをはらうために行う祈祷のことをさす。本来は密教の行法。本来密教では加持は仏の慈悲と人間の信心を指し、祈祷は言葉によって災害などから身を守り来福を祈ることとして区別されるが、一般には両者は同義に使用される。加持では真言行者が手に印を結び口に真言を唱え心を仏の境地に置き、いわゆる三密加持を行う。日本の宮中で平安中期より毎年正月に行われる後七日御修法(ごしちにちのみしゅほう)では東寺長者が加持香水をもって天皇にそそぎかけ安穏

宗教

を祈念する。
　　　　＊　　＊　　＊
◇厳秘必験祈祷法　瓶岳聖海編　増補改訂　茨木　青山社　2008.11　139p　17cm〈折本　和装〉　8800円　①978-4-88414-089-2

◇密教法具に学ぶ　今井幹雄著　大阪　東方出版　2005.9　225p　20cm〈付・読経の精神と功徳〉　2000円　①4-88591-958-4

◇誰も書かなかった密教祈祷の秘密　織田隆弘著　新装改版　密門会出版部　2004.10　349p　19cm　1500円　①4-905757-11-8

◇行者三種諸経法則　学棊会編　茨木　青山社　2004.4　209p　17cm〈折本　帙入　和装〉　9400円

◇御流神道堅横印信　中西啓宝, 布施浄慧, 大沢聖寛監修, 佐藤正伸編集代表, 北原裕全編著　四季社　2003.7　508p　22cm（真言祈祷大系　傍訳解説　平成版 2）　16000円　①4-88405-156-4

◇成賢作法集　成賢記, 中西啓宝, 布施浄慧, 大沢聖寛監修, 佐藤正伸編集代表, 川崎一洋編著　四季社　2003.6　530p　22cm（真言祈祷大系　傍訳解説　平成版 3）　16000円　①978-4-88405-157-0, 4-88405-157-2

◇大般若理趣分転読祈祷法・方災除け秘法―付・地鎮祭　学棊会編著　茨木　青山社　2003.2　1冊　17cm〈折本　ホルダー入〉　8000円　①4-88414-034-6

◇加持祈祷奥伝―真言秘密両部神法　小野清秀著　復刻版　八幡書店　2001.7　190, 181p　21cm〈原本：二松堂書店昭和4年刊〉　3800円　①4-89350-563-7

◇敬愛自在祈祷法　羽田守快著　茨木　青山社　2000.10　2冊（解説篇とも）　17cm〈折本　帙入　和装〉　全11000円　①4-88414-004-4

◇平成新編諸尊祈祷表白集　羽田守快著　茨木　青山社　1999.11　2冊（解説とも）　19cm〈解説（92p）　折本　鞘入　和装〉　全7200円　①4-916012-96-8

◇線香護摩祈祷法　瓶岳聖海編著　茨木　青山社　1999.9　1冊　17cm〈折本　帙入　和装〉　8000円　①4-916012-94-1

◇五体加持秘法鈔・不動甚秘降魔次第　羽田守快著　茨木　青山社　1999.6　2冊　17cm〈タイトルは帙による　折本　帙入「五体加持秘法鈔」「不動甚秘降魔次第」に分冊刊行　付属資料：46p：修法の手引き　和装〉　全12000円　①4-916012-92-5

◇厳秘必験祈祷法　瓶岳聖海編　大阪　青山社　1999.2　88p　17cm〈折本　帙入　和装〉　9200円　①4-916012-88-7

◇三井英光著作集　1　加持の実践　三井英光著　大阪　東方出版　1998.6　339p　22cm　12000円　①4-88591-562-7

◇行者祈祷秘巻　羽田守快著　大阪　青山社　1998.5　2冊　18cm〈折本　帙入　付属資料：30p：修法の手引き　和装〉　全13600円　①4-916012-80-1

◇法華玄義に顕れる智顗の実相観　岩淵真永著　覚蔵寺　1996.9　206p　21cm（小論稿　第31）

◇法華玄義　下　智顗著, 菅野博史訳注　第三文明社　1995.3　p708〜1031, 30p　18cm（レグルス文庫 216）　1200円　①4-476-01216-7

◇法華玄義　中　智顗著, 菅野博史訳注　第三文明社　1995.2　p352〜707　18cm（レグルス文庫 215）　1200円　①4-476-01215-9

◇法華玄義　上　智顗著, 菅野博史訳註　第三文明社　1995.1　351p　18cm（レグルス文庫 214）　1200円　①4-476-01214-0

宗教

◇真俗仏事編―和漢 復刻版　子登編　高崎天台宗群馬教区宗務所　1992.6　273p　27cm　〈奥付・背の書名：漢和真俗仏事編〉

◇加持力の世界　三井英光著　大阪　東方出版　1985.11　201p　19cm　1600円

◇光明真言土沙勧信記―重要文化財　明恵上人手訂定稿本　高弁著, 大東急記念文庫編　大東急記念文庫　1985.7　223p　38cm　〈付・如来遺跡講式 監修：川瀬一馬 複製 制作：勉誠社〉　40000円

◇咒術・祈祷と現世利益　大法輪編集部編　大法輪閣　1983.9　210p　19cm　(大法輪選書 12)　980円　①4-8046-5012-1

◇難病を救う真言密教―密教の哲理と加持力の実証　織田隆弘著　改訂版　密門会出版部　1982.7　351p　19cm　1400円

①4-905757-12-6

◇誰も書かなかった密教祈祷の秘密　織田隆弘著　改訂版　密門会出版部　1982.5　332p　19cm　1200円　①4-905757-11-8

◇誰も書かなかった密教祈祷の秘密　織田隆弘著　明学出版社　1975　316p　18cm

◇照真秘流　北野恵宝著　10版　姫路　大本山本覚寺真言宗金剛院派教学部照真秘流専修道場　1974.11　82, 9, 137p　26cm

◇加持祈祷の原理と実修―密教における神秘体験の道　三井英光著　〔高野町(和歌山県)〕　高野山出版社　1958　204p　図版　19cm

◇密教の祈祷　大山公淳著, 高野山大学仏教通信講座部編　高野山(和歌山県)　高野山出版社　1948　101p　22cm

天台宗　てんだいしゅう

　大乗仏教の一派で、日本八宗・中国十三宗の一つ。天台法華宗、法華宗、法華円宗、止観宗、天台円宗、台密、叡山仏教とも呼ばれる。インドの竜樹に始まり、北斉の慧文・慧思を経て、6世紀末隋の智顗が天台山(中国浙江省台州)において大成した。「法華経」に基いて智顗が著した注釈書「法華玄義」「法華文句」「摩訶止観」の天台三大部を根本経典とし、止観の実践に基づいて中道・実相の世界を説く。日本へは奈良時代に唐の僧鑑真が初めて伝えたが定着せず、9世紀初めに入唐し、道邃・行満に教えを受けた最澄が大同元年(806年)比叡山に延暦寺を建てて日本天台を開宗した。天台法華宗のほか達磨系の禅、密教、菩薩戒を包含した日本天台は、奈良仏教に対抗しつつ、真言宗の東密に対し台密として発展した。平安中期には山門派と寺門派に分かれ、鎌倉時代には浄土宗、禅宗、日蓮宗など新仏教が独立。戦国末期に織田信長による焼き討ちにあったが、江戸初期に出た天海が徳川家康に重用され、東叡山(寛永寺)、日光山を建立。比叡山と合わせて天台三山と呼ばれるなど、繁栄を取り戻した。現在の総本山は延暦寺で、寺門宗、真盛宗など別派も多い。

◇天台宗―この一冊であなたの家の宗教がよくわかる！大きな活字でわかりやすい！　土屋慈恭監修　日東書院本社　2009.10　222p　21cm　(わが家の仏教・仏事としきたり)　〈文献あり〉　1500円　①978-4-528-01284-4

◇比叡山と天台のこころ　杉谷義純著　春秋社　2009.9　267p　20cm　〈文献あり〉　2200円　①978-4-393-13381-1

◇続天台宗全書　顕教 7　三百帖　法華十軸鈔　天台宗典編纂所編　春秋社　2009.6　618p　23cm　〈天台宗開宗一千

二百年記念　付(8p)：解題〉　22000円　ⓘ978-4-393-17129-5

◇海を渡る天台文化　吉原浩人, 王勇編　勉誠出版　2008.12　444p　22cm　6000円　ⓘ978-4-585-03222-9

◇台密思想形成の研究　水上文義著　春秋社　2008.8　699, 13, 15p　22cm　18000円　ⓘ978-4-393-11272-4

◇比叡山仏教の研究　武覚超著　京都　法藏館　2008.3　330, 12p　22cm　〈折り込1枚〉　8000円　ⓘ978-4-8318-7374-3

◇続天台宗全書　密教 4　事相　1　天台宗典編纂所編纂　春秋社　2007.12　560p　23cm　22000円　ⓘ978-4-393-17127-1

◇天台宗教聖典　4　中国諸師集　村中祐生纂輯　山喜房仏書林　2006.12　799p　19cm　8000円　ⓘ4-7963-0192-5

◇比叡山と東海の至宝―天台美術の精華 天台宗開宗1200年記念特別展　名古屋市博物館編　〔名古屋〕　名古屋市博物館　2006.10　183p　30cm　〈会期・会場：平成18年10月21日―12月3日 名古屋市博物館　共同刊行：天台宗東海教区　年表あり〉

◇寺事録　1　声明論考集　天台宗東京教区編集局編　天台宗東京教区編集局編　天台声明音律研究会　2006.6　318p　27cm

◇寺事録　2　声明公演の記録　天台宗東京教区編集局編　天台宗東京教区編集局編　天台声明音律研究会　2006.6　163p　27cm

◇続天台宗全書　円戒 2　菩薩戒疏註釈戒論義　天台宗典編纂所編纂　春秋社　2006.6　594p　24cm　22000円　ⓘ4-393-17128-4

◇そうだ！元気をもらいに、山の阿闍梨さまに会いに行こう。　穐田ミカ著　PHP研究所　2006.5　127p　22cm　1400円　ⓘ4-569-64850-9

◇天台宗　末広照純監修　改訂新版　世界文化社　2005.10　238p　21cm　（よくわかる仏事の本）　1500円　ⓘ4-418-05413-8

◇天台宗―保存版　多田孝正監修, 多田孝文編集代表　四季社　2005.6　217p　21cm　（わが家の仏教）〈肖像あり　年表あり〉　1480円　ⓘ4-88405-294-3

◇天台法華宗の研究　村中祐生著　山喜房仏書林　2005.5　748, 23p　22cm　18000円　ⓘ4-7963-0166-6

◇続天台宗全書　論草 5　宗要光聚坊　下　天台宗典編纂所編纂　春秋社　2005.3　439p　24cm　22000円　ⓘ4-393-17122-5

◇回峰行と聖地葛川―比叡山・明王院の寺宝 企画展　大津市歴史博物館編　大津　大津市歴史博物館　2004.10　96p　30cm　〈付属資料：1枚　会期：平成16年10月6日―11月14日　天台宗開宗一二〇〇年記念〉

◇天台菩薩戒義疏講読　下　北塔光昇著　京都　永田文昌堂　2004.7　247p　22cm　6000円　ⓘ4-8162-2129-8

◇台密教学の研究　大久保良峻著　京都　法藏館　2004.1　358, 27p　22cm　8000円　ⓘ4-8318-7369-1

◇続天台宗全書　論草 4　宗要光聚坊　上　天台宗典編纂所編纂　春秋社　2003.12　419p　23cm　〈付属資料：6p：解題〉　22000円　ⓘ4-393-17121-7

◇天台宗教聖典　3　伝教大師集　村中祐生纂輯　山喜房仏書林　2003.11　1551p　19cm　8000円　ⓘ4-7963-0191-7

◇天台宗　西郊良光, 神谷亮秀著　大法輪閣　2003.5　294p　19cm　（わが家の宗教 読む聞く唱えるCDブック）〈付属資料：CD1枚(12cm)　年表あり〉　1800円　ⓘ4-8046-6017-8

◇科註天台四教儀　巻上 分冊1　亮憲著

観音寺　上坂氏顕彰会史料出版部　2003.4　1冊（ページ付なし）　30cm　（理想日本リプリント　第111巻）〈吉野家権兵衛寛文10年刊の複製〉　52800円

◇科註天台四教儀　巻上 分冊2　亮憲著　観音寺　上坂氏顕彰会史料出版部　2003.4　1冊（ページ付なし）　30cm　（理想日本リプリント　第111巻）〈吉野家権兵衛寛文10年刊の複製〉　52800円

◇科註天台四教儀　巻上 分冊3　亮憲著　観音寺　上坂氏顕彰会史料出版部　2003.4　1冊（ページ付なし）　30cm　（理想日本リプリント　第111巻）〈吉野家権兵衛寛文10年刊の複製〉　46800円

◇科註天台四教儀　巻中 分冊1　亮憲著　観音寺　上坂氏顕彰会史料出版部　2003.4　1冊（ページ付なし）　30cm　（理想日本リプリント　第111巻）〈吉野家権兵衛寛文10年刊の複製〉　46800円

◇科註天台四教儀　巻中 分冊2　亮憲著　観音寺　上坂氏顕彰会史料出版部　2003.4　1冊（ページ付なし）　30cm　（理想日本リプリント　第111巻）〈吉野家権兵衛寛文10年刊の複製〉　46800円

◇科註天台四教儀　巻中 分冊3　亮憲著　観音寺　上坂氏顕彰会史料出版部　2003.4　1冊（ページ付なし）　30cm　（理想日本リプリント　第111巻）〈吉野家権兵衛寛文10年刊の複製〉　46800円

◇科註天台四教儀　巻中 分冊4　亮憲著　観音寺　上坂氏顕彰会史料出版部　2003.4　1冊（ページ付なし）　30cm　（理想日本リプリント　第111巻）〈吉野家権兵衛寛文10年刊の複製〉　46800円

◇科註天台四教儀　巻下 分冊1　亮憲著　観音寺　上坂氏顕彰会史料出版部　2003.4　1冊（ページ付なし）　30cm　（理想日本リプリント　第111巻）〈吉野家権兵衛寛文10年刊の複製〉　52800円

◇科註天台四教儀　巻下 分冊2　亮憲著　観音寺　上坂氏顕彰会史料出版部　2003.4　1冊（ページ付なし）　30cm　（理想日本リプリント　第111巻）〈吉野家権兵衛寛文10年刊の複製〉　52800円

◇科註天台四教儀　巻下 分冊3　亮憲著　観音寺　上坂氏顕彰会史料出版部　2003.4　1冊（ページ付なし）　30cm　（理想日本リプリント　第111巻）〈吉野家権兵衛寛文10年刊の複製〉　46800円

◇科註天台四教儀　巻下 分冊4　亮憲著　観音寺　上坂氏顕彰会史料出版部　2003.4　1冊（ページ付なし）　30cm　（理想日本リプリント　第111巻）〈吉野家権兵衛寛文10年刊の複製〉　46800円

◇教観大綱見聞　上 分冊1　実海著　観音寺　上坂氏顕彰会史料出版部　2003.4　1冊（ページ付なし）　30cm　（理想日本リプリント　第107巻）〈慶安5年刊の複製〉　52800円

◇教観大綱見聞　上 分冊2　実海著　観音寺　上坂氏顕彰会史料出版部　2003.4　1冊（ページ付なし）　30cm　（理想日本リプリント　第107巻）〈慶安5年刊の複製〉　52800円

◇日本人の信仰思想のすがた　古代・中世篇　中島亮一著　文芸社　2003.3　231p　19cm　1400円　①4-8355-5212-1

◇天台宗読経偈文全書──経文傍訳　4（真言陀羅尼篇）　木内宪央企画監修, 一島正真編著　四季社　2003.2　206p　27cm　12000円　①4-88405-185-8

◇西谷名目　下本　観音寺　上坂氏顕彰会史料出版部　2003.1　1冊（ページ付なし）　30cm　（理想日本リプリント　第94巻）〈複製〉　52800円

◇西谷名目　上本 分冊1　観音寺　上坂氏顕彰会史料出版部　2003.1　1冊（ページ付なし）　30cm　（理想日本リプリント　第94巻）〈複製〉　46800円

◇西谷名目　上末 分冊1　観音寺　上坂氏顕彰会史料出版部　2003.1　1冊（ページ付なし）　30cm　（理想日本リプリント　第94巻）　〈複製〉　41800円

◇西谷名目　上本 分冊2　観音寺　上坂氏顕彰会史料出版部　2003.1　1冊（ページ付なし）　30cm　（理想日本リプリント　第94巻）　〈複製〉　41800円

◇西谷名目　上末 分冊2　観音寺　上坂氏顕彰会史料出版部　2003.1　1冊（ページ付なし）　30cm　（理想日本リプリント　第94巻）　〈複製〉　46800円

◇西谷名目　下末 分冊1　観音寺　上坂氏顕彰会史料出版部　2003.1　1冊（ページ付なし）　30cm　（理想日本リプリント　第94巻）　〈複製〉　41800円

◇西谷名目　下末 分冊2　観音寺　上坂氏顕彰会史料出版部　2003.1　1冊（ページ付なし）　30cm　（理想日本リプリント　第94巻）　〈複製〉　41800円

◇天台宗読経偈文全書―経文傍訳　3（顕密法要篇）　木内堯央監修，多田孝文編集指導　四季社　2002.10　527p　27cm　〈執筆：池田晃隆ほか　文献あり〉　18000円　①4-88405-159-9

◇天台菩薩戒義疏講読　上　北塔光昇著　京都　永田文昌堂　2002.7　184p　22cm　5300円　①4-8162-2126-3

◇正続天台宗全書目録解題　天台宗典編纂所編纂　春秋社　2000.12　330, 49p　24cm　〈付属資料：CD-ROM1枚（12cm）：ハイブリッド〉　0000円　①4-393-17116-0

◇比叡山と天台仏教の研究　村山修一編　名著出版　2000.11（第7刷）　436p　21cm　（山岳宗教史研究叢書2）　〈昭和63年刊（6版）を原本としたオンデマンド版　肖像あり　文献あり　年表あり〉　4500円　①4-626-01586-7

◇天台宗読経偈文全書―経文傍訳　2（法則表白篇）　木内堯央編著　四季社　2000.9　306p　27cm　①4-88405-047-9

◇叡山文庫天海蔵識語集成　叡山文庫調査会編著　〔京都〕　〔叡山文庫調査会〕　2000.7　418, 2, 36p　19×26cm　非売品

◇天台声明―天納伝中著作集　天納伝中著　京都　法藏館　2000.6　506p　22cm　〈年譜あり　著作目録あり〉　13000円　①4-8318-6213-4

◇竹田暢典先生著作集　1（仏教学関係論文）　竹田暢典著，竹田暢典先生著作集編集委員会編　伊勢崎　常不軽会　1999.12　599, 14p　22cm　〈肖像あり〉

◇訂正日本天台宗年表　渋谷慈鎧編　第一書房　1999.10（再版）　408, 64p　22cm　〈標題紙のタイトル：日本天台宗年表〉　8500円　①4-8042-0535-7

◇続天台宗全書　神道1　山王神道　1　天台宗典編纂所編纂　春秋社　1999.7　543p　23cm　〈比叡山開創1200年記念〉　18000円　①4-393-17115-2

◇天台宗読経偈文全書―経文傍訳　木内堯央編著　四季社　1999.7　493p　27cm　①4-88405-098-3

◇天台宗教聖典　2　天台大師集　村中祐生纂輯　山喜房仏書林　1999.6　1517p　19cm　7000円　①4-7963-0190-9

◇天台教学と本覚思想　大久保良峻著　京都　法藏館　1998.1　356, 7p　22cm　11000円　①4-8318-7371-3

◇うちのお寺は天台宗　双葉社　1997.12　237p　21cm　（わが家の宗教を知るシリーズ）　〈シリーズ責任表示：藤井正雄総監修〉　1500円　①4-575-28796-2

◇天台宗―普及版　末広照純監修　世界文化社　1997.8　226p　19cm　（よくわかる仏事の本）　〈「天台宗の仏事」（1988年刊）の改題〉　950円　①4-418-97403-2

宗教

◇天台宗教聖典　1　所依経論集　村中祐生纂輯　山喜房仏書林　1996.11　1230p　19cm　6180円　⑪4-7963-0189-5

◇源氏物語と天台浄土教　三角洋一著　若草書房　1996.10　376, 6p　22cm　（中古文学研究叢書1）　7900円　⑪4-948755-09-5

◇中世常陸国天台宗の高僧の足跡　岩瀬町（茨城県）　茨城県郷土文化顕彰会　1996.7　113p　21cm　〈付・常陸国を中心にした天台宗の談義所について　編集：内山純子〉

◇絶対の真理〈天台〉　田村芳朗, 梅原猛著　角川書店　1996.6　381p　15cm　（角川文庫）　800円　⑪4-04-198505-6

◇聖地天台山―中国浙江省台州市天台区　陳公余著, 野本覚成編著, 朱学根訳　佼成出版社　1996.5　253p　21cm　〈天台大師1400年大遠忌記念〉　2000円　⑪4-333-01800-5

◇天台本覚論　多田厚隆ほか校注　岩波書店　1995.7　595p　22cm　（日本思想大系新装版）　4800円　⑪4-00-009062-3

◇天台宗檀信徒勤行経典　比叡山延暦寺校閲　京都　日本仏教普及会（発売）　1995.1　1冊　18×8cm　〈折本　和装〉　1500円

◇天台小止観―現代語訳　智顗撰述, 関口真大訳　大東出版社　1994.12　138p　19cm　〈新装版〉　1100円　⑪4-500-00411-4

◇台密の理論と実践　三崎良周著　創文社　1994.9　388, 16p　22cm　7004円　⑪4-423-27014-5

◇叡山文庫文書絵図目録　延暦寺編　京都　臨川書店　1994.5　816, 246, 18p　27cm　37000円　⑪4-653-02520-7

◇古代東国仏教の源流―シンポジウム　鬼石町教育委員会編　新人物往来社　1994.3　173p　20cm　〈述：池山一切円ほか〉　2200円　⑪4-404-02088-0

◇続天台宗全書　論草1　法華玄義―義科盧談　天台宗典編纂所編纂　春秋社　1994.3　423p　23cm　〈比叡山開創1200年記念　付（1枚）：解題〉　18540円　⑪4-393-17111-X

◇仏教の歴史　日本2　ひろさちや原作, 阿部高明漫画　鈴木出版　1993.7　153p　21cm　（仏教コミックス73）　1200円　⑪4-7902-1946-1

◇続天台宗全書　密教1　大日経義釈　天台宗典編纂所編纂　春秋社　1993.3　674p　23cm　〈比叡山開創1200年記念〉　18540円　⑪4-393-17104-7

◇日本密教の交流と展開―続日本初期天台の研究　仲尾俊博著　京都　永田文昌堂　1993.3　445, 12p　22cm　9000円

◇安然の非情成仏義研究　新川哲雄著　学習院大学　1992.3　246, 10p　22cm　（学習院大学研究叢書23）　〈発行所：第一法規出版〉

◇天台思想と東アジア文化の研究―塩入良道先生追悼論文集　塩入良道先生追悼論文集刊行会編　山喜房仏書林　1991.12　1冊　27cm　〈英文併載　塩入良道の肖像あり　付：塩入良道略歴・著書〉　35000円　⑪4-7963-0069-4

◇天台法華三大部要義　止観之部　西田秀得編纂　菊池　真法寺　1991.12　753p　22cm

◇続天台宗全書　顕教2　摩訶止観伊賀抄下　天台宗典編纂所編纂　春秋社　1991.11　615p　23cm　〈比叡山開創1200年記念〉　18540円　⑪4-393-17109-8

◇大乗仏典―中国・日本篇　第19巻　安然・源信　末木文美士訳　中央公論社　1991.2　368p　20cm　〈監修：長尾雅人

ほか 安然および源信の肖像あり〉 4200円 ①4-12-402639-0

◇続天台宗全書 顕教1 摩訶止観伊賀抄 上 天台宗典編纂所編纂 春秋社 1990.12 529p 23cm 〈比叡山開創1200年記念〉 18540円 ①4-393-17108-X

◇天台学辞典 河村孝照著 国書刊行会 1990.5 344p 20cm 4500円 ①4-336-03015-4

◇大乗仏典―中国・日本篇 第17巻 最澄・円仁 木内尭央訳 中央公論社 1990.4 398p 20cm 〈監修：長尾雅人ほか 最澄および円仁の肖像あり〉 4200円 ①4-12-402637-4

◇続天台宗全書 密教3 経典註釈類2 天台宗典編纂所編纂 春秋社 1990.3 423p 23cm 〈比叡山開創1200年記念〉 18540円 ①4-393-17106-3

◇天台教学の研究―多田厚隆先生頌寿記念論文集 多田厚隆先生頌寿記念論集刊行会編 山喜房仏書林 1990.3 486p 27cm 〈多田厚隆の肖像あり〉

◇顕教 3 天台宗典編纂所編 春秋社 1989.10 327p 21cm （続天台宗全書） 18540円 ①4-393-17110-1

◇天台法華三大部要義 文句之部 西田秀得編纂 菊池 真法寺 1989.10 974p 22cm

◇心把捉の展開―天台実相観を中心として 玉城康四郎著 山喜房仏書林 1989.2 684, 17, 24p 22cm 〈第3刷（第1刷：昭和36年)〉 9500円

◇図説日本仏教の世界 3 法華経の真理―救いをもとめて 宮次男他著 集英社 1989.1 177p 27cm 〈編集：日本アート・センター〉 2800円 ①4-08-193003-1

◇続天台宗全書 密教2 経典註釈類1 天台宗典編纂所編纂 春秋社 1988.11 355p 23cm 〈比叡山開創1200年記念〉 18000円 ①4-393-17105-5

◇伝教大師全集索引 天台宗典編纂所編〔大津〕 比叡山開創一千二百年慶讃大法会事務局 1988.11 1032p 22cm 〈比叡山開創一千二百年慶讃大法会記念出版 監修：大久保良順, 塩入良道 発行所：世界聖典刊行協会（東京)〉 28000円 ①4-88110-060-2

◇天台教学の研究―大乗起信論との交渉 武覚超著 京都 法蔵館 1988.10 219, 24p 22cm 5800円 ①4-8318-7329-2

◇続天台宗全書 寺誌1 天台宗本末帳 天台宗典編纂所編纂 春秋社 1988.8 564, 73, 6p 23cm 〈比叡山開創1200年記念〉 18000円 ①4-393-17103-9

◇台密諸流伝法全集成 補遺 大森真応相承, 森定慈紹浄書校訂 大阪 東方出版 1988.7 157p 27cm 〈手稿の複製〉 ①4-88591-167-2

◇台密の研究 三崎良周著 創文社 1988.6 661, 36, 12p 22cm 12000円 ①4-423-27011-0

◇日本仏教の開展とその基調 硲慈弘著 名著普及会 1988.3 2冊 22cm 〈三省堂刊の複製〉 各18000円 ①4-89551-318-1

◇続天台宗全書 史伝2 日本天台僧伝類1 天台宗典編纂所編纂 春秋社 1988.2 546p 23cm 〈比叡山開創1200年記念〉 18000円 ①4-393-17102-0

◇台密諸流伝法全集成 第5巻 大森真応相承, 渋谷慈鎧浄書校訂 大阪 東方出版 1987.9 p1733～2084 27cm 〈手稿の複製〉

◇台密諸流伝法全集成 第6巻 大森真応相承, 渋谷慈鎧浄書校訂 大阪 東方出版 1987.9 p2087～2444 27cm 〈手

宗　教

稿の複製〉

◇台密諸流伝法全集成　別巻　大森真応相承, 渋谷慈鎧浄書校訂　大阪　東方出版　1987.9　143p　27cm

◇続天台宗全書　史伝1　天台大師伝註釈類　天台宗典編纂所編纂　春秋社　1987.7　591p　23cm　〈比叡山開創1200年記念〉　18000円

◇台密諸流伝法全集成　第3巻　大森真応相承, 渋谷慈鎧浄書校訂　大阪　東方出版　1987.7　p867〜1300　27cm　〈手稿の複製〉

◇台密諸流伝法全集成　第4巻　大森真応相承, 渋谷慈鎧浄書校訂　大阪　東方出版　1987.7　p1303〜1730　27cm　〈手稿の複製〉

◇天台宗　西郊良光, 神谷亮秀著　大法輪閣　1987.7　282p　19cm　（わが家の宗教7）　980円　①4-8046-6007-0

◇台密諸流伝法全集成　第1巻　大森真応相承, 渋谷慈鎧浄書校訂　大阪　東方出版　1987.4　390p　27cm　〈手稿の複製〉

◇台密諸流伝法全集成　第2巻　大森真応相承, 渋谷慈鎧浄書校訂　大阪　東方出版　1987.4　p393〜864　27cm　〈手稿の複製〉

◇天台円戒概説　小寺文穎著, 坂本広博, 武覚超校訂　大津　叡山学院　1987.3　239p　21cm　1000円

◇天台法華三大部要義　玄義之部　西田秀得編纂　菊池　真法寺　1986.6　613p　22cm

◇天台教学史　島地大等著　隆文館　1986.3　472p　21cm　〈『現代仏教名著全集第9巻』より普及版〉　2300円　①4-89747-304-7

◇〈宗派別〉日本の仏教・人と教え　1　天台宗　薗田香融編　小学館　1986.1

334p　19cm　1200円　①4-09-581001-7

◇新編天台宗密教章疏　日本大蔵経編纂会編纂　名著出版　1985.9　5冊　23cm　〈奥付の書名：天台宗密教章疏 複製 限定版〉　全12000円　①4-626-01246-9

◇日本仏教宗史論集　第3巻　伝教大師と天台宗　塩入良道, 木内堯央編　吉川弘文館　1985.5　412p　22cm　5800円　①4-642-06743-4

◇多宝塔と法華経思想　川勝賢亮著　東京堂出版　1984.5　296p　19cm　〈元三大師一千年御遠忌記念〉　2200円

◇天台密教の形成—日本天台思想史研究　木内堯央著　渓水社　1984.4　428p　22cm　12000円

◇天台思想入門—天台宗の歴史と思想　鎌田茂雄著　講談社　1984.1　257p　15cm　（講談社学術文庫）　680円　①4-06-158626-2

◇お経天台宗　塩入良道編著　講談社　1983.7　251p　18cm　1000円　①4-06-180474-X

◇註解合編天台大師全集　摩訶止観1　日本仏書刊行会編纂　日本仏書刊行会　1983.7　592p　22cm　〈複製〉　8000円

◇註解合編天台大師全集　魔訶止観2　日本仏書刊行会編纂　日本仏書刊行会　1983.7　622p　22cm　〈複製〉　8000円

◇註解合編天台大師全集　摩訶止観3　日本仏書刊行会編纂　日本仏書刊行会　1983.7　744p　22cm　〈複製〉　8000円

◇註解合編天台大師全集　摩訶止観4　日本仏書刊行会編纂　日本仏書刊行会　1983.7　651p　22cm　〈複製〉　8000円

◇註解合編天台大師全集　摩訶止観5　日本仏書刊行会編纂　日本仏書刊行会　1983.7　360p　22cm　〈複製〉　8000円

◇日本天台の諸問題　佐々木憲徳著　京都

永田文昌堂　1982.7　237p　22cm　〈著作目録・論文目録：p228〜234〉　4000円

◇天台宗寺門派実相院古文書目録　京都府教育委員会編〔京都〕　京都府教育委員会　1982.3　216p　26cm　〈京都府古文書等緊急調査報告書〉

◇出家作法　京都大学文学部国語学国文学研究室編　京都　臨川書店　1980.4　202p　20cm　〈京都大学国語国文資料叢書 21〉　3800円

◇日本仏教基礎講座　第2巻　天台宗　塩入良道編　雄山閣出版　1979.10　283p　22cm　3500円

◇金沢文庫資料全書　仏典　第3巻　天台篇1　横浜　神奈川県立金沢文庫　1979.3　230p　27cm

◇昭和現存天台書籍綜合目録　増補・索引　渋谷亮泰編　京都　法蔵館　1978.9　1冊　27cm　16000円

◇十不二門指要鈔―和訳通解　西谷名目―和訳　平了照著　文一総合出版　1978.6　401, 15p　22cm　4500円

◇昭和現存天台書籍綜合目録　下巻　渋谷亮泰編　増補版　京都　法蔵館　1978.6　p635〜1243　27cm　16000円

◇昭和現存天台書籍綜合目録　上巻　渋谷亮泰編　増補版　京都　法蔵館　1978.4　634p　27cm　16000円

◇古寺巡礼京都　22　曼殊院　野口武彦, 山口円道著　京都　淡交社　1978.3　154p　27cm　〈監修：井上靖, 塚本善隆〉　2800円

◇天台教学史―現代仏教名著全集第九巻より　島地大等著　隆文館　1977.12　211〜472p　22cm　2800円

◇天台宗論議百題自在房―和訳　古宇田亮宣編　改訂版　隆文館　1977.11　373p　22cm　〈伝教大師千百五十年大遠忌記念出版〉　4000円

◇古寺巡礼京都　17　三千院　瀬戸内寂聴, 水谷教章著　京都　淡交社　1977.9　146p(図共)　27cm　〈監修：井上靖, 塚本善隆〉　2800円

◇天台四教儀講話　境野黄洋著　国書刊行会　1977.8　418, 13p　22cm　〈大正7年刊の複製〉　5000円

◇天台の教義と信仰　二宮守人著　国書刊行会　1977.8　265p　22cm　〈大正11年刊の複製〉　3600円

◇古寺巡礼京都　14　妙法院, 三十三間堂　宇佐見英治, 三崎義泉著　京都　淡交社　1977.6　163p(図共)　27cm　〈監修：井上靖, 塚本善隆　妙法院・三十三間堂年表：p.157〜160〉　2800円

◇天台哲学入門　新田雅章著　第三文明社　1977.1　194p　18cm　(レグルス文庫 72)　480円

◇天台四教儀講義　稲葉円成著　名著出版　1976　407p　22cm　(大蔵経講座 13)　〈昭和8年刊の複製 限定版〉　5500円

◇国訳聖教大系　台密部　国書刊行会　1975　4冊　27cm　〈仏教珍籍刊行会昭和4-9年刊(第3巻は未刊)の複製〉　全20000円

◇天台学論集―止観と浄土　安藤俊雄著, 安藤俊雄先生遺稿集刊行会編　京都　平楽寺書店　1975　525, 29p　肖像　22cm　8000円

◇比叡山と天台仏教の研究　村山修一編　名著出版　1975　436p　図　22cm　(山岳宗教史研究叢書2)　4500円

◇天台小止観の研究―初学座禅止観要文　関口真大著　第7版　山喜房仏書林　1974.5　456, 18p　図版8p　22cm　〈索引あり〉　①4-7963-0200-X

◇天台宗全書　第15巻　天台宗典刊行会編

第一書房　1974　600p　22cm　〈昭和10年代に刊行されたものの複製〉　4000円

◇天台宗全書　第16巻　華頂要略　第3　天台宗典刊行会編　第一書房　1974　406p　22cm　〈昭和10年代に刊行されたものの複製〉　4000円

◇天台宗全書　第17巻　天台直雑　第2　天台宗典刊行会編　第一書房　1974　548p　22cm　〈昭和10年代に刊行されたものの複製〉　4000円

◇天台宗全書　第18巻　天台宗典刊行会編　第一書房　1974　390p　22cm　〈昭和10年代に刊行されたものの複製〉　4000円

◇天台宗全書　第19巻　天台宗典刊行会編　第一書房　1974　342p　22cm　〈昭和10年代に刊行されたものの複製〉　4000円

◇天台宗全書　第20巻　法則類聚・故実類聚　天台宗典刊行会編　第一書房　1974　396p　22cm　〈昭和10年代に刊行されたものの複製〉　4000円

◇天台宗全書　第21巻　天台宗典刊行会編　第一書房　1974　416p　22cm　〈昭和10年代に刊行されたものの複製〉　4000円

◇天台宗全書　第22巻　天台宗典刊行会編　第一書房　1974　508p　22cm　〈昭和10年代に刊行されたものの複製〉　4000円

◇天台宗全書　第23巻　義科相伝鈔・例講問答書合　天台宗典刊行会編　第一書房　1974　454p　22cm　〈昭和10年代に刊行されたものの複製〉　4000円

◇天台宗全書　第24巻　叡山三塔堂舎並各坊世譜・東叡山子院現住法脈記・日光山列祖並各院世代記外5部　天台宗典刊行会編　第一書房　1974　554p　22cm　〈昭和10年代に刊行されたものの複製〉　4000円

◇天台宗全書　第25巻　天台直雑　第3　天台宗典刊行会編　第一書房　1974　1530p　22cm　〈昭和10年代に刊行されたものの複製〉　4000円

◇天台小止観―坐禅の作法　関口真大訳註　岩波書店　1974　212p　15cm　（岩波文庫）　140円

◇上古日本天台本門思想史　浅井円道著　京都　平楽寺書店　1973　866, 21p 図　22cm　7500円

◇天台宗全書―全25巻 解説　天台宗典刊行会編　第一書房　1973　100p　21cm　〈昭和10年代に刊行された『天台宗全書』全25巻各巻に挿入された会報を1冊にまとめたもの〉　1500円

◇天台宗全書　第1巻　華頂要略　第1　天台宗典刊行会編　第一書房　1973　526p　22cm　〈昭和10年代に刊行されたものの複製〉　4000円

◇天台宗全書　第2巻　大宝和尚講述類聚　第1　天台宗典刊行会編　第一書房　1973　486p　22cm　〈昭和10年代に刊行されたものの複製〉　4000円

◇天台宗全書　第3巻　天台直雑　第1　天台宗典刊行会編　第一書房　1973　434p　22cm　〈昭和10年代に刊行されたものの複製〉　4000円

◇天台宗全書　第4巻　天台宗典刊行会編　第一書房　1973　456p　22cm　〈昭和10年代に刊行されたものの複製〉　4000円

◇天台宗全書　第5巻　天台宗典刊行会編　第一書房　1973　424p　22cm　〈昭和10年代に刊行されたものの複製〉　4000円

◇天台宗全書　第6巻　天台宗典刊行会編　第一書房　1973　418p　22cm　〈昭和10年代に刊行されたものの複製〉　4000円

◇天台宗全書　第7巻　台密問要集外7部　天台宗典刊行会編　第一書房　1973　416p　22cm　〈昭和10年代に刊行されたものの複製〉　4000円

◇天台宗全書　第8巻　天台宗典刊行会編

◇第一書房　1973　494p　22cm　〈昭和10年代に刊行されたものの複製〉　4000円

◇天台宗全書　第9巻　天台宗典刊行会編　第一書房　1973　572p　22cm　〈昭和10年代に刊行されたものの複製〉　4000円

◇天台宗全書　第10巻　天台宗典刊行会編　第一書房　1973　382p　22cm　〈昭和10年代に刊行されたものの複製〉　4000円

◇天台宗全書　第11巻　法華懺法聞書外8部　天台宗典刊行会編　第一書房　1973　416p　22cm　〈昭和10年代に刊行されたものの複製〉　4000円

◇天台宗全書　第12巻　日吉山王権現知新記外12部　天台宗典刊行会編　第一書房　1973　438p　22cm　〈昭和10年代に刊行されたものの複製〉　4000円

◇天台宗全書　第13巻　天台宗典刊行会編　第一書房　1973　756p　22cm　〈昭和10年代に刊行されたものの複製〉　4000円

◇天台宗全書　第14巻　華頂要略　第2　天台宗典刊行会編　第一書房　1973　896p　22cm　〈昭和10年代に刊行されたものの複製〉　4000円

◇日本思想大系　9　天台本覚論　岩波書店　1973　595p　図　22cm　1600円

◇日本天台宗年表　渋谷慈鎧編　第一書房　1973　408, 64p　23cm　〈昭和12年刊の原本の誤りを訂正し複製したもの〉　4500円

◇平安時代法華仏教史研究　高木豊著　京都　平安寺書店　1973　493, 17p　23cm　4500円

◇天台密教の成立に関する研究　清水谷恭順著　文一出版　1972　434, 16p　図　22cm　3500円

◇日本天台史　上杉文秀著　国書刊行会　1972　2冊　22cm　〈破塵閣書房昭和10年刊の複製〉　3500-6000円

◇天台宗史概説　硲慈弘著, 大久保良順補注　大蔵出版　1969　286p　22cm　1200円

◇天台真盛宗読本―真盛仏法入門　色井秀譲著　京都　百華苑　1968　336p　図版　18cm　〈総本山西教寺蔵版〉　300円

◇天台概説　山口光円著　京都　法蔵館　1967　108p　表　22cm　600円

◇天台学概論　続　福田堯穎著　福田老師遺徳顕彰会　1966 2版　289p　図版　22cm　800円

◇天台小止観　田所静枝読みくだし　柏樹社　1966　110p　19cm　〈監修者：二宮守人〉　200円

◇天台学概論　福田堯穎著　福田老師遺徳顕彰会　1963 4版　772p　図版　22cm

◇天台教学　佐々木憲徳著　京都　百華苑　1963　300, 29p　22cm

◇心把捉の展開―天台実相観を中心として　玉城康四郎著　山喜房仏書林　1961　684p　22cm

◇天台真盛宗宗学汎論　色井秀譲編　大津　天台真盛宗宗学研究所　1961　703, 26p　図版　22cm

◇天台思想史　安藤俊雄著　京都　法蔵館　1959　421p　22cm

◇草案集　貴重古典籍刊行会　1958　図版35p　解説5p　29×31cm　〈山口光円蔵建保1年転写本のコロタイプ複製　解説：山口光円等　和装〉

◇天台四教儀―昭和校訂　諦観録, 関口真大校訂　山喜房仏書林　1956 5版　1冊　22cm　〈巻首に天台四教儀科文を附す　一名「四教儀」　附：天台四教儀解説, 天台大師御撰述概説, 天台四教儀参考図表集, 天台四教儀字書〉

◇天台縁起論展開史　佐々木憲徳著　京都　永田文昌堂　1953　159p　22cm

宗教

◇天台性具思想論　安藤俊雄著　京都　法蔵館　1953　253p　22cm

◇知証大師全集　第1, 2　円珍著, 高楠順次郎, 望月信亨共編　京都　世界聖典刊行協会　1949　2冊　21cm

◇知証大師全集　第3　高楠順次郎, 望月信亨共編　京都　世界聖典刊行協会　1949　424p　21cm

◇天台実相論の研究―存在の極相を索めて　石津照璽著　再版　弘文堂　1949　515p　22cm

◇天台法華宗義集　義真撰, 高楠順次郎, 望月信亨共編　京都　世界聖典刊行協会　1949　448p　21cm　〈敬光編〉

◇天台実相論の研究―存在の極相を索めて　石津照璽著　弘文堂書房　1947　515p　22cm

最澄　さいちょう

　神護景雲元年8月18日（767年）～弘仁13年6月4日（822年）　平安初期の僧侶。日本天台宗の開祖。近江国の人。姓は三津首、幼名は広野。諡号は伝教大師。澄上人、叡山大師、根本大師、山家大師とも称される。応神帝の頃に帰化した後漢の王族の子孫で、三津首百枝の子と伝わる。12歳で近江国分寺の大国師行表の弟子となり、14歳で得度して最澄と名乗る。延暦4年（785年）東大寺戒壇で具足戒を受けるが、まもなく比叡山に入り12年間の修行生活を送る。この間、天台教学に傾倒し、比叡山に根本中堂の前身・一乗止観院を創建。延暦23年（804年）7月空海、橘逸勢らと共に唐に渡り、天台山で道邃、行満らに師事して円禅戒密の四宗を相承し、翌年6月帰朝。同年9月、高雄山寺で日本初の灌頂を実施。また南都六宗に準じて天台法華宗に年分度者2人を請願し、大同元年（806年）1月26日勅許を得て日本天台宗を開宗した。さらに真言の教義も究めるべく弘仁3年（812年）高雄山寺で空海の灌頂を受けたが、弟子泰範の問題などから空海とは疎遠となる。また旧南都六宗との対立も深まり、弘仁8年（817年）頃から会津にいた法相宗の徳一と"三一権実論争"を繰り広げた。弘仁9年（818年）天台宗の僧の教育制度「天台法華宗年分学生式」「勧奨天台宗年分学生式」を奏上し、翌年比叡山に大乗戒壇の設立を請う「天台法華宗年分度者回小向大式」を奏進。この3式を「山家学生式」という。これに反論する南都側に対し「顕戒論」を記して反駁するが、弘仁13年（822年）大乗戒壇の許可を得られぬまま比叡山の中道院で入滅。その7日後、藤原冬嗣らの斡旋で大乗戒壇建立の勅許が下り、貞観8年（866年）清和天皇から伝教大師の諡号を贈られた。これが日本初の諡号である。

◇日本文学者評伝集　1　最澄（伝教大師）　山部赤人　塩田良平, 森本治吉編　堀一郎著, 武田祐吉著　クレス出版　2008.6　257, 209p　19cm　〈青梧堂昭和18年刊の複製〉　8000円　①978-4-87733-421-5, 978-4-87733-429-1

◇伝教大師の聖迹―九州を辿り仰ぐ　山下亮孝著　佐世保　山下亮孝　2007.9　176p　22cm　〈肖像あり　折り込1枚　年表あり　文献あり〉　非売品

◇伝教大師最澄の寺を歩く　比叡山延暦寺監修　JTBパブリッシング　2007.4　127p　21cm　（楽学ブックス）　〈年譜あり〉　1600円　①978-4-533-06708-2

◇伝教大師と日本の心　村田昇著　彦根　サンライズ出版　2006.11　208p　19cm

◇伝教大師最澄―世界平和の祈り 一隅を照す是れ国宝 叡南覚範監修, 山本覚雄文, 村上正師画 善本社 2006.10 45p 17×17cm （歴史絵本） 1000円 ①4-7939-0438-6

◇伝教大師の生涯と教え 天台宗教学振興委員会, 多田孝正編 大正大学出版会（発売） 2006.10 200p 18cm （大正大学まんだらライブラリー 7）〈年譜あり〉 724円 ①4-924297-40-2

◇みんな光り輝く仏の子―伝教大師最澄の言葉に学ぶ 小堀光詮著 佼成出版社 2005.11 245p 20cm 〈肖像あり〉 1600円 ①4-333-02140-5

◇最澄と天台の国宝 京都国立博物館, 東京国立博物館編 読売新聞社 2005.10 397p 30cm 〈他言語標題：Faith and syncretism：Saicho and treasures of Tendai 会期・会場：2005年10月8日―11月20日 京都国立博物館ほか 天台宗開宗1200年記念 文献あり 年表あり〉

◇「傍訳」最澄山家学生式・顕戒論 最澄著, 田村晃祐監修, 台宗研究会編著 四季社 2005.9 287p 22cm 16000円 ①4-88405-318-4

◇最澄と空海―日本人の心のふるさと 梅原猛著 小学館 2005.6 365p 15cm （小学館文庫）〈肖像あり〉 638円 ①4-09-405623-8

◇法華経と古代国家 田村円澄著 吉川弘文館 2005.4 300, 10p 21cm 11000円 ①4-642-02437-9

◇ひろさちやの「最澄」を読む ひろさちや著 佼成出版社 2004.11 217p 19cm 1400円 ①4-333-02115-4

◇最澄再考―日本仏教の光源 上原雅文著 ぺりかん社 2004.10 278p 22cm 3800円 ①4-8315-1086-6

◇最澄―山家の大師 大久保良峻編 吉川弘文館 2004.6 212p 20cm （日本の名僧 3）〈肖像あり 文献あり 年譜あり〉 2600円 ①4-642-07847-9

◇伝教大師の生涯と思想 木内堯央著 春秋社 2004.3 222p 20cm 〈文献あり 年譜あり〉 1800円 ①4-393-17163-2

◇最澄 鈴木史楼著 紅糸文庫 2003.11 146p 20cm （本朝書人論 18）〈はり込図2枚 年譜あり 著作目録あり〉 1400円

◇仏教を歩く no.2 最澄 朝日新聞社 2003.10 32p 30cm （週刊朝日百科） 533円

◇日本古代の民間宗教 菅原征子著 吉川弘文館 2003.9 319, 8p 21cm 8500円 ①4-642-02397-6

◇日本の心を旅する 栗田勇著 春秋社 2003.8 306p 19cm 1800円 ①4-393-44410-8

◇照千一隅論攷―伝教大師最澄の真意を問う 木村周照編著 青史出版 2002.11 331p 22cm 7000円 ①4-921145-16-4

◇梅原猛著作集 9 三人の祖師―最澄・空海・親鸞 梅原猛著 小学館 2002.6 710p 20cm 〈付属資料：8p；月報 11 肖像あり〉 4800円 ①4-09-677109-0

◇週刊ビジュアル日本の歴史 no.96 奈良から平安へ 6 デアゴスティーニ・ジャパン 2001.12 p212-251 30cm 533円

◇伝教大師伝記 非際著 川崎 観行院 2000.9 147p 27cm 〈観行院蔵の複製〉

◇悲願に生きる―最澄 木内堯央著 中央公論新社 2000.9 254p 20cm （仏教を生きる 6）〈シリーズ責任表示：水上勉, 瀬戸内寂聴, ひろさちや編〉 1600円 ①4-12-490156-9

宗　教

◇仏教の歴史　7　普遍への目覚め―聖徳太子・最澄・空海　ひろさちや著　新装版　春秋社　2000.6　258p　20cm　1500円　④4-393-10827-2

◇最澄と空海―日本仏教思想の誕生　立川武蔵著　講談社　1998.12　270p　19cm　（講談社選書メチエ 145）　1600円　④4-06-258145-0

◇最澄　ひろさちや原作, 辰巳ヨシヒロ漫画　鈴木出版　1998.4　146p　22cm　（まんが日本の高僧 教科書にでてくる人物 3）　1800円　④4-7902-1084-7

◇最澄と空海―交友の軌跡　佐伯有清著　吉川弘文館　1998.1　339p　20cm　3100円　④4-642-07742-1

◇森を守る文明・支配する文明　安田喜憲著　PHP研究所　1997.10　246p　18cm　（PHP新書）　657円　④4-569-55813-5

◇書のこころ　榊莫山著　日本放送出版協会　1996.1　221p　15cm　（NHKライブラリー）　850円　④4-14-084022-6

◇最澄―天台仏教の思想　渡辺凱一著　近代文芸社　1995.7　196p　20cm　1500円　④4-7733-4214-5

◇光明皇后・空海・最澄集　二玄社　1995.2　92p　30cm　（日本名筆選 36）〈複製〉　3000円　④4-544-00746-1

◇上山春平著作集　第8巻　空海と最澄　京都　法藏館　1995.1　509p　22cm　9800円　④4-8318-3538-2

◇最澄と天台本覚思想―日本精神史序説　栗田勇著　作品社　1994.9　257p　20cm　2200円　④4-87893-208-2

◇最澄の生涯　ひろさちや原作, 辰巳ヨシヒロ漫画　鈴木出版　1994.9　153p　22cm　（仏教コミックス 77）　1200円　④4-7902-1931-3

◇最澄―だれでも仏になれる　由木義文著　広済堂出版　1994.8　246p　18cm　（Refresh life series）　1000円　④4-331-00655-7

◇若き日の最澄とその時代　佐伯有清著　吉川弘文館　1994.6　302p　20cm　2369円　④4-642-07424-4

◇最澄とその門流　佐伯有清著　吉川弘文館　1993.10　324p　20cm　2500円　④4-642-07405-8

◇伝教大師伝の研究　佐伯有清著　吉川弘文館　1992.10　602, 16p　22cm　（日本史学研究叢書）　10000円　④4-642-02260-0

◇伝教大師著作解説　渡辺守順著　大津　叡山学院　1992.3　205p　21cm　1000円

◇最澄を歩く　菊池東太写真, 吉沢健吉文　佼成出版社　1992.2　158p　21cm　（写真紀行日本の祖師）　2000円　④4-333-01549-9

◇最澄教学の研究　田村晃祐著　春秋社　1992.2　590, 16, 8p　23cm　20000円　④4-393-11179-6

◇仏教の歴史　7　普遍への目覚め―聖徳太子・最澄・空海　ひろさちや著　春秋社　1991.5　264p　21cm　1600円　④4-393-10817-5

◇原典日本仏教の思想　2　最澄　安藤俊雄, 薗田香融校注　岩波書店　1991.4　515p　22cm　4400円

◇最澄　最澄著, 安藤俊雄, 園田香融校注　岩波書店　1991.4　515p　21cm　（原点日本仏教の思想 2）　4400円　④4-00-009022-4

◇最澄　百瀬明治著　京都　淡交社　1990.5　143p　19cm　（京都・宗祖の旅）　880円　④4-473-01139-9

◇最澄の世界　永井路子エッセイ, 加藤栄司解説　佼成出版社　1990.2　235p　20cm　（仏典を知る）〈監修：山折哲雄

宗　教

◇最澄の肖像あり〉　1850円　①4-333-01466-2
◇三人の祖師―最澄・空海・親鸞　梅原猛著　佼成出版社　1989.10　259p　20cm（仏教文化選書）　1650円　①4-333-01400-X
◇日本教育の原点を求めて―伝教大師と現代　村田昇編　東信堂　1989.4　179p　19cm　1650円
◇日本文化史―彫刻的世界から絵画的世界へ　笠井昌昭著　〔新装版〕　ぺりかん社　1988.12　292p　19cm　2800円
◇法華経と伝教大師　山田恵諦著　増補第一書房　1988.5　387p　22cm　〈伝教大師の肖像あり〉　3000円
◇最澄　田村晃祐著　吉川弘文館　1988.2　274p　19cm（人物叢書 新装版）〈新装版 最澄の肖像あり 叢書の編者：日本歴史学会〉　1800円　①4-642-05119-8
◇日本の仏典　1　最澄―山家学生式・顕戒論　田村晃祐著　筑摩書房　1987.10　456,8p　20cm　2800円　①4-480-33101-8
◇伝教大師最澄の研究　仲尾俊博著　京都　永田文昌堂　1987.7　293,14p　22cm　6000円
◇最澄のこころ　壬生台舜著　大蔵出版　1987.6　234p　19cm（日本仏教のこころ）〈最澄略年譜：p226～233〉　1500円　①4-8043-5706-8
◇最澄百話―伝教大師　渡辺守順著　大阪　東方出版　1987.6　225p　18cm　980円
◇最澄瞑想　梅原猛著　佼成出版社　1987.6　221p　20cm　〈最澄および著者の肖像あり〉　1300円　①4-333-01299-6
◇伝教大師 最澄百話　渡辺守順著　大阪　東方出版　1987.6　225p　18×12cm（仏教百話シリーズ 7）　980円

◇最澄を辿る　永井路子著　講談社　1987.5　188p　22cm　〈写真：道元峯〉　1900円　①4-06-203058-6
◇道心は国の宝　山田恵諦著　佼成出版社　1987.5　237p　20cm　〈著者の肖像あり〉　1300円　①4-333-01280-5
◇伝教大師巡礼　瀬戸内寂聴著　講談社　1987.3　258p　15cm　（講談社文庫）　380円　①4-06-183946-2
◇最澄と天台仏教　読売新聞社　1987.2　173p　29cm　〈執筆：山田恵諦ほか〉　2000円　①4-643-87098-2
◇最澄か空海か―こころを拓く選択　寺林峻著　経済界　1986.9　201p　20cm（Ryu selection）　1300円　①4-7667-8019-1
◇最澄・空海　渡辺照宏編, 宮坂宥勝ほか訳・注　筑摩書房　1986.3　422p　20cm（日本の仏教思想）〈日本の思想第1『最澄・空海集』（昭和44年刊）の改題新装版 最澄, 空海の肖像あり〉　1800円　①4-480-84156-3
◇比叡山開創―最澄と円仁　山野上純夫著　大阪　朱鷺書房　1986.3　246p　19cm　1200円
◇高僧伝　3　最澄―天に応える　松原泰道, 平川彰編　平川彰著　集英社　1985.12　267p　20cm　〈編集：創美社　最澄の肖像あり　最澄略年譜：p262～207〉　1400円　①4-08-187003-9
◇最澄のことば　田村晃祐著　雄山閣出版　1985.6　221p　20cm　1500円　①4-639-00495-8
◇国の宝を育てる―最澄・その人と教え　木内堯央ほか著　鈴木出版　1984.6　252p　19cm（まいとりぃ選書）〈監修：木内堯央 伝教大師の肖像あり〉　1350円　①4-7902-2001-X
◇日本仏教の心　3　伝教大師と比叡山

199

宗 教

◇日本仏教研究所編　山田恵諦著　ぎょうせい　1983.7　213p　29cm　〈伝教大師の肖像あり　付属資料(録音テープ1巻)：天台座主山田恵諦法話・御修法法要　箱入〉　5000円

◇日本の名著　3　最澄・空海　福永光司責任編集　中央公論社　1983.6　495p　18cm　(中公バックス)　1200円

◇日本名僧論集　第2巻　最澄　塩入良道,木内堯央編　吉川弘文館　1982.12　454p　22cm　〈最澄の肖像あり〉　5800円

◇伝教大師巡礼　瀬戸内寂聴著　講談社　1981.5　229p　20cm　〈伝教大師の肖像あり〉　980円

◇伝教大師研究　天台学会編輯　復刊　天台学会　1980.10　1冊　22cm　〈発行所：早稲田大学出版部〉

◇伝教大師研究　別巻　天台学会編　早稲田大学出版部　1980.10　774p　22cm　〈監修：福井康順　伝教大師の肖像あり〉　22000円

◇「山家学生式」序説　仲尾俊博著　京都　永田文昌堂　1980.7　529,9p　22cm　〈付：「叡山大師伝」(石山寺本)〉　9500円

◇比叡山と高野山　景山春樹著　〔東村山〕　教育社　1980.3　287p　18cm　(教育社歴史新書)　600円

◇最澄辞典　田村晃祐編　東京堂出版　1979.7　315p　19cm　2200円

◇最澄と天台教団　木内堯央著　〔東村山〕　教育社　1978.10　208p　18cm　(教育社歴史新書)　600円

◇山家学生式新釈　佐々木憲徳著　ピタカ　1978.8　706p　22cm　〈昭和13年刊の複製〉　9500円

◇伝教大師最澄のこころと生涯　渡辺守順著　雄山閣出版　1977.11　202p　図　19cm　800円

◇日本の名著　3　最澄　空海　福永光司責任編集　中央公論社　1977.5　495p　肖像　18cm　1200円

◇やはり「一隅を照らす」が正しい　野口恒樹著　伊勢　皇学館大学出版部　1977.5　100p　19cm　700円

◇伝教大師の御出家前後　木内堯央師講演,田島章江編　天台宗東京教区宗務所　1977.3　24p　22cm

◇日本初期天台の研究　仲尾俊博著　京都　永田文昌堂　1976.7　323,15,6p　22cm

◇書道芸術　第13巻　最澄,嵯峨天皇,橘逸勢　中央公論社　1976　206p(おもに図)　31cm　〈監修：井上靖等　豪華普及版〉　2500円

◇伝教大師の生涯と思想　木内央著　第三文明社　1976　200p　18cm　(レグルス文庫56)　〈巻末：略年表〉　480円

◇伝教大師全集　最澄著,比叡山専修院附属叡山学院編　世界聖典刊行協会,日本仏書刊行会　1975　5冊　22cm　〈複製版〉　全30000円

◇日本思想大系　4　最澄　安藤俊雄,薗田香融校注　岩波書店　1974　515p　図　22cm　2000円

◇伝教大師研究　天台学会編　早稲田大学出版部　1973　1589p　図　肖像　22cm　15000円

◇法華経と伝教大師　山田恵諦著　第一書房　1973　373p　図　22cm　2800円

◇書道芸術　第13巻　最澄,嵯峨天皇,橘逸勢　中央公論社　1972　206p(おもに図)はりこみ図3枚　31cm　〈監修：井上靖等〉　4200円

◇世界教育宝典　仏教教育宝典3　伝教大師,弘法大師集　塩入亮忠,中野義照編　町田　玉川大学出版部　1972　462p　図　肖像　22cm　2500円

◇日本の思想　第1　最澄・空海集　渡辺照宏編　筑摩書房　1969　422p 図版 20cm　780円

◇叡山の新風—山家学生式〈最澄〉入唐求法巡礼行記〈円仁〉　壬生台舜著　筑摩書房　1967　275p 図版　20cm　（日本の仏教 第3巻）　480円

◇古典日本文学全集　第15　筑摩書房　1966　476p 図版　23cm　〈普及版〉

◇伝教大師—比叡山の開祖　今堀文一郎著　愛隆堂　1962　120p 図版　19cm

◇古典日本文学全集　第15　仏教文学集　筑摩書房　1961　476p 図版　23cm

◇比叡山と高野山—最澄と空海を中心として　勝野隆信著　至文堂　1959　246p 図版　19cm　（日本歴史新書）

◇伝教大師　浅井円道著　京都　平楽寺書店　1958　100p 18cm　（法華新書）

◇伝教大師研究資料目録・伝教大師研究上の諸問題　渡辺守順著　八日市　渡辺守順　1956　60p 25cm　（伝教大師研究報告書 第4号）〈謄写版〉

延暦寺
えんりゃくじ

　滋賀県大津市坂本本町にある天台宗の総本山。山号は比叡山。山門、叡山、北嶺とも称される。山上の寺域は東塔・西塔・横川の三塔、十六谷に分かれ、平安京の鬼門にあたることから王城の鎮護とされた。延暦4年（785年）比叡山へ入った最澄が、延暦7年（788年）に乗止観院として創建。弘仁13年（822年）最澄の入滅7日後に大乗戒壇の設立が勅許され、翌年嵯峨天皇より延暦寺の寺号を賜る。9世紀中頃には仏教界の最大勢力となるが、10世紀中頃から慈覚派（円仁）、智証派（円珍）両門徒の対立が激化。正暦4年（993年）智証派の門徒が園城寺に移って寺門派となり、慈覚派は延暦寺に拠って山門派と称した。またこの頃から僧兵を養い、度々強訴をかけて朝廷に恐れられた。元亀2年（1571年）織田信長の焼き討ちで全山焼失したが、江戸初期に再興。本堂にあたる国宝の根本中堂は寛永17年（1640年）に再興されたもの。書跡や工芸品にも国宝が多く、伝教大師入唐牒、金銅経箱、法相華蒔絵経箱などがある。ほか、彫刻・絵画・建造物など重要文化財多数。平成6年（1994年）世界文化遺産に登録。

　　　　　＊　　　＊　　　＊

◇延暦寺の建築史的研究　清水擴著　中央公論美術出版　2009.7　419p　22cm　14000円　①978-4-8055-0595-3

◇比叡山諸堂史の研究　武覚超著　京都　法藏館　2008.3　352, 25p 図版13枚　22cm　〈折り込1枚　年表あり　文献あり〉　9000円　①978-4-8318-7373-6

◇延暦寺　梅原猛監修, 半田孝淳, 瀬戸内寂聴著　京都　淡交社　2007.8　143p　21cm　（古寺巡礼京都 新版 12）〈年表あり〉　1600円　①978-4-473-03362-8

◇京都発見　9　比叡山と本願寺　梅原猛著　新潮社　2007.4　214p　22cm　2500円　①978-4-10-303022-5

◇大日本仏教全書　第126巻　天台霞標 第2　延暦寺護国縁起　仏書刊行会編纂　敬雄編, 慈本補　大法輪閣　2007.1　450p　22cm　〈名著普及会平成4年刊（覆刻版3刷）を原本としたオンデマンド版〉　8200円　①978-4-8046-1770-1

◇比叡山—日本仏教の母山　天台宗開宗千二百年記念　平凡社　2006.4　184p 29cm　（別冊太陽）〈年表あり〉　2400円　①4-582-94496-5

◇仏教文学の叡山仏教　渡辺守順著　大阪　和泉書院　2005.7　258p 22cm　8500円　①4-7576-0330-4

◇延暦寺と中世社会　河音能平, 福田栄次郎編　京都　法藏館　2004.6　499p　22cm　9500円　①4-8318-7462-0

◇比叡山麓の仏像—企画展　大津市歴史博

宗教

物館編　大津　大津市歴史博物館　2003.10　80p　30cm　〈会期：平成15年10月4日—11月16日〉

◇中世寺院社会の研究　下坂守著　京都　思文閣出版　2001.12　583, 15p　21cm　（思文閣史学叢書）　9800円　ⓈISBN4-7842-1091-1

◇霊峰比叡　京都新聞社著　京都　京都新聞出版センター　2001.11　51p　20×21cm　1200円　ⓈISBN4-7638-0497-9

◇週刊古寺をゆく　10　延暦寺　小学館　2001.4　35p　30cm　（小学館ウイークリーブック）　533円

◇比叡山と天台仏教の研究　村山修一編　名著出版　2000.11（第7刷）　436p　21cm　（山岳宗教史研究叢書2）〈昭和63年刊（6版）を原本としたオンデマンド版　肖像あり　文献あり　年表あり〉　4500円　ⓈISBN4-626-01586-7

◇比叡山延暦寺の名宝と国宝・梵鐘　佐川美術館, 天台宗・総本山比叡山延暦寺編　改訂　守山　佐川美術館　1999.11　131p　28cm　〈開館1周年特別展：平成11年4月17日—5月30日ほか〉

◇比叡山延暦寺—世界文化遺産　渡辺守順著　吉川弘文館　1998.12　222p　19cm　（歴史文化ライブラリー55）　1700円　ⓈISBN4-642-05455-3

◇大津市坂本地先「延暦寺の建築物」と「比叡山の森林」　滋賀県大津林業事務所編　大津　滋賀県大津林業事務所　1997.3　28p　30cm　（先人の築いた歴史資産を訪ねて no.3）〈新しい淡海文化の創造に向けて　折り込1枚〉

◇仏教東漸図—比叡山国宝殿壁画　傅益瑤文と絵, 小林隆彰解説, 比叡山延暦寺監修　京都　紫翠会出版　1997.2　39p　22×31cm　1942円　ⓈISBN4-916007-19-0

◇比叡山歴史の散歩道—延暦寺から、日吉大社を歩く　講談社編　講談社　1995.10　127p　21cm　（講談社カルチャーブックス101）　1500円　ⓈISBN4-06-198105-6

◇比叡山史—闘いと祈りの聖域　村山修一著　東京美術　1994.2　333, 33p　22cm　4120円　ⓈISBN4-8087-0607-5

◇比叡山三塔諸堂沿革史　武覚超著　大津　叡山学院　1993.3　278p　21cm　〈折り込1枚〉

◇比叡山と高野山　ひろさちや原作, 森村たつお漫画　鈴木出版　1991.10　153p　22cm　（仏教コミックス105）　1200円　ⓈISBN4-7902-1967-4

◇日吉山王権現—神と仏の美術 特別展　〔大津〕　滋賀県立琵琶湖文化館　〔1991〕　175p　26cm　〈開館30周年記念 会期：平成3年10月5日—11月4日〉

◇叡山の文化　新井栄蔵ほか編　京都　世界思想社　1989.6　197, 9p　19cm　（Sekaishiso seminar）　1950円　ⓈISBN4-7907-0352-5

◇比叡山　大津　比叡山延暦寺　1989.4　65p　21cm　〈他言語標題：Mt.Hiei Enryaku-ji Temple〉

◇伝灯—最澄と叡山 比叡山開創一千二百年記念史鑑　比叡山開創一千二百年記念写真集刊行会　1988.2　3冊　43cm　〈帙入　「歴史篇」「文化篇」「図版解説篇」に分冊刊行〉　全70000円

◇比叡山　渡辺守順ほか著　京都　法藏館　1987.5　333p　20cm　2400円　ⓈISBN4-8318-8032-9

◇比叡山　2　瀬戸内寂聴ほか著　大阪　大阪書籍　1986.12　268p　19cm　（朝日カルチャーブックス69）〈「2」の副書名：そのこころと行〉　1200円　ⓈISBN4-7548-1069-4

◇比叡山　梶原学著, 菊池東太写真　佼成出版社　1986.11　238p　19cm　1300円

◇比叡山延暦寺1200年　後藤親郎他著　新潮社　1986.5　119p　22cm　（とんぼの本）　1100円　①4-10-601934-5

◇比叡山—1200年の歩み　1　景山春樹ほか著　大阪　大阪書籍　1986.3　270p　19cm　（朝日カルチャーブックス　60）　1200円　①4-7548-1060-0

◇比叡山と天台の美術—比叡山開創1、200年記念　東京国立博物館ほか編　朝日新聞社　c1986　419p　25cm　〈会期・会場：1986年3月18日〜5月5日　東京国立博物館ほか　比叡山史略年表（延暦寺編）：p380〜383〉

◇全集日本の古寺　第6巻　延暦寺・園城寺・西教寺　木内尭央ほか著　集英社　1985.1　159p　28cm　〈監修：太田博太郎ほか　関連年表：p156〜157〉　3200円　①4-08-593006-0

◇日本の聖域　第1巻　最澄と比叡山　西川勇, 田中日佐夫著　佼成出版社　1982.1　141p　31cm　〈年表：p140〜141　付：参考文献・資料〉　3500円　①4-333-01041-1

◇大日本仏教全書　第126冊　天台霞標　第2　延暦寺護国縁起　仏書刊行会編纂　名著普及会　1981.6　450p　24cm　〈明治45年〜大正11年刊の複製〉　10000円

◇延暦寺秘宝展　〔富山〕　〔富山美術館〕〔1981〕　77p　24×25cm　〈富山美術館開館二十周年記念　会期：昭和56年9月6日・27日〉

◇日本古寺美術全集　第10巻　延暦寺・園城寺と西教寺—延暦寺　園城寺　西教寺　円満院　聖衆来迎寺　座右宝刊行会編集制作　浜田隆編集　集英社　1980.9　147p　40cm　〈監修：太田博太郎ほか　参考文献：p146〉　5600円

◇古寺巡礼京都　26　延暦寺　安岡章太郎,

誉田玄昭著　京都　淡交社　1978.7　162p　27cm　〈監修：井上靖, 塚本善隆〉　2800円

◇比叡山寺—その構成と諸問題　景山春樹著　京都　同朋舎　1978.5　386p　27cm　9800円

◇比叡山寺　〔大津〕　滋賀県文化財保護協会　1977.3　1冊　26cm　（文化財教室シリーズ　12）

◇比叡山　景山春樹著　角川書店　1975　252p　図　19cm　（角川選書）　720円

◇比叡山—その宗教と歴史　景山春樹, 村山修一著　日本放送出版協会　1970　219p　地図　19cm　（NHKブックス）　340円

◇比叡山延暦寺　今東光文, 山本建三写真　京都　淡交社　1969　256p（図版共）　22cm　900円

◇比叡山　景山春樹著　角川書店　1966　243p　地図　18cm　（角川新書）　270円

◇比叡山　関口真大, 森定慈紹共著　社会思想社　1963　206p（図版共）　16cm　（現代教養文庫）

◇比叡山延暦寺　山口光円著　教育新潮社　1963　215p（図版共）　19cm　（日本のお寺シリーズ　5）　〈表紙及び背には副書名伝教大師・慈覚大師伝とあり〉

◇比叡山—その自然と人文　北村四郎, 景山春樹, 藤岡謙八共編　京都　京都新聞社　1961　340p図版23枚　地図　26cm　〈付録・比叡山植生図　比叡山森林組成表〉

◇比叡山　延暦寺編　京都　関書院　1959　231p　図版9枚　19cm　〈執筆者：小枚実繁等〉

◇天台宗総本山比叡山延暦寺綜覧　大津　比叡山延暦寺綜覧出版部　1955　172p　図版79枚　30cm　〈帙入　和装〉

◇比叡山　大津　延暦寺　1954　186p　図

版20枚　19cm　〈執筆者：小牧実繁等〉
◇比叡山—その歴史と文化　叡山文化綜合研究会編　京都　星野書店　1954　92p　図版　26cm　（叡山文化綜合研究報告書）

顕戒論
けんかいろん

　天台宗の開祖最澄による仏教書（三巻）。弘仁10年（819年）最澄が上奏した大乗戒壇設立の願文「天台法華宗年分度者回小向大式（四条式）」（「山家学生式」の一つ）に対する南都の僧綱の抗論に反駁し、大乗戒の本旨を説く。弘仁10年（819年）に著し、翌年朝廷に提出した。その主張は出家僧の受ける戒を小乗の具足戒（二百五十戒）から大乗の菩薩戒（十重四十八軽戒）に変えるというもので、天台宗成立の理論的根拠となった。なお、大乗戒壇の設立は最澄入滅から7日目の弘仁13年（822年）6月11日に勅許が下った。

　　　＊　　　＊　　　＊

◇「傍訳」最澄山家学生式・顕戒論　最澄著, 田村晃祐監修, 台宗研究会編著　四季社　2005.9　287p　22cm　16000円　①4-88405-318-4

◇最澄と空海—交友の軌跡　佐伯有清著　吉川弘文館　1998.1　339p　20cm　3100円　①4-642-07742-1

◇原典日本仏教の思想　2　最澄　安藤俊雄, 薗田香融校注　岩波書店　1991.4　515p　22cm　4400円

◇最澄　最澄著, 安藤俊雄, 薗田香融校注　岩波書店　1991.4　515p　21cm　（原点日本仏教の思想 2）　4400円　①4-00-009022-4

◇大乗仏典—中国・日本篇　第17巻　最澄・円仁　木内堯央訳　中央公論社　1990.4　398p　20cm　〈監修：長尾雅人ほか　最澄および円仁の肖像あり〉　4200円　①4-12-402637-4

◇日本の仏典　1　最澄—山家学生式・顕戒論　田村晃祐著　筑摩書房　1987.10　456, 8p　20cm　2800円　①4-480-33101-8

◇論集日本仏教史　第3巻　平安時代　平岡定海編　雄山閣出版　1986.6　335p　22cm　4800円　①4-639-00575-X, 4-639-00552-0

◇日本の名著　3　最澄・空海　福永光司責任編集　中央公論社　1983.6　495p　18cm　（中公バックス）　1200円

◇天台宗全書　第5巻　天台宗典刊行会編　第一書房　1973　424p　22cm　〈昭和10年代に刊行されたものの複製〉　4000円

円仁
えんにん

　延暦13年（794年）～貞観6年1月14日（864年）平安初期の天台宗の僧侶。下野国の人。俗姓は壬生、諡号は慈覚大師。延暦寺3代座主、山門派の祖。9歳で大慈寺の広智の弟子となり、15歳のとき比叡山に登って延暦寺で最澄の弟子となる。弘仁7年（816年）東大寺で受戒、翌年最澄より伝法灌頂を受ける。遣唐使に加わり、承和5年（838年）入唐して密教を学ぶが、武宗の仏教弾圧にあい、同14年（847年）帰国。嘉祥2年（849年）延暦寺で灌頂を開始し、翌年文徳天皇が即位すると天台密教の根本道場として比叡山に法華総持院を建立。これにより、山門派の祖となる。天台宗の密教化を推進して日本天台を大成し、天皇や貴族らに積極的に密教の祈祷を施すなど教勢発展の基礎を築いた。斉衡元年（854年）3世天台座主。貞観6年（864年）71歳で没し、貞観8年（866年）慈覚大師の諡号を贈られた。著書に『金剛頂経疏』『蘇悉地経疏』『顕揚大戒論』などのほか、在唐10年間の詳細な行状を記した『入唐求法巡礼行記』がある。

　　　＊　　　＊　　　＊

◇円仁とその時代　鈴木靖民編　高志書院　2009.2　300p　22cm　〈文献あり〉　6000円　①978-4-86215-052-3

◇円仁慈覚大師の足跡を訪ねて—今よみが

える唐代中国の旅　阿南・ヴァージニア・史代著, 小池晴子訳　ランダムハウス講談社　2007.10　245p　22cm　3800円　①978-4-270-00263-6

◇今よみがえる唐代中国の旅―円仁慈覚大師の足跡を訪ねて　阿南・ヴァージニア・史代本文・写真, 小池晴子訳　北京　五洲伝播出版社　2007.9　213p　26cm　〈This is China〉　①978-7-5085-1116-0

◇慈覚大師円仁とその名宝　NHKプロモーション編　NHKプロモーション　2007.4　222p　30cm　〈会期・会場：平成19年4月21日─6月3日　栃木県立博物館ほか　年譜あり　文献あり〉

◇大日本仏教全書　第43巻　金剛頂大教王経疏　蘇悉地羯羅経略疏　仏書刊行会編纂　円仁撰　大法輪閣　2007.1　460p　22cm　〈名著普及会昭和53年刊（覆刻版）を原本としたオンデマンド版〉　8400円　①978-4-8046-1687-2

◇天台入唐入宋僧の事跡研究　斉藤円真著　山喜房仏書林　2006.12　1冊　22cm　13000円　①4-7963-0194-1

◇片栗の華―私の中の円仁　松林浄蓉著　日置町（山口県）　浄土真宗本願寺派西光寺　2005.10　234p　19cm　〈年表あり〉　1300円

◇仏教を歩く　no.18　円仁円珍　朝日新聞社　2004.2　32p　30cm　〈週刊朝日百科〉　533円

◇撰時抄ノート―京都日蓮宗青年会結成四十周年記念出版　関口亮海監修, 京都日蓮宗青年会編著　大阪　東方出版　2003.5　180p　26cm　1800円　①4-88591-845-6

◇慈覚大師・等海法印・高慶大師―寺史照顧（円通寺開山と中興）　佐藤貞文著　栃木　円通寺　2002.8　125p　21cm　〈背のタイトル：円通寺開山と中興〉

◇円仁求法の旅　玉城妙子著　講談社　2000.4　222p　20cm　1800円　①4-06-210173-4

◇円仁唐代中国への旅―『入唐求法巡礼行記』の研究　エドウィン・O.ライシャワー著, 田村完誓訳　講談社　1999.6　529p　15cm　（講談社学術文庫）〈『世界史上の円仁』（実業之日本社1963年刊）の改題　肖像あり　年表あり〉　1400円　①4-06-159379-X

◇中国五台山竹林寺の研究―円仁（慈覚大師）の足跡を訪ねて　斎藤忠著　第一書房　1998.6　183p　27cm　〈折り込図1枚〉　19000円　①4-8042-0141-6

◇最澄の願い　ひろさちや原作, 横山まさみち漫画　鈴木出版　1996.6　153p　22cm　（仏教コミックス84）　1200円　①4-7902-1910-0

◇最澄とその門流　佐伯有清著　吉川弘文館　1993.10　324p　20cm　2500円　①4-642-07405-8

◇マルコ・ポーロを超えた男―慈覚大師円仁の旅　松原哲明著　佼成出版社　1993.5　281p　図版16枚　22cm　1800円　①4-333-01643-6

◇入唐求法巡礼行記　円仁著, 深谷憲一訳　中央公論社　1990.11　731p　16cm　（中公文庫）〈著者の肖像あり〉　1300円　①4-12-201755-6

◇入唐求法巡礼行記の研究　小野勝年著　京都　法蔵館　1989.4　4冊　22cm　〈鈴木学術財団昭和39年刊の復刊〉　全39140円　①4-8318-7543-0

◇円仁　佐伯有清著　吉川弘文館　1989.3　311p　19cm　（人物叢書　新装版）〈円仁の肖像あり　折り込図1枚　叢書の編者：日本歴史学会　略年譜・参考文献：p293～311〉　1900円　①4-642-05158-9

◇慈覚大師伝の研究　佐伯有清著　吉川弘

宗　教

文館　1986.5　381, 8p　22cm　7500円　①4-642-02205-8
◇比叡山開創―最澄と円仁　山野上純夫著　大阪　朱鷺書房　1986.3　246p　19cm　1200円
◇入唐求法巡礼行記　2　円仁著, 足立喜六訳注, 塩入良道補注　平凡社　1985.2　335p　18cm　(東洋文庫 442)〈折り込図1枚〉　2400円　①4-582-80442-X
◇円仁唐代中国への旅　E.O.ライシャワー著, 田村完誓訳　原書房　1984.12　318, 18p　22cm　〈『世界史上の円仁』(実業之日本社昭和38年刊)の改題複製　著者および円仁の肖像あり　年表：p303～318〉　4800円　①4-562-01531-4
◇円仁「入唐求法巡礼行記」の書状　青木孝著　青山学院女子短期大学学芸懇話会　1982.3　182p　19cm　(青山学院女子短期大学学芸懇話会シリーズ 12)〈折り込み図1枚〉　非売品
◇慈覚大師　山田恵諦著　第一書房　1979.3　317p　19cm　〈昭和38年刊の再刊〉　1800円
◇禅院并赤山記　吉野町(奈良県)　阪本竜門文庫　1974　〔9〕p　26cm　(阪本竜門文庫覆製叢刊 11)〈阪本竜門文庫蔵平安中期鈔本の複製　粘葉装　箱入　付(別冊 5p 19cm)：禅院并赤山記解説(川瀬一馬)　和装〉
◇入唐求法巡礼行記　第1　円仁著, 足立喜六訳注, 塩入良道補注　平凡社　1970　334p　図版　18cm　(東洋文庫 157)　450円
◇入唐求法巡礼行記の研究　第4巻　小野勝年著　鈴木学術財団　1969　637p　図版　地図　22cm　3000円
◇叡山の新風―山家学生式〈最澄〉入唐求法巡礼行記〈円仁〉　壬生台舜著　筑摩書房　1967　275p　図版　20cm　(日本の仏教

第3巻)　480円
◇三千院本慈覚大師伝　小野勝年編訳　神戸　五典書院　1967　89p　23cm　(五典叢書 第1冊)〈付録：続群書類聚本慈覚大師伝抜粋訳文, 三代実録巻八卒伝訳文　和装〉
◇入唐求法巡礼行記の研究　第3巻　小野勝年著　鈴木学術財団　1967　499p　図版　地図　22cm　3000円
◇入唐求法巡礼行記の研究　第2巻　小野勝年著　鈴木学術財団　1966　480p　図版　地図　22cm　3000円
◇慈学大師研究　福井康順編　天台学会　1964　813p　図版　22cm
◇入唐求法巡礼行記の研究　第1巻　小野勝年著　鈴木学術財団　1964　529p　図版　22cm
◇世界史上の円仁―唐代中国への旅　E.O.ライシャワー著, 田村完誓訳　実業之日本社　1963　318p　図版　22cm
◇慈覚大師伝　本多綱祐編著　大津　天台宗教学部　1962　142p　図版　18cm

円　珍
えんちん

弘仁5年3月15日(814年)～寛平3年10月29日(891年)

平安初期の天台宗の僧侶。讃岐国那珂郡の人。俗姓は和気、諡号は智証大師。延暦寺5代座主、寺門派の祖。母は佐伯氏で、空海の姪にあたる。15歳で比叡山に登って義真の弟子となり、20歳のとき菩薩戒を受ける。以後12年間籠山して修行を続け、承和13年(846年)延暦寺の学頭となった。仁寿3年(853年)8月9日、唐の商船に便乗して入唐。天台山などで学び、天安2年(858年)帰国。唐より持ちかえった経典類は1000巻を超え、多数の経軌図像を請来した。貞観10年(868年)天台座主となり、さらに近江国の園城寺を復興して延暦寺の別院とした。のちに円珍門徒が延暦寺(山門派)と対抗し、園城寺を本拠に寺門派が

形成されたため、天台宗寺門派の宗祖とされる。寛平2年(890年)少僧都となり、翌年没す。延長5年(927年)醍醐天皇より智証大師の諡号を贈られた。教学的には天台宗の密教化を推進してその充実と完成に努め、顕密一致を説いた。著作に『法華論記』『授決集』『大毘盧遮那経指帰』『大日経指帰』など。

* * *

◇仏教を歩く no.18 円仁円珍 朝日新聞社 2004.2 32p 30cm (週刊朝日百科) 533円

◇最澄とその門流 佐伯有清著 吉川弘文館 1993.10 324p 20cm 2500円 ①4-642-07405-8

◇智証大師円珍 小林隆彰著 大阪 東方出版 1990.11 224p 20cm 1800円 ①4-88591-254-7

◇智証大師円珍の研究 小山田和夫著 吉川弘文館 1990.11 262, 8p 22cm 4900円 ①4-642-02247-3

◇円珍 佐伯有清著 吉川弘文館 1990.7 308p 19cm (人物叢書 新装版) 〈円珍の肖像あり 叢書の編者:日本歴史学会 略年譜・参考文献:p283~308〉 1860円 ①4-642-05192-9

◇智証大師伝の研究 佐伯有清著 吉川弘文館 1989.11 500, 9p 22cm 9500円 ①4-642-02240-6

◇智証大師研究 『智証大師研究』編集委員会編 京都 同朋舎出版 1989.10 1178, 65p 22cm 25750円 ①4-8104-0820-5

◇古代の地方豪族 松原弘宣著 吉川弘文館 1988.10 326, 6p 19cm 2500円 ①4-642-07277-2

◇NHK国宝への旅 第12巻 愛知 茶室・如庵.奈良 朝護孫子寺 信貴山縁起絵巻.奈良 室生寺.滋賀 園城寺 NHK取材班著 日本放送出版協会 1988.8 142p 24cm 1800円 ①4-14-008591-6

◇入唐求法行歴の研究―智証大師円珍篇 下 小野勝年著 京都 法蔵館 1983.4 p257~532, 21, 19p 22cm 〈智証大師の肖像あり〉 7500円

◇入唐求法行歴の研究―智証大師円珍篇 上 小野勝年著 京都 法蔵館 1982.5 255p 図版15枚 22cm 7500円

◇智証大師全集 園城寺編 京都 同朋舎 1978.2 3冊 23cm 〈園城寺事務所大正7年刊の複製〉 各6000円

園城寺
おんじょうじ

滋賀県大津市園城寺町にある天台宗寺門派の総本山。山号は長等山、通称は三井寺。寺門とも称される。本尊は弥勒菩薩像。大友皇子の発願により、その子大友与多王が朱鳥元年(686年)に開創したと伝わるが、出土する瓦から、大友村主氏の氏寺として白鳳時代に創建されたものとみられる。貞観元年(859年)智証大師円珍が唐から請来した「五部心観」などの経録図像を納めて再興。貞観8年(866年)には延暦寺の別院となり、円珍が別当となった。円珍の没後、慈覚(円仁)門徒と智証門徒が対立。正暦4年(993年)8月智証派は園城寺に拠って寺門派となり、慈覚派は延暦寺に拠って山門派と称した。院政期には多くの寺領の寄進を受けて全盛期を迎えるが、平安時代から山門派に度々焼かれ、平氏や北畠氏、新田氏、佐々木氏にも焼かれている。さらに文禄4年(1595年)豊臣秀吉によって破却され、寺領を没収されたが、のちに復興が許され、江戸時代には徳川家の庇護を受けた。建造物では金堂や新羅善神堂、桃山時代の代表的な住宅風書院造の勧学院客殿など、絵画・彫刻では五部心観や不動明王画像(黄不動)、木像智証大師坐像、新羅明神坐像(以上、国宝)など、国宝・重要文化財指定の寺宝が多い。境内の観音堂は西国三十三所第14番札所。

* * *

◇国宝三井寺展―智証大師帰朝1150年特別展 大阪市立美術館, サントリー美術館, 福岡市博物館, NHK大阪放送局, NHKプラネット近畿, 毎日新聞社編 〔大阪〕

宗教

NHK大阪放送局　2008.10　321, 13p　30cm　〈会期・会場：2008年11月1日—12月14日　大阪市立美術館ほか　共同刊行：NHKプラネット近畿ほか　年表あり　文献あり〉

◇大日本仏教全書　第127巻　園城寺伝記　寺門伝記補録　仏書刊行会編纂　志晃撰　大法輪閣　2007.1　454p　22cm　〈名著普及会平成3年刊（覆刻版3刷）を原本としたオンデマンド版〉　8400円　①978-4-8046-1771-8

◇仏教芸術　284号　園城寺蔵『五部心観』/薬師如来像台座の異形像　仏教芸術学会編　毎日新聞社　2006.1　108p　26cm　2800円　①4-620-90284-5, ISSN0004-2889

◇三井寺祈想　三木麻里著　京都　法藏館　2004.10　93p　31cm　〈おもに図〉　3800円　①4-8318-7646-1

◇週刊古寺をゆく　42　三井寺と近江の名刹　小学館　2001.12　35p　30cm　（小学館ウイークリーブック）　533円

◇三井寺の仏教美術―研究発表と座談会　上山春平編　京都　仏教美術研究上野記念財団助成研究会　1990.11　22, 5p 図版10p　30cm　（仏教美術研究上野記念財団助成研究会報告書　第20冊）

◇三井寺秘宝展　東京国立博物館ほか編　日本経済新聞社　1990.8　194, 11p　26cm　〈智証大師1100年御遠忌記念　第2刷（第1刷：1990年4月）　会期・会場：平成2年4月21日〜5月27日　名古屋市博物館ほか〉

◇NHK国宝への旅　第12巻　愛知 茶室・如庵.奈良 朝護孫子寺 信貴山縁起絵巻.奈良 室生寺.滋賀 園城寺　NHK取材班著　日本放送出版協会　1988.8　142p　24cm　1800円　①4-14-008591-6

◇三井寺法灯記　三井寺法灯記編纂委員会編　日本地域社会研究所　1985.2　663p　27cm　〈監修：三浦道明〉　30000円　①4-89022-711-3

◇大日本仏教全書　第127冊　園城寺伝記.寺門伝記補録　仏書刊行会編纂　名著普及会　1981.6　454p　24cm　〈明治45年〜大正11年刊の複製〉　10000円

◇古寺巡礼近江　4　三井寺　瀬戸内寂聴, 福家俊明著　京都　淡交社　1980.9　167p　27cm　〈監修：井上靖, 塚本善隆　三井寺年表：p163〜167〉　3200円

◇日本古寺美術全集　第10巻　延暦寺・園城寺と西教寺―延暦寺 園城寺 西教寺 円満院 聖衆来迎寺　座右宝刊行会編集制作　浜田隆編集　集英社　1980.9　147p　40cm　〈監修：太田博太郎ほか　参考文献：p146〉　5600円

◇園城寺―秘宝　講談社　1971　427p（図共）　45cm　〈監修：石田茂作, 蔵田蔵, 福家俊明　箱入 限定版　園城寺年譜・参考文献：p.418-427〉　37500円

鞍馬寺
<small>くらまでら</small>

京都市左京区鞍馬本町にある鞍馬弘教の総本山。松尾山金剛寿命院と号する。鑑真の弟子・鑑禎が宝亀元年（770年）夢告によって開いた、あるいは造東寺長官・藤原伊勢人が延暦15年（796年）に創建したと伝わる。毘沙門天像、観音像、魔王尊像を三身一体の本尊とし、尊天と称している。開山当時は律宗、その後は真言宗であったが、平安末から天台宗に転じ、延暦寺の末寺となった。平安京北方鎮護の寺として栄え、平安時代後期には融通念仏の道場ともなり、浄土教信仰の普及と毘沙門天の現世利益を願う信仰が重なって朝野の信仰を集めた。江戸時代には幕府との関係も深く、十院九坊の寺院組織を形成。のち昭和24年（1949年）天台宗を離脱して単立寺院となった。中世以来、牛若丸伝説で名高く、竹伐り会式や火祭りの行事でも有名。度重なる火災で堂舎を焼失し、現在の本殿は明治5年（1872年）に再建されたもの。木造毘沙門天三尊像、鞍馬寺経塚遺物200余点が国宝に指定されて

宗教

＊　＊　＊

◇鞍馬寺　梅原猛監修, 信楽香仁, 道浦母都子著　京都　淡交社　2007.10　143p　21cm　（古寺巡礼京都 新版 14）〈年表あり〉　1600円　①978-4-473-03364-2

◇週刊古寺をゆく　19　鞍馬寺・三千院　小学館　2001.6　35p　30cm　（小学館ウイークリーブック）　533円

◇国宝への旅　2　都雅檀風　日本放送出版協会　1996.7　283p　15cm　（NHKライブラリー）　1100円　①4-14-084028-5

◇鞍馬山小史　鞍馬寺教務部編　京都　鞍馬弘教総本山鞍馬寺出版部　1995.9　89p　19cm　（くらま山叢書 13）　700円

◇鞍馬山勤行儀看　鞍馬寺教務部編　京都　鞍馬弘教総本山鞍馬寺出版部　1993.8　115p　19cm　（くらま山叢書 11）　950円

◇鞍馬山の教えとこころ―鞍馬弘教教条解説　信楽香仁著　京都　鞍馬寺出版部　1986.12　100p　19cm　（くらま山叢書 10）　450円

◇NHK国宝への旅　第3巻　京都　銀閣寺.奈良　興福寺阿修羅.京都　鞍馬寺毘沙門天　NHK取材班著　日本放送出版協会　1986.11　133p　24cm　1800円　①4-14-008498-7

◇心の書　信楽香雲著, 鞍馬寺山版部編　改訂　京都　鞍馬寺出版部　1986.1　51p　10cm　（くらま山叢書 3）　350円

◇古寺巡礼京都　27　鞍馬寺　遠藤周作, 信楽香仁著　京都　淡交社　1978.8　149p　27cm　〈監修：井上靖, 塚本善隆〉　2800円

◇鞍馬寺宝物図鑑　三杉隆敏編・解説　京都　鞍馬弘教総本山鞍馬寺出版部　1974　235p（おもに図）　37cm　〈鞍馬寺開創千二百年祭記念出版〉　28000円

◇鞍馬寺　中野玄三著　中央公論美術出版　1972　40p　図　19cm　（美術文化シリーズ）　250円

◇生きる力　信楽香雲著　京都　鞍馬弘教総本山鞍馬寺出版部　1971　213p　18cm　（くらま山叢書）　350円

◇鞍馬山歳時記　信楽香雲著　京都　鞍馬弘教総本山〔ほか〕　1970　186p　図　18cm　（くらま山叢書）〈共同刊行：鞍馬寺出版部〉　400円

観世音寺
かんぜおんじ

福岡県太宰府市にある天台宗の寺。山号は清水山普門院。本尊は聖観世音菩醍。天智9年（670年）頃、天智天皇が斉明天皇のために発願し、天平18年（746年）に完成。天平宝字5年（761年）には戒壇院が置かれ、東大寺、下野の薬師寺と共に日本三戒壇の一つとされた。盛時には西国第一の寺として栄えたが、度重なる伽藍の焼亡・倒壊で寺運が傾き、保安元年（1120年）には東大寺の末寺となった。その後16世紀末に寺領の殆どを失い、元禄16年（1703年）には戒壇院が独立。現在の講堂、金堂（阿弥陀堂）は元禄元年（1688年）に再建されたもの。創建時の伽藍配置は発掘調査や延喜5年（905年）の「観世音寺資財帳」（国宝）などから知ることができ、東を向く金堂が特徴的な観世音寺式伽藍配置として知られる。菅原道真に「観音寺只聴鐘声」とうたわれた白鳳期の梵鐘（国宝）は創建時の唯一の遺品。平安時代の復興以降に造立された仏像が多く残り、十一面観音像、馬頭観音像、不空羂索観音像などが重要文化財に指定されている。

＊　＊　＊

◇観世音寺　九州歴史資料館編　太宰府　九州歴史資料館　2006.11　94p　26cm　〈会期・会場：平成18年11月9日―12月17日　観世音寺境内・宝蔵ほか　年表あり　文献あり〉

◇古寺巡礼西国　6　観世音寺　江上栄子

ほか著　京都　淡交社　1981.10　150p　27cm　〈監修：井上靖,佐和隆研　観世音寺年表：p145～150〉　3200円　①4-473-00749-9

◇日本古寺美術全集　第20巻　観世音寺と九州・四国の古寺　座右宝刊行会編集制作　久野健編集　集英社　1981.5　147p　40cm　〈監修：太田博太郎ほか　参考文献：p146〉　5600円

◇観世音寺　谷口鉄雄著　中央公論美術出版　1964　40p 図版　19cm

立石寺
りっしゃくじ

　山形県山形市山寺にある天台宗の寺。山号は宝珠山、俗称は山寺。芭蕉が「閑さや岩にしみ入る蝉の声」の句を詠んだ寺として有名。清和天皇の勅願により、貞観2年（860年）比叡山延暦寺の別院として慈覚大師円仁が創立。延暦寺中堂の常灯明を根本中堂に分灯している。室町末期に兵火により焼失。天文年間（1532～1555年）に最上義守、円海らによって再建中興され、幕府の朱印を得て、東北屈指の慈覚大師信仰と庶民信仰の霊山として栄えた。慈覚大師入滅の地は比叡山とされるが、立石寺にある岩窟も大師の入定窟と伝えられている。霊窟上部に建てられた天養元年（1144年）の如法経所碑や、慈覚大師作と伝わる本尊の薬師如来、正平11年/延文元年（1356年）に山形城主斯波兼頼が再建した根本中堂は重要文化財に指定されている。

　　　　　＊　　　＊　　　＊

◇山寺―慈覚大師が開いた仏の山里　伊沢双楓著　山形　伊沢貞一　2009.8　240p　21cm　〈年表あり〉　1700円

◇山寺―歴史と祈り　特別展　山形県立博物館編　山形　山形県立博物館　2009.8　106p　30cm　〈会期・会場：平成21年8月8日―10月19日　山形県立博物館　年表あり　文献あり〉

◇山寺百話　続　伊沢不忍原著,伊沢貞一編　山形　伊沢貞一　1997.2　160p　21cm

◇山寺百話　伊沢不忍原著,伊沢貞一編　山形　伊沢貞一　1992.8　174p　21cm　1500円

◇山形の山寺　黒木衛編著　〔山形〕　山形市観光キャンペーン実行委員会　1990.12　106p　19cm　〈折り込図3枚〉

◇立石寺夜行念仏回向文　榊泰純編　興昭院　1966　140p　25cm　（仏教芸能資料1）

真言宗
しんごんしゅう

　日本の大乗仏教の一派。真言陀羅尼宗、秘密宗、曼荼羅宗ともいい、台密（天台系の密教）に対して東密とも呼ばれる。9世紀の初めに入唐した空海が、青龍寺東塔院の恵果からインド直伝の密教の奥義を皆伝され、真言密教の第八祖を継いだ。帰朝後独自の立場から真言宗を開き、弘仁7年（816年）高野山金剛峯寺開創の頃に宗派として独立。同寺を修禅の道場とし、弘仁14年（823年）京都の東寺を賜って根本道場とした。最澄が法華・戒律・禅・密教の四宗兼学をもって天台宗を開宗したのに対し、空海は密教自体を日本的に再構成・体系化して真言宗を開いた。「大日経」「金剛頂経」の両部大経、「蘇悉地経」などを所依の経典とし、金剛・胎蔵の両部を立て、真言呪法の加持力で現世において悟りを得る「即身成仏」と、全ての人を救う「済世利民」を本旨とする。加持祈祷を行なって平安貴族の間に浸透し、平安時代を通じて教勢を振るった。平安中期に事相面で小野流と広沢流の野沢二流に分かれ、その後さらに野沢十二流に分派、鎌倉時代には東密三十六流を称した。また13世紀末に至って新義真言宗と古義真言宗

に分裂。第2次世界大戦中に一時合同して大真言宗になったが、戦後ふたたび分派し、現在は高野山真言宗、真言宗御室派をはじめ48派がある。

◇済暹教学の研究―院政期真言密教の諸問題　堀内規之著　ノンブル　2009.9　1085p　22cm　〈年表あり〉　24000円　①978-4-903470-40-5

◇実修真言宗のお経　高野山真言宗教学部監修　学習研究社　2009.7　227p　20cm　（宗教書ライブラリー）〈並列シリーズ名：Religious book library〉　1800円　①978-4-05-404217-9

◇真言宗―この一冊であなたの家の宗教がよくわかる！　大きな活字でわかりやすい！　小峰弥彦監修　日東書院本社　2009.6　222p　21cm　（わが家の仏教・仏事としきたり）〈文献あり〉　1500円　①978-4-528-01285-1

◇真言密教を探る　榊義孝, 本多隆仁編, 小峰弥彦監修　大正大学出版会　2009.6　366p　19cm　（TU選書6）〈並列シリーズ名：TU sensho〉　1900円　①978-4-924297-60-9

◇仁和寺蔵本秘蔵記―翻刻・校訂・現代語訳　空海原著, 大沢聖寛編著　ノンブル社　2009.6　383p　27cm　〈複製を含む〉　35000円　①978-4-903470-33-7

◇法身思想の展開と密教儀礼　越智淳仁著　京都　法藏館　2009.5　447p　22cm　9000円　①978-4-8318-7638-6

◇真言宗読経偈文全書―簡訳　8（行法篇）　八田幸雄編著　四季社　2008.5　309p　27cm　15000円　①978-4-88405-547-9

◇平安期真言密教の研究　第1部　初期真言密教教学の形成　苫米地誠一著　ノンブル　2008.3　1093p　22cm　①978-4-903470-32-0

◇平安期真言密教の研究　第2部　平安期の真言教学と密教浄土教　苫米地誠一著　ノンブル　2008.3　1256p　22cm　①978-4-903470-32-0

◇日本真言の哲学―空海『秘蔵宝鑰』と『弁顕密二教論』金山穆韶, 柳田謙十郎共著　大法輪閣　2008.2　358p　20cm　〈弘文堂書房昭和18年刊の改訂〉　3000円　①978-4-8046-1265-2

◇続真言宗全書　第1　続真言宗全書刊行会編纂　復刊　高野町（和歌山県）　高野山大学出版部, 同朋舎メディアプラン（発売）　2008.1　411p　23cm　〈原本：続真言宗全書刊行会昭和50年刊〉　①978-4-86236-018-2

◇続真言宗全書　第2　続真言宗全書刊行会編纂　復刊　高野町（和歌山県）　高野山大学出版部, 同朋舎メディアプラン（発売）　2008.1　385p　23cm　〈原本：続真言宗全書刊行会昭和50年刊〉　①978-4-86236-018-2

◇続真言宗全書　第3　続真言宗全書刊行会編纂　復刊　高野町（和歌山県）　高野山大学出版部, 同朋舎メディアプラン（発売）　2008.1　418p　23cm　〈原本：続真言宗全書刊行会昭和51年刊〉　①978-4-86236-018-2

◇続真言宗全書　第4　続真言宗全書刊行会編纂　復刊　高野町（和歌山県）　高野山大学出版部, 同朋舎メディアプラン（発売）　2008.1　358p　23cm　〈原本：続真言宗全書刊行会昭和51年刊〉　①978-4-86236-018-2

◇続真言宗全書　第5　続真言宗全書刊行会編纂　復刊　高野町（和歌山県）　高野山大学出版部, 同朋舎メディアプラン（発売）　2008.1　444p　23cm　〈原本：続真言宗全書刊行会昭和52年刊〉　①978-4-86236-018-2

宗　教

◇続真言宗全書　第6　続真言宗全書刊行会編纂　復刊　高野町(和歌山県)　高野山大学出版部,同朋舎メディアプラン(発売)　2008.1　734p　23cm　〈原本：続真言宗全書刊行会昭和55年刊〉　①978-4-86236-018-2

◇続真言宗全書　第7　続真言宗全書刊行会編纂　復刊　高野町(和歌山県)　高野山大学出版部,同朋舎メディアプラン(発売)　2008.1　463p　23cm　〈原本：続真言宗全書刊行会昭和52年刊〉　①978-4-86236-018-2

◇続真言宗全書　第8　続真言宗全書刊行会編纂　復刊　高野町(和歌山県)　高野山大学出版部,同朋舎メディアプラン(発売)　2008.1　388p　23cm　〈原本：続真言宗全書刊行会昭和51年刊〉　①978-4-86236-018-2

◇続真言宗全書　第9　続真言宗全書刊行会編纂　復刊　高野町(和歌山県)　高野山大学出版部,同朋舎メディアプラン(発売)　2008.1　p391-873　23cm　〈原本：続真言宗全書刊行会昭和54年刊〉　①978-4-86236-018-2

◇続真言宗全書　第10　続真言宗全書刊行会編纂　復刊　高野町(和歌山県)　高野山大学出版部,同朋舎メディアプラン(発売)　2008.1　p877-1360　23cm　〈原本：続真言宗全書刊行会昭和56年刊〉　①978-4-86236-018-2

◇続真言宗全書　第11　続真言宗全書刊行会編纂　復刊　高野町(和歌山県)　高野山大学出版部,同朋舎メディアプラン(発売)　2008.1　363p　23cm　〈原本：続真言宗全書刊行会昭和61年刊〉　①978-4-86236-018-2

◇続真言宗全書　第12　続真言宗全書刊行会編纂　復刊　高野町(和歌山県)　高野山大学出版部,同朋舎メディアプラン(発売)　2008.1　360p　23cm　〈原本：続真言宗全書刊行会昭和52年刊〉　①978-4-86236-018-2

◇続真言宗全書　第13　秘密曼荼羅十住心論科註　続真言宗全書刊行会編纂　復刊　高野町(和歌山県)　高野山大学出版部,同朋舎メディアプラン(発売)　2008.1　500p　23cm　〈原本：続真言宗全書刊行会昭和54年刊〉　①978-4-86236-018-2

◇続真言宗全書　第14　続真言宗全書刊行会編纂　復刊　高野町(和歌山県)　高野山大学出版部,同朋舎メディアプラン(発売)　2008.1　p503-954　23cm　〈原本：続真言宗全書刊行会昭和54年刊〉　①978-4-86236-018-2

◇続真言宗全書　第15　続真言宗全書刊行会編纂　復刊　高野町(和歌山県)　高野山大学出版部,同朋舎メディアプラン(発売)　2008.1　361p　23cm　〈原本：続真言宗全書刊行会昭和59年刊〉　①978-4-86236-018-2

◇続真言宗全書　第16　続真言宗全書刊行会編纂　復刊　高野町(和歌山県)　高野山大学出版部,同朋舎メディアプラン(発売)　2008.1　465p　23cm　〈原本：続真言宗全書刊行会昭和59年刊〉　①978-4-86236-018-2

◇続真言宗全書　第17　続真言宗全書刊行会編纂　復刊　高野町(和歌山県)　高野山大学出版部,同朋舎メディアプラン(発売)　2008.1　573p　23cm　〈原本：続真言宗全書刊行会昭和53年刊〉　①978-4-86236-018-2

◇続真言宗全書　第18　続真言宗全書刊行会編纂　復刊　高野町(和歌山県)　高野山大学出版部,同朋舎メディアプラン(発売)　2008.1　614p　23cm　〈原本：続真言宗全書刊行会昭和59年刊〉　①978-4-86236-018-2

◇続真言宗全書　第19　続真言宗全書刊行会編纂　復刊　高野町(和歌山県)　高野山大学出版部,同朋舎メディアプラン(発売)　2008.1　493p　23cm　〈原本：続

真言宗全書刊行会昭和53年刊〉 ①978-4-86236-018-2

◇続真言宗全書　第20　続真言宗全書刊行会編纂　復刊　高野町(和歌山県)　高野山大学出版部, 同朋舎メディアプラン(発売)　2008.1　391p　23cm　〈原本：続真言宗全書刊行会昭和57年刊〉　①978-4-86236-018-2

◇続真言宗全書　第21　続真言宗全書刊行会編纂　復刊　高野町(和歌山県)　高野山大学出版部, 同朋舎メディアプラン(発売)　2008.1　458p　23cm　〈原本：続真言宗全書刊行会昭和55年刊〉　①978-4-86236-018-2

◇続真言宗全書　第22　続真言宗全書刊行会編纂　復刊　高野町(和歌山県)　高野山大学出版部, 同朋舎メディアプラン(発売)　2008.1　p461-890　23cm　〈原本：続真言宗全書刊行会昭和57年刊〉　①978-4-86236-018-2

◇続真言宗全書　第23　続真言宗全書刊行会編纂　復刊　高野町(和歌山県)　高野山大学出版部, 同朋舎メディアプラン(発売)　2008.1　424p　23cm　〈原本：続真言宗全書刊行会昭和60年刊〉　①978-4-86236-018-2

◇続真言宗全書　第24　続真言宗全書刊行会編纂　復刊　高野町(和歌山県)　高野山大学出版部, 同朋舎メディアプラン(発売)　2008.1　356p　23cm　〈原本：続真言宗全書刊行会昭和61年刊〉　①978-4-86236-018-2

◇続真言宗全書　第25　続真言宗全書刊行会編纂　復刊　高野町(和歌山県)　高野山大学出版部, 同朋舎メディアプラン(発売)　2008.1　515p　23cm　〈原本：続真言宗全書刊行会昭和60年刊〉　①978-4-86236-018-2

◇続真言宗全書　第26　続真言宗全書刊行会編纂　復刊　高野町(和歌山県)　高野山大学出版部, 同朋舎メディアプラン(発売)　2008.1　383p　23cm　〈原本：続真言宗全書刊行会昭和61年刊〉　①978-4-86236-018-2

◇続真言宗全書　第27　続真言宗全書刊行会編纂　復刊　高野町(和歌山県)　高野山大学出版部, 同朋舎メディアプラン(発売)　2008.1　446p　23cm　〈原本：続真言宗全書刊行会昭和62年刊〉　①978-4-86236-018-2

◇続真言宗全書　第28　続真言宗全書刊行会編纂　復刊　高野町(和歌山県)　高野山大学出版部, 同朋舎メディアプラン(発売)　2008.1　399p　23cm　〈原本：続真言宗全書刊行会昭和62年刊〉　①978-4-86236-018-2

◇続真言宗全書　第29　続真言宗全書刊行会編纂　復刊　高野町(和歌山県)　高野山大学出版部, 同朋舎メディアプラン(発売)　2008.1　339p　23cm　〈原本：続真言宗全書刊行会昭和62年刊〉　①978-4-86236-018-2

◇続真言宗全書　第30　続真言宗全書刊行会編纂　復刊　高野町(和歌山県)　高野山大学出版部, 同朋舎メディアプラン(発売)　2008.1　474p　23cm　〈原本：続真言宗全書刊行会昭和61年刊〉　①978-4-86236-018-2

◇続真言宗全書　第31　続真言宗全書刊行会編纂　復刊　高野町(和歌山県)　高野山大学出版部, 同朋舎メディアプラン(発売)　2008.1　379p　23cm　〈原本：続真言宗全書刊行会昭和60年刊〉　①978-4-86236-018-2

◇続真言宗全書　第32　続真言宗全書刊行会編纂　復刊　高野町(和歌山県)　高野山大学出版部, 同朋舎メディアプラン(発売)　2008.1　465p　23cm　〈原本：続真言宗全書刊行会昭和61年刊〉　①978-4-86236-018-2

◇続真言宗全書　第33　続真言宗全書刊行会編纂　復刊　高野町(和歌山県)　高野

宗　教

山大学出版部, 同朋舎メディアプラン（発売）　2008.1　526p　23cm　〈原本：続真言宗全書刊行会昭和59年刊〉　①978-4-86236-018-2

◇続真言宗全書　第34　続真言宗全書刊行会編纂　復刊　高野町（和歌山県）　高野山大学出版部, 同朋舎メディアプラン（発売）　2008.1　338p　図版4枚　23cm　〈原本：続真言宗全書刊行会昭和51年刊〉　①978-4-86236-018-2

◇続真言宗全書　第35　続真言宗全書刊行会編纂　復刊　高野町（和歌山県）　高野山大学出版部, 同朋舎メディアプラン（発売）　2008.1　p343-752　図版3枚　23cm　〈原本：続真言宗全書刊行会昭和53年刊　第34・35の索引あり〉　①978-4-86236-018-2

◇続真言宗全書　第36　続真言宗全書刊行会編纂　復刊　高野町（和歌山県）　高野山大学出版部, 同朋舎メディアプラン（発売）　2008.1　422p　23cm　〈原本：続真言宗全書刊行会昭和54年刊　折り込1枚〉　①978-4-86236-018-2

◇続真言宗全書　第37　続真言宗全書刊行会編纂　復刊　高野町（和歌山県）　高野山大学出版部, 同朋舎メディアプラン（発売）　2008.1　p425-800　23cm　〈原本：続真言宗全書刊行会昭和55年刊〉　①978-4-86236-018-2

◇続真言宗全書　第38　続真言宗全書刊行会編纂　復刊　高野町（和歌山県）　高野山大学出版部, 同朋舎メディアプラン（発売）　2008.1　p803-1168　23cm　〈原本：続真言宗全書刊行会昭和56年刊〉　①978-4-86236-018-2

◇続真言宗全書　第39　続真言宗全書刊行会編纂　復刊　高野町（和歌山県）　高野山大学出版部, 同朋舎メディアプラン（発売）　2008.1　p1171-1612　23cm　〈原本：続真言宗全書刊行会昭和57年刊〉　①978-4-86236-018-2

◇続真言宗全書　第40　続真言宗全書刊行会編纂　復刊　高野町（和歌山県）　高野山大学出版部, 同朋舎メディアプラン（発売）　2008.1　p1615-1958　23cm　〈原本：続真言宗全書刊行会昭和58年刊〉　①978-4-86236-018-2

◇続真言宗全書　第41　続真言宗全書刊行会編纂　復刊　高野町（和歌山県）　高野山大学出版部, 同朋舎メディアプラン（発売）　2008.1　378p　23cm　〈原本：続真言宗全書刊行会昭和62年刊〉　①978-4-86236-018-2

◇続真言宗全書　第42　続真言宗全書刊行会編纂　復刊　高野町（和歌山県）　高野山大学出版部, 同朋舎メディアプラン（発売）　2008.1　312p　23cm　〈原本：続真言宗全書刊行会昭和63年刊〉　①978-4-86236-018-2

◇真言宗読経偈文全書―簡訳　7（行法篇）　八田幸雄編著　四季社　2007.12　339p　27cm　15000円　①978-4-88405-546-2

◇真言密教と日本文化―加藤精一博士古稀記念論文集　上　大正大学真言学豊山研究室加藤精一博士古稀記念論文集刊行会編　ノンブル　2007.12　659p　22cm　〈肖像あり　文献あり〉　①978-4-903470-26-9

◇真言密教と日本文化―加藤精一博士古稀記念論文集　下　大正大学真言学豊山研究室加藤精一博士古稀記念論文集刊行会編　ノンブル　2007.12　467p　22cm　〈文献あり〉　①978-4-903470-26-9

◇真言宗読経偈文全書―簡訳　6（行法篇）　八田幸雄編著　四季社　2007.10　360p　27cm　15000円　①978-4-88405-512-7

◇善通寺史　総本山善通寺編　善通寺　五岳　2007.9　273p　22cm　〈善通寺創建1200年記念出版　年表あり〉

◇真言宗読経偈文全書―簡訳　5（行法篇）　八田幸雄編著　四季社　2007.5　341p

◇実修真言宗のお経―CDで聴く・読む 高野山真言宗教学部監修 学習研究社 2007.3 223p 20cm (わたしの家の宗教シリーズ) 1800円 ⓣ978-4-05-403381-8

◇正智院聖教目録 下巻 山本信吉編 吉川弘文館 2007.3 718, 29p 図版10p 27cm (高野山正智院経蔵史料集成 3) 38000円 ⓣ978-4-642-01406-9

◇真言宗智山派所属寺院聖教撮影目録 第1巻 真言宗智山派宗務庁編 京都 真言宗智山派宗務庁 2007.3 346p 26cm 非売品

◇真言宗智山派所属寺院聖教撮影目録 第2巻 真言宗智山派宗務庁編 京都 真言宗智山派宗務庁 2007.3 399p 26cm 非売品

◇真言宗智山派所属寺院聖教撮影目録 第3巻 真言宗智山派宗務庁編 京都 真言宗智山派宗務庁 2007.3 355p 26cm 非売品

◇真言宗智山派所属寺院聖教撮影目録 第4巻 真言宗智山派宗務庁編 京都 真言宗智山派宗務庁 2007.3 362p 26cm 非売品

◇大日経六十心綱要 道範著, 高野山大学編 高野町(和歌山県) 高野山大学 2006.11 13枚, 12p 26cm 〈高野山大学伝統教学復興プロジェクト人日経講伝成満記念 「六十心綱要」の複製および翻刻〉

◇中世先徳著作集 京都 臨川書店 2006.11 625, 11p 23cm (真福寺善本叢刊 第2期 第3巻(仏法部 6)) 〈著作目録あり〉 13000円 ⓣ4-653-03883-X, 4-653-03880-5

◇真言密教の新たな展開 生井智紹編 小学館スクウェア 2006.9 159p 27cm (高野山大学選書 第2巻) 2857円 ⓣ4-7979-8679-4

◇正智院聖教目録 上巻 山本信吉編 吉川弘文館 2006.3 647p 図版14p 27cm (高野山正智院経蔵史料集成 2) 35000円 ⓣ4-642-01405-5

◇善通寺―創建1200年空海誕生の地 至宝が織りなす歴史ものがたり 特別展 香川県歴史博物館編 高松 香川県歴史博物館 2006.3 159p 30cm 〈会期・会場：平成18年4月22日―5月28日 香川県歴史博物館 文献あり 年譜あり 年表あり〉

◇輪廻転生 池口恵観文 リヨン社, 二見書房(発売) 2006.3 62p 20cm 〈画：浜田泰介〉 1300円 ⓣ4-576-06029-5

◇中世王権と即位灌頂―聖教のなかの歴史叙述 松本郁代著 森話社 2005.12 403p 21cm 7800円 ⓣ4-916087-60-7

◇智山の論義―伝法大会と冬報恩講 智山伝法院 2005.1 206p 18cm (智山伝法院選書 第11号)

◇真言密教の霊魂観 佐伯泉澄著 大阪 朱鷺書房 2004.11 239p 19cm 1400円 ⓣ4-88602-193-X

◇入密暗誦要文―真言密教入門の書 富田学純編 新訂 ノンブル社 2004.8 354p 20cm 〈付・秘密辞林(抄)〉 3800円 ⓣ4-931117-84-8

◇真言宗―保存版 佐藤隆賢監修, 北原裕全編集代表 四季社 2004.7 250p 21cm (わが家の仏教) 〈年表あり〉 1480円 ⓣ4-88405-280-3

◇真言宗全書 第1 復刊 高野町(和歌山県) 高野山大学出版部 2004.4 452p 23cm 〈京都 同朋舎メディアプラン(発売) 原本：続真言宗全書刊行会昭和52年刊〉 ⓣ4-901339-17-6

◇真言宗全書 第2 復刊 高野町(和歌山県) 高野山大学出版部 2004.4 504p

23cm 〈京都 同朋舎メディアプラン(発売) 原本:続真言宗全書刊行会昭和52年刊〉 ⓞ4-901339-17-6

◇真言宗全書 第3 復刊 高野町(和歌山県) 高野山大学出版部 2004.4 400p 23cm 〈京都 同朋舎メディアプラン(発売) 原本:続真言宗全書刊行会昭和52年刊〉 ⓞ4-901339-17-6

◇真言宗全書 第4 復刊 高野町(和歌山県) 高野山大学出版部 2004.4 352p 23cm 〈京都 同朋舎メディアプラン(発売) 原本:続真言宗全書刊行会昭和52年刊〉 ⓞ4-901339-17-6

◇真言宗全書 第5 復刊 高野町(和歌山県) 高野山大学出版部 2004.4 434p 23cm 〈京都 同朋舎メディアプラン(発売) 原本:続真言宗全書刊行会昭和52年刊〉 ⓞ4-901339-17-6

◇真言宗全書 第6 復刊 高野町(和歌山県) 高野山大学出版部 2004.4 334p 23cm 〈京都 同朋舎メディアプラン(発売) 原本:続真言宗全書刊行会昭和52年刊〉 ⓞ4-901339-17-6

◇真言宗全書 第7 復刊 高野町(和歌山県) 高野山大学出版部 2004.4 350p 23cm 〈京都 同朋舎メディアプラン(発売) 原本:続真言宗全書刊行会昭和52年刊〉 ⓞ4-901339-17-6

◇真言宗全書 第8 復刊 高野町(和歌山県) 高野山大学出版部 2004.4 416p 23cm 〈京都 同朋舎メディアプラン(発売) 原本:続真言宗全書刊行会昭和52年刊〉 ⓞ4-901339-17-6

◇真言宗全書 第9 復刊 高野町(和歌山県) 高野山大学出版部 2004.4 494p 23cm 〈京都 同朋舎メディアプラン(発売) 原本:続真言宗全書刊行会昭和52年刊〉 ⓞ4-901339-17-6

◇真言宗全書 第10 復刊 高野町(和歌山県) 高野山大学出版部 2004.4 632p 23cm 〈京都 同朋舎メディアプラン(発売) 原本:続真言宗全書刊行会昭和52年刊〉 ⓞ4-901339-17-6

◇真言宗全書 第11 復刊 高野町(和歌山県) 高野山大学出版部 2004.4 404p 23cm 〈京都 同朋舎メディアプラン(発売) 原本:続真言宗全書刊行会昭和52年刊〉 ⓞ4-901339-17-6

◇真言宗全書 第12 復刊 高野町(和歌山県) 高野山大学出版部 2004.4 470p 23cm 〈京都 同朋舎メディアプラン(発売) 原本:続真言宗全書刊行会昭和52年刊〉 ⓞ4-901339-17-6

◇真言宗全書 第13 復刊 高野町(和歌山県) 高野山大学出版部 2004.4 464p 23cm 〈京都 同朋舎メディアプラン(発売) 原本:続真言宗全書刊行会昭和52年刊〉 ⓞ4-901339-17-6

◇真言宗全書 第14 復刊 高野町(和歌山県) 高野山大学出版部 2004.4 458p 23cm 〈京都 同朋舎メディアプラン(発売) 原本:続真言宗全書刊行会昭和52年刊〉 ⓞ4-901339-17-6

◇真言宗全書 第15 復刊 高野町(和歌山県) 高野山大学出版部 2004.4 442p 23cm 〈京都 同朋舎メディアプラン(発売) 原本:続真言宗全書刊行会昭和52年刊〉 ⓞ4-901339-17-6

◇真言宗全書 第16 復刊 高野町(和歌山県) 高野山大学出版部 2004.4 406p 23cm 〈京都 同朋舎メディアプラン(発売) 原本:続真言宗全書刊行会昭和52年刊〉 ⓞ4-901339-17-6

◇真言宗全書 第17 復刊 高野町(和歌山県) 高野山大学出版部 2004.4 424p 23cm 〈京都 同朋舎メディアプラン(発売) 原本:続真言宗全書刊行会昭和52年刊〉 ⓞ4-901339-17-6

◇真言宗全書 第18 復刊 高野町(和歌山県) 高野山大学出版部 2004.4

428p　23cm　〈京都　同朋舎メディアプラン（発売）　原本：続真言宗全書刊行会昭和52年刊　折り込1枚〉　①4-901339-17-6

◇真言宗全書　第19　復刊　高野町（和歌山県）　高野山大学出版部　2004.4
474p　23cm　〈京都　同朋舎メディアプラン（発売）　原本：続真言宗全書刊行会昭和52年刊〉　①4-901339-17-6

◇真言宗全書　第20　復刊　高野町（和歌山県）　高野山大学出版部　2004.4
482p　23cm　〈京都　同朋舎メディアプラン（発売）　原本：続真言宗全書刊行会昭和52年刊〉　①4-901339-17-6

◇真言宗全書　第21　復刊　高野町（和歌山県）　高野山大学出版部　2004.4
404p　23cm　〈京都　同朋舎メディアプラン（発売）　原本：続真言宗全書刊行会昭和52年刊〉　①4-901339-17-6

◇真言宗全書　第22　復刊　高野町（和歌山県）　高野山大学出版部　2004.4
448p　23cm　〈京都　同朋舎メディアプラン（発売）　原本：続真言宗全書刊行会昭和52年刊〉　①4-901339-17-6

◇真言宗全書　第23　復刊　高野町（和歌山県）　高野山大学出版部　2004.4
449p　23cm　〈京都　同朋舎メディアプラン（発売）　原本：続真言宗全書刊行会昭和53年刊〉　①4-901339-17-6

◇真言宗全書　第24　復刊　高野町（和歌山県）　高野山大学出版部　2004.4
488p　23cm　〈京都　同朋舎メディアプラン（発売）　原本：続真言宗全書刊行会昭和52年刊〉　①4-901339-17-6

◇真言宗全書　第25　復刊　高野町（和歌山県）　高野山大学出版部　2004.4
530p　23cm　〈京都　同朋舎メディアプラン（発売）　原本：続真言宗全書刊行会昭和52年刊〉　①4-901339-17-6

◇真言宗全書　第26　復刊　高野町（和歌山県）　高野山大学出版部　2004.4
402p　23cm　〈京都　同朋舎メディアプラン（発売）　原本：続真言宗全書刊行会昭和52年刊〉　①4-901339-17-6

◇真言宗全書　第27　復刊　高野町（和歌山県）　高野山大学出版部　2004.4
364p　23cm　〈京都　同朋舎メディアプラン（発売）　原本：続真言宗全書刊行会昭和52年刊〉　①4-901339-17-6

◇真言宗全書　第28　復刊　高野町（和歌山県）　高野山大学出版部　2004.4
523p　23cm　〈京都　同朋舎メディアプラン（発売）　原本：続真言宗全書刊行会昭和52年刊〉　①4-901339-17-6

◇真言宗全書　第29　復刊　高野町（和歌山県）　高野山大学出版部　2004.4
416p　23cm　〈京都　同朋舎メディアプラン（発売）　折り込3枚　原本：続真言宗全書刊行会昭和52年刊〉　①4-901339-17-6

◇真言宗全書　第30　復刊　高野町（和歌山県）　高野山大学出版部　2004.4
398p　23cm　〈京都　同朋舎メディアプラン（発売）　原本：続真言宗全書刊行会昭和52年刊〉　①4-901339-17-6

◇真言宗全書　第31　復刊　高野町（和歌山県）　高野山大学出版部　2004.4
372p　23cm　〈京都　同朋舎メディアプラン（発売）　原本：続真言宗全書刊行会昭和52年刊〉　①4-901339-17-6

◇真言宗全書　第32　復刊　高野町（和歌山県）　高野山大学出版部　2004.4
466p　23cm　〈京都　同朋舎メディアプラン（発売）　原本：続真言宗全書刊行会昭和52年刊〉　①4-901339-17-6

◇真言宗全書　第33　復刊　高野町（和歌山県）　高野山大学出版部　2004.4
410p　23cm　〈京都　同朋舎メディアプラン（発売）　原本：続真言宗全書刊行会昭和52年刊〉　①4-901339-17-6

◇真言宗全書　第34　復刊　高野町（和歌

宗　教

　山県）　高野山大学出版部　2004.4
　460p　23cm　〈京都　同朋舎メディアプ
　ラン（発売）　原本：続真言宗全書刊行会
　昭和52年刊〉　ⓃA-901339-17-6

◇真言宗全書　第35　復刊　高野町（和歌
　山県）　高野山大学出版部　2004.4
　352p　23cm　〈京都　同朋舎メディアプ
　ラン（発売）　原本：続真言宗全書刊行会
　昭和52年刊〉　ⓃA-901339-17-6

◇真言宗全書　第36　復刊　高野町（和歌
　山県）　高野山大学出版部　2004.4
　420p　23cm　〈京都　同朋舎メディアプ
　ラン（発売）　原本：続真言宗全書刊行会
　昭和52年刊〉　ⓃA-901339-17-6

◇真言宗全書　第37　復刊　高野町（和歌
　山県）　高野山大学出版部　2004.4
　504p　23cm　〈京都　同朋舎メディアプ
　ラン（発売）　原本：続真言宗全書刊行会
　昭和52年刊〉　ⓃA-901339-17-6

◇真言宗全書　第38　復刊　高野町（和歌
　山県）　高野山大学出版部　2004.4
　498p　23cm　〈京都　同朋舎メディアプラ
　ン（発売）　原本：続真言宗全書刊行会昭
　和52年刊　折り込1枚〉　ⓃA-901339-17-6

◇真言宗全書　第39　復刊　高野町（和歌
　山県）　高野山大学出版部　2004.4
　440p　23cm　〈京都　同朋舎メディアプ
　ラン（発売）　原本：続真言宗全書刊行会
　昭和52年刊〉　ⓃA-901339-17-6

◇真言宗全書　第40　復刊　高野町（和歌
　山県）　高野山大学出版部　2004.4
　386p　23cm　〈京都　同朋舎メディアプ
　ラン（発売）　原本：続真言宗全書刊行会
　昭和52年刊〉　ⓃA-901339-17-6

◇真言宗全書　第41　復刊　高野町（和歌
　山県）　高野山大学出版部　2004.4
　456p　23cm　〈京都　同朋舎メディアプ
　ラン（発売）　原本：続真言宗全書刊行会
　昭和52年刊〉　ⓃA-901339-17-6

◇真言宗全書　第42　復刊　高野町（和歌

　山県）　高野山大学出版部　2004.4
　366p　23cm　〈京都　同朋舎メディアプ
　ラン（発売）　原本：続真言宗全書刊行会
　昭和52年刊〉　ⓃA-901339-17-6

◇真言宗全書　索引　復刊　高野町（和歌
　山県）　高野山大学出版部　2004.4
　717p　23cm　〈京都　同朋舎メディアプ
　ラン（発売）　原本：続真言宗全書刊行会
　昭和53年刊〉　ⓃA-901339-17-6

◇真言宗全書　解題　復刊　高野町（和歌
　山県）　高野山大学出版部　2004.4
　396p　23cm　〈京都　同朋舎メディアプ
　ラン（発売）　原本：続真言宗全書刊行会
　昭和52年刊〉　ⓃA-901339-17-6

◇三宝寺所伝三意願方聖教集　第1巻　小
　峰一允編　亀頂山密乗院三宝寺　2004.3
　853p　27cm　〈東京　山喜房仏書林（製
　作）　複製を含む　年譜あり〉　ⓃA-
　7963-0316-2

◇三宝寺所伝三意願方聖教集　第2巻　小
　峰一允編　亀頂山密乗院三宝寺　2004.3
　849p　27cm　〈東京　山喜房仏書林（製
　作）　複製〉　ⓃA-7963-0316-2

◇高野山に入道の人々　松田文夫編　〔和
　歌山〕　〔松田文夫〕　2003.11　166p
　24cm　2600円

◇知っておきたい真言宗—宗派の教えと仏
　事のいっさいがわかる　松長有慶監修
　日本文芸社　2003.11　246p　21cm
　（わが家の宗派シリーズ）〈年譜あり〉
　1400円　ⓃA-537-25178-6

◇これからの真言宗しきたり全書　大沢聖
　寛,佐藤隆賢監修　四季社　2003.9
　397p　27cm　〈文献あり〉　18000円
　ⓃA-88405-217-X

◇真言宗　佐藤良盛著,小峰一允CD　大法
　輪閣　2003.9　270p　19cm　（わが家の
　宗教　読む聞く唱えるCDブック）〈付属
　資料：CD1枚（12cm）〉　1800円　ⓃA-
　8046-6016-X

◇真言密教阿字観瞑想入門　山崎泰広著　春秋社　2003.8　214p　20cm　1800円　Ⓘ4-393-17234-5

◇真言宗読経偈文全書―簡訳　4（大日経疏（抄））　宮坂宥勝編著　四季社　2003.5　301p　27cm　12000円　Ⓘ4-88405-205-6

◇日本人の信仰思想のすがた 古代・中世篇　中島亮一著　文芸社　2003.3　231p　19cm　1400円　Ⓘ4-8355-5212-1

◇別行次第秘記　1　浄厳述, 上田霊城, 大沢聖寛, 布施浄慧監修, 佐藤正伸編著　四季社　2002.12　439p　22cm　（真言口訣大系 傍訳 平成版 2）　Ⓘ4-88405-144-0

◇別行次第秘記　2　浄厳述, 上田霊城, 大沢聖寛, 布施浄慧監修, 北原裕全編著　四季社　2002.12　322p　22cm　（真言口訣大系 傍訳 平成版 2）　Ⓘ4-88405-145-9

◇高丘親王入唐記―廃太子と虎害伝説の真相　佐伯有清著　吉川弘文館　2002.11　250p　20cm　〈肖像あり〉　3000円　Ⓘ4-642-07791-X

◇小田慈舟講伝録　第3巻　小田慈舟著, 山崎泰広編　大阪　東方出版　2002.10　535p　23cm　18000円　Ⓘ4-88591-250-4

◇新義真言教学の研究―頼瑜僧正七百年御遠忌記念論集　三派合同記念論集編集委員会編　大蔵出版　2002.10　1282p　22cm　15000円　Ⓘ4-8043-0553-X

◇真言宗で読むお経入門　大法輪閣編集部編　大法輪閣　2002.8　198p　19cm　（大法輪選書）　1500円　Ⓘ4-8046-5028-8

◇秘蔵記　上田霊城, 大沢聖寛, 布施浄慧監修, 大沢聖寛編著　四季社　2002.7　422p　22cm　（真言口訣大系 傍訳 平成版 1）　Ⓘ4-88405-143-2

◇週刊古寺をゆく　38　善通寺と四国の名刹　小学館　2001.11　35p　30cm　（小学館ウイークリーブック）　533円

◇真言宗の常識　新居祐政著　大阪　朱鷺書房　2001.11　216p　19cm　1500円　Ⓘ4-88602-181-6

◇高野山と真言密教の研究　五来重編　名著出版　2000.11（第7刷）　491p　21cm　（山岳宗教史研究叢書 3）　〈昭和63年刊（6版）を原本としたオンデマンド版　文献あり　年表あり〉　4500円　Ⓘ4-626-01587-5

◇真言宗のお経　山田一真, 大塚秀見監修　双葉社　2000.7　189p　21cm　（わが家の宗教を知るシリーズ）　〈付属資料：CD1枚（12cm）　シリーズ責任表示：藤井正雄総監修〉　1800円　Ⓘ4-575-29117-X

◇真言宗小事典　福田亮成編　新装版　京都　法蔵館　2000.4　229, 9p　19cm　1800円　Ⓘ4-8318-7066-8

◇仏教の心と生活　松原光法著　〔岡山〕　平医山薬師院　1999.12　141p　20cm　（薬師院・教化文書 1）　1500円　Ⓘ4-916012-98-4

◇諸真言神名　稲谷祐慈編　茨木　青山社　1999.6　36p　18cm　〈折本　和装〉

◇真言の教え　和田仁雅著, 和田大雅編　国書刊行会　1999.6　262p　22cm　5800円　Ⓘ4-336-04170-9

◇大山公淳先徳聞書集成　第4巻　他宗部　大山公淳聞書, 大山公淳和尚報恩刊行会編　大阪　東方出版　1999.5　418p　23cm　15000円　Ⓘ4-88591-379-9

◇真言宗読経偈文全書―簡訳　2　宮坂宥勝, 山田一真監修, 真言宗読経偈文全書編集委員会編　四季社　1999.4　342p　27cm　Ⓘ4-915894-81-9

◇高野山三派史料―高野山の学侶・行人・聖　松田文夫編　〔和歌山〕　〔松田文夫〕　1999.3　14, 171p　23cm　2700円

◇仏事百般釈義問答谷響集―抄訳　運敞原

宗　教

著, 青山社編集部編　大阪　青山社　1999.3　332, 10p　22cm　6800円　⑪4-916012-90-9

◇真言宗読経偈文全書—簡訳　1　宮坂宥勝, 山田一真監修, 真言宗読経偈文全書編集委員会編　四季社　1999.1　416p　27cm　⑪4-88405-229-3

◇説経才学抄　京都　臨川書店　1999.1　606, 17p　23cm　〈真福寺善本叢刊　第3巻(仏法部 2)〉　〈複製および翻刻〉　13500円　⑪4-653-03469-9, 4-653-03466-4

◇仏教教理・思想の研究—佐藤隆賢博士古稀記念論文集　佐藤隆賢博士古稀記念論文集刊行会編　山喜房仏書林　1998.5　1103, 220p　23cm　〈肖像あり〉　32000円　⑪4-7963-0095-3

◇秘蔵宝鑰—密教への階梯　現代語訳　福田亮成著　改版　ノンブル　1998.2　398p　22cm　〈弘法大師に聞くシリーズ 2〉　9700円　⑪4-931117-15-5

◇同体大悲　織田隆弘著　密門会出版部　1997.11　295p　19cm　1800円　⑪4-905757-32-0

◇真言密教事相講録　下　那須政隆著　京都　法蔵館　1997.10　468p　22cm　〈那須政隆著作集　第8巻〉　〈解説：布施浄慧〉　⑪4-8318-3500-5

◇真言宗常用経典講義　坂田光全著　大阪　東方出版　1997.8　103p　21cm　1000円　⑪4-88591-535-X

◇うちのお寺は真言宗　双葉社　1997.7　237p　21cm　〈わが家の宗教を知るシリーズ〉　〈シリーズ責任表示：藤井正雄総監修　折り込み1枚　年表あり　索引あり〉　1500円　⑪4-575-28750-4

◇真言密教事相講録　上　那須政隆著　京都　法蔵館　1997.4　485p　22cm　〈那須政隆著作集　第7巻〉　〈解説：布施浄慧〉　⑪4-8318-3500-5

◇真言密教の哲学　那須政隆著　京都　法蔵館　1997.4　384p　22cm　〈那須政隆著作集　第2巻〉　〈解説：吉田宏晢〉　⑪4-8318-3500-5

◇真言密教史の研究　守山聖真著　碩文社　1997.3　529p　22cm　〈鹿野苑昭和41年刊の改訂〉　8738円　⑪4-88200-301-5

◇定本弘法大師全集　第6巻　弘法大師著, 密教文化研究所弘法大師著作研究会編纂　高野町(和歌山県)　密教文化研究所　1997.3　481, 298p　22cm

◇定本弘法大師全集　第10巻　密教文化研究所弘法大師著作研究会編纂　高野町(和歌山県)　密教文化研究所　1997.3　656, 29p　22cm

◇寛平法皇御作次第集成　寛平法皇撰述, 武内孝善著　大阪　東方出版　1997.2　664p　27cm　35437円　⑪4-88591-517-1

◇真言密教の研究　那須政隆著　京都　法蔵館　1997.1　545p　22cm　〈那須政隆著作集　第1巻〉　〈解説：佐藤隆賢　肖像あり〉　⑪4-8318-3500-5

◇定本弘法大師全集　第8巻　弘法大師著, 密教文化研究所弘法大師著作研究会編纂　高野町(和歌山県)　密教文化研究所　1996.9　447p　22cm

◇大山公淳先徳聞書集成　第3巻　伝授門　大山公淳和尚報恩刊行会編　大阪　東方出版　1996.7　369p　23cm　15450円　⑪4-88591-378-0

◇新安流四度口訣集　上巻　総本山霊雲寺, 河内延命寺編　大阪　隆昌堂　1996.4　357p　27cm　〈複製〉

◇新安流四度口訣集　中巻　総本山霊雲寺, 河内延命寺編　大阪　隆昌堂　1996.4　562p　27cm　〈複製〉

◇新安流四度口訣集　下巻　総本山霊雲寺,

宗教

河内延命寺編　大阪　隆昌堂　1996.4　504p　27cm　〈複製〉

◇定本弘法大師全集　首巻　密教文化研究所弘法大師著作研究会編纂　高野町（和歌山県）　密教文化研究所　1996.1　112p　22cm

◇真言密教とマンダラ　大法輪閣編集部編　大法輪閣　1995.12　309p　19cm　1800円　①4-8046-1121-5

◇定本弘法大師全集　第9巻　弘法大師著,密教文化研究所弘法大師著作研究会編纂　高野町（和歌山県）　密教文化研究所　1995.11　764p　22cm

◇真言密教入門　田中成明著　世界聖典刊行協会　1995.8　228p　19cm　（ぼんブックス　35）　1494円　①4-88110-185-4

◇大山公淳先徳聞書集成　第2巻　講伝門　大山公淳聞書, 大山公淳和尚報恩刊行会編　大阪　東方出版　1995.7　360p　23cm　15000円　①4-88591-377-2

◇随心院聖教類の研究—仁海僧正九百五十年御遠忌記念　随心院聖教類綜合調査団編　汲古書院　1995.5　506p　27cm　〈監修：蓮生善隆　仁海の肖像あり〉　18000円　①4-7629-1135-6

◇興教大師八百五十年御遠忌記念事業誌　真言宗豊山派宗務所　1995.3　510p　図版61枚　31cm　〈製作：続群書類従完成会〉　非売品

◇定本弘法大師全集　第4巻　弘法大師著,密教文化研究所弘法大師著作研究会編纂　高野町（和歌山県）　密教文化研究所　1995.2　505p　22cm

◇真言宗檀信徒勤行経典—理趣経入　高野山金剛峯寺教学部校閲　京都　日本仏教普及会（発売）　1994.8　1冊　18×8cm　〈折本　和装〉

◇大山公淳先徳聞書集成　第1巻　講義門　大山公淳和尚報恩刊行会編　大阪　東方出版　1994.4　482p　23cm　15450円　①4-88591-376-4

◇秘蔵宝鑰—密教への十階梯　福田亮成著　ノンブル　1994.4　390,8p　22cm　（弘法大師に聞くシリーズ　2）　〈索引あり〉　①4-931117-15-5

◇運敞僧正・浄厳和尚阿字本不生の世界　石村祐天訳著　岡山　石村祐天　1994.3　113p　19cm　2000円

◇真言宗檀信徒勤行経典　高野山金剛峯寺教学部校閲　京都　日本仏教普及会（発売）　1994.3　1冊　18×8cm　〈折本　和装〉

◇定本弘法大師全集　第3巻　弘法大師著,密教文化研究所弘法大師著作研究会編纂　高野町（和歌山県）　密教文化研究所　1994.3　382p　22cm

◇おみくじ—神仏の器となりて　庄崎良清著, 藤田庄市写真　越谷　かど創房　1993.12　182p　19cm　〈著者の肖像あり〉　1600円　①4-87598-204-6

◇定本弘法大師全集　第2巻　弘法大師著,密教文化研究所弘法大師著作研究会編纂　高野町（和歌山県）　密教文化研究所　1993.11　375p　22cm

◇小田慈舟講伝録　第1巻　大阪　東方出版　1993.8　425p　23cm　16000円　①4-88591-248-2

◇大乗仏典—中国・日本篇　第18巻　空海　津田真一訳　中央公論社　1993.8　620p　20cm　〈監修：長尾雅人ほか　空海の肖像あり〉　5800円　①4-12-402638-2

◇定本弘法大師全集　第5巻　弘法大師著,密教文化研究所弘法大師著作研究会編纂　高野町（和歌山県）　密教文化研究所　1993.1　390p　22cm

◇印と真言—究極の願望達成秘法「密教不動護摩」　金沢友哉著　学習研究社

宗　教

1992.7　188p　19cm　（Mu AV books）〈付属資料（ビデオカセット1巻 VHSタイプ）外箱入〉　2700円　Ⓣ4-05-106042-X

◇定本弘法大師全集　第7巻　弘法大師著, 密教文化研究所弘法大師著作研究会編纂　高野町（和歌山県）　密教文化研究所　1992.6　503p　22cm　〈折り込3枚〉

◇秘密禅―阿字観用心口訣　小林正盛著　渓水社　1992.6　129p　22cm　〈発売：北辰堂　仏教芸術社1927年刊の再刊〉　4500円　Ⓣ4-89287-084-6

◇真言宗念仏の栞とその解説―波方　瀬野光春著　〔今治〕　〔瀬野光春〕　1991.12　87p　26cm

◇定本弘法大師全集　第1巻　弘法大師著, 密教文化研究所弘法大師著作研究会編纂　高野町（和歌山県）　密教文化研究所　1991.7　275p　22cm

◇東密諸法流印信類聚　別巻 2　和田大円相承, 野沢諸法流印信類聚刊行会編　大阪　東方出版　1991.7　348p　27cm　〈『野沢諸法流印信類聚』（昭和11年刊）の改題複製〉　Ⓣ4-88591-196-6, 4-88591-197-4

◇東密諸法流印信類聚　首巻　総目録　和田大円相承, 野沢諸法流印信類聚刊行会編　大阪　東方出版　1991.7　364p　27cm　Ⓣ4-88591-196-6, 4-88591-197-4

◇解説舎利和讃　福田亮成著　ノンブル　1991.2　98p　19cm　〈付属資料：1枚〉　Ⓣ4-931117-11-2

◇極秘火生三昧法　東野学明編　大阪　青山社　1990.11　1冊　17×18cm　〈浄書：丸山昌明　折本 ホルダー入　和装〉　4800円　Ⓣ4-916012-02-X

◇高野山第二世伝灯国師真然大徳伝　真然大徳記念出版編纂委員会編纂　〔高野町（和歌山県）〕　高野山第二世伝灯国師真然大徳千百年御遠忌大法会事務局　1990.9　435p　22cm　〈真然の肖像あり〉　非売品

◇真言密教史の研究　守山聖真著　国書刊行会　1990.9　529p　22cm　〈鹿野苑昭和41年刊の複製〉　8000円　Ⓣ4-336-03159-2

◇東密諸法流印信類聚　第19巻　伝授目録 4 広沢流　和田大円相承, 野沢諸法流印信類聚刊行会編　大阪　東方出版　1990.9　514p　27cm　〈『野沢諸法流印信類聚』（昭和11年刊）の改題複製〉　Ⓣ4-88591-195-8, 4-88591-197-4

◇東密諸法流印信類聚　別巻 1　和田大円相承, 野沢諸法流印信類聚刊行会編　大阪　東方出版　1990.9　300p　27cm　〈『野沢諸法流印信類聚』（昭和11年刊）の改題複製〉　Ⓣ4-88591-195-8, 4-88591-197-4

◇小田慈舟講伝録　第2巻　大阪　東方出版　1990.7　406p　23cm　16000円　Ⓣ4-88591-249-0

◇図説真言密教のほとけ―祈りの尊像の形とこころ　田村隆照著　大阪　朱鷺書房　1990.7　208p　19cm　1236円　Ⓣ4-88602-129-8

◇東密諸法流印信類聚　第17巻　伝授目録 2 小野流 1　和田大円相承, 野沢諸法流印信類聚刊行会編　大阪　東方出版　1990.6　453p　27cm　〈『野沢諸法流印信類聚』（昭和11年刊）の改題複製〉　Ⓣ4-88591-194-X, 4-88591-197-4

◇東密諸法流印信類聚　第18巻　伝授目録 3 小野流 2　和田大円相承, 野沢諸法流印信類聚刊行会編　大阪　東方出版　1990.6　621p　27cm　〈『野沢諸法流印信類聚』（昭和11年刊）の改題複製〉　Ⓣ4-88591-194-X, 4-88591-197-4

◇東密諸法流印信類聚　第15巻　別冊 6 広沢流 2　和田大円相承, 野沢諸法流印信類聚刊行会編　大阪　東方出版

宗教

◇東密諸法流印信類聚　第15巻　伝授目録2　和田大円相承,野沢諸法流印信類聚刊行会編　大阪　東方出版　1990.3　315p　27cm　〈『野沢諸法流印信類聚』(昭和11年刊)の改題複製〉　①4-88591-193-1, 4-88591-197-4

◇東密諸法流印信類聚　第16巻　伝授目録1　醍醐流　和田大円相承,野沢諸法流印信類聚刊行会編　大阪　東方出版　1990.3　362p　27cm　〈『野沢諸法流印信類聚』(昭和11年刊)の改題複製〉　①4-88591-193-1, 4-88591-197-4

◇東密諸法流印信類聚　第13巻　別冊4　小野流2　和田大円相承,野沢諸法流印信類聚刊行会編　大阪　東方出版　1989.12　334p　27cm　〈『野沢諸法流印信類聚』(昭和11年刊)の改題複製〉　①4-88591-192-3, 4-88591-197-4

◇東密諸法流印信類聚　第14巻　別冊5　広沢流1　和田大円相承,野沢諸法流印信類聚刊行会編　大阪　東方出版　1989.12　294p　27cm　〈『野沢諸法流印信類聚』(昭和11年刊)の改題複製〉　①4-88591-192-3, 4-88591-197-4

◇東密諸法流印信類聚　第11巻　別冊2　醍醐流2　和田大円相承,野沢諸法流印信類聚刊行会編　大阪　東方出版　1989.9　485p　27cm　〈『野沢諸法流印信類聚』(昭和11年刊)の改題複製〉　①4-88591-191-5, 4-88591-197-4

◇東密諸法流印信類聚　第12巻　別冊3　小野流1　和田大円相承,野沢諸法流印信類聚刊行会編　大阪　東方出版　1989.9　316p　27cm　〈『野沢諸法流印信類聚』(昭和11年刊)の改題複製〉　①4-88591-191-5, 4-88591-197-4

◇真言密教入門　1　「かたち」と「こころ」―大日如来の知恵　桜井悠翔著　現代書林　1989.8　213p　19cm　1100円　①4-87620-308-3

◇東密諸法流印信類聚　第9巻　本冊9　広沢流　和田大円相承,野沢諸法流印信類聚刊行会編　大阪　東方出版　1989.6　531p　27cm　〈『野沢諸法流印信類聚』(昭和11年刊)の改題複製〉　19570円　①4-88591-190-7, 4-88591-197-4

◇東密諸法流印信類聚　第10巻　別冊1　醍醐流1　和田大円相承,野沢諸法流印信類聚刊行会編　大阪　東方出版　1989.6　365p　27cm　〈『野沢諸法流印信類聚』(昭和11年刊)の改題複製〉　19570円　①4-88591-190-7, 4-88591-197-4

◇東密諸法流印信類聚　第7巻　本冊7　小野流1　和田大円相承,野沢諸法流印信類聚刊行会編　大阪　東方出版　1989.3　451p　27cm　〈『野沢諸法流印信類聚』(昭和11年刊)の改題複製〉　19000円　①4-88591-189-3, 4-88591-197-4

◇東密諸法流印信類聚　第8巻　本冊8　小野流2　和田大円相承,野沢諸法流印信類聚刊行会編　大阪　東方出版　1989.3　547p　27cm　〈『野沢諸法流印信類聚』(昭和11年刊)の改題複製〉　19000円　①4-88591-189-3, 4-88591-197-4

◇密教の仏身観　加藤精一著　春秋社　1989.2　445, 20p　23cm　10000円　①4-393-11147-8

◇あんたも仏や！―宗教の原点に挑む真言宗「本覚寺」の軌跡　五十嵐大和著　現代書林　1989.1　238p　19cm　1100円　①4-87620-260-5

◇東密諸法流印信類聚　第5巻　本冊5　醍醐流5　和田大円相承,野沢諸法流印信類聚刊行会編　大阪　東方出版　1988.12　359p　27cm　〈『野沢諸法流印信類聚』(昭和11年刊)の改題複製〉　19000円　①4-88591-197-4

◇東密諸法流印信類聚　第6巻　本冊6　醍醐流6　和田大円相承,野沢諸法流印信類聚刊行会編　大阪　東方出版　1988.12　426, 7p　27cm　〈『野沢諸法流印信類聚』(昭和11年刊)の改題複製〉　19000円　①4-88591-197-4

◇続真言宗全書　第42　解題　続真言宗全書刊行会編纂　〔高野町(和歌山県)〕　続真言宗全書刊行会　1988.10　312p　23cm　〈弘法大師御生誕1200年記念〉

◇東密諸法流印信類聚　第3巻　本冊　3 醍醐流 3　和田大円相承, 野沢諸法流印信類聚刊行会編　大阪　東方出版　1988.9　308p　27cm　『野沢諸法流印信類聚』(昭和11年刊)の改題複製〉　①4-88591-197-4

◇東密諸法流印信類聚　第4巻　本冊　4 醍醐流 4　和田大円相承, 野沢諸法流印信類聚刊行会編　大阪　東方出版　1988.9　335p　27cm　『野沢諸法流印信類聚』(昭和11年刊)の改題複製〉　①4-88591-197-4

◇東密諸法流印信類聚　第1巻　本冊　1 醍醐流 1　和田大円相承, 野沢諸法流印信類聚刊行会編　大阪　東方出版　1988.6　396p　27cm　『野沢諸法流印信類聚』(昭和11年刊)の改題複製〉　①4-88591-197-4

◇東密諸法流印信類聚　第2巻　本冊　2 醍醐流 2　和田大円相承, 野沢諸法流印信類聚刊行会編　大阪　東方出版　1988.6　510p　27cm　『野沢諸法流印信類聚』(昭和11年刊)の改題複製〉　①4-88591-197-4

◇続真言宗全書　第41　史伝部　続真言宗全書刊行会編纂　〔高野町(和歌山県)〕　続真言宗全書刊行会　1987.9　378p　23cm　〈弘法大師御生誕1200年記念〉

◇真言宗　佐藤良盛著　大法輪閣　1987.8　257p　19cm　(わが家の宗教 6)　980円　①4-8046-6006-2

◇真言宗小事典―まずこの一冊　福田亮成編　京都　法蔵館　1987.8　229, 9p　19cm　1545円　①4-8318-7061-7

◇続真言宗全書　第29　悉曇部 2　続真言宗全書刊行会編纂　〔高野町(和歌山県)〕　続真言宗全書刊行会　1987.6　339p　23cm　〈弘法大師御生誕1200年記念〉

◇続真言宗全書　第27　御修法部　続真言宗全書刊行会編纂　〔高野町(和歌山県)〕　続真言宗全書刊行会　1987.5　446p　23cm　〈弘法大師御生誕1200年記念 付(図33枚 袋入): 太元法図録ほか〉

◇続真言宗全書　第28　悉曇部 1　続真言宗全書刊行会編纂　〔高野町(和歌山県)〕　続真言宗全書刊行会　1987.4　399p　23cm　〈弘法大師御生誕1200年記念〉

◇続真言宗全書　第26　御遺告部　続真言宗全書刊行会編纂　〔高野町(和歌山県)〕　続真言宗全書刊行会　1986.12　383p　23cm　〈弘法大師御生誕1200年記念〉

◇国訳即身成仏義撮義鈔　覚眼撰, 福田亮成著　智山青年連合会　1986.11　170, 8p　21cm　(十巻章撮義鈔 1)　〈覚眼の肖像あり〉　2000円

◇真言陀羅尼の解説　伊藤古鑑著　国書刊行会　1986.10　190p　22cm　〈日本仏教新聞社昭和11年刊の複製〉　3300円

◇真言宗選書　第8巻　教相篇　真言宗史 2　真言宗選書刊行会編　武内孝善責任編集　京都　同朋舎出版　1986.8　356p　23cm　〈監修: 松長有慶〉　①4-8104-0439-0

◇真言宗選書　第11巻　事相篇　理趣経 1　真言宗選書刊行会編　福田亮成責任編集　京都　同朋舎出版　1986.8　587p　23cm　〈監修: 松長有慶〉　①4-8104-0439-0

◇真言宗選書　第12巻　事相篇　理趣経 2　真言宗選書刊行会編　福田亮成責任編集　京都　同朋舎出版　1986.8　540p　23cm　〈監修: 松長有慶〉　①4-8104-0439-0

◇真言宗選書　第13巻　事相篇　曼荼羅　真言宗選書刊行会編　松長有慶責任編集

京都　同朋舎出版　1986.8　405p　23cm　〈監修：松長有慶〉　①4-8104-0439-0

◇真言宗選書　第15巻　事相篇　法式2　真言宗選書刊行会編　新井弘順責任編集　京都　同朋舎出版　1986.8　492p　23cm　〈監修：松長有慶〉　①4-8104-0439-0

◇真言宗選書　第16巻　事相篇　法式3　真言宗選書刊行会編　添田隆昭責任編集　京都　同朋舎出版　1986.8　408p　23cm　〈監修：松長有慶〉　①4-8104-0439-0

◇真言宗選書　別巻　文献目録　真言宗選書刊行会編　種智院大学密教学会責任編集　京都　同朋舎出版　1986.8　485p　23cm　〈監修：松長有慶〉　①4-8104-0439-0

◇真言宗選書　第7巻　教相篇　真言宗史1　真言宗選書刊行会編　武内孝善責任編集　京都　同朋舎出版　1986.7　514p　23cm　〈監修：松長有慶〉　①4-8104-0439-0

◇真言宗選書　第14巻　事相篇　法式1　真言宗選書刊行会編　布施浄慧責任編集　京都　同朋舎出版　1986.7　562p　23cm　〈監修：松長有慶〉　①4-8104-0439-0

◇続真言宗全書　第24　曼荼羅部　続真言宗全書刊行会編纂　〔高野町（和歌山県）〕　続真言宗全書刊行会　1986.5　356p　23cm　〈弘法大師御生誕1200年記念　付（図1枚）〉

◇真言宗選書　第3巻　教相篇　密教教理3　真言宗選書刊行会編　佐藤隆賢責任編集　京都　同朋舎出版　1986.4　503p　23cm　〈監修：松長有慶〉　①4-8104-0439-0

◇真言宗選書　第4巻　教相篇　密教教理4　真言宗選書刊行会編　小野塚幾澄責任編集　京都　同朋舎出版　1986.4　575p　23cm　〈監修：松長有慶〉　①4-8104-0439-0

◇真言宗選書　第6巻　教相篇　大師伝　真言宗選書刊行会編　高木訷元責任編集　京都　同朋舎出版　1986.4　422p　23cm　〈監修：松長有慶〉　①4-8104-0439-0

◇真言宗選書　第10巻　事相篇　大日経2　真言宗選書刊行会編　越智淳仁責任編集　京都　同朋舎出版　1986.4　361p　23cm　〈監修：松長有慶〉　①4-8104-0439-0

◇真言宗選書　第17巻　法話篇　法話1　真言宗選書刊行会編　栗山秀純責任編集　京都　同朋舎出版　1986.4　482p　23cm　〈監修：松長有慶〉　①4-8104-0439-0

◇続真言宗全書　第11　菩提心論部　続真言宗全書刊行会編纂　〔高野町（和歌山県）〕　続真言宗全書刊行会　1986.3　363p　23cm　〈弘法大師御生誕1200年記念〉

◇陀羅尼字典　円山達音編　国書刊行会　1986.3　294,6p　22cm　〈明治31年刊の複製〉

◇真言宗選書　第1巻　教相篇　密教教理1　真言宗選書刊行会編　東智学責任編集　京都　同朋舎出版　1986.2　347p　23cm　〈監修：松長有慶〉　①4-8104-0439-0

◇真言宗選書　第2巻　教相篇　密教教理2　真言宗選書刊行会編　静慈円責任編集　京都　同朋舎出版　1986.2　398p　23cm　〈監修：松長有慶〉　①4-8104-0439-0

◇真言宗選書　第5巻　教相篇　大師教学　真言宗選書刊行会編　岡村圭真責任編集　京都　同朋舎出版　1986.2　331p　23cm　〈監修：松長有慶〉　①4-8104-0439 0

◇真言宗選書　第9巻　事相篇　大日経1　真言宗選書刊行会編　藤田光寛責任編集　京都　同朋舎出版　1986.2　347p　23cm　〈監修：松長有慶〉　①4-8104-0439-0

◇真言宗選書　第18巻　法話篇　法話2　真言宗選書刊行会編　小室裕充責任編集　京都　同朋舎出版　1986.2　451p　23cm　〈監修：松長有慶〉　①4-8104-0439-0

◇真言宗選書　第19巻　法話篇　法話3

宗　教

真言宗選書刊行会編　寿山良知責任編集　京都　同朋舎出版　1986.2　424p　23cm　〈監修：松長有慶〉　①4-8104-0439-0

◇真言宗選書　第20巻　法話篇　法話4　真言宗選書刊行会編　寿山良知責任編集　京都　同朋舎出版　1986.2　402p　23cm　〈監修：松長有慶〉　①4-8104-0439-0

◇続真言宗全書　第32　伝記部　続真言宗全書刊行会編纂　〔高野町（和歌山県）〕　続真言宗全書刊行会　1986.2　465p　23cm　〈弘法大師御生誕1200年記念〉

◇真言教理の研究　高井観海著　京都　法蔵館　1986.1　378p　22cm　7800円

◇続真言宗全書　第30　声明部　続真言宗全書刊行会編纂　〔高野町（和歌山県）〕　続真言宗全書刊行会　1986.1　474p　23cm　〈弘法大師御生誕1200年記念〉

◇続真言宗全書　第31　表白祭文部　続真言宗全書刊行会編纂　〔高野町（和歌山県）〕　続真言宗全書刊行会　1985.11　379p　23cm　〈弘法大師御生誕1200年記念〉

◇〈宗派別〉日本の仏教・人と教え　2　真言宗　松長有慶編　小学館　1985.10　318p　19cm　1200円　①4-09-581002-5

◇真言宗諷誦・表白文集　国書刊行会　1985.5　20p　22cm　〈吹込：新井弘順　付属資料（録音カセット1巻）外箱入〉　3800円

◇続真言宗全書　第23　宗要部　続真言宗全書刊行会編纂　〔高野町（和歌山県）〕　続真言宗全書刊行会　1985.3　424p　23cm　〈弘法大師御生誕1200年記念〉

◇続真言宗全書　第25　血脈印信部　続真言宗全書刊行会編纂　〔高野町（和歌山県）〕　続真言宗全書刊行会　1985.1　515p　23cm　〈弘法大師御生誕1200年記念〉

◇日本仏教宗史論集　第4巻　弘法大師と真言宗　和多秀乗, 高木訷元編　吉川弘文館　1984.12　424p　22cm　〈弘法大師の肖像あり〉　5800円　①4-642-06744-2

◇続真言宗全書　第16　秘蔵記部　2　続真言宗全書刊行会編纂　〔高野町（和歌山県）〕　続真言宗全書刊行会　1984.11　465p　23cm　〈弘法大師御生誕1200年記念〉

◇続真言宗全書　第33　類聚八祖伝・伝灯広録　続真言宗全書刊行会編纂　〔高野町（和歌山県）〕　続真言宗全書刊行会　1984.10　526p　23cm　〈弘法大師御生誕1200年記念〉

◇国訳聖教大系東密部総目次総索引　福田亮成ほか編　国書刊行会　1984.9　167p　27cm　5000円

◇秘蔵宝鑰―口語訳　弘法大師著, 加藤純隆訳著　世界聖典刊行協会　1984.4　319p　22cm　3500円　①4-88110-032-7

◇続真言宗全書　第15　秘蔵記部　1　続真言宗全書刊行会編纂　〔高野町（和歌山県）〕　続真言宗全書刊行会　1984.3　361p　23cm　〈弘法大師御生誕1200年記念〉

◇梵文真言鈔―句義入　岩田教順編　改訂　仏教書林中山書房　1984.3　102p　19×26cm　〈限定版〉　4500円

◇高野山―その歴史と文化　松長有慶ほか著　京都　法蔵館　1984.1　338p　20cm　（法蔵選書 27）　1800円

◇続真言宗全書　第18　吽字義部・二教論部　続真言宗全書刊行会編纂　〔高野町（和歌山県）〕　続真言宗全書刊行会　1984.1　614p　23cm　〈弘法大師御生誕1200年記念　付（1枚　袋入）〉

◇即身成仏の観行　森田竜僊著　京都　臨川書店　1984.1　239p　22cm　〈高野山大学出版部昭和16年刊の複製〉　4500円　①4-653-00953-8

◇真言密教の本質　森田竜僊著　新訂　京都　藤井文政堂　1983.11　316p　22cm〈昭和2年刊の複製　共同刊行：臨川書店〉4600円

◇弘法大師の宗教―生きぬく宗教　栂尾祥雲著,栂尾祥瑞編　京都　臨川書店　1983.8　110p　22cm　1500円　①4-653-00886-8

◇続真言宗全書　第40　紀伊続風土記―高野山之部　続真言宗全書刊行会編纂〔高野町（和歌山県）〕　続真言宗全書刊行会　1983.6　p1615～1958　23cm〈弘法大師御生誕1200年記念〉

◇お経真言宗　勝又俊教編著　講談社　1983.5　241p　18cm　1000円　①4-06-180473-1

◇弘法大師の教義概観　栂尾祥雲著,栂尾祥瑞編　京都　臨川書店　1983.4　26p　22cm　1200円

◇続真言宗全書　第20　秘鍵部　続真言宗全書刊行会編纂〔高野町（和歌山県）〕続真言宗全書刊行会　1982.12　391p　23cm　〈弘法大師御生誕1200年記念〉

◇続真言宗全書　第39　紀伊続風土記―高野山之部　続真言宗全書刊行会編纂〔高野町（和歌山県）〕　続真言宗全書刊行会　1982.11　p1171～1612　23cm〈弘法大師御生誕1200年記念〉

◇入門・真言密教の常識―弘法大師のおしえをどう生かすか　田中千秋著　大阪　朱鷺書房　1982.4　195p　19cm　980円

◇水原堯栄全集　第10巻　中川善教編　京都　同朋舎出版　1982.4　1187p　23cm　①4-8104-8007-0

◇水原堯栄全集　第11巻　中川善教編　京都　同朋舎出版　1982.4　767p　23cm　①4-8104-8007-0

◇金沢文庫資料全書　仏典　第6巻　真言篇1　横浜　神奈川県立金沢文庫　1982.3　295p　27cm

◇智山教化資料　第10集　観音経講話　智山教化研究所編　那須政隆著　京都　真言宗智山派宗務庁　1982.3　157p　19cm〈参考文献：p155～157〉

◇水原堯栄全集　第8巻　中川善教編　京都　同朋舎出版　1982.3　363p　23cm　①4-8104-8007-0

◇水原堯栄全集　第9巻　中川善教編　京都　同朋舎出版　1982.3　319p　図版10枚　23cm　①4-8104-8007-0

◇続真言宗全書　第22　真言本母集　第18～第34　続真言宗全書刊行会編纂　〔高野町（和歌山県）〕　続真言宗全書刊行会　1982.2　p461～890　23cm　〈弘法大師御生誕1200年記念〉

◇理智不二礼讃に聞く　斉藤明道著　京都　醍醐寺寺務所　1982.2　250p　19cm　非売品

◇水原堯栄全集　第2巻　中川善教編　京都　同朋舎出版　1981.12　325p　図版57枚　23cm　①4-8104-8007-0

◇水原堯栄全集　第3巻　中川善教編　京都　同朋舎出版　1981.12　316p　23cm　①4-8104-8007-0

◇続真言宗全書　第38　紀伊続風土記―高野山之部　続真言宗全書刊行会編纂〔高野町（和歌山県）〕　続真言宗全書刊行会　1981.11　p803～1168　23cm〈弘法大師御生誕1200年記念〉

◇真言陀羅尼　坂内竜雄著　平河出版社　1981.10　380,6p　20cm　2500円

◇続真言宗全書　第10　釈摩訶衍論鈔　第29～第50　続真言宗全書刊行会編纂〔高野町（和歌山県）〕　続真言宗全書刊行会　1981.6　p877～1360　23cm　〈弘法大師御生誕1200年記念〉

◇真言の教学―大疏百条第三重の研究　勝

宗　教

又俊教編著　国書刊行会　1981.1　2冊
22cm　全16000円

◇続真言宗全書　第6　大日経疏鈔　続真
言宗全書刊行会編纂　〔高野町(和歌山
県)〕　続真言宗全書刊行会　1980.11
734p　23cm　〈弘法大師御生誕1200年記
念〉

◇続真言宗全書　第37　紀伊続風土記—高
野山之部　続真言宗全書刊行会編纂
〔高野町(和歌山県)〕　続真言宗全書刊
行会　1980.7　p425〜800　23cm　〈弘
法大師御生誕1200年記念〉

◇続真言宗全書　第21　真言本母集　第1
〜第17　続真言宗全書刊行会編纂　〔高
野町(和歌山県)〕　続真言宗全書刊行会
1980.6　458p　23cm　〈弘法大師御生誕
1200年記念〉

◇五大院安然和尚　小林月史著　〔京都〕
京都観照会事務局　1980.4　40p　19cm
〈『弁財天研究叢書』第1冊別巻〉

◇真言宗十巻章　真言学研究室　1980.4　1
冊(頁付なし)　21cm　〈明治11年刊の複
製〉

◇続豊山全書　解題　勝又俊教編　続豊山
全書刊行会　1980.3　375p　23cm　〈著
作目録あり〉　非売品

◇日本仏教基礎講座　第3巻　真言宗　宮
坂宥勝編　雄山閣出版　1980.1　304p
22cm　3500円

◇続真言宗全書　第14　秘密曼荼羅十住心
論科註　続真言宗全書刊行会編纂　〔高
野町(和歌山県)〕　続真言宗全書刊行会
1979.11　p503〜954　23cm　〈弘法大師
御生誕1200年記念　付(6枚 袋入)〉

◇真言密教の基本—教理と行証　三井英光
著　京都　法蔵館　1979.10　246p
20cm　〈弘法大師の肖像あり〉　1800円

◇続真言宗全書　第9　釈摩訶衍論鈔　第
14〜第28　続真言宗全書刊行会編纂

〔高野町(和歌山県)〕　続真言宗全書刊
行会　1979.9　p391〜873　23cm　〈弘
法大師御生誕1200年記念〉

◇諏訪の名刹　1　真言宗智山派.高野山真
言宗　諏訪　南信日日新聞社　1979.8
303p　27cm　〈監修：宮坂宥勝〉
5000円

◇続真言宗全書　第36　紀伊続風土記—高
野山之部　続真言宗全書刊行会編纂
〔高野町(和歌山県)〕　続真言宗全書刊
行会　1979.6　422p　23cm　〈弘法大師
御生誕1200年記念　折り込図1枚〉

◇普通真言蔵　浄厳覚彦著, 稲谷祐宣校注
大阪　東方出版　1979.5　2冊(別冊と
も)　22cm　〈別冊(180p)：普通真言蔵
付　帙入〉　全15000円

◇安然和尚の研究　叡山学会編　京都　同
朋舎　1979.3　1冊　22cm　〈五大院安
然和尚の肖像あり〉　6000円

◇真言密教成立過程の研究　続　櫛田良洪
著　山喜房仏書林　1979.3　875, 73p
23cm　15000円

◇続真言宗全書　第13　秘密曼荼羅十住心
論科註　続真言宗全書刊行会編纂　〔高
野町(和歌山県)〕　続真言宗全書刊行会
1979.3　500p　23cm　〈弘法大師御生誕
1200年記念　付(7枚 袋入)〉

◇密教の世界観　金岡秀友著　ピタカ
1978.12　369p　22cm　3800円

◇古寺巡礼京都　30　大覚寺　巌谷大四ほ
か著　京都　淡交社　1978.11　145p
27cm　〈監修：井上靖, 塚本善隆　大覚
寺年表：p139〜144〉　2800円

◇続真言宗全書　第19　秘蔵宝鑰鈔　続真
言宗全書刊行会編纂　〔高野町(和歌山
県)〕　続真言宗全書刊行会　1978.11
493p　23cm　〈弘法大師御生誕1200年記
念〉

◇大日本仏教全書　覚禅鈔　仏書刊行会編

第一書房　1978.11　7冊　22cm　〈大正3〜5年刊の複製〉　全35000円

◇古寺巡礼京都　28　泉涌寺　田中澄江, 小松道円著　京都　淡交社　1978.9　159p　27cm　〈監修：井上靖, 塚本善隆〉　2800円

◇光明真言集成　田中海応著　改訂版　大阪　東方出版　1978.8　270p　22cm　〈著者の肖像あり〉　3800円

◇続真言宗全書　第17　即身義部・声字義部　続真言宗全書刊行会編纂　〔高野町（和歌山県）〕　続真言宗全書刊行会　1978.6　573p　23cm　〈弘法大師御生誕1200年記念〉

◇大山公淳著作集　大山博士著作集刊行会編　大阪　ピタカ　1978.4-1979.6　9冊　22cm　〈第5巻から第9巻までの発行地は東京〉　全85000円

◇続豊山全書　第16巻　因明・外道部　勝又俊教編　勝又俊教監修, 川崎信定, 北条賢三編　続豊山全書刊行会　1978.3　560p　23cm　非売品

◇続真言宗全書　第35　金剛峯寺諸院家析負輯　続真言宗全書刊行会編纂　〔高野町（和歌山県）〕　続真言宗全書刊行会　1978.2　p343〜752　23cm　〈弘法大師御生誕1200年記念〉

◇続豊山全書　第6巻　宗乗部　第6　勝又俊教編　亀井宗忠監修, 小野塚幾澄, 松崎恵水, 吉田生市, 栗山明憲編　続豊山全書刊行会　1978.2　652p　23cm　非売品

◇真言宗全書　第23　続真言宗全書刊行会校訂　高野町（和歌山県）　続真言宗全書刊行会　1978.1　449p　23cm　〈真言宗全書刊行会昭和10年刊の複製　発売：同朋舎出版特販部, 典籍普及会（京都）〉

◇真言宗全書　〔第44〕　続真言宗全書刊行会校訂　高野町（和歌山県）　続真言宗全書刊行会　1978.1　717p　23cm　〈真言宗全書刊行会昭和14年刊の複製　発売：同朋舎出版特販部, 典籍普及会（京都）〉

◇続豊山全書　第5巻　宗乗部　第5　勝又俊教編　亀井宗忠監修, 小野塚幾澄, 松崎恵水, 吉田生市, 栗山明憲編　続豊山全書刊行会　1978.1　566p　23cm　非売品

◇続真言宗全書　第12　十住心論私記　続真言宗全書刊行会編纂　〔高野町（和歌山県）〕　続真言宗全書刊行会　1977.12　360p　23cm　〈弘法大師御生誕1200年記念〉

◇真言宗全書　第16　続真言宗全書刊行会校訂　高野町（和歌山県）　続真言宗全書刊行会　1977.10　406p　23cm　〈真言宗全書刊行会昭和10年刊の複製　発売：同朋舎出版特販部, 典籍普及会（京都）〉

◇真言宗全書　第21　続真言宗全書刊行会校訂　高野町（和歌山県）　続真言宗全書刊行会　1977.10　404p　23cm　〈真言宗全書刊行会昭和9年刊の複製　発売：同朋舎出版特販部, 典籍普及会（京都）〉

◇真言宗全書　第22　続真言宗全書刊行会校訂　高野町（和歌山県）　続真言宗全書刊行会　1977.10　448p　23cm　〈真言宗全書刊行会昭和9年刊の複製　発売：同朋舎出版特販部, 典籍普及会（京都）〉

◇真言宗全書　第24　続真言宗全書刊行会校訂　高野町（和歌山県）　続真言宗全書刊行会　1977.10　488p　23cm　〈真言宗全書刊行会昭和11年刊の複製　発売：同朋舎出版特販部, 典籍普及会（京都）〉

◇真言宗全書　第25　続真言宗全書刊行会校訂　高野町（和歌山県）　続真言宗全書刊行会　1977.10　530p　23cm　〈真言宗全書刊行会昭和9年刊の複製　発売：同朋舎出版特販部, 典籍普及会（京都）〉

◇真言宗全書　第26　続真言宗全書刊行会校訂　高野町（和歌山県）　続真言宗全書刊行会　1977.10　402p　23cm　〈真言

宗　教

◇真言宗全書　第27　続真言宗全書刊行会校訂　高野町(和歌山県)　続真言宗全書刊行会　1977.10　364p　23cm　〈真言宗全書刊行会昭和11年刊の複製　発売：同朋舎出版特販部, 典籍普及会(京都)〉

◇真言宗全書　第28　続真言宗全書刊行会校訂　高野町(和歌山県)　続真言宗全書刊行会　1977.10　523p　23cm　〈真言宗全書刊行会昭和8年刊の複製　発売：同朋舎出版特販部, 典籍普及会(京都)〉

◇真言宗全書　第29　続真言宗全書刊行会校訂　高野町(和歌山県)　続真言宗全書刊行会　1977.10　416p　23cm　〈真言宗全書刊行会昭和9年刊の複製　発売：同朋舎出版特販部, 典籍普及会(京都)〉

◇真言宗全書　第30　続真言宗全書刊行会校訂　高野町(和歌山県)　続真言宗全書刊行会　1977.10　398p　23cm　〈真言宗全書刊行会昭和10年刊の複製　発売：同朋舎出版特販部, 典籍普及会(京都)〉

◇真言宗全書　第31　続真言宗全書刊行会校訂　高野町(和歌山県)　続真言宗全書刊行会　1977.10　372p　23cm　〈真言宗全書刊行会昭和10年刊の複製　発売：同朋舎出版特販部, 典籍普及会(京都)〉

◇真言宗全書　第32　続真言宗全書刊行会校訂　高野町(和歌山県)　続真言宗全書刊行会　1977.10　466p　23cm　〈真言宗全書刊行会昭和9年刊の複製　発売：同朋舎出版特販部, 典籍普及会(京都)〉

◇真言宗全書　第33　続真言宗全書刊行会校訂　高野町(和歌山県)　続真言宗全書刊行会　1977.10　410p　23cm　〈真言宗全書刊行会昭和11年刊の複製　発売：同朋舎出版特販部, 典籍普及会(京都)〉

◇真言宗全書　第34　続真言宗全書刊行会校訂　高野町(和歌山県)　続真言宗全書刊行会　1977.10　460p　23cm　〈真言宗全書刊行会昭和11年刊の複製　発売：同朋舎出版特販部, 典籍普及会(京都)〉

◇真言宗全書　第35　続真言宗全書刊行会校訂　高野町(和歌山県)　続真言宗全書刊行会　1977.10　352p　23cm　〈真言宗全書刊行会昭和11年刊の複製　発売：同朋舎出版特販部, 典籍普及会(京都)〉

◇真言宗全書　第36　続真言宗全書刊行会校訂　高野町(和歌山県)　続真言宗全書刊行会　1977.10　420p　23cm　〈真言宗全書刊行会昭和9年刊の複製　発売：同朋舎出版特販部, 典籍普及会(京都)〉

◇真言宗全書　第37　続真言宗全書刊行会校訂　高野町(和歌山県)　続真言宗全書刊行会　1977.10　504p　23cm　〈真言宗全書刊行会昭和11年刊の複製　発売：同朋舎出版特販部, 典籍普及会(京都)〉

◇真言宗全書　第38　続真言宗全書刊行会校訂　高野町(和歌山県)　続真言宗全書刊行会　1977.10　498p　23cm　〈真言宗全書刊行会昭和8年刊の複製　発売：同朋舎出版特販部, 典籍普及会(京都)〉

◇真言宗全書　第39　続真言宗全書刊行会校訂　高野町(和歌山県)　続真言宗全書刊行会　1977.10　440p　23cm　〈真言宗全書刊行会昭和9年刊の複製　発売：同朋舎出版特販部, 典籍普及会(京都)〉

◇真言宗全書　第40　続真言宗全書刊行会校訂　高野町(和歌山県)　続真言宗全書刊行会　1977.10　386p　23cm　〈真言宗全書刊行会昭和10年刊の複製　発売：同朋舎出版特販部, 典籍普及会(京都)〉

◇真言宗全書　第41　続真言宗全書刊行会校訂　高野町(和歌山県)　続真言宗全書刊行会　1977.10　456p　23cm　〈真言宗全書刊行会昭和11年刊の複製　発売：同朋舎出版特販部, 典籍普及会(京都)〉

◇真言宗全書　第42　続真言宗全書刊行会

宗　教

校訂　高野町（和歌山県）　続真言宗全書刊行会　1977.10　366p　23cm　〈真言宗全書刊行会昭和9年刊の複製　発売：同朋舎出版特販部,典籍普及会（京都）〉

◇真言宗全書　〔第43〕　続真言宗全書刊行会校訂　高野町（和歌山県）　続真言宗全書刊行会　1977.10　396p　23cm　〈真言宗全書刊行会昭和12年刊の複製　発売：同朋舎出版特販部,典籍普及会（京都）〉

◇続豊山全書　第4巻　宗乗部　第4　勝又俊教編　亀井宗忠監修,栗山秀純,加藤精一編　続豊山全書刊行会　1977.10　530p　23cm　非売品

◇真言宗全書　第11　続真言宗全書刊行会校訂　高野町（和歌山県）　続真言宗全書刊行会　1977.8　404p　23cm　〈真言宗全書刊行会昭和11年刊の複製　発売：同朋舎出版特販部,典籍普及会（京都）〉

◇真言宗全書　第12　続真言宗全書刊行会校訂　高野町（和歌山県）　続真言宗全書刊行会　1977.8　470p　23cm　〈真言宗全書刊行会昭和10年刊の複製　発売：同朋舎出版特販部,典籍普及会（京都）〉

◇真言宗全書　第13　続真言宗全書刊行会校訂　高野町（和歌山県）　続真言宗全書刊行会　1977.8　464p　23cm　〈真言宗全書刊行会昭和8年刊の複製　発売：同朋舎出版特販部,典籍普及会（京都）〉

◇真言宗全書　第14　続真言宗全書刊行会校訂　高野町（和歌山県）　続真言宗全書刊行会　1977.8　458p　23cm　〈真言宗全書刊行会昭和8年刊の複製　発売：同朋舎出版特販部,典籍普及会（京都）〉

◇真言宗全書　第15　続真言宗全書刊行会校訂　高野町（和歌山県）　続真言宗全書刊行会　1977.8　482p　23cm　〈真言宗全書刊行会昭和11年刊の複製　発売：同朋舎出版特販部,典籍普及会（京都）〉

◇真言宗全書　第17　続真言宗全書刊行会校訂　高野町（和歌山県）　続真言宗全書刊行会　1977.8　424p　23cm　〈真言宗全書刊行会昭和8年刊の複製　発売：同朋舎出版特販部,典籍普及会（京都）〉

◇真言宗全書　第18　続真言宗全書刊行会校訂　高野町（和歌山県）　続真言宗全書刊行会　1977.8　428p　23cm　〈真言宗全書刊行会昭和9年刊の複製　発売：同朋舎出版特販部,典籍普及会（京都）〉

◇真言宗全書　第19　続真言宗全書刊行会校訂　高野町（和歌山県）　続真言宗全書刊行会　1977.8　474p　23cm　〈真言宗全書刊行会昭和10年刊の複製　発売：同朋舎出版特販部,典籍普及会（京都）〉

◇真言宗全書　第20　続真言宗全書刊行会校訂　高野町（和歌山県）　続真言宗全書刊行会　1977.8　482p　23cm　〈真言宗全書刊行会昭和11年刊の複製　発売：同朋舎出版特販部,典籍普及会（京都）〉

◇古寺巡礼京都　15　高山寺　井上靖,葉上照澄著　京都　淡交社　1977.7　161p（図共）　27cm　〈監修：井上靖,塚本善隆　高山寺年表：p.155～158〉　2800円

◇真言宗全書　第1　続真言宗全書刊行会校訂　高野町（和歌山県）　続真言宗全書刊行会　1977.6　462p　23cm　〈真言宗全書刊行会昭和8年刊の複製　発売：同朋舎出版特販部,典籍普及会（京都）〉

◇真言宗全書　第2　続真言宗全書刊行会校訂　高野町（和歌山県）　続真言宗全書刊行会　1977.6　504p　23cm　〈真言宗全書刊行会昭和9年刊の複製　発売：同朋舎出版特販部,典籍普及会（京都）〉

◇真言宗全書　第3　続真言宗全書刊行会校訂　高野町（和歌山県）　続真言宗全書刊行会　1977.6　400p　23cm　〈真言宗全書刊行会昭和10年刊の複製　発売：同朋舎出版特販部,典籍普及会（京都）〉

◇真言宗全書　第4　続真言宗全書刊行会

◇真言宗全書 第5 続真言宗全書刊行会
校訂 高野町(和歌山県) 続真言宗全書
刊行会 1977.6 434p 23cm 〈真言宗
全書刊行会昭和10年刊の複製 発売：同朋
舎出版特販部, 典籍普及会(京都)〉

◇真言宗全書 第6 続真言宗全書刊行会
校訂 高野町(和歌山県) 続真言宗全書
刊行会 1977.6 334p 23cm 〈真言宗
全書刊行会昭和11年刊の複製 発売：同朋
舎出版特販部, 典籍普及会(京都)〉

◇真言宗全書 第7 続真言宗全書刊行会
校訂 高野町(和歌山県) 続真言宗全書
刊行会 1977.6 350p 23cm 〈真言宗
全書刊行会昭和11年刊の複製 発売：同朋
舎出版特販部, 典籍普及会(京都)〉

◇真言宗全書 第8 続真言宗全書刊行会
校訂 高野町(和歌山県) 続真言宗全書
刊行会 1977.6 416p 23cm 〈真言宗
全書刊行会昭和10年刊の複製 発売：同朋
舎出版特販部, 典籍普及会(京都)〉

◇真言宗全書 第9 続真言宗全書刊行会
校訂 高野町(和歌山県) 続真言宗全書
刊行会 1977.6 494p 23cm 〈真言宗
全書刊行会昭和9年刊の複製 発売：同朋
舎出版特販部, 典籍普及会(京都)〉

◇真言宗全書 第10 続真言宗全書刊行会
校訂 高野町(和歌山県) 続真言宗全書
刊行会 1977.6 632p 23cm 〈真言宗
全書刊行会昭和11年刊の複製 発売：同朋
舎出版特販部, 典籍普及会(京都)〉

◇続真言宗全書 第5 大日経疏除暗鈔・
大日経疏遍明鈔 続真言宗全書刊行会編
纂 〔高野町(和歌山県)〕 続真言宗全
書刊行会 1977.6 444p 23cm 〈弘法
大師御生誕1200年記念〉

◇続豊山全書 第14巻 余乗部 第5 勝
又俊教編 勝又俊教監修, 新井慧誉, 津田
真阿, 加藤純章, 高橋尚夫, 向井隆健編
続豊山全書刊行会 1977.5 624p 23cm
非売品

◇興教大師撰述集 宮坂宥勝編注 山喜房
仏書林 1977.3 2冊 22cm 各7500円

◇続真言宗全書 第7 金剛頂経部・瑜祇
経部・理趣経部 続真言宗全書刊行会編
纂 〔高野町(和歌山県)〕 続真言宗全
書刊行会 1977.3 463p 23cm 〈弘法
大師御生誕1200年記念〉

◇続豊山全書 第13巻 余乗部 第4 勝
又俊教編 勝又俊教監修, 木村高尉, 新井
慧誉, 平井宥慶編 続豊山全書刊行会
1977.3 616p 23cm 〈奥付の責任表
示：木村光尉〉 非売品

◇続豊山全書 第17巻 六合釈・雑部 勝
又俊教編 田久保周誉, 加藤章一監修, 田
中文盛, 山田昭全, 吉田生而, 木村高尉,
星野英紀編 続豊山全書刊行会 1977.2
626p 23cm 非売品

◇続真言宗全書 第8 釈摩訶衍論鈔 第1
～第13 続真言宗全書刊行会編纂 〔高
野町(和歌山県)〕 続真言宗全書刊行会
1976.12 388p 23cm 〈弘法大師御生
誕1200年記念〉

◇密教学 神林隆浄著 日本図書センター
1976.10 218, 12p 22cm 〈昭和4年刊
の複製〉 7000円

◇続真言宗全書 第34 金剛峯寺諸院家析
負輯 続真言宗全書刊行会編纂 〔高野
町(和歌山県)〕 続真言宗全書刊行会
1976.9 338p 23cm 〈弘法大師御生誕
1200年記念〉

◇続豊山全書 第11巻 余乗部 第2 勝
又俊教編 勝又俊教監修, 斎藤光純, 川崎
信定, 津田真阿, 加藤純章編 続豊山全書
刊行会 1976.9 678p 23cm 非売品

宗 教

◇続豊山全書　第12巻　余乗部　第3　勝又俊教編　勝又俊教監修, 吉田生而, 津田真阿, 平井宥慶, 高橋尚夫編　続豊山全書刊行会　1976.7　670p　23cm　非売品

◇続真言宗全書　第4　密軌問弁・密軌問弁啓迪・秘密儀軌伝授随筆　続真言宗全書刊行会編纂　〔高野町（和歌山県）〕　続真言宗全書刊行会　1976.5　358p　23cm　〈弘法大師御生誕1200年記念〉

◇続豊山全書　第9巻　事相部　第3　勝又俊教編　青木融光監修, 権田快寿, 栗山明憲編　続豊山全書刊行会　1976.5　464p　23cm　非売品

◇続真言宗全書　第3　諸儀軌稟承録 第10～第13・諸儀軌伝授撮要　続真言宗全書刊行会編纂　〔高野町（和歌山県）〕　続真言宗全書刊行会　1976.2　418p　23cm　〈弘法大師御生誕1200年記念〉

◇真言密教霊雲寺派関係文献解題　三好竜肝編著　国書刊行会　1976　566, 29p 図　22cm　8000円

◇大師御請来梵字真言集　長谷宝秀編　国書刊行会　1976　702p　22cm　〈昭和13年刊の複製〉　10000円

◇秘蔵宝鑰講義　高井観海著　名著出版　1976　256p　22cm　（大蔵経講座 24）〈昭和9年刊の複製 限定版〉　3000円

◇続真言宗全書　第2　諸軌稟承録　第1～第9　続真言宗全書刊行会編纂　〔高野町（和歌山県）〕　続真言宗全書刊行会　1975.11　385p　23cm　〈弘法大師御生誕1200年記念〉

◇続豊山全書　第3巻　宗乗部　第3　勝又俊教編　亀井宗忠監修, 松崎恵水, 栗山秀純, 加藤精一編　続豊山全書刊行会　1975.8　482p　23cm　非売品

◇続豊山全書　第20巻　外典部　勝又俊教編　永井義憲監修, 松本寧至, 清水宥聖編　続豊山全書刊行会　1975.5　514p　23cm　非売品

◇続真言宗全書　第1　諸経儀軌伝授次第目録・諸儀軌訣影　続真言宗全書刊行会編纂　〔高野町（和歌山県）〕　続真言宗全書刊行会　1975.1　411p　23cm　〈弘法大師御生誕1200年記念〉

◇続豊山全書　第19巻　史伝部　第2　勝又俊教編　櫛田良洪監修, 林亮勝編　続豊山全書刊行会　1974.11　558p　23cm　非売品

◇続豊山全書　第8巻　事相部　第2　勝又俊教編　青木融光監修, 権田快寿, 栗山明憲, 吉田生而編　続豊山全書刊行会　1974.10　524p　23cm　非売品

◇続豊山全書　第15巻　音韻・八転声・六合釈　勝又俊教編　田久保周誉監修, 木村高尉, 斉藤光純編　続豊山全書刊行会　1974.8　508p　23cm　非売品

◇続豊山全書　第2巻　宗乗部　第2　勝又俊教編　亀井宗忠監修, 小野塚幾澄, 松崎恵水, 吉田生而編　続豊山全書刊行会　1974.4　462p　23cm　非売品

◇続豊山全書　第10巻　余乗部　第1　勝又俊教編　勝又俊教監修, 斎藤光純, 津田真阿, 加藤純章編　続豊山全書刊行会　1974.2　604p　23cm　非売品

◇国訳聖教大系　東密部　国書刊行会　1974　7冊　27cm　〈仏教珍籍刊行会昭和6-8年刊の複製〉　全30000円

◇秘密仏教の研究　森田竜僊著　京都　臨川書店　1974　354p　22cm　〈六大新報社昭和5年刊の複製〉　4500円

◇密教の寺―その歴史と美術　佐和隆研著　京都　法蔵館　1974　図63p 248, 10p　27cm　6500円

◇続豊山全書　第7巻　事相部　第1　勝又俊教編　青木融光監修, 権田快寿, 栗山明憲, 吉田生而編　続豊山全書刊行会

233

宗　教

　　1973.10　582p　23cm　非売品

◇続豊山全書　第18巻　史伝部　第1　勝又俊教編　櫛田良洪監修、林亮勝編　続豊山全書刊行会　1973.6　468p　23cm　非売品

◇続豊山全書　第1巻　宗乗部　第1　勝又俊教編　亀井宗忠監修、小野塚幾澄、松崎恵水、栗山明憲、栗山秀純編　続豊山全書刊行会　1973.4　476p　23cm　非売品

◇真言密教の教学　金山穆韶著　京都　臨川書店　1973　796p　22cm　〈高野山大学出版部昭和19年刊の複製〉　4500円

◇弘法大師の哲学と信仰　寺田弥吉著　太陽出版　1971　431p　20cm　750円

◇智山全書　解題　京都　智山全書刊行会　1971　514p　22cm　〈付録(p.458-504)：智山学匠略伝〉　非売

◇大日経に聞く　宮崎忍勝著　教育新潮社　1970　319p　19cm　1100円

◇略説密教　伊東三郎著　東京法律事務所　1970　92p　図　21cm　非売

◇智山全書　索引　京都　智山全書刊行会　1969　427p　22cm　非売

◇真言密教への手引き―大山公淳集　大山公淳著　教育新潮社　1968　265p　図版　19cm　（昭和仏教全集　第6部　第2）　600円

◇お経のはなし―経典ダイジェスト　宮坂宥勝著　高野町(和歌山県)　高野山出版社　1967　164p　17cm　250円

◇智山全書　第2　京都　智山全書刊行会　1967　744p　22cm　非売

◇智山全書　第5巻　京都　智山全書刊行会　1967　572p　22cm　非売

◇智山全書　第7巻　京都　智山全書刊行会　1967　562p　22cm

◇智山全書　第11巻　京都　智山全書刊行会　1967　670p　22cm　非売

◇智山全書　第14巻　京都　智山全書刊行会　1967　651p　22cm　非売

◇智山全書　第15巻　京都　智山全書刊行会　1967　698p　22cm　非売

◇智山全書　第19巻　京都　智山全書刊行会　1967　854p　22cm　非売

◇人間の種々相―秘蔵宝鑰『空海』　宮坂宥勝著　筑摩書房　1967　284p　図版　20cm　（日本の仏教　第4巻）　480円

◇〔智山全書〕会報―第8号～第11号　智山全書刊行会　1966.1-7　1冊　21cm

◇真言密教史の研究　守山聖真著　鹿野苑　1966　529p　22cm　3000円

◇智山全書　第1巻　京都　智山全書刊行会　1966　594p　22cm　非売

◇智山全書　第8巻　京都　智山全書刊行会　1966　780p　22cm　非売

◇智山全書　第10巻　京都　智山全書刊行会　1966　510p　22cm　非売

◇智山全書　第13巻　京都　智山全書刊行会　1966　576p　22cm　非売

◇智山全書　第17巻　京都　智山全書刊行会　1966　630p　22cm　非売

◇智山全書　第20巻　京都　智山全書刊行会　1966　534p　22cm　非売

◇お大師さまのことば　続　宮坂宥勝著　高野町(和歌山県)　高野山出版社　1965　172p　図版　17cm　（真言のおしえ　第4集）

◇真如親王伝研究―高丘親王伝考　杉本直治郎著　吉川弘文館　1965　697p　図版　23cm

◇智山全書　第3巻　京都　智山全書刊行会　1965　504p　22cm

◇智山全書　第4巻　京都　智山全書刊行会　1965　618p　22cm　非売

◇智山全書　第9巻　京都　智山全書刊行会　1965　754p　22cm

◇智山全書　第12巻　京都　智山全書刊行会　1965　668p　22cm

◇智山全書　第16巻　京都　智山全書刊行会　1965　578p　22cm

◇智山全書　第18巻　京都　智山全書刊行会　1965　589p　22cm

◇理趣経の現代意訳と密教々理　八田幸雄著　高野町(和歌山県)　高野山出版社　1965　232p　図版　22cm　800円

◇真言密教成立過程の研究　櫛田良洪著　山喜房仏書林　1964.8（第4刷：2001.6）　1205, 75p　22cm　23000円　①4-7963-0305-7

◇智山全書　第6巻　京都　智山全書刊行会　1964　638p　22cm

◇真言宗聖典　長松俊恭編　京都　平楽寺書店　1962 21版　1580p　19cm

◇真言陀羅尼蔵の解説　田久保周誉著　豊山教育財団　1960　140p　27cm

◇真言内証義―并五大秘観　北畠親房著, 久保田収校訂及解説　京都　芸林会　1959　28p　21cm　（芸林資料叢書 第1）

◇真言密教の教義と実修―教会教使必携　坂田徹全編　高野町(和歌山県)　高野山出版社　1954　211p　図版　22cm　〈標題紙には高野山真言教学部編とあり 附録：高野山大師教会施行規程(別綴24p)〉

◇秘密曼荼羅十住心論　空海著, 勝又俊教訳註　明治書院　1954　356, 38p　19cm

◇真言宗読本　実修篇　栂尾祥雲著　高野町(和歌山県)　高野山出版社　1949　206p　図版　22cm　〈和装〉

◇真言宗安心要義　長谷宝秀著　京都　六大新報社　1948　73p　19cm　（六大叢書 第3）

◇真言宗常用経典解説　坂田光全著, 高野山大学仏教通信講座部編　高野町(和歌山県)　高野山出版社　1948　110p　22cm

◇真言宗読本　教義篇　栂尾祥雲著　高野山(和歌山県)　高野山出版社　1948　211p　22cm　〈和装〉

◇真言宗読本　宗史篇　栂尾祥雲著　高野町(和歌山県)　高野山出版社　1948　181p　地図　22cm　〈和装〉

◇密教教理概説　栂尾祥雲述, 高野山大学仏教通信講座部編　高野町(和歌山県)　高野山出版社　1948　100p　22cm

空海　くうかい

宝亀5年(774年)〜承和2年3月21日(835年)　平安初期の僧侶。真言宗の開祖。讃岐国の人。俗姓は佐伯氏、幼名は真魚。灌頂名は遍照金剛、諡号は弘法大師。父は佐伯直田公、母は阿刀氏。生誕の月日は不明だが、不空三蔵の生まれ変わりとする信仰から、その命日にあたる6月15日生誕説が生じた。長岡京に上京して叔父阿刀大足に漢籍を学び、18歳で大学に入り儒学を学ぶが中退し、阿波国大滝岳や土佐国室戸岬などで修行。延暦16年(797年)出家宣言の書『三教指帰』を著し、以降7年間の消息は不明。延暦23年(804年)4月出家得度し、東大寺戒壇院で具足戒を受けて空海と号す。同年7月遣唐使の船で最澄や橘逸勢らと共に入唐し、長安青龍寺の恵果から密教を伝授され、真言密教の第八祖を継いだ。大同元年(806年)10月帰朝。弘仁元年(810年)高雄山寺(神護寺)で鎮護国家の修

法を行い、嵯峨天皇との親交が始まる。弘仁3年(812年)最澄に灌頂を授けるが、その弟子泰範のことから疎遠となった。弘仁7年(816年)高野山を下賜され、修禅の道場として金剛峯寺を開き、また弘仁14年(823年)平安京に東寺(教王護国寺)を開いて根本道場とした。即身成仏と鎮護国家、済世利民を目標に、真言宗の開祖として真言密教の布教や研鑽に努め、天長4年(827年)大僧都となる。翌5年(828年)日本初の一般向け教育機関である綜芸種智院を創設。教義書『弁顕密二教論』『秘密曼荼羅十住心論』などの他、日本初の辞典『篆隷万象名義』の編集、『文鏡秘府論』、詩文集『遍照発揮性霊集』など著書多数。嵯峨天皇、橘逸勢と並んで三筆の一人に数えられ、『風信帖』『灌頂歴名』『三十帖策子』などに自筆が残る。

◇空海「秘蔵宝鑰」こころの底を知る手引き―ビギナーズ日本の思想　空海著, 加藤純隆, 加藤精一訳　角川学芸出版, 角川グループパブリッシング〔発売〕2010.4　280p　15cm　（角川ソフィア文庫）　819円　⓵978-4-04-407213-1

◇弘法大師聖句集成　福田亮成編　山喜房仏書林　2010.3　280p　19cm　5800円　⓵978-4-7963-0299-9

◇はじめての「大日経」入門　越智淳仁著　セルバ出版, 創英社/三省堂書店〔発売〕2010.3　119p　21cm　（セルバ仏教ブックス）　1400円　⓵978-4-86367-027-3

◇傍訳弘法大師空海　法華経開題　宮坂宥勝監修　四季社　2010.3　366p　21cm　16000円　⓵978-4-88405-584-4

◇僧、空海のこと　合田盛文著　〔出版地不明〕合田盛文　2010.2　248p　18cm

◇詳解空海と真言宗　福田亮成監修　学研パブリッシング, 学研マーケティング（発売）2009.12　243p　20cm　（宗教書ライブラリー）〈写経手本付き　並列シリーズ名：Religious book library　文献あり〉　1500円　⓵978-4-05-404397-8

◇大宇宙に生きる―空海　松長有慶著　中央公論新社　2009.12　199p　16cm　（中公文庫　ま9-4）　533円　⓵978-4-12-205247-5

◇若き空海の実像―「聾瞽指帰」と新資料「破体千字文」で解明する　飯島太千雄著　大法輪閣　2009.11　350p　22cm　3400円　⓵978-4-8046-1293-5

◇大日経の真髄を解く―神変・大乗密教の奥義　安達駿著　たま出版　2009.9　283p　19cm　1600円　⓵978-4-8127-0289-5

◇空海言葉の輝き　竹内信夫文, 永坂嘉光写真　新装版　ピエ・ブックス　2009.8　283p　16cm　〈アートディレクション：高岡一弥〉　1300円　⓵978-4-89444-799-8

◇弘法大師空海の金言をひらく　静慈円著　セルバ出版, 創英社（発売）2009.8　119p　21cm　（セルバ仏教ブックス　知る・わかる・こころの旅を豊かにする）〈並列シリーズ名：Seluba Buddhism books〉　1200円　⓵978-4-86367-014-3

◇新・弘法大師の教えと生涯　福田亮成著　新装3訂　ノンブル社　2009.6　270p　22cm　〈文献あり　年譜あり〉　4500円　⓵978-4-903470-38-2

◇空海―生涯とその周辺　高木訷元著　吉川弘文館　2009.4　273p　20cm　（歴史文化セレクション）〈1997年刊の復刊〉2100円　⓵978-4-642-06348-7

◇空海の願い―「行為」と「知」　北尾克三郎著　プロスパー企画　2009.4　133p　19cm　1000円　⓵978-4-86180-036-8

◇空海塔のコスモロジー　武沢秀一著　春秋社　2009.3　254p　20cm　〈文献あり〉　2200円　①978-4-393-13545-7

◇空海の行動と思想―上表文と願文の解読から　静慈円著　京都　法蔵館　2009.3　277p　21cm　2800円　①978-4-8318-7375-0

◇空海ノート　長沢弘隆著　ノンブル　2009.2　457p　20cm　4800円　①978-4-903470-34-4

◇空海―日本人のこころの言葉　村上保寿著　大阪　創元社　2009.1　205p　18cm　〈文献あり　年譜あり〉　1200円　①978-4-422-80051-6

◇弘法さんかわら版―弘法大師の生涯と覚王山　大塚耕平著　大法輪閣　2008.12　206p　19cm　〈文献あり〉　1200円　①978-4-8046-1277-5

◇密教の秘密―そこに奇蹟がある　池口恵観著　新装版　潮文社　2008.12　238p　19cm　1200円　①978-4-8063-1429-5

◇空海の企て―密教儀礼と国のかたち　山折哲雄著　角川学芸出版,角川グループパブリッシング（発売）　2008.11　246p　19cm　（角川選書 437）　1500円　①978-4-04-703437-2

◇空海要語辞典　3　福田亮成編　山喜房仏書林　2008.11　523p　22cm　12000円　①978-4-7963-0897-7

◇空海をめぐる人物日本密教史　正木晃著　春秋社　2008.10　295p　20cm　〈文献あり〉　2200円　①978-4-393-17281-0

◇空海「秘蔵宝鑰」をよむ―心の秘宝を開く鍵　下　福田亮成著　日本放送出版協会　2008.10　158p　21cm　（NHKシリーズ）　〈放送期間：2008年10月―2009年3月　年譜あり〉　850円　①978-4-14-910665-6

◇現代社会を弘法大師の思想で読み解く　村上保寿著　セルバ出版,創英社（発売）　2008.9　199p　21cm　〈文献あり〉　1800円　①978-4-901380-94-2

◇弘法大師空海―その全生涯と思想　長盛順二著　東京図書出版会,リフレ出版（発売）　2008.8　258p　20cm　1500円　①978-4-86223-261-8

◇弘法大師伝承と史実―絵伝を読み解く　武内孝善著　大阪　朱鷺書房　2008.7　304p 図版8p　21cm　〈文献あり〉　2800円　①978-4-88602-200-4

◇空海と草木虫魚の世界―五智　北尾克三郎著　プロスパー企画　2008.6　183p　19cm　1200円　①978-4-86180-031-3

◇空海遍照路　加賀勧善著　恒友出版　2008.6　47p　31cm　3500円　①978-4-7652-8158-4

◇空海「秘蔵宝鑰」をよむ―心の秘宝を開く鍵　上　福田亮成著　日本放送出版協会　2008.4　157p　21cm　（NHKシリーズ）　〈放送期間：2008年4月―2007年9月　肖像あり　年譜あり〉　850円　①978-4-14-910664-9

◇『マンダラ』の方舟―空海の世界観と今日　北尾克三郎著　プロスパー企画　2008.3　165p　19cm　1000円　①978-4-86180-030-6

◇空海の思想的展開の研究　藤井淳著　トランスビュー　2008.2　715,39p　22cm　〈他言語標題：Studies on the developments of Kukai's thought　文献あり〉　12000円　①978-4-901510-58-5

◇空海の哲学巡礼―十の知性の話　北尾克三郎著　プロスパー企画　2008.1　155p　19cm　1000円　①978-4-86180-029-0

◇空海密教の宇宙―その哲学を読み解く　宮坂宥勝著　大法輪閣　2008.1　351p　20cm　2800円　①978-4-8046-1264-5

◇日本の零魚成度・陀・敏智空海の謎！―

その教えとは　阿部藤吉著　文芸社　2008.1　213p　20cm　1500円　⓪978-4-286-04088-2

◇空海とヨガ密教　小林良彰著　学習研究社　2007.11　235p　20cm　〈文献あり〉　1800円　⓪978-4-05-403577-5

◇空海の言葉―無限の知性と慈しみ　北尾克三郎著　プロスパー企画　2007.11　148p　19cm　1000円　⓪978-4-86180-026-9

◇空海及び白楽天の著作に係わる注釈書類の調査研究　下　太田次男著　勉誠出版　2007.6　426p　22cm　〈著作目録あり〉　⓪978-4-585-03165-9

◇空海の哲学『マンダラ』―すべての生物と共に生きる願いの「場」　北尾克三郎著　プロスパー企画　2007.6　124p　19cm　1000円　⓪978-4-86180-023-8

◇「空海」の向こう側へ―現世を生き抜くための密教のすすめ　山川健一著　ソフトバンククリエイティブ　2007.5　263p　18cm　（ソフトバンク新書）　700円　⓪978-4-7973-4242-0

◇空海の哲学『声字実相義』北尾克三郎著　プロスパー企画　2007.2　133p　19cm　1000円　⓪978-4-86180-020-7

◇謎の空海―誰もがわかる空海入門　三田誠広著　河出書房新社　2007.1　222p　19cm　1400円　⓪978-4-309-23077-1

◇空海の本―密教最大の聖者の実像と伝説を探る　学習研究社　2006.12　218p　21cm　（New sight mook）　1300円　⓪4-05-604562-3

◇現代に生きる空海　村上保寿編　小学館スクウェア　2006.12　159p　27cm　（高野山大学選書　第5巻）　2857円　⓪4-7979-8682-4

◇弘法大師空海論考―研究と評論　加藤精一著　春秋社　2006.11　273p　22cm　8000円　⓪4-393-17229-9

◇空海と真言宗―知れば知るほど　宮坂宥洪監修　実業之日本社　2006.8　265p　19cm　〈肖像あり〉　1500円　⓪4-408-32316-0

◇空海般若心経の秘密を読み解く　松長有慶著　春秋社　2006.8　217p　20cm　2000円　⓪4-393-17279-5

◇空海―人間の能力を最高に開花させる「マンダラ力」　斎藤孝著　大和書房　2006.7　126p　21cm　（斎藤孝の天才伝4）　〈肖像あり　年譜あり　文献あり〉　1400円　⓪4-479-79166-3

◇アーチ伝来　永田圭介著　大阪　編集工房ノア　2006.6　233p　20cm　2200円　⓪4-89271-609-X

◇空海とアインシュタイン―宗教と科学の対話　広瀬立成著　PHP研究所　2006.3　234p　18cm　（PHP新書）　〈文献あり〉　720円　⓪4-569-64782-0

◇空海のエコロジー思想―マンダラ　北尾克三郎著　プロスパー企画　2006.3　149p　19cm　1200円　⓪4-86180-014-5

◇空海のデザインと嵯峨天皇　坂口博翁著　京都　大本山大覚寺出版部　2006.3　197p　21cm　〈肖像あり〉　1500円　⓪4-902031-03-5

◇弘法大師空海の研究　武内孝善著　吉川弘文館　2006.2　577,20p　22cm　〈年表あり〉　13000円　⓪4-642-02448-4

◇目からウロコの空海と真言宗　福田亮成監修　学習研究社　2006.2　238p　20cm　（わたしの家の宗教シリーズ）　〈文献あり〉　1500円　⓪4-05-402989-2

◇空海―世界的思想としての密教　河出書房新社　2006.1　191p　21cm　（Kawade道の手帖）　〈年譜あり〉　1500円　⓪4-309-74008-1

◇空海マンダラ―弘法大師と高野山　井筒信隆監修, 北海道立近代美術館, 北海道立旭川美術館編　〔札幌〕　北海道新聞社　2006　206p　30cm　〈他言語標題：Priest Kukai and sacred treasures of Mount Koya　会期・会場：2006年9月9日―10月22日 北海道立旭川美術館ほか　年表あり〉

◇空海の夢　松岡正剛著　新版　春秋社　2005.12　411p　20cm　2000円　Ⓘ4-393-13636-5

◇弘法大師空海と唐代密教―弘法大師入唐千二百年記念論文集　静慈円編著　京都　法蔵館　2005.12　279p　22cm　6500円　Ⓘ4-8318-7688-7

◇空海―平安のマルチ文化人　頼富本宏著　日本放送出版協会　2005.11　211p　16cm　（NHKライブラリー 200）〈年譜あり〉　830円　Ⓘ4-14-084200-8

◇空海名言辞典　近藤尭寛編　高野町（和歌山県）　高野山出版社　2005.11　401p　18cm　Ⓘ4-87527-048-8

◇『空海の風景』を旅する　NHK取材班著　中央公論新社　2005.8　374p　16cm　（中公文庫）〈文献あり〉　686円　Ⓘ4-12-204564-9

◇吽字義―現代語訳　福田亮成著　ノンブル　2005.7　230p　22cm　（弘法大師に聞くシリーズ 7）〈肖像あり〉　5500円　Ⓘ4-931117-96-1

◇空海の道を行く　関根優著　栄光出版社　2005.7　321p　20cm　1500円　Ⓘ4-7541-0072-7

◇最澄と空海―日本人の心のふるさと　梅原猛著　小学館　2005.6　365p　15cm　（小学館文庫）〈肖像あり〉　638円　Ⓘ4-09-405623-8

◇空海―高野開山　寺林峻著　学陽書房　2005.5　337p　15cm　（人物文庫）　800円　Ⓘ4-313-75198-X

◇空海の『十住心論』を読む　岡野守也著　大法輪閣　2005.3　350p　20cm　2600円　Ⓘ4-8046-1217-3

◇空海コレクション　2　空海著, 宮坂宥勝監修, 頼富本宏, 北尾隆心, 真保竜敞訳注　筑摩書房　2004.11　485p　15cm　（ちくま学芸文庫）　1500円　Ⓘ4-480-08762-1

◇空海コレクション　1　空海著, 宮坂宥勝監修, 頼富本宏訳注　筑摩書房　2004.10　417p　15cm　（ちくま学芸文庫）　1400円　Ⓘ4-480-08761-3

◇弘法大師の手紙　福田亮成著　ノンブル社　2004.10　158p　22cm　2500円　Ⓘ4-931117-88-0

◇空海の起結―現象学的史学　石田尚豊著　中央公論美術出版　2004.8　406p　22cm　〈年表あり〉　8400円　Ⓘ4-8055-0477-3

◇般若心経秘鍵入門　村岡空著　京都　大覚寺出版部　2004.8　414p　22cm　〈年表あり〉　6000円　Ⓘ4-902031-00-0

◇密教瞑想から読む般若心経―空海・般若心経秘鍵と成就法の世界　越智淳仁著　大法輪閣　2004.8　301p　20cm　3000円　Ⓘ4-8046-1210-6

◇空海の話　和歌山　わかやま絵本の会　2004.7　52p　21cm　（郷土絵本 no.72）　650円

◇空海の般若心経　阿部竜樹著　春秋社　2004.7　204p　20cm　1700円　Ⓘ4-393-17278-7

◇空海と霊界めぐり伝説　上垣外憲一著　角川書店　2004.6　241p　19cm　（角川選書 363）　1600円　Ⓘ4-04-703363-4

◇空海民衆と共に―信仰と労働・技術　河原宏著　京都　人文書院　2004.6　223p　20cm　2200円　Ⓘ4-409-41076-8

◇京都発見　7　空海と真言密教　梅原猛著　新潮社　2004.5　216p　22cm

宗　教

2500円　①4-10-303019-4

◇私説お大師伝　釈隆伝著　文芸社
2004.5　242p　20cm　1500円　①4-8355-6645-9

◇空海曼陀羅　夢枕獏編著　日本出版社
2004.4　268p　20cm　1600円　①4-89048-761-1

◇傍訳弘法大師空海　事相篇　第3巻　空海著, 宮坂宥勝監修, 小峰弥彦編著　四季社
2004.4　271p　22cm　〈奥付のタイトル：弘法大師空海〉　16000円　①4-88405-227-7

◇空海と密教のかたち―研究発表と座談会　京都　仏教美術研究上野記念財団助成研究会　2004.3　35, 6p　図版6p　30cm　（仏教美術研究上野記念財団助成研究会報告書　第31冊）　〈編集代表：興膳宏　年表あり〉

◇傍訳弘法大師空海　事相篇　第4巻　空海著, 宮坂宥勝監修, 小峰智行, 田中悠文編著　四季社　2004.3　332p　22cm　〈奥付のタイトル：弘法大師空海〉　16000円　①4-88405-228-5

◇空海の道　永坂嘉光, 静慈円著　新潮社
2004.2　125p　21cm　（とんぼの本）　1300円　①4-10-602111-0

◇空海の思想と文化―小野塚幾澄博士古稀記念論文集　上　大正大学真言学豊山研究室小野塚幾澄博士古稀記念論文集刊行会編　ノンブル　2004.1　19, 570p　22cm　〈肖像あり　著作目録あり〉
①4-931117-81-3

◇空海の思想と文化―小野塚幾澄博士古稀記念論文集　下　大正大学真言学豊山研究室小野塚幾澄博士古稀記念論文集刊行会編　ノンブル　2004.1　595p　22cm
①4-931117-81-3

◇傍訳弘法大師空海　事相篇　第1巻　空海著, 宮坂宥勝監修, 大沢聖寛, 北川真寛, 佐々木大樹, 佐藤正伸, 土居夏樹編著　四季社　2003.12　332p　22cm　〈奥付のタイトル：弘法大師空海〉　16000円
①4-88405-225-0

◇空海―密教の聖者　高木訷元, 岡村圭真編　吉川弘文館　2003.11　243p　20cm　（日本の名僧4）　〈肖像あり　文献あり　年譜あり〉　2600円　①4-642-07848-7

◇空海と中国文化　岸田知子著　大修館書店　2003.11　193p　19cm　（あじあブックス55）　〈文献あり〉　1600円
①4-469-23196-7

◇空海の歩いた道―残された言葉と風景　頼富本宏文, 永坂嘉光写真　小学館　2003.11　135p　26cm　〈年譜あり〉　2500円　①4-09-387476-X

◇ひろさちやの「空海」を読む　ひろさちや著　佼成出版社　2003.11　190p　19cm　1400円　①4-333-02036-0

◇傍訳弘法大師空海　事相篇　第2巻　空海著, 小峰弥彦, 山本匠一郎編著, 宮坂宥勝監修　四季社　2003.11　260p　22cm　16000円　①4-88405-226-9

◇空海入唐―虚しく往きて実ちて帰らん　飯島太千雄著　日本経済新聞社　2003.10　302p　20cm　2200円　①4-532-12381-X

◇空海論註―秘密曼荼羅十住心論覚え書　角谷道仁編著　碧南　原生社　2003.10　623p　21cm　2860円

◇弘法大師空海・人と書　木本南邨著　大阪　朱鷺書房　2003.10　195p　21cm　〈肖像あり　年譜あり　文献あり〉　2300円　①4-88602-188-3

◇図解雑学空海　頼富本宏監修　ナツメ社　2003.10　223p　19cm　〈奥付のタイトル：空海　折り込み1枚　文献あり〉　1300円　①4-8163-3593-5

◇仏教を歩く　no.1　弘法大師空海　朝日新聞社　2003.10　38, 11p　30cm　（週刊朝日百科）　457円

◇空海―生涯と思想　宮坂宥勝著　筑摩書房　2003.9　297p　15cm　（ちくま学芸文庫）　1100円　⑬4-480-08780-X

◇空海の「ことば」の世界　村上保寿著　大阪　東方出版　2003.9　244p　22cm　2800円　⑬4-88591-860-X

◇日本古代の民間宗教　菅原征子著　吉川弘文館　2003.9　319, 8p　21cm　8500円　⑬4-642-02397-6

◇空海入唐の道―現代中国に甦る巡礼道を行く　静慈円著　大阪　朱鷺書房　2003.8　267p　21cm　〈年表あり〉　2500円　⑬4-88602-186-7

◇声字実相義に学ぶ―弘法大師空海　池口恵観著　高野町（和歌山県）　高野山出版社　2003.8　286p　20cm　（如来の声字を求めて v.1）　1470円　⑬4-87527-028-3

◇伽藍御影堂と弘法大師信仰―第二十四回高野山大宝蔵展　高野山霊宝館編　〔高野町（和歌山県）〕　高野山霊宝館　2003.7　83p　30cm　〈他言語標題：The Garan Miei-dô and the belief for Kobô-daishi Kûkai　会期：2003年7月20日—9月10日　弘法大師入唐1200年記念〉

◇弁顕密二教論　空海著, 金岡秀友訳・解説　太陽出版　2003.6　223p　20cm　2400円　⑬4-88469-326-4

◇空海―平安のマルチ文化人　頼富本宏著　日本放送出版協会　2003.4　162p　21cm　（NHK人間講座）　〈シリーズ責任表示：日本放送協会, 日本放送出版協会編　2003年4月―5月期　肖像あり　年表あり〉　560円　⑬4-14-189084-7

◇空海と高野山―弘法大師入唐一二〇〇年記念　京都国立博物館ほか編　〔大阪〕　NHK大阪放送局　2003.4　349p　30cm　〈他言語標題：Kukai and mount Koya　会期・会場：2003年4月15日―5月25日　京都国立博物館　ほか　共同刊行：NHK きんきメディアプラン　年表あり〉

◇詳解般若心経秘鍵　新開真堂著　茨木　青山社　2003.4　228p　19cm　4800円　⑬4-88414-035-4

◇もうひとつの「空海の風景」―誤解された日本人の無常観　篠原令著　阿部出版　2003.4　160p　19cm　1000円　⑬4-87242-167-1

◇空海要語辞典　2　福田亮成編　山喜房仏書林　2003.3　151, 267p　22cm　9000円　⑬4-7963-0895-4

◇再現日本史―週刊time travel　平安2　講談社　2003.3　42p　30cm　〈年表あり〉　533円

◇週刊日本の美をめぐる　no.39（平安1）空海と曼荼羅宇宙　小学館　2003.2　42p　30cm　（小学館ウイークリーブック）　533円

◇弘法大師・空海を読む―即身成仏義・弁顕密二教論・般若心経秘鍵・三昧耶戒序　加藤精一訳著　大法輪閣　2002.12　269p　20cm　2400円　⑬4-8046-1191-6

◇まぶさび記―空海と生きる　篠原資明著　弘文堂　2002.12　206p　20cm　（シリーズ生きる思想 3）　〈文献あり〉　1600円　⑬4-335-00054-5

◇弘法大師墨蹟聚集―書の曼荼羅世界　第7帙　弘法大師筆, 真言宗各派総本山会監修, 弘法大師墨蹟聚集刊行会編　京都　弘法大師墨蹟聚集刊行会　2002.11　3冊　37cm　〈付属資料：4p：月報 7　複製　折本　帙入　和装〉

◇秘密曼荼羅十住心論　5　空海著, 宮坂宥勝編著　四季社　2002.11　500p　22cm　（傍訳弘法大師空海）　⑬4-88405-169-6

◇空海教学における背景思想の研究　資料篇　小野塚幾澄著　第2版　山喜房仏書林　2002.10　548p　27cm　⑬4-7963-0132-1

宗　教

◇空海のことばと芸術　真鍋俊照著　日本放送出版協会　2002.10　253p　16cm　（NHKライブラリー）　870円　①4-14-084154-0

◇空海と密教―「情報」と「癒し」の扉をひらく　頼富本宏著　PHP研究所　2002.9　244p　18cm　（PHP新書）　720円　①4-569-62363-8

◇弘法大師思想論　加藤精一著　春秋社　2002.9　369,8p　22cm　9000円　①4-393-17233-7

◇弘法大師の書―御筆七祖影七幅　東寺（教王護国寺）宝物館編，弘法大師書　京都　東寺（教王護国寺）宝物館　2002.9　89p　38cm　〈会期：2002年9月20日―11月25日〉

◇四国霊場八十八ヶ所空海と遍路文化展　毎日新聞社編，真鍋俊照監修　毎日新聞社　2002.9　249p　30cm　〈他言語標題：Shikoku's 88 Sacred Sites Kukai & pilgrim culture exhibition　会期・会場：2002年10月1日―11月17日　東京都写真美術館　ほか　毎日新聞創刊130周年記念　年表あり　文献あり〉

◇声字実相義―現代語訳　福田亮成著　ノンブル　2002.9　156p　22cm　（弘法大師に聞くシリーズ6）〈肖像あり〉　4600円　①4-931117-65-1

◇院政期高野山と空海入定伝説　白井優子著　同成社　2002.8　267p　22cm　7000円　①4-88621-255-7

◇秘密曼荼羅十住心論　4　空海著，宮坂宥勝編著　四季社　2002.8　535p　22cm　（傍訳弘法大師空海）　16000円　①4-88405-112-2

◇弁顕密二教論　空海著，佐藤隆賢編著　四季社　2002.7　280p　22cm　（傍訳弘法大師空海）　①4-88405-151-3

◇弁顕密二教論の解説―索引付　那須政隆著　改訂版　成田　大本山成田山新勝寺成田山仏教研究所　2002.7　256,41p　21cm　3000円

◇梅原猛著作集　9　三人の祖師―最澄・空海・親鸞　梅原猛著　小学館　2002.6　710p　20cm　〈付属資料：8p：月報11　肖像あり〉　4800円　①4-09-677109-0

◇空海の詩　阿部竜樹著　春秋社　2002.6　198p　20cm　1800円　①4-393-17277-9

◇秘密曼荼羅十住心論　3　空海著，宮坂宥勝編著　四季社　2002.6　452p　22cm　（傍訳弘法大師空海）　16000円　①4-88405-111-4

◇般若心経秘鍵　吽字義　空海著，宮坂宥勝編著，空海著，宮坂宥勝編著　四季社　2002.5　259p　22cm　（傍訳弘法大師空海）　16000円　①4-88405-131-9

◇空海・心の眼をひらく―弘法大師の生涯と密教　松長有慶著　大法輪閣　2002.3　270p　20cm　〈「高僧伝 空海」（集英社1985年刊）の改訂版　年譜あり〉　2200円　①4-8046-1182-7

◇弘法大師空海読本　本田不二雄著　原書房　2002.3　300p　21cm　1500円　①4-562-03479-3

◇弘法大師墨蹟聚集―書の曼荼羅世界　第6帙　弘法大師筆，真言宗各派総本山会監修，弘法大師墨蹟聚集刊行会編　京都　弘法大師墨蹟聚集刊行会　2002.2　3冊　37cm　〈付属資料：8p：月報6　複製折本　帙入　和装〉

◇秘密曼荼羅十住心論　2　空海著，宮坂宥勝編著　四季社　2002.1　444p　22cm　（傍訳弘法大師空海）　16000円　①4-88405-110-6

◇あなただけの弘法大師空海　松長有慶監修，立松和平，武内孝善著　小学館　2001.12　126p　26cm　〈年譜あり〉　2800円　①4-09-387315-1

宗教

◇週刊ビジュアル日本の歴史　no.96　奈良から平安へ　6　デアゴスティーニ・ジャパン　2001.12　p212-251　30cm　533円

◇秘密曼荼羅十住心論　1　空海著, 宮坂宥勝編著　四季社　2001.12　412p　22cm　（傍訳弘法大師空海）　①4-88405-109-2

◇空海　下　鈴木史楼著　紅糸文庫　2001.11　145p　20cm　（本朝書人論12）〈はり込図1枚〉　1400円

◇空海　空海筆　中央公論新社　2001.10　220p　31cm　（書道芸術 新装 第12巻）〈シリーズ責任表示：井上靖〔ほか〕監修　シリーズ責任表示：中田勇次郎責任編集　複製を含む〉　①4-12-490197-6, 4-12-490059-7

◇空海　上　鈴木史楼著　紅糸文庫　2001.7　145p　20cm　（本朝書人論11）〈はり込図2枚　年譜あり〉　1400円

◇弘法大師が出会った人々　福田亮成著　山喜房仏書林　2001.6　218, 6p　22cm　3300円　①4-7963-0298-0

◇弘法大師空海全集　第8巻　研究編　弘法大師空海全集編輯委員会編　筑摩書房　2001.6　457, 259p　21cm　9800円　①4-480-77008-9

◇弘法大師墨蹟聚集―書の曼荼羅世界　第5帙　弘法大師筆, 真言宗各派総本山会監修, 弘法大師墨蹟聚集刊行会編　京都　弘法大師墨蹟聚集刊行会　2001.6　3冊　37cm　〈付属資料：22p：月報5　複製　折本　帙入　和装〉

◇空海密教と四国遍路―マンダラの風光　大法輪閣編集部編　大法輪閣　2001.5　281p　19cm　2000円　①4-8046-4202-1

◇弘法大師空海全集　第7巻　詩文篇　弘法大師空海全集編輯委員会編　筑摩書房　2001.5　586p　21cm　9500円　①4-480-77007-0

◇弁顕密二教論―現代語訳　福田亮成著　ノンブル　2001.5　254p　22cm　（弘法大師に聞くシリーズ5）　5600円　①4-931117-43-0

◇弘法大師空海全集　第5巻　詩文篇　弘法大師空海全集編輯委員会編　筑摩書房　2001.3　1132, 91p　21cm　13000円　①4-480-77005-4

◇弘法大師墨蹟聚集―書の曼荼羅世界　第4帙　弘法大師筆, 真言宗各派総本山会監修, 弘法大師墨蹟聚集刊行会編　京都　弘法大師墨蹟聚集刊行会　2001.3　3冊　19×37cm　〈複製　折本　帙入（38cm）　和装〉

◇弘法大師空海全集　第4巻　実践篇　弘法大師空海全集編輯委員会編　筑摩書房　2001.2　471p　21cm　9000円　①4-480-77004-6

◇弘法大師空海全集　第3巻　思想篇　弘法大師空海全集編輯委員会編　筑摩書房　2001.1　719p　21cm　9800円　①4-480-77003-8

◇弘法大師空海全集　第2巻　思想篇2　空海著, 弘法大師空海全集編輯委員会編　筑摩書房　2000.12　625p　21cm　9500円　①4-480-77002-X

◇釈尊になった空海　松沢浩隆著　文芸社　2000.12　366p　20cm　1500円　①4-8355-0140-3

◇弘法大師空海全集　1　思想篇　空海著, 弘法大師空海全集編輯委員会編　筑摩書房　2000.11　756p　23×17cm　9800円　①4-480-77001-1

◇弘法大師墨蹟聚集―書の曼荼羅世界　第3帙　弘法大師筆, 真言宗各派総本山会監修, 弘法大師墨蹟聚集刊行会編　京都　弘法大師墨蹟聚集刊行会　2000.11　3冊　19×37cm　〈複製　折本　帙入（38cm）　和装〉

◇弘法大師の法華経　3　最強・最功徳の日本国清浄曼荼羅　大倉隆浄著　松戸

宗教

ストーク, 星雲社〔発売〕 2000.10 342p 19cm 1400円 ⓓ4-434-00506-5

◇空海教学における背景思想の研究 小野塚幾澄著 山喜房仏書林 2000.6 2冊 (資料編とも) 27cm 〈付属資料:1枚:引用仏典一覧表〉 全34000円 ⓓ4-7963-0297-2

◇弘法大師墨蹟聚集—書の曼荼羅世界 第2帙 弘法大師筆, 真言宗各派総本山会監修, 弘法大師墨蹟聚集刊行会編 京都 弘法大師墨蹟聚集刊行会 2000.6 4冊 18×22cm 〈複製 折本 帙入 (38cm) 和装〉

◇仏教の歴史 7 普遍への目覚め—聖徳太子・最澄・空海 ひろさちや著 新装版 春秋社 2000.6 258p 20cm 1500円 ⓓ4-393-10827-2

◇空海の世界—金剛鈴の響き 桜井恵武撮影, 小椋佳詩 ジュンアンドケイ企画 2000.5 176p 31cm 〈東京 アミューズブックス (発売)〉 5000円 ⓓ4-906613-53-5

◇秘蔵宝鑰 上巻 空海著, 宮坂宥勝編著 四季社 2000.5 381p 22cm (傍訳弘法大師空海) ⓓ4-88405-026-6

◇秘蔵宝鑰 下巻 空海著, 宮坂宥勝編著 四季社 2000.5 325p 22cm (傍訳弘法大師空海) 〈年譜あり 文献あり〉 ⓓ4-88405-027-4

◇空海思想の探究 福田亮成著 大蔵出版 2000.3 370p 22cm 14000円 ⓓ4-8043-0544-0

◇講本弘法大師著作集 弘法大師著, 勝又俊教編修 山喜房仏書林 2000.2 225p 21cm 1900円 ⓓ4-7963-1104-1

◇弘法大師の法華経 1 最強・最功徳の真言題目 大倉隆浄著 松戸 ストーク, 星雲社〔発売〕 2000.1 247p 19cm 1300円 ⓓ4-7952-2089-1

◇弘法大師の法華経 2 最強・最功徳の清浄曼荼羅 大倉隆浄著 松戸 ストーク, 星雲社〔発売〕 2000.1 264p 19cm 1300円 ⓓ4-7952-2090-5

◇大宇宙に生きる—空海 松長有慶著 中央公論新社 1999.12 237p 20cm (仏教を生きる 7) 〈シリーズ責任表示:水上勉, 瀬戸内寂聴, ひろさちや編〉 1600円 ⓓ4-12-490157-7

◇三井英光著作集 2 大師の世界 三井英光著 大阪 東方出版 1999.12 294p 22cm 12000円 ⓓ4-88591-643-7

◇弘法大師墨蹟聚集—書の曼荼羅世界 第1帙 弘法大師筆, 真言宗各派総本山会監修, 弘法大師墨蹟聚集刊行会編 京都 弘法大師墨蹟聚集刊行会 1999.11 3冊 37cm 〈複製 折本 帙入 和装〉

◇弘法大師墨蹟聚集 月報—風信雲書 第1, 3-4回 弘法大師墨蹟聚集刊行会 1999.11-2001.3 1冊 30cm 〈号数表示は配本回数〉

◇般若心経秘鍵講義 坂田光全講述 高野町(和歌山県) 高野山出版社 1999.11 178p 22cm 〈付・般若心経解義〉 7200円 ⓓ4-87527-014-3

◇真言宗読経偈文全書—簡訳 3 宮坂宥勝, 山田一真監修, 真言宗読経偈文全書編集委員会編 四季社 1999.10 327p 27cm ⓓ4-88405-005-3

◇空海辞典 金岡秀友編 新装版 東京堂出版 1999.9 29, 266p 19cm 〈折り込1枚〉 2200円 ⓓ4-490-10530-4

◇空海とマンダラ・鎌倉で栄えた密教とマンダラ 神奈川県立金沢文庫編 横浜 神奈川県立金沢文庫 1999.9 62p 30cm 〈特別展:平成11年9月9日—10月24日(前期), 平成11年10月28日—平成12年1月23日(後)〉

◇遍路の風景—空海のみち 村上護著, 吉

岡功治撮影　松山　愛媛新聞社　1999.9　241p　30cm　〈年譜あり〉　3800円　⊕4-900248-61-4

◇弘法大師のすべて　大法輪閣編集部編　増補改訂版　大法輪閣　1999.8　261p　19cm　（大法輪選書）　1500円　⊕4-8046-5025-3

◇三昧耶戒序・秘密三昧耶仏戒儀—現代語訳　福田亮成著　ノンブル　1999.8　198p　22cm　（弘法大師に聞くシリーズ　4）　5400円　⊕4-931117-36-8

◇空海—長安遍路　空白の日々を探る　小野稔著　桑名　蒼岳舎　1999.6　260p　19cm　〈東京　星雲社（発売）〉　1500円　⊕4-7952-4696-3

◇弘法大師とその宗教　菊池寛著　新版　大東出版社　1999.6　230p　20cm　1900円　⊕4-500-00654-0

◇空海と最澄の手紙　高木訷元著　京都　法蔵館　1999.5　286p　22cm　〈「弘法大師の書簡」（昭和56年刊）の改訂〉　3200円　⊕4-8318-8100-7

◇弘法大師の救済論—密教における霊と輪廻　村上保寿著　高野町（和歌山県）　高野山出版社　1999.3　103p　19cm　1000円　⊕4-87527-012-7

◇空海入門　加藤精一著　大蔵出版　1999.1　228p　20cm　2400円　⊕4-8043-3047-X

◇最澄と空海—日本仏教思想の誕生　立川武蔵著　講談社　1998.12　270p　19cm　（講談社選書メチエ　145）　1600円　⊕406-258145-0

◇世紀末を救う超人「弘法大師・空海」　青山央著　アクア出版　1998.12　251p　19cm　1500円　⊕4-900156-24-8

◇超人空海—真言密教の秘儀で中世日本を席捲する　図説神秘の世界　世界文化社　1998.9　162p　26cm　（ビッグマンスペシャル）　1600円　⊕4-418-98130-6

◇空海密教　宮坂宥勝著　京都　法蔵館　1998.8　464p　22cm　（宮坂宥勝著作集第5巻）　⊕4-8318-3351-7

◇弘法大師の法華経—最強・最功徳の真言題目　大倉隆浄著　現代書林　1998.8　197p　19cm　1200円　⊕4-7745-0094-1

◇空海要語辞典　1　福田亮成編　山喜房仏書林　1998.6　376, 142p　22cm　9000円　⊕4-7963-0893-8

◇空海　ひろさちや原作, 貝塚ひろし漫画　鈴木出版　1998.4　146p　22cm　（まんが日本の高僧　教科書にでてくる人物　4）　1800円　⊕4-7902-1085-5

◇空海入門　ひろさちや著　中央公論社　1998.1　222p　16cm　（中公文庫）　476円　⊕4-12-203041-2

◇高野山金剛峯寺障屏画展—空海—密厳曼荼羅の世界を描く　守屋多々志画, 大垣市教育委員会文化部文化振興課, 大垣市文化事業団企画編集　〔大垣〕　大垣市　1998.1　74p　24×25cm　〈会期：平成10年1月10日—2月1日　共同刊行：大垣市教育委員会ほか　年譜あり〉

◇最澄と空海—交友の軌跡　佐伯有清著　吉川弘文館　1998.1　339p　20cm　3100円　⊕4-642-07742-1

◇いのちの教え—空海密教を生きる　宮坂宥勝著　京都　中外日報社　1997.12　397p　19cm　〈東京　星雲社（発売）〉　2000円　⊕4-7952-8940-9

◇森を守る文明・支配する文明　安田喜憲著　PHP研究所　1997.10　246p　18cm　（PHP新書）　657円　⊕4-569-55813-5

◇空海入門—弘仁のモダニスト　竹内信夫著　筑摩書房　1997.5　238p　18cm　（ちくま新書）　660円　⊕4-480-05707-2

◇空海—生涯とその周辺　高木訷元著　吉

宗　教

◇川弘文館　1997.4　268p　20cm　2884円　ⓊI4-642-07732-4

◇弘法大師空海の研究　那須政隆著　京都　法蔵館　1997.4　460p　22cm　(那須政隆著作集　第3巻)〈解説：宮坂宥勝〉ⓊI4-8318-3500-5

◇空海色紙揮毫宝典　飯島太千雄編　東京堂出版　1997.1　166p　21cm　2781円　ⓊI4-490-20304-7

◇弘法大師の人間学　加藤精一著　春秋社　1996.12　275p　20cm　2575円　ⓊI4-393-17274-4

◇冠註即身成仏義　浄厳撰述, 石村祐天訳著　岡山　石村祐天　1996.11　283p　21cm

◇生命の旅―弘法大師著『秘蔵宝鑰』を読む　池口恵観著　大阪　朱鷺書房　1996.11　222p　20cm　〈著者の肖像あり〉　1854円　ⓊI4-88602-913-2

◇弘法大師信仰展　川崎市市民ミュージアム編　川崎　川崎市市民ミュージアム　1996.10　130p　30cm　〈弘法大師の肖像あり　会期：平成8年10月5日〜11月10日〉

◇空海の宇宙　ひろさちや原作, 辰巳ヨシヒロ漫画　鈴木出版　1996.9　153p　22cm　(仏教コミックス 85)　1200円　ⓊI4-7902-1907-0

◇空海密教　羽毛田義人著, 阿部竜一訳　春秋社　1996.9　208p　20cm　〈空海の肖像あり〉　2060円　ⓊI4-393-17273-6

◇即身成仏義―現代語訳　福田亮成著　八王子　大本山高尾山薬王院　1996.9　269p　22cm　(弘法大師に聞くシリーズ 3)　〈編集・製作：ノンブル社(東京)〉ⓊI4-931117-22-8

◇空海のことばと芸術　下　真鍋俊照著　日本放送出版協会　1996.7　163p　21cm　(NHKシリーズ)〈文献あり〉　825円

◇生命の海〈空海〉　宮坂宥勝, 梅原猛著　角川書店　1996.6　365p　15cm　(角川文庫)　800円　ⓊI4-04-198509-9

◇「書」と漢字―和様生成の道程　魚住和晃著　講談社　1996.5　266p　19cm　(講談社選書メチエ)　1500円　ⓊI4-06-258076-4

◇空海と智の構造　村上保寿著　大阪　東方出版　1996.2　262p　22cm　3800円　ⓊI4-88591-472-8

◇書のこころ　榊莫山著　日本放送出版協会　1996.1　221p　15cm　(NHKライブラリー)　850円　ⓊI4-14-084022-6

◇空海教学の研究―空海の真言観とその展開　佐藤隆賢著　山喜房仏書林　1995.12　571p　22cm　22660円　ⓊI4-7963-0084-8

◇空海感動を生きる　寺林峻著　致知出版社　1995.11　221p　20cm　(Chi chi select)　1800円　ⓊI4-88474-371-7

◇空海・死の喜び―密教への入り方 死からの逃避が人生を空しくさせる　宮坂宥勝著　大和出版　1995.11　201p　19cm　1350円　ⓊI4-8047-1380-8

◇お大師さんの教えと御生涯　蓮生善隆著　善通寺　蓮生善隆　1995.10　182p　19cm

◇空海―真言宗を開いた弘法大師 平安時代前期　あおむら純まんが　小学館　1995.10　160p　19cm　(小学館版学習まんが)〈責任監修：松長有慶〉　680円　ⓊI4-09-230403-X

◇空海―物語と史蹟をたずねて　八尋舜右著　成美堂出版　1995.8　308p　16cm　(成美文庫)〈1984年刊の増訂〉　560円　ⓊI4-415-06424-8

◇空海―いずれも仏ならざるはなし　金岡秀友著　広済堂出版　1995.8　304p　18cm　(Refresh life series)　1000円　ⓊI4-331-00695-6

◇空海の夢　松岡正剛著　新装増補　春秋社　1995.7　349p　20cm　2060円　ⓘ4-393-13613-6

◇光明皇后・空海・最澄集　二玄社　1995.2　92p　30cm　（日本名筆選 36）〈複製〉　3000円　ⓘ4-544-00746-1

◇上山春平著作集　第8巻　空海と最澄　京都　法藏館　1995.1　509p　22cm　9800円　ⓘ4-8318-3538-2

◇座右銘　空海筆, 飯島春敬編・著　書芸文化新社　1995.1（2刷）　1冊　32×14cm（和漢墨宝選集 第20巻）〈複製　折本　ホルダー入　付属資料：解説(7p 29cm) 和装〉　4563円　ⓘ4-7864-0083-1

◇空海の思想　八田幸雄著　大阪　東方出版　1994.11　285p　20cm　2575円　ⓘ4-88591-413-2

◇弘法大師聖語撰抄　上巻　中川善教撰訳　高野町（和歌山県）　高野山出版社　1994.11　285p　18cm　1500円

◇空海の足跡　五来重著　角川書店　1994.10　213p　19cm　（角川選書 252）　1200円　ⓘ4-04-703252-2

◇日本密教の形成と展開　加藤精一著　春秋社　1994.10　249, 5p　22cm　5150円　ⓘ4-393-17219-1

◇密教世界の構造　宮坂宥勝著　筑摩書房　1994.8　308p　15cm　（ちくま学芸文庫）　1100円　ⓘ4-480-08149-6

◇空海現代に語る　大山仁快著　大阪　東方出版　1994.5　262p　20cm　2800円　ⓘ4-88591-384-5

◇空海関係図書目録　香川県立図書館編　高松　香川県立図書館　1994.3　136p　26cm

◇沙門空海　渡辺照宏, 宮坂宥勝著　筑摩書房　1993.5　324p　15cm　（ちくま学芸文庫）　1100円　ⓘ4-480-08056-2

◇密教の社会的実践に関する研究　宮城洋一郎著　京都　永田文昌堂　1993.4　145p　22cm　2300円　ⓘ4-8162-1302-3

◇古代史を彩った人々　豊田有恒著　講談社　1993.3　237p　15cm　（講談社文庫）　420円　ⓘ4-06-185350-3

◇空海思想の形成　吉田宏晢著　春秋社　1993.2　572, 26, 24p　23cm　25000円　ⓘ4-393-17272-8

◇空海曼荼羅　宮坂宥勝著　京都　法藏館　1992.11　284p　22cm　3200円　ⓘ4-8318-8058-2

◇空海　上山春平著　朝日新聞社　1992.10　331p　19cm　（朝日選書 461）　1300円　ⓘ4-02-259561-2

◇空海上人のあらまし―真言宗宗祖弘法大師　戸田清幸著　〔米沢〕　〔戸田清幸〕　1992.9　22p　26cm

◇弘法大師―異国に学んだ先駆者　今枝二郎著　五月書房　1992.5　278p　20cm〈弘法大師の肖像あり〉　2400円　ⓘ4-7727-0170-2

◇空海を歩く　矢野建彦写真, 佐藤健文　佼成出版社　1992.1　158p　21cm　（写真紀行日本の祖師）〈空海年表：p156～157〉　2000円　ⓘ4-333-01546-4

◇空海の世界　上山春平エッセイ, 正木晃解説　佼成出版社　1991.7　259p　20cm（仏典を知る）〈監修：山折哲雄　空海の肖像あり〉　1850円　ⓘ4-333-01471-9

◇弘法大師の風光　加藤精一著　春秋社　1991.5　176p　20cm　1545円　ⓘ4-393-17231-0

◇仏教の歴史　7　普遍への目覚め―聖徳太子・最澄・空海　ひろさちや著　春秋社　1991.5　264p　21cm　1600円　ⓘ4-393-10817-5

◇原典日本仏教の思想　3　空海　川崎庸之校注　岩波書店　1991.4　448p　22cm

宗　教

◇私度僧空海　宮崎忍勝著　河出書房新社　1991.1　278p　20cm　〈弘法大師の肖像あり〉　2400円　ⓣ4-309-22191-2

◇高木神元著作集　4　空海思想の書誌的研究　京都　法蔵館　1990.12　415p　22cm　12360円　ⓣ4-8318-3514-5

◇ルポ空海　佐藤健著,滝雄一写真　佼成出版社　1990.11　285p　19cm　2000円　ⓣ4-333-01501-4

◇空海入門―本源への回帰　高木神元著　京都　法蔵館　1990.9　270p　20cm　2800円　ⓣ4-8318-8057-4

◇集空海書般若心経―行草書　空海筆　横浜　天来書院　1990.8　1冊（ページ付なし）　30cm　（名筆五体般若心経 1）〈折本 外箱入 和装〉　ⓣ4-88715-001-6

◇もう一人の空海　寺林峻著　春秋社　1990.7　342p　20cm　1950円　ⓣ4-393-17271-X

◇空海　沢田ふじ子著　京都　淡交社　1990.6　151p　19cm　（京都・宗祖の旅）〈空海の肖像あり〉　880円　ⓣ4-473-01140-2

◇空海の心―密教の読み方、活かし方　花山勝友著　広済堂出版　1990.6　250p　18cm　（Kosaido books）　760円　ⓣ4-331-00488-0

◇文化史上より見たる弘法大師伝　守山聖真著　国書刊行会　1990.6　1121p　22cm　〈第2刷（第1刷：昭和48年）昭和6年刊の複製　弘法大師の肖像あり〉　11000円　ⓣ4-336-00236-3

◇空海さま―母と子のひろば　有本瞳日月文・絵　教育書道出版協会　1990.3　137p　26cm　1600円

◇弘法大師空海伝　加藤精一著　春秋社　1989.6　273p　20cm　〈弘法大師の肖像あり〉　2100円　ⓣ4-393-17218-3

◇空海―真言集をひろめた名僧　木村茂光立案・構成, 柳川創造シナリオ, 荘司としお漫画　集英社　1989.4　141p　23cm　（集英社版・学習漫画）〈監修：永原慶二〉　700円　ⓣ4-08-241015-5

◇空海入唐の足跡―ガイドブック　2　揚州―汴河・開封―長安路　村上春次著　松山　青葉図書　1989.3　216p　19cm　1200円

◇空海の肖像　橋豊著　七月堂　1989.1　243p　20cm　2000円

◇日本文化史―彫刻的世界から絵画的世界へ　笠井昌昭著　〔新装版〕　ぺりかん社　1988.12　292p　19cm　2800円

◇空海入唐の足跡―ガイドブック　1　難波―福建―浙江・江蘇路　村上春次著　松山　青葉図書　1988.10　200p　19cm　1000円

◇古代の地方豪族　松原弘宣著　吉川弘文館　1988.10　326, 6p　19cm　2500円　ⓣ4-642-07277-2

◇日本の仏典　2　空海―弁顕密二教論・即身成仏義・声字実相義・吽字義・般若心経秘鍵・請来目録　頼富本宏著　筑摩書房　1988.6　522p　20cm　3600円　ⓣ4-480-33102-6

◇空海―人と書　春名好重著　京都　淡交社　1988.3　253, 9p　21cm　〈空海年譜：p248～252〉　2000円　ⓣ4-473-01034-1

◇弘法大師千百五十年御遠忌記念事業誌　真言宗豊山派宗務所　1988.3　435p　図版61枚　31cm　非売品

◇弘法大師信仰　日野西真定編　雄山閣出版　1988.2　297p　22cm　（民衆宗教史叢書 第14巻）　4800円　ⓣ4-639-00704-3, 4-639-00211-4

◇弘法大師の書とその周辺　東寺宝物館編　〔京都〕　東寺宝物館　1987.9　1冊（頁付なし）　26cm　〈秋季特別公開図録 弘法大師の肖像あり〉

◇空海の人生　中橋健著　恒文社　1987.7　357p　20cm　2800円　⓸4-7704-0666-5

◇〈弁顕密二教論〉の解説　那須政隆著　成田　新勝寺成田山仏教研究所　1987.6　256p　21cm　2000円

◇弘法大師空海—劇画　小室孝太郎作・画　高知　高知新聞社　1987.5　301p　22cm　(Koshin books)　〈発売：高新企業〉　1500円

◇弘法大師の教えと現代　勝又俊教著　山喜房仏書林　1987.5　388p　22cm　3800円

◇空海入唐の足跡—推考　村上春次著　〔松山〕　一遍会　1987.3　364p　20cm　(一遍会双書　第12集)　〈空海および著者の肖像あり〉　2800円

◇空海伝説の形成と高野山—入定伝説の形成と高野山納骨の発生　白井優子著　同成社　1986.12　458p　22cm　12000円　⓸4-88621-042-2

◇弘法大師空海全集　第5巻　弘法大師空海全集編輯委員会編　筑摩書房　1986.9　1132, 91p　22cm　〈弘法大師千百五十年御遠忌記念〉　11000円　⓸4-480-77005-4

◇最澄か空海か—こころを拓く選択　寺林峻著　経済界　1986.9　201p　20cm　(Ryu selection)　1300円　⓸4-7667-8019-1

◇遍路まんだら—空海と四国巡礼を歩く　村上護著　佼成出版社　1986.7　246p　19cm　〈主な参考文献：p244～246〉　1100円　⓸4-333-01229-5

◇空海般若心経秘鍵　金岡秀友訳・解説　太陽出版　1986.6　210p　20cm　1700

◇空海に出会う　実相寺昭雄ほか著　旺文社　1986.4　341p　22cm　1800円　⓸4-01-071407-7

◇空海　高松　空海記念碑建立実行委員会　1986.3　289p　図版10枚　27cm　〈空海の肖像あり〉　非売品

◇最澄・空海　渡辺照宏編, 宮坂宥勝ほか訳・注　筑摩書房　1986.3　422p　20cm　(日本の仏教思想)　〈日本の思想第1『最澄・空海集』(昭和44年刊)の改題新装版　最澄, 空海の肖像あり〉　1800円　⓸4-480-84156-3

◇弘法大師と高野山—新高野物語　宮川良彦著　大法輪閣　1986.2　310p　19cm　2000円　⓸4-8046-1079-0

◇『吽字義』の解説　那須政隆著　成田　新勝寺成田山仏教研究所　1985.10　209p〔27〕枚　21cm　1500円

◇弘法大師の教えと生涯　福田亮成著　ノンブル　1985.10　266p　20cm　〈弘法大師の肖像あり〉　1500円　⓸4-931117-02-3

◇弘法大師空海全集　第8巻　弘法大師空海全集編輯委員会編　筑摩書房　1985.9　457, 259p　22cm　〈弘法大師千百五十年御遠忌記念〉　6800円

◇信濃の弘法伝説　真言宗豊山派長野県仏教青年会編　長野　風景社　1985.8　94p　19×22cm　1500円

◇即身成仏義　空海者, 金岡秀友訳・解説　太陽出版　1985.7　219p　20cm　1700円　⓸4-88469-062-1

◇高僧伝　4　空海—無限を生きる　松原泰道, 平川彰編　松長有慶著　集英社　1985.5　269p　20cm　〈編集：創美社　空海の肖像あり　空海略年譜：p265～269〉　1400円　⓸4-08-187004-7

◇弘法大師伝記集覧　三浦章夫編　増補2版　密教文化研究所編纂　〔高野町(和歌

宗　教

山県)〕　密教文化研究所　1985.3　1145, 58p　22cm　〈第2刷(第1刷：昭和45年)弘法大師の肖像あり　折り込図1枚〉　10000円

◇弘法大師と密教の文化―弘法大師御入定千百五十年記念論文集　高野山大学密教研究会編　高野町(和歌山県)　密教研究会　1985.3　484p　23cm　〈弘法大師の肖像あり〉

◇空海の人生―弘法大師伝　中橋健著　高松　空海の人生刊行会　1984.12　405p　19cm　〈弘法大師御入定千百五十年御遠忌記念出版　空海の肖像あり〉　3000円

◇弘法大師の教育　下巻　論集空海といろは歌　久木幸男, 小山田和夫著　京都　思文閣出版　1984.12　446p　22cm　8400円

◇空海の書論と作品　駒井鵞静著　雄山閣出版　1984.11　327, 7p　22cm　①4-639-00416-8

◇弘法大師空海全集　第6巻　弘法大師空海全集編輯委員会編　筑摩書房　1984.11　808p　22cm　〈弘法大師千百五十年御遠忌記念〉　7200円　①4-480-77006-2

◇弘法大師の教育　上巻　論集空海と綜芸種智院　久木幸男, 小山田和夫編　京都　思文閣出版　1984.11　398p　22cm　8400円

◇空海を解く―その思想と背景　IBM四国空海シンポジウム　上山春平, 森浩一編　徳間書店　1984.10　319p　20cm　2000円　①4-19-222985-4

◇空海の宇宙大伽藍―池利文写真集　池利文著　学習研究社　1984.10　191p　38cm　25000円　①4-05-150528-6

◇弘法大師空海　毎日新聞社　1984.10　254p　38cm　〈弘法大師御入定千百五十年御遠忌記念出版　監修：松長有慶　空海の肖像あり〉　40000円

◇弘法大師の足跡―永坂嘉光写真集　永坂嘉光著　京都　同朋舎出版　1984.10　195p　37cm　〈弘法大師御入定千百五十年御遠忌奉讃記念出版　弘法大師の肖像あり　付(図8枚)　外箱入　限定版〉　29000円　①4-8104-0415-3

◇空海と心霊密教　安達駿著　大陸書房　1984.8　221p　20cm　1500円　①4-8033-0841-1

◇弘法大師空海全集　第7巻　弘法大師空海全集編輯委員会編　筑摩書房　1984.8　586p　22cm　〈弘法大師千百五十年御遠忌記念〉　6200円

◇空海入唐　趙樸初ほか著　京都　美乃美　1984.7　164p　22cm　〈弘法大師御入定千百五十年御遠忌記念、中国西安青竜寺「恵果・空海記念堂」落成記念〉　2700円

◇空海の夢　松岡正剛著　春秋社　1984.7　347p　20cm　1800円

◇弘法大師信仰と伝説　斎藤昭俊著　新人物往来社　1984.7　206p　20cm　1600円

◇空海―生涯と思想　宮坂宥勝著　筑摩書房　1984.6　247p　20cm　1300円

◇空海・長安への道―いま弘法大師入唐の足跡を辿る　毎日新聞社　1984.6　146p　30cm　(毎日グラフ別冊)　〈空海の肖像あり(折り込)〉

◇大宇宙のドラマ―空海・その人と教え　金岡秀友ほか著　鈴木出版　1984.6　251p　19cm　(まいとりぃ選書)　〈監修：金岡秀友　弘法大師の肖像あり〉　1350円　①4-7902-2002-8

◇空海―物語と史蹟をたずねて　八尋舜右著　成美堂出版　1984.5　222p　19cm　〈空海の肖像あり〉　900円　①4-415-06551-1

◇空海―火輪の時空　西宮紘著　朝日出版社　1984.5　465p　22cm　4500円

宗教

◇弘法大師空海全集　第4巻　弘法大師空海全集編輯委員会編　筑摩書房　1984.5　471p　22cm　〈弘法大師千百五十年御遠忌記念 著者の肖像あり〉　5600円

◇超人空海の奇跡―弘法大師伝説と密教の謎　青山央著　サンデー社　1984.4　230p　18cm　780円　①4-88203-024-1

◇いま、空海の救い―生き悩み、生き詰まっているあなたに　加藤精一著　講談社　1984.3　237p　18cm　（オレンジバックス）　680円　①4-06-132110-2

◇空海とその美術　佐和隆研著　朝日新聞社　1984.3　235p　20cm　〈著者の肖像あり〉　1500円

◇空海と密教宇宙　金岡秀友ほか著　光村図書出版　1984.3　270p　19cm　（朝日カルチャー叢書1）　1400円　①4-89528-011-X

◇空海入門―いま光彩を放つ "まず飛び込め"の方法　ひろさちや著　祥伝社　1984.3　216p　18cm　（ノン・ブック）　680円　①4-396-10230-5

◇弘法大師空海　河出書房新社　1984.3　222p　21cm　（河出人物読本）〈空海の肖像あり〉　980円

◇弘法大師空海全集　第3巻　弘法大師空海全集編輯委員会編　筑摩書房　1984.3　719p　22cm　〈弘法大師千百五十年御遠忌記念〉　6400円

◇弘法大師と現代　真言宗智山派御遠忌記念出版編纂委員会編　筑摩書房　1984.3　695, 74p　22cm　〈宗祖弘法大師千百五十年御遠忌記念出版〉　7800円

◇空海の人間学―抜群の組織力・行動力を持った指導者像を現代に問う　竹井出版　1984.2　175p　26cm　（『致知』別冊）　1500円　①4-88474-104-8

◇弘法大師空海全集　第2巻　弘法大師空海全集編輯委員会編　筑摩書房　1983.12　625p　22cm　〈弘法大師千百五十年御遠忌記念 著者の肖像あり〉　6000円

◇空海密教のすべて　宮坂宥勝ほか著　大阪　朱鷺書房　1983.11　278p　19cm　〈弘法大師の肖像あり〉　1200円

◇弘法大師空海全集　第1巻　弘法大師空海全集編輯委員会編　筑摩書房　1983.11　756p　22cm　〈弘法大師千百五十年御遠忌記念 著者の肖像あり〉　6400円

◇日本仏教の心　4　弘法大師と高野山　日本仏教研究所編　高峰秀海著　ぎょうせい　1983.10　202p　29cm　〈弘法大師の肖像あり　付属資料（録音カセット1巻）：金剛峯寺前座主高峰秀海法話.「大曼荼羅供」法要　箱入〉　5000円

◇弘法大師著作全集　第1巻　空海著, 勝又俊教編修　修訂版　山喜房仏書林　1983.7　594, 68p　19cm　5000円

◇理趣経講義　小野清秀著　史籍出版　1983.7　415p　20cm　〈付・弘法大師伝合本複製〉　8000円

◇弘法大師のすべて　『大法輪』編集部編　大法輪閣　1983.6　220p　19cm　（大法輪選書）　980円　①4-8046-5011-3

◇日本の名著　3　最澄・空海　福永光司責任編集　中央公論社　1983.6　495p　18cm　（中公バックス）　1200円

◇空海大字林　飯島太千雄編　講談社　1983.3　2冊（解説とも）　27cm　全39800円　①4-06-142674-5

◇空海―人その軌跡―歴史シンポジウム3　上山春平ほか述, 愛媛県文化振興財団編　松山　愛媛県文化振興財団　1983.3　218p　19cm　（財団図書4）〈発売：愛媛県教科図書〉　900円

◇空海上人伝―弘法大師の生涯と著作　山本智教著　大阪　朱鷺書房　1983.1　209p　19cm　〈弘法大師年表：p202〜209〉　980円

251

宗　教

◇日本名僧論集　第3巻　空海　和多秀乗,高木訷元編　吉川弘文館　1982.12　456p　22cm　〈弘法大師の肖像あり〉　5800円

◇空海と真言密教　読売新聞社　1982.11　194p　29cm　〈執筆：宮坂宥勝ほか〉　2000円

◇《声字実相義》の解説　那須政隆著　成田新勝寺成田山仏教研究所　1982.11　133p　21cm　1000円

◇書聖空海　中田勇次郎著　京都　法蔵館　1982.10　223p　20cm　（法蔵選書15）　1800円

◇弘法大師空海　弘法大師空海刊行会編　高松　弘法大師空海刊行会　1982.8　258p　29cm　〈記念碑建立記念　監修：蓮生善隆〉　12000円

◇空海―思想読本　宮坂宥勝編　京都　法蔵館　1982.6　216p　21cm　〈空海の肖像あり〉　1200円

◇弘法大師物語―苦難と栄光の御生涯と大師信仰　新居祐政著　大阪　朱鷺書房　1982.5　227p　19cm　980円

◇密教世界の構造―空海『秘蔵宝鑰』宮坂宥勝著　筑摩書房　1982.2　271p　19cm　（筑摩叢書274）　1300円

◇現代に生きる弘法大師空海―その精神から何をどう学ぶか　宮崎忍勝著　大阪　朱鷺書房　1982.1　211p　19cm　〈弘法大師の肖像あり〉　980円

◇弘法大師入定説話の研究　松本昭著　六興出版　1982.1　345p　22cm　7000円

◇水原堯栄全集　別巻2　弘法大師御影　中川善教編　京都　同朋舎出版　1981.12　図版56枚　42cm　〈複製　付（別冊153p 30cm）：弘法大師御影攷並解説　帙入（44cm）〉

◇空海の研究　櫛田良洪著　山喜房仏書林　1981.10　440, 25p　22cm　8500円

◇空海　上山春平著　朝日新聞社　1981.9　331p　20cm　（朝日評伝選24）　1400円

◇弘法大師伝　2版　〔高野町（和歌山県）〕総本山金剛峯寺弘法大師御入定千百五十年御遠忌大法会事務局　1981.6　709, 8p　図版12枚　23cm　〈弘法大師の肖像あり　巻末：年譜〉

◇入定留身―大師の生涯　三井英光著　京都　法蔵館　1981.5　187p　20cm　〈弘法大師の肖像あり〉　1600円

◇弘法大師の書簡　高木訷元著　京都　法蔵館　1981.4　374p　19cm　2800円

◇弘法大師の思想とその源流　勝又俊教著　山喜房仏書林　1981.3　348, 27p　22cm　3800円

◇弘法大師著作全集　第3巻　空海著, 勝又俊教編集　山喜房仏書林　1981.2　688, 92p　19cm　5000円

◇空海―密教への道　中島尚志著　三一書房　1980.10　234p　20cm　〈空海の肖像あり〉　1800円

◇比叡山と高野山　景山春樹著　〔東村山〕　教育社　1980.3　287p　18cm　（教育社歴史新書）　600円

◇空海の軌跡　佐和隆研著　京都　法蔵館　1980.2　267p　図版20枚　22cm　〈弘法大師の肖像あり〉　2900円

◇空海の思想について　梅原猛著　講談社　1980.1　130p　15cm　（講談社学術文庫）　380円

◇金剛般若経開題　空海筆, 飯島春敬編・著　書芸文化新社　1979.4　1冊　32×14cm　（和漢墨宝選集　第19巻）　〈複製　折本　ホルダー入　付属資料：解説（6p 29cm）　和装〉　④4-7864-0082-3

◇空海辞典　金岡秀友編　東京堂出版　1979.2　266p　19cm　2200円

◇空海と高野山を訪ねる旅　太陽社

1979.2 172p 28cm 〈Sun mook no.5〉〈発売：大日本絵画〉 1800円

◇弘法大師全集 密教文化研究所編 京都 同朋舎 1978.11 8冊 22cm〈密教文化研究所昭和42年刊増補3版の復刊〉 全56000円

◇日本を創った人びと 3 空海―真言密教の求道と実践 日本文化の会編集 田村円澄著 平凡社 1978.9 82p 29cm 1600円

◇弘法大師研究 中野義照編 吉川弘文館 1978.3 447p 22cm〈弘法大師の肖像あり〉 6000円

◇仏典講座 32 秘蔵宝鑰, 般若心経秘鍵 勝又俊教著 大蔵出版 1977.9 510p 20cm 3000円

◇日本の名著 3 最澄 空海 福永光司責任編集 中央公論社 1977.5 495p 肖像 18cm 1200円

◇弘法大師伝全集 長谷宝秀編集 ピタカ 1977.1-3 10冊 22cm〈昭和9～10年刊の複製〉 各5800円

◇弘法大師の思想と宗教 神林隆浄著 日本図書センター 1976.11 398p 22cm〈大東出版社昭和7年刊の復製〉 9000円

◇弘法大師伝説集 第3巻 斎藤昭俊編著 国書刊行会 1976 292, 15p 20cm 2500円

◇弘法大師伝説集 第1-2巻 斎藤昭俊編著 国書刊行会 1976 2冊 19cm〈第1巻は仏教民俗学会昭和49年刊の第2版〉 2000円, 2500円

◇弘法大師と四国霊場 蓮生善隆, 溝淵和幸共著, 香川清美撮影 高松 美巧社 1976 435p(図共) 25cm（Biko books 4)

◇弘法大師と日本文化 栂尾密道編 国書刊行会 1976 635p 22cm〈昭和4年刊の複製〉 5800円

◇即身成仏義・弁顕密二教論講義 高井観海著 名著出版 1976 270p 22cm（大蔵経講座 15）〈昭和9年刊の複製 限定版〉 3000円

◇南無大師遍照金剛 渡辺照宏著 成田 成田山新勝寺成田山仏教研究所 1976 210p 18cm（成田山選書2） 800円

◇弘法大師真蹟集成 空海著, 佐和隆研, 中田勇次郎編 京都 法蔵館 1975 2冊（解説共） 27cm〈監修：弘法大師真蹟集成刊行会 縮印版〉 全32000円

◇書道芸術 第12巻 空海 中央公論社 1975 222p（おもに図） 31cm〈監修：井上靖等 豪華普及版〉 2500円

◇日本思想大系 5 空海 川崎庸之校注 岩波書店 1975 448p 図 22cm 2200円

◇弘法大師真蹟集成 佐和隆研, 中田勇次郎編 増補版 京都 法蔵館 1974.10～1979.9 14冊（別冊とも） 27～37cm〈弘法大師御生誕1200年記念 法蔵館創業120年（丁子屋350年）記念出版 監修：弘法大師真蹟集成刊行会 別冊（341p 27cm）：解説 折本 5帙入（38cm）限定版 和装〉 全420000円

◇弘法大師紀行 真鍋俊照著 平凡社 1974 210p（図共） 20cm （歴史と文学の旅） 900円

◇弘法大師真蹟集成 第4帙 空海著, 佐和隆研, 中田勇次郎編 京都 法蔵館 1974 3帖 37cm〈監修：弘法大師真蹟集成刊行会 帙入 限定版 和装〉 64000円

◇弘法大師真蹟集成 第5帙 空海著, 佐和隆研, 中田勇次郎編 京都 法蔵館 1974 2帖 38cm〈監修：弘法大師真蹟集成刊行会 帙入 限定版 付（別冊 341p 27cm）：解説 付：肖像画1枚 和

宗　教

装〉　64000円

◇弘法大師伝説集　斎藤昭俊編著　仏教民俗学会　1974　297p　19cm　2000円

◇秘密念仏口伝鈔　安川恵妙編　姫路　安川恵妙　本覚寺（発売）　1974　54p 64丁 24p 図 肖像　26cm　〈弘法大師生誕1200年記念 限定版〉　非売品

◇弘法大師著作全集　第3巻　弘法大師著,勝又俊教編修　山喜房仏書林　1973.3（第8刷：1997.1）　688, 92p　19cm　6000円　①4-7963-1103-3

◇空海の軌跡　佐和隆研著　毎日新聞社　1973　269p（図共）　22cm　1500円

◇弘法大師行状絵巻―東寺本　重文　東寺記念出版委員会編　京都　八宝堂　1973　はり込み図41枚 解説64p　32×48cm（解説 30cm）　〈御誕生千二百年記念 東寺所蔵本の複製 帙入 箱入 編集代表：佐和隆研〉　20000円

◇弘法大師空海―密教と日本人　和歌森太郎編著　京都　雄渾社　1973　361p　19cm　850円

◇弘法大師空海　山本智教編　講談社　1973　383p（図共）　35cm　〈執筆者：岡崎譲治等　弘法大師年表：p.376-380〉　26000円

◇弘法大師真蹟集成　第1帙　空海著, 佐和隆研, 中田勇次郎編　京都　法蔵館　1973　2帖　37cm　〈監修：弘法大師真蹟集成刊行会　帙入 限定版　和装〉　64000円

◇弘法大師真蹟集成　第2帙　空海著, 佐和隆研, 中田勇次郎編　京都　法蔵館　1973　2帖　37cm　〈監修：弘法大師真蹟集成刊行会　帙入 限定版　和装〉　64000円

◇弘法大師真蹟集成　第3帙　空海著, 佐和隆研, 中田勇次郎編　京都　法蔵館　1973　3帖　37cm　〈監修：弘法大師真蹟集成刊行会　帙入 限定版　和装〉　64000円

◇文化史上より見たる弘法大師伝　守山聖真著　国書刊行会　1973　1121p 肖像　22cm　〈豊山派弘法大師一千年御遠忌事務局昭和8年刊の複製〉　6800円

◇世界教育宝典　仏教教育宝典 3　伝教大師, 弘法大師集　塩入亮忠, 中野義照編　町田　玉川大学出版部　1972　462p 図 肖像　22cm　2500円

◇弘法大師著作全集　第2巻　空海著, 勝又俊教編　山喜房仏書林　1970　716, 92p　19cm　2000円

◇弘法大師伝記集覧　三浦章夫編　増補再版 密教文化研究所編　高野町（和歌山県）　密教文化研究所　1970　1143, 58p 図 肖像 地図　22cm　〈初版：昭和9年〉

◇書道芸術　第12巻　空海　中央公論社　1970　222p（おもに図）はりこみ図版3枚　31cm　〈監修：井上靖等〉　4200円

◇日本の思想　第1　最澄・空海集　渡辺照宏編　筑摩書房　1969　422p 図版　20cm　780円

◇弘法大師著作全集　第1巻　空海著, 勝又俊教編　山喜房仏書林　1968　594, 68p　19cm　2000円

◇弘法大師の詩と宗教―随想集　宮崎忍勝著　高野山町（和歌山県）　高野山出版社　1967　226p 図版　18cm　300円

◇沙門空海　渡辺照宏, 宮坂宥勝著　筑摩書房　1967　285p 図版　19cm　（筑摩叢書）　580円

◇新・弘法大師伝　宮崎忍勝著　大法輪閣　1967　360p 図版　19cm　600円

◇永遠の書像　空海編　平山観月著　有朋堂　1965　578p 図版　22cm

◇弘法大師の生涯と思想　大山公淳著　改訂版　高野町（和歌山県）　大山教授古稀

記念出版会　1965　256p 図版　19cm

◇弘法大師の書　田山方南述　大東急記念文庫　1961.5　22p　21cm　（文化講座シリーズ　第4回　第5巻）

◇弘法大師関係文献目録　高野山大学図書館編　高野町（和歌山県）　森の会叢書出版部　1960　94p　25cm　（森の会叢書）〈謄写版〉

◇風信帖・灌頂記・座右銘　空海書　二玄社　1960　図版30丁（解説共）　36cm

◇比叡山と高野山—最澄と空海を中心として　勝野隆信著　至文堂　1959　246p 図版　19cm　（日本歴史新書）

◇弘法大師言行録　高神覚昇著　高野町（和歌山県）　高野山出版社　1958　98p 図版　19cm

◇弘法大師御伝記　蓮生観善著　9版　京都　永田文昌堂　1952　104p 図版　19cm

◇空海　武者小路実篤著　山本書店　1948　223p　19cm　〈人物評論12篇を収む〉

◇弘法大師の理想と芸術　密教研究会編　高野町（和歌山県）　高野山時報社　1948　173p 図版　22cm

◇弘法大師と其時代　榊亮三郎著　大阪　創元社　1947　167p　19cm　（日本文化名著選　第2輯）

金剛峯寺
こんごうぶじ

　和歌山県伊都郡高野町にある高野山真言宗の総本山。山号は高野山。弘仁7年（816年）空海が修禅の道場として嵯峨天皇の勅許を得て開創。古くは青巌寺ともいった。寺名の金剛峯寺は「金剛峯寺楼閣瑜伽瑜祇経」に由来し、高野山の一山の総称でもあった。平安中期、東寺と真言宗本山の地位を争って敗れ、東寺長者観賢が金剛峯寺の座主を兼務して以来、東寺長者による金剛峯寺の支配体制が確立。正暦5年（994年）の大火もあって一時衰退したが、平安後期には復興。白河・鳥羽天皇の崇敬も厚く、また覚鑁が出て長承元年（1132年）大伝法院を建立し、長承3年（1134年）東寺長者による金剛峯寺兼務を排して金剛峯寺、大伝法院の座主に就任。戦国時代には織田軍の部将や豊臣秀吉の攻撃を受けたが、木食応其が豊臣秀吉の高野攻めから金剛峯寺を救い、天正18年（1590年）秀吉の援助を受けて青巌寺を再興、その隣に興山寺を建立した。明治2年（1869年）この両寺を併合して金剛峯寺と改称。古来より明治5年（1872年）まで女人禁制で知られた。山内最古の建築である不動堂や、日本最古の仏涅槃図などの国宝のほか、重要文化財多数。平成16年（2004年）世界文化遺産に登録。

　　　　＊　　　＊　　　＊

◇はじめての「高野山町石道」入門　木下浩良著　セルバ出版，創英社（発売）　2009.11　119p　21cm　（セルバ仏教ブックス　知る・わかる・こころの旅を豊かにする）〈並列シリーズ名：Seluba Buddhism books　文献あり〉　1200円　①978-4-86367-021-1

◇古寺をゆく　2　高野山　小学館「古寺をゆく」編集部編　小学館　2009.10　189p　18cm　（小学館101ビジュアル新書V004）〈2001年刊の加筆・再編集　年表あり〉　1100円　①978-4-09-823004-4

◇高野山信仰の成立と展開　村上弘子著　雄山閣　2009.9　300p　21cm　8800円　①978-4-639-02104-9

◇はじめての「霊場高野山の植物・動物」入門　亀岡弘昭著　セルバ出版，創英社（発売）　2009.8　103p　21cm　（セルバ仏教ブックス　知る・わかる・こころの旅を豊かにする）〈並列シリーズ名：Seluba Buddhism books　文献あり〉　1100円　①978-4-86367-016-7

◇高野山の名宝—第30回高野山大宝蔵展　高野山霊宝館編　高野町（和歌山県）　高野山霊宝館　2009.7　49p　30cm　〈他言語標題：Treasures of Koyasan　会期：平成21年7月18日—9月27日〉

宗　教

◇高野山上蔵院文書の研究―中世伊予における高野山参詣と弘法大師信仰に関する基礎的研究　川岡勉編　松山　愛媛大学教育学部　2009.3　110p　30cm

◇聖なる自然高野山から―永坂嘉光写真集　永坂嘉光著　京都　光村推古書院　2008.12　95p　31×31cm　〈他言語標題：Nature and spirit sanctuary Koya 英語併記〉　5500円　①978-4-8381-0401-7

◇巡礼高野山　永坂嘉光, 山陰加春夫, 中上紀著　新潮社　2008.11　127p　21cm　（とんぼの本）〈1990年刊の改訂〉　1500円　①978-4-10-602182-4

◇高野山の名宝―第29回高野山大宝蔵展　高野山霊宝館編　高野町（和歌山県）　高野山霊宝館　2008.7　41p　30cm　〈会期：平成20年7月19日―9月15日〉

◇高野山・勧学院文書―訳注　松田文夫編　〔和歌山〕〔松田文夫〕　2008.2　22, 187p　23cm　〈著作目録あり〉　2700円

◇私たちの世界遺産　1　持続可能な美しい地域づくり―世界遺産フォーラムin高野山　五十嵐敬喜, アレックス・カー, 西村幸夫編著　公人の友社　2007.11　212p　21cm　1905円　①978-4-87555-512-4

◇紀伊国高野山・興山寺文書　松田文夫編　〔和歌山〕〔松田文夫〕　2007.10　97p　23cm　〈著作目録あり〉　2000円

◇高野山の名宝―信仰マンダラの世界高野山―神仏への祈り　第28回高野山大宝蔵展　高野山霊宝館編　高野町（和歌山県）　高野山霊宝館　2007.7　40p　30cm

◇新・高野百景　其の2　藤原重夫画, 山口文章文　教育評論社　2007.7　143p　21cm　〈「2」のサブタイトル：世界遺産・高野山の歴史と美しさにふれる　文献あり〉　1600円　①978-4-905706-17-5

◇世界遺産高野山の歴史と秘宝　井筒信隆著　山川出版社　2007.4　177p　26cm　2000円　①978-4-634-59062-5

◇大日本仏教全書　第131巻　高野春秋編年輯録　仏書刊行会編纂　懐英記　大法輪閣　2007.1　446p　22cm　〈名著普及会平成4年刊（覆刻版3刷）を原本としたオンデマンド版　折り込1枚〉　8400円　①978-4-8046-1775-6

◇高野山の伝統と未来　静慈円編　小学館スクウェア　2006.12　159p　27cm　（高野山大学選書 第4巻）　2857円　①4-7979-8681-6

◇現代に密教を問う　谷川泰教編　小学館スクウェア　2006.9　159p　27cm　（高野山大学選書 第3巻）　2857円　①4-7979-8680-8

◇高野山と密教文化　山陰加春夫編　小学館スクウェア　2006.9　159p　27cm　（高野山大学選書 第1巻）　〈文献あり〉　2857円　①4-7979-8678-6

◇新・高野百景―四季折々の高野山の風景を歩く　藤原重夫画, 山口文章著　教育評論社　2006.7　143p　21cm　〈文献あり〉　1600円　①4-905706-06-8

◇高野山真言宗寺族婦人必携　高野山真言宗布教研究所編　〔高野町（和歌山県）〕高野山真言宗教学部　2006.3　107p　26cm　（布教資料 生かせいのち 39）

◇高野山の名宝―密教曼荼羅・コスモスの世界　第26回高野山大宝蔵展　高野山霊宝館編　高野町（和歌山県）　高野山霊宝館　2005.7　40p　30cm　〈会期・会場：平成17年7月16日―9月11日 高野山霊宝館〉

◇高野山歌舞伎散歩　的場有紀著　和歌山　オフィスせんりき　2004.10　150p　18cm　〈年表あり〉　1000円

◇正智院文書　山本信吉編　吉川弘文館　2004.9　359, 14p　図版56p　27cm　（高野山正智院経蔵史料集成 1）　28000円

◇高野山・金剛三昧院史　松田文夫編　〔和歌山〕　〔松田文夫〕　2004.8　134p　23cm　2300円

◇高野浄土への憧れ―第二十五回高野山大宝蔵展　高野山霊宝館編　〔高野町（和歌山県）〕　高野山霊宝館　2004.7　103p　30cm　〈他言語標題：Yearning for the sacred space at Mt.Koya　会期：2004年7月20日―9月10日　世界遺産登録記念〉

◇聖地高野山と四国の空と海―弘法大師空海の求めた世界　「聖地高野山と四国の空と海」展実行委員会編　〔徳島〕「聖地高野山と四国の空と海」展実行委員会　2004.6　94p　30cm　〈会期・会場：2004年6月5日―27日　徳島市立徳島城博物館　弘法大師入唐1200年記念・徳島新聞創刊60周年記念・徳島市制115周年記念〉

◇阿波の僧侶と高野山　庄野光昭著　大阪　朱鷺書房　2004.4　235p　20cm　2400円　①4-88602-190-5

◇高野山―弘法大師空海の聖山　井筒信隆監修　平凡社　2004.4　158p　29cm（別冊太陽）〈年表あり〉　2400円　①4-582-94465-5

◇絵本高野山　山陰石楠絵と文　大阪　アド南海　2004.3　90p　21cm　〈原画：藤原成憲、慶仙〉

◇高野山寺領史年表―弘仁7年（816）から明治4年（1071）まで　松田文夫編　〔和歌山〕　〔松田文夫〕　2004.2　10, 238p　24cm　〈著作目録あり〉　2700円

◇紀伊国外の高野山寺領　松田文夫編　〔和歌山〕　〔松田文夫〕　2003.10　270p　24cm　3000円

◇伽藍御影堂と弘法大師信仰―第二十四回高野山大宝蔵展　高野山霊宝館編　〔高野町（和歌山県）〕　高野山霊宝館　2003.7　83p　30cm　〈他言語標題：The Garan Miei-dō and the belief for Kobô-daishi Kûkai　会期：2003年7月20日―9月10日　弘法大師入唐1200年記念〉

◇紀伊国高野山と備後国大田庄―紀伊国高野山領備後国大田庄史　松田文夫編　〔和歌山〕　〔松田文夫〕　2003.7　200p　24cm　2600円

◇空海言葉の輝き　竹内信夫文, 永坂嘉光写真, 高岡一弥アートディレクション　ピエ・ブックス　2003.5　283p　21cm　2800円　①4-89444-254-X

◇空海と高野山―弘法大師入唐一二〇〇年記念　京都国立博物館ほか編　〔大阪〕NHK大阪放送局　2003.4　349p　30cm　〈他言語標題：Kukai and mount Koya　会期・会場：2003年4月15日―5月25日　京都国立博物館　ほか　共同刊行：NHKきんきメディアプラン　年表あり〉

◇高野枡をつくらせた荘園―もうひとつのカタカナ書き百姓申状の世界　和歌山県教育庁文化財課紀の川流域荘園詳細分布調査委員会編　和歌山　和歌山県教育委員会　2003.3　161p　30cm　（紀の川流域荘園詳細分布調査概要報告書　官省符荘現況調査 2）〈付属資料：図5枚　和歌山県高野口町・かつらぎ町所在　折り込1枚〉

◇院政期高野山と空海入定伝説　白井優子著　同成社　2002.8　267p　22cm　7000円　①4-88621-255-7

◇永遠の宇宙高野山―永坂嘉光写真集　水坂嘉光著　小学館　2001.12　1冊（ページ付なし）　23×26cm　3300円　①4-09-681451-2

◇高野山の国宝―壇上伽藍と奥之院―第二十二回高野山大宝蔵展　高野山霊宝館編　〔高野町（和歌山県）〕　高野山霊宝館　2001.7　187p　30cm　〈他言語標題：

宗　教

National treasures in Mt, Kôya esoteric Buddism sacred placses-Garan, Okunoin　会期：2001年7月20日―10月4日　「紀伊山地の霊場と参詣道」世界遺産暫定リスト登載記念展〉

◇高野への道―いにしへ人と歩く　村上保寿, 山陰加春夫共著　高野町（和歌山県）高野山出版社　2001.5　184p　19cm〈付属資料：図1枚〉　1400円　⑪4-87527-016-X

◇週刊古寺をゆく　15　高野山　小学館　2001.5　35p　30cm　（小学館ウイークリーブック）　533円

◇高野山納骨之記　江南洋解読　〔近江八幡〕　近江八幡市立資料館　1999.3　8p　26cm　（近江八幡歴史シリーズ）

◇中世高野山縁起集　京都　臨川書店　1999.3　388, 12p　23cm　（真福寺善本叢刊　第9巻（記録部2））〈複製および翻刻〉　10600円　⑪4-653-03470-2, 4-653-03466-4

◇高野山, 超人・空海の謎―真言密教と末法思想の源流とは　百瀬明治著　祥伝社　1999.1　354p　16cm　（祥伝社文庫）　638円　⑪4-396-31110-9

◇新校高野春秋編年輯録　日野西真定編・校訂　増訂第2版　岩田書院　1998.1　470, 124p　23cm〈初版・増補版の出版者：名著出版〉　18800円　⑪4-900697-99-0

◇中世高野山史の研究　山陰加春夫著　大阪　清文堂出版　1997.1　321p　22cm　⑪4-7924-0428-2

◇高野山四季の祈り―伝灯の年中行事　矢野建彦写真, 日野西真定文　佼成出版社　1995.6　158p　21cm　2500円　⑪4-333-01748-3

◇書と高野山　楠見敏雄著　高野町（和歌山県）　高野山出版社　1994.6　232p　22cm

◇高野山仏涅槃図―大いなる死の造形　泉武夫著　平凡社　1994.3　117p　25cm　（絵は語る 2）〈折り込図1枚　参考文献：p116～117〉　3200円　⑪4-582-29512-6

◇高野山の現状を憂う―蘇れ〈祖山〉第二次申し入れ書　田村順三著　〔彦根〕〔田村順三〕　〔1994〕　158p　21cm〈はり込4枚〉

◇比叡山と高野山　ひろさちや原作, 森村たつお漫画　鈴木出版　1991.10　153p　22cm　（仏教コミックス 105）　1200円　⑪4-7902-1967-4

◇新校高野春秋編年輯録　日野西真定編集・校訂　増訂版　名著出版　1991.5　470, 124p　23cm〈折り込図1枚〉　18800円　⑪4-626-01407-0

◇巡礼高野山　永坂嘉光ほか著　新潮社　1990.7　119p　22cm　（とんぼの本）　1300円　⑪4-10-601984-1

◇高野山民俗誌　奥の院編　日野西真定著　佼成出版社　1990.2　222p　20cm　（仏教文化選書）　1550円　⑪4-333-01405-0

◇高野山領史の人びと　松田文夫著　〔和歌山〕〔松田文夫〕　1989.11　242p　23cm　3000円

◇高野山千年―永坂嘉光写真集　永坂嘉光著　ぎょうせい　1989.10　247p　38cm〈付（別冊 30cm）：用語解説〉　26000円　⑪4-324-01853-7

◇高野山物語―名刹歳時記　加藤楸邨ほか編　世界文化社　1989.9　127p　31cm　3950円　⑪4-418-89404-7

◇高野山領紀伊国庄園史年表―史料出典の明示づき　松田文夫編　増補　〔和歌山〕　〔松田文夫〕　1989.9　450p　22cm〈電子複写〉　3800円

◇高野山領紀伊国荘園史　続々　花園荘・麻生津荘・猿川荘・野田原郷・小河柴目

宗 教

荘・野上荘・調月荘・東貴志荘・六箇七郷史および天野明神社史　松田文夫編　〔和歌山〕　〔松田文夫〕　1989.6　310p　23cm　2600円

◇高野山領史のはなし　松田文夫著　〔和歌山〕　〔松田文夫〕　1989.2　404p　23cm　2800円

◇新・高野山領ものがたり―温古知新を求めて　松田文夫著　〔和歌山〕　〔松田文夫〕　1989.1　302p　23cm　〈『高野寺領ものがたり』(1988年刊)の改訂・増補篇〉　2600円

◇続・高野山領ものがたり―高野山領史を歩く　松田文夫著　〔和歌山〕　〔松田文夫〕　1988.12　183p　23cm　2200円

◇高野山領紀伊国庄園史年表―史料出典の明示づき　松田文夫編　改訂　〔和歌山〕　〔松田文夫〕　1988.10　391p　22cm　〈電子複写〉　3500円

◇高野山大宝蔵展　第9回　高野山霊宝館編　〔高野町(和歌山県)〕　高野山霊宝館　1988.8　94p　26cm　〈重要文化財木造孔雀明王坐像修復完成記念〉

◇高野山領紀伊国荘園史　続　隅田南・相賀・静河・名手・浜仲・由良荘史　松田文夫編　〔和歌山〕　〔松田文夫〕　1988.5　315p　27cm

◇高野寺領ものがたり　松田文夫著　〔和歌山〕　〔松田文夫〕　1988.3　301p　27cm

◇高野山領紀伊国荘園史年表　松田文夫編　〔和歌山〕　〔松田文夫〕　1988.2　424p　19×27cm

◇歴史を歩く―伊都・橋本の郷土史かるた　北尾清一著　橋本　まんげつ会　1987.11　281p　20cm　〈発売：大和出版社〉　1500円

◇高野山領紀伊国荘園史　松田文夫編　〔和歌山〕　〔松田文夫〕　1987.7　720p　22cm　〈付・高野山領紀伊国八荘園史年表〉

◇日本の古寺美術　9　高野山　山田耕二著　大阪　保育社　1986.11　228p　図版16p　19cm　〈企画：町田甲一〉　1600円　①4-586-72009-3

◇高野山の美術―中世・近世の名宝　高野山霊宝館編　〔高野町(和歌山県)〕　高野山霊宝館　1986.8　1冊(頁付なし)　26cm　〈第七回高野山霊宝展〉

◇高野山―永坂嘉光写真集　永坂嘉光著　グラフィック社　1986.7　99p　25×26cm　2900円　①4-7661-0384-X

◇源平の時代と高野山　高野山霊宝館編　〔高野町(和歌山県)〕　高野山霊宝館　1985.9　1冊(頁付なし)　26cm　〈平家滅亡八百年・町石建立七百年記念第六回霊宝展〉

◇全集日本の古寺　第16巻　高野山と吉野・紀伊の古寺　下出積与ほか著　集英社　1985.4　159p　28cm　〈監修：太田博太郎ほか　関連年表：p156～157〉　3200円　①4-08-593016-8

◇高野山年表　昭和篇2　山口耕栄編著　高野町(和歌山県)　報恩院　1985.2　121,48p　21cm　〈限定版〉

◇高野山史　宮坂宥勝,佐藤任著　新版　心交社　1984.9　305p　22cm　〈初版：高野山文化研究会昭和37年刊〉　6500円　①4-915567-05-2

◇高野山秘宝大観　高野山文化財保存会,金剛峯寺高野山霊宝館編集　奈良　ソノタ　1984.5　314p　43cm　〈監修：山本智教　帙入　高野山年表：p306～308〉　63000円　①4-89349-001-X

◇霊場高野山―弘法大師御入定千百五十年御遠忌大法会記念　〔出版地不明〕　高野山真言宗総本山金剛峯寺弘法大師御入定千百五十年御遠忌大法会事務局

宗　教

1984.4　79p　21cm　〈年譜あり〉

◇高野山のすべて　講談社　1984.3　136p　19cm　〈弘法大師御入定千百五十年記念　監修：山本智教〉　1000円　①4-06-201200-6

◇高野の三大宝　森田竜僊著　京都　臨川書店　1984.1　296p　22cm　〈高野山大学出版部昭和18年刊の複製〉　4700円　①4-653-00952-X

◇高野山―弘法大師の信仰に生きる　上山春平ほか著　講談社　1983.11　142p　31cm　〈弘法大師御入定1150年御遠忌記念 おもに図〉　5800円　①4-06-200371-6

◇日本仏教の心　4　弘法大師と高野山　日本仏教研究所編　高峰秀海著　ぎょうせい　1983.10　202p　29cm　〈弘法大師の肖像あり　付属資料（録音カセット1巻）：金剛峯寺前座主高峰秀海法話.「大曼荼羅供」法要　箱入〉　5000円

◇高野山伽藍草創の構想と理念　中川善教著　〔高野町（和歌山県）〕　高野山大学仏教学研究室　1983.6印刷　55p　21cm

◇日本古寺美術全集　第13巻　金剛峯寺と吉野・熊野の古寺　浜田隆ほか編集　集英社　1983.5　147p　40cm　〈監修：太田博太郎ほか　参考文献：p146〉　5600円

◇高野山古絵図集成　日野西真定編・著　大阪　清栄社　1983.2-1988.2　2冊（別冊とも）　43cm　〈別冊（71, 238p 21×30cm）：解説・索引　帙入〉

◇日本の聖域　第2巻　空海と高野山　深瀬昌久, 日野西真定著　佼成出版社　1982.6　141p　31cm　〈年表：p140～141 付：参考文献・資料〉　3500円　①4-333-01042-X

◇水原堯栄全集　第6巻　中川善教編　京都　同朋舎出版　1982.4　879p　図版25枚　23cm　〈付（図3枚）：墓碑銘地図〉

①4-8104-8007-0

◇水原堯栄全集　第7巻　中川善教編　京都　同朋舎出版　1982.3　405p　23cm　①4-8104-8007-0

◇水原堯栄全集　第4巻　中川善教編　京都　同朋舎出版　1981.12　800, 47p 図版24枚　23cm　〈複製〉　①4-8104-8007-0

◇水原堯栄全集　第5巻　中川善教編　京都　同朋舎出版　1981.12　749, 45p 図版19枚　23cm　〈昭和7年刊の複製〉　①4-8104-8007-0

◇水原堯栄全集　別巻1　高野板英萃　中川善教編　京都　同朋舎出版　1981.12　1冊　42cm　〈複製 帙入　和装〉

◇水原堯栄全集　別巻3　高野山古経聚粋　中川善教編　京都　同朋舎出版　1981.12　1冊　42cm　〈複製 帙入　和装〉

◇古寺巡礼西国　1　高野山金剛峯寺　司馬遼太郎ほか著　京都　淡交社　1981.5　159p　27cm　〈監修：井上靖, 佐和隆研　高野山金剛峯寺年表：p152～155〉　3200円　①4-473-00744-8

◇高野の石仏たち　多田学写真と文　大阪　清文社　1980.3　147p　22cm　1800円

◇高野山　永坂嘉光写真, 阿部野竜正ほか解説　毎日新聞社　1980.1　317, 9p　37cm　〈弘法大師御入定千百五十年御遠忌大法会奉讃出版 監修：高峰秀海〉　35000円

◇高野百仏　宮川良彦著　文一総合出版　1979.9　243p　19cm　1200円

◇高野山院跡考　山口耕栄編著　〔高野町（和歌山県）〕　高野山大学　1979.2　178, 6p　22cm　〈限定版　参考にした史料・文献・図書：p177～178〉

◇水原堯栄著作選集　第2巻　中川善教編　京都　同朋舎　1978.11　749, 45, 8p 図版19枚　23cm　15000円

宗 教

◇聖と俗と―高野山　朝日新聞和歌山支局編　和歌山　帯伊書店　1978.5　253p　19cm　（きのくに叢書1）　1500円

◇高野山領庄園の支配と構造　豊田武編　巌南堂書店　1977.5　505p　図　21cm　6800円

◇高野山年表　明治大正篇　山口耕栄編〔高野町（和歌山県）〕　高野山大学出版部　1977.3　152p　図　21cm　〈限定版〉

◇史跡高野山町石・金剛峯寺境内保存管理計画策定報告書　和歌山県教育委員会編〔和歌山〕　和歌山県教育委員会〔1977〕　38p（図共）　28cm　〈付：地図9枚（史跡高野山町石関係資料））

◇高野山と真言密教の研究　五来重編　名著出版　1976　491p　図　22cm　（山岳宗教史研究叢書3）〈史料目録・高野山略年表・高野山関係地図：p.468-485〉4500円

◇高野山年表　昭和篇　山口耕栄著　〔高野町（和歌山県）〕　高野山大学出版部　1976　365p　図　21cm　〈限定版〉

◇高野の石仏　宮川良彦著　文一出版　1976　202p　19cm　980円

◇高野聖　五来重著　増補　角川書店　1975　290, 32p　19cm　（角川選書）880円

◇高野山―弘法大師御生誕千二百年記念写真；藤本四八　三彩社　1973　289p（図共）　37cm　〈編集委員：南江治郎、鈴木進、真鍋俊照　特別附録：「舎利讃嘆」（声明：中川善教）（ソノシート1枚）付：参考文献〉　20000円

◇高野山文書　総本山金剛峯寺編　歴史図書社　1973　7冊　22cm　〈高野山文書刊行会昭和11-16年刊の複製〉　全38000円

◇高野山宝物展　椿山荘美術館編　藤田観光　1972.1　1冊（頁付なし）　26cm（名品展 第3回）〈会場：椿山荘美術館〉

◇高野山金剛峯寺　堀田真快著　学生社　1972　282p　図　19cm　（日本の寺院1）〈参考文献：p.277-282〉　780円

◇高野山領荘園の研究　江頭恒治著　京都　臨川書店　1972　452, 16p　図　22cm　〈有斐閣昭和13年刊の複製〉

◇高野山通念集　3　一無軒道治著　すみや書房　1970　243p　22cm　（古板地誌叢書7）〈国立国会図書館蔵本の複製　監修：朝倉治彦　限定版〉　非売

◇秘宝　第7巻　高野山　浅野長武等編　中野義照著　講談社　1968　395p（図版共）　43cm　〈帙入〉　20000円

◇高野聖　五来重著　角川書店　1965　274p　18cm　（角川新書）

◇高野山の文化財　高野山町（和歌山県）金剛峯寺　1964　図版104p　解説38p　37cm　〈監修者：松下隆章〉

◇高野山霊宝展　高野山総本山金剛峯寺, 毎日新聞社編　毎日新聞社　〔1964〕　1冊（頁付なし）　26cm　〈開創1150年記念　会期・会場：昭和39年5月23日―6月7日　新宿ステーションビル〉

◇高野山　大山公淳著, 三栗参平撮影　社会思想社　1963　218p（図版共）　15cm（現代教養文庫）

◇高野山　佐和隆研, 田村隆照共著　大坂保育社　1963　153p（図版 解説共）15cm　（カラー ブックス）

◇高野山史料叢書　第1輯　高野山文書編年目録　和田秀乗編　高野町（和歌山県）高野山史料叢書刊行会　1963　194, 142, 89p　21cm

◇高野山史　宮坂宥勝編著　高野山文化研究会　1962　282p　図版　19cm

◇高野山霊宝大観　堀田真快著　高野町（和歌山県）　金剛峯寺　1962　図版49

261

◇高野山　毎日新聞社編　毎日新聞社　1961.6　248p　19cm

◇高野山金剛峯寺　坂田徹全編著　札幌教育新潮社　1961　216p（図版共）19cm　（日本のお寺シリーズ　第1）

◇高野山秘宝特別展　高野山文化財保存会, 毎日新聞社編　〔出版地不明〕　高野山文化財保存会　〔1961〕　1冊（頁付なし）26cm　〈共同刊行：毎日新聞社　会期・会場：昭和36年9月5日—17日　上野・松坂屋　付：高野山略年表〉

◇霊宝高野　高野町（和歌山県）　高野山出版社　1956　図版80p（解説共）　19cm

◇高野山霊宝大観　堀田真快著　高野町（和歌山）　金剛峯寺　1948　図版48枚　39cm　〈原色図版（はり込）3枚〉

◇高野山—美術行脚　佐和隆研著　京都　便利堂　1947　221p 図版21枚　19cm　〈附録(167-221p)：高野山年中行事 他3篇〉

三教指帰
さんごうしいき

　弘法大師空海の出家宣言の書（三巻）。延暦16年（797年）空海24歳の時の著作（18歳作、24歳再治説もある）。儒教・道教・仏教を代表する三人の仮想人物の対話の体裁で三教を比較し、仏教の優位を四六駢儷体の漢文で論じたもの。内容は序と上・中・下に分かれ、序文で自伝を述べ、出家を宣言。上巻では儒教の亀毛先生が忠孝の道を説き、中巻では道教の虚亡隠士が不老不死の神仙術を述べる。下巻では空海自身の実像である仮名乞児が登場し、仏教が儒教・道教よりも優れた教えであるとする。別本として本書の草本といわれる『聾瞽指帰』（三巻, 国宝）があり、空海の真筆とされる。

　　　　＊　　＊　　＊

◇空海「三教指帰」　空海著, 加藤純隆, 加藤精一訳　角川学芸出版, 角川グループパブリッシング（発売）　2007.9　185p　15cm　（角川文庫）　667円　①978-4-04-407202-5

◇空海及び白楽天の著作に係わる注釈書類の調査研究　上　太田次男著　勉誠出版　2007.6　540p　22cm　①978-4-585-03165-9

◇空海及び白楽天の著作に係わる注釈書類の調査研究　中　太田次男著　勉誠出版　2007.6　569p　22cm　①978-4-585-03165-9

◇三教指帰講義　坂田光全述　高野町（和歌山県）　高野山出版社　2007.4　500p　22cm　〈年譜あり　著作目録あり〉　14000円　①978-4-87527-051-5

◇三教指帰—ほか　空海著, 福永光司訳　中央公論新社　2003.5　27, 362p　18cm　（中公クラシックス）〈年譜あり　文献あり〉　1500円　①4-12-160052-5

◇三教指帰　空海著, 宮坂宥勝編著　四季社　2003.1　302p　22cm　（傍訳弘法大師空海）　16000円　①4-88405-182-3

◇三教指帰注集　釈成安注　京都　大谷大学　1992.10　207p　27cm　〈『三教指帰注集の研究』の別冊　奥付の書名・著者表示：『三教指帰注集』の研究　佐藤義寛著　大谷大学図書館蔵の複製〉

◇『三教指帰注集』の研究—大谷大学図書館蔵　佐藤義寛著　京都　大谷大学　1992.10　517p　27cm

◇中山法華経寺蔵本三教指帰注　築島裕, 小林芳規編　武蔵野書院　1981.3　233p　21cm　〈複製および翻刻〉　①4-8386-0525-0

◇中山法華経寺蔵本三教指帰注総索引及び研究　築島裕, 小林芳規編　武蔵野書院　1980.8　743p　22cm　18000円

◇三教指帰—口語訳　仏教と儒教・道教との対論　加藤純隆訳著　世界聖典刊行協会

宗 教

1977.12 250p 22cm 2000円 ①4-88110-031-9

◇弘法大師の出家宣言書―三教指帰 本文と訳注 弘法大師著, 堀内寛仁校訂・訳注 高野町(和歌山県) 高野山大学出版部 1976.6 2冊 22cm 〈「本文」「訳注」に分冊刊行〉

◇聾瞽指帰 1巻 弘法大師御筆 京都〔日本仏教普及会〕〔1973〕 3軸 39cm 〈上巻・下巻(貞和2年夢窓疎石跋)附・澄恵寄進状(天文5年3月21日)複製版(完全覆刻認定証書付) 付(別冊 92p 21cm 袋入):解説(山本智教) 箱入限定版〉 非売品

◇日本古典文学大系 第71 三教指帰, 性霊集 渡辺昭宏, 宮坂宥勝校注 岩波書店 1965 594p 図版 22cm

◇三教指帰 弘法大師著, 加藤精神訳註 岩波書店 1948 140p 15cm (岩波文庫)

覚 鑁
かくばん

嘉保2年(1095年)－康治2年12月12日(1144年)

平安後期の真言宗の僧侶。肥前国鹿島の人。号は正覚坊, 諡号は興教大師。平将門の末裔で, 肥前国藤津荘の追捕使伊佐平次兼元の三男。13歳の頃上洛して仁和寺の成就院寛助の弟子となり, その後興福寺, 東大寺で学ぶ。永久2年(1114年)高野山に登って真言密教の諸流を学び, 保安2年(1121年)寛助僧正より密教灌頂を受ける。伝法会の再興に尽力し, 鳥羽上皇の帰依を受けて長承元年(1132年)高野山に大伝法院を創建。長承3年(1134年)大伝法院と金剛峯寺座主を兼ね, 高野山全体の統轄を試みたが, 金剛峯寺, 東寺, 醍醐寺の衆徒の反対にあい, 翌年辞して密厳院に退居。保延6年(1140年)金剛峯寺衆徒に追われて根来山に移り, 一乗山円明寺を建てた。諸流に分派した真言の事相を大成し, 東密伝法院流を創唱して新義真言宗派の祖とされる。著書に『密厳諸秘釈』『五輪九字秘密義釈』など。

* * *

◇密教のすがた―根来寺文化講演会&シンポジウム 根来寺文化講演会シンポジウム企画実行委員会編 岩出町(和歌山県) 新義真言宗総本山根来寺根来寺文化研究所 2005.10 32p 30cm (根来寺再発見シリーズ 2) 〈付属資料:1枚 会期・会場:平成17年10月8日 光明殿ほか〉 1000円

◇仏教を歩く no.21 覚鑁と「真言密教」 朝日新聞社 2004.3 32p 30cm (週刊朝日百科) 533円

◇五輪九字明秘密釈の研究 ヘンドリック・ファン・デル・フェーレ著, 白石凌海訳 ノンブル 2003.3 317p 22cm 7800円 ①4-931117-76-7

◇興教大師覚鑁聖人年譜 上(白河院政期) 苫米地誠一著 ノンブル 2002.12 492p 21×30cm 〈文献あり〉 ①4-931117-70-8

◇興教大師覚鑁聖人年譜 下(鳥羽院政期) 苫米地誠一著 ノンブル 2002.12 492p 21×30cm ①4-931117-70-8

◇平安密教の研究―興教大師覚鑁を中心として 松崎恵水著 古川弘文館 2002.3 959p 22cm 〈文献あり〉 28000円 ①4-642-02375-5

◇即身成仏への情熱―覚鑁上人伝 ヘンドリック・ファン・デル・フェーレ著, 高橋尚夫監修, 木村秀明, 白石凌海訳 ノンブル 1998.7 328p 22cm 3200円 ①4-931117-24-4

宗　教

◇KAKUBAN SHONIN—The Life and Works of Kogyo Daishi　ヘンドリック・ファン・デル・フェーレ著　ノンブル　1998.7　240p　21cm　〈本文：英文〉　4000円　①4-931117-25-2

◇興教大師覚鑁写本集成　興教大師覚鑁著，興教大師八百五十年御遠忌記念出版教学篇編纂委員会編　京都　法蔵館　1997.6-12　4冊　19×27cm　全110000円　①4-8318-5141-8

◇五輪九字秘釈の研究　那須政隆著　京都　法蔵館　1997.1　411p　22cm　〈那須政隆著作集　第4巻〉〈解説：伊原照蓮〉　①4-8318-3500-5

◇密教瞑想の研究—興教大師覚鑁の阿字観　北尾隆心著　大阪　東方出版　1996.11　230p　22cm　3800円　①4-88591-463-9

◇根来要書—覚鑁基礎史料集成　総本山醍醐寺編　東京美術　1994.5　118, 19p　31cm　〈醍醐寺蔵の複製〉　10300円　①4-8087-0606-7

◇興教大師著作全集　第6巻　雑部　興教大師八百五十年御遠忌記念出版編纂委員会編纂　真言宗豊山派宗務所興教大師八百五十年御遠忌記念事業委員会　1994.3　1冊　23cm　非売品

◇興教大師著作全集　第5巻　内観部　興教大師八百五十年御遠忌記念出版編纂委員会編纂　真言宗豊山派宗務所興教大師八百五十年御遠忌記念事業委員会　1993.9　1冊　23cm　非売品

◇興教大師著作全集　第2巻　教相部　2　興教大師八百五十年御遠忌記念出版編纂委員会編纂　真言宗豊山派宗務所興教大師八百五十年御遠忌記念事業委員会　1993.6　1冊　23cm　非売品

◇興教大師著作全集　第4巻　事相部　2　興教大師八百五十年御遠忌記念出版編纂委員会編纂　真言宗豊山派宗務所興教大師八百五十年御遠忌記念事業委員会　1993.2　1冊　23cm　非売品

◇興教大師覚鑁研究—興教大師八百五十年御遠忌記念論集　興教大師研究論集編集委員会編　春秋社　1992.12　1132p　23cm　11000円　①4-393-17232-9

◇興教大師著作全集　第3巻　事相部　1　興教大師八百五十年御遠忌記念出版編纂委員会編纂　真言宗豊山派宗務所興教大師八百五十年御遠忌記念事業委員会　1992.11　1冊　23cm　非売品

◇興教大師の生涯と思想　勝又俊教著　山喜房仏書林　1992.9　183p　21cm　〈興教大師の肖像あり〉　1800円　①4-7963-0310-3

◇覚鑁の研究　櫛田良洪著　吉川弘文館　1992.6　490p　22cm　〈第3刷（第1刷：昭和50年）覚鑁の肖像あり〉　7800円　①4-642-02015-2

◇興教大師著作全集　第1巻　教相部　1　興教大師八百五十年御遠忌記念出版編纂委員会編纂　真言宗豊山派宗務所興教大師八百五十年御遠忌記念事業委員会　1992.4　1冊　23cm　〈著者の肖像あり〉　非売品

◇密教のこころ—内観の聖者・覚鑁と真言宗　読売新聞社　1992.3　176p　29cm　（よみうりカラームックシリーズ）〈覚鑁の肖像あり〉　2200円　①4-643-92013-0

◇興教大師覚鑁上人入門—その歩まれた道　福田亮成著　ノンブル　1990.6　90p　19cm　①4-931117-09-0

◇興教大師伝記史料全集　三浦章夫編　ピタカ　1977.6　3冊　22cm　〈昭和17年刊の複製〉　全28000円

◇覚鑁の研究　櫛田良洪著　吉川弘文館　1975　490p　図　22cm　7000円

◇興教大師伝　那須政隆著　国書刊行会　1974　203p　肖像　22cm　〈昭和16年刊

264

の複製〉 1500円

文覚
もんがく

保延5年(1139年)〜建仁3年7月21日(1203年)

平安末期〜鎌倉初期の真言宗の僧侶。俗名は遠藤盛遠。父は摂津の渡辺党の遠藤茂遠。初め上西門院の北面の武士であったが、18歳の時に同僚の源渡の妻・袈裟に恋慕し、誤って彼女を殺めたことから発心して出家。空海を崇敬し、諸国で修行した後、その旧跡である高雄山神護寺に住す。承安3年(1173年)神護寺の再興を志して後白河法皇に勧進を強要し、不敬であると伊豆に流される。そこで源頼朝と親交を結び、平家打倒の挙兵を促し、治承4年(1180年)京都で後白河の院宣を得てこれを頼朝に伝えるなど重要な役割を果たした。鎌倉幕府の成立後は、頼朝、後白河の庇護を受け、神護寺、東寺、西寺、高野大塔などを修復。後白河と頼朝の没後は後ろ盾を失い、内大臣源通親の策謀により、親頼朝派の九条兼実と共に謀議を計ったとして佐渡に流される。建仁2年(1202年)許されて帰京したが、後鳥羽上皇の怒りをかって翌年対馬に流罪となり、配流地で没した。

　　　　＊　　　＊　　　＊

◇文覚　山田昭全著　吉川弘文館　2010.3　230p　19cm　（人物叢書 新装版）〈シリーズの編者：日本歴史学会　文献あり　年譜あり〉　1900円　①978-4-642-05256-6

◇文覚上人と大威徳寺―鎌倉幕府創建への道「濃・飛」秘史　相原精次著　彩流社　2008.9　254p　19cm　〈文献あり〉　2000円　①978-4-7791-1977-2

◇文覚上人一代記　相原精次著　青蛙房　2005.5　272p　19cm　（On demand books）〈昭和60年刊を原本としたオンデマンド版　文献あり〉　3200円　①4-7905-0731-9

◇文覚上人史実と伝承　浪谷英一著　改訂第3版　京都　浪谷英一　2004.7　332,48p　26cm　〈年譜あり〉

◇文覚上人史実と伝承　浪谷英一著　第2版　京都　浪谷英一　2000.7　258p 図版15枚　26cm

◇文覚上人史実と伝承　浪谷英一著　第2版　京都　浪谷英一　2000.7　327p 図版22枚　26cm　〈年譜あり〉

◇文覚上人の軌跡―碌山美術館の「文覚」像をめぐって　相原精次著　彩流社　1993.9　226p　20cm　2200円　①4-88202-271-0

◇文覚上人一代記　相原精次著　青蛙房　1985.11　272p　20cm　2000円

教王護国寺
きょうおうごこくじ

京都市南区九条町にある東寺真言宗の総本山。山号は八幡山、院号は普賢総持院。羅城門の東に位置するため、東寺・左寺・左大寺などと呼ばれた。現在の正式名称は金光明四天王教王護国寺秘密伝法院(教王護国寺)であるが、特殊な場合を除き平安時代から近世まで一貫して東寺が正式名称であった。本尊は薬師如来。延暦13年(794年)の平安遷都に伴い、王城鎮護のための官寺として西寺と共に建立。弘仁14年(823年)嵯峨天皇が空海に勅賜して真言密教の根本道場となり、広く信仰を集めた。空海の没後やや衰退するが、13世紀中頃以降、行遍や憲静などの活躍で経済的に安定。文明18年(1486年)京都徳政一揆で金堂、講堂など殆どの建物を焼失したが、のち豊臣秀吉や徳川家光により再興された。明治元年(1868年)に真言宗の総本山となったが、のち諸派と分離し、昭和49年(1974年)東寺真言宗が結成され、その総本山となった。度重なる天災や兵火により創建当初の建物は残っていないが、木造塔として日本一の高さを誇る五重塔、金堂などが国宝に指定されている。ほか、国宝の五大菩薩像、弘法大師筆尺牘『風信帖』、最澄筆『弘法大師請来目録』や、東寺百合文書など平安初期以来の仏像・仏画・古文書・密教法具等など多数の文化財を所蔵。平成6年(1994年)世界文化遺産に登録。

宗教

* * *

◇古寺をゆく　3　東寺　小学館「古寺をゆく」編集部編　小学館　2010.2　189p　18cm　(小学館101ビジュアル新書 V006)　〈2001年刊の加筆・再編集　年表あり〉　1100円　①978-4-09-823006-8

◇東寺百合文書　7(ニ函2)　京都府立総合資料館編　京都　思文閣出版　2009.10　378, 39p　22cm　9500円　①978-4-7842-1480-8

◇文化財と古文書学―筆跡論　湯山賢一編　勉誠出版　2009.3　294p　図版11枚　20cm　3600円　①978-4-585-03232-8

◇東寺百合文書　6(ハ函3・ニ函1)　京都府立総合資料館編　京都　思文閣出版　2008.10　406, 22p　22cm　9500円　①978-4-7842-1435-8

◇東寺宝物の成立過程の研究　新見康子著　京都　思文閣出版　2008.2　611, 43p　22cm　〈年表あり〉　12000円　①978-4-7842-1368-9

◇東寺百合文書　5(ハ函2)　京都府立総合資料館編　京都　思文閣出版　2007.10　396, 36p　22cm　9500円　①978-4-7842-1364-1

◇網野善彦著作集　第2巻　中世東寺と東寺領荘園　網野善彦著, 稲葉伸道, 桜井英治, 盛本昌広, 山本幸司編　網野善彦著　岩波書店　2007.9　600p　22cm　4700円　①978-4-00-092642-3

◇日本史のなかの百合文書　京都府立総合資料館歴史資料課編　〔京都〕　京都府立総合資料館　2007.9　75p　26cm　(東寺百合文書展　第22回)　〈会期・会場：平成19年9月29日―10月28日　京都府立総合資料館展示室　国宝指定10周年記念　複製および翻刻〉

◇世界遺産東寺　立木義浩写真, 柳沢桂子文　インデックス, ごま書房(発売)　2007.8　86p　30cm　〈年表あり〉　3800円　①978-4-341-13143-2

◇東寺　梅原猛, 砂原秀遍著　京都　淡交社　2006.10　143p　21cm　(古寺巡礼京都　新版1)　〈年表あり〉　1600円　①4-473-03351-1

◇東寺百合文書　4(ロ函4・ハ函1)　京都府立総合資料館編　京都　思文閣出版　2006.10　418, 16p　22cm　9500円　①4-7842-1319-8

◇東寺百合文書　3(ロ函3)　京都府立総合資料館編　京都　思文閣出版　2005.10　438, 3p　22cm　9500円　①4-7842-1266-3

◇東寺百合文書　2(ロ函2)　京都府立総合資料館編　京都　思文閣出版　2005.2　429, 8p　22cm　9500円　①4-7842-1224-8

◇東寺の大曼荼羅図―甦るみ仏花開く美　甲本修復完成記念　東寺(教王護国寺)宝物館編　京都　東寺(教王護国寺)宝物館　2004.4　59p　30cm　〈他言語標題：Mandala　会期：2004年3月20日―5月25日　年表あり〉

◇東寺百合文書　1(イ函・ロ函1)　京都府立総合資料館編　京都　思文閣出版　2004.3　433, 29p　22cm　9500円　①4-7842-1182-9

◇中世庶民信仰経済の研究　阿諏訪青美著　校倉書房　2004.2　406p　21cm　(歴史科学叢書)　10000円　①4-7517-3510-1

◇中世東寺領荘園の支配と在地　辰田芳雄著　校倉書房　2003.11　484p　22cm　(歴史科学叢書)　13000円　①4-7517-3490-3

◇東寺観智院の歴史と美術―名宝の美聖教の精華　東寺(教王護国寺)宝物館編　京都　東寺(教王護国寺)宝物館　2003.3　151p　26cm　〈会期：2003年3月20日―3月25日　年表あり〉

宗　教

◇東寺文書とそのかたちを読む―東寺古文書入門　東寺（教王護国寺）宝物館編　京都　東寺（教王護国寺）宝物館　2002.3　243p　26cm

◇東寺百合文書からみた日本の中世　京都府立総合資料館歴史資料課編　〔京都〕　京都府立総合資料館　2001.9　54, 22p　26cm　（東寺百合文書展　第16回）〈再開館記念　会期：平成13年9月28日―10月28日　年表あり〉

◇東寺の謎―巨大伽藍に秘められた空海の意図　三浦俊良著　祥伝社　2001.4　364p　16cm　（祥伝社黄金文庫）　619円　ⓈⒷ4-396-31249-0

◇東寺領垂水庄―悪党の時代 平成13年度特別展　吹田市立博物館編　吹田　吹田市立博物館　2001.4　72p　30cm　〈会期：平成13年4月28日―6月3日〉

◇東寺と弘法大師信仰―東寺御影堂誓いと祈りの風景　東寺（教王護国寺）宝物館編　京都　東寺（教王護国寺）宝物館　2001.3　149p　30cm　〈会期：2001年3月20日―5月25日〉

◇週刊古寺をゆく　3　東寺　小学館　2001.2　35p　30cm　（小学館ウイークリーブック）〈折り込1枚〉　533円

◇大日本古文書　家わけ第10ノ12　東寺文書之12　百合文書よ之2　東京大学史料編纂所編纂　東京大学史料編纂所　2000.3　371, 8p　22cm　〈〔東京〕　東京大学出版会（発売）〉　7100円　ⓈⒷ4 13-091112-0

◇古文書の様式　京都府立総合資料館歴史資料課編　〔京都〕　京都府立総合資料館　1999.7　44, 12p　26cm　（東寺百合文書展　第16回）〈会期：平成11年7月1日―31日〉

◇東寺文書にみる中世社会　東寺文書研究会編　東京堂出版　1999.5　616p　22cm　8500円　ⓈⒷ4-490-20381-0

◇東寺の密教図像―形像の相伝　東寺（教王護国寺）宝物館編　京都　東寺（教王護国寺）宝物館　1999.3　105p　30cm

◇東寺　立木義浩撮影　ソシム　1999.1　図版5枚　43×59cm（2つ折43×30cm）〈付属資料：1枚（37cm）：解説〉　2300円　ⓈⒷ4-88337-268-5

◇東寺百合文書を読む―よみがえる日本の中世　上島有, 大山喬平, 黒川直則編　京都　思文閣出版　1998.12　148, 6p　23cm　2500円　ⓈⒷ4-7842-0978-6

◇東寺・東寺文書の研究　上島有著　京都　思文閣出版　1998.10　827, 31p　22cm　17000円　ⓈⒷ4-7842-0979-4

◇東寺―生命の宇宙 立木義浩写真集　立木義浩著　集英社　1998.9　183p　27cm　4500円　ⓈⒷ4-08-532054-8

◇南北朝内乱と東寺―第15回東寺百合文書展　京都府立総合資料館歴史資料課編　〔京都〕　京都府立総合資料館　1998.7　58, 16p　26cm

◇東寺の十二神将像―モデリングの妙 修理完成記念　東寺（教王護国寺）宝物館編　京都　東寺（教王護国寺）宝物館　1998.3　73p　30cm

◇東寺百合文書にみる日本の中世　京都府立総合資料館編　京都　京都新聞社　1998.3　363p　22cm　2900円　ⓈⒷ4-7638-0429-4

◇東寺文書十万通の世界―時空を超えて 東寺百合文書国宝指定記念　東寺（教王護国寺）宝物館編　京都　東寺（教工護国寺）宝物館　1997.9　203p　30cm

◇中世東寺の文書管理　京都府立総合資料館歴史資料課編　〔京都〕　京都府立総合資料館　1997.7　54, 20p　26cm　（東寺百合文書展　第14回）〈会期：平成9年7月1日―31日　国宝指定記念〉

◇大日本古文書　家わけ第10ノ11　東寺文

宗　教

書之11　百合文書よ之1　東京大学史料編纂所編纂　東京大学　1997.3　358,10p　22cm　〈〔東京〕　東京大学出版会（発売）〉　6500円　Ⓘ4-13-091111-2

◇東寺の五大尊十二天―その美しき対照　大治本と建久本　東寺（教王護国寺）宝物館編, 安嶋紀昭監修　〔京都〕　東寺（教王護国寺）宝物館　1997.3　207p　30cm

◇東寺と「東宝記」―東寺ルネッサンス　東寺（教王護国寺）宝物館編　〔京都〕　東寺（教王護国寺）宝物館　1996.3　107p　30cm　〈「新東宝記」出版記念　会期：1996.3.20～5.25〉

◇新東宝記―東寺の歴史と美術　東寺創建一千二百年記念出版編纂委員会編　東京美術　1996.1　619p　31cm　20600円　Ⓘ4-8087-0626-1

◇新東宝記―東寺の歴史と美術　京都　真言宗総本山東寺　1995.11　619p　31cm　〈創建一二〇〇年記念出版　陶製瓦1枚貼付　特装限定〉　非売品

◇弘法さんの玉手箱―東寺文庫　東寺宝物館編　逗子　雄飛企画　1995.7　158p　19cm　〈発売：星雲社（東京）折り込図1枚〉　1000円　Ⓘ4-7952-8667-1

◇東寺の建造物―古建築からのメッセージ　東寺（教王護国寺）宝物館編　〔京都〕　東寺（教王護国寺）宝物館　1995.3　150p　30cm　〈東寺諸門修復記念〉

◇創建一二〇〇年記念「東寺国宝展」図録　京都国立博物館ほか編　朝日新聞社　1995　262p　30cm　〈書名は奥付による　標題紙等の書名：東寺国宝展　会期・会場：1995年4月11日～5月14日　京都国立博物館ほか〉

◇大日本古文書　家わけ第10之10　東寺文書之10　百合文書わ下　東京大学史料編纂所編纂　東京大学　1994.3　302p, 3枚　22cm　〈発売：東京大学出版会〉　4800円　Ⓘ4-13-091110-4

◇東寺の如来・祖師像―春季特別公開図録　東寺宝物館編　〔京都〕　東寺宝物館　1994.3　86p　26cm

◇東寺とその庄園―秋季特別公開図録　東寺宝物館編　〔京都〕　東寺宝物館　1993.9　258p　30cm

◇花押の世界　京都府立総合資料館歴史資料課編　〔京都〕　京都府立総合資料館　1993.7　56, 12p　26cm　（東寺百合文書展　第10回）

◇東寺の天部像―春季特別公開図録　東寺（教王護国寺）宝物館編　〔京都〕　東寺（教王護国寺）宝物館　1993.3　97p　26cm

◇東寺の菩薩像―秋季特別公開図録　東寺（教王護国寺）宝物館編　〔京都〕　東寺（教王護国寺）宝物館　1992.9　79p　26cm

◇新編名宝日本の美術　第7巻　東寺と高野山　関口正之執筆　小学館　1992.2　147p　31cm　（小学館ギャラリー）〈監修：太田博太郎ほか〉　1800円　Ⓘ4-09-375107-2

◇大日本古文書　家わけ第10之9　東寺文書之9　百合文書わ中之2　東京大学史料編纂所編纂　東京大学　1991.3　433p 9枚　22cm　〈発売：東京大学出版会〉　6200円

◇中世東寺と弘法大師信仰　橋本初子著　京都　思文閣出版　1990.11　533, 21p　図版15枚　22cm　（思文閣史学叢書）　10094円　Ⓘ4-7842-0621-3

◇秘宝法会用具の美　東寺宝物館編　〔京都〕　東寺宝物館　1989.3　32p　26cm　〈平成元年春季特別公開図録　書名は奥付による　表紙の書名：法会用具の美〉

◇日本の古寺美術　12　東寺　山田耕二, 宮治昭共著　大阪　保育社　1988.5　258p　図版16p　19cm　〈企画：町田甲

宗　教

一〉　1600円　④4-586-72012-3

◇東寺の明王像　東寺宝物館編　〔京都〕東寺宝物館　1988.3　73p　26cm　〈春季特別公開図録〉

◇荘園の諸相―第四回東寺百合文書展　京都府立総合資料館歴史資料課編　〔京都〕京都府立総合資料館　1987.7　55, 16p　26cm　〈会期：昭和62年7月1日〜31日〉

◇魅惑の仏像　11　五大明王―京都・教王護国寺講堂　小川光三写真　毎日新聞社　1987.3　63p　31cm　1800円　④4-620-60221-3

◇NHK国宝への旅　第2巻　大阪・京都・東京　曜変天目茶碗.京都　東寺不動明王.加茂　浄瑠璃寺阿弥陀如来　NHK取材班著　日本放送出版協会　1986.10　133p　24cm　1800円　④4-14-008497-9

◇東寺の造営―第三回東寺百合文書展　京都府立総合資料館歴史資料課編　〔京都〕京都府立総合資料館　1986.7　54, 14p　26cm　〈会期：昭和61年7月1日〜31日〉

◇国宝東宝記紙背文書影印　東宝記刊行会編　東京美術　1986.3　2冊　27cm　全30000円　④4-8087-0269-X

◇東寺文書聚英　上島有編著　京都　同朋舎出版　1985.10　2冊　38cm　〈「図版篇」「解説篇」に分冊刊行〉　全48000円　④4-8104-0477-3

◇中世の寺院　京都府立総合資料館歴史資料課編　京都　京都府立総合資料館　1985.7　58, 15p　26cm　〈東寺百合文書展 第2回〉　〈編集担当：富田正弘 会期：昭和60年7月1日〜31日〉

◇国宝東宝記原本影印　東宝記刊行会編　東京美術　1982.2　2冊　27cm　〈「巻1〜巻4」「巻5〜巻8」に分冊刊行〉　全30000円　④4-8087-0044-1

◇名宝日本の美術　第8巻　東寺と高野山　関口正之執筆　小学館　1981.11　147p　31cm　〈監修：太田博太郎ほか〉　2200円

◇日本古寺美術全集　第12巻　教王護国寺と広隆寺―教王護国寺・観智院・広隆寺　座右宝刊行会編集制作　浜田隆編著　集英社　1980.5　147p　40cm　〈監修：太田博太郎ほか〉　5600円

◇日本美術全集　第6巻　密教の美術―東寺/神護寺/室生寺　上原昭一編集　学習研究社　1980.4　228p　38cm　〈年表：p218〜223〉　4600円

◇東寺百合文書目録　第4　京都府立総合資料館編　〔京都〕　京都府立総合資料館　1979.1　455p　22cm　〈発売：吉川弘文館（東京）〉　7000円

◇中世東寺と東寺領荘園　網野善彦著　東京大学出版会　1978.11　580, 15p　22cm　4800円

◇東寺百合文書目録　第3　京都府立総合資料館編　〔京都〕　京都府立総合資料館　1978.4　479p　22cm　〈発売：吉川弘文館（東京）〉　7000円

◇東寺百合文書目録　第2　京都府立総合資料館編　〔京都〕　京都府立総合資料館　1977.4　515p　22cm　〈発売：吉川弘文館（東京）〉　7000円

◇古寺巡礼京都　1　東寺　司馬遼太郎, 鷲尾隆輝著　京都　淡交社　1976　152p（図共）　27cm　〈監修：井上靖, 塚本善隆　東寺年表：p.148-151〉　2800円

◇東寺百合文書目録　第1　〔京都〕　京都府立総合資料館　東京　吉川弘文館（発売）　1976　488p　22cm　6800円

◇東寺百合文書　京都府立総合資料館編　〔京都〕　京都府立総合資料館友の会　1974.2　1冊（頁付なし）　27cm　〈監修：京都府立総合資料館 付（別冊15p）：読み本〉

◇続図録東寺百合文書　京都　京都府立総

269

宗 教

合資料館　1974　図177p 143p　37cm〈昭和49年2月1日―同月21日京都府立総合資料館展示室において開催した「東寺百合文書展」に展示した224点の文書を中心に、それと関連の深い文書を参考として加え編集したもの〉

◇教王護国寺文書　絵図　赤松俊秀編　京都　平楽寺書店　1972　図19枚　解説21p　24cm　〈箱入〉　3000円

◇教王護国寺文書　巻10　赤松俊秀編　京都　平楽寺書店　1970　950, 6p 図　23cm　9500円

◇図録東寺百合文書　京都　京都府立総合資料館　1970　図121p 107p　37cm〈昭和45年4月14日―5月24日 京都府立総合資料館で開催した「東寺百合文書展」に展示したもの〉

◇教王護国寺文書　第9　赤松俊秀編　京都　平楽寺書店　1969　864p 図版　23cm　8500円

◇秘宝　第6巻　東寺　浅野長武等　赤松俊秀等著　講談社　1969　359p（図版共）　45cm　〈箱入〉　20000円

◇教王護国寺文書　第8　赤松俊秀編　京都　平楽寺書店　1968　850p 図版　23cm　8000円

◇教王護国寺文書　巻7　赤松俊秀編　京都　平楽寺書店　1966　850p 図版　23cm　7500円

◇大師のみてら東寺　京都　東寺文化財保存会　1965.10　図版239p（解説共）　37cm　〈撮影者：土門拳〉　非売品

◇教王護国寺文書　第6　赤松俊秀編　京都　平楽寺書店　1965　774p 図版　23cm

◇教王護国寺文書　第5　赤松俊秀編　京都　平楽寺書店　1964　823p 図版　23cm

◇教王護国寺文書　巻4　赤松俊秀編　京都　平楽寺書店　1963　856p 図版　23cm

◇教王護国寺文書　巻3　赤松俊秀編　京都　平楽寺書店　1962　824p 図版　23cm

◇教王護国寺文書　巻2　赤松俊秀編　京都　平楽寺書店　1961　856p 図版　23cm

◇教王護国寺文書　第1巻　赤松俊秀編　京都　平楽寺書店　1960　868p 図版　23cm

◇東寺　朝日新聞社　1958　図版144p 原色図版4枚　解説81p　30cm

西　寺
さいじ

平安京の右京九条一坊三保（現・京都市南区唐橋）にあった官寺。平安遷都の際、平安京鎮護のために造営された東西二寺の一つ。羅城門の西に建立され、朱雀大路を挟んで東寺（左寺・左大寺）と相対する位置にあり、右寺・右大寺ともいう。延暦15年（796年）藤原伊勢人が東西両寺の造寺長官に任命され、造営を開始。東寺が真言密教の根本道場となったのに対し、西寺には守敏僧都が入り、官寺として発展。東寺よりもやや格が高かったとみられ、貞観2年（860年）に文徳天皇の国忌が行われるなど国家鎮護の寺として栄えたが、律令体制と共に衰退。正暦元年（990年）火災により焼失し、天福元年（1233年）再度の火災ののち荒廃。現在は旧跡を残すのみであるが、昭和34年（1959年）から十数回にわたって行われた発掘調査で伽藍配置がほぼ判明している。

＊　　　＊　　　＊

◇東寺　梅原猛, 砂原秀遍著　京都　淡交社　2006.10　143p 21cm　（古寺巡礼 京都 新版 1）〈年表あり〉　1600円　①4-473-03351-1

◇日本人なら知っておきたいお寺と神社―なじみ深いはずなのに、意外と知らないことだらけ　歴史の謎を探る会　河出書房新社　2006.10　221p 15cm（Kawade夢文庫）　514円　①4-309-49628-8

◇東寺の謎―巨大伽藍に秘められた空海の意図　三浦俊良著　祥伝社　2001.4

364p　16cm　〈祥伝社黄金文庫〉　619円　①4-396-31249-0

◇幻の大伽藍　稲垣直著　日本図書刊行会　2000.11　252p　22cm　〈東京 近代文芸社（発売）〉　2000円　①4-8231-0518-4

観心寺
かんしんじ

　大阪府河内長野市寺元にある真言宗の寺。山号は檜尾山。大宝年間（701～704年）役小角の創建と伝えられる。初め雲心寺と号し、弘仁6年（815年）空海が七星如意輪観音を刻して本尊とし、観心寺と改称したと伝承されるが、「権少僧都真紹付属状」「観心寺勘録縁起資財帳」（国宝）によれば、天長4年（827年）空海の弟子実慧とその弟子真紹が寺塔を建立して観心寺と改めたという。貞観11年（869年）定額寺に列せられ、南北朝時代には南朝と結びつき、楠木正成が奉行となって金堂外陣の造営が行われた。また後村上天皇が行宮としたこともあり、同天皇の御陵がある。金堂は南北朝時代の創建で、和様に大仏様・禅宗様を応用した折衷様式（観心寺様式）として有名。一木造の本尊如意輪観音像は平安初期密教像の代表作。後醍醐天皇の尊信を得たため南朝文書を多数所蔵し、古文書は観心寺文書（重要文化財）として知られる。

　　　　＊　　　＊　　　＊

◇如意輪観音―大阪・観心寺　小川光三撮影　毎日新聞社　2001.6　109p　21cm　〈めだかの本〉〈年表あり〉　1200円　①4-620-60569-7

◇魅惑の仏像　15　如意輪観音―大阪・観心寺　小川光三写真　毎日新聞社　1987.7　63p　31cm　1800円　①4-620-60225-6

◇古寺巡礼西国　2　観心寺　前登志夫、永島行善著　京都　淡交社　1981.6　150p　27cm　〈監修：井上靖、佐和隆研　観心寺年表：p147～149〉　3200円　①4-473-00745-6

室生寺
むろうじ

　奈良県宇陀市室生区室生にある真言宗室生寺派の大本山。正式寺名は室生山悉知院。山号は宀一（べんいつ）山。女人禁制の高野山に対し、女性の参詣を許したため女人高野とも呼ばれる。宝亀8年（777年）興福寺の学僧賢憬が、山部皇太子の重病にあたって延寿法を修したことに始まるが、天武天皇10年（681年）天皇の勅願により役小角が開創し、興福寺の賢憬が堂宇を建立、天長年間（824～834年）に空海が諸堂塔を再興したとも伝承される。室生竜穴神社の神宮寺となり、雨乞いの霊場として栄えた。江戸時代に将軍徳川綱吉の帰依を受け、護持院の隆光が再興。綱吉の母桂昌院の命で興福寺より分離して新義真言宗豊山派となる。のち第2次世界大戦後、独立して真言宗室生寺派の大本山となった。平安初期の遺構・遺品が多く、弘法大師一夜造の伝説を持つ五重塔、平安初期の山寺仏堂として唯一の遺構である金堂、釈迦如来立像など室生寺様と呼ばれる平安初期の仏像や翻波式の代表とされる釈迦如来座像（以上、国宝）等がある。

　　　　＊　　　＊　　　＊

◇大和の古寺　6　室生寺　水野敬三郎解説、辻本米三郎写真　新装版　岩波書店　2009.6　52, 20p　33cm　〈付（1枚）：図版一覧〉　3700円　①978-4-00-008396-6

◇女人高野の里―那須正喜写真集　那須正喜著、福永一興監修　遊人工房　2008.3　47p　17×19cm　1000円　①978-4-903434-16-2

◇木と語る匠の知恵―室生寺五重塔はいかにして蘇ったか　松田敏行著　祥伝社　2006.6　256p　16cm　〈祥伝社黄金文庫〉〈「室生寺五重塔千二百年の生命」（平成13年刊）の改題〉　571円　①4-396-31406-X

◇土門拳と室生寺―四十年詣でのはてに見えたもの　都築政昭著　ベストセラーズ　2001.10　270p　18cm　〈ベスト新書〉　680円　①4-584-12022-6

宗　教

◇十一面観音―奈良・室生寺金堂　小川光三撮影　毎日新聞社　2001.5　109p　21cm　（めだかの本）〈年表あり〉　1200円　④4-620-60568-9

◇室生寺五重塔千二百年の生命　松田敏行著　祥伝社　2001.4　248p　20cm　1600円　④4-396-61123-4

◇週刊古寺をゆく　7　室生寺　小学館　2001.3　35p　30cm　（小学館ウイークリーブック）　533円

◇女人高野室生寺のみ仏たち―国宝・五重塔復興支援　奈良国立博物館,東京国立博物館編〔大阪〕読売新聞大阪本社　1999.7　120p　30cm　〈特別展：平成11年7月13日―9月5日　年表あり〉

◇女人高野室生寺のみ仏たち―国宝・五重塔復興支援　東京国立博物館編　読売新聞社　1999.4　71p　30cm　〈特別展：平成11年4月20日―6月13日　文献あり　年表あり〉

◇魅惑の仏像　26　釈迦如来―奈良・室生寺弥勒堂　小川光三写真　毎日新聞社　1993.3　63p　31cm　2000円　④4-620-60436-4

◇魅惑の仏像　21　十一面観音―奈良・室生寺　小川光三写真　毎日新聞社　1992.10　63p　31cm　〈室生寺の年表：p58～61〉　2000円　④4-620-60431-3

◇新編名宝日本の美術　第8巻　神護寺と室生寺　伊東史朗執筆　小学館　1992.2　143p　31cm　（小学館ギャラリー）〈監修：太田博太郎ほか　参考文献：p142～143付：年表神護寺・室生寺の歴史と九世紀彫刻の系譜(折り込)〉　1800円　④4-09-375108-0

◇日本名建築写真選集　第1巻　室生寺　伊藤ていじほか編　土門拳撮影,工藤圭章解説,山折哲雄エッセイ　新潮社　1992.1　130p　31cm　〈室生寺伽藍略年表：p128～130〉　5000円　④4-10-602620-1

◇大和の古寺　6　室生寺　水野敬三郎,辻本米三郎著　岩波書店　1991.11　20p　図版52p　33cm　〈第2刷(第1刷：1981年)付(図1枚)：図版一覧〉　3200円　④4-00-008266-3

◇日本の古寺美術　13　室生寺　鷲塚泰光著　大阪　保育社　1991.3　201p　図版16p　19cm　〈企画：町田甲一　室生寺略年表・参考文献：p190～198〉　1648円　④4-586-72013-1

◇土門拳の古寺巡礼　第5巻　室生寺　土門拳著　小学館　1990.2　147p　27cm　〈編集：第一アートセンター〉　1950円　④4-09-559105-6

◇NHK国宝への旅　第12巻　愛知 茶室・如庵.奈良 朝護孫子寺 信貴山縁起絵巻.奈良 室生寺.滋賀 園城寺　NHK取材班著　日本放送出版協会　1988.8　142p　24cm　1800円　④4-14-008591-6

◇室生の里有情　山田隆造写真,岡部伊都子文　佼成出版社　1988.4　142p　21cm　（フォト・マンダラ）　1600円　④4-333-01329-1

◇室生　近畿日本鉄道株式会社近畿文化会編　京都　綜芸舎　1984.5　84p　19cm　（近畿日本ブックス 10）〈付：参考文献〉　680円

◇土門拳全集　5　女人高野室生寺　小学館　1984.2　187p　31cm　〈編集：第一アートセンター　著者の肖像あり　おもに図〉　4800円　④4-09-559005-X

◇日本古寺美術全集　第8巻　室生寺と南大和の古寺　久野健編集　集英社　1982.11　147p　40cm　〈監修：太田博太郎ほか　参考文献：p146〉　5600円

◇大和の古寺　6　室生寺　水野敬三郎,辻本米三郎著　岩波書店　1981.12　20p　図版52p　33cm　〈付(図1枚)：図版一覧〉　2800円

宗教

◇日本美術全集　第6巻　密教の美術―東寺/神護寺/室生寺　上原昭一編集　学習研究社　1980.4　228p　38cm　〈年表：p218～223〉　4600円

◇古寺巡礼奈良　10　室生寺　田中澄江ほか著　京都　淡交社　1979.10　148p　27cm　〈監修：井上靖,塚本善隆　室生寺年表：p145～148〉　2800円

◇女人高野室生寺　土門拳著　美術出版社　1978.9　233p　43cm　〈おもに図〉　58000円

◇日本の美　第1集　源氏物語絵巻・平等院・室生寺　学習研究社　1976.11　157p（図共）　29cm　〈NHK総合テレビで放送の『日本の美』の内容にもとづいて，学習研究社が編集したもの〉　1800円

◇大和古寺大観　第6巻　室生寺　編集：毛利久,撮影：辻本米三郎　岩波書店　1976　156, 71, 5p（おもに図）　38cm　〈参考文献：p.71〉　25000円

◇平凡社ギャラリー　25　室生寺　文：円地文子,写真：入江泰吉　平凡社　1974　1冊　36cm　550円

◇室生路の寺　村井康彦,入江泰吉共著　大阪　保育社　1970　153p（おもに図版）　15cm　（カラーブックス奈良の寺シリーズ3）　250円

◇室生寺　矢内原伊作文,井上博道写真　京都　淡交新社　1964　198p（図版共）　22cm

◇室生寺　近畿日本鉄道創立五十周年記念出版編集所編　大阪　近畿日本鉄道　1963　138p 図版40p　27cm　（近畿日本叢書　第10冊）　1500円

◇室生寺　土門拳撮影,北川桃雄文　美術出版社　1954　図版56p 54p　36cm

神護寺
じんごじ

京都市右京区梅ヶ畑高雄町にある高野山真言宗の別格本山。高雄山と号する。本尊は薬師如来。和気清麻呂が創建した河内の神願寺を，天長元年（824年）その子・真綱が同地にあった和気氏の氏寺高雄寺（高雄山寺）と合併。神護国祚真言寺と改称して勅願寺とし，神護寺と号した。高雄寺の時代に同寺に入った空海が弘仁3年（812年）最澄ら190余人に両部灌頂を伝授したときの記録『灌頂歴名』（国宝）は，空海の自筆として有名。神護寺への改称を機に空海は寺を去り，弟子の真済が跡を継いだ。久安5年（1149年）火災により諸堂を焼失。平安末まで荒廃の一途を辿り，鎌倉初期に文覚が復興した。建造物は桃山時代の大師堂（重要文化財）を除き，江戸時代以後の再建である。古来"三絶の鐘"と称された貞観17年銘梵鐘，弘仁・貞観様式の典型といわれる薬師如来立像，五大虚空蔵菩薩坐像，鎌倉初期の大和絵肖像画平重盛像・源頼朝像，両界曼荼羅（以上，国宝）などの他，寺宝多数。

＊　　＊　　＊

◇神護寺　梅原猛監修,谷内弘照,川上弘美著　京都　淡交社　2007.11　143p　21cm　（古寺巡礼京都 新版 15）　〈年表あり〉　1600円　①978-4-473-03365-9

◇すぐわかる日本の国宝の見かた―絵画・書，彫刻，工芸　岡本祐美著　東京美術　2003.2　135p　21cm　2000円　①4-8087-0739-X

◇週刊古寺をゆく　36　神護寺・高山寺　小学館　2001.10　35p　30cm　（小学館ウイークリーブック）　533円

◇国宝と歴史の旅　3　神護寺薬師如来像の世界　朝日新聞社　1999.12　64p　30cm　（朝日百科）　933円　①4-02-330903-6

◇国宝への旅　2　都雅檀風　日本放送出版協会　1996.7　283p　15cm　（NHKライブラリー）　1100円　①4-14-084028-5

◇魅惑の仏像　24　薬師如来―京都・神護寺本堂　小川光三写真　毎日新聞社

宗 教

1993.1　63p　31cm　2000円　①4-620-60434-8

◇新編名宝日本の美術　第8巻　神護寺と室生寺　伊東史朗執筆　小学館　1992.2　143p　31cm　（小学館ギャラリー）〈監修：太田博太郎ほか　参考文献：p142～143　付：年表神護寺・室生寺の歴史と九世紀彫刻の系譜（折り込）〉　1800円　④4-09-375108-0

◇魅惑の仏像　19　五大虚空蔵菩薩―京都・神護寺多宝塔　小川光三写真　毎日新聞社　1987.11　63p　31cm　1800円　①4-620-60239-6

◇NHK国宝への旅　第7巻　山口 毛利博物館雪舟・山水長巻.大阪・東京 青磁花生.京都 神護寺肖像画.奈良 東大寺南大門・仁王　NHK取材班著　日本放送出版協会　1987.10　140p　24cm　1800円　①4-14-008539-8

◇日本古寺美術全集　第9巻　神護寺と洛西・洛北の古寺　座右宝刊行会編集制作　久野健編集　集英社　1981.7　147p　40cm　〈監修：太田博太郎ほか〉　5600円

◇日本美術全集　第6巻　密教の美術―東寺／神護寺／室生寺　上原昭一編　学習研究社　1980.4　228p　38cm　〈年表：p218～223〉　4600円

◇古寺巡礼京都　5　神護寺　林屋辰三郎,谷内乾岳著　京都　淡交社　1976.11　155p（図共）　27cm　〈監修：井上靖,塚本善隆　神護寺年表：p.151～154〉　2800円

◇神護寺・高山寺　矢内原伊作文,井上博道写真　京都　淡交新社　1965　94p 図版57枚　22cm　650円

◇神護寺　久野健著　中央公論美術出版　1964　40p 図版　19cm

醍醐寺
だいごじ

　京都市伏見区醍醐伽藍町にある真言宗醍醐派の総本山。山号は深雪山、笠取山。笠取山全山を寺域とし、山上を上醍醐、麓を下醍醐という。貞観16年（874年）聖宝が上醍醐に開創。延喜7年（907年）醍醐天皇のとき勅願寺として伽藍を整備、その後下醍醐の堂塔が建造され、真言宗小野流の中心として栄えた。天暦6年（952年）に落成した五重塔（国宝）は、京都府に現存する最古の建築として知られる。永久3年（1115年）第14世勝覚が主院である三宝院を開創。応永年間（1394～1428年）に三宝院門跡となった満済以後、三宝院門跡が醍醐寺一山の座主を兼ねるのが通例となった。文明2年（1470年）応仁の乱で堂宇の大部分を焼失し、慶長年間（1596～1615年）に豊臣秀吉の帰依を受けて義演が再興。慶長3年（1598年）には有名な醍醐の花見が催された。この頃から三宝院を中心に修験道当山派の本拠地となったが、明治33年（1900年）に真言宗醍醐派として独立。金堂・薬師堂（国宝）などの建物のほか、彫刻、絵画、書跡、工芸等多数の国宝・重要文化財・古文書を所蔵。上醍醐の准胝堂は西国三十三所第11番札所。平成6年（1994年）世界文化遺産に登録。

＊　　＊　　＊

◇醍醐寺文書聖教目録　第3巻（第41函～第60函）　総本山醍醐寺編　勉誠出版　2008.12　895p　31cm　（醍醐寺叢書 目録篇）　30000円　①978-4-585-03199-4

◇中世醍醐寺と真言密教　藤井雅子著　勉誠出版　2008.9　337,11p　22cm　9800円　①978-4-585-03170-3

◇醍醐寺　梅原猛監修,麻生文雄,永井路子著　京都　淡交社　2007.2　143p　21cm　（古寺巡礼京都 新版 6）〈年表あり〉　1600円　①978-4-473-03356-7

◇史料纂集　145　義演准后日記　第4　酒井信彦校訂　続群書類従完成会　2006.4　282p　22cm　10000円　①4-7971-1325-1

◇文化財学の課題―和紙文化の継承　湯山

274

◇賢一編　勉誠出版　2006.4　247p　20cm　3200円　①4-585-03148-0

◇醍醐寺文書聖教目録　第2巻　総本山醍醐寺編　勉誠出版　2005.8　589p　31cm（醍醐寺叢書 目録篇）　20000円　①4-585-03142-1

◇和紙に見る日本の文化―醍醐寺史料の世界　永村真監修　〔京都〕　〔醍醐寺〕　2004.10　135p　28cm　（醍醐寺霊宝館名品解説1）〈会期：平成16年10月1日―12月5日〉

◇中世寺院の姿とくらし―密教・禅僧・湯屋　国立歴史民俗博物館編　山川出版社　2004.2　237p　19cm　（歴博フォーラム）　2500円　①4-634-59020-4

◇醍醐寺文書聖教目録　第6巻　総本山醍醐寺編　勉誠出版　2003.3　691p　31cm（醍醐寺叢書 目録篇）　20000円　①4-585-03096-4

◇醍醐寺大観　第1巻　西川新次, 山根有三監修, 有賀祥隆ほか編　岩波書店　2002.10　169p 図版144p　38cm　〈文献あり〉　35000円　①4-00-008916-1

◇醍醐寺大観　第2巻　西川新次, 山根有三監修, 有賀祥隆ほか編　岩波書店　2002.5　105p 図版184p　38cm　〈文献あり〉　35000円　①4-00-008917-X

◇醍醐寺大観　第3巻　西川新次, 山根有三監修, 有賀祥隆ほか編　岩波書店　2001.12　119p 図版184p　38cm　〈文献あり〉　35000円　①4-00-008918-8

◇国宝醍醐寺展―山からおりた本尊　東京国立博物館, 総本山醍醐寺, 日本経済新聞社編　日本経済新聞社　2001.4　219, 13p　30cm　〈会期：平成13年4月3日―5月13日　年表あり〉

◇週刊古寺をゆく　9　醍醐寺　小学館　2001.4　35p　30cm　（小学館ウイークリーブック）　533円

◇中世寺院の社会と芸能　土谷恵著　吉川弘文館　2001.1　361, 9p　22cm　10000円　①4-642-02799-8

◇醍醐寺文書聖教目録　第1巻　総本山醍醐寺編　勉誠出版　2000.3　725p　31cm（醍醐寺叢書 目録篇）　20000円　①4-585-03067-0

◇壮麗な密教芸術の伝承―京都・醍醐寺の名宝　佐野美術館開館三十周年記念特別展　佐野美術館編　三島　佐野美術館　1996.11　101p　28cm　〈しずおか文化の祭典'96・三島の秋'96参加　会期：平成8年11月1日～12月1日〉　①4-915857-37-9

◇国宝への旅　2　都雅檀風　日本放送出版協会　1996.7　283p　15cm　（NHKライブラリー）　1100円　①4-14-084028-5

◇大日本古文書　家わけ第19〔10〕　醍醐寺文書之10　東京大学史料編纂所編纂　東京大学　1995.3　309, 5p　22cm　〈発売：東京大学出版会〉　5000円　①4-13-091210-0

◇日本名建築写真選集　第9巻　醍醐寺　伊藤ていじほか編　大橋治三撮影, 藤井恵介解説, 前田常作エッセイ　新潮社　1992.9　130p　31cm　〈醍醐寺伽藍略年表：p128～130〉　5000円　①4-10-602628-7

◇醍醐寺新要録　上巻　義演編纂, 醍醐寺文化財研究所編　京都　法蔵館　1991.10　46, 622p　22cm　〈監修：醍醐寺　京都府教育委員会昭和26～28年刊の改訂〉　①4 8318 7573 2

◇醍醐寺新要録　下巻　義演編纂, 醍醐寺文化財研究所編　京都　法蔵館　1991.10　p623～1334, 39p　22cm　〈監修：醍醐寺　京都府教育委員会昭和26～28年刊の改訂〉　①4-8318-7573-2

◇醍醐寺の密教と社会　稲垣栄三編　山喜房仏書林　1991.2　499p　22cm　9950円

宗　教

◇NHK国宝への旅　第16巻　奈良 法隆寺/百済観音.京都 二条城.京都 醍醐寺.東京・大阪 紫式部日記絵詞　NHK取材班著　日本放送出版協会　1989.8　146p　24cm　1900円　①4-14-008653-X

◇醍醐寺展―千百年の神秘 密教美術と桃山の粋　醍醐寺,日本経済新聞社編　日本経済新聞社　1989　1冊（頁付なし）　27cm　〈付（8枚 13cm 袋入）　会期・会場：平成元年10月12〜24日 日本橋高島屋　付：略年表〉

◇日本古寺美術全集　第14巻　醍醐寺と仁和寺・大覚寺―醍醐寺・仁和寺・大覚寺座右宝刊行会編集制作　浜田隆編集　集英社　1982.1　147p　40cm　〈参考文献：p.146〉　5600円

◇大日本古文書　家わけ第19之9　醍醐寺文書之9　東京大学史料編纂所編　東京大学　1978.3　324, 5p　22cm　4000円

◇日本の仏画　第2期第7巻　国宝五大尊像（醍醐寺）　学習研究社　1977.12　図版4枚　53cm　〈監修：田中一松、亀田孜　編集：高崎富士彦ほか　付（別冊 14p 30cm）：解説〉　7500円

◇古寺巡礼京都　3　醍醐寺　井上靖, 岡田宥秀著　京都　淡交社　1976　155p（図共）　27cm　〈監修：井上靖、塚本善隆　醍醐寺年表：p.151-154〉　2800円

◇醍醐寺　佐和隆研著　京都　東洋文化社　1976　252p 図　19cm　（寺社シリーズ 1）〈参考資料：p.216-252〉　1200円

◇醍醐寺　清水善三著　中央公論美術出版　1974　40p 図　19cm　300円

◇大日本古文書　家わけ第19之8　醍醐寺文書之8　東京大学史料編纂所編　東京大学 東京大学出版会（発売）　1974　316p　22cm　4000円

◇醍醐雑事記　慶延撰, 中島俊司編　京都　醍醐寺　1973　665p 図　23cm　〈昭和6年刊の複製〉　6000円

◇大日本古文書　家わけ第19之7　醍醐寺文書之7　東京大学史料編纂所編　東京大学 東京大学出版会（発売）　1971　327p　22cm　2800円

◇秘宝　第8巻　醍醐寺　浅野長武等編　佐和隆研著　講談社　1967　389p（図版共）　43cm　〈帙入〉　20000円

◇醍醐寺五重塔の壁画　高田修編　吉川弘文館　1959　256, 21p 図版83枚　31cm　〈限定版〉

◇大日本古文書　家わけ第19之1-6　醍醐寺文書之1-6　東京大学史料編纂所編　東京大学　1955-1969　6冊　22cm

◇醍醐寺新要録　義演著　京都　京都府教育委員会　1951-1953　3冊　22cm　非売

仁和寺
にんなじ

京都市右京区御室にある真言宗御室派の総本山。山号は大内山。古くは「にわじ」と呼ばれ、御室御所、仁和寺門跡とも称した。本尊は阿弥陀三尊。仁和2年（886年）光孝天皇の勅願により起工され、宇多天皇がその遺志を継いで仁和4年（888年）に完成。譲位後に出家した宇多天皇が寺内に一宇を創建して住したため、御室御所と呼ばれた。宇多天皇の入寺以後真言宗となり、当寺を中心とする法流を広沢流という。のち代々法親王が法灯を継ぎ、門跡寺院として明治維新に至る。朝廷・貴族の信仰も厚く、創建から鎌倉初期まで繁栄したが、応仁の乱で堂宇を全焼、江戸初期に復興された。現在の金堂（国宝）は慶長18年（1613年）造営の内裏の紫宸殿を移建したもの。本尊である平安初期の阿弥陀三尊像、南宋仏画の特徴をもつ孔雀明王画像、空海筆の三十帖冊子、現存最古の医学書として知られる『医心方』（以上、国宝）などのほか、国宝・重要文化財多数。平成6年（1994年）世界文化遺産に登録。御室桜で知られる桜の名所でもある。

＊　　＊　　＊

◇四季曼荼羅―新作襖絵 世界遺産仁和寺高

松宮記念書院　東野光生著　毎日新聞社
2008.9　72p　24×31cm　〈肖像あり〉
8000円　①978-4-620-90680-5

◇古寺巡礼京都　22　仁和寺　梅原猛監修
佐藤令宜、草野満代著　新版　京都　淡
交社　2008.6　142p　21cm　〈文献あり
年表あり〉　1600円　①978-4-473-03492-
2

◇守覚法親王と仁和寺御流の文献学的研究
資料篇・金沢文庫蔵御流聖教　阿部泰郎、
福島金治、山崎誠編　勉誠出版　2000.10
548p　23cm　17600円　①4-585-10075-
X

◇守覚法親王と仁和寺御流の文献学的研究
阿部泰郎、山崎誠編　勉誠社　1998.2　2
冊　23cm　〈「資料篇・仁和寺蔵御流聖
教」「論文篇」に分冊刊行〉　全42000円
①4-585-10027-X

◇仁和寺御流の聖教―京・鎌倉の交流　特別
展　神奈川県立金沢文庫編　横浜　神奈
川県立金沢文庫　1996　107p　26cm

◇仁和寺大観―旧御室御所「仁和寺の名宝
のすべて」　京都　法蔵館　1990.2
298p　37cm　〈宇多天皇開創千百年記念
監修：総本山仁和寺, 京都国立博物館
仁和寺略年表：p292〜293〉　64890円
①4-8318-7615-1

◇仁和寺の仏教美術―研究発表と座談会
京都　仏教美術研究上野記念財団助成研
究会　1989.3　26, 7p 図版10p　30cm
（仏教美術研究上野記念財団助成研究会
報告書　第18冊）

◇仁和寺の名宝展―宇多天皇開創1100年記
念　東京国立博物館ほか編　日本経済新
聞社　1989.1　209p　26cm　〈仁和寺略
年表：p206〜207〉

◇仁和寺―旧御室御所　吉田裕信ほか著,
仁和寺編　京都　仁和寺　1988.3　147p
26cm　〈仁和寺年表：p137〜141〉
1500円

◇開山法皇宇多天皇一千五十年御忌・弘法
大師御入定一千百五十年御遠忌大法会記
録　京都　仁和寺真言宗御室派宗務所
1984.12　251p 図版20枚　27cm　非売品

◇日本古寺美術全集　第14巻　醍醐寺と仁
和寺・大覚寺―醍醐寺・仁和寺・大覚寺
座右宝刊行会編集制作　浜田隆編集　集
英社　1982.1　147p　40cm　〈参考文
献：p146〉　5600円

◇古寺巡礼京都　11　仁和寺　山本健吉,
森諦円著　京都　淡交社　1977.3　153p
（図共）　27cm　〈監修：井上靖, 塚本善
隆　仁和寺年表：p.147〜150〉　2800円

◇仁和寺史談　出雲路敬和著　京都　真言
宗御室派総本山仁和寺　1973.5　375p
22cm　〈製作：法蔵館　付（表1枚）
付：参考〉

◇仁和寺　清水善三著　中央公論美術出版
1967　40p 図版　19cm　（美術文化シ
リーズ）　200円

◇仁和寺史料　寺誌編　第2　奈良　奈良国
立文化財研究所　1967　396p 図版12枚
22cm　（奈良国立文化財研究所史料　第6
冊）

◇仁和寺史料　寺誌編　第1　奈良　奈良国
立文化財研究所　1964　436p 図版
22cm　（奈良国立文化財研究所史料　第3
冊）

◇仁和寺史料　寺誌編　第1　奈良国立文化
財研究所編　古川弘文館　1964　436p
図版　22cm　（奈良国立文化財研究所資
料　第3冊）

安祥寺
あんしょうじ

京都市山科区にある高野山真言宗の寺。山号
は吉祥山。通称は高野堂（こうやどう）。「あん
じょうじ」ともよぶ。嘉祥元年(848年)仁明天
皇の皇后藤原順子の発願により、入唐僧の恵運

宗　教

が創建。平安時代には朝廷や公家の厚い保護が続き栄え、11世宗意（1074～1148年）のころ、寺運大いに興隆した。その間、安祥寺流をおこして事相（じそう）（密教の行法上の作法面）において小野三流の随一、門跡寺院となった。しかし、応仁の乱など戦国の兵火により荒廃した。木像の五智如来座像5体は、創建当初の貞観仏とされて重要文化財。

　　　　　＊　　＊　　＊

◇皇太后の山寺―山科安祥寺の創建と古代山林寺院　上原真人編　京都　柳原出版　2007.3　313p　22cm　6000円　①978-4-8409-5017-6

◇安祥寺の研究―京都市山科区所在の平安時代初期の山林寺院　京都大学大学院文学研究科二一世紀COEプログラム『グローバル化時代の多元的人文学の拠点形成』成果報告書　2　第一四研究会「王権とモニュメント」編　京都　京都大学大学院文学研究科二一世紀COEプログラム『グローバル化時代の多元的人文学の拠点形成』　2006.3　60,8p　30cm

◇安祥寺の研究―京都市山科区所在の平安時代初期の山林寺院　京都大学大学院文学研究科二一世紀COEプログラム『グローバル化時代の多元的人文学の拠点形成』成果報告書　1　〔京都〕　〔京都大学大学院文学研究科二一世紀COEプログラム『グローバル化時代の多元的人文学の拠点形成』〕第一四研究会「王権とモニュメント」　2004.3　127p　30cm　〈年表あり〉

◇日本彫刻史基礎資料集成　平安時代・重要作品篇4　中央公論美術出版　1982.2　77p　図版115p　33cm　〈編者：丸尾彰三郎ほか〉　18000円

浄瑠璃寺
じょうるりじ

京都府木津川市加茂町西小にある真言律宗の寺。山号は小田原山法雲院。通称は九品寺（くほんじ）、九体寺（くたいじ）。天平年間（729～749年）に行基により創建されたとする説があるが定かではない。永承2年（1047年）當麻寺の僧義明（ぎめい）が本堂を建立した。久安6年（1150年）には興福寺一乗院門跡伊豆僧正恵信によって池が掘られ、庭園がつくられて、現在の寺観の基礎ができあがった。治承2年（1178年）鐘楼が完成、京都から三重塔が移築、その姿は平安時代に流行した阿弥陀浄土信仰の形式を表している。また興福寺との関係も深く顕密の道場として発展した。国宝・重要文化財も多く、特に秘仏吉祥天立像は有名。庭園は史跡・特別名勝。

　　　　　＊　　＊　　＊

◇大和の古寺　7　浄瑠璃寺　岩船寺　海住山寺　浜島正士解説,小川光三,永野太造,矢沢邑一,渡辺義雄写真　新装版　岩波書店　2009.7　50,21p　33cm　〈付属資料（1枚）：図版一覧〉　3700円　①978-4-00-008397-3

◇週刊古寺をゆく　17　浄瑠璃寺・岩船寺　小学館　2001.6　35p　30cm　（小学館ウイークリーブック）　533円

◇国宝への旅　2　都雅檀風　日本放送出版協会　1996.7　283p　15cm　（NHKライブラリー）　1100円　④4-14-084028-5

◇大和の古寺　7　浄瑠璃寺・岩船寺・海住山寺　浜島正士ほか撮影　岩波書店　1991.12　21p　図版50p　33cm　〈第2刷（第1刷：1981年）　付（図1枚）：図版一覧　参考文献：p15〉　3200円　①4-00-008267-1

◇日本の古寺美術　18　浄瑠璃寺と南山城の寺　肥田路美著　大阪　保育社　1987.2　206p　図版16p　19cm　〈企画：町田甲一　浄瑠璃寺と南山城の寺略年表・参考文献：p188～201〉　1600円　①4-586-72018-2

◇大和の古寺　7　浄瑠璃寺・岩船寺・海住山寺　浜島正士ほか撮影　岩波書店　1981.9　21p　図版50p　33cm　〈付（図1枚）：図版一覧　参考文献：p15〉　2800円

◇古寺巡礼京都　7　浄瑠璃寺　清岡卓行, 佐伯快勝著　京都　淡交社　1976.12　154p(図共)　27cm　〈監修：井上靖, 塚本善隆　浄瑠璃寺年表：p.152～153〉　2800円

◇浄瑠璃寺・岩船寺・円成寺　梁雅子文, 入江泰吉写真　京都　淡交新社　1965　105, 95p(図版共)　22cm

◇浄瑠璃寺　水沢澄夫著　中央公論美術出版　1964　40p 図版4枚　19cm

◇浄瑠璃寺　小林剛, 森蘊共編　奈良　鹿鳴社　1957　63p 図版44枚　19cm　〈原色図版44枚(はり込)1枚　附録：浄瑠璃寺史料 25-60p〉

浄土教　じょうどきょう

仏教のなかで、阿弥陀仏を信じてひたすら念仏を唱えれば、厳しい戒律生活や修行をせずとも死後極楽浄土に往生できると説く教え。「無量寿経」「観無量寿経」「阿弥陀経」を浄土三部経として基本とし、中国で発達した。日本には奈良時代に伝わったが、その時には広まらず、平安時代初期に最澄によって天台宗が開かれると、教団内に阿弥陀信仰の浄土教がおこった。後、円仁が入唐して五台山に巡礼し法照の「五会念仏法」を持ち帰り、ついで比叡山の源信が『往生要集』を著して地獄と極楽の詳細を描いたことで、浄土教は大きく発展した。鎌倉時代に入ると、専修念仏を強調した法然の浄土宗、絶対他力信仰(阿弥陀仏の本願の力)の親鸞の浄土真宗、全国を回り念仏を勧めた一遍の時宗などが成立し、当時の社会不安と末法思想の流行とともに広まり、日本浄土教が大成した。

◇集諸経礼懺儀　巻下　国際仏教学大学院大学学術フロンティア実行委員会編　国際仏教学大学院大学学術フロンティア実行委員会　2010.2　396p　30cm　(日本古写経善本叢刊 第4輯)　〈複製及び翻刻を含む〉　非売品

◇曇鸞浄土教形成論―その思想的背景　石川琢道著　京都　法藏館　2009.7　285, 17p　22cm　〈文献あり〉　6000円　①978-4-8318-7359-0

◇善導大師と法然上人―念仏に生きる　水谷幸正著　京都　仏教大学通信教育部, 思文閣出版(製作発売)　2008.3　267p　20cm　(仏教大学鷹陵文化叢書 別巻)　2400円　①978-4-7842-1401-3

◇奈良・平安期浄土教展開論　梯信暁著　京都　法藏館　2008.2　418, 18p　22cm　①978-4-8318-7566-2

◇中世貴族社会と仏教　小原仁著　吉川弘文館　2007.6　271, 14p　22cm　9500円　①978-4-642-02460-0

◇日本中世の宗教的世界観　江上琢成著　京都　法藏館　2007.5　249p　20cm　(日本仏教史研究叢書)　2800円　①978-4-8318-6035-4

◇法句経を読む　松塚豊茂著　〔京都〕永田文昌堂　2005.12　248p　22cm　3000円　①4-8162-5047-6

◇浄土教の思想と歴史―丸山博正教授古稀記念論集　大正大学浄土学研究会編　山喜房仏書林　2005.6　616p　22cm　〈肖像あり　年譜あり　著作目録あり〉　20000円　①4-7963-0165-8

◇浄土学仏教学論叢―高橋弘次先生古稀記念論集 第1巻　高橋弘次先生古稀記念会事務局編　山喜房仏書林　2004.11　32, 739, 4p　22cm　〈肖像あり　年譜あり　著作目録あり〉　①4-7963-0158-5

◇浄土学仏教学論叢―高橋弘次先生古稀記

念論集　第2巻　高橋弘次先生古稀記念会事務局編　山喜房仏書林　2004.11　611, 252, 5p　22cm　④4-7963-0158-5

◇宗教と表象　院政期文化研究会編　森話社　2004.10　238p　22cm　（院政期文化論集 第4巻）　5600円　④4-916087-47-X

◇中世浄土教の胚胎—院政期の思想・風俗・文芸　渡辺昭五著　岩田書院　2004.4　226p　19cm　2800円　④4-87294-312-0

◇日本浄土教の形成と展開　浅井成海編　京都　法蔵館　2004.1　594p　22cm　8000円　④4-8318-7563-5

◇浄土経典　中村元著　東京書籍　2003.8　237p　19cm　（現代語訳大乗仏典 4）　2000円　④4-487-73284-0

◇欲望の哲学—浄土教世界の思索　長谷正当著　京都　法蔵館　2003.6　326p　22cm　〈文献あり〉　3800円　④4-8318-3818-7

◇阿弥陀信仰　伊藤唯真編　POD版　雄山閣　2003.4　360p　21cm　（民衆宗教史叢書 11）　4800円　④4-639-10012-4

◇中世民衆思想と法然浄土教—〈歴史に埋め込まれた親鸞〉像への視座　亀山純生著　大月書店　2003.2　399p　22cm　9000円　④4-272-43060-2

◇中国浄土教と浄土宗学の研究　深貝慈孝著　京都　思文閣出版　2002.10　708p　22cm　〈年譜あり　著作目録あり〉　14000円　④4-7842-1124-1

◇融通念仏信仰とあの世　奥村隆彦著　岩田書院　2002.10　474p　22cm　（日本宗教民俗学叢書 5）　14800円　④4-87294-263-9

◇初期叡山浄土教の研究　奈良弘元著　春秋社　2002.2　341, 24p　23cm　18000円　④4-393-11215-6

◇慶滋保胤と浄土思想　平林盛得著　吉川弘文館　2001.8　294, 12p　22cm　8000円　④4-642-02803-X

◇浄土仏教思想論　河波昌著　北樹出版　2001.2　266p　22cm　4000円　④4-89384-806-2

◇古代・中世の浄土教信仰と文化　西田円我著　京都　思文閣出版　2000.12　230, 4p　22cm　6600円　④4-7842-1068-7

◇佐々木月樵全集　第2巻　印度支那日本浄土教史　佐々木月樵著, 佐々木教悟監修, 長崎法潤, 木村宣彰編　出雲崎町（新潟県）　うしお書店　2000.12　924p　22cm　〈萌文社昭和3年刊の複製〉　18500円

◇浄土仏教の思想　第8巻　法然　梶山雄一ほか編　梅原猛著　講談社　2000.9　455p　20cm　〈文献あり　年譜あり〉　4600円　④4-06-192578-4

◇仏教の歴史　8　末法の世の救い—浄土信仰の形成　ひろさちや著　新装版　春秋社　2000.7　260p　20cm　1500円　④4-393-10828-0

◇浄土思想　結城令聞著　春秋社　2000.3　597, 12p　22cm　（結城令聞著作選集 第3巻）　16000円　④4-393-11116-8

◇『楽邦文類』の研究—宋代浄土教の特性と『教行信証』福島光哉著, 真宗大谷派宗務所教育部編　京都　真宗大谷派宗務所出版部　1999.3　195p　22cm　〈平成8年安居次講〉　3000円

◇院政期の仏教　速水侑編　吉川弘文館　1998.2　448p　22cm　7600円　④4-642-06761-2

◇王朝人の浄土　宇治市歴史資料館編　宇治　宇治市歴史資料館　1997.9　63p　30cm　〈会期：平成9年9月30日—11月2日〉

◇上代の浄土教　大野達之助著　吉川弘文館　1996.6　336, 12p　20cm　（日本歴

宗　教

史叢書 新装版）〈新装版 叢書の編者：日本歴史学会〉　3090円　⑬4-642-06639-X

◇日本人と浄土　山折哲雄著　講談社　1995.11　298p　15cm　（講談社学術文庫）　840円　⑬4-06-159205-X

◇浄土仏教の思想　第4巻　曇鸞 道綽　梶山雄一ほか編　藤堂恭俊著, 牧田諦亮著　講談社　1995.7　406p　20cm　〈各章末：参考文献 付：関連年譜〉　4300円　⑬4-06-192574-1

◇宗代天台浄土教の研究　福島光哉著　京都　文栄堂書店　1995.7　265, 13p　22cm　6500円

◇浄土仏教の思想　第1巻　無量寿経 阿弥陀経　梶山雄一ほか編　藤田宏達著, 桜部建著　講談社　1994.9　355p　20cm　〈各章末：参考文献〉　4300円　⑬4-06-192571-7

◇浄土教文化論―第2集　阿弥陀仏篇　浄土宗総合研究所編　山喜房仏書林　1994.6　130p　26cm　7725円　⑬4-7963-0444-4

◇早島鏡正著作集　第14巻　釈尊から親鸞へ―講演集3　早島鏡正著作集刊行会編　世界聖典刊行協会　1994.3　440p　19cm　4000円　⑬4-88110-124-2

◇早島鏡正著作集　第3巻　浄土教思想論　早島鏡正著作集刊行会編　世界聖典刊行協会　1993.10　453p　19cm　4000円　⑬4-88110-113-7

◇仏教の歴史　8　末法の世の救い―浄土信仰の形成　ひろさちや著　春秋社　1993.8　266p　21cm　1800円　⑬4-393-10818-3

◇浄土仏教の思想　第7巻　永観 珍海 覚鑁　梶山雄一ほか編　大谷旭雄著, 坂上雅翁著, 吉田宏哲著　講談社　1993.7　334p　20cm　〈永観ほかの肖像あり　各章末：参考文献・略年譜〉　4300円　⑬4-06-192577-6

◇浄土教史概説　坪井俊映著　京都　仏教大学通信教育部　1993.5　337p　21cm　非売品

◇浄土仏教の思想　第12巻　蓮如　梶山雄一ほか編　源了円著　講談社　1993.3　404p　20cm　〈蓮如の肖像あり　参考文献・年譜：p385～403〉　4300円　⑬4-06-192582-2

◇浄土教の成立史的研究　香川孝雄著　山喜房仏書林　1993.2　607, 22p　27cm　19000円　⑬4-7963-0072-4

◇善導浄土教の研究　三枝樹隆善著　大阪　東方出版　1992.11　326p　22cm　8000円　⑬4-88591-321-7

◇日本人の往生観　赤根祥道著　れんが書房新社　1992.11　254p　20cm　1854円

◇浄土仏教の思想　第10巻　弁長 隆寛　梶山雄一ほか編　梶村昇著, 福原隆善著　講談社　1992.9　328p　20cm　〈弁長および隆寛の肖像あり　付：参考文献・年譜〉　4300円　⑬4-06-192580-6

◇浄土仏教の思想　第6巻　新羅の浄土教 空也・良源・源信・良忍　梶山雄一ほか編　章輝玉著, 石田瑞麿著　講談社　1992.7　366p　20cm　〈空也および恵心の肖像あり　参考文献・略年譜：p362～366〉　4300円　⑬4-06-192576-8

◇浄土仏教の思想　第2巻　観無量寿経 般舟三昧経　梶山雄一ほか編　木木文美士著, 梶山雄一著　講談社　1992.5　348p　20cm　〈参考文献；p345～348〉　4300円　⑬4-06-192572-5

◇宗教経験の哲学―浄土教世界の解明　気多雅子著　創文社　1992.2　276, 11p　22cm　4120円　⑬4-423-23016-X

◇浄土教文化論　浄土宗総合研究所編　浄土宗出版室浄土宗東京事務所　1991.2　401p　27cm　〈発売：山喜房仏書林〉

281

宗　教

◇浄土教とキリスト教―宗教における救済と自覚　南山宗教文化研究所編　春秋社　1990.8　252p　20cm　（Nanzan symposium 7）　2500円　④4-393-28110-1

◇図説日本の仏教　第3巻　浄土教　浜島正士責任編集　新潮社　1989.7　381p　29cm　〈監修：太田博太郎ほか　編集：座右宝〉　10300円　④4-10-602603-1

◇図説日本仏教の世界　5　地獄と極楽―浄土へのあこがれ　金岡秀友他著　集英社　1988.10　177p　27cm　〈編集：日本アート・センター〉　2800円　④4-08-193005-8

◇文人貴族の系譜　小原仁著　吉川弘文館　1987.11　291, 11p　20cm　（中世史研究選書）　2600円　④4-642-02654-1

◇信州の仏教寺院　第2巻　浄土教・日蓮宗　宮林昭彦ほか執筆　松本　郷土出版社　1986.8　301p　31cm　14000円

◇浄土教思想　石田瑞麿著　京都　法蔵館　1986.4　461p　21cm　（日本仏教思想研究　第4巻）　8500円

◇日本仏教思想研究　第4巻　浄土教思想　石田瑞麿著　京都　法蔵館　1986.4　461p　22cm　8000円

◇井上光貞著作集　第7巻　日本浄土教成立史の研究　土田直鎮ほか編纂　岩波書店　1985.12　519p　22cm　6000円　④4-00-091007-8

◇浄土教―その伝統と創造　2　浄土教思想研究会　山喜房仏書林　1984.5　271p　22cm　4800円

◇浄土教史　岩崎敲玄著　国書刊行会　1984.5　595p　22cm　（浄土宗学研究叢書　宗史・宗論篇）〈白光書院昭和5年刊の複製〉　9500円

◇隆寛律師の浄土教　隆寛律師遺文集　平井正戒著　国書刊行会　1984.5　270, 169, 34p　22cm　（浄土宗学研究叢書　祖師篇）〈金沢文庫浄土宗典研究会昭和16年刊の複製〉　8000円

◇浄土教思想の比較宗教哲学的研究　峰島旭雄著　京都　平楽寺書店　1984.1　448, 29p　22cm　9800円

◇日本仏教史　5　浄土思想　田村円澄著　京都　法蔵館　1983.10　366p　22cm　6800円

◇アミダ仏と浄土経典　大法輪編集部編　大法輪閣　1983.5　224p　19cm　（大法輪選書 10）　980円　④4-8046-5010-5

◇浄土教思想の研究　藤吉慈海著　京都　平楽寺書店　1983.2　760, 35, 10p　22cm　11000円

◇涅槃経と浄土教―仏の願力と成仏の信　横超慧日著　京都　平楽寺書店　1981.12　263, 25p　22cm　5800円

◇浄土教研究論集　金子真補著　東洋文化出版　1981.11　412, 26p　22cm　4800円

◇阿弥陀仏の研究　矢吹慶輝著　増訂版　京都　臨川書店　1981.9　474, 46p　22cm　〈明治書院昭和12年刊の複製〉　8300円　④4-653-00719-5

◇浄土教概論　望月信亨著　東洋文化出版　1980.10　264, 13p　22cm　〈昭和16年刊の複製〉　4800円

◇日本浄土教之研究　津村諦堂著　山喜房仏書林　1980.8　477p　22cm　8500円

◇金沢文庫資料全書　仏典 第4巻　浄土篇 1　横浜　神奈川県立金沢文庫　1980.3　266p　27cm

◇神祇信仰の展開と日本浄土教の基調　第4巻　日本浄土教の成立　宮井義雄著　成甲書房　1979.11　493p　22cm　5500円

◇浄土教文化史論　藤堂祐範著, 藤堂恭俊編　増訂新版　山喜房仏書林　1979.10

543, 3p　27cm　（藤堂祐範著作集 下巻）
①4-7963-0403-7
◇浄土教思想の哲学的考察　松塚豊茂著
　京都　永田文昌堂　1979.8　324p　22cm
　4800円
◇叡山浄土教の研究　佐藤哲英著　京都
　百華苑　1979.3　704, 525, 51p　22cm
　13000円
◇浄土教における宗教体験　藤吉慈海編
　京都　百華苑　1979.1　408, 13p　22cm
　4500円
◇神祇信仰の展開と日本浄土教の基調　第
　2巻　律令貴族藤原氏の氏神・氏寺信仰
　と祖廟祭祀　宮井義雄著　成甲書房
　1978.11　517p　22cm　4800円
◇浄土念仏源流考—大無量寿経とその周辺
　色井秀譲著　京都　百華苑　1978.2
　570, 13p　22cm　7000円
◇浄土信仰論　速水侑著　雄山閣出版
　1978.1　259, 12p　22cm　（古代史選書
　3）　2500円
◇仏教における浄土思想　日本仏教学会編
　京都　平楽寺書店　1977.10　388, 30p
　22cm　4600円
◇高僧和讃講話　下巻　金子大栄著　弥生
　書房　1977.3　237p　19cm　1700円
◇日本弥勒浄土思想展開史の研究　平岡定
　海著　大蔵出版　1977.2　574p　22cm
　8000円
◇略述浄土教理史　望月信亨著　日本図書
　センター　1977.2　436p　22cm　〈大正
　10年刊の複製〉　7000円
◇浄土教の研究　望月信亨著　日本図書セ
　ンター　1977.1　1015p　22cm　〈昭和5
　年刊の複製〉　15000円
◇浄土教の新研究　恵谷隆戒著　山喜房仏
　書林　1976.11　496, 20p　22cm　①4-
　7963-0435-5

◇高僧和讃講話　上巻　金子大栄著　弥生
　書房　1976　277p　19cm　1700円
◇浄土教絵画　京都国立博物館編　平凡社
　1975　273, 11p（おもに図）　38cm　〈京
　都国立博物館において昭和48年10月10日
　から11月11日まで催された特別展覧会
　「浄土教絵画」の図録を収録したもの〉
　30000円
◇浄土教における信の研究　信楽峻麿著
　京都　永田文昌堂　1975　516, 47p
　22cm　〈付：英文要旨〉　7000円
◇日本浄土教成立史の研究　井上光貞著
　新訂〔版〕　山川出版社　1975　449,
　18p　22cm　3200円
◇日本浄土教文化史研究　伊藤真徹著　隆
　文館　1975　507p　22cm　6000円
◇浄土教思想論　服部英淳著　山喜房仏書
　林　1974　446, 26p　22cm　6000円
◇日本文化と浄土教論攷　井川定慶博士喜
　寿記念会編　高石　井川博士喜寿記念会
　出版部（専称寺内）　1974　1341p　肖像
　22cm
◇秘密念仏口伝鈔　安川恵妙編　姫路　安
　川恵妙　本覚寺（発売）　1974　54p 64丁
　24p　図　肖像　26cm　〈弘法大師生誕
　1200年記念　限定版〉　非売品
◇平安浄土教信仰史の研究　伊藤真徹著
　京都　平楽寺書店　1974　508, 16p
　22cm　7500円
◇佐々木月樵全集　2　印度支那日本浄土
　教史　国書刊行会　1973　924p　19cm
　〈昭和3年刊の複製〉　3800円
◇椎尾弁匡選集　第4巻　椎尾弁匡選集刊
　行会　東京　山喜房仏書林（発売）　1972
　451p　図　22cm　2500円
◇上代の浄土教　大野達之助著　吉川弘文
　館　1972　336, 12p　図　20cm　（日本歴
　史叢書 28 日本歴史学会編集）

◇浄土教—その伝統と創造　浄土教思想研究会編　山喜房仏書林　1972　467, 49p　22cm　4800円

◇浄土教の起原及発達　望月信亨著　山喜房仏書林　1972　860, 38p　22cm　〈昭和5年刊の複製〉　6000円

◇浄土教の思想と文化　恵谷隆戒先生古稀記念会編　京都　仏教大学　1972　1379p　肖像　22cm　〈恵谷先生古稀記念〉

◇日本浄土教思想史研究　普賢晃寿著　京都　永田文昌堂　1972　558, 28p　22cm　4800円

◇弥勒信仰—もう一つの浄土信仰　速水侑著　評論社　1971　238p　図　20cm（日本人の行動と思想12）　690円

◇原始浄土思想の研究　藤田宏達著　岩波書店　1970　630, 48p　22cm　3500円

◇日本浄土教史の研究　藤島達朗、宮崎円遵編　京都　平楽寺書店　1969　673p　22cm　4500円

◇天台浄土教史　山口光円著　〔京都〕天台学問所, 京都　法蔵館　1967　409p　22cm　2200円

◇日本浄土教成立過程の研究—親鸞の思想とその源流　重松明久著　京都　平楽寺書店　1964　664, 24p　図版　22cm

◇浄土教教理史　石田充之著　京都　平楽寺書店　1962.11（第10刷：1989.9）　388p　19cm（サーラ叢書15）　2900円　⓵4-8313-0015-2

◇浄土教教理史　石田充之著　京都　平楽寺書店　1962　388p　19cm（サーラ叢書15）

◇日本仏教思想史研究　浄土教篇　田村円澄著　京都　平楽寺書店　1959　429p　22cm

◇念仏思想の研究—特に純正浄土教の成立と伝承について　藤原凌雪著　京都　永田文昌堂　1957　318p　22cm

◇浄土教思想入門　石田充之著　京都　百華苑　1956　180p　表　19cm

◇日本浄土教成立史の研究　井上光貞著　山川出版社　1956　449, 18p　図版　22cm

◇日本浄土教の研究　石田充之著　京都　百華苑　1952　466p　22cm

◇日本浄土教の中核　椎尾弁匡著　大東出版社　1950.6　200p　19cm

末法思想
まっぽうしそう

釈迦の入滅後、年代がたつにつれて正しい教法が衰えるとする思想。入滅後の仏教流布期間を3区分し、それぞれ正法（しょうぼう）、像法（ぞうぼう）、末法といい、末法を過ぎると、教えも消滅した法滅の時代に至ると考えられた。この思想はインド、中国を経てやがて日本にも伝えられた。日本では正法像法各千年とする説に基づき、永承7年（1052年）を末法元年とする説が平安貴族社会に流布した。末法の時代には天変地異が起きたり、戦乱が相次ぐという仏典の諸説に類似した現象が、ちょうど派生したこともあり、末法の危機感は、極楽浄土を願う浄土教への興隆へとつながった。

＊　　＊　　＊

◇平安仏教と末法思想　速水侑著　吉川弘文館　2006.10　345, 12p　22cm　10000円　⓵4-642-02453-0

◇文化史の諸相　大隅和雄編　吉川弘文館　2003.2　314p　22cm　8000円　⓵4-642-02820-X

◇末法と末世の思想　小沢富夫著　雄山閣出版　1974　246p　図　22cm　1800円

空也
くうや

延喜3年（903年）〜天禄3年9月11日（972年）

宗　教

　平安中期の浄土教の僧侶。「こうや」とも読む。僧名は光勝（こうしょう）。別称は市聖（いちのひじり）、市上人（いちのしょうにん）、阿弥陀聖。生地・出自未詳。天暦2年（948年）比叡山で得度。若い頃から諸国を回り、難所の岩石を削って道を造り、橋を架けたり、無縁死骸の火葬を行ったり、井戸を掘るなど社会活動に努め、尊敬された。また常に阿弥陀仏の名を唱えて市中を行脚し、人々に念仏を勧めたことから「阿弥陀聖」とも尊称され、浄土教信仰が庶民に広まるきっかけとなった。京都に疫病が流行するとその平癒を願って西光寺（六波羅蜜寺）を建立し、のち同寺で没した。

　　　　＊　　＊　　＊

◇空也―我が国の念仏の祖師と申すべし　石井義長著　京都　ミネルヴァ書房　2009.2　369, 12p　20cm　（ミネルヴァ日本評伝選）〈文献あり　年譜あり　索引あり〉　3000円　①978-4-623-05373-5

◇権者の化現―天神・空也・法然　今堀太逸著　京都　仏教大学通信教育部, 思文閣出版（製作発売）　2006.9　300p　20cm　（仏教大学鷹陵文化叢書 15）　2300円　①4-7842-1321-X

◇空也―浄土の聖者　伊藤唯真編　吉川弘文館　2005.1　225p　20cm　（日本の名僧 5）〈文献あり　年譜あり〉　2600円　①4-642-07849-5

◇仏教を歩く　no.19　空也・源信　朝日新聞社　2004.2　32p　30cm　（週刊朝日百科）　533円

◇阿弥陀聖空也―念仏を始めた平安僧　石井義長著　講談社　2003.11　246p　19cm　（講談社選書メチエ 285）〈年譜あり〉　1600円　①4-06-258285-6

◇空也上人の研究―その行業と思想　石井義長著　京都　法蔵館　2002.1　801, 15p　22cm　〈年表あり〉　16000円　①4-8318-6054-9

◇空也と将門―猛霊たちの王朝　滝沢解著　春秋社　2001.8　273p　20cm　2000円　①4-393-44156-7

◇空也念仏　小野里祐著　文芸社　2001.1　265p　19cm　1200円　①4-8355-1063-1

◇念仏聖の時代―人間福祉を読む　中村敬三著　校倉書房　1997.7　221p　20cm　3000円　①4-7517-2720-6

◇浄土仏教の思想　第6巻　新羅の浄土教　空也・良源・源信・良忍　梶山雄一ほか編　章輝玉著, 石田瑞麿著　講談社　1992.7　366p　20cm　〈空也および恵心の肖像あり　参考文献・略年譜：p362～366〉　4300円　①4-06-192576-8

◇源空教団成立史の研究　吉田清著　名著出版　1992.5　457, 17p　22cm　9900円　①4-626-01440-2

◇空也　堀一郎著　吉川弘文館　1963　204p　図版　18cm　（人物叢書）〈シリーズ責任表示：日本歴史学会編　付：主要参考文献〉

六波羅蜜寺
ろくはらみつじ

　京都市東山区にある真言宗智山派の寺。当初の名は西光寺。山号は補陀落山普門院。天暦5年（951年）疫病流行のため、空也が十一面観音像を刻み、病気平癒を祈ったのが始まりで、これを祀って応和3年（963年）に建立し、西光寺と号した。貞元2年（977年）弟子の中信がさらに堂塔を建立して、六波羅蜜寺の寺号に改め、天台別院とした。平安末期からは地蔵信仰の流行につれて、鬘掛地蔵の名でいまも信仰されている同寺の地蔵尊の霊験が喧伝された。重要文化財の空也上人像（鎌倉時代）は口から6体の小さな阿弥陀仏を出すもので有名。他に平清盛像と伝えられる僧形坐像もある。西国三十三所第17番札所。

　　　　＊　　＊　　＊

◇六波羅蜜寺　梅原猛監修, 川崎純性, 高城修三著　京都　淡交社　2007.1　143p　21cm　（古寺巡礼京都 新版 5）〈年表あり〉　1600円　①4-473-03355-4

285

◇古寺巡礼京都　25　六波羅蜜寺　杉本苑子, 川崎竜性著　京都　淡交社　1978.6　155p　27cm　〈監修：井上靖, 塚本善隆〉2800円

◇六波羅蜜寺の研究　元興寺仏教民俗資料研究所編　奈良　元興寺仏教民俗資料研究所　1975.4　24, 66p 図版45枚　31cm　〈発売：綜芸舎（京都）はり込図1枚〉6800円

◇六波羅蜜寺―空也の寺　今東光, 小林剛, 五来重文, 山本建三写真　京都　淡交社　1969　233p（図版共）　22cm　900円

◇六波羅蜜寺　毛利久著　中央公論美術出版　1964　38p 図版　19cm

源信（僧侶）
げんしん

天慶5年（942年）～寛仁元年6月10日（1017年）

平安中期の天台宗の僧侶。名は恵心。別称は恵心僧都・横川（よかわ）僧都。大和国当麻の人。父は卜部正親。父の遺言により出家し、比叡山で良源に師事して、顕密二教を学び、13歳で得度。寛和元年（985年）、『往生要集』を著し、「往生への道は、念仏をもってなす」と念仏を勧めた。これは日本の浄土信仰の興隆に大きく貢献し、また中国（当時の宋）でも高く評価された。その後も、三昧会（さんまいえ）の結衆の指針となる『二十五三昧式』、一切衆生の成仏を説く『一乗要決』、理観の念仏を強調した『観心略要集』をまとめた。当時の比叡山の世俗化と堕落の風潮を嫌い、横川に隠棲し、生涯を学問と修行に努めた。

＊　　＊　　＊

◇源信とパウロ―『往生要集』と『書簡』における神秘主義の比較　高見伊三男著　横浜　春風社　2007.10　231p　22cm　〈文献あり〉　3200円　①978-4-86110-123-6

◇大日本仏教全書　第32巻　一乗要決―外十四部　仏書刊行会編纂　源信撰　大法輪閣　2007.1　430p　22cm　〈名著普及会昭和53年刊（覆刻版）を原本としたオンデマンド版〉　8000円　①978-4-8046-1676-6

◇大日本仏教全書　第33巻　妙行心要集―外十七部　仏書刊行会編纂　大法輪閣　2007.1　380p　22cm　〈名著普及会昭和53年刊（覆刻版）を原本としたオンデマンド版〉　7600円　①978-4-8046-1677-3

◇源信―往生極楽の教行は濁世末代の目足　小原仁著　京都　ミネルヴァ書房　2006.3　304, 16p　20cm　（ミネルヴァ日本評伝選）〈文献あり　年譜あり〉3000円　①4-623-04594-3

◇仏教を歩く　no.19　空也・源信　朝日新聞社　2004.2　32p　30cm　（週刊朝日百科）　533円

◇地獄と極楽―恵心僧都源信と浄土美術の展開　平成一五年度特別展　香芝市二上山博物館編　〔香芝〕　香芝市教育委員会　2003.10　52p　30cm　〈会期：平成15年10月11日―12月7日　年譜あり〉

◇日本の心を旅する　栗田勇著　春秋社　2003.8　306p　19cm　1800円　①4-393-44410-8

◇地獄と極楽―『往生要集』と貴族社会　速水侑著　吉川弘文館　1998.12　214p　19cm　（歴史文化ライブラリー 51）　1700円　①4-642-05451-0

◇恵心教学史の総合的研究　八木昊恵著　京都　永田文昌堂　1996.6　1105p　22cm　20000円　①4-8162-1126-8

◇日本人の往生観　赤根祥道著　れんが書房新社　1992.11　254p　20cm　1854円

◇原典日本仏教の思想　4　源信　石田瑞麿校注　岩波書店　1991.2　501p　22cm　4400円　①4-00-009024-0

◇仏典講座　33　一乗要決　大久保良順著　大蔵出版　1990.4　434p　20cm　5150

◇源信　速水侑著　吉川弘文館　1988.12　284p　19cm　（人物叢書　新装版）〈源信の肖像あり　叢書の編者：日本歴史学会〉　1700円　①4-642-05157-0

◇NHK国宝への旅　第9巻　京都　高山寺鳥獣人物戯画.兵庫　神戸市立博物館銅鐸.香川　善通寺金銅錫杖.奈良・京都・東京　地獄・餓鬼・病草紙　NHK取材班著　日本放送出版協会　1987.12　140p　24cm　1800円　①4-14-008541-X

◇現代人の宗教　2　源信・法然・道元―教典その心と読み方　丸山照雄,山折哲雄編,山崎正一,今枝愛真著　御茶の水書房　1986.7　230p　20cm　1500円　①4-275-00685-2

◇源信僧都より法然上人へそして親鸞聖人へ　草間文秀著　京都　文栄堂書店　1983.9　252p　18cm　1200円

◇日本の名著　4　源信　川崎庸之責任編集　中央公論社　1983.6　458p　18cm　（中公バックス）　1200円

◇日本名僧論集　第4巻　源信　大隅和雄,速水侑編　吉川弘文館　1983.6　451p　22cm　〈源信の肖像あり〉　5800円

◇現代人の宗教　2　源信・法然・道元―教典その心と読み方　丸山照雄,山折哲雄編　河出書房新社　1975　230p　20cm　（朝日カルチャーセンター講座）　950円

◇恵心僧都全集　比叡山専修院,叡山学院編　京都　思文閣　1971　5冊　23cm　〈比叡山図書刊行所昭和2-3年刊の複製〉　25000円

◇日本思想大系　6　源信　石田瑞麿校注　岩波書店　1970　501p　図版　22cm　1300円

◇悲しき者の救い―往生要集〈源信〉　石田瑞麿著　筑摩書房　1967　263p　図版　20cm　（日本の仏教　第5巻）　480円

◇恵心教学の基礎的研究　八木昊恵著　京都　永田文昌堂　1962　678,50p　22cm

往生要集
おうじょうようしゅう

　平安中期の仏教書。天台宗の僧源信著。寛和元年（985年）成立。3巻10章からなる。極楽往生に関する重要な文を集め、念仏の要旨と功徳を示したもの。日本の浄土教の基礎となり、地獄に関する記述は広く民衆にまで影響を与えた。極楽に往生するためにはただ「念仏の一門」あるのみという信念から、一つには自身のため、一つには同行者のため、正しい念仏のあり方を説いている。ただ源信のいう念仏は、阿弥陀仏の真の姿を観察する〈観想〉と、阿弥陀仏の名をとなえる〈称名〉との両義に用い、どちらかといえば〈観想〉に比重が置かれ、また念仏以外の諸行を否定しなかったため、鎌倉時代の法然、親鸞の浄土教思想に比べて徹底さに欠けた。

＊　　＊　　＊

◇国宝六道絵―『往生要集』の世界　絵解き台本　後編　林雅彦監修・編　京都　方丈堂出版,オクターブ（発売）　2007.10　77p　19cm　〈外箱入　和装〉　15000円　①978-4-89480-135-6

◇国宝六道絵―『往生要集』の世界　絵解き台本　前編　林雅彦監修・編　京都　方丈堂出版,オクターブ（発売）　2007.7　62p　19cm　〈外箱入　和装〉　15000円　①978-4-89480-134-9

◇日本人の死者の書―往生要集の〈あの世〉と〈この世〉　大角修著　日本放送出版協会　2007.5　253p　18cm　（生活人新書　220）　740円　①978-4-14-088220-7

◇大日本仏教全書　第31巻　往生要集―外二十四部　仏書刊行会編纂　大法輪閣　2007.1　405p　22cm　〈名著普及会昭和53年刊（覆刻版）を原本としたオンデマンド版〉　7800円　①978-4-8046-1675-9

◇往生要集　源信著,花山信勝訳註　一穂社,紀伊国屋書店（発売）　2004.12

宗　教

565p 21cm （名著/古典籍文庫）〈岩波文庫復刻版　岩波書店1988年刊（第3刷）を原本としたオンデマンド版〉 6800円　ⓘ4-86181-010-8

◇往生要集―最明寺本　索引篇　源信著，築島裕，坂詰力治，後藤剛編　汲古書院 2003.9 723p 23cm 20000円　ⓘ4-7629-3284-1

◇往生要集　上　源信著，石田瑞麿訳注　岩波書店 2003.5 402p 15cm （岩波文庫）　800円　ⓘ4-00-333161-3

◇往生要集　下　源信著，石田瑞麿訳注　岩波書店 2003.5 297p 15cm （岩波文庫）　700円　ⓘ4-00-333162-1

◇傍訳浄土思想系譜全書　10　往生要集 5　池田勇諦，瓜生津隆真，神戸和麿監修　源信僧都原著，花山勝友傍訳　四季社 2003.5 271p 22cm 〈著作目録あり　文献あり〉 12000円　ⓘ4-88405-206-4

◇傍訳浄土思想系譜全書　9　往生要集 4　池田勇諦，瓜生津隆真，神戸和麿監修　源信僧都原著，花山勝友傍訳　四季社 2003.4 342p 22cm 12000円　ⓘ4-88405-181-5

◇傍訳浄土思想系譜全書　8　往生要集 3　池田勇諦，瓜生津隆真，神戸和麿監修　源信僧都原著，花山勝友傍訳　四季社 2003.3 371p 22cm 12000円　ⓘ4-88405-180-7

◇傍訳浄土思想系譜全書　7　往生要集 2　池田勇諦，瓜生津隆真，神戸和麿監修　源信僧都原著，花山勝友傍訳　四季社 2003.2 344p 22cm 12000円　ⓘ4-88405-179-3

◇傍訳浄土思想系譜全書　6　往生要集 1　池田勇諦，瓜生津隆真，神戸和麿監修　源信僧都原著，花山勝友傍訳　四季社 2003.1 459p 22cm 12000円　ⓘ4-88405-178-5

◇往生要集　下　源信著，石田瑞麿訳注　岩波書店 2001.10 297p 19cm （ワイド版岩波文庫）　1200円　ⓘ4-00-007146-7

◇「仮名書き絵入り往生要集」の成立と展開―研究篇・資料篇　西田直樹編著　大阪　和泉書院 2001.4 563p 27cm （研究叢書 264）　30000円　ⓘ4-7576-0085-2

◇『往生要集絵巻』詞章と絵の研究　西田直樹　大阪　和泉書院 2000.2 706p 22cm （研究叢書 242） 22000円　ⓘ4-7576-0027-5

◇図解 往生のすべて　花山勝友監修　光文社 1999.10 203p 15cm （光文社文庫）　476円　ⓘ4-334-72905-3

◇神ともののけ　志村有弘著　勉誠出版 1999.9 219p 19cm （遊学叢書 2） 2300円　ⓘ4-585-04062-5

◇往生要集―地獄のすがた・念仏の系譜　石上善応著　日本放送出版協会 1998.7 231p 16cm （NHKライブラリー）　870円　ⓘ4-14-084084-6

◇地獄とは何か　大法輪閣編集部編　大法輪閣 1998.3 248p 19cm 1900円　ⓘ4-8046-1141-X

◇往生要集　上　源信著，石田瑞麿訳注　岩波書店 1992.10 402p 15cm （岩波文庫）　720円　ⓘ4-00-333161-3

◇往生要集　下　源信著，石田瑞麿訳注　岩波書店 1992.10 297p 15cm （岩波文庫）　620円　ⓘ4-00-333162-1

◇往生要集綱要　北畠典生著　京都　永田文昌堂 1992.7 298p 22cm 6500円

◇往生要集―最明寺本　訳文篇　源信著，築島裕ほか編　汲古書院 1992.3 454p 23cm 15000円

◇往生要集―最明寺本　影印篇　源信著，築島裕ほか編　汲古書院 1988.6 638p 27cm 14000円

宗教

◇往生要集　恵心著稿　賢美閣（発売）　1987.9　176p　18cm　〈複製 著者の肖像あり〉　1800円

◇往生要集研究　往生要集研究会編　京都　永田文昌堂　1987.8　748, 34p　22cm　8500円

◇悲しき者の救い―源信『往生要集』石田瑞麿著　筑摩書房　1987.8　265p　19cm　（仏教選書）〈源信の肖像あり〉　1800円　①4-480-84182-2

◇『往生要集』断簡―高野山西南院蔵　西崎亨編著　大阪　和泉書院　1986.5　195p　22cm　（影印叢書8）〈附・自立語用語索引〉　5000円　①4-87088-197-7

◇往生要集の研究　福原蓮月著　京都　永田文昌堂　1985.11　736, 32p　22cm　15000円

◇往生要集　中村元著　岩波書店　1983.5　294p　20cm　（古典を読む5）　1800円

◇往生要集の文化史的研究　藤井智海著　京都　平楽寺書店　1978.7　242p　22cm　4500円

◇大日本仏教全書　第31冊　往生要集―外二十四部　仏書刊行会編纂　名著普及会　1978.5　405p　24cm　〈明治45年～大正11年刊の複製〉

◇極楽浄土への誘い―『往生要集』の場合　石田瑞麿著　評論社　1976　236p　図19cm　（日本人の行動と思想 35）　1200円

◇往生要集　源信著, 花山勝友訳　徳間書店　1972　733p　20cm　2800円

◇往生要集に聞く　八木昊恵著　教育新潮社　1969　336p　19cm　1000円

◇往生要集―日本浄土教の夜明け　第2　源信著, 石田瑞麿訳　平凡社　1964　374p　図版　18cm　（東洋文庫）

◇往生要集―日本浄土教の夜明け　第1　源信著, 石田瑞麿訳　平凡社　1963　382p　18cm　（東洋文庫）

◇往生要集　源信著, 花山信勝訳註　岩波書店　1949　565p　15cm　（岩波文庫 2992-2996）

慶滋 保胤
よししげの やすたね

承平4年（934年）～長保4年10月21日（1002年）

平安時代の文人、官人、僧。本姓は賀茂氏、字（あざな）は茂能、法名は寂心。通称は内記入道。山城国の人。父は陰陽家賀茂忠行。家業の陰陽道には進まず、菅原文時に師事して詩文を学んだ。一方で早くから浄土信仰に帰依し、勧学会ではその中心となって活動した。また源信など当時の浄土教家とも交流があった。永観2年（984年）花山天皇の即位の際には、律令政治の復活を目指したが、権力者の圧力によって失敗した。寛和2年（986年）源信のもとで出家し、最期は東山の如意輪寺で終えた。摂関期の腐敗した社会を批判した『池亭記』を著し、また『日本往生極楽記』を撰述した。

＊　　＊　　＊

◇記憶の帝国―"終わった時代"の古典論　前田雅之著　右文書院　2004.2　326, 19p　21cm　3800円　①4-8421-0036-2

◇天台仏教と平安朝文人　後藤昭雄著　吉川弘文館　2002.1　225p　19cm　（歴史文化ライブラリー 133）〈文献あり〉　1700円　①4-642-05533-9

◇慶滋保胤と浄土思想　平林盛得著　吉川弘文館　2001.8　294, 12p　22cm　8000円　①4-642-02803-X

日本往生極楽記
にほんおうじょうごくらくき

宗教

平安中期の往生伝。1巻。別名『日本往生伝』、『慶氏(けいし)日本往生伝』。慶滋保胤著、途中一部兼明親王が加筆。日本最初の往生伝。日本で阿弥陀仏の浄土に往生した者(聖徳太子、行基、円仁など)の伝を集め、42項目45人を僧尼・俗人男女の順に漢文体で記している。本書の浄土思想は、法華・念仏一体の信仰を基調とし、来迎思想も顕著にうかがわれ、当時の天台浄土教の諸行往生思想を反映したものといえる。以後に編纂された往生伝に大きな影響を与えた。

* * *

◇日本往生極楽記　慶滋保胤著　八木書店　2007.10　72, 38, 27p　27cm　〈尊経閣善本影印集成 41-2〉　〈文献あり〉　①978-4-8406-2282-0, 978-4-8406-2341-4

◇大日本仏教全書　第107巻　日本往生極楽記―外十二部　仏書刊行会編纂　大法輪閣　2007.1　424p　22cm　〈名著普及会昭和62年刊(覆刻版2刷)を原本としたオンデマンド版〉　8000円　①978-4-8046-1751-0

◇往生伝・法華験記　井上光貞, 大曽根章介校注　岩波書店　1995.6　774p　22cm　(日本思想大系新装版)　5200円　①4-00-009061-5

◇大日本仏教全書　第107冊　日本往生極楽記―外十二部　仏書刊行会編纂　名著普及会　1979.8　424p　24cm　〈明治45年〜大正11年刊の複製〉

◇日本思想大系　7　往生伝・法華験記　岩波書店　1974　774p 図　22cm　2800円

良源
りょうげん

延喜12年9月3日(912年)〜寛和元年1月3日(985年)

平安中期の天台宗の僧侶。近江国の人。俗姓は木津、諡号は慈慧大師。通称は元三大師、角大師、御廟大師。第18代天台座主。12歳で比叡山に登り、理仙に師事して延長6年(928年)17歳で出家し、尊意に従って受戒。承平5年(935年)(承平7年(937年)とする説もある)、興福寺維摩会で南都の僧・義昭と対論して頭角を表し、摂政藤原忠平の帰依を受ける。円仁の法脈を受け、その遺跡の比叡山横川の首楞厳院に住してこれを再興。応和3年(963年)清涼殿で行われた応和宗論で南都の学僧法蔵らを論破し、康保3年(966年)第18代天台座主。さらに権律師を経て、天元4年(981年)行基以後初の大僧正となる。20年間に渡って座主に在任し、その間、延暦寺堂舎の再興や、山内の僧団規律「二十六箇条起請」の制定、諸法会の整備に尽力して比叡山中興の祖と仰がれた。一方、摂関家の権勢を利用して荘園の拡大を行ったり、権門子弟の入門に便宜を図るなどしたため、比叡山の門閥化と世俗化を招いた。門下3000人といわれ、弟子に源信、覚運らがいる。命日にちなんで俗に元三大師とも呼ばれる。死後早くから伝説化され、その霊験が独自の信仰を生んだ。著書に『百五十尊口訣』『九品往生義』など。

* * *

◇元三大師御籤本の研究―おみくじを読み解く　大野出著　京都　思文閣出版　2009.2　183, 11p　22cm　〈索引あり〉　3400円　①978-4-7842-1454-9

◇草木成仏にみる宗教的自然観―旦那疑問御廟決答『草木発心修行成仏記』の考察を中心に　堀端俊英著　増補版　藤沢　俊英文庫　2006.11　380p　26cm　4500円

◇草木成仏にみる宗教的自然観―旦那疑問御廟決答『草木発心修行成仏記』の考察を中心に　堀端俊英著　藤沢　俊英文庫　2006.3　321, 6枚　26cm　4500円

◇浄土仏教の思想　第6巻　新羅の浄土教　空也・良源・源信・良忍　梶山雄一ほか編　章輝玉著, 石田瑞麿著　講談社　1992.7　366p　20cm　〈空也および恵心の肖像あり　参考文献・略年譜：p362〜366〉　4300円　①4-06-192576-8

◇良源　平林盛得著　吉川弘文館　1987.11　231p　19cm　〈人物叢書 新装版〉　〈新装版 良源の肖像あり　叢書の編者：日本

歴史学会〉　1600円　①4-642-05097-3
◇女人成仏への開眼—おみくじ大師良源の物語　後藤宏行著　毎日新聞社　1984.10　270p　20cm　1300円
◇元三慈恵大師の研究——千年遠忌記念　叡山学院編　京都　同朋舎出版　1984.5　1冊　22cm　〈元三慈恵の肖像あり〉　10000円　①4-8104-0404-8
◇日本名跡叢刊　13　平安　慈慧大師　自筆遺告　良源書,平林盛得解説　二玄社　1977.10　82p（おもに図）　36cm　〈監修：小松茂美〉　1890円
◇良源　平林盛得著　吉川弘文館　1976　231p 図　18cm　（人物叢書　日本歴史学会編集）　800円

法成寺
ほうじょうじ

京都市上京区にあった藤原道長が建立した寺。通称は、京極御堂（みどう）、御堂。治安2年（1022年）創建。道長が暮らした僧房・無量寿院（阿弥陀堂）を中心に、十斎堂、三昧（さんまい）堂、金堂、五大堂、薬師堂、釈迦堂など諸堂が造営され、壮麗さは地上の極楽ともいわれた。万寿4年（1027年）道長は阿弥陀堂内で、『往生要集』の臨終行儀さながらの西向き北枕で最期を迎えたといわれている。しかし、たびたび火災や地震などに見舞われた上、藤原氏の勢力後退もあり廃れ、元弘3年/正慶2年（1333年）廃絶した。道長の異称「御堂関白」の由来となった。

　　　　＊　　＊　　＊

◇干朝文学と建築・庭園　倉田実編　竹林舎　2007.5　582p　22cm　（平安文学と隣接諸学 1）　14000円　①978-4-902084-81-8
◇密教空間史論　冨島義幸著　京都　法蔵館　2007.2　453, 13p　22cm　9500円　①978-4-8318-7472-6
◇幻の大伽藍　稲垣直著　日本図書刊行会　2000.11　252p　22cm　〈東京　近代文芸社（発売）〉　2000円　①4-8231-0518-4
◇家永三郎集　第2巻　仏教思想史論　家永三郎著　岩波書店　1997.12　334p　21cm　4800円　①4-00-092122-3
◇塔と伽藍　鈴木嘉吉編　世界文化社　1988.6　150p　37cm　（復元日本大観 2）　18000円　①4-418-88902-7

法界寺
ほうかいじ

京都市伏見区にある真言宗醍醐派の別格本山。山号は、東光山（とうこうざん）。通称は日野薬師・乳（ちち）薬師。弘仁13年（822年）日野家宗が別荘としていたものを、氏寺として創建。開山は最澄で、もとは天台宗であった。永承6年（1051年）に日野資業が再興し、薬師堂を建てた。日野一族が資財をなげうって造営したので、荘厳美麗を極めていたが、応仁の乱での焼失など幾度か炎上し、現在は薬師堂本堂と阿弥陀堂のみが残る。阿弥陀堂は、平等院鳳凰堂とともに浄土教芸術の最高のものとされ、国宝に指定された。親鸞生誕の地として江戸時代に復興。

　　　　＊　　＊　　＊

◇古寺巡礼京都　25　法界寺　梅原猛監修　岩城秀親,井上章一著　新版　京都　淡交社　2008.9　142p　21cm　〈年表あり〉　1600円　①978-4-473-03495-3
◇右府藤原宗忠と日野法界寺　河野房男著　別府　広雅堂　1979.11　235p　22cm　（別府大学史学研究叢書 第1集）　3500円
◇古寺巡礼京都　29　法界寺　山崎正和ほか著　京都　淡交社　1978.10　157p　27cm　〈監修：井上靖, 塚本善隆〉　2800円
◇法界寺　中村玄三著　中央公論美術出版　1974　38p 図　19cm　（美術文化シリーズ）　300円

宗教

六勝寺
ろくしょうじ

　平安末期、現在の京都市左京区岡崎に建立された皇室の6つの御願寺（法勝寺・尊勝寺・最勝寺・円勝寺・成勝寺・延勝寺）のこと。すべて「勝」の字がつくのでこの称がある。白河、堀河、鳥羽、崇徳、近衛の5天皇と鳥羽中宮待賢門院藤原璋子の6人の発願によって建立。仁和寺のもとに属し、各寺に別当または執事を置いていた。いずれも寺域は広大で壮麗、造寺興隆の院政時代を象徴する大事業で、造営には受領層が大きな役割を果たした。平安末期、鎌倉時代に兵乱などで焼失。荒廃し、廃寺となった。

＊　　＊　　＊

◇幻の大伽藍　稲垣直著　日本図書刊行会　2000.11　252p　22cm　〈東京　近代文芸社（発売）〉　2000円　①4-8231-0518-4

◇院政と平氏政権　竹内理三著, 五味文彦編集・解説　角川書店　1999.9　405p　22cm　（竹内理三著作集 第6巻）〈シリーズ責任表示：竹内理三著〉　14000円　①4-04-522706-7

◇平安京と京都—王朝文化史論　村井康彦著　三一書房　1990.12　364p　20cm　2800円　①4-380-90253-6

◇京都の庭園—遺跡にみる平安時代の庭園　京都市文化観光局文化部文化財保護課編　京都　京都市　1990.3　80p　30cm　（京都市文化財ブックス 第5集）　1000円

法勝寺
ほっしょうじ

　平安末期、京都市左京区岡崎付近に建立された御願寺「六勝寺」の一つ。最初にして最大の寺。承暦元年（1077年）白河天皇の御願で創建。藤原摂関家の別業白河殿のあった地を藤原師実が白河天皇に献じ、そこに造営。当初は、金堂・経蔵・鐘楼・講堂・薬師堂・常行堂・阿弥陀堂などの七堂伽藍をそなえた大寺で、顕・密・浄・禅の各宗の要素を総合したものであった。造営は播磨守高階為家以下の受領層に負うところが大きく、また金堂の扉絵を描いたのは鳥羽僧正であったといわれている。

＊　　＊　　＊

◇院政期の内裏・大内裏と院御所　高橋昌明編　京都　文理閣　2006.6　393p　22cm　（平安京・京都研究叢書 1）〈文献あり　年表あり〉　6000円　①4-89259-514-4

◇中世寺院の僧団・法会・文書　山岸常人著　東京大学出版会　2004.2　429, 7p　22cm　8200円　①4-13-026205-X

◇日本史論聚　2　古代の環境　林屋辰三郎著　岩波書店　1988.2　374p　22cm　4000円　①4-00-003482-0

尊勝寺
そんしょうじ

　平安末期、京都市左京区の法勝寺の西に位置する場所に建立された御願寺「六勝寺」の一つ。康和4年（1102年）に堀河天皇の御願で創建。六勝寺のうち院政（白河上皇）開始後最初に建立された寺で、天皇近臣の受領が競って造営を担当。金堂・講堂・回廊・中門・鐘楼・経蔵を但馬守高階仲章、薬師堂・観音堂・五大堂を伊予守藤原国明、灌頂堂を越後守藤原敦兼、東塔・西塔・南大門を播磨守藤原基隆、曼陀羅堂は若狭守平正盛が建立した。その後、阿弥陀堂は備中守高階為家、准提堂と法華堂を近江守平時範が献上。この功によりそれぞれ各任国に重任された。たびたび火災に遭い、鎌倉末・南北朝内乱の中で壊滅。

＊　　＊　　＊

◇足立康著作集　1　古代建築の研究　上　中央公論美術出版　1986.9　389p　22cm　〈編修：太田博太郎　著者の肖像あり〉　8800円

興福寺
こうふくじ

　奈良市にある法相宗の大本山。南都七大寺の一つ。創は7世紀中頃、藤原鎌足の妻の鏡王女が山城に建立した山階寺に始まると伝えられ、和銅3年(710年)平城京遷都に伴って、藤原不比等が現在地に移して興福寺と改称した。以来藤原氏の氏寺として権勢を奮い、平安時代には多くの荘園を所有し、社会的、経済的にも、最も有力な寺院とされた。平安末期には多数の僧兵を持ち、延暦寺の「山法師」に対して、「奈良法師」として恐れられた。治承4年(1180年)平重衡による南都焼討で、東大寺と共に全焼したが、すぐ復興した。

　　　　＊　　　＊　　　＊

◇中世興福寺の門跡　高山京子著　勉誠出版　2010.2　396,7p　22cm　〈索引あり〉　9800円　①978-4-585-10443-8

◇興福寺典籍文書目録　第4巻　国立文化財機構奈良文化財研究所編　京都　法藏館　2009.5　322p　22cm　11000円　①978-4-8318-7575-4

◇古寺をゆく　1　興福寺　小学館「古寺をゆく」編集部編　小学館　2009.4　189p　18cm　〈小学館101ビジュアル新書 V001〉〈2001年刊の加筆・再編集　年表あり〉　1100円　①978-4-09-823001-3

◇興福寺典籍文書目録　第4巻　国立文化財機構奈良文化財研究所編　〔奈良〕　国立文化財機構奈良文化財研究所　2009.3　322p　22cm　(奈良文化財研究所史料　第83冊)　①978-4-902010-73-2

◇国宝阿修羅展　東京国立博物館、九州国立博物館、法相宗大本山興福寺、朝日新聞社編　朝日新聞社　2009.3　295,8p　30cm　〈他言語標題：The national treasure Ashura and masterpieces from Kohfukuji　会期・会場：2009年3月31日—6月7日　東京国立博物館ほか　興福寺創建1300年記念　年表あり　文献あり〉

◇もっと知りたい興福寺の仏たち　金子啓明著　東京美術　2009.3　95p　26cm　(アート・ビギナーズ・コレクション)〈並列シリーズ名：Art beginners' collection　文献あり　年表あり　索引あり〉　1800円　①978-4-8087-0859-7

◇興福寺南円堂と法相六祖像の研究　小野佳代著　中央公論美術出版　2008.1　342p　22cm　〈文献あり〉　12000円　①978-4-8055-0563-2

◇大日本仏教全書　第123巻　興福寺叢書　第1　仏書刊行会編纂　大法輪閣　2007.1　436p　22cm　〈名著普及会平成4年刊(覆刻版3刷)を原本としたオンデマンド版〉　8200円　①978-4-8046-1767-1

◇大日本仏教全書　第124巻　興福寺叢書　第2　仏書刊行会編纂　大法輪閣　2007.1　330p　22cm　〈名著普及会昭和55年刊(覆刻版)を原本としたオンデマンド版〉　7000円　①978-4-8046-1768-8

◇興福寺のすべて—歴史教え美術　多川俊映,金子啓明監修　小学館　2004.10　159p　21cm　〈年表あり〉　1800円　①4-09-681771-6

◇「興福寺国宝展鎌倉復興期のみほとけ」図録　東京芸術大学大学美術館、岡崎市美術博物館、山口県立美術館、大阪市立美術館、仙台市博物館、朝日新聞社編　朝日新聞社　2004.9　263p　30cm　〈他言語標題：National treasures of Kohfukuji from the temple revival of Kamakura period　会期・会場：2004年9月18日 - 11月3日　東京芸術大学大学美術館ほか　タイトルは奥付による　年表あり　文献あり〉

◇興福寺典籍文書目録　第3巻　文化財研究所奈良文化財研究所編　京都　法藏館　2004.6　327p　22cm　11000円　①4-8318-7278-4

◇興福寺典籍文書目録　第3巻　文化財研

宗教

究所奈良文化財研究所編　奈良　文化財研究所奈良文化財研究所　2004.3　327p　22cm　(奈良文化財研究所史料 第67冊)　①4-902010-21-6

◇すぐわかる日本の国宝の見かた―絵画・書、彫刻、工芸　岡本祐美著　東京美術　2003.2　135p　21cm　2000円　①4-8087-0739-X

◇中世の興福寺と大和　安田次郎著　山川出版社　2001.6　300, 15p　22cm　5200円　①4-634-52150-4

◇週刊古寺をゆく　5　興福寺　小学館　2001.3　35p　30cm　(小学館ウイークリーブック)　533円

◇阿修羅―奈良・興福寺　小川光三撮影　毎日新聞社　2000.11　110p　21cm　(めだかの本)　1200円　①4-620-60561-1

◇奈良六大寺大観　第8巻　興福寺 2　奈良六大寺大観刊行会編　補訂版　岩波書店　2000.9　97, 7, 10p 図版240p　38cm　〈付属資料：16p：付録8〉　35000円　①4-00-008908-0

◇興福寺―五重塔内陣・東金堂後堂と旧食堂遺構　興福寺監修, 飛鳥園写真　小学館スクウェア　2000.6　93p　31cm　2381円　①4-7979-8504-6

◇奈良六大寺大観　第7巻　興福寺 1　奈良六大寺大観刊行会編　補訂版　岩波書店　1999.11　120, 7, 9p 図版236p　38cm　35000円　①4-00-008907-2

◇牡丹と藤―摂家門跡家よりみた興福寺史　第3巻　松園裕　1998.8　176p　27cm　〈折り込1枚　付属資料：1枚〉

◇興福寺　泉谷康夫著　新装版　吉川弘文館　1997.11　227, 8p　20cm　(日本歴史叢書 新装版)　2400円　①4-642-06655-1

◇興福寺　小川光三撮影　新潮社　1997.2　293p　26cm　〈英語書名：Kofuku-ji 英文併記 監修：興福寺 折り込図1枚〉　5150円　①4-10-416401-1

◇中世興福寺維摩会の研究　高山有紀著　勉誠社　1997.2　388p　22cm　11330円　①4-585-10014-8

◇興福寺国宝展―南円堂平成大修理落慶記念　東京国立博物館編　芸術研究振興財団　1997.1　227, 9p　30cm　〈会期・会場：平成9年4月27日～6月1日 長野県信濃美術館ほか〉

◇興福寺典籍文書目録　第2巻　奈良国立文化財研究所編　京都　法藏館　1996.9　399p　22cm　13390円　①4-8318-7266-0

◇興福寺典籍文書目録　第2巻　奈良国立文化財研究所編　奈良　奈良国立文化財研究所　1996.3　399p　22cm　(奈良国立文化財研究所史料 第44冊)

◇牡丹と藤―摂家門跡家よりみた興福寺史　第1巻　松園裕　1994.10　163p 図版42枚　27cm　〈折り込6枚〉

◇牡丹と藤―摂家門跡家よりみた興福寺史　第2巻　松園裕　1994.10　186p　27cm　〈折り込3枚〉

◇奈良の寺　13　北円堂と南円堂の諸像―興福寺　西川杏太郎, 辻本米三郎著　岩波書店　1994.3　18p 図版48p　33cm　〈1974年刊の再刊〉　3200円　①4-00-008313-9

◇奈良の寺　12　東金堂の諸像―興福寺　井上正, 辻本米三郎著　岩波書店　1993.7　18p 図版48p　33cm　〈1975年刊の再刊〉　3200円　①4-00-008312-0

◇奈良の寺　11　八部衆と十大弟子―興福寺　毛利久, 辻本米三郎著　岩波書店　1993.3　17p 図版48p　33cm　〈1973年刊の再刊〉　3200円　①4-00-008311-2

◇興福寺の美術―特別陳列　奈良国立博物館編　奈良　奈良国立博物館　1992.7　36p　26cm　〈会期：平成4年7月18日～8

宗 教

月16日〉

◇大日本仏教全書　第123冊　興福寺叢書　第1　仏書刊行会編纂　名著普及会　1992.4　436p　24cm　〈明治45年～大正11年刊の複製〉　11330円

◇大日本仏教全書　第124冊　興福寺叢書　第2　仏書刊行会編纂　名著普及会　1992.4　330p　24cm　〈明治45年～大正11年刊の複製〉　11330円

◇興福寺　2　奈良六大寺大観刊行会編　岩波書店　1991.6　240, 95, 7p　37×30cm　（奈良六大寺大観　第8巻）　〈第3刷（第1刷：1970年）〉　32000円　④4-00-008248-5

◇興福寺　1　奈良六大寺大観刊行会編　岩波書店　1991.1　236, 124p　37×30cm　（奈良六大寺大観　第7巻）　〈第3刷（第1刷：1969年）〉　32000円　④4-00-008247-7

◇新編名宝日本の美術　第3巻　興福寺　松島健執筆　小学館　1990.10　155p　31cm　（小学館ギャラリー）　〈監修：太田博太郎ほか〉　1800円　④4-09-375103-X

◇奈良興福寺―あゆみ・おしえ・ほとけ　多川俊映著　小学館　1990.5　271p　20cm　1800円　④4-09-387054-3

◇日本の古寺美術　5　興福寺　小西正文著　大阪　保育社　1987.4　222p　図版16p　19cm　〈企画・町田甲一〉　1600円　④4-580-72005-0

◇NHK国宝への旅　第3巻　京都 銀閣寺 奈良 興福寺阿修羅．京都 鞍馬寺毘沙門天　NHK取材班著　日本放送出版協会　1986.11　133p　24cm　1800円　④4-14-008498-7

◇興福寺典籍文書目録　第1巻　奈良国立文化財研究所編　京都　法蔵館　1986.10　343p　22cm　10000円　④4-8318-7263-6

◇興福寺典籍文書目録　第1巻　奈良国立文化財研究所編　奈良　奈良国立文化財研究所　1986.3　343p　22cm　（奈良国立文化財研究所史料　第29冊）

◇全集日本の古寺　第12巻　興福寺と奈良の古寺　田中久夫ほか著　集英社　1984.10　159p　28cm　〈監修：太田博太郎ほか　関連年表：p156～157〉　3200円　④4-08-593012-5

◇名宝日本の美術　第5巻　興福寺　松島健執筆　小学館　1981.7　155p　31cm　〈監修：太田博太郎ほか〉　2200円

◇日本古寺美術全集　第5巻　興福寺と元興寺―興福寺・元興寺・元興寺（極楽坊）・十輪院　座右宝刊行会編集制作　太田博太郎編集　集英社　1980.7　147p　40cm　〈監修：太田博太郎ほか　参考文献：p146〉　5600円

◇古寺巡礼奈良　11　興福寺　大原富枝ほか著　京都　淡交社　1979.11　143p　27cm　〈監修：井上靖, 塚本善隆〉　2800円

◇大日本仏教全書　興福寺叢書　仏書刊行会編　第一書房　1978.4　2冊　22cm　〈大正4年, 昭和7年刊の複製〉　全10000円

◇興福寺　小西正文, 入江泰吉共著　大阪　保育社　1970　153p（おもに図版）　15cm　（カラーブックス）　280円

◇興福寺国宝展　北門堂修復落成記念　日本経済新聞社編　日本経済新聞社　「1966」　1冊（頁付なし）　27cm　〈会期・会場：昭和41年9月6日―18日　日本橋高島屋〉

◇春日大社・興福寺　近畿日本鉄道創立五十周年記念出版編集所編　大阪　近畿日本鉄道　1961　169p　図版21枚　27cm　（近畿日本叢書　第6冊）

平 重衡
たいらのしげひら

保元2年(1157年)～文治元年6月23日(1185年)

平安末期の武将。通称は、本三位中将。平清盛の五男、母は平時子。尾張守、蔵人頭、左近権中将などを歴任。治承4年(1180年)源頼政を破り、反平氏勢力の拠点である南都攻撃の総大将となって、東大寺や興福寺などを焼いた。養和元年(1181年)尾張墨俣川の合戦で源行家を破り、その功により従三位、左中将となる。寿永2年(1183年)平氏都落ちの後も備中水島の合戦で活躍したが、翌年一ノ谷の戦いで敗れ、捕虜となって鎌倉に送られた。のち和平交渉の仲介にあたるも不調に終わり、南都僧徒の要求により奈良の木津川で斬首された。

＊　　＊　　＊

◇義経紀行—弁慶はエミシの末裔だった　林順治著　彩流社　2002.11　541, 49p　20cm　3800円　④4-88202-771-2

◇往生の物語—死の万華鏡『平家物語』　林望著　集英社　2000.6　262p　18cm　（集英社新書）　720円　④4-08-720039-6

◇平家物語の虚構と真実　下　上横手雅敬著　4刷　塙書房　2000.2　208, 7p　18cm　（塙新書）　900円　④4-8273-4062-5

◇平家れくいえむ紀行　中石孝著　新潮社　1999.7　269p　20cm　1800円　④4-10-431101-4

◇語りとしての平家物語　山下宏明著　岩波書店　1994.5　244, 10p　21cm　3700円　④4-00-002814-6

◇決断のとき—歴史にみる男の岐路　杉本苑子著　文芸春秋　1993.10　333p　15cm　（文春文庫）　450円　④4-16-722418-6

◇決断のとき—歴史にみる男の岐路　杉本苑子著　文芸春秋　1990.10　278p　19cm　1300円　④4-16-344700-8

阿弥陀堂
あみだどう

阿弥陀如来を本尊とする堂やそれを含む院（阿弥陀院）。奈良時代からみられるが、平安中期からの末法思想を背景にして、極楽浄土を実現したい貴族の浄土信仰によって流行。多くは方形の小建築で、これには本尊と脇侍を中心に安置し、周囲を行道できる求心堂平面のものと、九品阿弥陀になぞらえた9体の仏像を並べる九体阿弥陀堂とがある。華麗な内部装飾で、壁画や彩色文様などを各部に施し、阿弥陀浄土を眼前にすることが目的であった。複雑な形の平等院鳳凰堂（京都府宇治）、願成寺の白水阿弥陀堂（福島県いわき市）、法界寺阿弥陀堂（京都府日野）、三千院本堂（京都府大原）、富貴寺大堂（大分県豊後高田市）、中尊寺金色堂（岩手県平泉）、特殊なものとして浄瑠璃寺本堂（京都府）などが有名。

＊　　＊　　＊

◇日本建築史基礎資料集成　5　仏堂2　太田博太郎編　中央公論美術出版　2006.11　196p　34×27cm　26000円　④4-8055-1105-2

◇新編名宝日本の美術　第9巻　平等院と中尊寺　田口栄一執筆　小学館　1992.2　165p　31cm　（小学館ギャラリー）　〈監修：太田博太郎ほか　参考文献：p164～165 付：平安時代主要常行堂・阿弥陀堂年表（折り込み）〉　1800円　④4-09-375109-9

◇日本古代寺院史の研究　堅田修著　京都法蔵館　1991.3　210p　21cm　6200円　④4-8318-7340-3

◇日本名僧論集　第4巻　源信　大隅和雄、速水侑編　吉川弘文館　1983.6　451p　22cm　〈源信の肖像あり〉　5800円

◇名宝日本の美術　第9巻　平等院と中尊寺　田口栄一執筆　小学館　1982.7　165p　31cm　〈監修：太田博太郎ほか　参考文献：p164～165 付：平安時代主要常行堂・阿弥陀堂年表〉　2200円

◇原色日本の美術　6　阿弥陀堂と藤原彫刻　工藤圭章, 西川新次著　小学館　1969　234p（おもに図版）　36cm　2800円

◇日本浄土教史の研究　藤島達朗, 宮崎円遵編　京都　平楽寺書店　1969　673p　22cm　4500円

平等院鳳凰堂
びょうどういんほうおうどう

　京都府宇治市にある平等院の阿弥陀堂の別称。山号は朝日山（あさひさん）、寺号は無量寿院。建物全体が鳳凰が羽を広げたような形状であることと屋上に銅製の鳳凰があるところから、江戸時代よりこの別称で呼ばれた。末法2年にあたる天喜元年（1053年）に藤原頼通が中心伽藍となる阿弥陀堂（鳳凰堂）を建て、丈朗作の阿弥陀座像を安置したことに始まり、以来平安末まで、摂関家の氏寺として一門の崇敬を受けた。極楽浄土を観想する当時の浄土思想に基づいて造られている。建立当初から天台宗寺門派に属したが、中世末に浄土宗僧侶が居住して復興につとめ、また真言宗も進出し、近世になると、真言と浄土、のち天台と浄土の間に寺家の経営をめぐって争いがあり、確執は後世まで続いた。

　　　　　＊　　＊　　＊

◇平等院鳳凰堂―現世と浄土のあいだ　冨島義幸著　吉川弘文館　2010.2　195, 5p　22cm　〈文献あり〉　3000円　①978-4-642-08032-3

◇私たちの世界遺産　別冊　ユネスコ憲章と平泉・中尊寺供養願文　五十嵐敬喜, 佐藤弘弥共著　公人の友社　2009.7　123p　21cm　〈年表あり〉　1200円　①978-4-87555-555-1

◇イメージとパトロン―美術史を学ぶための23章　稲本万里子, 池上英洋編著, 佐々木守俊, 武笠朗, 山本聡美, 土屋貴裕, 仙海義之, 高岸輝, 北野良枝, 松嶋雅人, 江村知子, 古田亮, 中村るい, 加藤磨珠枝, 小倉康左, 田中久美子, 松浦弘明, 北沢洋子, 下浜晶子, 小野寺玲子, 鳥居徳敏, 島津京,

新関公子著, 浅井和春監修　国立ブリュッケ, 星雲社（発売）　2009.6　396p　22cm　4000円　①978-4-434-13296-4

◇平等院王朝の美―国宝鳳凰堂の仏後壁　神居文彰監修　平凡社　2009.2　127p　29cm　（別冊太陽）〈年表あり〉　1900円　①978-4-582-94519-5

◇平等院　梅原猛監修, 神居文彰, 志村ふくみ著　京都　淡交社　2007.9　143p　21cm　（古寺巡礼京都 新版 13）〈年表あり〉　1600円　①978-4-473-03363-5

◇週刊日本の美をめぐる　no.45（平安 3）平等院と極楽往生　小学館　2003.3　42p　30cm　（小学館ウイークリーブック）　533円

◇平等院鳳凰堂―よみがえる平安の色彩美　平等院編, 神居文彰著　大阪　東方出版　2002.5　59p　18×19cm　1200円　①4-88591-781-6

◇阿弥陀如来―京都・平等院鳳凰堂　小川光三撮影　毎日新聞社　2001.7　109p　21cm　（めだかの本）　1200円　①4-620-60570-0

◇週刊古寺をゆく　13　平等院と宇治の名刹　小学館　2001.5　35p　30cm　（小学館ウイークリーブック）　533円

◇住職がつづるとっておき平等院物語　神居文彰著　四季社　2000.6　174p　19cm　〈奥付のタイトル：平等院物語〉　1200円　①4-88405-033-9

◇「国宝平等院展」図録―開創九五〇年記念　東京国立博物館ほか編　朝日新聞社　2000.5　228, 10p　30cm　〈会期・会場：2000年5月30日―7月9日　東京国立博物館ほか　タイトルは奥付による〉

◇小松茂美著作集　第5巻　平等院鳳凰堂色紙形の研究　2　小松茂美著　旺文社　1997.9　327p　22cm　17143円　①4-01-071165-5

宗　教

◇国宝への旅　2　都雅檀風　日本放送出版協会　1996.7　283p　15cm　（NHKライブラリー）　1100円　Ⓣ4-14-084028-5

◇ポケットに平等院　十文字美信著　新潮社　1994.12　1冊（頁付なし）　20cm　（3D stereo museum）　〈英語書名：A pocketful of Uji Byodo-in Temple　英文併記　立体視スコープ付〉　1800円　Ⓣ4-10-395104-4

◇日本名建築写真選集　第3巻　平等院　伊藤ていじほか編　渡辺義雄撮影, 伊藤延男解説, 竹西寛子エッセイ　新潮社　1992.3　130p　31cm　5000円　Ⓣ4-10-602622-8

◇新編名宝日本の美術　第9巻　平等院と中尊寺　田口栄一執筆　小学館　1992.2　165p　31cm　（小学館ギャラリー）〈監修：太田博太郎ほか　参考文献：p164〜165 付：平安時代主要常行堂・阿弥陀堂年表（折り込）〉　1800円　Ⓣ4-09-375109-9

◇平等院大観　第3巻　絵画　秋山光和ほか編　岩波書店　1992.1　185, 3p 図版84, 32p　38cm　32000円　Ⓣ4-00-008038-5

◇日本美を語る　第5巻　彼岸への憧憬—平等院と浄土教の寺々　竹西寛子, 中野玄三編　ぎょうせい　1989.8　159p　31cm　〈監修：井上靖ほか　編集：新集社〉　4635円　Ⓣ4-324-01559-7

◇平等院大観　第1巻　建築　秋山光和ほか編　岩波書店　1988.8　120, 4p 図版114, 10p　38cm　30000円　Ⓣ4-00-008036-9

◇不滅の建築　3　平等院鳳凰堂—京都・平等院　鈴木嘉吉, 工藤圭章責任編集　小川光三撮影　毎日新聞社　1988.8　63p　31cm　1800円　Ⓣ4-620-60273-6

◇平等院大観　第2巻　彫刻　秋山光和ほか編　岩波書店　1987.10　101, 5p 図版155, 24p　38cm　29000円　Ⓣ4-00-008037-7

◇魅惑の仏像　17　雲中供養菩薩—京都・平等院鳳凰堂　小川光三写真　毎日新聞社　1987.9　64p　31cm　1800円　Ⓣ4-620-60237-X

◇魅惑の仏像　8　阿弥陀如来—京都・平等院鳳凰堂　小川光三写真　毎日新聞社　1986.10　63p　31cm　1800円　Ⓣ4-620-60198-5

◇名宝日本の美術　第9巻　平等院と中尊寺　田口栄一執筆　小学館　1982.7　165p　31cm　〈監修：太田博太郎ほか　参考文献：p164〜165 付：平安時代主要常行堂・阿弥陀堂年表〉　2200円

◇日本古寺美術全集　第15巻　平等院と南山城の古寺　座右宝刊行会編集制作　宮次男編著　集英社　1980.3　147p　40cm　〈監修：太田博太郎ほか〉　5600円

◇日本の美術　9　平等院と中尊寺　福山敏男著　第2版　平凡社　1979.8　160p　24cm　〈監修：亀井勝一郎ほか〉　1800円

◇日本美術全集　第7巻　浄土教の美術—平等院鳳凰堂　中野玄三編集　学習研究社　1978.8　222p　38cm　4600円

◇古寺巡礼京都　8　平等院　竹西寛子, 宮城宏著　京都　淡交社　1976.12　149p（図共）　27cm　〈監修：井上靖, 塚本善隆〉　2800円

◇日本の美　第1集　源氏物語絵巻・平等院・室生寺　学習研究社　1976.11　157p（図共）　29cm　〈NHK総合テレビで放送の『日本の美』の内容にもとづいて, 学習研究社が編集したもの〉　1800円

◇平凡社ギャラリー　27　平等院　文：小松茂美, 写真：米田太三郎　平凡社　1974　1冊　36cm　550円

◇日本の美術　11　平等院と藤原彫刻　工藤圭章, 西川新次著　小学館　1972　211p（おもに図）　20cm　（ブック・オ

◇日本の美術　第9　平等院と中尊寺　福山敏男著　平凡社　1964　160p（図版共）図版　表　地図　24cm　〈亀井勝一郎,高橋誠一郎,田中一松監修〉

◇平等院御経蔵目録　吉野町（奈良県）　竜門文庫　1959　2冊（別冊共）　18×16cm　（阪本竜門文庫覆製叢刊　第2）〈竜門文庫蔵平安末期鈔写本のコロタイプ複製　粘葉装　箱入　解説并釈文（川瀬一馬）〉

◇平等院図鑑　福山敏男,森暢編　京都　高桐書院　1947.1　84p　図版62枚　31cm

中尊寺金色堂
ちゅうそんじこんじきどう

　岩手県西磐井郡平泉町にある天台宗の東北大本山中尊寺の中にある阿弥陀堂形式の堂。別名は「光堂（ひかりどう）」。中尊寺は、長治2年（1105年）藤原清衡が堀河天皇の勅命を受けて再興、金色堂は、天治元年（1124年）清衡が自らの葬堂として一面に金箔を押すなど財力を惜しまずに建て、のち基衡、秀衡と藤原三代のミイラが内陣に納められた。阿弥陀如来を本尊とする11体の仏像が安置され、須弥壇、柱、天井、組物などには金銀、螺鈿、珠玉がちりばめられ、平安末期の美術工芸の極致といわれる。現在は、鉄筋コンクリートの覆堂で全体を保護している。

　　　　　＊　　＊　　＊

◇私たちの世界遺産　別冊　ユネスコ憲章と平泉・中尊寺供養願文　五十嵐敬喜,佐藤弘弥共著　公人の友社　2009.7　123p　21cm　〈年表あり〉　1200円　①978 4 87555 555 1

◇「平泉」伝承の諸仏　中尊寺編,浅井和春監修　平泉町（岩手県）　中尊寺　2008.10　47p　30cm　〈会期：平成20年10月28日―平成21年4月24日〉

◇平泉―自然美の浄土　大矢邦宣著　里文出版　2008.8　243p　19cm　1428円　①978-4-89806-296-8

◇中尊寺千二百年の真実―義経、芭蕉、賢治…彼らを引き寄せた理由　佐々木邦世著　祥伝社　2005.9　291p　16cm　（祥伝社黄金文庫）　600円　①4-396-31385-3

◇金色堂はなぜ建てられたか―金色堂に眠る首級の謎を解く　高井ふみや著　勉誠出版　2004.6　228p　19cm　（智慧の海叢書6）　1400円　①4-585-07107-5

◇都市平泉の遺産　入間田宣夫著　山川出版社　2003.7　102p　21cm　（日本史リブレット　18）〈文献あり〉　800円　①4-634-54180-7

◇再現日本史―週刊time travel　平安7　講談社　2003.4　42p　30cm　〈年表あり〉　533円

◇週刊日本の美をめぐる　no.35（鎌倉1）　中尊寺―奥州藤原氏の黄金文化　小学館　2002.12　40p　30cm　（小学館ウイークリーブック）　533円

◇奥州藤原氏―平泉の栄華百年　高橋崇著　中央公論新社　2002.1　264p　18cm　（中公新書）　800円　①4-12-101622-X

◇週刊古寺をゆく　4　中尊寺　小学館　2001.3　35p　30cm　（小学館ウイークリーブック）　533円

◇平泉中尊寺―金色堂と経の世界　佐々木邦世著　吉川弘文館　1999.2　215p　19cm　（歴史文化ライブラリー59）　1700円　①4-642-05459-6

◇中尊寺御遺体学術調査―最終報告　中尊寺編　平泉町（岩手県）　中尊寺　1994.7　495p　22cm　〈奥付の書名：中尊寺御遺体学術調査最終報告書　限定版〉　非売品

◇新編名宝日本の美術　第9巻　平等院と中尊寺　田口栄一執筆　小学館　1992.2　165p　31cm　（小学館ギャラリー）〈監修：太田博太郎ほか　参考文献：p164～165　付：平安時代主要常行堂・阿

宗　教

弥陀堂年表（折り込）〉　1800円　ⓝ4-09-375109-9

◇平泉—よみがえる中世都市　斉藤利男著　岩波書店　1992.2　243, 3p　18cm　（岩波新書）　580円　ⓝ4-00-430214-5

◇中尊寺金色堂と平安時代漆芸技法の研究　中里寿克著　至文堂　1990.10　660p　27cm　48000円

◇東日本　土門拳著　小学館　1990.5　147p　26cm　（土門拳の古寺巡礼　別巻　第1巻）　1950円　ⓝ4-09-559106-4

◇日本の古寺美術　19　中尊寺と毛越寺　須藤弘敏,岩佐光晴共著　大阪　保育社　1989.11　230p　図版16p　19cm　〈企画：町田甲一　中尊寺・平泉関係略年表, 参考文献：p211～226〉　1648円　ⓝ4-586-72019-0

◇思想・文芸・日本語　津田左右吉著　岩波書店　1988.5　618p　21cm　（津田左右吉全集　第21巻）〈第2刷（第1刷：65.6.17）〉　4200円　ⓝ4-00-091131-7

◇奥羽社会経済史の研究・平泉文化論　森嘉兵衛著　法政大学出版局　1987.11　602p　21cm　（森嘉兵衛著作集　第1巻）　9800円

◇奥州平泉黄金の世紀　荒木伸介他著　新潮社　1987.5　119p　22cm　（とんぼの本）　1100円　ⓝ4-10-601947-7

◇寂—中尊寺写真集　畠山富而写真　紫波町（岩手県）　畠山明浩　1986.7　166p　26×27cm　〈書名は背等による　標題紙の書名：畠山富而中尊寺写真集〉　3000円

◇平泉—中尊寺・毛越寺の全容　〔平泉町（岩手県）〕　中尊寺　1986.7　183p　29cm　〈監修：藤島亥治郎　共同刊行：毛越寺　刊行：川嶋印刷（一関）　平泉藤原氏関係年表・主な参考文献と書籍：p183〉　2000円

◇奥州平泉文書　岩手県教育委員会編　新訂版　佐々木博康校訂　国書刊行会　1985.5　112p　図版22枚　22cm　〈初版：岩手県教育委員会昭和33年刊〉　3800円

◇全集日本の古寺　第1巻　中尊寺と東北の古寺　高橋富雄ほか著　集英社　1984.7　159p　28cm　〈監修：太田博太郎ほか　関連年表：p156～157〉　3200円　ⓝ4-08-593001-X

◇中尊寺史稿　佐々木邦世編　平泉町（岩手県）　中尊寺　1983.3　245p　30cm　〈中尊寺関係年表：p235～245〉

◇名宝日本の美術　第9巻　平等院と中尊寺　田口栄一執筆　小学館　1982.7　165p　31cm　〈監修：太田博太郎ほか　参考文献：p164～165　付：平安時代主要常行堂・阿弥陀堂年表〉　2200円

◇古寺巡礼東国　1　中尊寺　井上靖ほか著　京都　淡交社　1982.1　164p　27cm　〈監修：井上靖,佐和隆研　関山中尊寺年表：p160～164〉　3200円　ⓝ4-473-00761-8

◇平泉—中尊寺・毛越寺の全容　北嶺澄仁写真,佐々木邦世解説　一関　川嶋印刷　1980.3　183p　30cm　〈監修：藤島亥治郎　平泉藤原氏関係年表：p183〉　1500円

◇日本古寺美術全集　第16巻　中尊寺とみちのくの古寺　座右宝刊行会編集制作　永井信一編著　集英社　1980.1　147p　40cm　〈監修：太田博太郎ほか　参考文献：p146〉　5600円

◇日本の美術　9　平等院と中尊寺　福山敏男著　第2版　平凡社　1979.8　160p　24cm　〈監修：亀井勝一郎ほか〉　1800円

◇平凡社ギャラリー　14　中尊寺　文：大岡実,写真：米田太三郎　平凡社　1974　1冊　36cm　480円

◇よみがえる秘宝—中尊寺金色堂　改訂版

盛岡　岩手日報社　1974　145p 図　26cm　700円

◇毛越寺の延年の舞　文：本田安次, 写真：萩原秀三郎　平泉町（岩手県）　毛越寺　東京 井場書店（企画・製作）　1972　32p 図　21cm

◇中尊寺―平泉文化をたずねる　小形信夫編　平泉町（岩手県）　中尊寺　1971.5　95p　19cm　〈年表あり〉

◇中尊寺　河出書房新社　1971　299, 14p（おもに図）　41cm　〈監修：藤島亥治郎〉　22000円

◇英傑の夢―中尊寺写真集　吉田利雄著　読売新聞社　1969　図版141p（解説共）　27cm　3500円

◇平泉中尊寺　今東光文, 井上博道写真　京都　淡交新社　1967　207p（図版共）　22cm　680円

◇日本の美術　第9　平等院と中尊寺　福山敏男著　平凡社　1964　160p（図版共）図版 表 地図 24cm　〈亀井勝一郎, 高橋誠一郎, 田中一松監修〉

◇よみがえる秘宝―中尊寺金色堂　盛岡　岩手日報社　1964　179p 図版　20×21cm

◇中尊寺　保坂三郎著　中央公論美術出版　1962　46p 図版　19cm

◇平泉―毛越寺と観自在王院の研究　藤島亥治郎編　東京大学出版会　1961　232, 25p 図版106枚　27cm

◇中尊寺　朝日新聞社　1959　83p 図版65枚 地図　31cm

◇中尊寺と藤原三代　板橋源著　仙台　東北出版　1959　220p 地図　19cm　（東北の地理歴史研究双書）

◇中尊寺と藤原四代―中尊寺学術調査報告　朝日新聞編　朝日新聞社　1950　260p 図版10枚　22cm

富貴寺大堂
ふきじおおどう

大分県豊後高田市蕗にある天台宗の寺の本堂。旧称は蕗阿弥陀寺、ふきでら。別称は「蕗の大堂（だいどう）」。養老2年（718年）仁聞の創建と伝えられる。現在は大堂のみが現存。平安時代後期の代表的な阿弥陀堂建築で、三間・四間の単層、屋根は宝形造・行基葺きの九州最古の木造建築物でもある。内陣は、四本柱の中に仏壇を設け、阿弥陀如来像が安置されている。後壁には阿弥陀浄土図が描かれ、菩薩像、宝相華文などは極彩色で飾られている。平等院鳳凰堂、中尊寺金色堂と並ぶ貴重な阿弥陀堂として国宝に指定。

＊　　＊　　＊

◇壁画再現―富貴寺大堂壁画の復元　大分県立歴史博物館編　宇佐　大分県立歴史博物館　2004.3　44p　30cm

◇NHK国宝への旅　第14巻　大分 富貴寺. 島根 出雲大社.神奈川 大雅.蕪村・十便十宜図.山形 羽黒山五重塔　NHK取材班著　日本放送出版協会　1988.12　146p　24cm　1800円　①4-14-008593-2

◇富貴寺　大分県立宇佐風土記の丘歴史民俗資料館編　宇佐　大分県立宇佐風土記の丘歴史民俗資料館　1984.10　56p　21×30cm　〈会期：昭和59年10月20日～11月末日〉

◇国宝富貴寺　片山摂三写真, 大仏次郎, 平田寛文　京都　淡交社　1972　228p（おもに図）　31cm　〈参考文献：p.220-222〉　9000円

三仏寺投入堂
さんぶつじなげいれどう

鳥取県東伯郡三朝（みささ）町にある天台宗の寺の奥の院。三仏寺の号は三徳山浄土院。慶雲3年（706年）役小角が修験道の行場として創建したと伝えられている。嘉祥2年（849年）円仁により再興された。その折に、釈迦、阿弥陀、大日如

来の3仏を安置したのが寺名の由来。平安時代の特徴を持つ懸造の「投入堂」ともいわれる奥の院は、山腹の険しい崖の岩窟に建てられ、山陰地方最古の建築としても貴重である。国宝。また三徳山全体が山岳仏教の遺跡として国指定の史跡・名勝となっている。

＊　＊　＊

◇西日本　土門拳著　小学館　1990.6　147p　26cm　（土門拳の古寺巡礼 別巻第2巻）　1950円　①4-09-559107-2

◇NHK国宝への旅　第20巻　鳥取 三仏寺投入堂.東京 三井文庫円山応挙・雪松図.奈良 東大寺三月堂・不空羂索観音.奈良 法隆寺玉虫厨子　NHK取材班著　日本放送出版協会　1990.2　150p　24cm　1900円　①4-14-008657-2

白水阿弥陀堂
しらみずあみだどう

福島県いわき市内郷白水町にある真言宗願成（がんじょう）寺の阿弥陀堂の通称。永暦元年（1160年）藤原基衡の娘で、岩城（平）則道の側室であった徳尼御前が夫の死後その冥福を祈るために独立仏堂として建立。平安中期以後、浄土教の隆盛とともに各地につくられた阿弥陀堂の一つで、方三間、宝形造、栩葺きの堂は、当時流行の阿弥陀堂形式の代表的遺構である。阿弥陀堂（国宝）は浄土式庭園の中島に建つ浮御堂で、中尊寺金色堂とともに常行三昧堂の古式をのこす建築（阿弥陀堂）。本尊の木造阿弥陀如来、木造持国天立像・木造多聞天立像も浄土教美術を代表するものである。国宝。

＊　＊　＊

◇ふくしまの古寺社紀行　植田竜著　会津若松　歴史春秋出版　2007.10　186p　19cm　（歴春ふくしま文庫 82）　1200円　①978-4-89757-587-2

◇日本建築史基礎資料集成　5　仏堂2　太田博太郎編　中央公論美術出版　2006.11　196p　34×27cm　26000円　①4-8055-1105-2

◇国宝建築を旅する―選ばれた53景　橋爪淳一文, 冨田祐幸写真　同朋舎　2001.10　223p　21cm　〈東京 角川書店（発売）〉　1900円　①4-8104-2709-9

◇紀州・願成寺・施無畏寺史料―訳注・願成寺・施無畏寺史料　松田文夫著　〔和歌山〕　〔松田文夫〕　1998.6　129p　23cm　〈付・重祢郷・湯浅庄史略〉　2000円

◇福島県の地名　平凡社地方資料センター編　平凡社　1993.6　1225p　26cm　（日本歴史地名大系 7）　27000円　①4-582-49007-7

◇奈良・平安・鎌倉時代　大橋治三写真　毎日新聞社　1989.3　94p　31×23cm　（名園を歩く Vol.1）　2400円　①4-620-60291-4

浄土宗
じょうどしゅう

日本仏教の一宗派。浄土専念宗とも称される。高祖は善導、宗祖は法然。法然の『選択本願念仏集』を根本聖典、「無量寿経」「観無量寿経」「阿弥陀経」の浄土三部経および世親の「浄土論」を所依の経典とする。中でも「観無量寿経」を重視し、阿弥陀仏の本願を信じ、専修念仏により極楽浄土へ往生することを教義とする。法然は比叡山で天台宗や諸宗を学んだが、善導の「観無量寿経疏」を読んで専修念仏の確信を得、安元元年（1175年）に浄土宗を開いた。承元元年（1207年）の承元の法難や嘉禄3年（1227年）の嘉禄の法難など、しばしば旧仏教の批判や時の政権の迫害を受ける一方、法然の没後は弁長の鎮西義や証空の西山義などに分派し、京都での教勢は衰えた。しかし、二祖とされる鎮西義の聖光房弁長が九州で勢力を伸ばし、三祖の然阿良忠が関東に布教したことで、教団は飛躍的な発展を遂げた。良忠の門下は良暁の白旗派などの6派に別れたが、現在の浄土宗は白旗派の流れを汲み、京都・知恩院を総本山とする。

＊　＊　＊

◇信寂と浄土宗播磨義　松岡秀隆著　福崎

◇町（兵庫県） 松岡秀隆，交友プランニングセンター（制作） 2009.10 123p 19cm 1800円 ①978-4-87787-431-5

◇浄土宗経偈集 浄土宗文化局編 〔京都〕 浄土宗 2008.11 149p 15cm 〈折本 和装〉 ①978-4-88363-030-1

◇浄土宗―日本人として心が豊かになる仏事とおつとめ 服部淳一監修，青志社編著 青志社 2008.4 142p 19cm 700円 ①978-4-903853-24-6

◇大日本仏教全書 第62巻 三部仮名鈔並諺註―外二部 仏書刊行会編纂 湛澄撰 大法輪閣 2007.1 410p 22cm 〈名著普及会平成3年刊（覆刻版3刷）を原本としたオンデマンド版〉 7800円 ①978-4-8046-1706-0

◇浄土教典籍の研究 仏教大学総合研究所編 京都 仏教大学総合研究所 2006.12 156, 121p 26cm 〈仏教大学総合研究所紀要別冊〉〈年譜あり 文献あり〉

◇浄土宗名越派史料集 吉水成正編 青史出版 2003.5 321, 9p 22cm 9000円 ①4-921145-18-0

◇浄土宗の常識 袖山栄輝，林田康順，小村正孝著 大阪 朱鷺書房 2003.4 223p 19cm 1500円 ①4-88602-185-9

◇浄土宗読誦聖典―経文傍訳 6 斉藤舜健著 四季社 2003.2 302p 27cm 18000円 ①4-88405-183-1

◇浄土宗読誦聖典―経文傍訳 5 斉藤隆信編著 四季社 2002.11 283p 27cm ①4-88405-170-X

◇浄土宗檀信徒宝典 『浄土宗檀信徒宝典』編集委員会編 2版 京都 浄土宗 2002.3 324p 20cm 〈肖像あり〉 858円 ①4-88363-323-3

◇浄土宗読誦聖典―経文傍訳 4 大谷旭雄監修，柴田泰山編 四季社 2001.6 450p 27cm ①4-88405-087-8

◇浄土宗読誦聖典―経文傍訳 3 大谷旭雄監修，林田康順編 四季社 2001.3 302p 27cm ①4-88405-083-5

◇明義進行集―影印・翻刻 大谷大学文学史研究会編 京都 法藏館 2001.3 241, 115p 22cm 13000円 ①4-8318-7527-9

◇浄土宗聖典 別巻 浄土宗出版室編 京都 浄土宗 2000.12 197p 22cm

◇三巻書・授菩薩戒儀―浄土宗聖典版 浄土宗聖典刊行委員会編 京都 浄土宗 2000.4 199p 21cm ①4-88363-221-0

◇浄土宗聖典 第6巻 浄土宗聖典刊行委員会編 京都 浄土宗 1999.10 827p 22cm 〈付属資料：15p：月報 第5号〉 ①4-88363-128-1

◇浄土宗読誦聖典―経文傍訳 2 高橋弘次監修，善裕昭，斉藤隆信編 四季社 1999.10 466p 27cm ①4-88405-006-1

◇浄土仏教と民衆 中村敬三著 校倉書房 1999.7 209p 20cm 3000円 ①4-7517-2960-8

◇浄土宗聖典 第1巻 浄土宗聖典刊行委員会編 第2版 京都 浄土宗 1999.6 414p 22cm ①4-88363-123-0

◇浄土宗読誦聖典―経文傍訳 高橋弘次，大谷旭雄監修，勝崎裕彦ほか編 第2版 四季社 1999.5 431p 27cm 17143円 ①4-915894-74-6

◇浄土宗聖典 第4巻 浄土宗聖典刊行委員会編 京都 浄土宗 1999.3 592p 22cm 〈付属資料：15p：月報 第4号〉 ①4-88363-126-5

◇選択集初学抄 柴田慈慶著述，浄土宗西山禅林寺派宗務所教学部復刻 〔京都〕 浄土宗西山禅林寺派宗務所教学部 1998.11 248p 26cm

◇三巻七書並授菩薩戒儀―浄土宗聖典版

宗 教

◇浄土宗聖典刊行委員会編　京都　浄土宗　1998.4　659p　25cm　〈標題紙・表紙のタイトル：三巻書並授菩薩戒儀　帙入〉

◇浄土宗聖典　第5巻　浄土宗聖典刊行委員会編　京都　浄土宗　1998.3　659p　22cm　〈付属資料：9p：月報 第3号〉

◇探訪・信州の古寺　第2巻　浄土宗・日蓮宗　松本　郷土出版社　1996.4　279p　26cm　〈『信州の仏教寺院』の改題普及版〉　2800円　④4-87663-324-X

◇西山叢書　第5巻　観経玄義分他筆抄・観経序分義他筆抄　西山短期大学編　長岡京　西山短期大学　1996.3　290p　23cm

◇伊藤唯真著作集　第4巻　浄土宗史の研究　京都　法蔵館　1996.2　460p　22cm　13500円　④4-8318-3314-2

◇浄土宗聖典　第3巻　浄土宗聖典刊行委員会編　京都　浄土宗　1996.1　365p　22cm　〈付属資料：10p：月報 第2号〉

◇伊藤唯真著作集　第3巻　仏教民俗の研究　京都　法蔵館　1995.10　470p　22cm　13500円　④4-8318-3313-4

◇伊藤唯真著作集　第2巻　聖仏教史の研究 下　京都　法蔵館　1995.7　438p　22cm　12000円　④4-8318-3312-6

◇伊藤唯真著作集　第1巻　聖仏教史の研究 上　京都　法蔵館　1995.5　435p　22cm　12000円　④4-8318-3311-8

◇浄土宗聖典　第2巻　浄土宗聖典刊行委員会編　京都　浄土宗　1995.1　355p　22cm　〈付属資料：15p：月報 第1号〉

◇浄土宗檀信徒勤行経典　知恩院法務部校閲　京都　日本仏教普及会（発売）　1995.1　1冊　18×8cm　〈折本　和装〉　1000円

◇五段鈔安心鈔　西山上人著　長岡京　宝林山常光寺　1994.11　12, 8丁　27cm　〈宝林山常光寺開創六百年記念　書名は奥付による　題箋の書名：鑑知国師五段鈔安心鈔　複製　限定版　和装〉

◇浄土宗大年表　藤本了泰著, 玉山成元編　山喜房仏書林　1994.3　917, 55p　27cm　〈昭和16年刊の修訂〉　25750円

◇西山叢書　第4巻　般舟讚自筆御鈔・観念法門自筆御鈔　西山短期大学編　証空記　長岡京　西山短期大学　1993.1　233p　23cm

◇浄土宗要義―他　法然上人撰述, 村瀬秀雄訳　小田原　常念寺　1991.12　400p　19cm　5000円

◇浄土宗発願文（音読・訓読）仏説阿弥陀経　知恩院法務部校閲　京都　日本仏教普及会（発売）　1991.9　1冊　18×8cm　〈折本　和装〉

◇西山叢書　第3巻　往生礼讃自筆御鈔　法事讃積学鈔　西山短期大学編　証空記, 釈実信述　長岡京　西山短期大学　1990.3　231p　23cm

◇浄土宗典籍研究―藤堂恭俊博士古稀記念資料篇　藤堂恭俊博士古稀記念会編　京都　同朋舎出版　1988.11　397p　27cm　〈複製〉　④4-8104-0744-6

◇美と歴史―総本山永観堂禅林寺と末刹寺院の重要文化財　浄土宗西山禅林寺派総本山永観堂禅林寺開山真紹僧都1100年遠忌局文化部編著　〔京都〕　浄土宗西山禅林寺派総本山永観堂禅林寺開山真紹僧都1100年遠忌局　1988.8　184p　19cm　非売品

◇浄土宗選集　第1巻　聖典篇　浄土宗選集編集委員会編　京都　同朋舎出版　1985.7　297p　23cm　〈監修：後藤真雄ほか〉

◇浄土宗選集　第2巻　聖典篇　浄土宗選集編集委員会編　京都　同朋舎出版　1985.7　300p　23cm　〈監修：後藤真雄ほか〉

◇浄土宗選集　第3巻　聖典篇　浄土宗選集編集委員会編　京都　同朋舎出版　1985.7　342p　23cm　〈監修：後藤真雄ほか〉

◇浄土宗選集　第4巻　聖典篇　浄土宗選集編集委員会編　京都　同朋舎出版　1985.7　509p　23cm　〈監修：後藤真雄ほか〉

◇浄土宗選集　第5巻　教義篇　浄土宗選集編集委員会編　京都　同朋舎出版　1985.4　445p　23cm　〈監修：後藤真雄ほか〉

◇浄土宗選集　第6巻　教義篇　浄土宗選集編集委員会編　京都　同朋舎出版　1985.4　331p　23cm　〈監修：後藤真雄ほか〉

◇浄土宗選集　第7巻　教義篇　浄土宗選集編集委員会編　京都　同朋舎出版　1985.4　366p　23cm　〈監修：後藤真雄ほか〉

◇日本仏教宗史論集　第5巻　法然上人と浄土宗　伊藤唯真, 玉山成元編　吉川弘文館　1985.2　431p　22cm　〈法然上人の肖像あり〉　5800円　①4-642-06745-0

◇浄土宗選集　第8巻　法話篇　結縁五重　浄土宗選集編集委員会編　京都　同朋舎出版　1984.12　362p　23cm　〈監修：後藤真雄ほか〉

◇浄土宗選集　第9巻　法話篇　結縁五重　浄土宗選集編集委員会編　京都　同朋舎出版　1984.12　284p　23cm　〈監修：後藤真雄ほか〉

◇浄土宗選集　第10巻　法話篇　結縁五重　浄土宗選集編集委員会編　京都　同朋舎出版　1984.12　397p　23cm　〈監修：後藤真雄ほか〉

◇浄土宗選集　第11巻　法話篇　結縁授戒　浄土宗選集編集委員会編　京都　同朋舎出版　1984.12　349p　23cm　〈監修：後藤真雄ほか〉

◇浄土宗選集　第12巻　法話篇　結縁授戒　浄土宗選集編集委員会編　京都　同朋舎出版　1984.12　264p　23cm　〈監修：後藤真雄ほか〉

◇浄土宗選集　第13巻　法話篇　法然上人御法語　浄土宗選集編集委員会編　京都　同朋舎出版　1984.12　297p　23cm　〈監修：後藤真雄ほか〉

◇浄土宗選集　第14巻　法話篇　法然上人御法語　浄土宗選集編集委員会編　京都　同朋舎出版　1984.12　247p　23cm　〈監修：後藤真雄ほか〉

◇浄土宗選集　第15巻　法話篇　法然上人御法語　浄土宗選集編集委員会編　京都　同朋舎出版　1984.12　292p　23cm　〈監修：後藤真雄ほか〉

◇浄土宗選集　第16巻　法話篇　講話　浄土宗選集編集委員会編　京都　同朋舎出版　1984.12　393p　23cm　〈監修：後藤真雄ほか〉

◇浄土宗選集　第17巻　法話篇　講話　浄土宗選集編集委員会編　京都　同朋舎出版　1984.12　354p　23cm　〈監修：後藤真雄ほか〉

◇浄土宗選集　第18巻　法話篇　講話　浄土宗選集編集委員会編　京都　同朋舎出版　1984.12　436p　23cm　〈監修：後藤真雄ほか〉

◇仏教文化論攷―坪井俊映博士頌寿記念　坪井俊映博士頌寿記念会　京都　仏教大学　1984.10　31, 1327, 35p　27cm　〈坪井俊映の肖像あり〉

◇浄土宗　若林隆光著　大法輪閣　1984.5　270p　19cm　〈わが家の宗教 3〉　〈浄土宗年表・参考書：p265〜269〉　980円　①4-8046-6003-8

◇浄土宗史の研究　伊藤祐晃著　国書刊行会　1984.5　445, 12p　22cm　〈浄土宗

学研究叢書 宗史・宗論篇）〈伊藤祐晃師遺稿刊行会昭和12年刊の複製 著者の肖像あり〉 8000円

◇浄土宗史要 岩崎敵玄著 国書刊行会 1984.5 350p 22cm （浄土宗学研究叢書 宗史・宗論篇）〈校閲：望月信亨 第五教校校友会文書部明治43年刊の複製〉 5500円

◇浄土仏教古典叢書 江藤澂英編 国書刊行会 1984.5 6冊 21cm 〈中外出版（京都）大正12〜13年刊の複製 帙入〉 全19000円

◇諏訪の名刹 4 浄土宗 諏訪 南信日日新聞社 1982.6 277p 27cm 〈監修：関係寺院住職〉 5000円

◇浄土宗大辞典 4 別巻 浄土宗大辞典編纂委員会編 浄土宗大辞典刊行会 1982.1 316p 27cm 〈浄土宗開宗八百年記念出版 発売：山喜房仏書林 折り込図2枚〉 12000円

◇浄土宗の成立と展開 伊藤唯真著 吉川弘文館 1981.6 367, 13p 22cm （日本宗教史研究叢書） 4800円

◇中世浄土宗教団史の研究 玉山成元著 山喜房仏書林 1980.11 479, 35p 22cm 9000円

◇浄土宗大辞典 3 ち―わ 浄土宗大辞典編纂委員会編 浄土宗大辞典刊行会 1980.4 518p 図版18枚 27cm 〈発売：山喜房仏書林 浄土宗開宗八百年記念出版〉 18000円

◇日本仏教基礎講座 第4巻 浄土宗 藤井正雄編 雄山閣出版 1979.1 336p 22cm 3500円

◇浄土宗の諸問題 藤井正雄編 雄山閣 1978.11 318p 22cm 3500円

◇概説浄土宗史 恵谷隆戒著 補訂版 隆文館 1978.6 329p 22cm 4000円

◇定本法然上人全集 第1巻 著述篇 1 法然上人全集刊行会編 山喜房仏書林 1977.11 433, 20p 18cm 2000円

◇浄土宗大辞典 2 さ― 浄土宗大辞典編纂委員会編 浄土宗大辞典刊行会 山喜房仏書林（発売） 1976 563p 図18枚 27cm 〈浄土宗開宗800年記念出版〉 12000円

◇浄土宗全書 第18巻 伝記系譜〔2〕 京都 浄土宗開宗八百年記念慶讃準備局 1975.6 892, 18p 22cm 〈浄土宗宗典刊行会明治40〜大正3年刊の複製 発売：山喜房仏書林（東京）〉

◇浄土宗全書 第19巻 伝記系譜〔3〕 寺誌宗史〔1〕 京都 浄土宗開宗八百年記念慶讃準備局 1975.6 855, 17p 22cm 〈浄土宗宗典刊行会明治40〜大正3年刊の複製 発売：山喜房仏書林（東京）〉

◇浄土宗典籍研究 山喜房仏書林 1975 889, 53p 22cm 8000円 ①4-7963-0406-1

◇念仏の哲学 山本空外著 山喜房仏書林 1975 312p 22cm 4800円

◇浄土宗全書 続 第7巻 浄土十疑論翼註外 京都 浄土宗開宗八百年記念慶讃準備局 東京 山喜房仏書林（発売） 1974 450, 16p 22cm 〈宗書保存会事務所大正4－昭和3年刊の複製〉 3000円

◇浄土宗全書 続 第8巻 三部仮名鈔並諺註外 京都 浄土宗開宗八百年記念慶讃準備局 東京 山喜房仏書林（発売） 1974 410, 17p 22cm 〈宗書保存会事務所大正4－昭和3年刊の複製〉 3000円

◇浄土宗全書 続 第9巻 先徳要義集 京都 浄土宗開宗八百年記念慶讃準備局 東京 山喜房仏書林（発売） 1974 422, 19p 22cm 〈宗書保存会事務所大正4－昭和3年刊の複製〉 3000円

◇浄土宗全書 続 第11巻 菩薩戒義疏鈔外 京都 浄土宗開宗八百年記念慶讃準備局 東京 山喜房仏書林(発売) 1974 556, 10p 22cm 〈宗書保存会事務所大正4－昭和3年刊の複製〉 3000円

◇浄土宗全書 続 第15巻 秘密念仏鈔外 京都 浄土宗開宗八百年記念慶讃準備局 東京 山喜房仏書林(発売) 1974 312, 26p 22cm 〈宗書保存会事務所大正4－昭和3年刊の複製〉 3000円

◇浄土宗全書 続 第16巻 往生伝輯録 京都 浄土宗開宗八百年記念慶讃準備局 東京 山喜房仏書林(発売) 1974 578, 22p 22cm 〈宗書保存会事務所大正4－昭和3年刊の複製〉 3000円

◇浄土宗全書 続 第17巻 日本往生極楽記外 京都 浄土宗開宗八百年記念慶讃準備局 東京 山喜房仏書林(発売) 1974 424, 19p 22cm 〈宗書保存会事務所大正4－昭和3年刊の複製〉 3000円

◇浄土宗大辞典 1 あ—こ 浄土宗大辞典編纂委員会編 浄土宗大辞典刊行会 山喜房仏書林(発売) 1974 480p 図18枚 27cm 〈浄土宗開宗800年記念出版〉 10000円

◇浄土宗古系譜 宇都宮 河住玄 1973 5冊 25cm 〈謄写版 箱入 限定版〉

◇浄土宗全書 続 第1巻 無量寿経集解 京都 浄土宗開宗八百年記念慶讃準備局 東京 山喜房仏書林(発売) 1973 432, 15p 22cm 〈宗書保存会事務所大正4－昭和3年刊の複製〉 2000円

◇浄土宗全書 続 第2巻 京都 浄土宗開宗八百年記念慶讃準備局 東京 山喜房仏書林(発売) 1973 290, 10p 22cm 〈宗書保存会事務所大正4－昭和3年刊の複製〉 2000円

◇浄土宗全書 続 第3巻 観経疏伝通記見聞 京都 浄土宗開宗八百年記念慶讃準備局 東京 山喜房仏書林(発売) 1973 318, 15p 22cm 〈宗書保存会事務所大正4－昭和3年刊の複製〉 2000円

◇浄土宗全書 続 第4巻 四十八願釈外 京都 浄土宗開宗八百年記念慶讃準備局 東京 山喜房仏書林(発売) 1973 416, 11p 22cm 〈宗書保存会事務所大正4－昭和3年刊の複製〉 2000円

◇浄土宗全書 続 第6巻 略論安楽浄土義詳解外 京都 浄土宗開宗八百年記念慶讃準備局 東京 山喜房仏書林(発売) 1973 448, 28p 22cm 〈宗書保存会事務所大正4－昭和3年刊の複製〉 2000円

◇浄土宗全書 続 第10巻 名越叢書 京都 浄土宗開宗八百年記念慶讃準備局 1973 547, 23p 22cm 〈東京 山喜房仏書林(発売) 宗書保存会事務所大正4－昭和3年刊の複製〉 2000円

◇浄土宗全書 続 第13巻 布薩戒叢書 京都 浄土宗開宗八百年記念慶讃準備局 東京 山喜房仏書林(発売) 1973 561, 11p 22cm 〈宗書保存会事務所大正4－昭和3年刊の複製〉 2000円

◇浄土宗全書 続 第14巻 即心念仏談義本外 京都 浄土宗開宗八百年記念慶讃準備局 東京 山喜房仏書林(発売) 1973 514, 16p 22cm 〈宗書保存会事務所大正4－昭和3年刊の複製〉 2000円

◇浄土宗全書 続 第18巻 蓮門精舎旧詞 乾 京都 浄土宗開宗八百年記念慶讃準備局 東京 山喜房仏書林(発売) 1973 442, 41p 22cm 〈宗書保存会事務所大正4－昭和3年刊の複製〉 2000円

◇浄土宗全書 続 第19巻 蓮門精舎旧詞 坤 京都 浄土宗開宗八百年記念慶讃準備局 東京 山喜房仏書林(発売) 1973 890p 22cm 〈宗書保存会事務所大正4－昭和3年刊の複製〉 2000円

◇浄土宗全書 第12巻 第5輯 宗義顕彰5 京都 浄土宗開宗八百年記念慶讃準備局 1972 851, 37p 図 22cm 〈東京 山喜

宗　教

房仏書林（発売）　浄土宗宗典刊行会明治40－大正3年刊の複製〉　2000円

◇浄土宗全書　第20巻　第10輯 寺誌宗史1-2　京都　浄土宗開宗八百年記念慶讃準備局 東京 山喜房仏書林（発売）　1972　1冊　22cm　〈浄土宗宗典刊行会明治40－大正3年刊の複製〉　2000円

◇浄土宗全書　第21巻　解題　京都　浄土宗開宗八百年記念慶讃準備局　1972　715, 7, 25p　22cm　〈東京 山喜房仏書林（発売）　浄土宗宗典刊行会明治40－大正3年刊の複製〉　3000円

◇浄土宗全書　第22巻　索引　京都　浄土宗開宗八百年記念慶讃準備局　1972　694p　22cm　〈東京 山喜房仏書林（発売）　浄土宗宗典刊行会明治40－大正3年刊の複製〉　2000円

◇浄土宗全書　第23巻　梵蔵和英合璧浄土三部経　京都　浄土宗開宗八百年記念慶讃準備局　1972　502, 35p　22cm　〈東京 山喜房仏書林（発売）　浄土宗宗典刊行会明治40－大正3年刊の複製〉　2000円

◇浄土宗全書　続 第5巻　論註音釈外　京都　浄土宗開宗八百年記念慶讃準備局 東京 山喜房仏書林（発売）　1972　524, 22p　22cm　〈宗書保存会事務所大正4－昭和3年刊の複製〉　3000円

◇浄土宗全書　続 第12巻　円戒叢書　京都　浄土宗開宗八百年記念慶讃準備局　東京 山喜房仏書林（発売）　1972　378, 14p　22cm　〈宗書保存会事務所大正4－昭和3年刊の複製〉　3000円

◇浄土宗史の新研究　三田全信著　隆文館　1971　390p　図　22cm　3500円

◇浄土宗全書　第7巻　第4輯 選択立宗　京都　浄土宗開宗八百年記念慶讃準備局　1971　924, 42p　図　22cm　〈東京 山喜房仏書林（発売）　浄土宗宗典刊行会明治40－大正3年刊の複製〉　2000円

◇浄土宗全書　第8巻　第4輯 選択立宗2-4　京都　浄土宗開宗八百年記念慶讃準備局　1971　855, 16p　22cm　〈東京 山喜房仏書林（発売）　浄土宗宗典刊行会明治40－大正3年刊の複製〉　2000円

◇浄土宗全書　第9巻　第5輯 宗義顕彰1　京都　浄土宗開宗八百年記念慶讃準備局　東京 山喜房仏書林（発売）　1971　1冊　図　22cm　〈浄土宗宗典刊行会明治40－大正3年刊の複製〉　2000円

◇浄土宗全書　第10巻　第5輯 宗義顕彰2-3　京都　浄土宗開宗八百年記念慶讃準備局　1971　723, 17p 図　22cm　〈東京 山喜房仏書林（発売）　浄土宗宗典刊行会明治40－大正3年刊の複製〉　2000円

◇浄土宗全書　第11巻　第5輯 宗義顕彰3-4　京都　浄土宗開宗八百年記念慶讃準備局　1971　677, 28p 図　22cm　〈東京 山喜房仏書林（発売）　浄土宗宗典刊行会明治40－大正3年刊の複製〉　2000円

◇浄土宗全書　第13巻　第5輯 宗義顕彰6　京都　浄土宗開宗八百年記念慶讃準備局　1971　729, 14p 図　22cm　〈東京 山喜房仏書林（発売）　浄土宗宗典刊行会明治40－大正3年刊の複製〉　2000円

◇浄土宗全書　第14巻　第6輯 要義解釈 附大原談義　京都　浄土宗開宗八百年記念慶讃準備局　1971　885, 22p　22cm　〈東京 山喜房仏書林（発売）　浄土宗宗典刊行会明治40－大正3年刊の複製〉　2000円

◇浄土宗全書　第15巻　第7輯 先徳述作, 第8輯 円戒章疏　京都　浄土宗開宗八百年記念慶讃準備局 東京 山喜房仏書林（発売）　1971　898, 44p 図　22cm　〈浄土宗宗典刊行会明治40－大正3年刊の複製〉　2000円

◇浄土宗全書　第16巻　第9輯 伝記系譜1　京都　浄土宗開宗八百年記念慶讃準備局　東京 山喜房仏書林（発売）　1971　1004,

宗教

◇14p 図 22cm〈浄土宗宗典刊行会明治40－大正3年刊の複製〉 2000円

◇浄土宗全書 第17巻 第9輯 伝記系譜〔2〕 京都 浄土宗開宗八百年記念慶讃準備局 東京 山喜房仏書林（発売） 1971 785, 13p 22cm〈浄土宗宗典刊行会明治40－大正3年刊の複製〉 2000円

◇選択集講述 小沢勇貫著 浄土宗宗務支所 1971 272p 図 21cm

◇浄土宗開創期の研究―思想と歴史 香月乗光編 京都 平楽寺書店 1970 346, 11p 22cm 3500円

◇浄土宗全書 第1巻 第1輯 所依経論, 第2輯 震旦祖釈第1-2 京都 浄土宗開宗八百年記念慶讃準備局 東京 山喜房仏書林（発売） 1970 798, 20p 図版 22cm〈浄土宗宗典刊行会明治40－大正3年刊の複製〉 2000円

◇浄土宗全書 第2巻 第2輯 震旦祖釈第3 京都 浄土宗開宗八百年記念慶讃準備局 1970 620, 24p 図版 22cm〈東京 山喜房仏書林（発売） 浄土宗宗典刊行会明治40－大正3年刊の複製〉 2000円

◇浄土宗全書 第3巻 第2輯 震旦祖釈第3 京都 浄土宗開宗八百年記念慶讃準備局 東京 山喜房仏書林（発売） 1970 1051, 31p 図版 22cm〈浄土宗宗典刊行会明治40－大正3年刊の複製〉 2000円

◇浄土宗全書 第4巻 第2輯 震旦祖釈第3 京都 浄土宗開宗八百年記念慶讃準備局 1970 798, 23p 22cm〈東京 山喜房仏書林（発売） 浄土宗宗典刊行会明治40－大正3年刊の複製〉 2000円

◇浄土宗全書 第5巻 第3輯 震旦諸師第1 京都 浄土宗開宗八百年慶讃準備局 東京 山喜房仏書林（発売） 1970 697, 15p 22cm〈浄土宗宗典刊行会明治40－大正3年刊の複製〉 2000円

◇浄土宗全書 第6巻 第3輯 震旦諸師2-3 京都 浄土宗開宗八百年記念慶讃準備局 東京 山喜房仏書林（発売） 1970 1144, 32p 22cm〈浄土宗宗典刊行会明治40－大正3年刊の複製〉 2000円

◇浄土宗史 成田俊治, 伊藤唯真, 平祐史著 京都 浄土宗 1965.7（第9刷：2001.4） 125p 21cm

◇略説浄土宗義史 岸覚勇著 四日市 記主禅師鑽仰会 1963 216p 22cm

◇浄土思想の展開 田村円澄著 京都 永田文昌堂 1948 190p 22cm

◇浄土宗史―全 恵谷隆戒著 京都 平楽寺書店 1948 248p 19cm

法 然
ほうねん

長承2年4月7日（1133年）～建暦2年1月25日（1212年）

平安時代末期から鎌倉時代初期にかけての僧侶。浄土宗の開祖。法然は房号で、諱は源空、諡号は円光大師・明照大師。通称は黒谷上人・吉水上人。美作国久米郡の人。押領使漆間時国の子で、母は秦氏。9歳で父を亡くし、久安元年（1145年）あるいは久安3年（1147年）に比叡山に登る。はじめ西塔北谷の源光に学び、次いで東塔西谷の皇円について出家。その後、西塔黒谷に遁世して叡空に師事した。天台宗および諸宗を学んだが、善導の「観無量寿経疏」に啓発され、安元元年（1175年）43歳の時に比叡山を降りて浄土宗を開いた。京都東山の吉水に草庵を結んで布教に努め、文治2年（1186年）に大原問答（大原談議）を行い、文治6年（1190年）に東大寺で浄十三部経を講説するなど教勢を拡大。しかし、旧仏教勢力の反発を受け、承元元年（1207年）に四国へ流罪となった（承元の法難）。後に赦され、京都大谷の禅房（後の知恩院）に住した。著書『選択本願念仏集』は浄土宗の根本聖典とされる。

* * *

◇法然全集 第1巻 往生要集釈・三部経大意 他 大橋俊雄訳 新装版 春秋社 2010.4 325p 23×16cm 6000円

◇法然全集　第2巻　選択本願念仏集 他　大橋俊雄訳　新装版　春秋社　2010.4　352, 5p　21cm　6000円　①978-4-393-17425-8

◇法然全集　第3巻　一枚起請文・消息・問答 他　大橋俊雄著　新装版　春秋社　2010.4　330, 6p　21cm　6000円　①978-4-393-17426-5

◇一枚起請文あらかると　野田秀雄編著　増補改訂版　〔京都〕　見性寺, 四恩社（発売）　2010.2　194p 図版6枚　19cm　2400円　①978-4-921095-19-2

◇日本人のこころの言葉　法然　藤本浄彦著　大阪　創元社　2010.1　206p　18cm　1200円　①978-4-422-80053-0

◇法然と秦氏―隠された渡来民の刻印　山田繁夫著　学研パブリッシング, 学研マーケティング（発売）　2009.12　254p　20cm　〈文献あり〉　1800円　①978-4-05-404152-3

◇大本山光明寺と浄土教美術―法然上人八百年大御忌記念　特別展　鎌倉国宝館編　鎌倉　鎌倉国宝館　2009.10　128p　30cm　〈会期：平成21年10月23日―11月29日　年表あり〉

◇法然を語る　下　町田宗鳳著　日本放送出版協会　2009.10　205p　21cm　（NHKシリーズ）　857円　①978-4-14-910702-8

◇法然上人とその弟子西山上人　ひろさちや著　春秋社　2009.5　237p　19cm　1500円　①978-4-393-13379-8

◇法然を語る　上　町田宗鳳著　日本放送出版協会　2009.4　190p　21cm　（NHKシリーズ）　857円　①978-4-14-910701-1

◇念仏と流罪―承元の法難と親鸞聖人　承元の法難800年特別講演会講演録　梯実円, 平松令三, 霊山勝海著, 浄土真宗本願寺派教学伝道研究センター企画編集　京都　本願寺出版社　2008.12　159p　19cm　800円　①978-4-89416-789-6

◇法然上人の人間観　丸山博正著, 浄土宗編　〔京都〕　浄土宗　2008.9　78p　21cm　（浄土宗人権教育シリーズ 4）　600円　①978-4-88363-042-4

◇三部経釈/往生大要抄―傍訳　法然著, 水谷幸正監修, 斉藤舜健訳註　四季社　2008.6　299p　22cm　16000円　①978-4-88405-239-3

◇聖光と良忠―浄土宗三代の物語　梶村昇著, 浄土宗出版編　京都　浄土宗　2008.6　275p　18cm　（浄土選書 35）〈肖像あり　文献あり　年表あり〉　900円　①978-4-88363-031-8

◇法然上人ものがたり　水野善朝著, 道心会編　長野　道心会出版部　2008.5　287p　19cm　（道心叢書 第6巻）　1429円

◇善導大師と法然上人―念仏に生きる　水谷幸正著　京都　仏教大学通信教育部, 思文閣出版（製作発売）　2008.3　267p　20cm　（仏教大学鷹陵文化叢書 別巻）　2400円　①978-4-7842-1401-3

◇観無量寿経釈―傍訳　下　法然撰, 石上善応監修, 柴田泰山訳註　四季社　2007.12　307p　22cm　16000円　①978-4-88405-235-5

◇逆修説法―傍訳　下　法然述, 伊藤唯真監修, 真柄和人訳註　四季社　2007.11　335p　22cm　16000円　①978-4-88405-238-6

◇法然浄土教とその周縁　乾　大谷旭雄著　山喜房仏書林　2007.7　25, 434p　22cm　〈肖像あり　年譜あり　著作目録あり〉①978-4-7963-0449-8

◇法然浄土教とその周縁　坤　大谷旭雄著　山喜房仏書林　2007.7　1106p　22cm

①978-4-7963-0449-8

◇選択本願念仏集―法然の教え　法然著, 阿満利麿訳・解説　角川学芸出版, 角川グループパブリッシング（発売）　2007.5　286p　15cm　（角川文庫）〈年譜あり〉667円　①978-4-04-406801-1

◇法然上人物語―平成ふるさと発　有木太一著　〔米子〕〔有木太一〕　2006.12　184p　19cm　1000円

◇権者の化現―天神・空也・法然　今堀太逸著　京都　仏教大学通信教育部, 思文閣出版（製作発売）　2006.9　300p　20cm　（仏教大学鷹陵文化叢書　15）　2300円　①4-7842-1321-X

◇法然―十五歳の闇　上　梅原猛著　角川学芸出版, 角川書店（発売）　2006.9　271p　15cm　（角川文庫）　590円　①4-04-181506-1

◇法然―十五歳の闇　下　梅原猛著　角川学芸出版, 角川書店（発売）　2006.9　270p　15cm　（角川文庫）〈文献あり　年譜あり〉　590円　①4-04-181507-X

◇観無量寿経釈―傍訳　上　法然撰, 石上善応監修, 柴田泰山訳註　四季社　2006.4　339p　22cm　16000円　①4-88405-234-X

◇逆修説法―傍訳　上　法然述, 伊藤唯真監修, 真柄和人訳註　四季社　2006.1　362p　22cm　16000円　①4-88405-237-4

◇法然の衝撃―日本仏教のラディカル　阿満利麿著　筑摩書房　2005.11　250p　15cm　（ちくま学芸文庫）　1000円　①4-480-08949-7

◇阿弥陀経釈―傍訳　法然著, 石上善応監修, 袖山栄輝訳註　四季社　2005.8　341p　22cm　16000円　①4-88405-236-6

◇物語法然さま―ひとすじの白い道　知恩院編, 山本正広著　京都　知恩院　2005.8　231p　18cm　〈東京　四季社（発売）　年譜あり〉　590円　①4-88405-328-1

◇図解雑学法然　伊藤唯真監修, 山本博子著　ナツメ社　2005.5　287p　19cm　〈奥付のタイトル：法然　肖像あり　年譜あり　文献あり〉　1500円　①4-8163-3900-0

◇法然浄土教要文集　坪井俊映編　京都　平楽寺書店　2005.5　238, 62p　22cm　〈附・昭和新修法然上人全集索引　法然上人八百年遠忌記念〉　3800円　①4-8313-1078-6

◇法然絵伝を読む　中井真孝著　京都　仏教大学通信教育部　2005.3　226p　20cm　（仏教大学鷹陵文化叢書　12）〈京都　思文閣出版（製作発売）〉　1800円　①4-7842-1235-3

◇法然上人行実　梶村昇編　京都　浄土宗　2005.3　180p　22cm　〈他言語標題：The chronological record of Honen's achievements　年譜あり　年表あり〉　2600円　①4-88363-146-X

◇法然上人のご一生　仏教読本編纂委員会編　第2版　京都　浄土宗　2005.3（第21刷）　51p　21cm　（仏教読本　v.3）

◇法然新発見―『四十八巻伝』の弟子に見る法然像　高橋富雄著, 浄土宗出版編　京都　浄土宗　2005.3　212p　18cm　（浄土選書　33）　900円　①4-88363-733-6

◇法然の手紙―愛といたわりのことば　石丸晶子訳　オンデマンド版　京都　人文書院　2005.2　252p　19cm　1900円　①4-409-49003-6

◇往生要集詮要―傍訳　往生要集釈―傍訳　法然著, 福原隆善監修, 曽根宣雄訳註, 法然著, 福原隆善監修, 曽根宣雄訳註　四季社　2004.12　274p　22cm　〈文献あり〉　16000円　①4-88405-240-4

◇浄土宗略要文―傍訳　浄土初学抄―傍訳　法然著, 水谷幸正監修, 斉藤舜健訳註, 法

然著,水谷幸正監修,斉藤舜健訳註　四季社　2004.12　307p　22cm　16000円　①4-88405-241-2

◇法然―念仏の聖者　中井真孝編　吉川弘文館　2004.10　253p　20cm　（日本の名僧7）〈肖像あり　文献あり　年譜あり〉　2600円　①4-642-07851-7

◇法然教団系譜選　野村恒道,福田行慈編　青史出版　2004.9　173p　27cm　5000円　①4-921145-22-9

◇法然の哀しみ　上　梅原猛著　小学館　2004.7　443p　15cm　（小学館文庫）〈「梅原猛著作集　第10巻　法然の哀しみ」（2000年刊）の増訂〉　733円　①4-09-405621-1

◇法然の哀しみ　下　梅原猛著　小学館　2004.7　440p　15cm　（小学館文庫）〈「梅原猛著作集　第10巻　法然の哀しみ」（2000年刊）の増訂　肖像あり　年譜あり〉　733円　①4-09-405622-X

◇法然配流とその背景　よねもとひとし著　近代文芸社　2004.6　153p　20cm　1500円　①4-7733-7162-5

◇法然とその門弟の教義研究―法然の基本教義の継承と展開　浅井成海著　京都　永田文昌堂　2004.5　625p　22cm　13000円　①4-8162-2128-X

◇ひろさちやの「法然」を読む　ひろさちや著　佼成出版社　2004.3　205p　19cm　1400円　①4-333-02053-0

◇仏教読本　仏教読本編纂委員会編　第34版　京都　浄土宗　2004.3　159p　21cm　〈折り込3枚　年表あり〉

◇傍訳浄土思想系譜全書　12　選択本願念仏集　2　池田勇諦,瓜生津隆真,神戸和麿監修　源空上人原著,林恵成編著　四季社　2004.3　335p　22cm　12000円　①4-88405-265-X

◇傍訳浄土思想系譜全書　11　選択本願念仏集　1　池田勇諦,瓜生津隆真,神戸和麿監修　源空上人原著,林恵成編著　四季社　2004.2　259p　22cm　12000円　①4-88405-264-1

◇法然上人絵伝講座　玉山成元,宇高良哲著,浄土宗出版編　京都　浄土宗　2004.1　284p　図版18枚　22cm　〈他言語標題：Lectures on the forty eight biographical picture scrolls of Honen Shonin〉　4000円　①4-88363-333-0

◇法然の宗教―万民救済の原理　高橋弘次著,浄土宗出版編　京都　浄土宗　2004.1　171p　18cm　（浄土選書32）　900円　①4-88363-732-8

◇『選択集』に学ぶ―「布教・教化指針」抜粋篇　浄土宗出版編　〔京都〕　浄土宗　2003.12　334p　22cm　〈年譜あり〉　4800円　①4-88363-143-5

◇無量寿経釈―傍訳　下　法然著,水谷幸正監修,斉藤舜健訳註　四季社　2003.12　255p　22cm　16000円　①4-88405-233-1

◇仏教を歩く　no.6　法然　朝日新聞社　2003.11　32p　30cm　（週刊朝日百科）　533円

◇法然上人　浄土宗出版編　〔京都〕　浄土宗　2003.11　24p　15cm　（てらこやブックス17）　80円　①4-88363-017-X

◇無量寿経釈―傍訳　上　法然著,水谷幸正監修,斎藤舜健訳註　四季社　2003.11　253p　22cm　16000円　①4-88405-232-3

◇法然と親鸞―はじめて見たつる思想　佐々木正著　青土社　2003.8　262p　20cm　〈肖像あり　文献あり　年譜あり〉　2400円　①4-7917-6055-7

◇『選択本願念仏集』私記　安冨信哉著,真宗大谷派宗務所教育部編　京都　真宗大谷派宗務所出版部　2003.7　149p　22cm　〈2003年安居次講〉　2500円　①4-8341-0308-0

◇法然と親鸞―その教義の継承と展開　浅井成海編　京都　永田文昌堂　2003.7　484, 124p　22cm　(六角会館研究シリーズ 2)　〈文献あり〉　6000円　①4-8162-3035-1

◇法然と親鸞―『一枚起請文』『歎異鈔』を語る　倉田百三著　大東出版社　2003.6　320p　20cm　「法然と親鸞の信仰」(1942年刊)の新版　2300円　①4-500-00690-7

◇法然の衝撃―日本仏教のラディカル　阿満利麿著　オンデマンド版　京都　人文書院　2003.6　236p　19cm　2000円　①4-409-49001-X

◇京都発見　5　法然と障壁画　梅原猛著　新潮社　2003.3　187p　22cm　2300円　①4-10-303017-8

◇法然浄土教の宗教思想　藤本浄彦著　京都　平楽寺書店　2003.3　681, 40, 18p　22cm　〈年譜あり　文献あり〉　12000円　①4-8313-1073-5

◇中世民衆思想と法然浄土教―〈歴史に埋め込まれた親鸞〉像への視座　亀山純生著　大月書店　2003.2　399p　22cm　9000円　①4-272-43060-2

◇念仏の時空論考　菅田祐準著　京都　思文閣出版　2003.1　180p　22cm　3200円　①4-7842-1137-3

◇法然上人絵伝　下　大橋俊雄校注　岩波書店　2002.5　302p　15cm　(岩波文庫)　760円　①4-00-333403-5

◇法然上人絵伝　上　大橋俊雄校注　岩波書店　2002.4　340p　15cm　(岩波文庫)　700円　①4-00-333402-7

◇法然上人とその門流―聖光・証空・親鸞・一遍　浄土宗総合研究所編　京都　浄土宗　2002.3　197p　19cm　(総研叢書　第2集)　〈年譜あり〉

◇選択集講座　藤堂恭俊著, 浄土宗出版室編　京都　浄土宗　2001.11　517p　22cm　4800円　①4-88363-331-4

◇法然全集　第3巻　法然著, 大橋俊雄訳　新装　春秋社　2001.7　330, 6p　23cm　6000円　①4-393-17423-2

◇法然上人のご法語　第3集(対話編)　法然著, 浄土宗総合研究所編訳, 阿川文正, 梶村昇, 高橋弘次監修　京都　浄土宗　2001.6　405, 78p　22cm　3600円　①4-88363-133-8

◇法然全集　第2巻　法然著, 大橋俊雄訳　新装　春秋社　2001.6　352, 5p　23cm　6000円　①4-393-17422-4

◇法然全集　第1巻　法然著, 大橋俊雄訳　新装　春秋社　2001.5　325, 5p　23cm　6000円　①4-393-17421-6

◇法然浄土教成立史の研究　吉田清著　岩田書院　2001.3　205p　21cm　2800円　①4-87294-200-0

◇法然の世紀―源平争乱の世に万民救済を説く　伊藤唯真著　京都　浄土宗　2001　236p　18cm　(浄土選書 30)　①4-88363-730-1

◇法然浄土教の思想と伝歴―阿川文正教授古稀記念論集　大正大学浄土学研究会編　山喜房仏書林　2001.2　645, 71p　22cm　〈肖像あり〉　22000円　①4-7963-0031-7

◇法然親鸞思想論　松本史朗著　大蔵出版　2001.2　696p　22cm　10000円　①4-8043-0547-5

◇一枚起請文あらかると　野田秀雄編著　〔京都〕　見性寺　2000.10　168p　19cm　〈京都　四恩社(発売)〉　1900円　①4-921095-16-7

◇梅原猛著作集　10　法然の哀しみ　梅原猛著　小学館　2000.10　717p　20cm　〈肖像あり〉　3800円　①4-09-677110-4

◇法然　中里介山著　復刻版　小嶋知善, 浄土宗出版室復刻版編集　〔京都〕　浄土

宗　教

宗　2000.10　348p　19cm　〈原本：三省堂昭和6年刊〉　①4-88363-328-4

◇浄土仏教の思想　第8巻　法然　梶山雄一ほか編　梅原猛著　講談社　2000.9　455p　20cm　〈文献あり　年譜あり〉　4600円　①4-06-192578-4

◇〈マンガ〉法然入門—念仏信仰に捧げた苛烈な生涯　大橋俊雄監修,白取春彦原作,登竜太画　サンマーク出版　2000.8　249p　15cm　〈サンマーク文庫〉〈東京　サンマーク（発売）〉　505円　①4-7631-8117-3

◇法然讃歌—生きるための念仏　寺内大吉著　中央公論新社　2000.3　257p　18cm　（中公新書）　740円　①4-12-101526-6

◇現代と念仏—『選択本願念仏集』奉戴八百年記念　浄土宗総合研究所編　浄土宗総合研究所　1999.11　440p　22cm

◇法然を読む—「選択本願念仏集」講義　阿満利麿著　角川書店　1999.3　202p　20cm　（角川叢書4）　2600円　①4-04-702105-9

◇法然上人のご法語　第2集（法語類編）　法然著,浄土宗総合研究所編訳,阿川文正ほか監修　京都　浄土宗　1999.3　352,61p　22cm　①4-88363-132-X

◇法然さまと選択本願念仏集—時代が求めたもの　大橋俊雄著　京都　浄土宗　1998.12　76p　19cm　（なむブックス11）　①4-88363-811-1

◇法然対明恵—鎌倉仏教の宗教対決　町田宗鳳著　講談社　1998.10　232p　19cm　（講談社選書メチエ141）　1500円　①4-06-258141-8

◇光明坊蔵法然上人御一代御行状絵伝解説　井上雅芳著　福山　びんご出版　1998.8　110p　21cm　1500円

◇選択集論集—選択集撰述八百年記念　高橋弘次編　京都　知恩院浄土宗学研究所

宗　1998.8　175,61p　22cm

◇法然上人とお弟子たち—乱世を生きる同信の世界　梶村昇著　京都　浄土宗　1998.8　201p　18cm　（浄土選書27）　①4-88363-727-1

◇法然　大橋俊雄著　講談社　1998.4　354p　15cm　（講談社学術文庫）　1050円　①4-06-159326-9

◇法然　ひろさちや原作,巴里夫漫画　鈴木出版　1998.4　146p　22cm　（まんが日本の高僧　教科書にでてくる人物5）　1800円　①4-7902-1086-3

◇選択本願念仏集—浄土宗聖典版　浄土宗聖典刊行委員会編　京都　浄土宗　1998.3　191p　21cm　①4-88363-224-5

◇法然の生涯　松本章男著　大法輪閣　1998.2　254p　19cm　2300円　①4-8046-1140-1

◇法然上人と浄土宗　宮林昭彦著　柏みち書房　c1998　118p　19cm　1334円　①4-944191-00-6

◇法然の念仏——一紙小消息講話　藤吉慈海著　大蔵出版　1997.12　154p　19cm　1400円　①4-8043-3044-5

◇法然辞典　藤井正雄他編　東京堂出版　1997.8　330p　22cm　4500円　①4-490-10456-1

◇シンポジウム・法然と親鸞　仏教大学総合研究所編　京都　法蔵館　1997.3　189p　20cm　〈折り込1枚〉　2000円　①4-8318-8077-9

◇法然—世紀末の革命者　町田宗鳳著　京都　法蔵館　1997.3　239p　20cm　2300円　①4-8318-7140-0

◇法然上人のご法語　第1集　法然著,浄土宗総合研究所編訳,阿川文正ほか監修　京都　浄土宗　1997.3　243,41p　22cm　①4-88363-131-1

◇法然上人研究　第1巻　思想篇　藤堂恭俊著　山喜房仏書林　1996.8　374, 13p　21cm　8755円　⑬4-7963-0432-0

◇法然上人研究　第2巻　思想篇　藤堂恭俊著　山喜房仏書林　1996.8　389, 23p　22cm　〈『選択集』選述八百年記念〉　9785円　⑬4-7963-0433-9

◇一紙小消息のこころ　藤堂恭俊著　大阪　東方出版　1996.7　253p　19cm　（知恩院浄土宗学研究所シリーズ 5）　2060円　⑬4-88591-468-X

◇選択集全講　石井教道著　京都　平楽寺書店　1995.12（9刷）　702, 20p　22cm　（選択集之研究 講述篇）〈索引あり〉　7800円　⑬4-8313-0179-5

◇マンガ法然上人伝　阿川文正監修, 佐山哲郎脚本, 川本コオ漫画　普及版　〔京都〕　浄土宗　1995.11　201p　18cm　⑬4-88363-322-5

◇大乗仏典―中国・日本篇　第21巻　法然・一遍　佐藤平, 徳永道雄訳　中央公論社　1995.2　505p　20cm　〈監修：長尾雅人ほか〉　5800円　⑬4-12-402641-2

◇法然さまってどんなひと？―そのご生涯　岩井信道著, 浄土宗出版室編　京都　浄土宗　1994.12　71p　19cm　（なむブックス 1）　300円　⑬4-88363-801-4

◇法然伝と浄土宗史の研究　中井真孝著　京都　思文閣出版　1994.12　401, 24p　22cm　（思文閣史学叢書）　9064円　⑬4-7842-0861-5

◇法然全集　別巻 2　大橋俊雄著　春秋社　1994.11　370, 8p　23cm　8755円　⑬4-393-17418-6

◇法然全集　別巻 1　大橋俊雄著　春秋社　1994.10　399p　23cm　8755円　⑬4-393-17417-8

◇法然上人二十五霊場巡礼―法話と札所案内　法然上人二十五霊場会編, 富永航平著　大阪　朱鷺書房　1994.9　198p　19cm　1030円　⑬4-88602-302-9

◇法然遺文の基礎的研究　中野正明著　京都　法蔵館　1994.3　538, 33p　22cm　12360円　⑬4-8318-7491-4

◇法然上人問答集　村瀬秀雄訳　小田原　常念寺　1993.11　386p　19cm　4700円

◇西方指南抄論　霊山勝海著　京都　永田文昌堂　1993.7　285, 14p　22cm　6500円

◇転形期法然と頼朝　坂爪逸子著　青弓社　1993.7　209p　20cm　2060円　⑬4-7872-2005-5

◇女人をホトケとなし給う―女流法然　寺内大吉著　毎日新聞社　1993.7　249p　20cm　1500円　⑬4-620-10474-4

◇浄土教入門―法然上人とその門下の教学　浅井成海著　第2版　京都　本願寺出版社　1992.12　295p　20cm　⑬4-89416-246-6

◇法然上人伝ノート　稲垣俊夫著　通覚寺　1992.10　146, 23p　19cm

◇法然上人のご生涯とその教え　坪井俊映, 藤堂俊雄著　京都　仏教大学通信教育部　1992.10　155p　21cm　非売品

◇法然上人法語抄訳　藤井実応編, 村瀬秀雄訳　小田原　常念寺　1992.10　409p　19cm　5000円

◇浄土仏教の思想　第6巻　新羅の浄土教　空也・良源・源信・良忍　梶山雄一ほか編　章輝玉著, 石田瑞麿著　講談社　1992.7　366p　20cm　〈空也および志心の肖像あり　参考文献・略年譜：p362～366〉　4300円　⑬4-06-192576-8

◇悪人正機説　梶村昇著　大東出版社　1992.3　199p　20cm　（大東名著選 18）　2100円　⑬4-500-00518-8

◇法然上人をめぐる関東武者　2　宇都宮一族　梶村昇著　大阪　東方出版　1992.3

宗　教

206p　19cm　（知恩院浄土宗学研究所シリーズ 4）　1300円　①4-88591-295-4

◇法然上人伝の成立史的研究　法然上人伝研究会編　京都　臨川書店　1991.12　3冊　31cm　〈知恩院昭和36～37年刊の複製〉　全56650円　①4-653-02248-8

◇マンガ 法然入門―念仏信仰に捧げた苛烈な生涯　白取春彦作, 登竜太画　サンマーク出版　1991.12　253p　19cm　1200円　①4-7631-8351-6

◇法然上人をめぐる関東武者 1　熊谷直実　梶村昇著　大阪　東方出版　1991.11　227p　19cm　（知恩院浄土宗学研究所シリーズ 3）　1300円　①4-88591-281-4

◇法然の手紙―愛といたわりの言葉　石丸晶子編訳　京都　人文書院　1991.6　252p　20cm　1957円　①4-409-41051-2

◇昭和新修法然上人全集　石井教道編　京都　平楽寺書店　1991.4　1218p　23cm　〈浄土宗開宗八百年記念出版 著者の肖像あり〉　15450円

◇法然法語を読む　藤吉慈海著　春秋社　1991.3　180p　20cm　1700円　①4-393-17407-0

◇原典日本仏教の思想 5　法然・一遍　大橋俊雄校注　岩波書店　1991.1　487p　22cm　4400円　①4-00-009025-9

◇法然の世界　松永伍一エッセイ, 林淳解説　佼成出版社　1991.1　227p　20cm　（仏典を知る）〈監修: 山折哲雄 法然の肖像あり〉　1850円　①4-333-01469-7

◇法然　左方郁子著　京都　淡交社　1990.9　141p　19cm　（京都・宗祖の旅）〈法然の肖像あり〉　880円　①4-473-01141-0

◇遊びの境界―法然と親鸞　坂爪逸子著　青弓社　1990.6　197p　20cm　2060円

◇法然全集　第3巻　大橋俊雄著　春秋社

1989.12　330, 6p　23cm　5800円　①4-393-17413-5

◇法然浄土教思想論攷　藤本浄彦著　京都　平楽寺書店　1989.11　325, 58p　21cm　6695円

◇法然全集　第2巻　大橋俊雄著　春秋社　1989.11　352, 5p　23cm　5800円　①4-393-17412-7

◇法然の衝撃―日本仏教のラディカル　阿満利麿著　京都　人文書院　1989.10　236p　20cm　1700円　①4-409-41044-X

◇法然全集　第1巻　大橋俊雄著　春秋社　1989.9　325, 5p　23cm　5800円　①4-393-17411-9

◇法然入門　大橋俊雄著　春秋社　1989.9　270p　20cm　2000円　①4-393-17415-1

◇浄土宗典籍研究―藤堂恭俊博士古稀記念研究篇　藤堂恭俊博士古稀記念会編　京都　同朋舎出版　1988.11　1014, 8p　27cm　①4-8104-0744-6

◇法然浄土教思想論攷　藤本浄彦著　京都　平楽寺書店　1988.11　325, 58p　22cm　6500円

◇法然と浄土教　津山郷土博物館編　津山　津山郷土博物館　1988.10　39p　26cm　（津山郷土博物館特別展図録 第1冊）〈津山郷土博物館開館記念津山市制60周年記念 会期: 昭和63年10月8日―11月6日〉

◇法然浄土―片側観叡集記　片側観叡著　〔鳴門〕　〔片側観叡〕　1988.8　278p　19cm

◇法然　田村円澄著　吉川弘文館　1988.6　269p　19cm　（人物叢書 新装版）〈新装版 法然の肖像あり 叢書の編者: 日本歴史学会〉　1700円　①4-642-05120-1

◇法然上人　矢吹慶輝著　矢吹法律事務所　1988.6　120p 図版26p　22cm　〈法然および著者の肖像あり〉

◇日本の仏典　3　法然―選択本願念仏集　石上善応著　筑摩書房　1988.3　325, 3p　20cm　2400円

◇法然 選択本願念仏集　石上善応著　筑摩書房　1988.3　325, 3p　19cm　（日本の仏典 3）　2400円　①4-480-33103-4

◇真宗重宝聚英　信仰の造形的表現研究委員会編　京都　同朋舎出版　1987.12-1989.2　10冊　37cm　全313200円　①4-8104-9104-8

◇偏依法然　西村瑞純著　福岡　梓書院　1987.12　588p　22cm　〈法然の肖像あり〉　5500円　①4-87035-027-0

◇親鸞聖人『西方指南抄』の研究　上巻　浅野教信著　京都　永田文昌堂　1987.7　228p　22cm　4000円

◇一枚起請文のこころ　藤堂恭俊著　大阪　東方出版　1987.4　228p　19cm　（知恩院浄土宗学研究所シリーズ 1）　980円

◇法然上人の教え　藤井実応著　光雲社　1987.4　264p　20cm　〈発売：星雲社〉　1600円　①4-7952-7270-0

◇法然のことば　梶村昇著　雄山閣出版　1987.2　234p　20cm　〈法然上人の肖像あり〉　1500円　①4-639-00630-6

◇法然上人等法語で綴る念仏の法門　村瀬秀雄編　小田原　常念寺　1986.11　424p　19cm　3800円

◇法然の生涯　高橋良和著　京都　法蔵館　1986.11　76p　21cm　500円　①4-8318-2304-X

◇法然上人とその余光　宝田正道著　東洋文化出版　1986.10　256p　22cm　2300円　①4-88676-073-2

◇法然上人と一枚起請文―法然上人のご遺訓　藤井実応著　大東出版社　1986.9　358p　20cm　（大東名著選 13）　〈法然の肖像あり〉　2500円　①4-500-00513-7

◇現代人の宗教　2　源信・法然・道元―教典その心と読み方　丸山照雄、山折哲雄編、山崎正一、今枝愛真著　御茶の水書房　1986.7　230p　20cm　1500円　①4-275-00685-2

◇法然教学の研究　梯実円著　京都　永田文昌堂　1986.7　537p　22cm　〈法然の肖像あり〉　8500円

◇高僧伝　5　法然―ひとすじの道　松原泰道、平川彰編　藤井正雄著　集英社　1986.1　275p　20cm　〈編集：創美社　法然の肖像あり　法然略年譜：p272～275〉　1400円　①4-08-187005-5

◇法然上人のお手紙　岸信宏著, 慈香会編　大阪　東方出版　1985.11　202p　19cm　〈著者の肖像あり〉　1000円

◇法然浄土教と現代の精神的状況　林霊法著　京都　百華苑　1985.10　615p　22cm　〈法然の肖像あり〉　8500円

◇法然上人の世界　藤吉慈海著　山喜房仏書林　1985.5　198p　21cm　2300円

◇源空とその門下　菊地勇次郎著　京都　法蔵館　1985.2　427p　22cm　8500円

◇法然上人の思想と生涯　仏教大学編　大阪　東方出版　1984.11　188p　19cm　〈執筆：高橋弘次ほか　法然上人の肖像あり〉　1000円

◇ひとりも捨てず―法然・その人と教え　石上善応ほか著　鈴木出版　1984.6　259p　19cm　（まいとりぃ選書）　〈監修：石上善応　法然の肖像あり〉　1400円　①4-7902-2003-6

◇一枚起請文原本の研究　小川竜彦著　国書刊行会　1984.5　23, 99p　図版46枚　27cm　（浄土宗学研究叢書 祖師篇）〈「一枚起請文原本の研究」刊行会昭和45年刊の合本複製〉　8500円

◇選択集大意・出雲宗要　桑門秀我著　国書刊行会　1984.5　1冊　22cm　（浄土宗

学研究叢書 宗史・宗論篇）〈合本複製 著者の肖像あり 折り込図1枚〉 9000円

◇法然上人の思想と宗教　前田聴瑞著　国書刊行会　1984.5　428p　22cm　（浄土宗学研究叢書 祖師篇）〈大東出版社昭和8年刊の複製〉　7000円

◇今の世を生きるために―法然仏教入門　梶村昇著　京都　知恩院　1984.4　195p　18cm　〈法然の肖像あり〉　350円

◇法然浄土教の綜合的研究　竹中信常，水谷幸正編集　山喜房仏書林　1984.3　604p　22cm　〈法然上人降誕八百五十年記念出版　法然の肖像あり〉　12000円

◇法然と浄土信仰　読売新聞社　1984.3　174p　29cm　〈執筆：田村円澄ほか　法然の肖像あり〉　2000円

◇法然上人一紙小消息講話　藤吉慈海著　大蔵出版　1984.2　154p　19cm　950円　①4-8043-3016-X

◇日本仏教史　別巻　法然上人伝　田村円澄著　京都　法蔵館　1983.11　305, 38p　22cm　6800円

◇源信僧都より法然上人へそして親鸞聖人へ　草間文秀著　京都　文栄堂書店　1983.9　252p　18cm　1200円

◇法然上人研究　第1巻　思想篇　藤堂恭俊著　山喜房仏書林　1983.8　374, 13p　22cm　〈宗祖法然上人降誕八百五十年記念〉　7500円

◇日本の名著　5　法然　塚本善隆責任編集　中央公論社　1983.7　502p　18cm　（中公バックス）〈法然の肖像あり〉　1200円

◇法然―思想読本　橋本峰雄編　京都　法蔵館　1983.3　240p　21cm　〈法然の肖像あり　法然年表・法然著作解題・法然に関する100冊の本：p223～240〉　1200円　①4-8318-2004-0

◇法然上人集　源空著，与謝野寛ほか編纂校訂　現代思潮社　1983.1　214p　16cm　（覆刻日本古典全集）〈日本古典全集刊行会大正15年刊の複製〉

◇法然とその時代　田村円澄著　京都　法蔵館　1982.11　201p　20cm　（法蔵選書 19）　1600円

◇日本名僧論集　第6巻　法然　伊藤唯真，玉山成元編　吉川弘文館　1982.10　471p　22cm　〈法然の肖像あり〉　5800円

◇法然上人をめぐる人々　稲岡覚順著　京都　浄土宗宗務庁　1982.9　216p　17cm　（浄土選書 13）

◇法然百話　梶原重道著　大阪　東方出版　1982.9　246p　18cm　950円

◇全訳法然上人勅修御伝　村瀬秀雄訳　小田原　常念寺　1982.4　846p　19cm　〈法然上人ご生誕八百五十年奉祝〉　6800円

◇法然浄土教の研究―伝統と自証について　坪井俊映著　隆文館　1982.2　795p　22cm　9500円　①4-89747-302-0

◇和語灯録極楽往生への灯　永忠順著　大蔵出版　1982.2　222p　19cm　（新仏典シリーズ）　1400円　①4-8043-2503-4

◇定本法然上人全集　第7巻　書簡篇　法然上人全集刊行会編　山喜房仏書林　1982.1　282, 20p　18cm　2500円

◇念仏の形而上学　青木敬麿著　南窓社　1981.10　169p　20cm　1400円

◇法然上人御法語講話　下　藤吉慈海著　山喜房仏書林　1979.5　278p　19cm　①4-7963-0423-1

◇法然再発見　須賀隆賢著　隆文館　1979.2　334p　20cm　1500円

◇法然―その生涯と教え　細川行信著　京都　法蔵館　1979.1　207p　19cm　〈法然の肖像あり〉　1600円

◇選択本願念仏集　法然上人著　養老町（岐阜県）　大橋国一　1978.7　297, 32, 4p　19cm　〈複製〉　非売品

◇法然と浄土宗教団　大橋俊雄著　〔東村山〕　教育社　1978.3　240p　18cm　（教育社歴史新書）　600円

◇法然と親鸞の信仰　上　倉田百三著　講談社　1977.6（第28刷：2002.12）　165p　15cm　（講談社学術文庫）　660円　①4-06-158155-4

◇法然と親鸞の信仰　上　一枚起請文を中心として　倉田百三著　講談社　1977.6　165p　15cm　（講談社学術文庫）　260円

◇法然上人御法語講話　上　藤吉慈海著　山喜房仏書林　1977.3　242p　19cm　1300円

◇選択集要義　藤沢教声著　改訂版　京都　永田文昌堂　1976.10　290p　22cm　3000円

◇選択集研究序説　石田充之著　京都　百華苑　1976.7　286p　図　22cm　3000円

◇選択集講義　香月院深励述　京都　法藏館　1976　255p　22cm　（香月院深励著作集　4）　5500円

◇現代人の宗教　2　源信・法然・道元─教典その心と読み方　丸山照雄, 山折哲雄編　河出書房新社　1975　230p　20cm　（朝日カルチャーセンター講座）　950円

◇選択集人観　藤堂祐範編　山喜房仏書林　1975　208p（図p.3-68）　30cm　（藤堂祐範著作集　上巻）　15000円　①4-7963-0404-5

◇法然上人研究─浄土宗開宗八百年記念　仏教大学法然上人研究会編　隆文館　1975　562p　図　21cm　6500円

◇法然仏教の研究　知恩院浄土宗学研究所編　山喜房仏書林　1975　624p　肖像　22cm　〈法然上人浄土宗開宗八百年記念出版〉　8500円

◇知恩院─法然上人伝　藤堂恭俊編著　教育新潮社　1974　223p　図　19cm　（日本のお寺シリーズ　8）　980円

◇法然浄土教の思想と歴史　香月乗光著　山喜房仏書林　1974　491, 2, 9p　肖像　22cm　7000円

◇法然上人真蹟集成　源空著　京都　法藏館　1974　2軸　36cm　〈監修：塚本善隆　付（別冊　31p　29cm　和）：解説（赤松俊秀, 森田実道, 木下政雄）　浄土宗開宗800年記念出版　箱入　限定版〉　全120000円

◇法然上人の教え─法然浄土教の特質　坪井俊映集　坪井俊映著　教育新潮社　1974　242p　肖像　19cm　（昭和仏教全集　第4部　7）　1300円

◇法然上人の伝記と思想　恵谷隆戒篇　隆文館　1974　443p　19cm　1300円

◇法然上人法語集　1　藤吉慈海著　山喜房仏書林　1974　250p　19cm　1300円

◇木下尚江著作集　第11巻　明治文献　1973　1冊　図　19cm　〈編集責任：柳田泉等〉　2500円

◇法然浄土教の哲学的解明　西川知雄著　山喜房仏書林　1973　323p　肖像　22cm　3800円

◇法然上人登山状　源空著, 常盤大定校訂, 横超慧日解説　安藤康次郎　1973　54p　21cm　〈底本：元禄16年刊義山の翼賛本（浄土宗全書所載）　和装〉

◇椎尾弁匡選集　第5巻　椎尾弁匡選集刊行会　東京　山喜房仏書林（発売）　1972　462p　肖像　22cm　2500円

◇世界教育宝典　仏教教育宝典　4　法然, 親鸞, 日蓮集　塚本善隆, 早島鏡正, 茂田井教亨編　町田　玉川大学出版部　1972　456p　図　肖像　22cm　2500円

◇法然とその門下の教学　竜谷大学真宗学

宗教

会編　京都　永田文昌堂　1972　245p　22cm　（真宗学論叢 2）　2000円

◇浄土宗読本　大野法道, 中村弁康, 前田聰瑞共著　山喜房仏書林　1971　428p　19cm　〈法然上人鑽仰会昭和15年刊の複製〉　1000円

◇選択集に聞く　竹中信常著　教育新潮社　1971　308p　19cm　1000円

◇日本思想大系　10　法然・一遍　大橋俊雄校注　岩波書店　1971　487p　図　22cm　1300円

◇日本の名著　5　法然・明恵　塚本善隆編　中央公論社　1971　502p　肖像　18cm

◇法然上人の生涯と思想——付 信仰の指針　津村諦堂著　明玄書房　1971　140p　22cm　750円

◇一枚起請文原本の研究　小川竜彦著　明石　「一枚起請文原本の研究」刊行会　1970　2冊　32cm　〈別書名：一枚起請文全集, 法然上人真筆全集 雁皮紙本 限定版 箱入 和装〉　38500-110000円

◇法然——その行動と思想　大橋俊雄著　評論社　1970　240p　図版　19cm　（日本人の行動と思想 1）　590円

◇法然　梶村昇著　角川書店　1970　268p　19cm　（角川選書）　520円

◇濁世の聖者——法然上人の生涯　平祐史著　京都　浄土宗　1968.7（第5版：1995.6）　69p　21cm

◇法然門下の教学　安井広度著　京都　法蔵館　1968　378, 170p　22cm　〈昭和13年刊の復刊〉　3700円

◇法然上人伝全集　前篇　本伝　井川定慶集解　増補版　井川定慶　1967 2版　1060p　22cm

◇本願念仏のえらび——選択集〈法然〉　数江教一著　筑摩書房　1967　278p　図版　20cm　（日本の仏教 第6巻）　480円

◇成立史的法然上人諸伝の研究　三田全信著　京都　光念寺出版部　1966　576p　図版　表　22cm　3000円

◇法然の遺跡と伝記　細川行信著　京都　あそか書林　1966　90p　図版　19cm　250円

◇法然上人伝の成立史的研究——知恩院本法然上人行状絵図を中心として　第4巻　研究篇　法然上人伝研究会編　京都　知恩院　1965　203p　31cm　〈法然上人七百五十年遠忌記念出版〉　3000円

◇浄土宗祖法然上人選択本願念仏集——往生之業念仏為先　竹中信常著　大道社　1963　119p　18cm

◇法然上人伝の成立史的研究——知恩院本法然上人行状絵図を中心として　第2-3巻　法然上人伝研究会編　京都　知恩院　1962　2冊　31cm

◇法然上人　須賀隆賢著　隆文館　1961　190p　図版　19cm　〈法然上人750年大遠忌記念〉

◇法然上人研究——七百五十年大遠忌記念　仏教大学編　京都　平楽寺書店　1961　347, 48p　図版　22cm

◇法然上人伝全集　続篇　法然上人絵伝の研究　井川定慶著　大阪　法然上人伝全集刊行会　1961　288p　22cm

◇法然上人伝の成立史的研究——知恩院本法然上人行状絵図を中心として　第1巻　対照篇　上　法然上人伝研究会編　京都　知恩院　1961　134p　図版40枚　41cm

◇法然上人とその門下の教義　望月信亨著　京都　仏教文化研究所　1960　53p　図版　21cm

◇法然と親鸞の信仰——一枚起請文と歎異鈔　倉田百三著　春秋社　1960　230p　19cm　（SHNJÛ BOOKS）

◇法然　田村円澄著　吉川弘文館　1959

270p 図版　18cm　（人物叢書　日本歴史学会編）

◇選択集入門　高千穂徹乗著　京都　百華苑　1957　186p 19cm　〈付録：参考文献 182-184p〉

◇法然上人伝の研究　田村円澄著　京都　法蔵館　1956　295, 26p 22cm　（仏教文化研究所研究報告 第2）

◇法然上人絵伝　芹沢銈介画, 小川竜彦編　新定版　理想社　1955　103p 図版 19cm　〈望月信亨, 柳宗悦, 小川竜彦編「法然上人絵伝」（日本民芸協会 昭和16年刊限定版）を縮刷し新たに解説等を加えたもの　附：法然上人年譜（田村円澄）法然上人古伝解題（藤堂恭俊）〉

◇法然教学の特質と動向　高千穂徹乗著　京都　永田文昌堂　1954　180p 22cm

◇法然上人　井川定慶著　京都　総本山知恩院布教師会　1953　69p 15cm　（華頂文庫）

◇法然上人御一代記―通俗絵入　大富秀賢著　再版　京都　永田文昌堂　1952　132p 19cm

◇法然上人伝全集　前篇　本伝　井川定慶集解　大阪　法然上人伝全集刊行会　1952　1005p 図版11枚　22cm

◇選択集の研究　総論篇　石井教道著　京都　平楽寺書店　1951　364p 図版　22cm

◇選択集の研究　第3　註疏篇　石井教道著　誠文堂新光社　1945　974, 92p 22cm　〈付録：選択集末解題註疏目録 他4篇〉

重源
ちょうげん

保安2年（1121年）～建永元年6月4日（1206年）

平安時代末期から鎌倉時代初期にかけての僧侶。俗名は重定、号は俊乗房・南無阿弥陀仏。左馬允紀李重の子。長承2年（1133年）に醍醐寺で出家して密教を学び、後に法然に師事して浄土宗に帰依し、大峯・熊野などの霊山で修行した。仁安2年（1167年）に渡海し翌年に帰国するなど、3度にわたり入宋したとされる。養和元年（1181年）には焼失した東大寺大仏殿を再建するための造東大寺大勧進の宣旨を受け、文治元年（1185年）に大仏開眼供養、建久6年（1195年）に大仏殿落慶供養、建仁3年（1203年）に総供養を行った。大仏殿の建築には天竺様を取り入れた他、仏師の運慶・快慶らを動員して南大門金剛力士像を完成させた。その再建の様子は『南無阿弥陀仏作善集』に記録が残る。また、各地で堂宇建立・架橋・築池などを行い、民衆の教化・救済にも尽くした。

　　　　＊　　　＊　　　＊

◇鎌倉期の東大寺復興―論集 重源上人とその周辺　GBS実行委員会編　奈良　東大寺, 法蔵館（製作・発売）　2007.12　151, 7p 30cm　（ザ・グレイトブッダ・シンポジウム論集 第5号）　〈会期：平成18年12月9日―10日〉　2000円

◇大勧進重源―東大寺の鎌倉復興と新たな美の創出 御遠忌八百年記念特別展　奈良国立博物館編　奈良　奈良国立博物館　2006.4　285p 30cm　〈会期・会場：平成18年4月15日―5月28日 奈良国立博物館　年譜あり〉

◇重源―旅の勧進聖　中尾堯編　吉川弘文館　2004.8　209p 20cm　（日本の名僧 6）　〈年譜あり〉　2600円　①4-642-07850-9

◇重源とその時代の開発―平成14年度特別展・重源狭山池改修800年記念　大阪府立狭山池博物館編　大阪狭山　大阪府立狭山池博物館　2002.10　76p 30cm　（大阪府立狭山池博物館図録 4）　〈会期：2002年10月1日―12月1日〉

◇中世の勧進聖と舎利信仰　中尾堯著　吉川弘文館　2001.3　283, 5p 22cm　7500円　①4-642-02800-5

宗　教

◇大厦成る―重源―東大寺再建物語　広瀬
　鎌二著　彰国社　1999.12　348p　22cm
　4600円　①4-395-00522-5

◇大仏再興　杉山二郎著　学生社　1999.11
　286p　20cm　2400円　①4-311-20225-3

◇佐波川今昔集錦―重源上人の足跡を中心
　として　建設省山口工事事務所編　防府
　建設省山口工事事務所　1999.3　127p
　30cm

◇防府と俊乗房重源　重枝慎三著　防府
　防府市立防府図書館　1999.1　72p
　21cm　(防府史料　第48集)　〈付・防府
　関係重源資料集〉

◇大仏再建―中世民衆の熱狂　五味文彦著
　講談社　1995.9　270p　19cm　(講談社
　選書メチエ 56)　〈大仏再建関連年表：
　p262〜266〉　1500円　①4-06-258056-X

◇重源　伊藤ていじ著　新潮社　1994.9
　428p　22cm　4500円　①4-10-397901-1

◇徳地の俊乗房重源　重源上人杣入り八〇
　〇年記念誌編集委員会編　徳地町(山口
　県)　徳地町　1986.11　160p　22cm
　〈俊乗房重源の肖像あり〉

◇日本名僧論集　第5巻　重源・叡尊・忍性
　中尾堯, 今井雅晴編　吉川弘文館
　1983.2　449p　22cm　〈重源ほかの肖像
　あり〉　5800円

◇俊乗房重源の研究　小林剛著　改版　横
　浜　有隣堂　1980.9　286p　22cm　〈俊
　乗房重源の肖像あり〉

◇俊乗房重源の研究　小林剛著　横浜　有
　隣堂　1971　329, 22p　図16枚　22cm
　3800円

◇俊乗房重源史料集成索引　〔奈良〕　奈
　良国立文化財研究所　1967　52p　26cm
　〈謄写版〉

◇俊乗房重源史料集成　小林剛編　奈良
　奈良国立文化財研究所　1965　511p　図
　版　22cm　(奈良国立文化財研究所史料
　第4冊)

◇重源上人の研究　奈良　南都仏教研究会
　1955　380p　図版　22cm　〈南都仏教　特
　輯号〉

修験道　しゅげんどう

　日本古来の山岳信仰と外来の密教・道教などが結びついて平安時代末期に成立した宗教。その行者を修験者・山伏と称する。山中での厳しい修行で霊験を得ること、その力を用いて加持祈祷などを行うことを目的とする、儀礼中心の実践的な宗教である。日本には古くから山岳を神の座す他界または神そのものとして崇める信仰があり、奈良時代には仏教や道教の影響を受けながら山中で修行し、陀羅尼や経文を唱えて呪術的な活動を行う在俗の宗教者が現れた。修験道はこうした者たちを淵源とし、飛鳥時代から奈良時代にかけての呪術者である役小角を開祖と仰ぐ。平安時代中期には山岳仏教が興隆して密教僧が盛んに山中で修行を積むようになったが、このうち加持祈祷に優れた能力を示した者が修験者(験を修めた者)、あるいは山伏(山に伏して修行する者)と呼ばれるようになった。畿内近辺の修験者は熊野や吉野・金峰山を拠点に大峰山に入り修行したが、中世には増誉を中興と仰ぎ天台宗寺門派の聖護院を本山とする聖護院流(本山派)と、聖宝を中興と仰ぎ醍醐寺三宝院を本拠とする真言系の三宝院流(当山派)に分派した。また、羽黒山・英彦山など全国各地にも独立の宗派が形成された。近世には修験者の定住化が進むと共に、加持祈祷などを通じて民衆の間に

宗教

> も修験道が浸透。明治時代に修験道廃止令が出されたが、第2次世界大戦後に本山修験宗（総本山聖護院）・金峯山修験本宗（総本山金峯山寺）・真言宗醍醐派（総本山三宝院）などの教団が相次いで設立された。

◇修験道教団成立史—当山派を通して　関口真規子著　勉誠出版　2009.7　311,15p　22cm　〈索引あり〉　9500円　①978-4-585-03207-6

◇日本の妖術師列伝　中見利男著　中経出版　2009.1　287p　15cm　（中経の文庫な-2-2）〈文献あり　索引あり〉　571円　①978-4-8061-3257-8

◇五来重著作集　第6巻　修験道霊山の歴史と信仰　五来重著, 赤田光男, 伊藤唯真, 小松和彦, 鈴木昭英, 福田晃, 藤井正雄, 宮家準, 山路興造編　鈴木昭英編　京都　法藏館　2008.9　422p　22cm　8500円　①978-4-8318-3412-6

◇五来重著作集　第5巻　修験道の修行と宗教民俗　五来重著, 赤田光男, 伊藤唯真, 小松和彦, 鈴木昭英, 福田晃, 藤井正雄, 宮家準, 山路興造編　京都　法藏館　2008.6　494p　22cm　8500円　①978-4-8318-3411-9

◇山の宗教—修験道案内　五来重著　角川学芸出版, 角川グループパブリッシング（発売）　2008.6　270p　15cm　（角川文庫）　819円　①978-4-04-408501-8

◇大峯縁起　銭谷武平著　大阪　東方出版　2008.3　227p　20cm　2500円　①978-4-86249-101-5

◇神道と修験道—民俗宗教思想の展開　宮家準著　春秋社　2007.11　524p　22cm　〈文献あり〉　8000円　①978-4-393-29196-2

◇修験と神道のあいだ—木曽御岳信仰の近世・近代　中山郁著　弘文堂　2007.7　332, 10p　22cm　4800円　①978-4-335-10082-6

◇鬼と修験のフォークロア　内藤正敏著　法政大学出版局　2007.3　351p　20cm（内藤正敏民俗の発見 2）　3500円　①978-4-588-27042-0

◇大峯奥駈道七十五靡　森沢義信著　京都　ナカニシヤ出版　2006.7　295p　22cm　〈文献あり〉　2800円　①4-7795-0084-2

◇役行者と修験道—宗教はどこに始まったのか　久保田展弘著　ウェッジ　2006.6　286p　19cm　（ウェッジ選書 22）〈文献あり〉　1400円　①4-900594-92-X

◇修験道大結集　金峯山寺監修, 田中利典, 金峯山寺教学部編　京都　白馬社　2006.6　139p　27cm　2400円　①4-938651-59-9

◇山岳信仰と日本人　安田喜憲編著　NTT出版　2006.4　393p　22cm　〈他言語標題：The mountain worship and the Japanese　文献あり〉　4800円　①4-7571-4133-5

◇伊豆の修験古道—伊豆山修験道　斉藤秀治著　新風舎　2006.3　143p　19cm　(Shinpu books)　〈文献あり〉　1100円　①4-7974-7798-9

◇目からウロコの修験道　伊矢野美峰監修・著　学習研究社　2006.3　239p　20cm　（わたしの家の宗教シリーズ）　1500円　①4-05-402988-4

◇修験道の考古学的研究　時枝務著　雄山閣　2005.4　256p　22cm　5700円　①4-639-01877-0

◇修験道と民俗宗教　戸川安章著　岩田書院　2005.3　424p　22cm　（戸川安章著作集 2）〈シリーズ責任表示：戸川安章著〉　9900円　①4-87294-356-2

◇神道と修験道—民俗宗教思想の展開　国学

院大学21世紀COEプログラム「神道と日本文化の国学的研究発信の拠点形成」第2グループ「神道・日本文化の形成と発展に関する調査研究」　国学院大学21世紀COEプログラム「神道と日本文化の国学的研究発信の拠点形成」　2005.3　450p　21cm　(「神社と民俗宗教・修験道」研究報告1)　〈事業推進担当者：宮家準〉

◇出羽三山と修験道　戸川安章著　岩田書院　2005.2　456p　22cm　(戸川安章著作集1)　〈シリーズ責任表示：戸川安章著　年表あり〉　9900円　①4-87294-355-4

◇祈りの姿　菅原正明著　大阪　清文堂出版　2004.12　257p　22cm　(紀伊国神々の考古学　第3巻)　3800円　①4-7924-0508-4

◇修験道秘経入門　羽田守快編著　原書房　2004.10　157p　20cm　〈付属資料：CD1枚(12cm)〉　2000円　①4-562-03797-0

◇越後・佐渡の山岳修験　鈴木昭英著　京都　法蔵館　2004.9　429p　22cm　(修験道歴史民俗論集3)　12000円　①4-8318-7539-2

◇霊山曼荼羅と修験巫俗　鈴木昭英著　京都　法蔵館　2004.4　374p　22cm　(修験道歴史民俗論集2)　9500円　①4-8318-7538-4

◇修験教団の形成と展開　鈴木昭英著　京都　法蔵館　2003.10　383p　22cm　(修験道歴史民俗論集1)　9500円　①4-8318-7537-6

◇修験道と飯山―修験の里奥信濃小菅　笹本正治監修, 飯山市編　長野　ほおずき書籍　2003.9　189p　19cm　〈東京　星雲社(発売)〉　1500円　①4-434-03520-7

◇葛城の峰と修験の道　中野栄治著　京都　ナカニシヤ出版　2002.10　307p　22cm　3500円　①4-88848-736-7

◇鬼人役行者小角　志村有弘著　角川書店　2001.8　264p　15cm　(角川文庫)　〈「超人役行者小角」(平成8年刊)の増訂年表あり　文献あり〉　629円　①4-04-349002-X

◇ダンダノン信仰―薩摩修験と隠れ念仏の地域民俗学的研究　森田清美著　岩田書院　2001.5　364p　22cm　7900円　①4-87294-208-6

◇修験道―その歴史と修行　宮家準著　講談社　2001.4　364p　15cm　(講談社学術文庫)　1200円　①4-06-159483-4

◇神子と修験の宗教民俗学的研究　神田より子著　岩田書院　2001.2　845, 31p　22cm　18800円　①4-87294-199-3

◇修験道章疏　第1巻　日本大蔵経編纂会編　国書刊行会　2000.12　354, 344p　23cm　〈日本大蔵経編纂会大正5年刊の複製　折り込2枚〉　12000円　①4-336-04311-6

◇修験道章疏　第2巻　日本大蔵経編纂会編　国書刊行会　2000.12　1冊　23cm　〈日本大蔵経編纂会大正8年刊の複製〉　12000円　①4-336-04312-4

◇修験道章疏　第3巻　日本大蔵経編纂会編　国書刊行会　2000.12　1冊　23cm　〈日本大蔵経編纂会大正8年刊の複製〉　12000円　①4-336-04313-2

◇修験道章疏解題―復刻『修験道章疏』別巻　宮家準編　国書刊行会　2000.12　416p　23cm　〈複製を含む〉　12000円　①4-336-04314-0

◇山岳宗教と民間信仰の研究　桜井徳太郎編　名著出版　2000.11(第7刷)　541p　21cm　(山岳宗教史研究叢書6)　〈昭和62年刊(6刷)を原本としたオンデマンド版　文献あり〉　4800円　①4-626-01590-5

◇山岳宗教の成立と展開　和歌森太郎編　名著出版　2000.11(第7刷)　388p　21cm　(山岳宗教史研究叢書1)　〈昭和

宗 教

◇62年刊(第6刷)を原本としたオンデマンド版〉 4000円 ⓃⒾ4-626-01585-9

◇修験道史料集 1(東日本編) 五来重編 名著出版 2000.11(第3刷) 757p 21cm (山岳宗教史研究叢書 17)〈平成元年刊(2刷)を原本としたオンデマンド版〉 9800円 ⓃⒾ4-626-01601-4

◇修験道史料集 2(西日本編) 五来重編 名著出版 2000.11(第2刷) 882p 21cm (山岳宗教史研究叢書 18)〈昭和59年刊を原本としたオンデマンド版〉 12000円 ⓃⒾ4-626-01602-2

◇出羽三山と東北修験の研究 戸川安章編 名著出版 2000.11(第6刷) 444p 21cm (山岳宗教史研究叢書 5)〈昭和60年刊(第5刷)を原本としたオンデマンド版 肖像あり 文献あり 年表あり〉 4800円 ⓃⒾ4-626-01589-1

◇富士・御岳と中部霊山 鈴木昭英編 名著出版 2000.11(第5刷) 592p 21cm (山岳宗教史研究叢書 9)〈シリーズ責任表示:五来重監修 昭和63年刊(4刷)を原本としたオンデマンド版 折り込2枚 文献あり〉 5800円 ⓃⒾ4-626-01593-X

◇羽黒修験―その歴史と峰入 宮家準著 岩田書院 2000.10 287p 22cm 5900円 ⓃⒾ4-87294-180-2

◇役行者と修験道の歴史 宮家準著 吉川弘文館 2000.7 209p 19cm (歴史文化ライブラリー 98)〈文献あり〉 1700円 ⓃⒾ4-642-05498-7

◇出羽三山史料集―月山・羽黒山・湯殿山 下巻 梅津慶豊編 羽黒町(山形県) 出羽三山神社社務所 2000.3 1021p 22cm 非売品

◇本山派修験と熊野先達 新城美恵子著 岩田書院 1999.12 290p 22cm 5900円 ⓃⒾ4-87294-154-3

◇山の宗教―修験道 五来重著, 井上博道

写真 新版 京都 淡交社 1999.10 260p 22cm 2000円 ⓃⒾ4-473-01690-0

◇山伏―入峰・修行・呪法 和歌森太郎著 復刻版 中央公論新社 1999.10 196p 18cm (中公新書)〈原本:中央公論社 1984年刊〉 800円 ⓃⒾ4-12-170048-1

◇修験道儀礼の研究 宮家準著 増補決定版 春秋社 1999.9 887, 35p 23cm〈折り込2枚〉 20000円 ⓃⒾ4-393-29129-8

◇修験道思想の研究 宮家準著 増補決定版 春秋社 1999.9 1055, 41p 23cm 23000円 ⓃⒾ4-393-29130-1

◇英彦山修験道考 村上竜生著 福岡 海鳥社 1999.3 155p 19cm 1500円 ⓃⒾ4-87415-263-5

◇修験道組織の研究 宮家準著 春秋社 1999.2 1429, 37p 23cm 38000円 ⓃⒾ4-393-29125-5

◇修験道ガイドブック 太田巌著 新人物往来社 1998.1 289p 20cm 2000円

◇石鎚山と瀬戸内の宗教文化 西海賢二著 岩田書院 1997.10 327p 22cm 5900円 ⓃⒾ4-900697-95-8

◇石鎚山と修験道 西海賢二著 新装版 岩田書院 1997.2 220p 19cm 2500円 ⓃⒾ4-900697-74-5

◇岡山の巫女と修験道 中山薫著 岡山 日本文教出版 1997.2 300p 22cm 5340円 ⓃⒾ4-8212-0220-4

◇修験 陰陽道と社寺史料 村山修一著 京都 法蔵館 1997.1 549, 21p 22cm〈著作目録あり 索引あり〉 15049円 ⓃⒾ4-8318-7490-6

◇さつま山伏―山と湖の民俗と歴史 森田清美著 鹿児島 春苑堂出版 1996.12 228p 19cm (かごしま文庫 35)〈発売:春苑堂書店〉 1500円 ⓃⒾ4-915093-

◇葛城修験と犬鳴山七宝滝寺展—特別展　歴史館いずみさの編　泉佐野　歴史館いずみさの　1996.10　39p　26cm　〈会期：平成8年10月19日～12月8日〉

◇役小角—異界の人々　黒須紀一郎著　作品社　1996.9　342p　19cm　2000円　Ⓘ4-87893-259-7

◇出羽三山史料集—月山・羽黒山・湯殿山　中巻　梅津慶豊編　羽黒町（山形県）　出羽三山神社社務所　1996.9　1201p　22cm　非売品

◇役行者伝の謎　銭谷武平著　大阪　東方出版　1996.5　213p　20cm　〈主な参考文献：p206～210〉　2060円　Ⓘ4-88591-484-1

◇修験道と日本宗教　宮家準著　春秋社　1996.1　224p　20cm　3090円　Ⓘ4-393-29119-0

◇異界を駈ける—山岳修行と霊能の世界　藤田庄市著　学習研究社　1995.2　239p　20cm　（Esoterica selection）　1800円　Ⓘ4-05-400455-5

◇英彦山修験道絵巻　村上竜生著　京都　かもがわ出版　1995.1　109p　22cm　2400円　Ⓘ4-87699-167-7

◇役行者伝記集成　銭谷武平編著　大阪　東方出版　1994.12　220p　20cm　〈参考文献・役行者伝記文献目録・略年表：p203～218〉　2060円　Ⓘ4-88591-414-0

◇出羽三山資料集—月山・羽黒山・湯殿山　上巻　梅津慶豊編　羽黒町（山形県）　出羽三山神社社務所　1994.11　1103p　22cm　非売品

◇「葛城山麓の道と信仰—修験・念仏—」図録—特別テーマ展　大和郡山　奈良県立民俗博物館　1994.9　21p　26cm　〈会期：平成6年9月15日～11月20日〉

◇英彦山信仰史の研究　広渡正利編　文献出版　1994.6　470p　22cm　〈折り込図1枚〉　11000円　Ⓘ4-8305-1174-5

◇修験道修行大系　修験道修行大系編纂委員会編纂　国書刊行会　1994.5　494p　27cm　25000円　Ⓘ4-336-03411-7

◇白山・石動修験の宗教民俗学的研究　由谷裕哉著　岩田書院　1994.2　491, 14p　22cm　8137円　Ⓘ4-900697-11-7

◇狩猟民俗と修験道　永松敦著　白水社　1993.8　253p　20cm　2300円　Ⓘ4-560-04053-2

◇山と神と人—山岳信仰と修験道の世界　鈴木正崇著　京都　淡交社　1991.12　198p　19cm　（日本文化のこころその内と外）　1500円　Ⓘ4-473-01206-9

◇山の宗教—修験道講義　五来重著　角川書店　1991.12　288p　19cm　（角川選書223）　1200円　Ⓘ4-04-703223-9

◇役行者ものがたり　銭谷武平著　京都　人文書院　1991.5　199p　19cm　〈文献資料：p192～196〉　1442円　Ⓘ4-409-54031-9

◇大系日本歴史と芸能—音と映像と文字による　第8巻　修験と神楽　網野善彦ほか編　平凡社　1990.8　245p　22cm　〈付属資料（ビデオカセット1巻 VHSタイプ 日本ビクター製作）外箱入〉　12000円　Ⓘ4-582-41518-0

◇図説日本の仏教　第6巻　神仏習合と修験　田辺三郎助責任編集　新潮社　1989.12　381p　29cm　〈監修：太田博太郎ほか　編集：座右宝　折り込図2枚　年表：p356～359〉　10300円　Ⓘ4-10-602606-6

◇岡山県修験道小史　中山薫著　岡山　日本文教出版　1988.5　104p　20cm　1300円

◇修験道・実践宗教の世界　久保田展弘著　新潮社　1988.5　258p　19cm　（新潮選書）　850円　Ⓘ4-10-600343-0

◇神道大系　論説編17　修験道　神道大系編纂会編　村山修一校注　神道大系編纂会　1988.3　582p　23cm　13000円

◇大峰修験道の研究　宮家準著　佼成出版社　1988.1　742, 29p　22cm　15000円　①4-333-01311-9

◇英彦山修験道の歴史地理学的研究　長野覚著　名著出版　1987.10　512, 5p　22cm　〈折り込図3枚〉　9700円　①4-626-01298-1

◇岡山の修験道の祭　川端定三郎著　岡山　日本文教出版　1987.7　173p　15cm　（岡山文庫 127）　700円

◇出羽三山修験道の研究　戸川安章著　新版　佼成出版社　1986.9　525p　23cm　10000円　①4-333-01237-6

◇修験道辞典　宮家準編　東京堂出版　1986.8　517p　22cm　6800円　①4-490-10216-X

◇英彦山を探る　添田町編　福岡　葦書房　1986.6　255p　19cm　1100円

◇出羽三山史　出羽三山神社著　2版　羽黒町（山形県）　出羽三山神社　1986.3　186p　19cm

◇大峯山秘録—花の果てを縦走する　前田良一著　大阪　大阪書籍　1985.10　211p　19cm　1200円　①4-7548-9007-8

◇武蔵越生山本坊文書—本山派修験　宇高良哲編著　東洋文化出版　1985.8　252p　22cm　（近世寺院史料叢書4）　5600円　①4-88676-054-6, 4-88676-050-3

◇修験道儀礼の研究　宮家準　増補版　春秋社　1985.7　813, 31p　23cm　〈折り込表2枚〉

◇修験道思想の研究　宮家準著　春秋社　1985.2　1000, 6, 33p　23cm　18000円

◇御岳信仰　宮家準編　雄山閣出版　1985.2　331p　22cm　（民衆宗教叢書第6巻）　4800円　①4-639-00461-3, 4-639-00211-4

◇修験道史料集　2　西日本篇　五来重編　名著出版　1984.12　882p　22cm　（山岳宗教史研究叢書18）　12500円　①4-626-01153-5

◇里修験の研究　宮本袈裟雄著　吉川弘文館　1984.10　368, 18p　22cm　6000円　①4-642-07334-5

◇石鎚山と修験道　西海賢二著　名著出版　1984.3　218p　19cm　1400円　①4-626-01116-0

◇英彦山発掘　朝日新聞西部本社著　福岡　葦書房　1983.11　212p　20cm　〈折り込地図1枚〉　1100円

◇修験道史料集　1　東日本篇　五来重編　名著出版　1983.6　757p　22cm　（山岳宗教史研究叢書17）　9800円

◇英彦山　朝日新聞西部本社編　福岡　葦書房　1982.10　203p　19cm　950円

◇修験道の伝承文化　五来重編　名著出版　1981.12　668p　22cm　（山岳宗教史研究叢書16）　6800円

◇修験道綱要　牛窪弘善著　名著出版　1980.10　376p　22cm　〈著者の肖像あり〉　4800円

◇和歌森太郎著作集　第2巻　修験道史の研究　和歌森太郎著作集刊行委員会編　弘文堂　1980.7　492p　22cm　〈著者の肖像あり〉　4200円

◇現代宗教　2　特集・山岳宗教　佐々木宏幹ほか編　春秋社　1980.1　196p　23cm　1000円

◇日光山と関東の修験道　宮田登, 宮本袈裟雄編　名著出版　1979.7　588p　22cm　（山岳宗教史研究叢書8）　5800円

◇近畿霊山と修験道　五来重編　名著出版　1978.10　505p　22cm　（山岳宗教史研

宗教

究叢書 11） 5800円

◇修験道―山伏の歴史と思想　宮家準著〔東村山〕　教育社　1978.9　232p　18cm　（教育社歴史新書）　600円

◇英彦山と九州の修験道　中野幡能編　名著出版　1977.12　590p　22cm　（山岳宗教史研究叢書 13）　5800円

◇白山・立山と北陸修験道　高瀬重雄編　名著出版　1977.9　562p　図　22cm　（山岳宗教史研究叢書 10）〈監修：五来重　白山・立山と北陸修験道関係年表：p.549～559〉　5800円

◇山岳宗教と民間信仰の研究　桜井徳太郎編　名著出版　1976　541p　図　22cm　（山岳宗教史研究叢書 6）　4800円

◇木葉衣・鈴懸衣・踏雲録事　行智著, 五来重編注　平凡社　1975　381p　18cm　（東洋文庫）　1000円

◇山岳宗教の成立と展開　和歌森太郎編　名著出版　1975　388p　図　22cm　（山岳宗教史研究叢書 1）　4000円

◇出羽三山と東北修験の研究　戸川安章編　名著出版　1975　444p　図　22cm　（山岳宗教史研究叢書 5）　4500円

◇英彦山　読売新聞西部本社社会部編　下関　赤間関書房　1975　206p　図24枚　18cm　〈年表・参考文献：p.189-205〉　1000円

◇出羽三山修験道の研究　戸川安章著　佼成出版社　1973　413p　図　23cm　3800円

◇山伏―その行動と組織　宮家準著　評論社　1973　416p　図　19cm　（日本人の行動と思想 29）　1200円

◇大峯山伏大ぼら説法　巽良乗著　奈良　大和タイムス社　1972　238p　19cm　〈『大和タイムス』紙上に、「山伏大法螺（だいほうら）抄」と題して、昭和44年5月から8月まで3カ月間連載されたもの〉　900円

◇修験道史研究　和歌森太郎著　新版　平凡社　1972　393, 22p　18cm　（東洋文庫 211）

◇山の宗教―修験道　五来重著, 井上博道写真　京都　淡交社　1970　260p（図版共）　22cm　（自然と人間シリーズ 1）　1000円

◇山伏の歴史　村山修一著　塙書房　1970　348p　19cm　（塙選書）　850円

◇天狗の末裔たち―秘境・求菩提を探る　毎日新聞社　1969　254p　図版　18cm　360円

◇秘境求菩提　重松敏美著　北九州　九州人文化の会　1969　186p　18cm　（九州人ブックス）　380円

◇山伏―入峰・修行・呪法　和歌森太郎著　中央公論社　1964　196p　18cm　（中公新書）

◇石鎚山略史―石鎚山にて修行したる四高僧―寂仙・上仙菩薩・弘法・光定大師　秋山英一著　四条　石鎚山略史刊行会　1963　32p　21cm

◇大分県修験史料　松岡実編　大分　豊日史学会　1957　65p　22cm　（豊日史学叢書 第1）〈謄写版　図版（はり込）3枚〉

本地垂迹説
ほんじすいじゃくせつ

　仏・菩薩を本地（本来の姿）とし、日本の神を衆生救済のための垂迹（仮の姿で現れること）とする説。例えば八幡と熊野は阿弥陀如来の、賀茂は観音菩薩の垂迹とされ、権現・大菩薩などの神号が付されるが、権現とは権（かり）に現れた姿の意である。日本古来の神祇信仰と仏教の仏菩薩信仰が同化した神仏習合に基づく思想で、法華経・大日経に発している。平安時代に起こり、鎌倉時代以降盛んとなり、南北朝時代から

室町時代にかけては神を本地・仏を垂迹とする神本仏迹説（反本地垂迹説）も唱えられた。明治時代初期の神仏分離により衰退した。

＊　　＊　　＊

◇本地垂迹信仰と念仏―日本庶民仏教史の研究　今堀太逸著　京都　法蔵館　1999.2　468, 13p　22cm　8700円　①4-8318-7488-4

◇神仏習合　義江彰夫著　岩波書店　1996.7　224p　18cm　（岩波新書）　631円　①4-00-430453-9

◇神仏習合思想の展開　菅原信海編　汲古書院　1996.1　582p　22cm　16000円　①4-7629-2488-1

◇本地垂迹　村山修一著　吉川弘文館　1995.1　390, 16p　20cm　（日本歴史叢書 新装版）〈叢書の編者：日本歴史学会〉　3193円　①4-642-06605-5

◇陰陽道を媒介とした神仏習合―吉田神道を中心として　高尾義政著　東洋史観算命学総本校高尾学館　1993.4　527p　24cm　〈奥付の書名（誤植）：陰陽道を媒介とした信仰習合　著者の肖像あり〉　12000円

◇習合思想史論考　村山修一著　塙書房　1987.11　602, 40p　21cm　10000円

◇本地仏の総合的研究―成立と展開　〔京都〕〔清水善三〕　1983.3　105p　26cm　〈昭和55〜57年度文部省科学研究費補助金（総合研究A）研究成果報告書〉

◇平安時代の神道観　神社本庁教学研究室編　神社本庁　1977.6　50p　21cm　（神道教学叢書 第7輯）　非売品

◇本地垂迹　村山修一著　吉川弘文館　1974　390, 16p 図　20cm　（日本歴史叢書 33 日本歴史学会編）　1700円

御霊信仰　ごりょうしんこう

　天災や疫病を御霊の祟りとして恐れ、これを鎮めることで平穏を回復しようとする信仰。怨霊信仰とも称される。御霊とは本来は霊魂の尊称だったが、やがて政治的失脚などにより怨みを残して死んだ者、事故・戦・疫病などにより非業の死を遂げた人物の霊を指すようになった。御霊信仰が広まったのは奈良時代末期から平安時代初期にかけてのことで、宮中で政変が頻発する一方、天災や疫病が多発して社会不安が蔓延していたことを背景としている。御霊を鎮めるための祭礼が御霊会で、貞観5年（863年）に神泉苑で初めて宮中行事として行われ、後に上御霊神社・下御霊神社・北野天満宮など御霊を祀る神社が多数創建された。御霊信仰は平安時代を通じて隆盛し、鎌倉時代以降は非業の死を遂げた武将も御霊とされるようになったが、音の類似から五郎の名を冠する御霊も多かった。代表的な御霊に崇道天皇（早良親王、光仁天皇の皇子）・井上皇后（光仁天皇の皇后）・他戸親王（光仁天皇の皇子）・藤原大夫神（藤原広嗣）・橘大夫（橘逸勢）・文大夫（文屋宮田麿）・火雷神（火雷天神、菅原道真とも）・吉備大臣（吉備真備）の八所御霊があり、上記に代えて伊予親王（桓武天皇の皇子）・藤原夫人（伊予親王の母の藤原吉子）・観察使（藤原仲成か）を八所御霊に加えることもある。

◇御霊信仰　柴田実編　POD版　雄山閣　2003.4　327p　21cm　（民衆宗教史叢書）　4800円　①4-639-10005-1

御霊会　ごりょうえ

疫神や御霊を鎮め慰める祭り。「みたまえ」とも読み、御霊祭とも称される。御霊とは政治的

失脚などにより怨みを残して死んだ者や非業の死を遂げた人物の怨霊のことで、天災や疫病を御霊の祟りとする御霊信仰に基づく祭りである。貞観5年(863年)5月20日に平安京の神泉苑で崇道天皇(早良親王)・伊予親王・藤原夫人(吉子)・観察使(藤原仲成か)・橘逸勢・文室宮田麻呂らの6座を祀ったのに始まり、後に北野神社(北野天満宮)の御霊会や八坂神社の祇園御霊会をはじめ各地に広まった。主に疫病の発生する旧暦5月から8月にかけて催され、神輿渡御などの行列や風流と呼ばれる仮装踊りなどを伴う場合が多い。京都市上京区の上御霊神社、京都市中京区の下御霊神社の祭礼など、今日に伝えられるものも多い。

　　　　　＊　　＊　　＊

◇日本の歴史　古代から中世へ9　御霊会と熊野詣　新訂増補　朝日新聞社　2003.7　p258-288　30cm　(週刊朝日百科 59)　〈年表あり〉　476円

◇陰陽五行と日本の文化―宇宙の法則で秘められた謎を解く　吉野裕子著　大和書房　2003.4　221p　20cm　2400円　①4-479-84061-3

◇御霊信仰　柴田実編　POD版　雄山閣　2003.4　327p　21cm　(民衆宗教史叢書)　4800円　①4-639-10005-1

◇日本社会の史的構造　古代・中世　大山喬平教授退官記念会編　京都　思文閣出版　1997.5　761p　22cm　〈肖像あり〉　15000円　①4-7842-0936-0

◇本地垂迹　村山修一著　吉川弘文館　1995.1　390,16p　20cm　(日本歴史叢書 新装版)　〈叢書の編者：日本歴史学会〉　3193円　①4-642-06605-5

八坂神社
やさかじんじゃ

京都市東山区にある神社。旧官幣大社。全国にある八坂神社(祇園社)の総本社。古くは祇園社あるいは観慶寺(祇園寺)感神院と称し、明治元年(1868年)に改称した。通称は祇園天神・牛頭天王社など、俗称は祇園さん。祭神は素戔鳴尊(牛頭天王)・奇稲田姫命・八柱御子神。社伝によると斉明天皇2年(656年)の創建とされるが、貞観18年(876年)の創建とする伝承などもある。承平5年(935年)に定額寺に列し、長徳元年(995年)には二十一社に列するなど、寺院と神社双方の性格を備えていたが、やがて観慶寺は廃れた。一方、祇園社は疫病の流行や御霊信仰の隆盛に伴い朝野から尊崇を集め、天禄3年(972年)以降は御霊会が勅会とされ、現在も7月に祇園会(祇園祭)が催されている。現在の本殿は承応3年(1654年)年の建立で、平安時代の面影をよく残し、祇園造と称される。例祭は6月15日で、1月1日未明の白朮祭なども有名である。

　　　　　＊　　＊　　＊

◇祇園信仰事典　真弓常忠編　戎光祥出版　2002.4　462p　27cm　(神仏信仰事典シリーズ 10)　〈文献あり〉　15000円　①4-900901-22-9

◇祇園信仰―神道信仰の多様性　真弓常忠著　大阪　朱鷺書房　2000.6　248p　19cm　1600円　①4-88602-179-4

◇八坂神社　八坂神社編　改訂新版　学生社　1997.7　209p　20cm　1900円　①4-311-40713-0

◇八坂神社の古記録―企画展　京都市歴史資料館編　京都　京都市歴史資料館　1996.10　1冊(頁付なし)　26cm　〈会期：1996年10月25日～12月1日〉

◇八坂神社の古文書―企画展　京都市歴史資料館編　京都　京都市歴史資料館　1995.10　1冊(頁付なし)　26cm　〈会期：1995年10月20日～11月26日〉

◇八坂神社文書　八坂神社社務所編　〔復刻版〕;増補版　京都　臨川書店　1994.7　3冊(セット)　21cm　45320円　①4-653-02742-0

◇八坂神社の研究　久保田収著　京都　臨川書店　1990.2　387p　22cm　(神道史研究叢書)　〈第2刷(第1刷：神道史学会昭和49年)〉　7828円　①4-653-01929-0

宗　教

◇続史料大成　第43巻　八坂神社記録　1
　竹内理三編　八坂神社社務所編　増補
　京都　臨川書店　1978.10　393p　22cm
　〈八坂神社社務所昭和17年刊の複製〉
　5500円

◇続史料大成　第44巻　八坂神社記録　2
　竹内理三編　八坂神社社務所編　増補
　京都　臨川書店　1978.10　461p　22cm
　〈八坂神社社務所昭和17年刊の複製〉
　5500円

◇続史料大成　第45巻　八坂神社記録　3
　竹内理三編　八坂神社社務所編　増補
　京都　臨川書店　1978.10　600p　22cm
　〈八坂神社社務所昭和36年刊の複製〉
　5500円

◇続史料大成　第46巻　八坂神社記録　4
　竹内理三編　八坂神社社務所編　増補
　京都　臨川書店　1978.10　596, 2p
　22cm　〈八坂神社社務所昭和36年刊の複製〉　5500円

◇八坂神社の研究　久保田収著　京都　神道史学会　1974　366p　22cm　（神道史研究叢書 8）　5200円

◇八坂神社　高原美忠著　学生社　1972
　242p 図　19cm　780円

◇八坂神社記録　下　八坂神社社務所編
　京都　八坂神社社務所　1961　1196p
　22cm　（八坂神社叢書　第2輯）

祇園祭
ぎおんまつり

　京都市東山区にある八坂神社の祭礼。日本三大祭りの一つ。古くは祇園会・祇園御霊会とも称した。通称は屏風祭。平安時代に流行した御霊信仰に基づく御霊会の一つで、社伝によると貞観11年（869年）に疫病退散を祈願して神泉苑に鉾66本を立て、祇園社（八坂神社）から神輿3基を送って素戔嗚尊（牛頭天王）を祀ったのが起源とされる。他に天禄元年（970年）に始まったとする史料もあり、天禄3年（972年）には勅会とされた。かつては毎年陰暦6月7日から14日にかけて催されたが、現在は7月17日の山鉾巡行を中心に、7月1日の吉符入から24日の花傘巡行などを経て31日の疫神社夏越祭まで、1ヶ月をかけて行われる。

＊　　＊　　＊

◇祇園囃子の源流に関する研究　田井竜一編　京都　京都市立芸術大学日本伝統音楽研究センター　2008.12　144p　30cm　（京都市立芸術大学日本伝統音楽研究センター研究報告 3）〈文献あり〉　572円
　①978-4-9904141-2-2

◇京の夏、祇園祭！　京都　コトコト
　2008.5　127p　15cm　（らくたび文庫 ポケットに京都ひとつ 別冊）　667円
　①978-4-903822-81-5

◇写真で見る祇園祭のすべて　島田崇志著, 西山治朗他写真, 森谷尅久監修　京都　光村推古書院　2006.6　151p　21cm
　〈他言語標題：Kyouto Gion Matsuri festival photo collection　年表あり〉
　1900円　④4-8381-0365-4

◇日本史の誕生　十川昌久著〔十川昌久〕
　2006.4　43, 50, 20p　30cm　非売品

◇祇園祭　田島征彦作　新版　童心社
　2005.3　1冊（ページ付なし）　27×31cm
　〈付属資料：1枚〉　1700円　④4-494-00556-8

◇祇園祭の大いなる秘密—日本神仏祭祀の謎を読み解く　久慈力著　批評社
　2004.1　207p　20cm　〈年表あり〉
　1800円　④4-8265-0386-5

◇中世京都と祇園祭—疫神と都市の生活
　脇田晴子著　中央公論新社　1999.6
　234p　18cm　（中公新書）　780円　④4-12-101481-2

◇京都祇園祭の染織美術—山・鉾は生きた美術館　吉田孝次郎監修　京都　京都書院　1998.8　183p　15cm　（京都書院アーツコレクション 163 デザイン 23）

331

宗 教

◇〈他言語標題：Tapestry of Gion-matsuri 編集：エディシオン・アルシーヴ　おもに図〉　1000円　ⓝ4-7636-1663-3

◇祇園祭　植木行宣, 中田昭共著　大阪　保育社　1996.6　151p　15cm　（カラーブックス 888）〈参考文献：p151〉700円　ⓝ4-586-50888-4

◇祇園祭　芳井敬郎編著　京都　松籟社　1994.7　205p　18cm　（京都文庫 3）〈折り込図1枚〉　950円　ⓝ4-87984-145-5

◇まち祇園祭すまい―都市祭礼の現代　谷直樹, 増井正哉共編　京都　思文閣出版　1994.7　198p　26cm　〈写真：京極寛〉3800円　ⓝ4-7842-0846-1

◇京都祇園祭のすべて―絢爛絵巻 祇園祭の完璧ガイド　婦人画報社　1993.5　136p　21cm　（Ars books 6）〈参考文献：p136〉　1600円　ⓝ4-573-40006-0

◇祇園祭細見　山鉾篇　松田元編画　3版　京都　京を語る会　1990.6　197, 6p　26cm　2500円

◇講座祇園囃子　祇園祭山鉾連合会編　京都　祇園祭山鉾連合会　1988.3　114p　26cm

◇ザ・フォト祇園祭　京都　京都書院　1986.7　113p　37cm　〈執筆：田中常雄ほか　撮影：浅野喜市ほか　企画：シーグ社出版　祇園祭略年表：p101 付：主要参考文献〉　2800円　ⓝ4-7636-3032-6

◇ドキュメント祇園祭―都市と祭と民衆と　米山俊直編著　日本放送出版協会　1986.7　177p　19cm　（NHKブックス）〈写真：中川邦昭　参考文献：p173～175〉　900円　ⓝ4-14-003029-1

◇都市と祭りの人類学　米山俊直著　河出書房新社　1986.4　231, 23p　19cm　1600円　ⓝ4-309-24085-2

◇祇園ばやし　片岡義道編著　京都　祇園祭山鉾連合会　1982.7　1冊　31cm

◇祇園会山鉾大鑑　若原史明著　京都　八坂神社　1982.6　1514p　22cm　非売品

◇祇園祭細見　山鉾篇　松田元著　京都　郷土行事の会　1977.6　189, 6p　26cm　〈付：文献〉　2000円

◇祇園祭　編集：祇園祭編纂委員会, 祇園祭山鉾連合会　筑摩書房　1976　図52枚 解説207p　31cm　〈祇園祭略年表：p.206-207〉　25000円

◇祇園祭―都市人類学ことはじめ　米山俊直著　中央公論社　1974　215p　18cm　（中公新書）　380円

◇近世祇園祭山鉾巡行史　祇園祭山鉾連合会編　改訂　京都　祇園祭山鉾連合会　1974　104p　26cm　非売品

◇祇園祭秘話　田中緑紅著, 京を語る会編　京都　京を語る会　1972　62p　19cm　（緑紅叢書 第53輯）　400円

◇京祇園会の話　田中緑紅著　京都　京を語る会　1972　63p　19cm　（緑紅叢書 第15輯）〈2版（初版：昭和35年刊）〉300円

◇祇園会山鉾「鷹山」関係史料　下　京・三条衣棚町文書　下　同志社大学人文科学研究所第二研究（日本封建制研究会）編　京都　同志社大学人文科学研究所第二研究　1971　232p　25cm　〈謄写版〉非売

◇祇園祭ねりもの　下　田中緑紅著　京都　京を語る会　1971　50p　19cm　（緑紅叢書 第34輯）〈2版（初版：昭和35年刊）〉　400円

◇祇園会山鉾「鷹山」関係史料　上　京・三条衣棚町文書　上　同志社大学人文科学研究所第二研究（日本封建制研究会）編　京都　同志社大学人文科学研究所第二研究　1970　163p　25cm　〈謄写版〉　非売

◇祇園祭―鉾立と細部意匠　近藤豊著　大河出版　1970　190p（おもに図版）　22cm　880円

◇近世祇園祭山鉾巡行志　京都　祇園祭山鉾連合会　1968　90p　26cm　非売

◇祇園会余聞　田中緑紅著　京都　京を語る会　1960　50p　19cm　（緑紅叢書 第3輯）〈2版（初版：昭和32年刊）〉　300円

放生会
ほうじょうえ

　供養のため、捕らえられた鳥獣や魚などの生物を山野に解き放つ儀式。仏教の殺生戒・食肉戒に基づくもので、中国などでも行われたが、日本では天武天皇5年（676年）に放生の勅が出されたのに始まり、神仏習合により神道にも取り入れられた。貞観5年（863年）に始まり、後に勅会とされた岩清水八幡宮の放生会は特に有名で、毎年旧暦8月15日に行われていたが、現在は岩清水祭の名で9月15日に催されている。また、養老4年（720年）に九州の隼人の反乱を鎮圧した後、戦死者の鎮魂のために行われた宇佐神宮の放生会もよく知られ、やはり旧暦8月15日に行われていたが、現在は仲秋祭の名で体育の日を最終日とする3日間にわたり行われている。

＊　＊　＊

◇日本古代の民間宗教　菅原征子著　吉川弘文館　2003.9　319, 8p　21cm　8500円　①4-642-02397-6

◇宇佐八幡宮放生会と法蓮　中野幡能著　岩田書院　1998.10　122p　21cm　950円　①4-87294-127-6

◇宇佐神宮の研究　中野幡能著　国書刊行会　1995.8　372p　22cm　9000円　①4-336-03699-3

◇宇佐詣　馬場紀美史著　近代文芸社　1995.4　191p　20cm　2000円　①4-7733-4145-9

◇放生　第一法規出版　1989.8　219p　23×17cm　（仏教行事歳時記 9月）　2580円　①4-474-10159-6

陰陽道
おんようどう

　中国伝来の陰陽五行説に基づき、天文・暦数・卜筮などを用いて吉凶・禍福を占う方術。「おんみょうどう」「いんようどう」とも読む。日本へは6世紀頃に伝えられ、早くから朝廷に採用された。7世紀後半から8世紀初めにかけて律令体制が整えられると中務省の下に陰陽寮が設置され、陰陽道・天文道・暦道を管掌した。平安時代中期以降は賀茂忠行で知られる賀茂氏と安倍晴明で知られる安倍氏が陰陽道を司るようになり、陰陽頭の地位も両氏が独占した。また、平安時代には陰陽道が全盛期を迎えると共に神秘化・俗信化が進み、物忌・方違をはじめとする禁忌などが宮中・公家の日常に大きな影響を及ぼし、中世には武家や民間にも広く流布した。

＊　＊　＊

◇日本の妖術師列伝　中見利男著　中経出版　2009.1　287p　15cm　（中経の文庫 な-2-2）〈文献あり 索引あり〉　571円　①978-4-8061-3257-8

◇吉野裕子全集　第11巻　吉野裕子著　京都　人文書院　2008.3　369p　22cm　3000円　①978-4-409-54998-8

◇王朝貴族のおまじない　繁田信一著　ビイング・ネット・プレス　2008.2　235p　19cm　〈絵：坂田靖子 年表あり〉　1600円　①978-4-904117-00-2

◇図解陰陽師　高平鳴海, 土井猛史, 若瀬諒, 大宮華連著　新紀元社　2007.10　221p　19cm　（F-files no.11）〈文献あり〉　1300円　①978-4-7753-0581-2

◇陰陽道の神々　斎藤英喜著　京都　仏教大学通信教育部, 思文閣出版（製作発売）　2007.9　310, 4p　20cm　（仏教大学鷹陵文化叢書 17）〈年譜あり　文献あり〉　2300円　①978-4-7842-1366-5

◇日本秘教全書　藤巻一保著　増補改訂版

宗　教

学習研究社　2007.9　646, 17p　20cm　〈他言語標題：A complete book of the esoterism in Japan〉　4200円　①978-4-05-403578-2

◇陰陽道×密教―企画展　神奈川県立金沢文庫編　横浜　神奈川県立金沢文庫　2007.8　71p　30cm　〈会期・会場：平成19年8月9日―9月30日　神奈川県立金沢文庫〉

◇王朝時代の陰陽道　斎藤励著, 水口幹記解説　名著刊行会　2007.6　277p　20cm　（歴史学叢書 別冊）〈文献あり〉　2800円　①978-4-8390-0330-2

◇陰陽・五行・陰陽道　吉田文弘著　RGK企画　2007.1　258p　22cm　〈文献あり〉

◇呪いの都平安京―呪詛・呪術・陰陽師　繁田信一著　吉川弘文館　2006.9　209p　20cm　〈年表あり　文献あり〉　2300円　①4-642-07962-9

◇はりま陰陽師紀行　播磨学研究所編　神戸　神戸新聞総合出版センター　2006.4　253p　20cm　（のじぎく文庫）　1600円　①4-343-00358-2

◇陰陽道とは何か―日本史を呪縛する神秘の原像　戸矢学著　PHP研究所　2006.1　243p　18cm　（PHP新書）　740円　①4-569-64764-2

◇陰陽師と魑魅魍魎　藤田晋一著　金の星社　2005.2　143p　18cm　（日本史恐怖の館 図書館版2(平安時代編)）〈年表あり〉　1500円　①4-323-06552-3

◇陰陽師の原像―民衆文化の辺界を歩く　沖浦和光著　岩波書店　2004.10　237p　20cm　2200円　①4-00-022379-8

◇陰陽師と魑魅魍魎　藤田晋一著　金の星社　2004.6　143p　18cm　（日本史恐怖の館 2(平安時代編)）〈年表あり〉　700円　①4-323-06532-9

◇陰陽師と貴族社会　繁田信一著　吉川弘文館　2004.2　341, 7p　22cm　〈文献あり〉　9000円　①4-642-02398-4

◇陰陽師完全解明ファイル　野火迅著　河出書房新社　2003.10　214p　20cm　1500円　①4-309-22403-2

◇あの世・妖怪・陰陽師―異界万華鏡・高知編　特別展　展示解説資料集　高知県立歴史民俗資料館編　南国　高知県立歴史民俗資料館　2003.7　159p　30cm　〈平成15年7月19日―8月31日〉

◇陰陽五行と日本の文化―宇宙の法則で秘められた謎を解く　吉野裕子著　大和書房　2003.4　221p　20cm　2400円　①4-479-84061-3

◇現代に息づく陰陽五行　稲田義行著　日本実業出版社　2003.3　297p　20cm　〈文献あり〉　1500円　①4-534-03550-0

◇源氏物語の深層構造に易あり―源氏物語の暗号　翁長清著　日本図書刊行会　2002.12　91p　20cm　〈東京　近代文芸社（発売）〉　1300円　①4-8231-0820-5

◇日本秘教全書　藤巻一保著　学習研究社　2002.11　617, 8p　20cm　3800円　①4-05-401643-X

◇陰陽道の講義　林淳, 小池淳一編著　京都　嵯峨野書院　2002.10　371p　21cm　〈文献あり〉　3000円　①4-7823-0361-0

◇陰陽道―呪術と鬼神の世界　鈴木一馨著　講談社　2002.7　238p　19cm　（講談社選書メチエ 244）　1500円　①4-06-258244-9

◇陰陽師ロード―安倍晴明名所案内　荒俣宏著　平凡社　2001.9　237p　19cm　1400円　①4-582-82974-0

◇日本陰陽道史話　村山修一著　平凡社　2001.9　327p　16cm　（平凡社ライブラリー）　1300円　①4-582-76406-1

◇平安京の怨霊伝説―陰陽師たちが支配し

た京都　中江克己著　祥伝社　2001.9　258p　16cm　（祥伝社黄金文庫）　552円　⑪4-396-31270-9

◇陰陽道関係史料　詫間直樹, 高田義人編著　汲古書院　2001.7　304, 27p　22cm　9500円　⑪4-7629-4162-X

◇シャーマニズムの文化学—日本文化の隠れた水脈　岡部隆志, 斎藤英喜, 津田博幸, 武田比呂男著　森話社　2001.7　251p　19cm　（叢書・"知"の森1）　2300円　⑪4-916087-21-6

◇陰陽五行思想からみた日本の祭—伊勢神宮祭祀・大嘗祭を中心として　吉野裕子著　京都　人文書院　2000.10　462p　20cm　3900円　⑪4-409-54060-2

◇陰陽師列伝—日本史の闇の血脈　志村有弘著　学習研究社　2000.9　244p　20cm　（Esoterica selection）　1800円　⑪4-05-401010-5

◇日本陰陽道書の研究　中村璋八著　増補版　汲古書院　2000.1　613, 43p　22cm　13000円　⑪4-7629-3130-6

◇易・五行と源氏の世界　吉野裕子著　京都　人文書院　1999.12　234p　20cm　2000円　⑪4-409-54058-0

◇陰陽師安倍晴明　志村有弘文, 加藤道子絵　勉誠社　1997.1　116p　22cm　（親子で楽しむ歴史と古典13）　1545円　⑪4-585-09014-2

◇修験・陰陽道と社寺史料　村山修一著　京都　法蔵館　1997.1　549, 21p　22cm　〈著作目録あり　束引あり〉　15049円　⑪4-8318-7490-6

◇平安時代の宗教文化と陰陽道　山下克明著　岩田書院　1996.11　408, 12p　22cm　8400円　⑪4-900697-65-6

◇陰陽道物語　滝沢解著　春秋社　1996.10　240p　20cm　2266円　⑪4-393-29123-9

◇年代学（天文・暦・陰陽道）の研究　大東文化大学東洋研究所編　大東文化大学東洋研究所　1996.3　435, 11p　22cm　〈発売：汲古書院〉　14420円

◇天文・暦・陰陽道　年代学研究会編　岩田書院　1995.4　333p 図版12枚　22cm　（年代学論集1）　10197円　⑪4-900697-22-2

◇憑霊信仰論—妖怪研究への試み　小松和彦著　講談社　1994.3　362p　15cm　（講談社学術文庫）　980円　⑪4-06-159115-0

◇陰陽道を媒介とした神仏習合—吉田神道を中心として　高尾義政著　東洋史観算命学総本校高尾学館　1993.4　527p　24cm　〈奥付の書名（誤植）：陰陽道を媒介とした信仰習合　著者の肖像あり〉　12000円

◇隠された神々—古代信仰と陰陽五行　吉野裕子著　人文書院　1992.11　233p　19cm　2266円　⑪4-409-54040-8

◇陰陽道叢書　1　古代　村山修一ほか編　名著出版　1991.9　361p　22cm　〈折込表1枚〉　6200円　⑪4-626-01425-9, 4-626-01578-6

◇陰陽五行説—その発生と展開　根本幸夫, 根井養智著　薬業時報社　1991.7　295p　21cm　〈監修：根本光人〉　3980円　⑪4-8407-1841-5

◇陰陽道基礎史料集成　村山修一編著　東京美術　1987.11　437p　31cm　28000円　⑪4-8087-0372-6

◇神道大系　論説編16　陰陽道　神道大系編纂会編　下出積与校注　神道大系編纂会　1987.7　469p　23cm

◇日本陰陽道史話　村山修一著　大阪　大阪書籍　1987.2　255p　19cm　（朝日カルチャーブックス71）　1200円　⑪4-7548-1071-6

宗 教

◇陰陽五行思想史研究　岩佐貫三著　〔岩佐貫三〕〔1979〕2冊 25cm 〈電子複写〉

◇陰陽五行思想からみた日本の祭―伊勢神宮祭祀・大嘗祭を中心として　吉野裕子著　弘文堂　1978.6　372p　22cm　4600円

◇魔よけとまじない―古典文学の周辺　中村義雄著　塙書房　1978.1　242p　17cm　（塙新書）550円

◇陰陽道―占いによって古代から謎のナゾを解く　長原芳郎著　雄鶏社　1969　354p　19cm　480円

◇王朝時代の陰陽道　斎藤励著　創元社　1947　225p　図版　19cm　（日本文化名著選）

安倍 晴明
あべの せいめい

延喜21年（921年）～寛弘2年9月26日（1005年）

　平安時代中期の陰陽師。後に清明と改名。大膳大夫阿倍益材の子で、文武朝の右大臣阿倍御主人の後裔とされる。天徳4年（960年）に天文得業生となり、天文博士・主計権助・大膳大夫・左京権大夫などを歴任し、従四位下に至った。賀茂忠行・保憲父子に学んで天文道や陰陽道を究め、安倍氏（土御門家）の祖となり、子孫は代々陰陽頭を務めた。早くから陰陽道の達人として伝説化され、『今昔物語』『宇治拾遺物語』『古今著聞集』『大鏡』など多くの文献に式神を駆使して異変を予知したり、大江山の鬼退治を指導したなどの逸話が残る他、京都の阿倍神社（清明神社）に祀られている。著書に『占事略決』がある他、『金烏玉兎集』など晴明の著と伝えられる書は多いが真偽は定かでない。

＊　　＊　　＊

◇安倍晴明の謎―妖魔の系譜　岡崎いずみ著　ぶんか社　2008.4　203p　15cm　（ぶんか社文庫）571円　①978-4-8211-5144-8

◇安倍晴明「占事略決」詳解　松岡秀達著　岩田書院　2007.7　171p　21cm　2400円　①978-4-87294-449-5

◇安倍晴明―陰陽師たちの平安時代　繁田信一著　吉川弘文館　2006.8　200p　19cm　（歴史文化ライブラリー 215）〈文献あり〉1700円　①4-642-05615-7

◇歴史民俗学　25号　特集 陰陽師の末裔たち　歴史民俗学研究会編，小林義孝責任編集　批評社　2006.8　214p　21cm　1900円　①4-8265-0450-0

◇陰陽師―安倍晴明と蘆屋道満　繁田信一著　中央公論新社　2006.4　206p　18cm　（中公新書）740円　①4-12-101844-3

◇大阪安倍晴明神社関係資料集　阿倍王子神社編　講談社出版サービスセンター　2005.8　110p　21cm　〈年表あり〉1905円　①4-87601-722-0

◇安倍晴明撰『占事略決』と陰陽道　小坂真二著　汲古書院　2004.11　469p　22cm　〈文献あり〉15000円　①4-7629-4167-0

◇安倍晴明―陰陽の達者なり　斎藤英喜著　京都　ミネルヴァ書房　2004.10　300,10p　20cm　（ミネルヴァ日本評伝選）〈肖像あり　年譜あり〉2400円　①4-623-04255-3

◇図説安倍晴明と陰陽道　山下克明監修，大塚活美，読売新聞大阪本社編　河出書房新社　2004.8　111p　22cm　（ふくろうの本）〈年譜あり　年表あり〉1600円　①4-309-76051-1

◇魔界京都―安倍晴明と平安京奇譚　川端洋之文，東祥司写真　京都　光村推古書院　2004.7　95p　17×19cm　（Suiko books 131）1600円　①4-8381-0336-0

◇安倍晴明の一千年―「晴明現象」を読む　田中貴子著　講談社　2003.11　204p　19cm　（講談社選書メチエ 284）〈文献

宗　教

あり〉　1500円　⓵4-06-258284-8

◇安倍晴明の世界―陰陽道と平安京　川合章子文,横山健蔵写真　京都　淡交社　2003.11　126p　21cm　（新撰京の魅力）　1500円　⓵4-473-03116-0

◇安倍晴明と陰陽道の秘術―式神を操り呪術を駆使する安倍晴明と陰陽師たちの活躍　新人物往来社　2003.11　251p　21cm　（別冊歴史読本 64）〈年表あり〉　1800円　⓵4-404-03064-9

◇安倍晴明を旅する―陰陽師伝説紀行　学習研究社　2003.10　50p　29cm　（週刊神社紀行別冊）　648円

◇安倍晴明の虚像と実像―語られた歴史・由緒と被差別民　大阪人権博物館編　大阪　大阪人権博物館　2003.9　82p　30cm　〈会期：2003年9月9日―11月9日〉

◇陰陽師・徹底解剖―陰陽夜話安部清明の世界　夢枕獏編　朝日新聞社　2003.9　245p　15cm　（朝日文庫）「陰陽夜話」（朝日新聞社2001年刊）の増訂〉　520円　⓵4-02-261426-9

◇安倍晴明と陰陽道展　京都文化博物館,郡山市立美術館,読売新聞大阪本社編　大阪　読売新聞大阪本社　2003.7　169p　30cm　〈会期・会場：2003年7月12日―8月17日　京都文化博物館　ほか　年表あり〉

◇安倍晴明・紫式部を歩く　高原豊明,岡本小夜子著　講談社　2003.5　241p　18cm　1600円　⓵4-06-211525-5

◇安倍晴明と聖徳太子の秘密　西孝二郎著　彩図社　2003.4　270p　15cm　（ぶんりき文庫）〈文献あり〉　650円　⓵4-88392-341-X

◇〈安倍晴明〉の文化学―陰陽道をめぐる冒険　斎藤英喜,武田比呂男編　新紀元社　2002.12　417p　21cm　〈年表あり　文献あり〉　3000円　⓵4-7753-0109-8

◇陰陽師―安倍晴明の末裔たち　荒俣宏著　集英社　2002.12　232p　18cm　（集英社新書）　680円　⓵4-08-720173-2

◇安倍晴明公　晴明神社編,千宗守ほか著　講談社　2002.9　264p　22cm　〈肖像あり〉　2800円　⓵4-06-210983-2

◇陰陽師安倍晴明に出会う旅―安倍晴明をだずねるガイドブック　吉田憲右著　コスミック出版　2002.7　127p　21cm　（コスモブックス）〈東京　コスミックインターナショナル（発売）〉　1000円　⓵4-88532-848-9

◇安倍晴明&陰陽道　2　徳間書店　2001.11　351p　21cm　（Roman album）〈折り込1枚〉　1333円　⓵4-19-720177-X

◇七人の安倍晴明　夢枕獏編著　文芸春秋　2001.11　252p　16cm　（文春文庫）〈桜桃書房1998年刊の増訂〉　495円　⓵4-16-752806-1

◇安倍晴明―謎の陰陽師と平安京の光と影　学習研究社　2001.10　177p　26cm　（歴史群像シリーズ 65号）　1500円　⓵4-05-602597-5

◇陰陽夜話　夢枕獏編　朝日新聞社　2001.10　235p　19cm　〈執筆：荒俣宏ほか〉　1200円　⓵4-02-257681-2

◇陰陽師「安倍晴明」とっておき99の秘話　安倍晴明研究会,南原順著　二見書房　2001.10　234p　15cm　（二見wai wai文庫）　495円　⓵4-576-01127-8

◇陰陽師ロード―安倍晴明名所案内　荒俣宏著　平凡社　2001.9　237p　19cm　1400円　⓵4-582-82974-0

◇安倍晴明陰陽師超能力者　志村有弘,豊嶋泰国編　勉誠出版　2001.6　174p　22cm　（Museo 4）　1300円　⓵4-585-09069-X

◇マンガ安倍晴明&陰陽師がよくわかる本　川合章子著　講談社　2001.5　221p

宗 教

20cm （Kodansha sophia books）〈年表あり〉 1300円 ⓣ4-06-269144-2

◇安倍晴明読本―陰陽宮総集編 谷恒生著 小学館 2001.3 228p 15cm （小学館文庫）〈奥付のタイトル：安倍晴明〉 533円 ⓣ4-09-403778-0

◇安倍晴明/占いの秘密 渡辺豊和著 文英堂 2001.2 303p 21cm 1900円 ⓣ4-578-12981-0

◇安倍晴明伝説 諏訪春雄著 筑摩書房 2000.12 190p 18cm （ちくま新書） 680円 ⓣ4-480-05876-1

◇安倍晴明―封じられた呪術秘められた占術 歴史の謎研究会編 青春出版社 2000.10 219p 15cm （青春文庫） 505円 ⓣ4-413-09163-9

◇安倍晴明と陰陽道 長谷川卓, 冬木亮子著 ベストセラーズ 2000.10 206p 18cm （ワニのnew新書） 667円 ⓣ4-584-10324-0

◇安倍晴明―謎の大陰陽師とその占術 藤巻一保著 学習研究社 2000.9 294p 15cm （学研M文庫） 570円 ⓣ4-05-901007-3

◇安倍晴明占術大全―『簠簋内伝金烏玉兎集』現代語訳総解説 藤巻一保訳・解説 学習研究社 2000.9 317p 21cm （Esoterica selection） 2500円 ⓣ4-05-401219-1

◇安倍晴明―怨霊都市・平安京を駆け抜けた天才陰陽師 土井康弘ほか著 早稲田出版 2000.8 156p 21cm 1200円 ⓣ4-89827-209-6

◇ズバリわかる陰陽師安倍清明 陰陽道研究会著 コスミックインターナショナル 2000.8 176p 18cm （コスモブックス） 857円 ⓣ4-88532-828-4

◇安倍晴明「闇」の伝承 小松和彦著 桜桃書房 2000.6 219p 20cm 1600円 ⓣ4-7567-1139-1

◇「総特集」安倍晴明―陰陽師・闇の支配者 河出書房新社 2000.6 199p 21cm （Kawade夢ムック） 1143円 ⓣ4-309-97585-2

◇週刊安倍晴明 「週刊平安」編集部著 ぶんか社 2000.5 231p 23cm 1400円 ⓣ4-8211-0706-6

◇安倍晴明を旅しよう 南原順著 二見書房 2000.4 268p 21cm 1200円 ⓣ4-576-00570-7

◇陰陽道安倍晴明の謎 歴史の謎研究会編 青春出版社 2000.3 215p 15cm （青春文庫） 505円 ⓣ4-413-09134-5

◇安倍晴明―わかりやすい陰陽道77のキーワード せがわまさき画, 石塚勝美作 講談社 2000.2 201p 19cm （KCDX 1276） 1200円 ⓣ4-06-334276-X

◇安倍晴明―北の五芒星 右近稜ほか著 春陽堂書店 2000.1 239p 19cm 1800円 ⓣ4-394-90180-4

◇安倍晴明伝説 高原豊明著, 岡田正人写真 PHPエディターズ・グループ 1999.12 137p 21cm 〈東京 PHP研究所（発売）〉 1500円 ⓣ4-569-60884-1

◇「安倍晴明」ワールド―現代に生きる千年の"闇" 百瀬明治著 アートブック本の森 1999.11 244p 19cm 〈〔東京〕コアラブックス（発売）〉 1000円 ⓣ4-87693-490-8

◇安倍晴明&陰陽師大全 コーエー出版部編 横浜 光栄 1999.9 127p 21cm 1400円 ⓣ4-87719-738-9

◇陰陽師安倍晴明 志村有弘著 角川書店 1999.8 231p 15cm （角川文庫）〈『平安京のゴーストバスター』（平成7年刊）の増訂〉 600円 ⓣ4-04-349001-1

◇陰陽師「安倍晴明」超ガイドブック 安倍晴明研究会著 二見書房 1999.8

宗教

270p　21cm　1200円　①4-576-99150-7

◇安倍晴明読本　豊嶋泰国著　原書房　1999.7　304p　21cm　1500円　①4-562-03219-7

◇ワールド・ミステリー・ツアー13　8　京都篇　同朋舎,角川書店〔発売〕　1999.7　220p　21cm　2000円　①4-8104-2560-6

◇安倍晴明―謎の大陰陽師とその占術　藤巻一保著　学習研究社　1997.6　251p　20cm　（Esoterica selection）　1800円　①4-05-400796-1

◇陰陽師安倍晴明　志村有弘文,加藤道子絵　勉誠社　1997.1　116p　22cm　（親子で楽しむ歴史と古典 13）　1545円　①4-585-09014-2

◇安倍晴明伝説―写真集　高原豊明著　岡山　豊喜社　1995.9　87p　30cm　〈安倍晴明の肖像あり〉　5000円　①4-89620-021-7

◇平安京のゴーストバスター―陰陽師安倍晴明　志村有弘著　角川書店　1995.7　233p　20cm　1400円　①4-04-821048-3

◇妖怪草紙―あやしきものたちの消息　荒俣宏,小松和彦著　工作舎　1987.11　356p　21cm　2800円

方違
かたたがえ

　陰陽道に基づく風習の一種。外出あるいは帰宅の際、目的地が金神・天一神(なかがみ)・八将神が遊行する方角などに当たる場合、これを避けるために前夜に別の方角に出発して一泊し、方角を変えてから目的地に向かうもの。避けるべき方角を方塞(かたふたがり)、方塞へ向かうのを忌むことを方忌(かたいみ)、方塞を避けるために泊まる宿を方違所(かたたがえどころ)、方忌を犯した祟りを方祟(かたたたり)と称する。宮中や公家の間で9世紀中頃に始まり、平安時代から鎌倉時代にかけて、特に院政期に盛んに行われた。

　　　＊　　＊　　＊

◇平安文学の環境―後宮・俗信・地理　加納重文著　大阪　和泉書院　2008.5　685p　22cm　（研究叢書 378）　12000円　①978-4-7576-0467-4

◇陰陽道「方違・厄除」呪占―安倍晴明極意　九燿木秋佳著　二見書房　2003.2　254p　19cm　〈付属資料：陰陽道年盤2枚＋方位版用コマ1枚＋骰子2枚＋絵札8枚〉　1800円　①4-576-02225-3

◇秘伝陰陽道占いの法　豊嶋泰国著　原書房　1999.12　326p　19cm　1400円　①4-562-03271-5

◇方忌みと方違え―平安時代の方角禁忌に関する研究　ベルナール・フランク著,斎藤広信訳　岩波書店　1989.1　252p　22cm　7300円　①4-00-000325-9

物忌
ものいみ

　神事や凶事に際し、飲食や行動を慎み、身を清め、心身の不浄を避ける風習。忌・諱忌・潔斎・斎戒とも称される。神祇令には神事の前後に行う軽い散斎(あらいみ)と当日に行う厳重な致斎(まいみ)とが定められ、散斎では弔問・病気見舞・肉食・刑罰・音楽・触穢などが禁じられ、致斎では神事以外の一切を控えるとされる。凶事の物忌は陰陽道に基づいており、平安時代から鎌倉時代にかけて公家の間で広く行われた。これは夢見の悪い時、穢れに触れた時、暦の凶日などに外出を控えるというもので、物忌の間は家門を閉ざし、大事な用務や行事があっても出席せず、来客があっても会わない。また、髪・冠・簾などに「物忌」と記した札をかけた。

　　　＊　　＊　　＊

◇平安文学の環境―後宮・俗信・地理　加納重文著　大阪　和泉書院　2008.5　685p　22cm　（研究叢書 378）　12000円　①978-4-7576-0467-4

◇農耕・物忌・祖先祭　上井久義著　大阪　清文堂出版　2005.8　302p　図版4p

宗教

22cm 〈上井久義著作集 第5巻〉〈シリーズ責任表示：上井久義著〉 5000円 ①4-7924-0565-3

◇秘伝陰陽道占いの法 豊嶋泰国著 原書房 1999.12 326p 19cm 1400円 ①4-562-03271-5

◇古代史論叢 渡辺直彦編 続群書類従完成会 1994.7 369p 22cm 8240円 ①4-7971-0655-7

◇講座神道 第3巻 近代の神道と民俗社会 桜井徳太郎,大浜徹也編 桜楓社 1991.6 245p 22cm 4900円 ①4-273-02427-6

◇光源氏の四季―王朝のくらし 尾崎左永子著 朝日新聞社 1989.2 265p 20cm 1500円 ①4-02-255920-9

北野天満宮
きたのてんまんぐう

京都市上京区にある神社。旧官幣中社。太宰府天満宮と共に全国にある天満宮の本宮。北野天神・天満天神・火雷天神・天満宮天神などとも称され、天神さん・北野さんと俗称される。主祭神は菅原道真で、相殿に中将殿（道真の長子高視）と吉祥女（道真夫人）を祀る。大宰府に流されて死んだ菅原道真の怨霊を鎮めるため、天慶5年（942年）に西京七条に小祠が構えられ、天暦元年（947年）に現在の場所に移転し、天徳3年（959年）に右大臣藤原師輔が壮麗な社殿を建てた。永延元年（987年）に例祭の北野祭（8月5日、後に4日）が勅祭として始まり、後に二十二社に列した。また、文学の神・書道の神などとして古来朝野の尊崇を集め、現在は学問の神として受験生らの参拝者が後を絶たない。現在の社殿は慶長12年（1607年）に豊臣秀頼が造営したもので、現存最古の権現造とされ、国宝に指定されている。

＊　＊　＊

◇北野天満宮史料 宮仕記録 続4 北野天満宮史料刊行会編 京都 北野天満宮 2007.2 474p 22cm

◇北野天満宮史料 年行事帳 北野天満宮史料刊行会編 京都 北野天満宮 2004.6 575p 22cm

◇北野天満宮史料 遷宮記録3 北野天満宮史料刊行会編 京都 北野天満宮 2003.4 471p 22cm

◇北野天満宮史料 遷宮記録2 北野天満宮史料刊行会編 京都 北野天満宮 2001.11 590p 22cm

◇北野天満宮神宝展―特別展覧会菅原道真公1100年祭記念 京都国立博物館編 東京新聞 2001.4 298p 30cm 〈会期・会場：平成13年4月10日－5月13日 京都国立博物館ほか〉

◇北野天満宮史料 遷宮記録1 北野天満宮史料刊行会編 京都 北野天満宮 2000.3 482p 22cm 〈付属資料：図3枚（袋入）〉

◇北野天満宮史料 宮仕記録 続3 北野天満宮史料刊行会編 京都 北野天満宮 1999.2 464p 22cm

◇北野天満宮史料 宮仕記録 続2 北野天満宮史料刊行会編 京都 北野天満宮 1997.9 441p 22cm

◇北野神社文書 田沼睦校訂 続群書類従完成会 1997.5 232p 22cm 〈史料纂集 古文書編28〉 9000円 ①4-7971-0410-4

◇北野天満宮史料 宮仕記録 続1 北野天満宮史料刊行会編 京都 北野天満宮 1996.6 457p 22cm

◇天満宮 竹内秀雄著 吉川弘文館 1996.5 389,8p 20cm 〈日本歴史叢書 新装版〉〈新装版 叢書の編者：日本歴史学会〉 3193円 ①4-642-06636-5

◇NHK国宝への旅 第19巻 大分 宇佐神宮.滋賀竹生島 宝厳寺・都久夫須麻神社.京都 北野天満宮/北野天神縁起絵巻.福井 明通寺 NHK取材班著 日本放送出版協

会　1990.1　146p　24cm　1900円　④4-14-008656-4

◇北野天満宮史料目録―昭和60年2月調査　北野天満宮史料刊行会編　京都　北野天満宮　1985.8　115p　26cm

◇北野天満宮史料　目代記録　北野天満宮史料刊行会編　京都　北野天満宮　1984.7　804p　22cm

◇北野天満宮史料　宮仕記録　北野天満宮史料刊行会編　京都　北野天満宮　1981.12　944p　22cm

◇北野天満宮史料　古文書　北野天満宮史料刊行会編　京都　北野天満宮　1978.4　434p　22cm

◇北野天満宮史料―目代日記　北野天満宮史料刊行会編　京都　北野天満宮　1975　722p　図　22cm

◇天満宮　竹内秀雄著　吉川弘文館　1968　389p　図版　20cm　（日本歴史叢書 19 日本歴史学会編）　950円

石清水八幡宮
いわしみずはちまんぐう

　京都府八幡市高坊にある神社。旧官幣大社。男山八幡宮とも称される。祭神は誉田別尊（応神天皇）・比咩大神（宗像三女神）・息長帯比売命（神功皇后）。貞観元年（859年）に宇佐八幡宮を勧請したのが起源とされる。伊勢神宮に次ぐ第二の宗廟として朝廷から尊崇され、貞観3年（861年）に京畿名神七社、永保元年（1081年）には二十二社のうち上七社に列した他、天皇の行幸は永祚元年（989年）から明治10年（1877年）まで240余度を数える。また、清和源氏の氏神とされ、中世以降は武神として武家に尊崇された。例祭は9月15日に行われる石清水放生会（石清水祭・男山祭）で、賀茂祭・春日祭と共に三大勅祭の一つに数えられる。現在の社殿は寛永8年（1631年）に徳川家光が造営したもので、国宝に指定されている。

＊　　＊　　＊

◇八幡信仰　中野幡能編　POD版　雄山閣　2003.4　292p　21cm　（民衆宗教史叢書）　4800円　④4-639-10004-3

◇石清水八幡宮史　首巻　田中弘清著　続群書類従完成会　1997.7　1冊　21cm　12000円　④4-7971-0669-7

◇石清水八幡宮史　史料　第8輯　石清水八幡宮著　続群書類従完成会　1996.10　620p　23cm　〈第2刷（第1刷：昭和12年））　15000円　④4-7971-0668-9

◇続石清水八幡宮史料叢書　2　田中家文書目録　2　続群書類従完成会　1996.10　190p　図版127枚　22cm　8000円　④4-7971-1006-6

◇石清水八幡宮史　史料　第7輯　石清水八幡宮著　続群書類従完成会　1996.4　646p　23cm　〈第2刷（第1刷：昭和11年））　15450円　④4-7971-0667-0

◇石清水八幡宮史　史料　第6輯　田中弘清著　続群書類従完成会　1995.10　958p　21cm　18540円　④4-7971-0666-2

◇石清水八幡宮史　史料　第5輯　石清水八幡宮著　続群書類従完成会　1995.4　700p　23cm　〈第2刷（第1刷：昭和10年））　15450円　④4-7971-0665-4

◇石清水八幡宮史　史料　第4輯　石清水八幡宮著　続群書類従完成会　1994.10　978p　23cm　〈第2刷（第1刷：昭和9年））　18540円

◇石清水八幡宮史　史料　第3輯　石清水八幡宮著　続群書類従完成会　1994.4　862p　23cm　〈第2刷（第1刷：昭和9年））　18540円

◇石清水八幡宮史　史料　第2輯　石清水八幡宮著　続群書類従完成会　1993.10　698p　23cm　〈第2刷（第1刷：昭和8年））　15450円

◇石清水八幡宮史　史料　第1輯　石清水八幡宮著　続群書類従完成会　1993.4　850p　23cm　〈第2刷（第1刷：昭和7

宗教

年)〉 15450円

◇続石清水八幡宮史料叢書 3 菊大路家文書目録 続群書類従完成会 1988.6 176p 図版137枚 22cm (石清水八幡宮文書目録3) 8000円

◇八幡神行状 桑名弘著 リーベル出版 1987.1 161p 19cm 1200円 ⓣ4-947602-72-4

◇続石清水八幡宮史料叢書 1 田中家文書目録 1 続群書類従完成会 1985.12 283p 図版95枚 22cm 8000円

◇石清水八幡宮史料叢書 2 縁起・託宣・告文 八幡町(京都府) 石清水八幡宮社務所 1976 524p 図 22cm 非売品

◇石清水八幡宮史料叢書 5 造営・遷宮・回禄 八幡町(京都府) 石清水八幡宮社務所 1975 689p 図 22cm 非売品

◇石清水八幡宮史料叢書 4 年中神事・服忌・社参 八幡町(京都府) 石清水八幡宮社務所 1973 669p 図 22cm 非売品

◇石清水八幡宮史料叢書 3 臨放記 八幡町(京都府) 石清水八幡宮社務所 1972 576p 図 22cm 非売

◇石清水八幡宮史料叢書 第1 男山考古録 八幡町(京都府) 石清水八幡宮社務所 1960 555p 図版 22cm

春日大社
かすがたいしゃ

奈良市春日野町にある神社。旧官幣大社。全国にある春日神社の総本社である。古くは春日神社と称し、昭和21年(1946年)に改称した。祭神は武甕槌命・経津主命・天児屋根命・比売神。社伝によると、和銅3年(710年)の平城京遷都に際し、藤原不比等が氏神である鹿島神宮の武甕槌命を春日御蓋山の山頂浮雲峰に祀ったのを起源とする。神護景雲2年(768年)には左大臣藤原永手が現在の地に社殿を造営して枚岡の藤原氏の祖神(天児屋根命・比売神)を遷し、鹿島・香取から武甕槌命・経津主命を勧請したとされる。同氏の氏神として氏寺興福寺と共に栄え、名神大社および二十二社に列した他、伊勢神宮・石清水八幡宮と共に三社と称された。例祭は3月13日の春日祭で、三大勅祭の一つに数えられる。現在の本殿は文久3年(1863年)の造営で、国宝に指定されている。平成10年(1998年)に「古都奈良の文化財」の一つとして世界遺産(文化遺産)に登録された。

　　　　　＊　　＊　　＊

◇春日大社 三好和義ほか著 京都 淡交社 2003.12 149p 27cm (日本の古社) 〈年表あり〉 2800円 ⓣ4-473-03109-8

◇春日大社年表 春日大社編 奈良 春日大社 2003.4 191p 30cm

◇春日大社の版木 奈良 元興寺文化財研究所 2003.3 43,14p 30cm 〈(財)大和文化財保存会援助事業による〉

◇春日大社—写真集 田中真知郎撮影, 大東延和文,春日大社監修 大阪 綜文館 1996.8 67p 30cm 〈年表あり〉 ⓣ4-88213-083-1

◇春日大社のご由緒 春日大社編 奈良 春日大社 1995.11 89,8p 22cm 〈年表:p40〜50〉

◇春日の神々への祈りの歴史 大東延和著 〔奈良〕 〔大東延和〕 1995.11 255p 21cm 〈著者論考・随想:p251〜255〉 非売品

◇春日大社—秘儀開封 生きている正倉院 大塚清吾写真 角川書店 1995.10 258p 27cm 〈監修:上田正昭〉 5800円 ⓣ4-04-851109-2

◇春日明神—氏神の展開 上田正昭編 筑摩書房 1987.12 182p 20cm 〈執筆:上田正昭ほか 各章末:参考文献〉 1900円 ⓣ4-480-85415-0

◇春日の神は鹿にのって 花山院親忠著

宗　教

清水弘文堂　1987.3　223p　20cm　1200円

◇春日大社文書　第6巻　永島福太郎編集校訂　〔奈良〕　〔春日大社〕　1986.7　276p　22cm　〈発売：吉川弘文館（東京）〉　7000円　ⓘ4-642-01130-7

◇春日大社文書　第5巻　永島福太郎編集校訂　〔奈良〕　〔春日大社〕　1985.4　264p　22cm　〈発売：吉川弘文館（東京）〉　6300円　ⓘ4-642-01129-3

◇春日大社文書　第4巻　永島福太郎編集校訂　〔奈良〕　〔春日大社〕　1984.4　254p　22cm　〈発売：吉川弘文館（東京）〉　6300円　ⓘ4-642-01128-5

◇春日大社文書　第3巻　永島福太郎編集校訂　〔奈良〕　春日大社　1983.7　246p　22cm

◇春日大社文書　第1巻　永島福太郎編集校訂　〔奈良〕　春日大社　1981.3　262p　図版2枚　22cm　〈製作：吉川弘文館〉

◇春日大社文書　第2巻　永島福太郎編集校訂　〔奈良〕　春日大社　1981.3　253p　図版2枚　22cm　〈製作：吉川弘文館〉

◇新修春日社社司補任記　大東延篤編　奈良　春日宮本会　1972　1冊（頁付なし）　27cm　〈稿本の複製〉　非売

◇奈良春日野　大仏次郎、永島福太郎文、入江泰吉写真　京都　淡交社　1968　220p（図版共）　22cm　800円

◇春日大社・興福寺　近畿日本鉄道創立五十周年記念出版編集所編　大阪　近畿日本鉄道　1961　169p　図版21枚　27cm　〈近畿日本叢書　第6冊〉

神輿
みこし

神幸の際に神霊の乗物とされる輿。「しんよ」とも読み、「御輿」とも書く。多くは木製・黒漆塗りで金銅金具を付す。形状は四角形・六角形・八角形などで、屋根の中央に鳳凰・葱花などを飾る。台には2本の担ぎ棒を縦に通すのが一般的で、氏子の若者らが大勢で担いで練り歩く。行幸の際の天皇の乗物である鳳輦を原型とし、天平勝宝元年（749年）に大仏建立を助けるため東大寺へ渡御した宇佐八幡神の輿が記録に残る最古の例である。平安時代中期の御霊信仰隆盛に伴い広く用いられるようになり、延暦寺の僧兵が日吉大社の神輿を担いで強訴に及んだことは広く知られている。

　　　　＊　　　＊　　　＊

◇神輿　NHK「美の壺」制作班編　日本放送出版協会　2008.9　70p　21cm　（NHK美の壺）　950円　ⓘ978-4-14-081309-6

◇神輿図鑑　4　江戸・神輿・祭礼・暦　斎藤力、高橋一郎編著　アクロス、星雲社（発売）　2008.5　266p　27cm　〈写真：大沢博ほか〉　4500円　ⓘ978-4-434-11930-9

◇祭り―郷土の神輿と山車　渡辺良正著　政策調査会（発売）　2002.11　80, 256p　31cm　38000円

◇神輿図鑑　3　斎藤力、高橋一郎、木村喜久男編著、安藤昇ほか写真　アクロス　2001.5　158p　27cm　〈東京 星雲社（発売）〉　3500円　ⓘ4-7952-8915-8

◇神輿図鑑　2　木村喜久男, 高橋一郎編著、柳隆司ほか写真　アクロス　1999.5　143p　27cm　〈東京 星雲社（発売）〉　3500円　ⓘ4-7952-8914-X

◇神輿　池田サ七著　茅ヶ崎　吉田博文　1998.2　220p　26cm

◇神輿図鑑　1　木村喜久男編　アクロス　1997.5　126p　27cm　〈標題紙・背の著者表示（誤植）：木村久喜男　発売：星雲社〉　3500円＋税　ⓘ4-7952-8912-3

◇神輿と明王太郎―宮大工の技術と伝統　手中正著　東京美術　1996.4　266p

343

27cm 〈折り込図1枚〉 12360円 ①4-8087-0629-6

◇男が咲かす祭り華 粕谷宗関著 姫路 粕谷宗関 1996.3 519p 19cm

◇神輿 2 京都・近江版 監物恒夫著 松戸 刊々堂出版社 1983.8 263p 27cm 〈発売：星雲社（東京） おもに図〉 8000円 ①4-7952-1333-X

◇神輿 1 監物恒夫著 松戸 刊々堂出版社 1982.5 435p 22cm 〈発売：星雲社（東京） おもに図〉 3700円 ①4-7952-1324-0

熊野詣
くまのもうで

　熊野信仰に基づき、紀伊の熊野三山（本宮・新宮・那智）に参詣すること。熊野三山は古くから修験道の修行地として知られ、平安時代後期に浄土信仰が隆盛すると浄土とみなされるようになった。院政期には上皇が盛んに御幸し、10世紀初めの宇多上皇から13世紀後半の亀山上皇まで、その数は100回を超える。中でも後白河法皇は34回、後鳥羽上皇は28回にわたり御幸している。一方、天皇の行幸は行われなかった。鎌倉時代には武家・庶民が参詣するようになったが、室町時代以降は伊勢参りの流行に押されるなどして衰退した。

　　　　＊　　＊　　＊

◇世界遺産神々の眠る「熊野」を歩く 植島啓司文、鈴木理策写真 集英社 2009.4 252p 18cm （集英社新書ヴィジュアル版）〈文献あり〉 1200円 ①978-4-08-720487-2

◇那智叢書 朝日芳英監修 復刻版 那智勝浦町（和歌山県） 熊野那智大社 2008.12 978p 22cm 〈原本：昭和37-52年刊〉 3800円

◇熊野大神―蘇りの聖地と神々のちから 加藤隆久監修 戎光祥出版 2008.2 175p 22cm （イチから知りたい日本の神さま 1） 2200円 ①978-4-900901-82-7

◇熊野比丘尼を絵解く 根井浄、山本殖生編著 京都 法蔵館 2007.11 523p 図版8枚 22cm 6000円 ①978-4-8318-7562-4

◇聖地への憧れ―中世東国の熊野信仰 特別展 神奈川県立歴史博物館編 横浜 神奈川県立歴史博物館 2005.10 160p 30cm 〈会期・会場：平成17年10月8日―11月20日 神奈川県立歴史博物館〉

◇熊野三山と熊野別当 阪本敏行著 大阪 清文堂出版 2005.8 463, 15p 22cm 12000円 ①4-7924-0587-4

◇女人禁制の高野山と女人参詣の熊野三山 松田文夫編 〔和歌山〕 〔松田文夫〕 2005.8 116p 23cm 〈年表あり 著作目録あり〉 2300円

◇熊野、修験の道を往く―「大峯奥駈」完全踏破 藤田庄市写真・文 京都 淡交社 2005.7 214p 21cm 1800円 ①4-473-03250-7

◇熊野信仰史研究と庶民信仰史論 豊島修著 大阪 清文堂出版 2005.4 370p 22cm 7800円 ①4-7924-0576-9

◇熊野学事始め―ヤタガラスの道 環栄賢著 青弓社 2005.3 247p 20cm 〈文献あり〉 2800円 ①4-7872-3241-X

◇祈りの道―吉野・熊野・高野の名宝 特別展 大阪市立美術館編 〔大阪〕 毎日新聞社 2004.8 359p 30cm 〈会期：平成16年8月10日―9月20日ほか 「紀伊山地の霊場と参詣道」世界遺産登録記念共同刊行：NHK 年表あり〉

◇世界遺産吉野・高野・熊野をゆく―霊場と参詣道 小山靖憲著 朝日新聞社 2004.8 182p 19cm （朝日選書 758）〈文献あり〉 1000円 ①4-02-259858-1

◇古代熊野の史的研究 寺西貞弘著 塙書

房　2004.7　252, 12p　22cm　3800円　ⓘ4-8273-1189-7

◇熊野の誘惑―神秘と静謐の地　牧野貞之写真　学習研究社　2003.8　146p　22×17cm　(GAKKEN GRAPHIC BOOKS)　1600円　ⓘ4-05-402187-5

◇熊野本願所史料　熊野本願文書研究会編著　大阪　清文堂出版　2003.2　934p　22cm　〈年表あり〉　ⓘ4-7924-0529-7

◇熊野大社　篠原四郎著　改訂新版　学生社　2001.5　228p　20cm　2200円　ⓘ4-311-40718-1

◇吉野・熊野信仰の研究　五来重編　名著出版　2000.11(第7刷)　446p　21cm　(山岳宗教史研究叢書4)　〈昭和60年刊(6刷)を原本としたオンデマンド版　文献あり　年表あり〉　4800円　ⓘ4-626-01588-3

◇熊野古道　小山靖憲著　岩波書店　2000.4　207p　18cm　(岩波新書)　〈文献あり〉　700円　ⓘ4-00-430665-5

◇伊勢・熊野謎とき散歩―日本と日本人の源流を訪ねて　井上宏生著　広済堂出版　1999.11　254p　19cm　1600円　ⓘ4-331-50705-X

◇熊野金峯大峯縁起集　京都　臨川書店　1998.12　226, 10p　23cm　(真福寺善本叢刊　第10巻(記録部3))　〈複製および翻刻〉　8800円　ⓘ4-653-03468-0, 4-653-03466-4

◇熊野三山信仰事典　加藤隆久編　戎光祥出版　1998.12　478p　27cm　(神仏信仰事典シリーズ5)　15000円　ⓘ4-900901-07-5

◇熊野神社歴訪　宇井邦夫著　巌松堂出版　1998.11　234, 71p　22cm　4500円　ⓘ4-87356-911-7

◇熊野三山・七つの謎―日本人の死生観の源流を探る　高野澄著　祥伝社　1998.10　315p　16cm　(ノン・ポシェット)　562円　ⓘ4-396-31107-9

◇太古の熊野と熊野詣　芝正治編　〔上富田町(和歌山県)〕　〔芝正治〕　1998.7　51p　22cm　〈折り込3枚〉

◇訳注熊野三山史料　松田文夫編　〔和歌山〕　〔松田文夫〕　1998.2　146p　23cm　非売品

◇熊野修験　宮家準著　吉川弘文館　1996.11　315, 5p　20cm　(日本歴史叢書　新装版)　〈新装版　叢書の編者：日本歴史学会〉　3090円　ⓘ4-642-06649-7

◇熊野の伝承と謎　下村巳六著　批評社　1995.10　254p　22cm　3600円　ⓘ4-8265-0194-3

◇熊野速玉大社古文書古記録　滝川政次郎ほか編著　2版　大阪　清文堂出版　1993.10　735p　図版16枚　22cm　19570円　ⓘ4-7924-0395-2

◇熊野修験　宮家準著　吉川弘文館　1992.9　315, 5p　20cm　(日本歴史叢書48)　〈叢書の編者：日本歴史学会〉　2900円　ⓘ4-642-06548-2

◇熊野信仰について　本宮町(和歌山県)　熊野本宮大社　1992.9(再発行)　24p　19cm

◇熊野信仰と修験道　豊島修著　名著出版　1990.9　349p　22cm　5800円　ⓘ4-626-01381-3

◇源平と熊野本宮　平泉隆房著　再版　本宮町(和歌山県)　熊野本宮大社　1990.9　27p　19cm

◇熊野信仰　宮家準編　雄山閣　1990.7　396p　22cm　(民衆宗教史叢書　第21巻)　6000円　ⓘ4-639-00964-X, 4-639-00211-4

◇熊野権現―熊野詣・修験道　和田萃編　筑摩書房　1988.7　213p　20cm　〈執筆：和田萃ほか〉　2000円　ⓘ4-480-

宗教

85421-5

◇熊野もうで　和歌山県立博物館編　〔和歌山〕　和歌山県立博物館　1985.11　175p　30cm　〈開館15周年記念特別展　共同刊行：熊野三山協議会, わかやま400年祭実行委員会　会期：昭和60年11月2日～24日〉

◇熊野の謎と伝説—日本のマジカル・ゾーンを歩く　沢村経夫著　工作舎　1981.7　269p　20cm　1800円

◇熊野高野・冥府の旅　栗田勇著　新潮社　1979.8　240p　22cm　2300円

◇熊野那智大社文書　第5巻　那智勝浦町（和歌山県）　熊野那智大社　1977.3　258p 図　22cm

◇熊野那智大社文書　第4巻　那智勝浦町（和歌山県）　熊野那智大社　1976　274p 図　22cm

◇吉野・熊野信仰の研究　五来重編著　名著出版　1975　446p 図　22cm　（山岳宗教史研究叢書4）　4500円

◇熊野那智大社文書　第3巻　那智勝浦町（和歌山県）　熊野那智大社　1974　257p 図　22cm

◇熊野那智大社文書　第2巻　那智勝浦町（和歌山県）　熊野那智大社　1972　279p　22cm

◇熊野年代記　那智勝浦町（和歌山県）　篠原四郎　1972　184p　26cm　〈那智大社蔵本の翻刻 謄写版〉　非売

◇熊野那智大社文書　第1巻　那智勝浦町（和歌山県）　熊野那智大社　1971　291p 図　22cm

◇熊野速玉大社古文書古記録　滝川政次郎, 村田正志, 佐藤虎雄編著　大阪　清文堂出版　1971　735p 図　22cm　8500円

◇熊野大社　篠原四郎著　学生社　1969　230p 図版　19cm　580円

◇那智叢書　第3巻〜第25巻　熊野那智大社編　那智勝浦町（和歌山県）　熊野那智大社　1963.5-1977.7　23冊　19cm

厳島神社
いつくしまじんじゃ

　広島県廿日市市の厳島（宮島）にある神社。旧官幣中社。全国にある厳島神社の総本社。古くは伊都伎嶋神社とも記し、厳島大明神とも称した。主な祭神は市杵島姫命・田心姫命・湍津姫命。社伝によると推古天皇元年（593年）に安芸国佐伯郡の豪族佐伯鞍職が創建したとされる。弘仁2年（811年）に名神社に列し、延喜の制で名神大社、後に安芸国一宮とされた。平安時代末期には平家一門の尊崇を受け、平清盛により壮麗な社殿が造営され「平家納経」が奉納されるなど大いに栄え、承安4年（1174年）には後白河法皇が御幸している。平家滅亡後も、鎌倉幕府・毛利氏など武家に庇護されて繁栄した。旧暦6月17日の管絃祭をはじめ、豪華な祭礼が多い。社殿をはじめ多くの建造物が国宝に指定され、平成8年（1996年）には世界遺産（文化遺産）に登録されている。

＊　　＊　　＊

◇厳島文書伝来の研究—中世文書管理史論　松井輝昭著　吉川弘文館　2008.3　269p　22cm　9000円　①978-4-642-02874-5

◇世界遺産・厳島先人に学ぶ防災の知恵　中電技術コンサルタント（株）世界遺産・厳島の防災を考える会編　広島　中電技術コンサルタント世界遺産・厳島の防災を考える会, ひろしまタウン情報（発売）　2007.2　260p　30cm　〈年表あり〉　2857円　①978-4-902520-38-5

◇厳島神社国宝展—台風被災復興支援　奈良国立博物館編　〔大阪〕　読売新聞大阪本社　2005.1　284p　30cm　〈他言語標題：Treasures from Itsukushima Shrine　会期・会場：2005年1月2日—2月13日 奈良国立博物館ほか　年表あり〉

◇厳島信仰事典　野坂元良編　戎光祥出版

346

◇2002.11　492p　27cm　（神仏信仰事典シリーズ8）　16000円　①4-900901-24-5

◇厳島神社千四百年の歴史―世界遺産登録記念 ハイビジョンセミナー「厳島神社」から　広島　NHK広島放送局　1997.12　116p　30cm　非売品

◇平家納経と厳島の宝物―厳島神社世界遺産登録記念展　広島県立美術館編　広島　広島県立美術館　1997.10　199p　30cm　〈会期：平成9年10月14日―11月24日〉

◇木の国日本の世界遺産　文化遺産編〔2〕白川郷・五箇山, 厳島神社, 原爆ドーム　大蔵省印刷局編　大蔵省印刷局　1997.8　63p　26cm　880円　①4-17-160007-3

◇厳島神社の奉納芸能―舞楽と能 特別企画展　国立能楽堂　〔1994〕　15p　26cm　〈会期：平成6年12月7日～平成7年1月8日　参考文献：p15〉

◇日本名建築写真選集　第8巻　厳島神社　伊藤ていじほか編　岡本茂男撮影, 鈴木充解説, 清水好子エッセイ　新潮社　1992.8　126p　31cm　〈厳島神社社殿略年表：p124～126〉　5000円　①4-10-602627-9

◇NHK国宝への旅　第17巻　奈良 東大寺/戒壇堂・四天王.広島 厳島神社.滋賀・奈良 風俗屛風.奈良 中宮寺/菩薩半跏像　NHK取材班著　日本放送出版協会　1989.10　146p　24cm　1900円　①4-14-008654-8

◇不滅の建築　4　厳島神社―広島　鈴木嘉吉, 工藤圭章責任編集　岡本茂男撮影　毎日新聞社　1988.9　63p　31cm　〈厳島神社の年表：p56～57〉　1800円　①4-620-60274-4

◇安芸厳島社　松岡久人著　京都　法蔵館　1986.1　244p　20cm　（法蔵選書 35）　1800円

◇みやじま　〔宮島町（広島県）〕　〔広島県宮島町〕　〔1979〕　67p　31cm　〈年表あり〉

◇棚守房顕覚書―付・解説　福田直記編著　〔宮島町（広島県）〕　宮島町　1975　222p 図　18cm　〈房顕覚書年表：p.177-203〉

事項名索引

事項名索引

【あ】

阿衡事件
　→藤原基経 …………………… 55
　→阿衡事件 …………………… 56
　→宇多天皇 …………………… 56
阿衡の紛議　→阿衡事件 ……… 56
阿弖流為
　→蝦夷 ………………………… 32
　→阿弖流為 …………………… 35
安倍貞任　→安倍頼時 ………… 97
安倍晴明
　→陰陽道 ……………………333
　→安倍晴明 …………………336
安倍宗任　→安倍頼時 ………… 97
安倍頼時
　→前九年・後三年の役 ……… 96
　→安倍頼時 …………………… 97
阿弥陀堂
　→浄土教 ……………………279
　→法界寺 ……………………291
　→阿弥陀堂 …………………296
　→平等院鳳凰堂 ……………297
　→中尊寺金色堂 ……………299
　→富貴寺大堂 ………………301
　→白水阿弥陀堂 ……………302
安祥寺 …………………………277
安徳天皇
　→安徳天皇 …………………132
　→壇ノ浦の戦 ………………149
安和の変
　→安和の変 …………………… 79
　→源高明 ……………………… 79
　→源満仲 ……………………… 80
安然　→天台宗 ………………186
意見封事 ………………………… 63
意見封事十二箇条
　→三善清行 …………………… 63
　→意見封事 …………………… 63
胆沢城 …………………………… 36
威子　→後一条天皇 …………… 94

石橋山の戦
　→源頼朝 ……………………134
　→北条時政 …………………136
　→石橋山の戦 ………………147
一条天皇 ………………………… 89
一ノ谷の戦
　→源義経 ……………………139
　→一ノ谷の戦 ………………147
市聖　→空也 …………………284
厳島神社 ………………………346
伊予親王　→早良親王 ………… 30
石清水八幡宮 …………………341
院政
　→白河天皇 …………………107
　→院政 ………………………108
　→鳥羽天皇 …………………110
　→後白河天皇 ………………115
院宣　→院庁 …………………110
院近臣　→院庁 ………………110
院庁 ……………………………110
院庁下文　→院庁 ……………110
牛若丸　→源義経 ……………139
宇多天皇
　→阿衡事件 …………………… 56
　→宇多天皇 …………………… 56
叡山仏教　→天台宗 …………186
恵心僧都　→源信（僧侶）……286
蝦夷
　→蝦夷 ………………………… 32
　→阿弖流為 …………………… 35
蝦夷征討　→征夷大将軍 ……… 31
延喜格式
　→三代格式 …………………… 44
　→醍醐天皇 …………………… 62
延喜の治
　→延喜・天暦の治 …………… 61
　→醍醐天皇 …………………… 62
円勝寺　→六勝寺 ……………292
延勝寺　→六勝寺 ……………292
円珍 ……………………………206
遠藤盛遠　→文覚 ……………265
円仁 ……………………………204

円融天皇 ……………………… 80
延暦寺
　→僧兵 ……………………… 112
　→南都北嶺 ………………… 112
　→延暦寺 …………………… 201
奥州藤原氏
　→奥州藤原氏 ……………… 99
　→藤原清衡 ………………… 102
　→藤原基衡 ………………… 103
　→藤原秀衡 ………………… 104
　→藤原泰衡 ………………… 105
往生要集 ……………………… 287
応天門事件　→応天門の変 … 54
応天門の変
　→藤原良房 ………………… 51
　→応天門の変 ……………… 54
　→伴善男 …………………… 54
押領使
　→武士 ……………………… 64
　→藤原秀郷 ………………… 72
大江匡房 ……………………… 106
大庭景親　→石橋山の戦 …… 147
大輪田泊
　→平清盛 …………………… 122
　→日宋貿易 ………………… 165
　→大輪田泊 ………………… 166
尾張国郡司百姓等解文
　→尾張国郡司百姓等解文 … 160
　→藤原元命 ………………… 160
園城寺
　→僧兵 ……………………… 112
　→園城寺 …………………… 207
陰陽道
　→陰陽道 …………………… 333
　→安倍晴明 ………………… 336
　→方違 ……………………… 339
　→物忌 ……………………… 339

【か】

外戚　→藤原氏 ……………… 49
開発領主 ……………………… 161

覚鑁
　→真言宗 …………………… 210
　→覚鑁 ……………………… 263
勘解由使
　→勘解由使 ………………… 38
　→令外官 …………………… 42
花山天皇 ……………………… 81
加持祈祷
　→密教 ……………………… 170
　→加持祈祷 ………………… 184
春日大社
　→神人 ……………………… 112
　→春日大社 ………………… 342
方違 …………………………… 339
鴨川 …………………………… 166
願成寺　→白水阿弥陀堂 …… 302
観心寺 ………………………… 271
観世音寺 ……………………… 209
上達部　→平安貴族 ………… 82
官田　→公営田制 …………… 158
関白
　→令外官 …………………… 42
　→藤原氏 …………………… 49
　→摂関政治 ………………… 93
寛平の治　→宇多天皇 ……… 56
桓武天皇 ……………………… 29
桓武平氏 ……………………… 76
祇園社　→八坂神社 ………… 330
祇園信仰　→御霊信仰 ……… 329
祇園祭 ………………………… 331
貴族　→平安貴族 …………… 82
木曽義仲　→源義仲 ………… 137
北野天満宮
　→菅原道真 ………………… 57
　→北野天満宮 ……………… 340
吉記　→平安時代 …………… 1
久隔帖　→最澄 ……………… 196
教王護国寺 …………………… 265
玉葉　→平安時代 …………… 1
清原清衡　→藤原清衡 ……… 102
清原夏野　→令義解 ………… 47
清水寺 ………………………… 169

352

事項名索引

記録荘園券契所 →荘園整理令 ……159
空海
　→真言宗 …………………………210
　→空海 ……………………………235
空也
　→浄土教 …………………………279
　→空也 ……………………………284
公営田制 ………………………………158
公卿 →平安貴族 ……………………82
薬子の変
　→平城天皇 ………………………38
　→嵯峨天皇 ………………………39
　→薬子の変 ………………………40
　→藤原薬子 ………………………41
熊谷直実 ………………………………147
熊野御幸 →熊野詣 …………………344
熊野詣 …………………………………344
鞍馬寺 …………………………………208
蔵人 →令外官 ………………………42
蔵人所
　→令外官 …………………………42
　→蔵人所 …………………………42
蔵人頭 →藤原冬嗣 …………………51
九郎判官 →源義経 …………………139
検非違使
　→令外官 …………………………42
　→検非違使 ………………………43
顕戒論 …………………………………204
顕教 →天台宗 ………………………186
源空 →法然 …………………………309
乾元大宝 →村上天皇 ………………78
源氏 →清和源氏 ……………………73
源信(僧侶) ……………………………286
遣唐使
　→橘逸勢 …………………………53
　→菅原道真 ………………………57
　→遣唐使 …………………………163
源平争乱 →治承・寿永の乱 ………127
遣渤海使 ………………………………162
建礼門院 ………………………………125
後一条天皇 ……………………………94
皇嘉門院 →崇徳天皇 ………………114

興教大師 →覚鑁 ……………………263
光孝天皇 ………………………………56
光勝 →空也 …………………………284
強訴
　→強訴 ……………………………111
　→神輿 ……………………………343
弘仁格式
　→嵯峨天皇 ………………………39
　→三代格式 ………………………44
興福寺
　→僧兵 ……………………………112
　→南都北嶺 ………………………112
　→興福寺 …………………………293
　→平重衡 …………………………296
弘法大師 →空海 ……………………235
高野山 →金剛峯寺 …………………255
国衙領 …………………………………161
国司補任 →平安時代 ………………1
後三条天皇 ……………………………106
後三年の役
　→前九年・後三年の役 …………96
　→源義家 …………………………98
　→藤原清衡 ………………………102
後白河天皇
　→院政 ……………………………108
　→保元の乱 ………………………113
　→後白河天皇 ……………………115
後朱雀天皇 ……………………………96
近衛天皇 ………………………………115
御霊会
　→御霊会 …………………………329
　→祇園祭 …………………………331
御霊信仰 ………………………………329
後冷泉天皇 ……………………………96
惟宗直本 →令集解 …………………47
金剛峯寺 ………………………………255
金色堂 →中尊寺金色堂 ……………299

【さ】

西光
　→鹿ヶ谷事件 ……………………125

353

事項名索引

→西光 ……………………126
西光寺 →六波羅蜜寺 ……285
西寺 ………………………270
最勝寺 →六勝寺 …………292
最澄
　→天台宗 ………………186
　→最澄 …………………196
在庁官人 …………………161
嵯峨天皇 …………………39
坂上田村麻呂 ……………32
桜姫 →源義仲 ……………137
侍 →武士 …………………64
早良親王
　→長岡京 ………………24
　→早良親王 ……………30
参議 →令外官 ……………42
山家学生式 →最澄 ………196
三教指帰 …………………262
三条天皇 …………………90
三代格式
　→嵯峨天皇 ……………39
　→三代格式 ……………44
　→清和天皇 ……………55
　→醍醐天皇 ……………62
三仏寺投入堂 ……………301
山門派 →円仁 ……………204
慈覚大師 →円仁 …………204
鹿ヶ谷事件
　→鹿ヶ谷事件 …………125
　→俊寛 …………………126
　→藤原成親 ……………126
　→西光 …………………126
治承・寿永の乱
　→治承・寿永の乱 ……127
　→以仁王 ………………131
　→石橋山の戦 …………147
　→一ノ谷の戦 …………147
　→壇ノ浦の戦 …………149
静御前 →源義経 …………139
神人 ………………………112
寺門派 →円珍 ……………206
十住心論 →空海 …………235

修験者 →修験道 …………322
修験道 ……………………322
入内 →中宮 ………………90
修理職 →令外官 …………42
俊寛
　→鹿ヶ谷事件 …………125
　→俊寛 …………………126
淳和天皇 …………………41
荘園制 ……………………150
荘園整理令
　→後三条天皇 …………106
　→荘園整理令 …………159
貞観格式
　→三代格式 ……………44
　→清和天皇 ……………55
上皇 →院政 ………………108
彰子 →藤原彰子 …………92
成勝寺 →六勝寺 …………292
昌泰の変 →菅原道真 ……57
上東門院 →藤原彰子 ……92
浄土教
　→浄土教 ………………279
　→空也 …………………284
　→中尊寺金色堂 ………299
浄土宗
　→浄土教 ………………279
　→浄土宗 ………………302
　→法然 …………………309
　→重源 …………………321
承平の乱
　→承平・天慶の乱 ……66
　→平将門 ………………68
　→平貞盛 ………………72
　→藤原秀郷 ……………72
浄瑠璃寺 …………………278
承和の変
　→藤原良房 ……………51
　→承和の変 ……………52
　→橘逸勢 ………………53
　→文徳天皇 ……………53
初期武士団 →武士 ………64
女真族 →刀伊の入寇 ……164

事項名索引

白河天皇
　→白河天皇 …………………………107
　→院政 ………………………………108
白水阿弥陀堂 ……………………………302
志波城 ………………………………………37
神護寺 ……………………………………273
真言宗
　→平安仏教 …………………………168
　→密教 ………………………………170
　→真言宗 ……………………………210
　→金剛峯寺 …………………………255
　→覚鑁 ………………………………263
　→文覚 ………………………………265
　→教王護国寺 ………………………265
　→観心寺 ……………………………271
　→室生寺 ……………………………271
　→神護寺 ……………………………273
　→醍醐寺 ……………………………274
　→仁和寺 ……………………………276
　→安祥寺 ……………………………277
　→法界寺 ……………………………291
　→白水阿弥陀堂 ……………………302
神道
　→放生会 ……………………………333
　→石清水八幡宮 ……………………341
　→春日大社 …………………………342
　→厳島神社 …………………………346
新皇　→平将門 ………………………… 68
神仏習合　→本地垂迹説 ………………328
菅原道真 ……………………………………57
朱雀天皇 ……………………………………63
崇道天皇　→早良親王 …………………30
崇徳天皇
　→保元の乱 …………………………113
　→崇徳天皇 …………………………114
受領 ………………………………………159
征夷大将軍
　→征夷大将軍 ………………………31
　→坂上田村麻呂 ……………………32
　→文室綿麻呂 ………………………38
　→令外官 ……………………………42
政事要略　→平安時代 ……………………1

清和源氏
　→清和天皇 ……………………………55
　→清和源氏 ……………………………73
　→源経基 ………………………………75
清和天皇 ……………………………………55
摂関家　→摂関政治 ………………………93
摂関政治
　→藤原氏 ………………………………49
　→摂関政治 ……………………………93
摂政
　→令外官 ………………………………42
　→藤原氏 ………………………………49
　→摂関政治 ……………………………93
前九年の役
　→前九年・後三年の役 ………………96
　→安倍頼時 ……………………………97
　→源頼義 ………………………………98
僧兵
　→僧兵 …………………………………112
　→南都北嶺 …………………………112
尊勝寺
　→堀河天皇 …………………………107
　→六勝寺 ……………………………292
　→尊勝寺 ……………………………292

【た】

醍醐寺 ……………………………………274
醍醐天皇
　→延喜・天暦の治 …………………61
　→醍醐天皇 …………………………62
大日経　→真言宗 ………………………210
台密　→天台宗 …………………………186
平敦盛 ……………………………………148
平清盛
　→保元の乱 …………………………113
　→平治の乱 …………………………119
　→平氏政権 …………………………121
　→平清盛 ……………………………122
平維茂　→平貞盛 ………………………72
平貞盛 ………………………………………72
平重衡 ……………………………………296

355

事項名索引

平重盛 …………………………123	→藤原清衡 ………………………102
平忠常 …………………………95	→中尊寺金色堂 …………………299
平忠常の乱	中納言　→令外官 …………………42
→平忠常 ………………………95	重源 ………………………………321
→源頼信 ………………………95	勅旨田　→公営田制 ……………158
平忠盛 …………………………112	鎮守府
平時忠 …………………………123	→多賀城 ………………………35
平徳子　→建礼門院 ……………125	→胆沢城 ………………………36
平将門 …………………………68	追捕使　→武士 …………………64
平将門の乱	兵　→武士 ………………………64
→承平・天慶の乱 ……………66	定子　→藤原定子 ………………90
→平将門 ………………………68	寺法師　→僧兵 …………………112
平正盛 …………………………111	伝教大師　→最澄 ………………196
内裏式　→三代格式 ……………44	天慶の乱
高雄山　→神護寺 ………………273	→承平・天慶の乱 ……………66
高倉天皇 ………………………124	→藤原純友 ……………………73
多賀柵　→多賀城 ………………35	→源経基 ………………………75
多賀城 …………………………35	殿上人　→平安貴族 ……………82
太宰府天満宮　→菅原道真 ……57	天台宗
多田満仲　→源満仲 ……………80	→平安仏教 ……………………168
橘逸勢	→天台宗 ………………………186
→承和の変 ……………………52	→最澄 …………………………196
→橘逸勢 ………………………53	→延暦寺 ………………………201
田堵 ……………………………158	→円仁 …………………………204
俵藤太　→藤原秀郷 ……………72	→円珍 …………………………206
壇ノ浦の戦	→園城寺 ………………………207
→安徳天皇 ……………………132	→観世音寺 ……………………209
→源義経 ………………………139	→立石寺 ………………………210
→壇ノ浦の戦 …………………149	→源信（僧侶） ………………286
知行国主　→知行国制 …………162	→良源 …………………………290
知行国制 ………………………162	→中尊寺金色堂 ………………299
智証大師　→円珍 ………………206	→富貴寺大堂 …………………301
治水	→三仏寺投入堂 ………………301
→鴨川 …………………………166	天皇
→満濃池 ………………………167	→桓武天皇 ……………………29
池亭記　→慶滋保胤 ……………289	→平城天皇 ……………………38
千葉常胤 ………………………137	→嵯峨天皇 ……………………39
中宮 ……………………………90	→淳和天皇 ……………………41
中宮威子　→後一条天皇 ………94	→仁明天皇 ……………………49
中宮彰子　→藤原彰子 …………92	→文徳天皇 ……………………53
中宮定子　→藤原定子 …………90	→清和天皇 ……………………55
中尊寺金色堂	→陽成天皇 ……………………55

356

→光孝天皇 ……………………… 56
→宇多天皇 ……………………… 56
→醍醐天皇 ……………………… 62
→朱雀天皇 ……………………… 63
→村上天皇 ……………………… 78
→冷泉天皇 ……………………… 78
→円融天皇 ……………………… 80
→花山天皇 ……………………… 81
→一条天皇 ……………………… 89
→三条天皇 ……………………… 90
→後一条天皇 …………………… 94
→後朱雀天皇 …………………… 96
→後冷泉天皇 …………………… 96
→後三条天皇 ………………… 106
→白河天皇 …………………… 107
→堀河天皇 …………………… 107
→鳥羽天皇 …………………… 110
→崇徳天皇 …………………… 114
→近衛天皇 …………………… 115
→後白河天皇 ………………… 115
→二条天皇 …………………… 124
→六条天皇 …………………… 124
→高倉天皇 …………………… 124
→安徳天皇 …………………… 132
天暦の治
　→延喜・天暦の治 …………… 61
　→村上天皇 …………………… 78
篆隷万象名義　→空海 ………235
刀伊の入寇
　→刀伊の入寇 ………………164
　→藤原隆家 …………………164
唐　→遣唐使　　　　　　　163
東寺　→教王護国寺 …………265
東北　→蝦夷 …………………… 32
東密　→真言宗 ………………210
常盤御前　→源義朝 …………118
鳥羽天皇
　→院政 ………………………108
　→鳥羽天皇 …………………110
伴善男
　→応天門の変 ………………… 54
　→伴善男 ……………………… 54

【な】

内大臣　→令外官 ……………… 42
長岡京
　→長岡京 ……………………… 24
　→桓武天皇 …………………… 29
　→早良親王 …………………… 30
　→藤原種継 …………………… 30
投入堂　→三仏寺投入堂 ……301
那須与一 ………………………148
奈良法師　→僧兵 ……………112
南都　→南都北嶺 ……………112
南都焼討　→平重衡 …………296
二条天皇 ………………………124
日宋貿易 ………………………165
入唐求法巡礼行記　→円仁 …204
日本往生極楽記 ………………289
女御　→中宮 …………………… 90
女人高野　→室生寺 …………271
仁和寺
　→宇多天皇 …………………… 56
　→仁和寺 ……………………276
仁明天皇 ………………………… 49

【は】

八幡太郎義家　→源義家 ……… 98
比叡山　→延暦寺 ……………201
光堂　→中尊寺金色堂 ………299
秘蔵宝鑰　→空海 ……………235
秘密曼荼羅十住心論　→空海 …235
平等院鳳凰堂
　→藤原頼通 …………………… 94
　→平等院鳳凰堂 ……………297
平泉　→奥州藤原氏 …………… 99
深草帝　→仁明天皇 …………… 49
富貴寺大堂 ……………………301
福原
　→平清盛 ……………………122
　→福原 ………………………132

357

事項名索引

武士 …………………………… 64
藤原氏
　→藤原氏 ………………………… 49
　→摂関政治 ……………………… 93
藤原威子　→後一条天皇 ……… 94
藤原緒嗣 ………………………… 37
藤原兼家 ………………………… 86
藤原兼通 ………………………… 86
藤原清衡
　→前九年・後三年の役 ……… 96
　→藤原清衡 …………………… 102
藤原薬子
　→薬子の変 …………………… 40
　→藤原薬子 …………………… 41
藤原伊周 ………………………… 87
藤原彰子
　→中宮 ………………………… 90
　→藤原彰子 …………………… 92
藤原信西　→藤原通憲 ……… 120
藤原純友 ………………………… 73
藤原純友の乱　→承平・天慶の乱 … 66
藤原聖子　→崇徳天皇 ……… 114
藤原隆家
　→刀伊の入寇 ………………… 164
　→藤原隆家 …………………… 164
藤原高子　→清和天皇 ……… 55
藤原忠平 ………………………… 64
藤原忠通
　→保元の乱 …………………… 113
　→藤原忠通 …………………… 116
藤原種継
　→長岡京 ……………………… 24
　→藤原種継 …………………… 30
藤原種継暗殺事件　→藤原種継 … 30
藤原定子
　→中宮 ………………………… 90
　→藤原定子 …………………… 90
藤原時平 ………………………… 62
藤原仲成　→薬子の変 ……… 40
藤原成親
　→鹿ヶ谷事件 ………………… 125
　→藤原成親 …………………… 126

藤原信頼
　→平治の乱 …………………… 119
　→藤原信頼 …………………… 120
藤原秀郷 ………………………… 72
藤原秀衡 ……………………… 104
藤原冬嗣 ………………………… 51
藤原道隆　→藤原定子 ……… 90
藤原道長 ………………………… 88
藤原通憲
　→平治の乱 …………………… 119
　→藤原通憲 …………………… 120
藤原元子　→中宮 …………… 90
藤原基経
　→藤原基経 …………………… 55
　→阿衡事件 …………………… 56
藤原元命
　→尾張国郡司百姓等解文 … 160
　→藤原元命 …………………… 160
藤原基衡 ……………………… 103
藤原師光　→西光 …………… 126
藤原泰衡 ……………………… 105
藤原良房
　→藤原良房 …………………… 51
　→承和の変 …………………… 52
　→応天門の変 ………………… 54
藤原頼長
　→保元の乱 …………………… 113
　→藤原頼長 …………………… 117
藤原頼通 ………………………… 94
仏教
　→天台宗 ……………………… 186
　→最澄 ………………………… 196
　→円仁 ………………………… 204
　→円珍 ………………………… 206
　→真言宗 ……………………… 210
　→空海 ………………………… 235
　→覚鑁 ………………………… 263
　→文覚 ………………………… 265
　→浄土教 ……………………… 279
　→空也 ………………………… 284
　→源信（僧侶） ……………… 286
　→良源 ………………………… 290

事項名索引

→浄土宗 …………………302	法界寺 …………………291
→法然 …………………309	保元の乱
→重源 …………………321	→保元の乱 …………113
不入の権　→不輸・不入の権 …162	→崇徳天皇 …………114
不輸の権　→不輸・不入の権 …162	→後白河天皇 ………115
文室綿麻呂 …………………38	→藤原忠通 …………116
平安遺文　→平安時代 ………1	→藤原頼長 …………117
平安貴族 …………………82	→源為義 ……………117
平安京	→源為朝 ……………117
→平安京 ………………25	→源義朝 ……………118
→桓武天皇 ……………29	→平清盛 ……………122
→藤原緒嗣 ……………37	→源頼政 ……………133
平安時代	放生会 …………………333
→平安時代 ……………1	法成寺
→長岡京 ………………24	→藤原道長 ……………88
→平安京 ………………25	→法成寺 ………………291
→摂関政治 ……………93	法成寺殿　→藤原道長 ………88
→院政 …………………108	北条時政 …………………136
→平安仏教 ……………168	法然
平安仏教 …………………168	→浄土宗 ………………302
平氏　→桓武平氏 ……………76	→法然 …………………309
平氏政権	北面の武士 ………………110
→平氏政権 ……………121	北嶺
→平清盛 ………………122	→南都北嶺 ……………112
平治の乱	→延暦寺 ………………201
→源義朝 ………………118	→興福寺 ………………293
→平治の乱 ……………119	渤海　→遣渤海使 …………162
→藤原信頼 ……………120	法勝寺
→藤原通憲 ……………120	→白河天皇 ……………107
→平清盛 ………………122	→六勝寺 ………………292
→源頼政 ………………133	→法勝寺 ………………292
→源頼朝 ………………134	法性寺殿　→藤原忠通 ………116
平城天皇	堀河天皇 …………………107
→平城天皇 ……………38	本地垂迹説 ………………328
→薬子の変 ……………40	
貿易	【ま】
→遣渤海使 ……………162	
→遣唐使 ………………163	末法思想
→日宋貿易 ……………165	→浄土教 ………………279
→大輪田泊 ……………166	→末法思想 ……………284
法皇　→院政 ………………108	満濃池
鳳凰堂　→平等院鳳凰堂 …297	→満濃池 ………………167

359

事項名索引

→空海 …………………………235
三井寺 →園城寺 ………………207
神輿 ……………………………343
道康親王 →文徳天皇 ……………53
密教 ……………………………170
御堂関白 →藤原道長 ……………88
源高明
　→安和の変 ………………………79
　→源高明 …………………………79
源為朝
　→保元の乱 ……………………113
　→源為朝 ………………………117
源為義
　→保元の乱 ……………………113
　→源為義 ………………………117
源経基 ……………………………75
源範頼 ……………………………138
源信（公卿） →応天門の変 ……54
源満仲
　→安和の変 ………………………79
　→源満仲 …………………………80
源義家
　→前九年・後三年の役 …………96
　→源義家 …………………………98
源義経 ……………………………139
源義朝
　→保元の乱 ……………………113
　→源義朝 ………………………118
　→平治の乱 ……………………119
源義仲 ……………………………137
源頼朝
　→平治の乱 ……………………119
　→源頼朝 ………………………134
　→石橋山の戦 …………………147
源頼信
　→平忠常 …………………………95
　→源頼信 …………………………95
源頼政
　→保元の乱 ……………………113
　→平治の乱 ……………………119
　→源頼政 ………………………133
源頼義

→前九年・後三年の役 …………96
→源頼義 …………………………98
宮仕え →中宮 ……………………90
三善清行 …………………………63
村上天皇
　→延喜・天暦の治 ………………61
　→村上天皇 ………………………78
室生寺 ……………………………271
毛越寺 →中尊寺金色堂 ………299
目代 ………………………………159
以仁王 ……………………………131
以仁王の令旨 →以仁王 ………131
物忌 ………………………………339
文覚
　→真言宗 ………………………210
　→文覚 …………………………265
文徳天皇
　→承和の変 ………………………52
　→文徳天皇 ………………………53

【や】

八坂神社 …………………………330
山伏 →修験道 …………………322
山法師 →僧兵 …………………112
陽成天皇 …………………………55
慶滋保胤 ………………………289

【ら】

立石寺 ……………………………210
令外官
　→勘解由使 ………………………38
　→令外官 …………………………42
　→蔵人所 …………………………42
　→検非違使 ………………………43
良源 ………………………………290
令義解 ……………………………47
令集解 ……………………………47
類聚三代格 →三代格式 ………44
冷泉天皇 …………………………78
六勝寺 …………………………292

六条天皇 …………………………124
六波羅政権　→平氏政権 …………121
六波羅蜜寺
　→空也 …………………………284
　→六波羅蜜寺 …………………285

「平安時代」を知る本 ①政治・宗教
──貴族社会の爛熟と平安仏教の成立

2010年9月27日 第1刷発行

発 行 者／大高利夫
編集・発行／日外アソシエーツ株式会社
　　　　　〒143-8550 東京都大田区大森北1-23-8 第3下川ビル
　　　　　電話(03)3763-5241(代表)　FAX(03)3764-0845
　　　　　URL http://www.nichigai.co.jp/
発 売 元／株式会社紀伊國屋書店
　　　　　〒163-8636 東京都新宿区新宿3-17-7
　　　　　電話(03)3354-0131(代表)
　　　　　ホールセール部(営業)　電話(03)6910-0519

電算漢字処理／日外アソシエーツ株式会社
印刷・製本／光写真印刷株式会社

不許複製・禁無断転載　《中性紙H-三菱書籍用紙イエロー使用》
〈落丁・乱丁本はお取り替えいたします〉
ISBN978-4-8169-2275-6　　Printed in Japan, 2010

本書はディジタルデータでご利用いただくことができます。詳細はお問い合わせください。

考古博物館事典
A5・480頁　定価13,650円(本体13,000円)　2010.1刊
考古学関連の博物館・資料館、埋蔵文化財センター、遺跡ガイダンス施設等209館の最新情報を紹介した利用ガイド。各館にアンケート調査を行い、沿革、展示・収蔵事業、出版物、周辺遺跡などの情報を収録。外観写真、展示写真、案内地図も掲載。

新訂 歴史博物館事典
A5・610頁　定価12,600円(本体12,000円)　2008.10刊
全国の歴史博物館・資料館、記念館等288館の最新情報を紹介した利用ガイド。各館にアンケート調査を行い、沿革、収蔵品、展示内容、開館時間などを詳細に収録。外観写真、展示写真、案内地図も掲載。

「縄文弥生から飛鳥奈良」を知る本
A5・410頁　定価8,925円(本体8,500円)　2010.2刊
明石原人、土偶、吉野ヶ里遺跡、卑弥呼、大和政権、記紀神話、聖徳太子、飛鳥文化、平城京、正倉院、万葉仮名など、旧石器時代から奈良時代までを知るためのテーマ202の解説と、関連する8,530点の図書情報を掲載。

「鎌倉・南北朝・室町」を知る本
A5・410頁　定価7,980円(本体7,600円)　2009.8刊
源頼朝、後醍醐天皇、世阿弥、封建制度、元寇、徳政令、鎌倉仏教、小倉百人一首、徒然草、能楽、五山文学など、鎌倉・南北朝・室町時代を知るためのテーマ270の解説と、関連する7,345点の図書情報を掲載。

読書案内 「戦国」を知る本
①武将―下剋上の世を生きた人物群像
　　　A5・400頁　定価7,980円(本体7,600円)　2008.9刊
②戦乱―天下太平までの合戦・事件
　　　A5・420頁　定価7,980円(本体7,600円)　2008.10刊
③文化―戦の世に花開いた芸術・文学
　　　A5・410頁　定価7,980円(本体7,600円)　2008.11刊
戦国・安土桃山時代の「武将」「戦乱」「文化」に関するテーマ各200項目の解説と、関連する各8,000点の図書情報を掲載。

データベースカンパニー
日外アソシエーツ
〒143-8550　東京都大田区大森北1-23-8
TEL.(03)3763-5241　FAX.(03)3764-0845　http://www.nichigai.co.jp/